Aichberger SGB ak

Inhalt der 155. Ergänzung

Mit der vorliegenden Ergänzungslieferung erhalten die in Ihrer Textsammlung „Aichberger Sozialgesetzbuch" enthaltenen Vorschriften den aktuellen Stand der Gesetzgebung vom 24. Juni 2022.

Berücksichtigung fanden dabei u.a. das „Gesetz zur Verlängerung von Sonderregelungen im Zusammenhang mit der COVID-19-Pandemie beim Kurzarbeitergeld und anderer Leistungen" vom 23.3.2022 (BGBl. I S. 432) mit seinen Auswirkungen auf das SGB III (Nr. 3), das SGB IV (Nr. 4), das SGB XI (Nr. 11), das Pflegezeitgesetz (Nr. 11/10), das Familienpflegezeitgesetz (FPfZG, Nr. 11/20), die Datenerfassungs- und -übermittlungsverordnung (DEÜV, Nr. 10/10) und das Entgeltfortzahlungsgesetz (EFZG, Nr. 5/10) sowie das Steuerentlastungsgesetz 2022 vom 23.5.2022 (BGBl. I S. 749) mit seinen Änderungen im Einkommensteuergesetz (EStG, Nr. 8/11) und im Bundeskindergeldgesetz (BKGG, Nr. 8/10).

Weiter sind enthalten die umfangreichen Aktualisierungen durch das „Gesetz zur Regelung eines Sofortzuschlages und einer Einmalzahlung in den sozialen Mindestsicherungssystemen sowie zur Änderung des Finanzausgleichsgesetzes und weiterer Gesetze" vom 23.5.2022 (BGBl. I S. 760) im SGB II (Nr. 2), im SGB III (Nr. 3), im SGB V (Nr. 5), im SGB IX (Nr. 9), im SGB XII (Nr. 12), im AsylbLG (Nr. 12/50), im BKGG (Nr. 8/10), im Aufenthaltsgesetz (AufenthG, Nr. 3/51), im Bundesversorgungsgesetz (BVG, Nr. 20/10), im Behindertengleichstellungsgesetz (Nr. 9/10), im Bundeselterngeld- und Elternzeitgesetz (BEEG, Nr. 8/25), im Unterhaltsvorschussgesetz (Nr. 8/30) und im EStG (Nr. 8/11).

Außerdem erhalten Sie die Neufassung des Rechtsanwaltsvergütungsgesetzes (RVG, Nr. 55/10) in der Fassung der Bekanntmachung vom 15.3.2022 (BGBl. I S. 610) und die Pfändungsfreigrenzenbekanntmachung 2022 vom 25.5.2022 (BGBl. I S. 825) in der Zivilprozessordnung (ZPO, Nr. 50/10).

Schließlich wurden noch das Vierte Corona-Steuerhilfegesetz vom 19.6.2022 (BGBl. I S. 911) im EStG (Nr. 8/11) und in der Arbeitslosengeld II/Sozialgeld-Verordnung (Alg II-V, Nr. 2/10) sowie das Elfte Gesetz zur Änderung des Zweiten Buches Sozialgesetzbuch vom 19.6.2022 (BGBl. I S. 921) mit seinen zum 1.7.2022 in Kraft tretenden Auswirkungen auf das SGB II (Nr. 2) umgesetzt.

155. EL Aichberger SGB aktuell

Wichtige Information für Aichberger-Bezieher

Für die Bereiche der Kranken- und Pflegeversicherung ist als Ergänzung zu Ihrer Textsammlung das Werk

Aichberger-Ergänzungsband
Gesetzliche Krankenversicherung/
Soziale Pflegeversicherung
Hrsg. von Dr. Klaus Engelmann,
Vors. Richter am BSG a.D.

lieferbar.
Der Ergänzungsband enthält neben Gesetzen und Verordnungen u.a. aus dem Krankenhausrecht und der vertragsärztlichen Versorgung auch etliche Richtlinien, Bundesmantelverträge und andere Vereinbarungen und Verträge, die nicht oder nur mit Schwierigkeiten greifbar sind.
Kompetent und fachkundig zusammengestellt finden Sie in der Praxis wichtige Bestimmungen zu folgenden Gebieten der

Gesetzlichen Krankenversicherung:
- Krankenhausrecht,
- Vertragsärztliche Versorgung,
- Vertragszahnärztliche Versorgung,
- Psychotherapie

sowie zur **Sozialen Pflegeversicherung:**
- die Richtlinien der Spitzenverbände der Krankenkassen.

Vorteile der Sammlung auf einen Blick:
✓ Textauswahl nach den Bedürfnissen der Praxis,
✓ Geordnet nach Sachgebieten,
✓ Kompetente Betreuung durch ausgewiesenen Fachmann des Krankenversicherungsrechts,
✓ Schnelles Auffinden auf Grund ausgefeilter Systematik.

Sie können diese Textsammlung „Aichberger-Ergänzungsband, Gesetzliche Krankenversicherung/Soziale Pflegeversicherung“, zu einem **Preis von 49,– €** (bei Fortsetzungsbezug, statt 89,– €) erwerben.

Neues aus der Gesetzgebung

Gesetz zur Erhöhung des Schutzes durch den gesetzlichen Mindestlohn und zu Änderungen im Bereich der geringfügigen Beschäftigung

vom 28.6.2022 (BGBl. I S. 969)

Mit diesem Gesetz wird der Mindestlohn zum 1.10.2022 einmalig auf einen Bruttostundenlohn von 12 EUR erhöht. Die Geringfügigkeitsgrenze orientiert sich künftig an einer Wochenarbeitszeit von zehn Stunden zu Mindestlohnbedingungen und wird dementsprechend auf 520 EUR monatlich erhöht und dynamisch ausgestaltet. Zugleich wird die Möglichkeit eines zulässigen unvorhersehbaren Überschreitens der Entgeltgrenze für eine geringfügig entlohnte Beschäftigung gesetzlich festgelegt. Die Höchstgrenze für eine Beschäftigung im Übergangsbereich wird von monatlich 1.300 EUR auf 1.600 EUR angehoben. Außerdem werden die Beschäftigten innerhalb des Übergangsbereichs noch stärker entlastet. Der Belastungssprung in eine sozialversicherungspflichtige Beschäftigung wird geglättet. Der Arbeitgeberbetrag wird oberhalb der Geringfügigkeitsgrenze zunächst auf die für einen Minijob zu leistenden Pauschalbeiträge in Höhe von 28 % angeglichen und gleitend auf den regulären Sozialversicherungsbeitrag abgeschmolzen.

Herauszunehmen:

		Zahl der Blätter:
Übertrag:		61
9/10	1/2	1
	11–14	2
10/10	1/2	1
Ordner II		
Titelblatt		1
11	1–4	2
	60–67a	5
	100–101a	2
	164b/164c	1
11/10	1–**11/20** 10	9
12	1–7a	4
	31–34	2
	103–106	2
12/50	1–8a	5
	20/21	1
20/10	1–2a	2
	93–96	2
40/31	1/2	1
Übersicht XVII 1–**50** 2		2
50	25–34a	7
50/10	9/9a	1
	73/74	1
	87–**50/20** 1a	10
50/20	8/9	1
50/32	1–4	3
55/10	1–84	45
Insgesamt herauszunehmen:		174

Einzufügen:

		Zahl der Blätter:
Übertrag:		67
9/10	1/2	1
	11–14	2
10/10	1/2	1
Ordner II		
Titelblatt		1
11	1–4a	3
	60–67a	5
	100–101a	2
	164b–164e	2
11/10	1–**11/20** 10	8
12	1–7a	4
	31–34	2
	103–108	3
12/50	1–8a	5
	20–23	2
20/10	1–2a	2
	93–96	2
40/31	1–4	2
Übersicht XVII 1–**50** 2		2
50	25–34a	6
50/10	9/9a	1
	73/74	1
	87–**50/20** 1a	10
50/20	8/9	1
50/32	1–4a	3
55/10	1–80	40
Insgesamt einzufügen:		178

Aichberger

Sozialgesetzbuch

Einordnungsanweisung für die 155. Ergänzungslieferung Juni 2022

(Anschluss an die 154. Ergänzungslieferung März 2022)

Herauszunehmen:

		Zahl der Blätter:
Ordner I		
Titelblatt		1
Aichberger aktuell		2
Inhalt I 9/10		1
2	1–6	3
	37–40	2
	69/69a	1
	85–**2/10** 2	5
3	1–4	2
	169–170a	2
3/51	1–3a	2
4	1–3a	2
5	1–8a	5
	13–16	2
	654–656	2
5c	1/2	1
5/10	1/2	1
8	1/2	1
	29–32	2
	83–92	6
8/10	1/2	1
	7/8	1
8/11	1–9a	6
8/25	1–4	2
	27–**8/30** 1a	2
8/30	7/8	1
9	1–6	3
	86–88	2
Übertrag:		61

Einzufügen:

		Zahl der Blätter:
Ordner I		
Titelblatt		1
Aichberger aktuell*		2
Inhalt I 9/10		1
2	1–6	3
	37–40a	3
	69/69a	1
	85–**2/10** 2	5
3	1–4	2
	169–170a	2
3/51	1–3a	2
4	1–3a	3
5	1–8a	6
	13–16	2
	654–656a	2
5c	1–2a	2
5/10	1/2	1
8	1/2	1
	29–32	2
	83–92a	6
8/10	1–2a	2
	7/8	1
8/11	1–9a	6
8/25	1–4	2
	27–**8/30** 1a	2
8/30	7/8	1
9	1–6a	4
	86–88a	2
Übertrag:		67

* *Aus technischen Gründen liegt das Geleitwort zur 155. EL „Aichberger aktuell" am Anfang der Lieferung, bitte ordnen Sie es wie gewohnt anstelle des Geleitworts zur 154. EL ein.*

Sozialgesetzbuch

mit Nebengesetzen, Ausführungs- und Verfahrensvorschriften

Textausgabe
mit Anmerkungen und Sachverzeichnis

Begründet und herausgegeben von

FRIEDRICH AICHBERGER †
Senatspräsident am Bayerischen Landessozialgericht

Unter Mitarbeit von Stephan Rittweger
Vors. Richter am Bayerischen Landessozialgericht

Band I

Stand: 24. Juni 2022

155. Ergänzungslieferung

C.H.BECK

Dieses Titelblatt stammt aus der 155. Ergänzungslieferung Juni 2022,
die an die 154. Ergänzungslieferung März 2022 anschließt.

ISBN 978 3 406 78289 3

Redaktioneller Hinweis: Paragraphenüberschriften in eckigen Klammern sind nichtamtlich. Sie sind ebenso wie die Fußnoten urheber- und wettbewerbsrechtlich geschützt.

Verbesserungswünsche und Fehlerhinweise sind jederzeit willkommen.

Verlag C. H. Beck oHG
Wilhelmstr. 9, 80801 München
Fax 0 89/3 81 89-5 16

www.beck.de

Gesamtwerk 978 3 406 46009 8 ergänzt bis 978 3 406 78289 3

Wilhelmstraße 9, 80801 München
Druck: Druckerei C. H. Beck Nördlingen
(Adresse wie Verlag)

CO_2 neutral
chbeck.de/nachhaltig

Gedruckt auf säurefreiem, alterungsbeständigem Papier
(hergestellt aus chlorfrei gebleichtem Zellstoff)

2. Sozialgesetzbuch (SGB) Zweites Buch (II) – Grundsicherung für Arbeitsuchende –[1] [2]

In der Fassung der Bekanntmachung vom 13. Mai 2011[3]

(BGBl. I S. 850, ber. S. 2094)

FNA 860-2

geänd. durch Art. 3a G zur Änd. des BundesversorgungsG und anderer Vorschriften v. 20.6.2011 (BGBl. I S. 1114), Art. 5 G zur Verbesserung der Eingliederungschancen am Arbeitsmarkt v. 20.12. 2011 (BGBl. I S. 2854), Art. 1a Viertes G zur Änd. des Vierten Buches Sozialgesetzbuch und anderer Gesetze v. 22.12.2011 (BGBl. I S. 3057), Art. 3 G zur Neuordnung der Altersversorgung der Bezirksschornsteinfegermeister und zur Änd. anderer Gesetze v. 5.12.2012 (BGBl. I S. 2467), Art. 1 HaushaltsbegleitG 2013 v. 20.12.2012 (BGBl. I S. 2781), Art. 2 G zur Stärkung der beruflichen Aus- und Weiterbildung in der Altenpflege v. 13.3.2013 (BGBl. I S. 446), Art. 8 EhrenamtsstärkungsG v. 21.3. 2013 (BGBl. I S. 556), Art. 9 Abs. 1 SEPA-BegleitG v. 3.4.2013 (BGBl. I S. 610), Art. 2 Abs. 12 G zur Fortentwicklung des Meldewesens v. 3.5.2013 (BGBl. I S. 1084, geänd. durch G v. 20.11.2014, BGBl. I S. 1738), Art. 1 G zur Änd. des Zweiten Buches Sozialgesetzbuch und anderer G v. 7.5.2013 (BGBl. I S. 1167), Art. 2 GKV-Finanzstruktur- und Qualitäts-WeiterentwicklungsG v. 21.7.2014 (BGBl. I S. 1133), Art. 1 Achtes ÄndG v. 28.7.2014 (BGBl. I S. 1306), Urt. des BVerfG – 2 BvR 1641/11 – v. 7.10.2014 (BGBl. I S. 1638), Art. 4 G zur Änd. des FreizügigkeitsG/EU und weiterer Vorschriften v. 2.12.2014 (BGBl. I S. 1922), Art. 2 G zur weiteren Entlastung von Ländern und Kommunen ab 2015 und zum quantitativen und qualitativen Ausbau der Kindertagesbetreuung sowie zur Änd. des LastenausgleichsG v. 22.12.2014 (BGBl. I S. 2411), Art. 2 Abs. 20 G zur Modernisierung

---

[1] Die Änderungen durch G v. 12.12.2019 (BGBl. I S. 2652) treten erst **mWv 1.1.2024**, die Änderungen durch G v. 20.8.2021 (BGBl. I S. 3932, geänd. durch G v. 19.7.2022, BGBl. I S. 921) treten erst **mWv 1.1.2024** bzw. **mWv 1.1.2025** in Kraft und sind im Text noch nicht berücksichtigt.

[2] Zum SGB II haben die Länder ua folgende Vorschriften erlassen:
- **Baden-Württemberg:** G zur Ausführung des SGB II v. 14.12.2004 (GBl. S. 907), zuletzt geänd. durch G v. 6.2.2018 (GBl. S. 6);
- **Bayern:** VO zur Ausführung der Sozialgesetze v. 8.12.2006 (GVBl. S. 942), zuletzt geänd. durch G v. 10.5.2022 (GVBl. S. 182);
- **Berlin:** G zur Ausführung des SGB II v. 15.12.2010 (GVBl. S. 557), geänd. durch G v. 13.7.2011 (GVBl. S. 344);
- **Brandenburg:** G zur Ausführung des SGB II im Land Brandenburg v. 8.12.2004 (GVBl. I S. 458), zuletzt geänd. durch G v. 18.12.2020 (GVBl. I Nr. 36);
- **Hessen:** Hessisches OFFENSIV-G v. 20.12.2004 (GVBl. I S. 488), zuletzt geänd. durch G v. 7.5. 2020 (GVBl. S. 318);
- **Mecklenburg-Vorpommern:** G des Landes Mecklenburg-Vorpommern zur Ausführung des SGB II v. 28.10.2004 (GVOBl. M-V S. 502), zuletzt geänd. durch G v. 9.4.2020 (GVOBl. M-V S. 166);
- **Niedersachsen:** Niedersächsisches G zur Ausführung des SGB II und des § 6b des BundeskindergeldG v. 16.9.2004 (Nds. GVBl. S. 358), zuletzt geänd. durch G v. 16.12.2021 (Nds. GVBl. S. 883);
- **Nordrhein-Westfalen:** G zur Ausführung des SGB II für das Land Nordrhein-Westfalen v. 16.12. 2004 (GV. NRW. S. 821), zuletzt geänd. durch G v. 1.9.2020 (GV. NRW. S. 823);
- **Rheinland-Pfalz:** LandesG zur Ausführung des SGB II v. 22.12.2004 (GVBl. S. 569), zuletzt geänd. durch G v. 18.12.2017 (GVBl. S. 331);
- **Saarland:** G zur Ausführung des SGB II und des BundeskindergeldG (AGSGB II/BKGG) v. 17.6. 2015 (Amtsbl. I S. 538), zuletzt geänd. durch G v. 16.2.2022 (Amtsbl. I S. 560);
- **Sachsen:** Sächsisches G zur Ausführung des Sozialgesetzbuches v. 6.6.2002 (SächsGVBl. S. 169), zuletzt geänd. durch G v. 31.3.2021 (SächsGVBl. S. 411);
- **Sachsen-Anhalt:** G zur Ausführung des SGB II und des BundeskindergeldG v. 20.1.2012 (GVBl. LSA S. 36, ber. S. 120), zuletzt geänd. durch G v. 23.5.2022 (GVBl. LSA S. 127);
- **Schleswig-Holstein:** G zur Ausführung des SGB II und des § 6b BundeskindergeldG v. 27.5.2011 (GVOBl. Schl.-H. S. 146), zuletzt geänd. durch VO v. 16.1.2019 (GVOBl. Schl.-H. S. 30);
- **Thüringen:** Thüringer G zur Ausführung des SGB II v. 12.7.2013 (GVBl. S. 161).

[3] Neubekanntmachung des SGB II v. 24.12.2003 (BGBl. I S. 2954) in der ab 1.4.2011 geltenden Fassung.

der Finanzaufsicht über Versicherungen v. 1.4.2015 (BGBl. I S. 434), Art. 1a Fünftes G zur Änd. des Vierten Buches Sozialgesetzbuch und anderer G v. 15.4.2015 (BGBl. I S. 583), Art. 5 G zur Förderung von Investitionen finanzschwacher Kommunen und zur Entlastung von Ländern und Kommunen bei der Aufnahme und Unterbringung von Asylbewerbern v. 24.6.2015 (BGBl. I S. 974), Art. 2 Arbeitslosenversicherungsschutz- und WeiterbildungsstärkungsG v. 18.7.2016 (BGBl. I S. 1710), Art. 1 Neuntes G zur Änd. des SGB II – Rechtsvereinfachung – sowie zur vorübergehenden Aussetzung der Insolvenzantragspflicht v. 26.7.2016 (BGBl. I S. 1824), Art. 2 IntegrationsG v. 31.7. 2016 (BGBl. I S. 1939), Art. 22 Abs. 2 6. SGB IV-ÄndG v. 11.11.2016 (BGBl. I S. 2500), Art. 2 G zur Beteiligung des Bundes an den Kosten der Integration und zur weiteren Entlastung von Ländern und Kommunen v. 1.12.2016 (BGBl. I S. 2755), Art. 1 G zur Regelung von Ansprüchen ausländischer Personen in der Grundsicherung für Arbeitsuchende nach dem SGB II und in der Sozialhilfe nach dem SGB XII v. 22.12.2016 (BGBl. I S. 3155), Art. 6 G zur Ermittlung von Regelbedarfen sowie zur Änd. des Zweiten und des Zwölften Buches Sozialgesetzbuch v. 22.12.2016 (BGBl. I S. 3159), Art. 4 BundesteilhabeG v. 23.12.2016 (BGBl. I S. 3234), Art. 158 G zum Abbau verzichtbarer Anordnungen der Schriftform im Verwaltungsrecht des Bundes v. 29.3.2017 (BGBl. I S. 626), Art. 20 G zur Änd. des BundesversorgungsG und anderer Vorschriften v. 17.7.2017 (BGBl. I S. 2541), Art. 5 Integrationskosten-BeteiligungsG v. 17.12.2018 (BGBl. I S. 2522), Art. 1 TeilhabechancenG v. 17.12.2018 (BGBl. I S. 2583), Art. 3 QualifizierungschancenG v. 18.12.2018 (BGBl. I S. 2651), Art. 3 Starke-Familien-G v. 29.4.2019 (BGBl. I S. 530), Art. 4 G zur Anpassung der Berufsausbildungsbeihilfe und des Ausbildungsgeldes v. 8.7.2019 (BGBl. I S. 1025), Art. 5 G gegen illegale Beschäftigung und Sozialleistungsmissbrauch v. 11.7.2019 (BGBl. I S. 1066), Art. 120 Zweites Datenschutz-Anpassungs- und UmsetzungsG EU v. 20.11.2019 (BGBl. I S. 1626), Art. 7 G zur Änd. des Neunten und des Zwölften Buches Sozialgesetzbuch und anderer Rechtsvorschriften v. 30.11.2019 (BGBl. I S. 1948), Urt. des BVerfG – 1 BvL 7/16 - v. 5.11.2019 (BGBl. I S. 2046), Art. 3 Integrationskosten-BeteiligungsG 2020/2021 v. 9.12.2019 (BGBl. I S. 2051), Art. 29 G zur Regelung des Sozialen Entschädigungsrechts v. 12.12.2019 (BGBl. I S. 2652, geänd. durch G v. geänd. durch G v. 20.8.2021, BGBl. I S. 3932), Art. 7 MDK-ReformG v. 14.12.2019 (BGBl. I S. 2789), Art. 1 Sozialschutz-Paket v. 27.3.2020 (BGBl. I S. 575), Art. 3 und 4 Covid-19-G zur Förderung der berufl. Weiterbildung im Strukturwandel und zur Weiterentwicklung der Ausbildungsförderung v. 20.5.2020 (BGBl. I S. 1044), Art. 13 Sozialschutz-Paket II v. 20.5.2020 (BGBl. I S. 1055), Art. 3 Siebtes G zur Änd. des Vierten Buches SGB und anderer G v. 12.6.2020 (BGBl. I S. 1248), Art. 2 GrundrentenG v. 12.8.2020 (BGBl. I S. 1879), Art. 2 Covid-19-G zur finanziellen Entlastung der Kommunen und der neuen Länder v. 6.10.2020 (BGBl. I S. 2072), Art. 4 G zur Ermittlung der Regelbedarfe und zur Änd. des Zwölften Buches Sozialgesetzbuch sowie weiterer Gesetze v. 9.12.2020 (BGBl. I S. 2855), Art. 42 Jahressteuergesetz 2020 v. 21.12.2020 (BGBl. I S. 3096), Art. 4 G Digitale Rentenübersicht v. 11.2.2021 (BGBl. I S. 154), Art. 1 Sozialschutz-Paket III v. 10.3.2021 (BGBl. I S. 335), Art. 2 TeilhabestärkungsG v. 2.6.2021 (BGBl. I S. 1387), Art. 14 G zur Novellierung des BundespersonalvertretungsG v. 9.6.2021 (BGBl. I S. 1614), Art. 6 KitafinanzhilfenänderungsG v. 25.6.2021 (BGBl. I S. 2020), Art. 3 MietspiegelreformG v. 10.8.2021 (BGBl. I S. 3515), Art. 33 und 34 G über die Entschädigung der Soldatinnen und Soldaten und zur Neuordnung des Soldatenversorgungsrechts v. 20.8.2021 (BGBl. I S. 3932), Art. 3 G zur Änd. des InfektionsschutzG und weiterer Gesetze anlässlich der Aufhebung der Feststellung der epidemischen Lage von nationaler Tragweite v. 22.11. 2021 (BGBl. I S. 4906), Covid-19-Vereinfachter-Zugang-Verlängerungsverordnung 2022 v. 10.3. 2022 (BGBl. I S. 426, 427), Art. 1 G zur Regelung eines Sofortzuschlages und einer Einmalzahlung in den sozialen Mindestsicherungssystemen sowie zur Änd. des FinanzausgleichsG und weiterer G v. 23.5.2022 (BGBl. I S. 760) und Art. 1 Elftes G zur Änd. des Zweiten Buches Sozialgesetzbuch v. 19.6.2022 (BGBl. I S. 921)

Inhaltsübersicht[1)]

Kapitel 1. Fördern und Fordern

[1)] Inhaltsübersicht geänd. mWv 1.4.2012 durch G v. 20.12.2011 (BGBl. I S. 2854); geänd. mWv 1.8.2013 durch G v. 7.5.2013 (BGBl. I S. 1167); geänd. mWv 1.1.2009, mWv 5.8.2014 und mWv 1.1.2015 durch G v. 28.7.2014 (BGBl. I S. 1306); geänd. mWv 1.8.2016 und geänd. mWv 1.1.2017 durch G v. 26.7.2016 (BGBl. I S. 1824); geänd. mWv 1.1.2019 durch G v. 17.12.2018 (BGBl. I S. 2583); geänd. mWv 26.11.2019 durch G v. 20.11.2019 (BGBl. I S. 1626); geänd. mWv 28.3.2020 durch G v. 27.3.2020 (BGBl. I S. 575); geänd. mWv 29.5.2020 durch G v. 20.5.2020 (BGBl. I S. 1044); geänd. mWv 29.5.2020 durch G v. 20.5.2020 (BGBl. I S. 1055); geänd. mWv 15.12.2020 und geänd. mWv 1.1.2021 durch G v. 9.12.2020 (BGBl. I S. 2855); geänd. mWv 1.4.2021 durch G v. →

(Fortsetzung der Anm. von voriger Seite)
10.3.2021 (BGBl. I S. 335); geänd. mWv 1.7.2021 durch G v. 25.6.2021 (BGBl. I S. 2020); geänd. mWv 24.11.2021 durch G v. 22.11.2021 (BGBl. I S. 4906); geänd. mWv 1.6.2022 durch G v. 23.5. 2022 (BGBl. I S. 760); geänd. mWv 1.7.2022 durch G v. 19.6.2022 (BGBl. I S. 921).

Kapitel 1. Fördern und Fordern

§ 1[1)] Aufgabe und Ziel der Grundsicherung für Arbeitsuchende

(1) Die Grundsicherung für Arbeitsuchende soll es Leistungsberechtigten ermöglichen, ein Leben zu führen, das der Würde des Menschen entspricht.

(2) [1] Die Grundsicherung für Arbeitsuchende soll die Eigenverantwortung von erwerbsfähigen Leistungsberechtigten und Personen, die mit ihnen in einer Bedarfsgemeinschaft leben, stärken und dazu beitragen, dass sie ihren Lebensunterhalt unabhängig von der Grundsicherung aus eigenen Mitteln und Kräften bestreiten können. [2] Sie soll erwerbsfähige Leistungsberechtigte bei der Aufnahme oder Beibehaltung einer Erwerbstätigkeit unterstützen und den Lebensunterhalt sichern, soweit sie ihn nicht auf andere Weise bestreiten können. [3] Die Gleichstellung von Männern und Frauen ist als durchgängiges Prinzip zu verfolgen. [4] Die Leistungen der Grundsicherung sind insbesondere darauf auszurichten, dass

1. durch eine Erwerbstätigkeit Hilfebedürftigkeit vermieden oder beseitigt, die Dauer der Hilfebedürftigkeit verkürzt oder der Umfang der Hilfebedürftigkeit verringert wird,
2. die Erwerbsfähigkeit einer leistungsberechtigten Person erhalten, verbessert oder wieder hergestellt wird,
3. geschlechtsspezifischen Nachteilen von erwerbsfähigen Leistungsberechtigten entgegengewirkt wird,
4. die familienspezifischen Lebensverhältnisse von erwerbsfähigen Leistungsberechtigten, die Kinder erziehen oder pflegebedürftige Angehörige betreuen, berücksichtigt werden,
5. behinderungsspezifische Nachteile überwunden werden,
6. Anreize zur Aufnahme und Ausübung einer Erwerbstätigkeit geschaffen und aufrechterhalten werden.

(3) Die Grundsicherung für Arbeitsuchende umfasst Leistungen zur

1. Beratung,
2. Beendigung oder Verringerung der Hilfebedürftigkeit insbesondere durch Eingliederung in Ausbildung oder Arbeit und
3. Sicherung des Lebensunterhalts.

(Fortsetzung nächstes Blatt)

[1)] § 1 Abs. 3 neu gef. mWv 1.8.2016 durch G v. 26.7.2016 (BGBl. I S. 1824); Abs. 2 Satz 4 Nr. 5 geänd. mWv 1.1.2022 durch G v. 2.6.2021 (BGBl. I S. 1387).

1. monatlich ein Betrag in Höhe der Regelbedarfsstufe 4, sofern sie das 18. Lebensjahr noch nicht vollendet haben,
2. monatlich ein Betrag in Höhe der Regelbedarfsstufe 3 in den übrigen Fällen.

(3) Abweichend von Absatz 2 Satz 1 ist bei Personen, die das 25. Lebensjahr noch nicht vollendet haben und ohne Zusicherung des zuständigen kommunalen Trägers nach § 22 Absatz 5 umziehen, bis zur Vollendung des 25. Lebensjahres der in Absatz 2 Satz 2 Nummer 2 genannte Betrag als Regelbedarf anzuerkennen.

(4) Haben zwei Partner der Bedarfsgemeinschaft das 18. Lebensjahr vollendet, ist als Regelbedarf für jede dieser Personen monatlich ein Betrag in Höhe der Regelbedarfsstufe 2 anzuerkennen.

§ 21[1)] Mehrbedarfe. (1) Mehrbedarfe umfassen Bedarfe nach den Absätzen 2 bis 7, die nicht durch den Regelbedarf abgedeckt sind.

(2) Bei werdenden Müttern wird nach der zwölften Schwangerschaftswoche bis zum Ende des Monats, in welchen die Entbindung fällt, ein Mehrbedarf von 17 Prozent des nach § 20 maßgebenden Regelbedarfs anerkannt.

(3) Bei Personen, die mit einem oder mehreren minderjährigen Kindern zusammenleben und allein für deren Pflege und Erziehung sorgen, ist ein Mehrbedarf anzuerkennen

1. in Höhe von 36 Prozent des nach § 20 Absatz 2 maßgebenden Bedarfs, wenn sie mit einem Kind unter sieben Jahren oder mit zwei oder drei Kindern unter 16 Jahren zusammenleben, oder
2. in Höhe von 12 Prozent des nach § 20 Absatz 2 maßgebenden Bedarfs für jedes Kind, wenn sich dadurch ein höherer Prozentsatz als nach der Nummer 1 ergibt, höchstens jedoch in Höhe von 60 Prozent des nach § 20 Absatz 2 maßgebenden Regelbedarfs.

(4) [1]Bei erwerbsfähigen Leistungsberechtigten mit Behinderungen, denen Leistungen zur Teilhabe am Arbeitsleben nach § 49 des Neunten Buches[2)] mit Ausnahme der Leistungen nach § 49 Absatz 3 Nummer 2 und 5 des Neunten Buches sowie sonstige Hilfen zur Erlangung eines geeigneten Platzes im Arbeitsleben oder Eingliederungshilfen nach § 112 des Neunten Buches erbracht werden, wird ein Mehrbedarf von 35 Prozent des nach § 20 maßgebenden Regelbedarfs anerkannt. [2]Satz 1 kann auch nach Beendigung der dort genannten Maßnahmen während einer angemessenen Übergangszeit vor allem einer Einarbeitungszeit, angewendet werden.

(5) Bei Leistungsberechtigten, die aus medizinischen Gründen einer kostenaufwändigen Ernährung bedürfen, wird ein Mehrbedarf in angemessener Höhe anerkannt.

(6) [1]Bei Leistungsberechtigten wird ein Mehrbedarf anerkannt, soweit im Einzelfall ein unabweisbarer, besonderer Bedarf besteht; bei einmaligen Bedarfen ist weitere Voraussetzung, dass ein Darlehen nach § 24 Absatz 1 ausnahms-

---

[1)] § 21 Abs. 1, Abs. 4 Satz 1 geänd. mWv 1.8.2016 durch G v. 26.7.2016 (BGBl. I S. 1824); Abs. 4 Satz 1 geänd. mWv 1.1.2018 durch G v. 23.12.2016 (BGBl. I S. 3234); Abs. 4 Satz 1 geänd. mWv 4.5.2019 durch G v. 29.4.2019 (BGBl. I S. 530); Abs. 4 Satz 1 geänd. mWv 1.1.2020; Abs. 2 geänd., Abs. 6 Satz 1 neu gef., Abs. 6a eingef., Abs. 7 Satz 2 Nr. 4 geänd., abschl. Satzteil aufgeh., Satz 3 angef. mWv 1.1.2021 durch G v. 9.12.2020 (BGBl. I S. 2855).

[2)] Nr. **9**.

weise nicht zumutbar oder wegen der Art des Bedarfs nicht möglich ist. [2]Der Mehrbedarf ist unabweisbar, wenn er insbesondere nicht durch die Zuwendungen Dritter sowie unter Berücksichtigung von Einsparmöglichkeiten der Leistungsberechtigten gedeckt ist und seiner Höhe nach erheblich von einem durchschnittlichen Bedarf abweicht.

(6a) [1]Soweit eine Schülerin oder ein Schüler aufgrund der jeweiligen schulrechtlichen Bestimmungen oder schulischen Vorgaben Aufwendungen zur Anschaffung oder Ausleihe von Schulbüchern oder gleichstehenden Arbeitsheften hat, sind sie als Mehrbedarf anzuerkennen.

(7) [1]Bei Leistungsberechtigten wird ein Mehrbedarf anerkannt, soweit Warmwasser durch in der Unterkunft installierte Vorrichtungen erzeugt wird (dezentrale Warmwassererzeugung) und deshalb keine Bedarfe für zentral bereitgestelltes Warmwasser nach § 22 anerkannt werden. [2]Der Mehrbedarf beträgt für jede im Haushalt lebende leistungsberechtigte Person jeweils

1. 2,3 Prozent des für sie geltenden Regelbedarfs nach § 20 Absatz 2 Satz 1 oder Satz 2 Nummer 2, Absatz 3 oder 4,
2. 1,4 Prozent des für sie geltenden Regelbedarfs nach § 20 Absatz 2 Satz 2 Nummer 1 oder § 23 Nummer 1 bei Leistungsberechtigten im 15. Lebensjahr,
3. 1,2 Prozent des Regelbedarfs nach § 23 Nummer 1 bei Leistungsberechtigten vom Beginn des siebten bis zur Vollendung des 14. Lebensjahres oder
4. 0,8 Prozent des Regelbedarfs nach § 23 Nummer 1 bei Leistungsberechtigten bis zur Vollendung des sechsten Lebensjahres.

[3]Höhere Aufwendungen sind abweichend von Satz 2 nur zu berücksichtigen, soweit sie durch eine separate Messeinrichtung nachgewiesen werden.

(8) Die Summe des insgesamt anerkannten Mehrbedarfs nach den Absätzen 2 bis 5 darf die Höhe des für erwerbsfähige Leistungsberechtigte maßgebenden Regelbedarfs nicht übersteigen.

§ 22[1)] Bedarfe für Unterkunft und Heizung. (1) [1]Bedarfe für Unterkunft und Heizung werden in Höhe der tatsächlichen Aufwendungen anerkannt, soweit diese angemessen sind. [2]Erhöhen sich nach einem nicht erforderlichen Umzug die Aufwendungen für Unterkunft und Heizung, wird nur der bisherige Bedarf anerkannt. [3]Soweit die Aufwendungen für die Unterkunft und Heizung den der Besonderheit des Einzelfalles angemessenen Umfang übersteigen, sind sie als Bedarf so lange anzuerkennen, wie es der oder dem alleinstehenden Leistungsberechtigten oder der Bedarfsgemeinschaft nicht möglich oder nicht zuzumuten ist, durch einen Wohnungswechsel, durch Vermieten oder auf andere Weise die Aufwendungen zu senken, in der Regel jedoch längstens für sechs Monate. [4]Eine Absenkung der nach Satz 1 unangemessenen Aufwendungen muss nicht gefordert werden, wenn diese unter Berücksichtigung der bei einem Wohnungswechsel zu erbringenden Leistungen unwirtschaftlich wäre.

(2) [1]Als Bedarf für die Unterkunft werden auch unabweisbare Aufwendungen für Instandhaltung und Reparatur bei selbst bewohntem Wohneigentum

---

[1)] § 22 Abs. 1 Satz 2 und Abs. 3 geänd., Abs. 4 neu gef., Abs. 6 Satz 1 geänd., Satz 3 neu gef., Abs. 10 angef. mWv 1.8.2016 durch G v. 26.7.2016 (BGBl. I S. 1824); Abs. 1a eingef. mWv 6.8.2016 durch G v. 31.7.2016 (BGBl. I S. 1939); Abs. 1a aufgeh. mWv 25.7.2017 durch G v. 17.7.2017 (BGBl. I S. 2541); Abs. 11 und 12 angef. mWv 1.7.2022 durch G v. 10.8.2021 (BGBl. I S. 3515).

im Sinne des § 12 Absatz 3 Satz 1 Nummer 4 anerkannt, soweit diese unter Berücksichtigung der im laufenden sowie den darauffolgenden elf Kalendermonaten anfallenden Aufwendungen insgesamt angemessen sind. [2] Übersteigen unabweisbare Aufwendungen für Instandhaltung und Reparatur den Bedarf für die Unterkunft nach Satz 1, kann der kommunale Träger zur Deckung dieses Teils der Aufwendungen ein Darlehen erbringen, das dinglich gesichert werden soll.

(3) Rückzahlungen und Guthaben, die dem Bedarf für Unterkunft und Heizung zuzuordnen sind, mindern die Aufwendungen für Unterkunft und Heizung nach dem Monat der Rückzahlung oder der Gutschrift; Rückzahlungen, die sich auf die Kosten für Haushaltsenergie oder nicht anerkannte Aufwendungen für Unterkunft und Heizung beziehen, bleiben außer Betracht.

(4) [1] Vor Abschluss eines Vertrages über eine neue Unterkunft soll die leistungsberechtigte Person die Zusicherung des für die neue Unterkunft örtlich zuständigen kommunalen Trägers zur Berücksichtigung der Aufwendungen für die neue Unterkunft einholen. [2] Der kommunale Träger ist zur Zusicherung verpflichtet, wenn die Aufwendungen für die neue Unterkunft angemessen sind.

(5) [1] Sofern Personen, die das 25. Lebensjahr noch nicht vollendet haben, umziehen, werden Bedarfe für Unterkunft und Heizung für die Zeit nach einem Umzug bis zur Vollendung des 25. Lebensjahres nur anerkannt, wenn der kommunale Träger dies vor Abschluss des Vertrages über die Unterkunft zugesichert hat. [2] Der kommunale Träger ist zur Zusicherung verpflichtet, wenn

1. die oder der Betroffene aus schwerwiegenden sozialen Gründen nicht auf die Wohnung der Eltern oder eines Elternteils verwiesen werden kann,
2. der Bezug der Unterkunft zur Eingliederung in den Arbeitsmarkt erforderlich ist oder
3. ein sonstiger, ähnlich schwerwiegender Grund vorliegt.

[3] Unter den Voraussetzungen des Satzes 2 kann vom Erfordernis der Zusicherung abgesehen werden, wenn es der oder dem Betroffenen aus wichtigem Grund nicht zumutbar war, die Zusicherung einzuholen. [4] Bedarfe für Unterkunft und Heizung werden bei Personen, die das 25. Lebensjahr noch nicht vollendet haben, nicht anerkannt, wenn diese vor der Beantragung von Leistungen in eine Unterkunft in der Absicht umziehen, die Voraussetzungen für die Gewährung der Leistungen herbeizuführen.

(6) [1] Wohnungsbeschaffungskosten und Umzugskosten können bei vorheriger Zusicherung durch den bis zum Umzug örtlich zuständigen kommunalen Träger als Bedarf anerkannt werden; Aufwendungen für eine Mietkaution und für den Erwerb von Genossenschaftsanteilen können bei vorheriger Zusicherung durch den am Ort der neuen Unterkunft zuständigen kommunalen Träger als Bedarf anerkannt werden. [2] Die Zusicherung soll erteilt werden, wenn der Umzug durch den kommunalen Träger veranlasst oder aus anderen Gründen notwendig ist und wenn ohne die Zusicherung eine Unterkunft in einem angemessenen Zeitraum nicht gefunden werden kann. [3] Aufwendungen für eine Mietkaution und für Genossenschaftsanteile sollen als Darlehen erbracht werden.

(7) [1] Soweit Arbeitslosengeld II für den Bedarf für Unterkunft und Heizung geleistet wird, ist es auf Antrag der leistungsberechtigten Person an den Ver-

mieter oder andere Empfangsberechtigte zu zahlen. [2]Es soll an den Vermieter oder andere Empfangsberechtigte gezahlt werden, wenn die zweckentsprechende Verwendung durch die leistungsberechtigte Person nicht sichergestellt ist. [3]Das ist insbesondere der Fall, wenn

1. Mietrückstände bestehen, die zu einer außerordentlichen Kündigung des Mietverhältnisses berechtigen,
2. Energiekostenrückstände bestehen, die zu einer Unterbrechung der Energieversorgung berechtigen,
3. konkrete Anhaltspunkte für ein krankheits- oder suchtbedingtes Unvermögen der leistungsberechtigten Person bestehen, die Mittel zweckentsprechend zu verwenden, oder
4. konkrete Anhaltspunkte dafür bestehen, dass die im Schuldnerverzeichnis eingetragene leistungsberechtigte Person die Mittel nicht zweckentsprechend verwendet.

[4]Der kommunale Träger hat die leistungsberechtigte Person über eine Zahlung der Leistungen für die Unterkunft und Heizung an den Vermieter oder andere Empfangsberechtigte schriftlich zu unterrichten.

(8) [1]Sofern Arbeitslosengeld II für den Bedarf für Unterkunft und Heizung erbracht wird, können auch Schulden übernommen werden, soweit dies zur Sicherung der Unterkunft oder zur Behebung einer vergleichbaren Notlage gerechtfertigt ist. [2]Sie sollen übernommen werden, wenn dies gerechtfertigt und notwendig ist und sonst Wohnungslosigkeit einzutreten droht. [3]Vermögen nach § 12 Absatz 2 Satz 1 Nummer 1 ist vorrangig einzusetzen. [4]Geldleistungen sollen als Darlehen erbracht werden.

(9) [1]Geht bei einem Gericht eine Klage auf Räumung von Wohnraum im Falle der Kündigung des Mietverhältnisses nach § 543 Absatz 1, 2 Satz 1 Nummer 3 in Verbindung mit § 569 Absatz 3 des Bürgerlichen Gesetzbuchs[1)] ein, teilt das Gericht dem örtlich zuständigen Träger nach diesem Buch oder der von diesem beauftragten Stelle zur Wahrnehmung der in Absatz 8 bestimmten Aufgaben unverzüglich Folgendes mit:

1. den Tag des Eingangs der Klage,
2. die Namen und die Anschriften der Parteien,
3. die Höhe der monatlich zu entrichtenden Miete,
4. die Höhe des geltend gemachten Mietrückstandes und der geltend gemachten Entschädigung und
5. den Termin zur mündlichen Verhandlung, sofern dieser bereits bestimmt ist.

[2]Außerdem kann der Tag der Rechtshängigkeit mitgeteilt werden. [3]Die Übermittlung unterbleibt, wenn die Nichtzahlung der Miete nach dem Inhalt der Klageschrift offensichtlich nicht auf Zahlungsunfähigkeit der Mieterin oder des Mieters beruht.

(10) [1]Zur Beurteilung der Angemessenheit der Aufwendungen für Unterkunft und Heizung nach Absatz 1 Satz 1 ist die Bildung einer Gesamtangemessenheitsgrenze zulässig. [2]Dabei kann für die Aufwendungen für Heizung der Wert berücksichtigt *werden, der bei einer* gesonderten Beurteilung der Angemessenheit der Aufwendungen für Unterkunft und der Aufwendungen

---

[1)] **Habersack, Deutsche Gesetze Nr. 20.**

für Heizung ohne Prüfung der Angemessenheit im Einzelfall höchstens anzuerkennen wäre. [3] Absatz 1 Satz 2 bis 4 gilt entsprechend.

(11) [1] Die für die Erstellung von Mietspiegeln nach § 558c Absatz 1 des Bürgerlichen Gesetzbuchs nach Landesrecht zuständigen Behörden sind befugt, die in Artikel 238 § 2 Absatz 2 Nummer 1 Buchstabe a, d und e des Einführungsgesetzes zum Bürgerlichen Gesetzbuche[1)] genannten Daten zu verarbeiten, soweit dies für die Erstellung von Übersichten über die Angemessenheit von Aufwendungen für eine Unterkunft nach Absatz 1 Satz 1 erforderlich ist. [2] Erstellen die nach Landesrecht zuständigen Behörden solche Übersichten nicht, so sind sie befugt, die Daten nach Satz 1 auf Ersuchen an die kommunalen Träger der Grundsicherung für Arbeitsuchende für ihren örtlichen Zuständigkeitsbereich zu übermitteln, soweit dies für die Erstellung von Übersichten über die Angemessenheit von Aufwendungen für die Unterkunft erforderlich ist. [3] Werden den kommunalen Trägern der Grundsicherung für Arbeitsuchende die Übersichten nicht zur Verfügung gestellt, so sind sie befugt, die Daten nach Satz 1 für ihren örtlichen Zuständigkeitsbereich bei den nach Landesrecht für die Erstellung von Mietspiegeln zuständigen Behörden zu erheben und in sonstiger Weise zu verarbeiten, soweit dies für die Erstellung von Übersichten über und die Bestimmung der Angemessenheit von Aufwendungen für die Unterkunft nach Absatz 1 Satz 1 erforderlich ist.

(12) [1] Die Daten nach Absatz 11 Satz 1 und 3 sind zu löschen, wenn sie für die dort genannten Zwecke nicht mehr erforderlich sind.

§ 22a Satzungsermächtigung. (1) [1] Die Länder können die Kreise und kreisfreien Städte durch Gesetz ermächtigen oder verpflichten, durch Satzung zu

(Fortsetzung nächstes Blatt)

[1)] **Habersack, Deutsche Gesetze Nr. 21.**

Zuweisung wird die Zahl der erwerbsfähigen Leistungsberechtigten nach diesem Buch zugrunde gelegt. [3] Das Bundesministerium für Arbeit und Soziales kann im Einvernehmen mit dem Bundesministerium der Finanzen durch Rechtsverordnung[1)] ohne Zustimmung des Bundesrates andere oder ergänzende Maßstäbe für die Verteilung der Mittel nach Absatz 1 Satz 4 festlegen.

(3) [1] Der Anteil des Bundes an den Gesamtverwaltungskosten der gemeinsamen Einrichtungen beträgt 84,8 Prozent. [2] Durch Rechtsverordnung[2)] mit Zustimmung des Bundesrates kann das Bundesministerium für Arbeit und Soziales im Einvernehmen mit dem Bundesministerium der Finanzen festlegen, nach welchen Maßstäben

1. kommunale Träger die Aufwendungen der Grundsicherung für Arbeitsuchende bei der Bundesagentur abrechnen, soweit sie Aufgaben nach § 6 Absatz 1 Satz 1 Nummer 1 wahrnehmen,
2. die Gesamtverwaltungskosten, die der Berechnung des Finanzierungsanteils nach Satz 1 zugrunde liegen, zu bestimmen sind.

(4) *(aufgehoben)*

(5) [1] Der Bund beteiligt sich zweckgebunden an den Ausgaben für die Leistungen für Unterkunft und Heizung nach § 22 Absatz 1[3)]. [2] Der Bund beteiligt sich höchstens mit 74 Prozent an den bundesweiten Ausgaben für die Leistungen nach § 22 Absatz 1. [3] Es gelten landesspezifische Beteiligungsquoten, deren Höhe sich nach den Absätzen 6 bis 10 bestimmt.

(6) Der Bund beteiligt sich an den Ausgaben für die Leistungen nach § 22 Absatz 1 ab dem Jahr 2016

1. im Land Baden-Württemberg mit 31,6 Prozent,
2. im Land Rheinland-Pfalz mit 37,6 Prozent sowie
3. in den übrigen Ländern mit 27,6 Prozent.

(7) Die in Absatz 6 genannten Prozentsätze erhöhen sich jeweils

1. im Jahr 2018 um 7,9 Prozentpunkte,
2. im Jahr 2019 um 3,3 Prozentpunkte,
3. im Jahr 2020 um 27,7 Prozentpunkte,
4. im Jahr 2021 um 26,2 Prozentpunkte sowie
5. ab dem Jahr 2022 um 35,2 Prozentpunkte.

(8) [1] Die in Absatz 6 genannten Prozentsätze erhöhen sich jeweils um einen landesspezifischen Wert in Prozentpunkten[4)]. [2] Dieser entspricht den Gesamtausgaben des jeweiligen Landes für die Leistungen nach § 28 dieses Gesetzes sowie nach § 6b des Bundeskindergeldgesetzes[5)] des abgeschlossenen Vorjahres geteilt durch die Gesamtausgaben des jeweiligen Landes für die Leistungen nach § 22 Absatz 1 des abgeschlossenen Vorjahres multipliziert mit 100.

[1)] Siehe hierzu ua die Eingliederungsmittel-Verordnung 2022 v. 17.12.2021 (BAnz AT 27.12.2021 V1).

[2)] Siehe hierzu ua die VerwaltungskostenfeststellungsVO (VKFV) idF der Bek. v. 19.3.2019 (BGBl. I S. 378), zuletzt geänd. durch VO v. 9.12.2019 (BGBl. I S. 2142).

[3)] Siehe hierzu ua die Bundesbeteiligungs-FestlegungsVO 2020 v. 15.6.2020 (BGBl. I S. 1234), geänd. durch G v. 6.10.2020 (BGBl. I S. 2072).

[4)] Siehe hierzu die Bundesbeteiligungs-FestlegungsVO 2020 v. 15.6.2020 (BGBl. I S. 1234), geänd. durch G v. 6.10.2020 (BGBl. I S. 2072).

[5)] Nr. **8/10**.

(9) Die in Absatz 6 genannten Prozentsätze erhöhen sich in den Jahren 2016 bis 2021 jeweils um einen weiteren landesspezifischen Wert in Prozentpunkten[1)].

(10) [1] Das Bundesministerium für Arbeit und Soziales wird ermächtigt, durch Rechtsverordnung mit Zustimmung des Bundesrates

1. die landesspezifischen Werte nach Absatz 8 Satz 1 jährlich für das Folgejahr festzulegen und für das laufende Jahr rückwirkend anzupassen,
2. die weiteren landesspezifischen Werte nach Absatz 9
   a) im Jahr 2019 für das Jahr 2020 festzulegen sowie für das laufende Jahr 2019 und das Vorjahr 2018 rückwirkend anzupassen,
   b) im Jahr 2020 für das Jahr 2021 festzulegen sowie für das laufende Jahr 2020 und das Vorjahr 2019 rückwirkend anzupassen,
   c) im Jahr 2021 für das laufende Jahr 2021 und das Vorjahr 2020 rückwirkend anzupassen,
   d) im Jahr 2022 für das Vorjahr 2021 rückwirkend anzupassen sowie
3. die landesspezifischen Beteiligungsquoten jährlich für das Folgejahr festzulegen und für das laufende Jahr rückwirkend anzupassen sowie in den Jahren 2019 bis 2022 für das jeweilige Vorjahr rückwirkend anzupassen.

[2] Die Festlegung und Anpassung der Werte nach Satz 1 Nummer 1 erfolgen in Höhe des jeweiligen Wertes nach Absatz 8 Satz 2 des abgeschlossenen Vorjahres. [3] Für die Festlegung und Anpassung der Werte nach Satz 1 Nummer 2 werden auf der Grundlage statistischer Daten die Vorjahresausgaben eines Landes für Leistungen nach § 22 Absatz 1 für solche Bedarfsgemeinschaften ermittelt, in denen mindestens eine erwerbsfähige leistungsberechtigte Person, die nicht vor Oktober 2015 erstmals leistungsberechtigt war, über eine Aufenthaltsgestattung, eine Duldung oder eine Aufenthaltserlaubnis aus völkerrechtlichen, humanitären oder politischen Gründen nach den §§ 22 bis 26 des Aufenthaltsgesetzes[2)] verfügt. [4] Bei der Ermittlung der Vorjahresausgaben nach Satz 3 ist nur der Teil zu berücksichtigen, der nicht vom Bund auf Basis der geltenden landesspezifischen Werte nach Absatz 6 erstattet wurde. [5] Die Festlegung und Anpassung der Werte nach Satz 1 Nummer 2 erfolgen in Höhe des prozentualen Verhältnisses der nach den Sätzen 3 und 4 abgegrenzten Ausgaben zu den entsprechenden Vorjahresausgaben eines Landes für die Leistungen nach § 22 Absatz 1 für alle Bedarfsgemeinschaften. [6] Soweit die Festlegung und Anpassung nach Satz 1 Nummer 1 und 2 zu landesspezifischen Beteiligungsquoten führen, auf Grund derer sich der Bund mit mehr als 74 Prozent an den bundesweiten Gesamtausgaben für die Leistungen nach § 22 Absatz 1 beteiligt, sind die Werte nach Absatz 7 proportional in dem Umfang zu mindern, dass die Beteiligung an den bundesweiten Gesamtausgaben für die Leistungen nach § 22 Absatz 1 nicht mehr als 74 Prozent beträgt. [7] Soweit eine vollständige Minderung nach Satz 6 nicht ausreichend ist, sind anschließend die Werte nach Absatz 9 proportional in dem Umfang zu mindern, dass die Beteiligung an den bundesweiten Gesamtausgaben für die Leistungen nach § 22 Absatz 1 nicht mehr als 74 Prozent beträgt.

(11) [1] Die Anteile des Bundes an den Leistungen nach § 22 Absatz 1 werden den Ländern erstattet. [2] Der Abruf der Erstattungen ist höchstens zweimal

---

[1)] Siehe hierzu die Bundesbeteiligungs-FestlegungsVO 2020 v. 15.6.2020 (BGBl. I S. 1234), geänd. durch G v. 6.10.2020 (BGBl. I S. 2072).

[2)] **Sartorius Nr. 565.**

3. die Maßnahme begonnen hat, wenn die Leistung bis zum Beginn der Maßnahme beantragt worden ist.

(2) Ist eine Leistung nur für einen begrenzten Zeitraum zuerkannt worden, richtet sich eine Verlängerung nach den zum Zeitpunkt der Entscheidung über die Verlängerung geltenden Vorschriften.

§ 67[1] **Vereinfachtes Verfahren für den Zugang zu sozialer Sicherung aus Anlass der COVID-19-Pandemie; Verordnungsermächtigung.**

(1) Leistungen für Bewilligungszeiträume, die in der Zeit vom 1. März 2020 bis zum *31. März 2022*[2] beginnen, werden nach Maßgabe der Absätze 2 bis 4 erbracht.

(2) [1] Abweichend von den §§ 9, 12 und 19 Absatz 3 wird Vermögen für die Dauer von sechs Monaten nicht berücksichtigt. [2] Satz 1 gilt nicht, wenn das Vermögen erheblich ist; es wird vermutet, dass kein erhebliches Vermögen vorhanden ist, wenn die Antragstellerin oder der Antragsteller dies im Antrag erklärt.

(3) [1] § 22 Absatz 1 ist mit der Maßgabe anzuwenden, dass die tatsächlichen Aufwendungen für Unterkunft und Heizung für die Dauer von sechs Monaten als angemessen gelten. [2] Nach Ablauf des Zeitraums nach Satz 1 ist § 22 Absatz 1 Satz 3 mit der Maßgabe anzuwenden, dass der Zeitraum nach Satz 1 nicht auf die in § 22 Absatz 1 Satz 3 genannte Frist anzurechnen ist. [3] Satz 1 gilt nicht in den Fällen, in denen im vorangegangenen Bewilligungszeitraum die angemessenen und nicht die tatsächlichen Aufwendungen als Bedarf anerkannt wurden.

(4) [1] Sofern über die Leistungen nach § 41a Absatz 1 Satz 1 vorläufig zu entscheiden ist, ist über den Anspruch auf Leistungen zur Sicherung des Lebensunterhalts abweichend von § 41 Absatz 3 Satz 1 und 2 für sechs Monate zu entscheiden. [2] In den Fällen des Satzes 1 entscheiden die Träger der Grundsicherung für Arbeitsuchende für Bewilligungszeiträume, die bis zum 31. März 2021 begonnen haben, abweichend von § 41a Absatz 3 nur auf Antrag abschließend über den monatlichen Leistungsanspruch.

(5) Die Bundesregierung wird ermächtigt, den in Absatz 1 genannten Zeitraum durch Rechtsverordnung ohne Zustimmung des Bundesrates längstens bis zum 31. Dezember 2022 zu verlängern.

§ 68[3] **Regelungen zu Bedarfen für Bildung aus Anlass der COVID-19-Pandemie.** [1] Abweichend von § 28 Absatz 6 Satz 1 kommt es im Zeitraum vom 1. März 2020 bis zur Aufhebung der Feststellung einer epidemischen Lage

---

[1] § 67 neu gef. mWv 28.3.2020 durch G v. 27.3.2020 (BGBl. I S. 575); Überschr. geänd. mWv 29.5.2020 durch G v. 20.5.2020 (BGBl. I S. 1055); Abs. 1 geänd., Abs. 5 aufgeh. mWv 1.1.2021 durch G v. 9.12.2020 (BGBl. I S. 2855); Überschrift, Abs. 1 und Abs. 4 Satz 2 geänd., Abs. 6 aufgeh. mWv 1.4.2021 durch G v. 10.3.2021 (BGBl. I S. 335); Überschrift und Abs. 1 geänd., Abs. 5 neu gef. mWv 24.11.2021 durch G v. 22.11.2021 (BGBl. I S. 4906); Abs. 1 geänd. mWv 18.3.2022 durch VO v. 10.3.2022 (BGBl. I S. 426, 427).

[2] Gem. Art. 1 § 1 Abs. 1 VO zur Verlängerung des Zeitraums für das vereinfachte Verfahren für den Zugang zu den Grundsicherungssystemen und für den Mehrbedarf für die gemeinschaftliche Mittagsverpflegung für Menschen mit Behinderungen aus Anlass der COVID-19-Pandemie (VZVV) v. 10.3.2022 (BGBl. I S. 426, 427) werden die in § 67 Abs. 1 genannten Zeiträume bis zum 31. Dezember 2022 verlängert.

[3] § 68 neu gef. mWv 29.5.2020 durch G v. 20.5.2020 (BGBl. I S. 1055); Abs. 1 Satz 1 geänd. mWv 1.1.2021 durch G v. 9.12.2020 (BGBl. I S. 2855); Überschrift, Abs. 1 Satz 1 geänd., Abs. 2 aufgeh. mWv 1.4.2021 durch G v. 10.3.2021 (BGBl. I S. 335).

von nationaler Tragweite wegen der dynamischen Ausbreitung der Coronavirus-Krankheit-2019 (COVID-19) nach § 5 Absatz 1 Satz 2 des Infektionsschutzgesetzes[1)] durch den Deutschen Bundestag, längstens jedoch bis zum Ablauf des 31. Dezember 2021, auf eine Gemeinschaftlichkeit der Mittagsverpflegung nicht an[2)]. [2] Zu den Aufwendungen im Sinne des § 28 Absatz 6 Satz 1 zählen bei den Leistungsberechtigten anfallende Zahlungsverpflichtungen auch, wenn sie pandemiebedingt in geänderter Höhe oder aufgrund abweichender Abgabewege berechnet werden. [3] Dies umfasst auch die Kosten einer Belieferung. [4] § 28 Absatz 6 Satz 2 findet keine Anwendung.

§ 69[3)] Übergangsregelung zum Freibetrag für Grundrentenzeiten und vergleichbare Zeiten. Über die Erbringung der Leistungen zur Sicherung des Lebensunterhalts ist ohne Berücksichtigung eines möglichen Freibetrages nach § 11b Absatz 2a in Verbindung mit § 82a des Zwölften Buches[4)] zu entscheiden, solange nicht durch eine Mitteilung des Rentenversicherungsträgers oder einer berufsständischen Versicherungs- oder Versorgungseinrichtung nachgewiesen ist, dass die Voraussetzungen für die Einräumung des Freibetrages vorliegen.

§ 70[5)] Einmalzahlung aus Anlass der COVID-19-Pandemie. [1] Leistungsberechtigte, die für den Monat Mai 2021 Anspruch auf Arbeitslosengeld II oder Sozialgeld haben und deren Bedarf sich nach Regelbedarfsstufe 1 oder 2 richtet, erhalten für den Zeitraum vom 1. Januar 2021 bis zum 30. Juni 2021 zum Ausgleich der mit der COVID-19-Pandemie in Zusammenhang stehenden Mehraufwendungen eine Einmalzahlung in Höhe von 150 Euro. [2] Satz 1 gilt auch für Leistungsberechtigte, deren Bedarf sich nach Regelbedarfsstufe 3 richtet, sofern bei ihnen kein Kindergeld als Einkommen berücksichtigt wird.

§ 71[6)] Kinderfreizeitbonus und weitere Regelung aus Anlass der COVID-19-Pandemie. (1) [1] Abweichend von § 37 Absatz 1 Satz 2 gilt der Antrag auf Leistungen nach § 28 Absatz 5 in der Zeit vom 1. Juli 2021 bis zum Ablauf des 31. Dezember 2023 als von dem Antrag auf Leistungen zur Sicherung des Lebensunterhalts mit umfasst. [2] Dies gilt für ab dem 1. Juli 2021 entstehende Lernförderungsbedarfe auch dann, wenn die jeweiligen Bewilligungszeiträume nur teilweise in den in Satz 1 genannten Zeitraum fallen, weil sie entweder bereits vor dem 1. Juli 2021 begonnen haben oder erst nach dem 31. Dezember 2023 enden.

(2) [1] Leistungsberechtigte, die für den Monat August 2021 Anspruch auf Arbeitslosengeld II oder Sozialgeld und das 18. Lebensjahr noch nicht vollendet haben, erhalten eine Einmalzahlung in Höhe von 100 Euro. [2] Satz 1 gilt nicht für Leistungsberechtigte, für die im Monat August 2021 Kinderzuschlag nach § 6a des Bundeskindergeldgesetzes[7)] gezahlt wird. [3] Eines gesonderten Antrags bedarf es nicht. [4] Erhält die leistungsberechtigte Person Arbeitslosengeld II oder

---

[1)] **Sartorius ErgBd. Nr. 285.**

[2)] Siehe hierzu ua die Vereinfachter-Zugang-VerlängerungsVO v. 25.6.2020 (BGBl. I S. 1509), geänd. durch VO v. 16.9.2020 (BGBl. I S. 2001).

[3)] § 69 *neu gef. mWv 1.1.2021 durch G v. 9.12.2020* (BGBl. I S. 2855).

[4)] Nr. **12**.

[5)] § 70 neu gef. mWv 1.4.2021 durch G v. 10.3.2021 (BGBl. I S. 335).

[6)] § 71 neu gef. mWv 1.7.2021 durch G v. 25.6.2021 (BGBl. I S. 2020).

[7)] Nr. **8/10**.

Sozialgeld in zwei Bedarfsgemeinschaften, wird die Leistung nach Satz 1 in der Bedarfsgemeinschaft erbracht, in der das Kindergeld für die leistungsberechtigte Person berücksichtigt wird.

§ 72[1)] Sofortzuschlag. (1) [1] Kinder, Jugendliche und junge Erwachsene, die Anspruch auf Arbeitslosengeld II oder Sozialgeld haben, dem ein Regelbedarf nach den Regelbedarfsstufen 3, 4, 5 oder 6 zu Grunde liegt, haben zusätzlich Anspruch auf einen monatlichen Sofortzuschlag in Höhe von 20 Euro. [2] Satz 1 gilt auch für Kinder, Jugendliche und junge Erwachsene, die

1. nur einen Anspruch auf eine Bildungs- und Teilhabeleistung haben oder
2. nur deshalb keinen Anspruch auf Arbeitslosengeld II oder Sozialgeld haben, weil im Rahmen der Prüfung der Hilfebedürftigkeit Kindergeld berücksichtigt wurde (§ 11 Absatz 1 Satz 5).

[3] Der Sofortzuschlag wird erstmalig für den Monat Juli 2022 erbracht.

(2) [1] Wird die Entscheidung über die Bewilligung von Arbeitslosengeld II, Sozialgeld oder der Bildungs- und Teilhabeleistung rückwirkend geändert oder fällt sie rückwirkend weg, erfolgt keine rückwirkende Aufhebung der Bewilligung und keine Rückforderung des Sofortzuschlages. [2] Dies gilt auch, wenn sich aufgrund einer abschließenden Entscheidung nach § 41a Absatz 3 kein Anspruch auf Arbeitslosengeld II, Sozialgeld oder eine Bildungs- und Teilhabeleistung ergibt.

(3) § 42 Absatz 4 gilt auch für den Anspruch auf den Sofortzuschlag.

§ 73[1)] Einmalzahlung für den Monat Juli 2022. Leistungsberechtigte, die für den Monat Juli 2022 Anspruch auf Arbeitslosengeld II oder Sozialgeld haben und deren Bedarf sich nach der Regelbedarfsstufe 1 oder 2 richtet, erhalten für diesen Monat zum Ausgleich der mit der COVID-19-Pandemie in Zusammenhang stehenden Mehraufwendungen eine Einmalzahlung in Höhe von 200 Euro.

§ 74[1)] Ansprüche von Ausländerinnen und Ausländern mit einer Fiktionsbescheinigung. (1) [1] Abweichend von § 7 Absatz 1 Satz 2 Nummer 1 und 2 erhalten Leistungen nach diesem Buch auch Personen, die gemäß § 49 des Aufenthaltsgesetzes[2)] erkennungsdienstlich behandelt worden sind, eine Aufenthaltserlaubnis nach § 24 Absatz 1 des Aufenthaltsgesetzes[2)] beantragt haben und denen eine entsprechende Fiktionsbescheinigung nach § 81 Absatz 5 in Verbindung mit Absatz 3 des Aufenthaltsgesetzes[2)] ausgestellt worden ist. [2] § 7 Absatz 1 Satz 1 Nummer 4 und § 8 Absatz 2 sind nicht anzuwenden. [3] Der Bewilligungszeitraum ist abweichend von § 41 Absatz 3 Satz 1 auf längstens sechs Monate zu verkürzen.

(2) Absatz 1 gilt auch für Personen, die gemäß § 49 des Aufenthaltsgesetzes[2)] erkennungsdienstlich behandelt worden sind, eine Aufenthaltserlaubnis nach § 24 Absatz 1 des Aufenthaltsgesetzes[2)] beantragt haben und denen daher eine entsprechende Fiktionsbescheinigung nach § 81 Absatz 5 in Verbindung mit Absatz 4 des Aufenthaltsgesetzes[3)] ausgestellt worden ist.

[1)] §§ 72–74 neu gef. mWv 1.6.2022 durch G v. 23.5.2022 (BGBl. I S. 760).
[2)] **Sartorius Nr. 565.**
[3)] Auszugsweise abgedruckt unter Nr. **3/51**.

(3) [1] Die Absätze 1 und 2 sind bei Personen, denen nach dem 24. Februar 2022 und vor dem 1. Juni 2022 auf Grund eines Antrages auf eine Aufenthaltserlaubnis nach § 24 Absatz 1 des Aufenthaltsgesetzes[1)] eine entsprechende Fiktionsbescheinigung nach § 81 Absatz 5 in Verbindung mit Absatz 3 oder Absatz 4 des Aufenthaltsgesetzes[1)] ausgestellt worden ist, mit der Maßgabe anzuwenden, dass anstelle der erkennungsdienstlichen Behandlung die Speicherung der Daten nach § 3 Absatz 1 des AZR-Gesetzes[2)] erfolgt ist. [2] Eine nicht durchgeführte erkennungsdienstliche Behandlung nach § 49 des Aufenthaltsgesetzes[1)] oder nach § 16 des Asylgesetzes[3)] ist in diesen Fällen durch die zuständige Behörde bis zum Ablauf des 31. Oktober 2022 nachzuholen.

(4) Das Erfordernis des Nachholens einer erkennungsdienstlichen Behandlung in Absatz 3 gilt nicht, soweit eine erkennungsdienstliche Behandlung nach § 49 des Aufenthaltsgesetzes[1)] nicht vorgesehen ist.

(5) [1] In der Zeit vom 1. Juni 2022 bis einschließlich 31. August 2022 gilt der Antrag auf Leistungen zur Sicherung des Lebensunterhalts nach diesem Buch für Leistungsberechtigte nach § 18 des Asylbewerberleistungsgesetzes[4)] als gestellt. [2] Die Leistungen nach diesem Buch sind gegenüber den Leistungen nach § 18 des Asylbewerberleistungsgesetzes vorrangig. [3] Wenn die Träger der Grundsicherung für Arbeitsuchende Leistungsberechtigten nach § 18 des Asylbewerberleistungsgesetzes laufende Leistungen zur Sicherung des Lebensunterhalts bewilligt haben, haben sie den Zeitpunkt der Aufnahme der laufenden Leistungsgewährung den für die Durchführung des Asylbewerberleistungsgesetzes zuständigen Behörden unverzüglich anzuzeigen. [4] Der für die Durchführung des Asylbewerberleistungsgesetzes zuständigen Behörde stehen Erstattungsansprüche nach Maßgabe des § 104 des Zehnten Buches[5)] zu.

§ 75[6)] *(aufgehoben)*

§ 76[7)] Gesetz zur Weiterentwicklung der Organisation der Grundsicherung für Arbeitsuchende. (1) Nimmt im Gebiet eines kommunalen Trägers nach § 6 Absatz 1 Satz 1 Nummer 2 mehr als eine Arbeitsgemeinschaft nach § 44b in der bis zum 31. Dezember 2010 geltenden Fassung die Aufgaben nach diesem Buch wahr, kann insoweit abweichend von § 44b Absatz 1 Satz 1 mehr als eine gemeinsame Einrichtung gebildet werden.

(2) [1] Bei Wechsel der Trägerschaft oder der Organisationsform tritt der zuständige Träger oder die zuständige Organisationsform an die Stelle des bisherigen Trägers oder der bisherigen Organisationsform; dies gilt auch für laufende Verwaltungs- und Gerichtsverfahren. [2] Die Träger teilen sich alle Tatsachen mit, die zur Vorbereitung eines Wechsels der Organisationsform erforderlich sind. [3] Sie sollen sich auch die zu diesem Zweck erforderlichen Sozialdaten in automatisierter und standardisierter Form übermitteln.

---

1) **Sartorius Nr. 565.**
2) **Sartorius ErgBd. Nr. 569.**
3) **Sartorius Nr. 567.**
4) Nr. **12/50**.
5) Nr. **10**.
6) § 75 aufgeh. mWv 1.8.2016 durch G v. 26.7.2016 (BGBl. I S. 1824).
7) § 76 Abs. 1, 4, 5 und 6 aufgeh., bish. Abs. 2 wird Abs. 1, bish. Abs. 3 wird Abs. 2 mWv 1.8.2016 durch G v. 26.7.2016 (BGBl. I S. 1824).

§ 77[1)] Gesetz zur Ermittlung von Regelbedarfen und zur Änderung des Zweiten und Zwölften Buches[2)] Sozialgesetzbuch. (1) § 7 Absatz 4a in der bis zum 31. Dezember 2010 geltenden Fassung gilt weiter bis zum Inkrafttreten einer nach § 13 Absatz 3 erlassenen Rechtsverordnung.

(2) Abweichend von § 11a Absatz 3 Satz 2 Nummer 2 sind bis zum 31. Dezember 2011 die Leistungen nach § 23 des Achten Buches[3)] als Einkommen zu berücksichtigen

1. für das erste und zweite Pflegekind nicht,
2. für das dritte Pflegekind zu 75 Prozent und
3. für das vierte und jedes weitere Pflegekind vollständig.

(3) § 30 in der bis zum 31. Dezember 2010 geltenden Fassung ist für Einkommen aus Erwerbstätigkeit, das im Zeitraum vom 1. Januar 2011 bis zum 31. März 2011 zufließt, weiter anzuwenden und gilt anstelle des § 11b Absatz 3 weiter für Bewilligungszeiträume (§ 41 Satz 4), die vor dem 1. Juli 2011 beginnen, längstens jedoch bis zur Aufnahme einer Erwerbstätigkeit ab dem 1. Juli 2011.

(4) Für die Regelbedarfe nach § 20 Absatz 2 Satz 2 Nummer 1 und § 23 Nummer 1 tritt an die Stelle der Beträge nach

1. § 20 Absatz 2 Satz 2 Nummer 1 der Betrag von 287 Euro,
2. § 23 Nummer 1 für Leistungsberechtigte bis zur Vollendung des sechsten Lebensjahres der Betrag von 215 Euro,
3. § 23 Nummer 1 für Leistungsberechtigte vom Beginn des siebten bis zur Vollendung des 14. Lebensjahres der Betrag von 251 Euro,
4. § 23 Nummer 1 für Leistungsberechtigte im 15. Lebensjahr der Betrag von 287 Euro,

solange sich durch die Fortschreibung der Beträge nach § 20 Absatz 2 Satz 2 Nummer 1 und § 23 Nummer 1 nach § 20 Absatz 5 jeweils kein höherer Betrag ergibt.

(5) § 21 ist bis zum 31. Dezember 2011 mit der Maßgabe anzuwenden, dass Beträge, die nicht volle Euro-Beträge ergeben, bei einem Betrag von unter 0,50 Euro abzurunden und von 0,50 Euro an aufzurunden sind.

(6) Sofern Leistungen ohne Berücksichtigung der tatsächlichen Aufwendungen für die Erzeugung von Warmwasser festgesetzt wurden, weil sie nach den §§ 20 und 28 in der bis zum 31. Dezember 2010 geltenden Fassung mit der Regelleistung zur Sicherung des Lebensunterhalts abgegolten waren, ist der Verwaltungsakt, auch nachdem er unanfechtbar geworden ist, bis zum Ablauf eines Monats nach dem Ende des Bewilligungszeitraums zurückzunehmen und die Nachzahlung zu erbringen.

(7) Der Bedarf nach § 28 Absatz 3 wird erstmals zum 1. August 2011 anerkannt.

(8) Werden Leistungen für Bedarfe nach § 28 Absatz 2 und 4 bis 7 für den Zeitraum vom 1. Januar bis zum 31. Mai 2011 bis zum 30. Juni 2011 rück-

---

1) § 77 Abs. 8 und 9, Abs. 11 Sätze 2 und 3 neu gef. mWv 1.1.2011 durch G v. 20.6.2011 (BGBl. I S. 1114).

2) Nr. **12**.

3) Nr. **8**.

wirkend beantragt, gilt dieser Antrag abweichend von § 37 Absatz 2 Satz 2 als zum 1. Januar 2011 gestellt.

(9) [1] In den Fällen des Absatzes 8 sind Leistungen für die Bedarfe nach § 28 Absatz 2 Satz 1 Nummer 1, Satz 2 und Absatz 5 für den Zeitraum vom 1. Januar bis zum 31. Mai 2011 abweichend von § 29 Absatz 1 Satz 1 durch Direktzahlung an den Anbieter zu erbringen, wenn bei der leistungsberechtigten Person noch keine Aufwendungen zur Deckung dieser Bedarfe entstanden sind. [2] Soweit die leistungsberechtigte Person in den Fällen des Absatzes 8 nachweist, dass ihr bereits Aufwendungen zur Deckung der in Satz 1 genannten Bedarfe entstanden sind, werden diese Aufwendungen abweichend von § 29 Absatz 1 Satz 1 durch Geldleistung an die leistungsberechtigte Person erstattet.

(10) Auf Klassenfahrten im Rahmen der schulrechtlichen Bestimmungen, an denen Schülerinnen und Schüler in der Zeit vom 1. Januar bis zum 29. März 2011 teilgenommen haben, ist § 23 Absatz 3 Satz 1 Nummer 3 und Satz 2 bis 4 in der bis zum 31. Dezember 2010 geltenden Fassung anstelle des § 19 Absatz 3 Satz 3 und des § 28 Absatz 2 Satz 1 Nummer 2 anzuwenden.

(11) [1] Für Schülerinnen und Schüler, die eine Schule besuchen, an der eine gemeinschaftliche Mittagsverpflegung in schulischer Verantwortung angeboten wird, sowie für Kinder, für die Kindertagespflege geleistet wird oder die eine Tageseinrichtung besuchen, an der eine gemeinschaftliche Mittagsverpflegung angeboten wird, werden die entstehenden Mehraufwendungen abweichend von § 28 Absatz 6 für die Zeit vom 1. Januar bis zum 31. März 2011 in Höhe von monatlich 26 Euro berücksichtigt. [2] Bei Leistungsberechtigten bis zur Vollendung des 18. Lebensjahres, denen für die Zeit vom 1. Januar bis zum 31. März 2011 Aufwendungen für Teilhabe am sozialen und kulturellen Leben entstanden sind, werden abweichend von § 28 Absatz 7 als Bedarf monatlich 10 Euro berücksichtigt. [3] Die im Zeitraum vom 1. Januar bis zum 31. März 2011 nach den Sätzen 1 und 2 zu berücksichtigenden Bedarfe werden abweichend von § 29 Absatz 1 Satz 1 durch Geldleistung gedeckt; die im Zeitraum vom 1. April bis zum 31. Mai 2011 nach den Sätzen 1 und 2 zu berücksichtigenden Bedarfe können in den Fällen des Absatzes 8 abweichend von § 29 Absatz 1 Satz 1 auch durch Geldleistung gedeckt werden. [4] Bis zum 31. Dezember 2013 gilt § 28 Absatz 6 Satz 2 mit der Maßgabe, dass die Mehraufwendungen auch berücksichtigt werden, wenn Schülerinnen und Schüler das Mittagessen in einer Einrichtung nach § 22 des Achten Buches einnehmen.

(12) § 31 in der bis zum 31. März 2011 geltenden Fassung ist weiterhin anzuwenden für Pflichtverletzungen, die vor dem 1. April 2011 begangen worden sind.

(13) § 40 Absatz 1 Satz 2 ist nicht anwendbar auf Anträge nach § 44 des Zehnten Buches[1)], die vor dem 1. April 2011 gestellt worden sind.

(14) § 41 Absatz 2 Satz 2 ist bis zum 31. Dezember 2011 mit der Maßgabe anzuwenden, dass bei einer auf zwei Dezimalstellen durchzuführenden Berechnung weitere sich ergebende Dezimalstellen wegfallen.

§ 78[2)] Gesetz zur Verbesserung der Eingliederungschancen am Arbeitsmarkt. *Bei der Ermittlung* der Zuweisungshöchstdauer nach § 16d Ab-

---

[1)] Nr. **10**.
[2)] § 78 angef. mWv 1.4.2012 durch G v. 20.12.2011 (BGBl. I S. 2854).

satz 6 werden Zuweisungsdauern, die vor dem 1. April 2012 liegen, nicht berücksichtigt.

§ 79[1] **Achtes Gesetz zur Änderung des Zweiten Buches**[2] **Sozialgesetzbuch – Ergänzung personalrechtlicher Bestimmungen.** (1) Hat ein nach § 40a zur Erstattung verpflichteter Sozialleistungsträger in der Zeit vom 31. Oktober 2012 bis zum 5. Juni 2014 in Unkenntnis des Bestehens der Erstattungspflicht bereits an die leistungsberechtigte Person geleistet, entfällt der Erstattungsanspruch.

(2) Eine spätere Zuweisung von Tätigkeiten in den gemeinsamen Einrichtungen, die nach § 44g Absatz 2 in der bis zum 31. Dezember 2014 geltenden Fassung erfolgt ist, gilt fort.

§ 80[3] **Neuntes Gesetz zur Änderung des Zweiten Buches Sozialgesetzbuch – Rechtsvereinfachung – sowie zur vorübergehenden Aussetzung der Insolvenzantragspflicht.** (1) § 41 Absatz 1 Satz 4 und 5 in der bis zum 31. Juli 2016 geltenden Fassung gilt weiter für Bewilligungszeiträume, die vor dem 1. August 2016 begonnen haben.

(2) Für die abschließende Entscheidung über zunächst vorläufig beschiedene Leistungsansprüche für Bewilligungszeiträume,

1. die vor dem 1. August 2016 beendet waren, gilt § 41a Absatz 5 Satz 1 mit der Maßgabe, dass die Jahresfrist mit dem 1. August 2016 beginnt;
2. die vor dem 1. August 2016 noch nicht beendet sind, ist § 41a anzuwenden.

(3) [1] § 43 gilt entsprechend für die Aufrechnung von Erstattungsansprüchen nach § 40 Absatz 2 Nummer 1 in der bis zum 31. Juli 2016 geltenden Fassung sowie nach § 42 Absatz 2 Satz 2 des Ersten Buches[4]. [2] Die Höhe der Aufrechnung beträgt 10 Prozent des für die leistungsberechtigte Person maßgebenden Regelbedarfs.

§ 81[5] **Teilhabechancengesetz.** § 16i tritt mit Wirkung zum 1. Januar 2025 außer Kraft.

§ 82[6] **Gesetz zur Förderung der beruflichen Weiterbildung im Strukturwandel und zur Weiterentwicklung der Ausbildungsförderung.**

Für Maßnahmen der ausbildungsbegleitenden Hilfen, die bis zum 28. Februar 2021 beginnen und bis zum 30. September 2021, im Fall des § 75 Absatz 2 Satz 2 des Dritten Buches[7] in der bis zum 28. Mai 2020 geltenden Fassung bis zum 31. März 2022, enden, und für Maßnahmen der Assistierten Ausbildung, die bis zum 30. September 2020 beginnen, gelten § 16 Absatz 1 Satz 2 Nummer 3 in der bis zum 28. Mai 2020 geltenden Fassung in Verbindung mit § 450 Absatz 2 Satz 1 und Absatz 3 Satz 1 des Dritten Buches.

---

[1] § 79 angef. mWv 5.8.2014, Abs. 2 Satz 1 aufgeh. mWv 1.1.2016 durch G v. 28.7.2014 (BGBl. I S. 1306).
[2] Nr. **2**.
[3] § 80 angef. mWv 1.8.2016 durch G v. 26.7.2016 (BGBl. I S. 1824).
[4] Nr. **1**.
[5] § 81 angef. mWv 1.1.2019 durch G v. 17.12.2018 (BGBl. I S. 2583).
[6] § 82 angef. mWv 29.5.2020 und geänd. mWv 1.1.2021 durch G v. 20.5.2020 (BGBl. I S. 1044).
[7] Nr. **3**.

§ 83[1] Übergangsregelung aus Anlass des Gesetzes zur Ermittlung der Regelbedarfe und zur Änderung des Zwölften Buches[2] Sozialgesetzbuch sowie weiterer Gesetze. (1) [1] § 21 Absatz 4 Satz 1 in der bis zum 31. Dezember 2019 geltenden Fassung ist für erwerbsfähige Leistungsberechtigte mit Behinderungen, bei denen bereits bis zu diesem Zeitpunkt Eingliederungshilfe nach § 54 Absatz 1 Satz 1 Nummer 1 bis 3 des Zwölften Buches erbracht wurde und deswegen ein Mehrbedarf anzuerkennen war, ab dem 1. Januar 2020 für die Dauer der Maßnahme weiter anzuwenden, sofern der zugrundeliegende Maßnahmenbescheid noch wirksam ist. [2] Der Mehrbedarf kann auch nach Beendigung der Maßnahme während einer angemessenen Übergangszeit, vor allem einer Einarbeitungszeit, anerkannt werden.

(2) [1] § 23 Nummer 2 in der bis zum 31. Dezember 2019 geltenden Fassung ist für nichterwerbsfähige Leistungsberechtigte mit Behinderungen, bei denen bereits bis zu diesem Zeitpunkt Eingliederungshilfe nach § 54 Absatz 1 Satz 1 Nummer 1 und 2 des Zwölften Buches erbracht wurde und deswegen ein Mehrbedarf anzuerkennen war, ab dem 1. Januar 2020 für die Dauer der Maßnahme weiter anzuwenden, sofern der zugrundeliegende Maßnahmenbescheid noch wirksam ist. [2] Der Mehrbedarf kann auch nach Beendigung der Maßnahme während einer angemessenen Übergangszeit, vor allem einer Einarbeitungszeit, anerkannt werden.

§ 84[3] Übergangsregelung zu Rechtsfolgen bei Pflichtverletzungen und Meldeversäumnissen. (1) § 31a ist bis zum Ablauf des 1. Juli 2023 nicht anzuwenden.

(2) [1] § 32 ist bis zum Ablauf des 1. Juli 2023 mit der Maßgabe anzuwenden, dass Leistungen erst nach einem wiederholten Meldeversäumnis zu mindern sind. [2] Ein wiederholtes Meldeversäumnis liegt vor, wenn das vorangegangene Meldeversäumnis weniger als ein Jahr zurückliegt.

(3) Die Minderung nach Absatz 2 ist bei mehreren Meldeversäumnissen auf 10 Prozent des maßgebenden Regelbedarfs begrenzt.

---

[1] § 83 angef. mWv 15.12.2020 durch G v. 9.12.2020 (BGBl. I S. 2855).
[2] Nr. **12**.
[3] § 84 angef. mWv 1.7.2022 durch G v. 19.6.2022 (BGBl. I S. 921).

2/10. Verordnung zur Berechnung von Einkommen sowie zur Nichtberücksichtigung von Einkommen und Vermögen beim Arbeitslosengeld II/Sozialgeld (Arbeitslosengeld II/Sozialgeld-Verordnung – Alg II-V)

Vom 17. Dezember 2007
(BGBl. I S. 2942)

FNA 860-2-9

geänd. durch Art. 1 Erste ÄndVO v. 18.12.2008 (BGBl. I S. 2780), Art. 1 Zweite ÄndVO v. 23.7.2009 (BGBl. I S. 2340), Art. 1 Dritte ÄndVO v. 4.5.2010 (BGBl. I S. 541), Art. 1 Vierte ÄndVO v. 21.12.2010 (BGBl. I S. 2321), Art. 7 G zur Ermittlung von Regelbedarfen und zur Änd. des Zweiten und Zwölften Buches Sozialgesetzbuch v. 24.3.2011 (BGBl. I S. 453), Art. 17 G zur Einführung eines Bundesfreiwilligendienstes v. 28.4.2011 (BGBl. I S. 687), Art. 1 Fünfte ÄndVO v. 21.6.2011 (BGBl. I S. 1175), Art. 1 Sechste ÄndVO v. 19.12.2011 (BGBl. I S. 2833), Art. 10 EhrenamtsstärkungsG v. 21.3.2013 (BGBl. I S. 556), Art. 1 Siebte ÄndVO v. 26.7.2016 (BGBl. I S. 1858), Art. 8 Starke-Familien-Gesetz v. 29.4.2019 (BGBl. I S. 530), Art. 1 Achte ÄndVO v. 28.5.2020 (BGBl. I S. 1206), Art. 1 Neunte VO zur Änd. der Arbeitslosengeld II/Sozialgeld-VO [Covid-19] v. 10.12.2020 (BGBl. I S. 2925), Art. 1 Zehnte VO zur Änd. der Arbeitslosengeld II/Sozialgeld-VO v. 16.3.2021 (BGBl. I S. 358) und Art. 7 Viertes Corona-SteuerhilfeG v. 19.6.2022 (BGBl. I S. 911)

Auf Grund des § 13 des Zweiten Buches Sozialgesetzbuch – Grundsicherung für Arbeitsuchende –[1] (Artikel 1 des Gesetzes vom 24. Dezember 2003, BGBl. I S. 2954, 2955), der durch Artikel 1 Nr. 11 des Gesetzes vom 20. Juli 2006 (BGBl. I S. 1706) geändert worden ist, verordnet das Bundesministerium für Arbeit und Soziales im Einvernehmen mit dem Bundesministerium der Finanzen:

§ 1[2] Nicht als Einkommen zu berücksichtigende Einnahmen. (1) Außer den in § 11a des Zweiten Buches Sozialgesetzbuch[1] genannten Einnahmen sind nicht als Einkommen zu berücksichtigen:

1. Einnahmen, wenn sie innerhalb eines Kalendermonats 10 Euro nicht übersteigen,
2. *(aufgehoben)*
3. Einnahmen aus Kapitalvermögen, soweit sie 100 Euro kalenderjährlich nicht übersteigen,

---

[1] Nr. 2.

[2] § 1 Abs. 1 Nr. 10 geänd., Nr. 11 angef. mWv 1.1.2008, Abs. 1 Nr. 8 geänd., Nr. 12 und 13, Abs. 3 angef. mWv 1.1.2009 durch VO v. 18.12.2008 (BGBl. I S. 2780); Abs. 4 angef. mWv 1.6.2010 durch VO v. 4.5.2010 (BGBl. I S. 541); Abs. 5 angef. mWv 1.1.2011 durch VO v. 21.12.2010 (BGBl. I S. 2321); Abs. 1 einl. Satzteil geänd., Nr. 1 neu gef., Nr. 2 und 3 aufgeh., Nr. 10, Abs. 2 Sätze 1 und 2 Abs. 4 Satz 2 geänd. mWv 1.4.2011 durch G v. 24.3.2011 (BGBl. I S. 453); Abs. 1 Nr. 13 neu gef. mWv 3.5.2011 durch G v. 28.4.2011 (BGBl. I S. 687); Abs. 1 Nr. 2 neu gef., Nr. 10 geänd., Abs. 6 angef. mWv 1.7.2011 durch VO v. 21.6.2011 (BGBl. I S. 1175); Abs. 1 Nr. 12 geänd., Nr. 13 aufgeh., Abs. 7 angef. mWv 1.1.2012 durch VO v. 19.12.2011 (BGBl. I S. 2833); Abs. 7 Sätze 1 und 2 geänd. mWv 1.1.2013 durch G v. 21.3.2013 (BGBl. I S. 556); Abs. 1 Nr. 3 neu gef., Nr. 10 und Abs. 3, 5 und 7 aufgeh., bish. Abs. 6 wird Abs. 3 mWv 1.8.2016 durch VO v. 26.7.2016 (BGBl. I S. 1858); Abs. 1 Nr. 2 und 7 aufgeh., Nr. 5 geänd., Nr. 10 neu gef., Abs. 4 Satz 1 geänd., Satz 2 aufgeh., bish. Sätze 3 und 4 werden Sätze 2 und 3 mWv 1.3.2020 durch VO v. 28.5.2020 (BGBl. I S. 1206); Abs. 1 Nr. 10 und 12 geänd., Nr. 13 und 14 angef. mWv 1.11.2020 durch VO v. 10.12.2020 (BGBl. I S. 2925); Abs. 1 Nr. 10 neu gef. mWv 1.1.2021, Abs. 1 Nr. 14 neu gef., Nr. 15 angef. mWv 1.2.2021 durch VO v. 16.3.2021 (BGBl. I S. 358); Abs. 1 Nr. 10 neu gef. mWv 1.11.2021 durch G v. 19.6.2022 (BGBl. I S. 911).

4. nicht steuerpflichtige Einnahmen einer Pflegeperson für Leistungen der Grundpflege und der hauswirtschaftlichen Versorgung,
5. bei Soldaten der Auslandsverwendungszuschlag,
6. die aus Mitteln des Bundes gezahlte Überbrückungsbeihilfe nach Artikel IX Abs. 4 des Abkommens zwischen den Parteien des Nordatlantikvertrages über die Rechtsstellung ihrer Truppen (NATO-Truppenstatut) vom 19. Juni 1951 (BGBl. 1961 II S. 1190) an ehemalige Arbeitnehmer bei den Stationierungsstreitkräften und nach Artikel 5 des Gesetzes zu den Notenwechseln vom 25. September 1990 und 23. September 1991 über die Rechtsstellung der in Deutschland stationierten verbündeten Streitkräfte und zu den Übereinkommen vom 25. September 1990 zur Regelung bestimmter Fragen in Bezug auf Berlin vom 3. Januar 1994 (BGBl. 1994 II S. 26) an ehemalige Arbeitnehmer bei den alliierten Streitkräften in Berlin,
7. *(aufgehoben)*
8. Kindergeld für Kinder des Hilfebedürftigen, soweit es nachweislich an das nicht im Haushalt des Hilfebedürftigen lebende Kind weitergeleitet wird,
9. bei Sozialgeldempfängern, die das 15. Lebensjahr noch nicht vollendet haben, Einnahmen aus Erwerbstätigkeit, soweit sie einen Betrag von 100 Euro monatlich nicht übersteigen,
10. nach § 3 Nummer 11a oder 11b des Einkommensteuergesetzes[1] steuerfrei gewährte Leistungen aufgrund der COVID-19-Pandemie sowie den Leistungen nach § 3 Nummer 11a des Einkommensteuergesetzes entsprechende Zahlungen aus den Haushalten des Bundes und der Länder,
11. Verpflegung, die außerhalb der in den §§ 2, 3 und 4 Nummer 4 genannten Einkommensarten bereitgestellt wird,
12. Geldgeschenke an Minderjährige anlässlich der Firmung, Kommunion, Konfirmation oder vergleichbarer religiöser Feste sowie anlässlich der Jugendweihe, soweit sie den in § 12 Absatz 2 Satz 1 Nummer 1a des Zweiten Buches Sozialgesetzbuch genannten Betrag nicht überschreiten,
13. die auf Grund eines Bundesprogramms gezahlten Außerordentlichen Wirtschaftshilfen zur Abfederung von Einnahmeausfällen, die ab dem 2. November 2020 infolge der vorübergehenden Schließung von Betrieben und Einrichtungen entstanden sind (Novemberhilfe und Dezemberhilfe),
14. die pauschalierten Betriebskostenzuschüsse, die auf Grund des Förderelements „Neustarthilfe" des Bundesprogramms Überbrückungshilfe III gezahlt werden,
15. Hilfen zur Beschaffung von Hygiene- oder Gesundheitsartikeln, die auf Grund einer epidemischen Lage von nationaler Tragweite, die vom Deutschen Bundestag gemäß § 5 Absatz 1 Satz 1 des Infektionsschutzgesetzes[2] festgestellt worden ist, aus Mitteln des Bundes oder der Länder gezahlt werden.

(2) [1] Bei der § 9 Abs. 5 des Zweiten Buches Sozialgesetzbuch zugrunde liegenden Vermutung, dass Verwandte und Verschwägerte an mit ihnen in Haushaltsgemeinschaft lebende Hilfebedürftige Leistungen erbringen, sind die um die Absetzbeträge nach § 11b des Zweiten Buches Sozialgesetzbuch bereinigten Einnahmen in der Regel nicht als Einkommen zu berücksichtigen, soweit sie einen Freibetrag in Höhe des doppelten Betrags des nach § 20

(Fortsetzung nächstes Blatt)

---

[1] **Steuergesetze Nr. 1.**
[2] **Sartorius ErgBd. Nr. 285.**

3. Sozialgesetzbuch (SGB) Drittes Buch (III) – Arbeitsförderung –[1) 2)]

Vom 24. März 1997
(BGBl. I S. 594)

FNA 860-3

geänd. durch Art. 28 JustizmitteilungsG und G zur Änd. kostenrechtl. Vorschriften und anderer G v. 18.6.1997 (BGBl. I S. 1430), Art. 2 G zur Förderung der ganzjährigen Beschäftigung im Baugewerbe v. 22.10.1997 (BGBl. I S. 2486), Erstes ÄndG v. 16.12.1997 (BGBl. I S. 2970), Art. 3 RentenreformG 1999 v. 16.12.1997 (BGBl. I S. 2998, geänd. durch G v. 19.12.1998, BGBl. I S. 3843), G v. 21.7.1999, BGBl. I S. 1648 und G v. 20.12.2000, BGBl. I S. 1827), Art. 2 G zur sozialrechtlichen Absicherung flexibler Arbeitszeitregelungen v. 6.4.1998 (BGBl. I S. 688), Art. 1 Erstes Berufsausbildungsbeihilfe-AnpassungsG v. 25.6.1998 (BGBl. I S. 1606), Art. 3 VergaberechtsÄndG v. 26.8.1998 (BGBl. I S. 2512), Art. 2 G zu Korrekturen in der Sozialversicherung und zur Sicherung der Arbeitnehmerrechte v. 19.12. 1998 (BGBl. I S. 3843), Art. 2 G zur Neuregelung der geringfügigen Beschäftigungsverhältnisse v. 24.3. 1999 (BGBl. I S. 388), Art. 1 Entlassungentschädigungs-ÄndG v. 24.3.1999 (BGBl. I S. 396), Art. 7 Zwanzigstes BundesausbildungsförderungsG-ÄndG v. 7.5.1999 (BGBl. I S. 850), Zweites ÄndG v. 21.7.1999 (BGBl. I S. 1648), Art. 1 G zur Neuregelung der Förderung der ganzjährigen Beschäftigung in der Bauwirtschaft v. 23.11.1999 (BGBl. I S. 2230), Art. 20 HaushaltssanierungsG v. 22.12.1999 (BGBl. I S. 2534), Drittes ÄndG v. 22.12.1999 (BGBl. I S. 2624), Art. 2 GKV-GesundheitsreformG 2000 v. 22.12.1999 (BGBl. I S. 2626), Art. 2 Zweites G zur Fortentwicklung der Altersteilzeit v. 27.6. 2000 (BGBl. I S. 910), Entscheidung des Bundesverfassungsgerichts v. 24.5.2000 (BGBl. I S. 1082), G zur Bekämpfung der Arbeitslosigkeit Schwerbehinderter v. 29.9.2000 (BGBl. I S. 1394), Art. 1 G zur Verbesserung der Zusammenarbeit von Arbeitsämtern und Trägern der Sozialhilfe v. 20.11.2000 (BGBl. I S. 1590), Art. 13 G zur Änd. des SoldatenG und anderer Vorschriften v. 19.12.2000 (BGBl. I S. 1815), Art. 3 G zur Reform der Renten wegen verminderter Erwerbsfähigkeit v. 20.12.2000 (BGBl. I S. 1827), Art. 1 Einmalzahlungs-NeuregelungsG v. 21.12.2000 (BGBl. I S. 1971), Art. 3 Viertes Euro-EinführungsG v. 21.12.2000 (BGBl. I S. 1983), Art. 3 § 49 G zur Beendigung der Diskriminierung gleichgeschlechtlicher Gemeinschaften: Lebenspartnerschaften v. 16.2.2001 (BGBl. I S. 266, geänd. durch G v. 19.6.2001, BGBl. I S. 1046), Art. 9 und 10 AusbildungsförderungsreformG v. 19.3.2001 (BGBl. I S. 390), Art. 2 AltersvermögensergänzungsG v. 21.3.2001 (BGBl. I S. 403), Art. 8 § 1a G zur Änd. des BundesdatenschutzG und anderer G v. 18.5.2001 (BGBl. I S. 904), Art. 1a Zweites G zur Änd. des KünstlersozialversicherungsG und anderer G v. 13.6.2001 (BGBl. I S. 1027), Art. 3 und 66 Nr. 8 SGB IX v. 19.6.2001 (BGBl. I S. 1046), Art. 3 AltersvermögensG v. 26.6.2001 (BGBl. I S. 1310), Art. 21 G zur Neuordnung des Bundesdisziplinarrechts v. 9.7.2001 (BGBl. I S. 1510), Art. 4 G zur Reform des BetriebsverfassungsG v. 23.7.2001 (BGBl. I S. 1852), Art. 2 ZensusvorbereitungsG v. 27.7. 2001 (BGBl. I S. 1882), Art. 3 Sechstes G zur Änd. des SozialgerichtsG v. 17.8.2001 (BGBl. I S. 2144), Art. 23 G zur Reform des Wohnungsbaurechts v. 13.9.2001 (BGBl. I S. 2376), Art. 1 Job-AQTIV-Gesetz v. 10.12.2001 (BGBl. I S. 3443, geänd. durch G v. 23.12.2002, BGBl. I S. 4621 und G v. 23.12. 2003, BGBl. I S. 2848), Art. 3 Nr. 4 G zur Änd. des GaststättenG und der GewerbeO v. 13.12.2001 (BGBl. I S. 3584), Art. 13 BundeswehrneuausrichtungsG v. 20.12.2001 (BGBl. I S. 4013, ber. BGBl. I 2002, S. 1542), Art. 3 G zur Vereinfachung der Wahl der Arbeitnehmervertreter in den Aufsichtsrat v. 23.3.2002 (BGBl. I S. 1130), Art. 47a G zur Gleichstellung behinderter Menschen und zur Änderung

---

[1)] Verkündet als Art. 1 G v. 24.3.1997 (BGBl. I S. 594); Inkrafttreten gem. Art. 83 dieses G am 1.1. 1998, mit Ausnahme der in Abs. 2 und 5 dieses Artikels genannten Abweichungen.

[2)] Die Änderungen durch G v. 17.7.2017 (BGBl. I S. 2575) treten erst **mWv 1.1.2025**, die Änderungen durch G v. 15.8.2019 (BGBl. I S. 1307) treten teilweise erst **mWv 1.1.2024**, die Änderungen durch G v. 12.12.2019 (BGBl. I S. 2652, geänd. durch G v. 20.8.2021, BGBl. I S. 3932) treten teilweise erst **mWv 1.1.2024**, die Änderungen durch G v. 12.6.2020 (BGBl. I S. 1248) treten teilweise erst **mWv 1.1.2023** bzw. **mWv 1.1.2024**, die Änderungen durch G v. 14.10.2020 (BGBl. I S. 2112) treten erst **mWv 1.1.2024**, die Änderungen durch G v. 3.12.2020 (BGBl. I S. 2691) treten teilweise erst **mWv 1.1.2024**, die Änderungen durch G v. 21.12.2021 (BGBl. I S. 3096) treten erst **mWv 1.1.2024**, die Änderungen durch G v. 10.8.2021 (BGBl. I S. 3436) treten erst **mWv 1.1.2024**, und die Änderungen durch G v. 20.8.2021 (BGBl. I S. 3932) treten erst **mWv 1.1.2024** bzw. **mWv 1.1.2025** in Kraft und sind insoweit im Text noch nicht berücksichtigt.

anderer Gesetze v. 27.4.2002 (BGBl. I S. 1467), Art. 2 G zur Vorbereitung einer bundeseinheitlichen Wirtschaftsnummer v. 22.5.2002 (BGBl. I S. 1644, ber. S. 2583), Art. 9 ZuwanderungsG v. 20.6.2002 (BGBl. I S. 1946, nichtig gem. Urt. des BVerfG v. 18.12.2002 - 2 BvF 1/02 -), Art. 2 G zur Erleichterung der Bekämpfung von illegaler Beschäftigung und Schwarzarbeit v. 23.7.2002 (BGBl. I S. 2787, ber. S. 3760), Art. 1 Erstes G für moderne Dienstleistungen am Arbeitsmarkt[1] v. 23.12.2002 (BGBl. I S. 4607), Art. 1 Zweites G für moderne Dienstleistungen am Arbeitsmarkt v. 23.12.2002 (BGBl. I S. 4621), Art. 1 G zur Änd. des Sozialgesetzbuches und anderer G v. 24.7.2003 (BGBl. I S. 1526), Art. 8 KleinunternehmerförderungsG v. 31.7.2003 (BGBl. I S. 1550), § 5 VerwaltungsdatenverwendungsG v. 31.10.2003 (BGBl. I S. 2149), Art. 4 GKV-ModernisierungsG v. 14.11.2003 (BGBl. I S. 2190), Art. 1 Drittes G für moderne Dienstleistungen am Arbeitsmarkt v. 23.12.2003 (BGBl. I S. 2848, geänd. durch G v. 22.4.2005, BGBl. I S. 1106), Art. 3 Viertes G für moderne Dienstleistungen am Arbeitsmarkt v. 24.12.2003 (BGBl. I S. 2954, geänd. durch G v. 30.7.2004, BGBl. I S. 2014), Art. 3 G zu Reformen am Arbeitsmarkt v. 24.12.2003 (BGBl. I S. 3002), Art. 3 G zur Einordnung des Sozialhilferechts in das SGB v. 27.12.2003 (BGBl. I S. 3022), Art. 1 G über den Arbeitsmarktzugang im Rahmen der EU-Erweiterung v. 23.4.2004 (BGBl. I S. 602), Art. 3 G zur Intensivierung der Bekämpfung der Schwarzarbeit und damit zusammenhängender Steuerhinterziehung v. 23.7.2004 (BGBl. I S. 1842), Art. 9 ZuwanderungsG v. 30.7.2004 (BGBl. I S. 1950, geänd. durch G v. 14.3.2005, BGBl. I S. 721), Art. 3 Kommunales OptionsG v. 30.7.2004 (BGBl. I S. 2014), Art. 12g Abs. 18 Erstes JustizmodernisierungsgG v. 24.8.2004 (BGBl. I S. 2198), Art. 1 Viertes G zur Änd. des SGB III und anderer G v. 19.11.2004 (BGBl. I S. 2902), Art. 4 G zur Organisationsreform in der gesetzl. Rentenversicherung v. 9.12.2004 (BGBl. I S. 3242), Art. 3 G zur Änd. des Aufenthaltsgesetzes und weiterer G v. 14.3.2005 (BGBl. I S. 721), Art. 3 VerwaltungsvereinfachungsG v. 21.3.2005 (BGBl. I S. 818), Art. 4 Nr. 2 BerufsbildungsreformG v. 23.3.2005 (BGBl. I S. 931), Art. 19 Streitkräftereserve-NeuordnungsG v. 22.4.2005 (BGBl. I S. 1106), Art. 8 G zur Reform des Reisekostenrechts v. 26.5.2005 (BGBl. I S. 1418), Art. 3 Zweites G zur Änd. des SeemannsG und anderer G v. 8.6.2005 (BGBl. I S. 1530), Art. 2 G zur Änd. des GemeindefinanzreformG und anderer G v. 6.9.2005 (BGBl. I S. 2725), Art. 1 Fünftes G zur Änd. des SGB III und anderer G v. 22.12.2005 (BGBl. I S. 3676), Art. 2 Nr. 1 G über den Ausgleich von Arbeitgeberaufwendungen und zur Änd. weiterer G v. 22.12.2005 (BGBl. I S. 3686), Art. 1 G zur Förderung ganzjähriger Beschäftigung v. 24.4.2006 (BGBl. I S. 926), Art. 7 HaushaltsbegleitG 2006 v. 29.6.2006 (BGBl. I S. 1402, geänd. durch Art. 3 G v. 21.12.2006, BGBl. I S. 3286), Art. 2 G zur Fortentwicklung der Grundsicherung für Arbeitsuchende v. 20.7.2006 (BGBl. I S. 1706), Art. 3 Abs. 8 G zur Umsetzung europ. Richtlinien zur Verwirklichung des Grundsatzes der Gleichbehandlung v. 14.8.2006 (BGBl. I S. 1897), Art. 254 Neunte ZuständigkeitsanpassungsVO v. 31.10.2006 (BGBl. I S. 2407), Art. 2 G zur Änd. des BetriebsrentenG und anderer G v. 2.12.2006 (BGBl. I S. 2742), Art. 2 Abs. 17 G zur Einführung des Elterngeldes v. 5.12.2006 (BGBl. I S. 2748), Art. 7 G zur Anpassung von Rechtsvorschriften des Bundes infolge des Beitritts der Republik Bulgarien und Rumäniens zur Europäischen Union v. 7.12.2006 (BGBl. I S. 2814), Art. 4 GKV-WettbewerbsstärkungsG v. 26.3.2007 (BGBl. I S. 378), Art. 3 G zur Verbesserung der Beschäftigungschancen älterer Menschen v. 19.4.2007 (BGBl. I S. 538), Art. 3 RV-AltersgrenzenanpassungsG v. 20.4.2007 (BGBl. I S. 554), Art. 1 DienstrechtsanpassungsG BA v. 19.7.2007 (BGBl. I S. 1457), Art. 6 Abs. 10 G zur Umsetzung aufenthalts- und asylrechtlicher Richtlinien der EU v. 19.8.2007 (BGBl. I S. 1970), Art. 28 Abs. 3 Zweites G zum Abbau bürokratischer Hemmnisse insbesondere in der mittelständischen Wirtschaft v. 7.9.2007 (BGBl. I S. 2246), Art. 2 Zweites G zur Änd. des SGB II – Perspektiven für Langzeitarbeitslose mit besonderen Vermittlungshemmnissen – JobPerspektive v. 10.10.2007 (BGBl. I S. 2326), Art. 1 Viertes G zur Änd. des SGB III – Verbesserung der Qualifizierung und Beschäftigungschancen von jüngeren Menschen mit Vermittlungshemmnissen v. 10.10.2007 (BGBl. I S. 2329), Art. 6 G zur Förderung der zusätzl. Altersvorsorge und zur Änd. des SGB III v. 10.12.2007 (BGBl. I S. 2838), § 22 Abs. 4 Einsatz-WeiterverwendungsG v. 12.12.2007 (BGBl. I S. 2861), Art. 8 Abs. 1 G zur Modernisierung des Rechts der landwirtschaftlichen Sozialversicherung v. 18.12.2007 (BGBl. I S. 2984), Art. 4 G zur Änd. des SGB IV und anderer G v. 19.12.2007 (BGBl. I S. 3024), Art. 1 Sechstes G zur Änd. des SGB III und anderer G v. 22.12.2007 (BGBl. I S. 3245), Art. 4 und 17 Zweiundzwanzigstes G zur Änd. des BundesausbildungsförderungsG v. 23.12.2007 (BGBl. I S. 3254), Art. 1 Siebtes G zur Änd. des SGB III und anderer G v. 8.4.2008 (BGBl. I S. 681), Art. 2 Abs. 9 G zur Förderung von Jugendfreiwilligendiensten v. 16.5. 2008 (BGBl. I S. 842), Art. 4 Pflege-WeiterentwicklungsG v. 28.5.2008 (BGBl. I S. 874), Art. 2 Abs. 3 Achtes G zur Änd. des GemeindefinanzreformG v. 31.7.2008 (BGBl. I S. 1626), Art. 14 WehrrechtsänderungsG 2008 v. 31.7.2008 (BGBl. I S. 1629), Art. 1 und 3 Fünftes G zur Änd. des SGB III – Verbesserung der Ausbildungschancen förderungsbedürftiger junger Menschen v. 26.8.2008 (BGBl. I

[1] Die Änderungen gem. Art. 1 Nr. 1 Buchstabe n und p, Nr. 44 und 46 sind gem. Art. 14 Abs. 4 Erstes Dienstleistungs-ModernisierungsG iVm dem Urt. des BVerfG v. 18.12.2002 – 2 BvF 1/02 – gegenstandslos und daher hier nicht berücksichtigt.

S. 1728, geänd. durch G v. 24.10.2010, BGBl. I S. 1417 und G v. 20.12.2011, BGBl. I S. 2854), Art. 3 UnfallversicherungsmodernisierungsG v. 30.10.2008 (BGBl. I S. 2130), Art. 19 JahressteuerG 2009 v. 19.12.2008 (BGBl. I S. 2794), Art. 2b ArbeitsmigrationssteuerungsG v. 20.12.2008 (BGBl. I S. 2846), Art. 1 Achtes G zur Änd. des SGB III und anderer G v. 20.12.2008 (BGBl. I S. 2860), Art. 1 G zur Neuausrichtung der arbeitsmarktpolitischen Instrumente v. 21.12.2008 (BGBl. I S. 2917, geänd. durch G v. 15.7.2009, BGBl. I S. 1939), Art. 3 G zur Verbesserung der Rahmenbedingungen für die Absicherung flexibler Arbeitszeitregelungen und zur Änd. anderer G v. 21.12.2008 (BGBl. I S. 2940), Art. 1 G zur Einführung Unterstützter Beschäftigung v. 22.12.2008 (BGBl. I S. 2959), Art. 15 Abs. 96 DienstrechtsneuordnungsG v. 5.2.2009 (BGBl. I S. 160), Art. 10, 11 und 12 G zur Sicherung von Beschäftigung und Stabilität in Deutschland v. 2.3.2009 (BGBl. I S. 416), Art. 3 ELENA-VerfahrensG v. 28.3.2009 (BGBl. I S. 634, aufgeh. durch G v. 23.11.2011, BGBl. I S. 2298), Art. 2, 2b und 2c G zur Änd. des SGB IV, zur Errichtung einer Versorgungsausgleichskasse und anderer G v. 15.7.2009 (BGBl. I S. 1939), Art. 4 BürgerentlastungsG Krankenversicherung v. 16.7.2009 (BGBl. I S. 1959), Art. 3 Sozialversicherungs-StabilisierungsG v. 14.4.2010 (BGBl. I S. 410), Art. 2 Abs. 1 G zur Weiterentwicklung der Organisation der Grundsicherung für Arbeitsuchende v. 3.8.2010 (BGBl. I S. 1112), Art. 1 BeschäftigungschancenG v. 24.10.2010 (BGBl. I S. 1417), Art. 4 Dreiundzwanzigstes G zur Änd. des Bundesausbildungsförderungsgesetzes v. 24.10.2010 (BGBl. I S. 1422), Art. 5 G über die Verwendung von Verwaltungsdaten für Wirtschaftsstatistiken, zur Änd. von StatistikG und zur Anpassung einzelner Vorschriften an den Vertr. von Lissabon v. 4.11.2010 (BGBl. I S. 1480), Art. 95 Bundesrecht-BereinigungsG v. 8.12.2010 (BGBl. I S. 1864), Art. 3 GKV-FinanzierungsG v. 22.12.2010 (BGBl. I S. 2309), Art. 12 Abs. 8 G zur Ermittlung von Regelbedarfen und zur Änd. des Zweiten und Zwölften Buches Sozialgesetzbuch v. 24.3.2011 (BGBl. I S. 453), Art. 7 G zur Einführung eines Bundesfreiwilligendienstes v. 28.4.2011 (BGBl. I S. 687), Art. 2 G zur Koordinierung der Systeme der sozialen Sicherheit in Europa und zur Änd. anderer G v. 22.6.2011 (BGBl. I S. 1202), Art. 11 Abs. 1 G zur Umsetzung aufenthaltsrechtl. RL der EU und zur Anp. nationaler Rechtsvorschr. an den EU-Visakodex v. 22.11. 2011 (BGBl. I S. 2258), Art. 2 G zur Stärkung der Finanzkraft der Kommunen v. 6.12.2011 (BGBl. I S. 2563), Art. 2 G zur Vereinbarkeit von Pflege und Beruf v. 6.12.2011 (BGBl. I S. 2564), Art. 14 Beitreibungsrichtlinie-UmsetzungsG v. 7.12.2011 (BGBl. I S. 2592), Art. 1, 2 und 3 G zur Verbesserung der Eingliederungschancen am Arbeitsmarkt v. 20.12.2011 (BGBl. I S. 2854), Art. 2 Viertes G zur Änd. des Vierten Buches Sozialgesetzbuch und anderer G v. 22.12.2011 (BGBl. I S. 3057), Art. 13 Abs. 15 LSV-NeuordnungsG v. 12.4.2012 (BGBl. I S. 579), Art. 1c G zur Änd. des TransplantationsG v. 21.7. 2012 (BGBl. I S. 1601), Art. 4a Psych-EntgeltG v. 21.7.2012 (BGBl. I S. 1613), Art. 2 Pflege-Neuausrichtungs-Gesetz v. 23.10.2012 (BGBl. I S. 2246), Art. 2 Zweites G zur Änd. des SGB VII v. 5.12. 2012 (BGBl. I S. 2447), Art. 4 G zur Neuordnung der Altersversorgung der Bezirksschornsteinfegermeister und zur Änd. anderer G v. 5.12.2012 (BGBl. I S. 2467), Art. 2 G zu Änd. im Bereich der geringfügigen Beschäftigung v. 5.12.2012 (BGBl. I S. 2474), Art. 2 Haushaltsbegleitgesetz 2013 v. 20.12.2012 (BGBl. I S. 2781), Art. 3 G zur Stärkung der beruflichen Aus- und Weiterbildung in der Altenpflege v. 13.3.2013 (BGBl. I S. 446), Art. 9 Abs. 2 SEPA-BegleitG v. 3.4.2013 (BGBl. I S. 610), Art. 2 Abs. 12 15. G zur Änd. des SoldatenG v. 8.4.2013 (BGBl. I S. 730), Art. 4 Abs. 1 G zur Umsetzung des Seearbeitsübereinkommens 2006 der Internationalen Arbeitsorganisation v. 20.4.2013 (BGBl. I S. 868), Art. 5 und 9 G zur Anpassung von Rechtsvorschriften des Bundes infolge des Beitritts der Republik Kroatien zur EU v. 17.6.2013 (BGBl. I S. 1555 iVm Bek. v. 21.6.2013, BGBl. II S. 680), Art. 11 BUK-NeuorganisationsG v. 19.10.2013 (BGBl. I S. 3836), Art. 10 G zur Anpassung steuerlicher Regelungen an die Rechtsprechung des Bundesverfassungsgerichts v. 18.7.2014 (BGBl. I S. 1042), Art. 3 GKV-Finanzstruktur- und Qualitäts-WeiterentwicklungsG v. 21.7.2014 (BGBl. I S. 1133), Art. 8 TarifautonomiestärkungsG v. 11.8.2014 (BGBl. I S. 1348), Art. 7 G zur Durchführung des Haager Übereinkommens vom 30. Juni 2005 über Gerichtsstandsvereinbarungen sowie zur Änd. des RechtspflegerG, des Gerichts- und NotarkostenG, des AltersteilzeitG und des SGB III v. 10.12.2014 (BGBl. I S. 2082), Art. 3 G zur besseren Vereinbarkeit von Familie, Pflege und Beruf v. 23.12.2014 (BGBl. I S. 2462), Art. 3 25. G zur Änd. des BundesausbildungsförderungsG v. 23.12.2014 (BGBl. I S. 2475, geänd. durch G v. 21.12.2015, BGBl. I S. 2557), Art. 1b und 14 Fünftes G zur Änd. des Vierten Buches Sozialgesetzbuch und anderer G v. 15.4.2015 (BGBl. I S. 583), Art. 9 G für die gleichberechtigte Teilhabe von Frauen und Männern an Führungspositionen in der Privatwirtschaft und im öffentlichen Dienst v. 24.4.2015 (BGBl. I S. 642), Art. 3 GKV-VersorgungsstärkungsG v. 16.7.2015 (BGBl. I S. 1211), Art. 448 Zehnte ZuständigkeitsanpassungsVO v. 31.8.2015 (BGBl. I S. 1474), Art. 10 AsylverfahrensbeschleunigungsG v. 20.10.2015 (BGBl. I S. 1722), Art. 3 Zweites PflegestärkungsG v. 21.12.2015 (BGBl. I S. 2424), Art. 2 G zur Änd. des Zwölften Buches Sozialgesetzbuch und weiterer Vorschriften v. 21.12.2015 (BGBl. I S. 2557), Art. 3 G zum Schutz von Kindern und Jugendlichen vor den Gefahren des Konsums von elektronischen Zigaretten und elektronischen Shishas v. 3.3.2016 (BGBl. I S. 369), Art. 100 Zweites G über die weitere Bereinigung von Bundesrecht v. 8.7.2016 (BGBl. I S. 1594), Art. 1 Arbeitslosenversicherungsschutz- und WeiterbildungsstärkungsG v. 18.7.2016 (BGBl. I S. 1710), Art. 2 Neuntes G zur Änd. des SGB II – Rechtsvereinfachung – sowie zur vorübergehenden Aussetzung der Insolvenzantragspflicht v. 26.7.2016 (BGBl. I S. 1824), Art. 1 IntegrationsG v. 31.7.2016 (BGBl. I S. 1939), Art. 2 6. SGB IV-ÄndG v. 11.11.2016 (BGBl. I S. 2500), Art. 4 Nr. 3 G zur Änd. des KommunalinvestitionsförderungsG und zur Änd. weiterer Gesetze v. 21.11.2016 (BGBl. I S. 2613), Art. 4 FlexirentenG v. 8.12.2016 (BGBl. I S. 2838), Art. 5 BundesteilhabeG v. 23.12.2016 (BGBl. I S. 3234), Art. 11 G zur Änd. des VersorgungsrücklageG und weiterer dienstrechtlicher Vorschriften v. 5.1.2017 (BGBl. I S. 17), Art. 159 G zum Abbau verzichtbarer Anordnungen der Schriftform im Verwaltungsrecht des Bundes v. 29.3.2017 (BGBl. I S. 626), Art. 6 Abs. 8 G zur Neuregelung des Mutterschutzrechts v. 23.5.2017 (BGBl. I S. 1228), Art. 2 G zur Förderung der Transparenz von Entgeltstrukturen v. 30.6.2017 (BGBl. I S. 2152), Art. 21 G zur Änd. des BundesversorgungsG und anderer Vorschriften v. 17.7.2017 (BGBl. I S. 2541), Art. 2 Rentenüberleitungs-AbschlussG v. 17.7.2017 (BGBl. I S. 2575), Art. 2 PflegeberufereformG v. 17.7.2017 (BGBl. I S. 2581), Art. 1 G zur Verlängerung befristeter Regelungen im Arbeitsförderungsrecht und zur Umsetzung der RL (EU) 2016/2102 über den barrierefreien Zugang zu den Websites und mobilen Anwendungen öffentlicher Stellen v. 10.7.2018 (BGBl. I S. 1117), Art. 3 FamiliennachzugsneuregelungsG v. 12.7.2018 (BGBl. I S. 1147), Art. 6 Abs. 1 RV-Leistungsverbesserungs- und -StabilisierungsG v. 28.11.2018 (BGBl. I S. 2016), Art. 2 TeilhabechancenG v. 17.12.2018 (BGBl. I S. 2583), Art. 1, Art. 2 QualifizierungschancenG v. 18.12.2018 (BGBl. I S. 2651), Art. 1, 2 und 3G zur Anpassung der Berufsausbildungsbeihilfe und des Ausbildungsgeldes v. 8.7.2019 (BGBl. I S. 1025), Art. 1 Ausländerbeschäftigungsförderungsgesetz v. 8.7.2019 (BGBl. I S. 1029), Art. 6 G gegen illegale Beschäftigung und Sozialleistungsmissbrauch v. 11.7.2019 (BGBl. I S. 1066), Art. 2, 2a FachkräfteeinwanderungsG v. 15.8.2019 (BGBl. I S. 1307), Art. 121 Zweites Datenschutz-Anpassungs- und UmsetzungsG EU v. 20.11.2019 (BGBl. I S. 1626), Art. 2 PflegelöhneverbesserungsG v. 22.11.2019 (BGBl. I S. 1756), Art. 6 BesoldungsstrukturenmodernisierungsG v. 9.12.2019 (BGBl. I S. 2053), Art. 3 Angehörigen-EntlastungsG v. 10.12.2019 (BGBl. I S. 2135), Art. 4 G zur Modernisierung und Stärkung der beruflichen Bildung v. 12.12.2019 (BGBl. I S. 2522), Art. 30 G zur Regelung des Sozialen Entschädigungsrechts v. 12.12.2019 (BGBl. I S. 2652, geänd. durch G v. 20.8.2021, BGBl. I S. 3932), Art. 1a G zur Einführung einer Wohnungslosenberichterstattung sowie einer Statistik untergebrachter wohnungsloser Personen und zur Änd. weiterer Gesetze v. 4.3.2020 (BGBl. I S. 437), Art. 1 G zur befristeten krisenbedingten Verbesserung der Regelungen für das Kurzarbeitergeld v. 13.3.2020 (BGBl. I S. 493), Art. 2 Sozialschutz-Paket v. 27.3.2020 (BGBl. I S. 575), Art. 1 und 2 Covid-19-G zur Förderung der berufl. Weiterbildung im Strukturwandel und zur Weiterentwicklung der Ausbildungsförderung v. 20.5.2020 (BGBl. I S. 1044), Art. 1 Sozialschutz-Paket II v. 20.5.2020 (BGBl. I S. 1055), Art. 4 Siebtes G zur Änd. des Vierten Buches SGB und anderer G v. 12.6.2020 (BGBl. I S. 1248), Art. 309 Elfte ZuständigkeitsanpassungsVO v. 19.6.2020 (BGBl. I S. 1328), Art. 6 Covid-19-G über begleitende Maßnahmen zur Umsetzung des Konjunktur- und Krisenbewältigungspakets v. 14.7.2020 (BGBl. I S. 1683), Art. 2b Viertes G zur Änd. des SeearbeitsG und anderer Gesetze v. 14.10.2020 (BGBl. I S. 2112), Art. 6 G zur aktuellen Anpassung des FreizügigkeitsG/EU und weiterer Vorschriften an das Unionsrecht v. 12.11.2020 (BGBl. I S. 2416), Art. 1, 2 und 7 Abs. 4 BeschäftigungssicherungsG v. 3.12.2020 (BGBl. I S. 2691), Art. 5 G zur Ermittlung der Regelbedarfe und zur Änd. des Zwölften Buches Sozialgesetzbuch sowie weiterer Gesetze v. 9.12.2020 (BGBl. I S. 2855), Art. 22 JahressteuerG 2020 v. 21.12.2020 (BGBl. I S. 3096), Art. 24 Sanierungs- und InsolvenzrechtsfortentwicklungsG v. 22.12.2020 (BGBl. I S. 3256), Art. 6 GWB-DigitalisierungsG v. 18.1.2021 (BGBl. I S. 2), Art. 2 Viertes G zum Schutz der Bevölkerung bei einer epidemischen Lage von nationaler Tragweite v. 22.4.2021 (BGBl. I S. 802), Art. 3 TeilhabestärkungsG v. 2.6.2021 (BGBl. I S. 1387), Art. 15 G zur Novellierung des BundespersonalvertretungsG v. 9.6.2021 (BGBl. I S. 1614), Art. 2b G zur Umsetzung der RL (EU) 2019/882 v. 16.7.2021 (BGBl. I S. 2970), Art. 23 G zur Ergänzung und Änd. der Regelungen für die gleichberechtigte Teilhabe von Frauen an Führungspositionen in der Privatwirtschaft und im öffentlichen Dienst v. 7.8.2021 (BGBl. I S. 3311), Art. 117 PersonengesellschaftsrechtsmodernisierungsG (MoPeG) v. 10.8.2021 (BGBl. I S. 3436), Art. 35 und 36 G über die Entschädigung der Soldatinnen und Soldaten und zur Neuordnung des Soldatenversorgungsrechts v. 20.8.2021 (BGBl. I S. 3932), Art. 4 G zur Änd. des InfektionsschutzG und weiterer Gesetze anlässlich der Aufhebung der Feststellung der epidemischen Lage von nationaler Tragweite v. 22.11.2021 (BGBl. I S. 4906), Art. 12a G zur Stärkung der Impfprävention gegen COVID-19 und zur Änd. weiterer Vorschriften im Zusammenhang mit der COVID-19-Pandemie v. 10.12.2021 (BGBl. I S. 5162), Art. 1b Covid-19-G zur Änd. des InfektionsschutzG und anderer Vorschriften v. 18.3.2022 (BGBl. I S. 466), Art. 1 G zur Verlängerung von Sonderregelungen im Zusammenhang mit der COVID-19-Pandemie beim Kurzarbeitergeld und anderer Leistungen v. 23.3.2022 (BGBl. I S. 482) und Art. 1a G zur Regelung eines Sofortzuschlages und einer Einmalzahlung in den sozialen Mindestsicherungssystemen sowie zur Änd. des FinanzausgleichsG und weiterer G v. 23.5.2022 (BGBl. I S. 760)

(Fortsetzung nächstes Blatt)

(3) Dem Träger werden als Maßnahmekosten erstattet:

1. die angemessenen Aufwendungen für das zur Durchführung der Maßnahme eingesetzte erforderliche Personal sowie für das erforderliche Leitungs- und Verwaltungspersonal,
2. die angemessenen Sachkosten einschließlich der Kosten für Lehr- und Lernmittel und
3. die erforderlichen Fahrkosten der Teilnehmenden.

(4) Die Berechtigung der Ausländerin oder des Ausländers zur Teilnahme an einem Integrationskurs schließt eine Förderung nach Absatz 1 nicht aus.

(5) Die Leistungen nach dieser Vorschrift sind Leistungen der aktiven Arbeitsförderung im Sinne des § 3 Absatz 1 und 2.

§ 421a[1] Arbeiten in Maßnahmen des Arbeitsmarktprogramms Flüchtlingsintegrationsmaßnahmen. [1] Arbeiten in Maßnahmen, die durch das Arbeitsmarktprogramm Flüchtlingsintegrationsmaßnahmen bereitgestellt werden, begründen kein Arbeitsverhältnis im Sinne des Arbeitsrechts und kein Beschäftigungsverhältnis im Sinne des Vierten Buches[2]; die Vorschriften über den Arbeitsschutz und das Bundesurlaubsgesetz[3] mit Ausnahme der Regelungen über das Urlaubsentgelt sind entsprechend anzuwenden. [2] Für Schäden bei der Ausübung ihrer Tätigkeit haften die Teilnehmerinnen und Teilnehmer an den Maßnahmen wie Arbeitnehmerinnen und Arbeitnehmer.

§ 421b[4] Erprobung einer zentralen Servicestelle für anerkennungssuchende Fachkräfte im Ausland. [1] Die Bundesagentur berät im Rahmen eines Modellvorhabens Personen, die sich nicht nur vorübergehend im Ausland aufhalten, zu den Möglichkeiten der Anerkennung ausländischer Berufsabschlüsse und damit im Zusammenhang stehenden aufenthaltsrechtlichen Fragen und begleitet sie bei der Durchführung der entsprechenden Verfahren. [2] Das Modellvorhaben ist bis zum 31. Dezember 2023 befristet. [3] § 363 Absatz 1 Satz 2 findet keine Anwendung.

§ 421c[5] Vorübergehende Sonderregelungen im Zusammenhang mit Kurzarbeit. (1) Bis zum Ablauf des 30. Juni 2022 wird Entgelt aus einer geringfügigen Beschäftigung nach § 8 Absatz 1 Nummer 1 des Vierten Buches[2], die während des Bezugs von Kurzarbeitergeld aufgenommen worden ist, abweichend von § 106 Absatz 3 dem Ist-Entgelt nicht hinzugerechnet.

(2) [1] Abweichend von § 105 beträgt das Kurzarbeitergeld vom 1. Januar 2022 bis zum 30. Juni 2022

---

[1] § 421a eingef. mWv 6.8.2016 durch G v. 31.7.2016 (BGBl. I S. 1939).

[2] Nr. 4.

[3] **Loseblatt-Textsammlung Arbeitsrecht Nr. 134.**

[4] § 421b eingef. mWv 21.8.2019 durch G v. 15.8.2019 (BGBl. I S. 1307).

[5] § 421c eingef. mWv 28.3.2020 durch G v. 27.3.2020 (BGBl. I S. 575); Satz 2 eingef., bish. Satz 2 wird Satz 3 mWv 1.4.2020 durch G v. 20.5.2020 (BGBl. I S. 1044); bish. Wortlaut wird Abs. 1 und Satz 1 geänd., Abs. 2 angef. mWv 29.5.2020 durch G v. 20.5.2020 (BGBl. I S. 1055); Abs. 1 neu gef., Abs. 2 Satz 1 einl. und ausl. Satzteil geänd. mWv 1.1.2021 durch G v. 3.12.2020 (BGBl. I S. 2691); Abs. 1, Abs. 2 Satz 1 einl. und abschl. Satzteil geänd. mWv 1.1.2022 durch G v. 10.12.2021 (BGBl. I S. 5162); Abs. 3 angef. mWv 1.3.2022, Abs. 1, Abs. 2 Satz 1 einl. Satzteil geänd., Abs. 4 und 5 angef. mWv 1.4.2022 durch G v. 23.3.2022 (BGBl. I S. 482).

1. für Arbeitnehmerinnen und Arbeitnehmer, die beim Arbeitslosengeld die Voraussetzungen für den erhöhten Leistungssatz erfüllen würden, ab dem vierten Bezugsmonat 77 Prozent und ab dem siebten Bezugsmonat 87 Prozent,
2. für die übrigen Arbeitnehmerinnen und Arbeitnehmer ab dem vierten Bezugsmonat 70 Prozent und ab dem siebten Bezugsmonat 80 Prozent

der Nettoentgeltdifferenz im Anspruchszeitraum, wenn die Differenz zwischen Soll- und Ist-Entgelt im jeweiligen Bezugsmonat mindestens 50 Prozent beträgt. [2] Für die Berechnung der Bezugsmonate sind Monate mit Kurzarbeit ab März 2020 zu berücksichtigen.

(3) Die Bezugsdauer für das Kurzarbeitergeld wird für Arbeitnehmerinnen und Arbeitnehmer, deren Anspruch auf Kurzarbeitergeld bis zum Ablauf des 30. Juni 2021 entstanden ist, über die Bezugsdauer nach § 104 Absatz 1 Satz 1 hinaus auf bis zu 28 Monate, längstens bis zum Ablauf des 30. Juni 2022 verlängert.

(4) [1] Das Kurzarbeitergeld wird bis zum Ablauf des 30. Juni 2022 mit den Maßgaben der Sätze 2 und 3 geleistet. [2] Abweichend von § 96 Absatz 1 Satz 1 Nummer 4 wird der Anteil der in dem Betrieb beschäftigten Arbeitnehmerinnen und Arbeitnehmer, die im jeweiligen Kalendermonat (Anspruchszeitraum) von einem Entgeltausfall von jeweils mehr als 10 Prozent ihres monatlichen Bruttoentgelts betroffen sind, auf mindestens 10 Prozent herabgesetzt. [3] § 96 Absatz 4 Satz 2 Nummer 3 gilt nicht für den Aufbau negativer Arbeitszeitsalden.

(5) [1] Die Bundesregierung wird ermächtigt durch Rechtsverordnung, die nicht der Zustimmung des Bundesrates bedarf, die in den Absätzen 1 bis 4 genannten Befristungen und die Bezugsdauer nach Absatz 3 zu verlängern. [2] Die Verordnung ist zeitlich zu befristen. [3] Die Ermächtigung nach Satz 1 tritt mit Ablauf des 30. September 2022 außer Kraft.

§ 421d[1)] Vorübergehende Sonderregelungen zum Arbeitslosengeld.

(1) Für Personen, deren Anspruch auf Arbeitslosengeld sich in der Zeit vom 1. Mai 2020 bis zum 31. Dezember 2020 auf einen Tag gemindert hat, verlängert sich die Anspruchsdauer einmalig um drei Monate.

(2) [1] Für Zeiten, in denen die durchschnittliche regelmäßige wöchentliche Arbeitszeit der oder des Arbeitslosen auf Grund einer kollektiv-rechtlichen Beschäftigungssicherungsvereinbarung, die ab dem 1. März 2020 geschlossen oder wirksam geworden ist, vorübergehend vermindert war, gilt ergänzend zu § 151 Absatz 3, dass als Arbeitsentgelt das Arbeitsentgelt zu Grunde zu legen ist, das die oder der Arbeitslose ohne diese Vereinbarung und ohne Mehrarbeit erzielt hätte; insoweit gilt § 150 Absatz 2 Satz 1 Nummer 5 nicht. [2] Satz 1 gilt nur für Zeiten mit Anspruch auf Arbeitsentgelt im Zeitraum vom 1. März 2020 bis zum 31. Dezember 2022. [3] Sind Ansprüche auf Arbeitslosengeld vor dem 10. Dezember 2020 entstanden, so sind die Sätze 1 und 2 anzuwenden, wenn

---

[1)] § 421d *eingef. mWv 29.5.2020 durch G v. 20.5.2020* (BGBl. I S. 1055); Überschrift neu gef. mWv 10.12.2020 durch G v. 3.12.2020 (BGBl. I S. 2691); Abs. 3 Satz 1 geänd. mWv 5.1.2021 durch G v. 18.1.2021 (BGBl. I S. 2); Abs. 3 Satz 1 geänd. mWv 5.1.2021 durch G v. 22.4.2021 (BGBl. I S. 802); Abs. 3 Satz 1 geänd. mWv 1.1.2022 durch G v. 22.11.2021 (BGBl. I S. 4906); Abs. 4 angef. mWv 1.6.2022 durch G v. 23.5.2022 (BGBl. I S. 760).

die oder der Arbeitslose dies verlangt und die zur Ermittlung des Bemessungsentgelts erforderlichen Tatsachen nachweist.

(3) [1] Abweichend von § 146 Absatz 2 besteht für das Kalenderjahr 2020 der Anspruch auf Leistungsfortzahlung für jedes Kind längstens für 15 Tage, bei alleinerziehenden Arbeitslosen längstens für 30 Tage; Arbeitslosengeld wird insgesamt für nicht mehr als 35 Tage, für alleinerziehende Arbeitslose für nicht mehr als 70 Tage fortgezahlt; für das Kalenderjahr 2021 besteht der Anspruch auf Leistungsfortzahlung für jedes Kind längstens für 30 Tage, bei alleinerziehenden Arbeitslosen längstens für 60 Tage; Arbeitslosengeld wird insgesamt für nicht mehr als 65 Tage, für alleinerziehende Arbeitslose für nicht mehr als 130 Tage fortgezahlt; für das Kalenderjahr 2022 besteht der Anspruch auf Leistungsfortzahlung für jedes Kind längstens für 30 Tage, bei alleinerziehenden Arbeitslosen längstens für 60 Tage; Arbeitslosengeld wird insgesamt für nicht mehr als 65 Tage, für alleinerziehende Arbeitslose für nicht mehr als 130 Tage fortgezahlt. [2] Satz 1 ist nur anzuwenden, wenn die oder der Arbeitslose dies verlangt und die übrigen Voraussetzungen vorliegen.

(4) [1] Personen, die im Monat Juli 2022 für mindestens einen Tag Anspruch auf Arbeitslosengeld haben, erhalten eine Einmalzahlung in Höhe von 100 Euro. [2] Satz 1 findet keine Anwendung auf Leistungsberechtigte nach § 73 des Zweiten Buches[1)]. [3] Der Bund trägt die Aufwendungen einschließlich der Verwaltungskosten für die Einmalzahlung.

§ 421e[2)] Vorübergehende Sonderregelungen im Zusammenhang mit dem Austritt des Vereinigten Königreichs Großbritannien und Nordirland aus der Europäischen Union. (1) Die Mitteilungspflicht der Bundesagentur für Arbeit nach § 172 Absatz 1 ist entsprechend für insolvente Arbeitgeber anzuwenden, die auch im Vereinigten Königreich Großbritannien und Nordirland tätig sind, wenn das Insolvenzereignis vor dem Tag nach dem Ende des Übergangszeitraums gemäß Teil Vier des Abkommens über den Austritt des Vereinigten Königreichs Großbritannien und Nordirland aus der Europäischen Union und der Europäischen Atomgemeinschaft vom 24. Januar 2020 (ABl. L 29 vom 31.1.2020, S. 7) liegt.

(2) Leistungsberechtigten Personen, die

1. laufende Geldleistungen nach diesem Buch bereits vor dem Tag nach dem Ende des Übergangszeitraums gemäß Teil Vier des Abkommens über den Austritt des Vereinigten Königreichs Großbritannien und Nordirland aus der Europäischen Union und der Europäischen Atomgemeinschaft bezogen haben und
2. ihr Konto bei einem Geldinstitut im Vereinigten Königreich Großbritannien und Nordirland bereits vor dem Tag nach dem Ende des Übergangszeitraums gemäß dem Vierten Teil des Abkommens über den Austritt des Vereinigten Königreichs Großbritannien und Nordirland aus der Europäischen Union und der Europäischen Atomgemeinschaft hatten,

werden Geldleistungen abweichend von § 337 Absatz 1 Satz 1 ohne Abzug der dadurch veranlassten Kosten ausgezahlt, solange die leistungsberechtigten Personen die laufende Geldleistung beziehen und weiterhin ihr Konto bei einem Geldinstitut im Vereinigten Königreich Großbritannien und Nordirland haben.

---

1) Nr. **2**.
2) § 421e eingef. mWv 24.11.2020 durch G v. 12.11.2020 (BGBl. I S. 2416).

§§ 421f–421u[1] *(aufgehoben bzw. nicht mehr belegt)*

(Fortsetzung nächstes Blatt)

[1] §§ 421f–421u aufgeh. bzw. umbenannt mWv 1.4.2012 durch G v. 20.12.2011 (BGBl. I S. 2854).

3/51. Gesetz über den Aufenthalt, die Erwerbstätigkeit und die Integration von Ausländern im Bundesgebiet (Aufenthaltsgesetz – AufenthG)[1) 2) 3)]

In der Fassung der Bekanntmachung vom 25. Februar 2008[4)]
(BGBl. I S. 162)

FNA 26-12

geänd. durch Art. 6 G zur Änd. des PassG und weiterer Vorschriften v. 20.7.2007 (BGBl. I S. 1566), Art. 1 G zur Umsetzung aufenthalts- und asylrechtlicher RL der EU v. 19.8.2007 (BGBl. I S. 1970), Art. 3 G zur Änd. des BundespolizeiG und anderer Gesetze v. 26.2.2008 (BGBl. I S. 215), Art. 2 Abs. 3 G zur Ergänzung des Rechts zur Anfechtung der Vaterschaft v. 13.3.2008 (BGBl. I S. 313), Art. 19 FGG-ReformG v. 17.12.2008 (BGBl. I S. 2586), Art. 1 ArbeitsmigrationssteuerungsG v. 20.12.2008 (BGBl. I S. 2846), Art. 1a Viertes G zur Änd. des StraßenverkehrsG v. 22.12.2008

[1)] **Amtl. Anm.:** Dieses Gesetz dient der Umsetzung folgender Richtlinien:

1. Richtlinie 2001/40/EG des Rates vom 28. Mai 2001 über die gegenseitige Anerkennung von Entscheidungen über die Rückführung von Drittstaatsangehörigen (ABl. EG Nr. L 149 S. 34),
2. Richtlinie 2001/51/EG des Rates vom 28. Juni 2001 zur Ergänzung der Regelungen nach Artikel 26 des Übereinkommens zur Durchführung des Übereinkommens von Schengen vom 14. Juni 1985 (ABl. EG Nr. L 187 S. 45),
3. Richtlinie 2001/55/EG des Rates vom 20. Juli 2001 über Mindestnormen für die Gewährung vorübergehenden Schutzes im Falle eines Massenzustroms von Vertriebenen und Maßnahmen zur Förderung einer ausgewogenen Verteilung der Belastungen, die mit der Aufnahme dieser Personen und den Folgen dieser Aufnahme verbunden sind, auf die Mitgliedstaaten (ABl. EG Nr. L 212 S. 12),
4. Richtlinie 2002/90/EG des Rates vom 28. November 2002 zur Definition der Beihilfe zur unerlaubten Ein- und Durchreise und zum unerlaubten Aufenthalt (ABl. EG Nr. L 328 S. 17),
5. Richtlinie 2003/86/EG des Rates vom 22. September 2003 betreffend das Recht auf Familienzusammenführung (ABl. EU Nr. L 251 S. 12),
6. Richtlinie 2003/110/EG des Rates vom 25. November 2003 über die Unterstützung bei der Durchbeförderung im Rahmen von Rückführungsmaßnahmen auf dem Luftweg (ABl. EU Nr. L 321 S. 26),
7. Richtlinie 2003/109/EG des Rates vom 25. November 2003 betreffend die Rechtsstellung der langfristig aufenthaltsberechtigten Drittstaatsangehörigen (ABl. EU 2004 Nr. L 16 S. 44),
8. Richtlinie 2004/81/EG vom 29. April 2004 über die Erteilung von Aufenthaltstiteln für Drittstaatsangehörige, die Opfer des Menschenhandels sind oder denen Beihilfe zur illegalen Einwanderung geleistet wurde und die mit den zuständigen Behörden kooperieren (ABl. EU Nr. L 261 S. 19),
9. Richtlinie 2004/83/EG des Rates vom 29. April 2004 über Mindestnormen für die Anerkennung und den Status von Drittstaatsangehörigen oder Staatenlosen als Flüchtlinge oder als Personen, die anderweitig internationalen Schutz benötigen, und über den Inhalt des zu gewährenden Schutzes (ABl. EU Nr. L 304 S. 12),
10. Richtlinie 2004/114/EG des Rates vom 13. Dezember 2004 über die Bedingungen für die Zulassung von Drittstaatsangehörigen zwecks Absolvierung eines Studiums oder Teilnahme an einem Schüleraustausch, einer unbezahlten Ausbildungsmaßnahme oder einem Freiwilligendienst (ABl. EU Nr. L 375 S. 12),
11. Richtlinie 2005/71/EG des Rates vom 12. Oktober 2005 über ein besonderes Zulassungsverfahren für Drittstaatsangehörige zum Zwecke der wissenschaftlichen Forschung (ABl. EU Nr. L 289 S. 15).

[2)] Die Änderungen durch G v. 8.7.2019 (BGBl. I S. 1021) treten teilweise erst **mWv 1.1.2024**, die Änderungen durch G v. 15.8.2019 (BGBl. I S. 1307) treten teilweise erst **mWv 2.3.2025** in Kraft und sind insoweit im Text noch nicht berücksichtigt.

[3)] Siehe hierzu die AufenthaltsVO **(Sartorius Nr. 566)**, das AusländerzentralregisterG **(Sartorius ErgBd. Nr. 569)** und die AZRG-DurchführungsVO v. 17.5.1995 (BGBl. I S. 695), zuletzt geänd. durch G v. 23.5.2022 (BGBl. I S. 760).

[4)] Neubekanntmachung des AufenthaltsG v. 30.7.2004 (BGBl. I S. 1950) in der ab 28.8.2007 geltenden Fassung.

(BGBl. I S. 2965), Art. 4 Abs. 22 G zur Reform der Sachaufklärung in der Zwangsvollstreckung v. 29.7.2009 (BGBl. I S. 2258), Art. 4 Abs. 5 G zur Verfolgung der Vorbereitung von schweren staatsgefährdenden Gewalttaten v. 30.7.2009 (BGBl. I S. 2437), Art. 1 G zur Anpassung des deutschen Rechts an die VO (EG) Nr. 380/2008 v. 12.4.2011 (BGBl. I S. 610), Art. 1 G zur Bekämpfung der Zwangsheirat und zum besseren Schutz der Opfer von Zwangsheirat sowie zur Änd. weiterer aufenthalts- und asylrechtlicher Vorschriften v. 23.6.2011 (BGBl. I S. 1266), Art. 1 G zur Umsetzung aufenthaltsrechtlicher RL der EU und zur Anpassung nationaler Rechtsvorschriften an den EU-Visakodex v. 22.11.2011 (BGBl. I S. 2258), Art. 13 G zur Verbesserung der Eingliederungschancen am Arbeitsmarkt v. 20.12.2011 (BGBl. I S. 2854), Art. 2 G zur Errichtung einer Visa-Warndatei und zur Änd. des AufenthaltsG v. 22.12.2011 (BGBl. I S. 3037), Art. 2 Abs. 25 G zur Änd. von Vorschriften über Verkündung und Bekanntmachungen sowie der ZPO, des EGZPO und der AO v. 22.12.2011 (BGBl. I S. 3044), Art. 1 G zur Umsetzung der HochqualifiziertenRL der EU v. 1.6. 2012 (BGBl. I S. 1224, geänd. durch G v. 27.7.2015, BGBl. I S. 1386), Art. 2 G zur Änd. des FreizügigkeitsG/EU und weiterer aufenthaltsrechtlicher Vorschriften v. 21.1.2013 (BGBl. I S. 86), Art. 2 Abs. 5 BetreuungsgeldG v. 15.2.2013 (BGBl. I S. 254), Art. 1, 7 G zur Anpassung von Rechtsvorschriften des Bundes infolge des Beitritts der Republik Kroatien zur EU v. 17.6.2013 (BGBl. I S. 1555 iVm Bek. v. 21.6.2013, BGBl. II S. 680), Art. 12 G zur Förderung der elektronischen Verwaltung sowie zur Änd. weiterer Vorschriften v. 25.7.2013 (BGBl. I S. 2749), Art. 2 Abs. 59 G zur Strukturreform des Gebührenrechts des Bundes v. 7.8.2013 (BGBl. I S. 3154), Art. 2 G zur Umsetzung der RL 2011/95/EU v. 28.8.2013 (BGBl. I S. 3474), Art. 1 G zur Verbesserung der Rechte von international Schutzberechtigten und ausländischen Arbeitnehmern v. 29.8.2013 (BGBl. I S. 3484, ber. S. 3899), Art. 3 G zur Änd. des BundeszentralregisterG und anderer registerrechtlicher Vorschriften v. 6.9.2013 (BGBl. I S. 3556), Art. 3 G zur Änd. des AntiterrordateiG und anderer Gesetze v. 18.12.2014 (BGBl. I S. 2318), Art. 1 G zur Verbesserung der Rechtsstellung von asylsuchenden und geduldeten Ausländern v. 23.12.2014 (BGBl. I S. 2439), Art. 1 G zur Neubestimmung des Bleiberechts und der Aufenthaltsbeendigung v. 27.7.2015 (BGBl. I S. 1386), Art. 128 Zehnte ZuständigkeitsanpassungsVO v. 31.8.2015 (BGBl. I S. 1474), Art. 3, 13 AsylverfahrensbeschleunigungsG v. 20.10.2015 (BGBl. I S. 1722), Art. 2 G zur Verbesserung der Unterbringung, Versorgung und Betreuung ausländischer Kinder und Jugendlicher v. 28.10.2015 (BGBl. I S. 1802), Art. 5 G zur Änd. des Zwölften Buches Sozialgesetzbuch und weiterer Vorschriften v. 21.12.2015 (BGBl. I S. 2557), Art. 6 DatenaustauschverbesserungsG v. 2.2.2016 (BGBl. I S. 130), Art. 2 Abs. 1 VergaberechtsmodernisierungsG v. 17.2.2016 (BGBl. I S. 203), Art. 2 G zur Einführung beschleunigter Asylverfahren v. 11.3.2016 (BGBl. I S. 390), Art. 1 G zur erleichterten Ausweisung von straffälligen Ausländern und zum erweiterten Ausschluss der Flüchtlingsanerkennung bei straffälligen Asylbewerbern v. 11.3.2016 (BGBl. I S. 394), Art. 50 Zweites G über die weitere Bereinigung von Bundesrecht v. 8.7.2016 (BGBl. I S. 1594), Art. 5, 8 Abs. 5, 6 IntegrationsG v. 31.7.2016 (BGBl. I S. 1939, Art. 8 Abs. 5, 6 dieses G aufgeh. durch Art. 2 G v. 4.7.2019, BGBl. I S. 914), Art. 4 Abs. 2 G zur Verbesserung der Bekämpfung des Menschenhandels und zur Änd. des BundeszentralregisterG sowie des Achten Buches Sozialgesetzbuch v. 11.10.2016 (BGBl. I S. 2226), Art. 2 Abs. 3 50. G zur Änd des StGB v. 4.11.2016 (BGBl. I S. 2460), Art. 4 G zur Regelung von Ansprüchen ausländischer Personen in der Grundsicherung für Arbeitsuchende nach dem SGB II und in der Sozialhilfe nach dem SGB XII v. 22.12.2016 (BGBl. I S. 3155), Art. 6 Abs. 15 G zur Reform der strafrechtlichen Vermögensabschöpfung v. 13.4.2017 (BGBl. I S. 872), Art. 1 G zur Umsetzung aufenthaltsrechtlicher Richtlinien der EU zur Arbeitsmigration v. 12.5.2017 (BGBl. I S. 1106), Art. 7 G zu bereichsspezifischen Regelungen der Gesichtsverhüllung und zur Änd. weiterer dienstrechtlicher Vorschriften v. 8.6.2017 (BGBl. I S. 1570), Art. 2 G zur Verbesserung der Sachaufklärung in der Verwaltungsvollstreckung v. 30.6.2017 (BGBl. I S. 2094), Art. 4 G zur Förderung des elektronischen Identitätsnachweises v. 7.7. 2017 (BGBl. I S. 2310), Art. 1 G zur Änd. gebührenrechtlicher Regelungen im Aufenthaltsrecht v. 13.7.2017 (BGBl. I S. 2350), Art. 5 G zur Bekämpfung von Kinderehen v. 17.7.2017 (BGBl. I S. 2429), Art. 11 Abs. 13 eIDAS-DurchführungsG v. 18.7.2017 (BGBl. I S. 2745), Art. 1 G zur besseren Durchsetzung der Ausreisepflicht v. 20.7.2017 (BGBl. I S. 2780), Art. 10 Abs. 4 G zur Neuregelung des Schutzes von Geheimnissen bei der Mitwirkung Dritter an der Berufsausübung schweigepflichtiger Personen v. 30.10.2017 (BGBl.I S. 3618), Art. 1 G zur Verlängerung der Aussetzung des Familiennachzugs zu subsidiär Schutzberechtigten v. 8.3.2018 (BGBl. I S. 342), Art. 1 FamiliennachzugsneuregelungsG v. 12.7.2018 (BGBl. I S. 1147), Art. 1 G zur Entfristung des IntegrationsG v. 4.7.2019 (BGBl. I S. 914), Art. 1, 3 G über Duldung bei Ausbildung und Beschäftigung v. 8.7.2019 (BGBl. I S. 1021), Art. 3 AusländerbeschäftigungsförderungsG v. 8.7.2019 (BGBl. I S. 1029), Art. 4 G gegen illegale Beschäftigung und Sozialleistungsmissbrauch v. 11.7.2019 (BGBl. I S. 1066), Art. 3 Zweites DatenaustauschverbesserungsG v. 4.8.2019 (BGBl. I S. 1131), Art. 1, 6 Zweites G zur besseren Durchsetzung der Ausreisepflicht v. 15.8.2019 (BGBl. I S. 1294), Art. 1, 54 Abs. 2 FachkräfteeinwanderungsG v. 15.8.2019 (BGBl. I S. 1307), Art. 49 Zweites Datenschutz-Anpassungs- und UmsetzungsG EU v. 20.11.2019 (BGBl. I S. 1626), Art. 4b Drittes WaffenrechtsänderungsG v. 17.2.2020 (BGBl. I S. 166), Art. 16 Covid-19-G zur Förderung der beruflichen Weiterbildung im Strukturwandel und zur Weiterentwicklung der Ausbildungsförderung v. 20.5.2020 (BGBl. I S. 1044), Art. 3 G über die Errichtung eines Bundesamts für Auswärtige Angelegenheiten und zur Änd. des G über den Auswärtigen Dienst, des AufenthaltsG und zur Anpassung anderer Gesetze an die Errichtung des Bundesamts v. 12.6.2020 (BGBl. I S. 1241), Art. 26a Abs. 1 Siebtes G zur Änd. des SGB IV und anderer Gesetze v. 12.6.2020 (BGBl. I S. 1248), Art. 169 Elfte ZuständigkeitsanpassungsVO v. 19.6.2020 (BGBl. I S. 1328), Art. 3 G zur Verschiebung des Zensus in das Jahr 2022 und zur Änd. des AufenthaltsG v. 3.12.2020 (BGBl. I S. 2675), Art. 7 G zur Stärkung der Sicherheit im Pass-, Ausweis- und ausländerrechtlichen Dokumentenwesen v. 3.12.2020 (BGBl. I S. 2744), Art. 10 G zur Ermittlung der Regelbedarfe und zur Änd. des Zwölften Buches Sozialgesetzbuch sowie weiterer Gesetze v. 9.12.2020 (BGBl. I S. 2855), Art. 16 TelekommunikationsmodernisierungsG v. 23.6.2021 (BGBl. I S. 1858), Art. 4 G zur Einführung eines elektronischen Identitätsnachweises mit einem mobilen Endgerät v. 5.7.2021 (BGBl. I S. 2281), Art. 3 G zur Weiterentwicklung des Ausländerzentralregisters v. 9.7.2021 (BGBl. I S. 2467) und Art. 4a G zur Regelung eines Sofortzuschlages und einer Einmalzahlung in den sozialen Mindestsicherungssystemen sowie zur Änd. des FinanzausgleichsG und weiterer G v. 23.5.2022 (BGBl. I S. 760)

– Auszug –

Kapitel 1. Allgemeine Bestimmungen

§ 1 Zweck des Gesetzes; Anwendungsbereich. (1) [1] Das Gesetz dient der Steuerung und Begrenzung des Zuzugs von Ausländern in die Bundesrepublik Deutschland. [2] Es ermöglicht und gestaltet Zuwanderung unter Berücksichtigung der Aufnahme- und Integrationsfähigkeit sowie der wirtschaftlichen und arbeitsmarktpolitischen Interessen der Bundesrepublik Deutschland. [3] Das Gesetz dient zugleich der Erfüllung der humanitären Verpflichtungen der Bundesrepublik Deutschland. [4] Es regelt hierzu die Einreise, den Aufenthalt, die Erwerbstätigkeit und die Integration von Ausländern. [5] Die Regelungen in anderen Gesetzen bleiben unberührt.

(2) Dieses Gesetz findet keine Anwendung auf Ausländer,

1. deren Rechtsstellung von dem Gesetz über die allgemeine Freizügigkeit von Unionsbürgern[1)] geregelt ist, soweit nicht durch Gesetz etwas anderes bestimmt ist,
2. die nach Maßgabe der §§ 18 bis 20 des Gerichtsverfassungsgesetzes[2)] nicht der deutschen Gerichtsbarkeit unterliegen,
3. soweit sie nach Maßgabe völkerrechtlicher Verträge für den diplomatischen und konsularischen Verkehr und für die Tätigkeit internationaler Organisationen und Einrichtungen von Einwanderungsbeschränkungen, von der Verpflichtung, ihren Aufenthalt der Ausländerbehörde anzuzeigen und dem Erfordernis eines Aufenthaltstitels befreit sind und wenn Gegenseitigkeit besteht, sofern die Befreiungen davon abhängig gemacht werden können.

§ 2[3)] Begriffsbestimmungen. (1) Ausländer ist jeder, der nicht Deutscher im Sinne des Artikels 116 Abs. 1 des Grundgesetzes[4)] ist.

[1)] **Loseblatt-Textsammlung Arbeitsrecht Nr. 770.**

[2)] Nr. **50/20.**

[3)] § 2 Abs. 3 Satz 2 geänd., Abs. 5 neu gef., Abs. 8–11 angef. mWv 26.11.2011 durch G v. 22.11. 2011 (BGBl. I S. 2258); Abs. 3 Satz 2 geänd. mWv 1.8.2013 durch G v. 15.2.2013 (BGBl. I S. 254); Abs. 3 Satz 2 neu gef., Abs. 7 geänd., Abs. 8 eingef., bish. Abs. 8–11 werden Abs. 9–12, Abs. 13 angef. mWv 6.9.2013 durch G v. 29.8.2013 (BGBl. I S. 3484); Abs. 3 Satz 2 Nr. 5 und 6 geänd., Nr. 7 und Abs. 14 und 15 angef. mWv 1.8.2015 durch G v. 27.7.2015 (BGBl. I S. 1386); Abs. 2 geänd., Abs. 3 Satz 6 aufgeh., bish. Satz 7 wird Satz 6 und geänd. mWv 1.8.2017 durch G v. 12.5.2017 (BGBl. I →

(2) Erwerbstätigkeit ist die selbständige Tätigkeit, die Beschäftigung im Sinne von § 7 des Vierten Buches Sozialgesetzbuch[1)] und die Tätigkeit als Beamter.

(3) [1]Der Lebensunterhalt eines Ausländers ist gesichert, wenn er ihn einschließlich ausreichenden Krankenversicherungsschutzes ohne Inanspruchnahme öffentlicher Mittel bestreiten kann. [2]Nicht als Inanspruchnahme öffentlicher Mittel gilt der Bezug von:

1. Kindergeld,
2. Kinderzuschlag,
3. Erziehungsgeld,
4. Elterngeld,
5. Leistungen der Ausbildungsförderung nach dem Dritten Buch Sozialgesetzbuch[2)], dem Bundesausbildungsförderungsgesetz[3)] und dem Aufstiegsfortbildungsförderungsgesetz[4)],
6. öffentlichen Mitteln, die auf Beitragsleistungen beruhen oder die gewährt werden, um den Aufenthalt im Bundesgebiet zu ermöglichen und
7. Leistungen nach dem Unterhaltsvorschussgesetz[5)].

[3]Ist der Ausländer in einer gesetzlichen Krankenversicherung krankenversichert, hat er ausreichenden Krankenversicherungsschutz. [4]Bei der Erteilung oder Verlängerung einer Aufenthaltserlaubnis zum Familiennachzug werden Beiträge der Familienangehörigen zum Haushaltseinkommen berücksichtigt. [5]Der Lebensunterhalt gilt für die Erteilung einer Aufenthaltserlaubnis nach den §§ 16a bis 16c, 16e sowie 16f mit Ausnahme der Teilnehmer an Sprachkursen, die nicht der Studienvorbereitung dienen, als gesichert, wenn der Ausländer über monatliche Mittel in Höhe des monatlichen Bedarfs, der nach den §§ 13 und 13a Abs. 1 des Bundesausbildungsförderungsgesetzes bestimmt wird, verfügt. [6]Der Lebensunterhalt gilt für die Erteilung einer Aufenthaltserlaubnis nach den §§ 16d, 16f Absatz 1 für Teilnehmer an Sprachkursen, die nicht der Studienvorbereitung dienen, sowie § 17 als gesichert, wenn Mittel entsprechend Satz 5 zuzüglich eines Aufschlages um 10 Prozent zur Verfügung stehen. [7]Das Bundesministerium des Innern, für Bau und Heimat gibt die Mindest-

(Fortsetzung nächstes Blatt)

(Fortsetzung der Anm. von voriger Seite)
S. 1106); Abs. 14 Nr. 5 geänd., Nr. 5a eingef. mWv 29.7.2017 durch G v. 20.7.2017 (BGBl. I S. 2780); Abs. 5 Nr. 2 neu gef., Abs. 14 aufgeh., bish. Abs. 15 wird Abs. 14 und Satz 1 geänd., Satz 2 neu gef., Sätze 3 und 4 eingef., bish. Satz 3 wird Satz 5 mWv 21.8.2019 durch G v. 15.8.2019 (BGBl. I S. 1294); Abs. 3 Satz 5 geänd., Satz 6 eingef., bish. Satz 6 wird Satz 7, Abs. 11a, 12a–12c eingef. mWv 1.3.2020 durch G v. 15.8.2019 (BGBl. I S. 1307), Änd. von Abs. 5 Nr. 2 obsolet, da durch frühere Änd. bereits ausgeführt; Abs. 3 Satz 7 geänd. mWv 27.6.2020 durch VO v. 19.6.2020 (BGBl. I S. 1328).

[4)] **Habersack, Deutsche Gesetze ErgBd. Nr. 1.**

[1)] Nr. **4**.

[2)] Nr. **3**.

[3)] **Sartorius Nr. 420.**

[4)] **Loseblatt-Textsammlung Arbeitsrecht Nr. 418.**

[5)] Nr. **8/30**.

4. Viertes Buch Sozialgesetzbuch – Gemeinsame Vorschriften für die Sozialversicherung – (SGB IV)[1)]

In der Fassung der Bekanntmachung vom 12. November 2009[2)]
(BGBl. I S. 3710, ber. S. 3973 und BGBl. 2011 I S. 363)

FNA 860-4-1

geänd. durch Art. 5 Nr. 3 GKV-WettbewerbsstärkungsG v. 26.3.2007 (BGBl. I S. 378, geänd. durch G v. 5.8.2010, BGBl. I S. 1127; aufgeh. durch G v. 28.7.2011, BGBl. I S. 1622), Art. 1 G zur Änd. des SGB IV und anderer G v. 19.12.2007 (BGBl. I S. 3024), Art. 4 Nr. 1 Buchst. b UnfallversicherungsmodernisierungsG v. 30.10.2008 (BGBl. I S. 2130), Art. 2 G zur Weiterentwicklung der Organisationsstrukturen in der gesetzlichen Krankenversicherung v. 15.12.2008 (BGBl. I S. 2426), Art. 1 Zweites G zur Änd. des SGB IV und anderer G v. 21.12.2008 (BGBl. I S. 2933), Art. 1 G zur Verbesserung der Rahmenbedingungen für die Absicherung flexibler Arbeitszeitregelungen und zur Änd. anderer G v. 21.12.2008 (BGBl. I S. 2940), Art. 1 Nr. 1 Buchst. b und Nr. 9 ELENA-VerfahrensG v. 28.3.2009 (BGBl. I S. 634, aufgeh. durch G v. 23.11.2011, BGBl. I S. 2298), Art. 1 G zur Änd. des SGB IV, zur Errichtung einer Versorgungsausgleichskasse und anderer G v. 15.7. 2009 (BGBl. I S. 1939), Art. 2 G zur Änd. krankenversicherungsrechtl. und anderer Vorschriften v. 24.7.2010 (BGBl. I S. 983), Art. 1 Drittes G zur Änd. des SGB IV und anderer G v. 5.8.2010 (BGBl. I S. 1127), Art. 16 HaushaltsbegleitG 2011 v. 9.12.2010 (BGBl. I S. 1885), Art. 4 GKV-FinanzierungsG v. 22.12.2010 (BGBl. I S. 2309), Art. 8 G zur Einführung eines Bundesfreiwilligendienstes v. 28.4.2011 (BGBl. I S. 687), Art. 6 Abs. 6 G zur Änd. des BundesversorgungsG und anderer Vorschriften v. 20.6.2011 (BGBl. I S. 1114), Art. 3 G zur Koordinierung der Systeme der sozialen Sicherheit in Europa und zur Änd. anderer G v. 22.6.2011 (BGBl. I S. 1202), Art. 4 G zur Änd. des BeherbergungsstatistikG und des HandelsstatistikG sowie zur Aufhebung von Vorschriften zum Verfahren des elektronischen Entgeltnachweises v. 23.11.2011 (BGBl. I S. 2298), Art. 6 und 7 G zur Verbesserung der Eingliederungschancen am Arbeitsmarkt v. 20.12.2011 (BGBl. I S. 2854), Art. 2 GKV-VersorgungsstrukturG v. 22.12.2011 (BGBl. I S. 2983), Art. 1 Viertes G zur Änd. des Vierten Buches Sozialgesetzbuch und anderer G v. 22.12.2011 (BGBl. I S. 3057, ber. 2012 S. 670), Art. 7 LSV-NeuordnungsG v. 12.4.2012 (BGBl. I S. 579), Art. 12a Zweites G zur Änd. arzneimittelrechtl. und anderer Vorschriften v. 19.10.2012 (BGBl. I S. 2192), Art. 1 G zu Änd. im Bereich der geringfügigen Beschäftigung v. 5.12.2012 (BGBl. I S. 2474), Art. 2b Krebsfrüherkennungs- und -registerG v. 3.4.2013 (BGBl. I S. 617), Art. 4 Abs. 2 G zur Umsetzung des Seearbeitsübereinkommens 2006 der Internationalen Arbeitsorganisation v. 20.4.2013 (BGBl. I S. 868), Art. 2 G zur Beseitigung sozialer Überforderung bei Beitragsschulden in der Krankenversicherung v. 15.7.2013 (BGBl. I S. 2423), Art. 5 G zur Förderung der elektronischen Verwaltung sowie zur Änd. weiterer Vorschriften v. 25.7.2013 (BGBl. I S. 2749), Art. 2a Drittes G zur Änd. arzneimittelrechtlicher und anderer Vorschriften v. 7.8.2013 (BGBl. I S. 3108), Art. 6 G über die Gewährung eines Altersgelds für freiwillig aus dem Bundesdienst ausscheidende Beamte, Richter und Soldaten v. 28.8.2013 (BGBl. I S. 3386), Art. 3 und 4 BUK-NeuorganisationsG v. 19.10.2013 (BGBl. I S. 3836, geänd. durch G v. 30.7.2014, BGBl. I S. 1311), Art. 4 GKV-Finanzstruktur- und Qualitäts-Weiterentwicklungsg v. 21.7.2014 (BGBl. I S. 1133), Art. 1 KünstlersozialabgabestabilisierungsG v. 30.7.2014

[1)] Die Änderungen durch G v. 17.7.2017 (BGBl. I S. 2575) treten teilweise erst **mWv 1.1.2025**, die Änderungen durch G v. 15.11.2019 (BGBl. I S. 1602) treten teilweise erst **mWv 1.1.2026**, die Änderungen durch G v. 22.11.2019 (BGBl. I S. 1746, geänd. durch G v. 11.2.2021, BGBl. I S. 154 und G v. 23.3.2022, BGBl. I S. 482) treten erst **mWv 1.1.2023**, die Änderungen durch G v. 12.12. 2019 (BGBl. I S. 2652) treten teilweise erst **mWv 1.1.2024**, die Änderungen durch G v. 12.6.2020 (BGBl. I S. 1248, geänd. durch G v. 11.2.2021, BGBl. I S. 154 und G v. 23.3.2022, BGBl. I S. 482) treten teilweise erst **mWv 1.1.2023**, **mWv 1.8.2023** bzw. **mWv 1.1.2024**, die Änderungen durch G v. 14.10.2020 (BGBl. I S. 2112, geänd. durch G v. 11.2.2021, BGBl. I S. 154 und geänd. durch G v. 23.3.2022, BGBl. I S. 482) treten teilweise erst **mWv 1.1.2023** bzw. **mWv 1.1.2024**, die Änderungen durch G v. 23.11.2020 (BGBl. I S. 2474, geänd. durch G v. 22.11.2021, BGBl. I S. 4906) treten teilweise erst **mWv 1.1.2023**, die Änderungen durch G v. v. 20.8.2021 (BGBl. I S. 3932) treten erst **mWv 1.1.2025** in Kraft und sind im Text noch nicht berücksichtigt.

[2)] Neubekanntmachung des SGB IV idF der Bek. v. 23.1.2006 (BGBl. I S. 86) in der ab 1.9.2009 geltenden Fassung.

(BGBl. I S. 1311), Art. 9 TarifautonomiestärkungsG v. 11.8.2014 (BGBl. I S. 1348), Art. 4 G zur besseren Vereinbarkeit von Familie, Pflege und Beruf v. 23.12.2014 (BGBl. I S. 2462), Art. 1 Fünftes G zur Änd. des Vierten Buches Sozialgesetzbuch und anderer G v. 15.4.2015 (BGBl. I S. 583, ber. S. 1008), Art. 449 Zehnte ZuständigkeitsanpassungsVO v. 31.8.2015 (BGBl. I S. 1474), Art. 28 G zur Bereinigung des Rechts der Lebenspartner v. 20.11.2015 (BGBl. I S. 2010), Art. 6 G zur Regulierung des Prostitutionsgewerbes v. 21.10.2016 (BGBl. I S. 2372), Art. 1 6. SGB IV-ÄndG v. 11.11.2016 (BGBl. I S. 2500), Art. 5 G zur Änd. des ArbeitnehmerüberlassungsG und anderer G v. 21.2.2017 (BGBl. I S. 258), Art. 2 G zur Stärkung der Bekämpfung der Schwarzarbeit und illegalen Beschäftigung v. 6.3.2017 (BGBl. I S. 399), Art. 160 G zum Abbau verzichtbarer Anordnungen der Schriftform im Verwaltungsrecht des Bundes v. 29.3.2017 (BGBl. I S. 626), Art. 1a Heil- und HilfsmittelversorgungsG v. 4.4.2017 (BGBl. I S. 778), Art. 29 G zur Neuordnung des Rechts zum Schutz vor der schädlichen Wirkung ionisierender Strahlung v. 27.6.2017 (BGBl. I S. 1966), Art. 7 Zweites BürokratieentlastungsG v. 30.6.2017 (BGBl. I S. 2143), Art. 3 Rentenüberleitungs-AbschlussG v. 17.7.2017 (BGBl. I S. 2575), Art. 11 Abs. 41 eIDAS-DurchführungsG v. 18.7.2017 (BGBl. I S. 2745), Art. 7a G zur Fortschreibung der Vorschriften für Blut- und Gewebezubereitungen und zur Änd. anderer Vorschriften v. 18.7.2017 (BGBl. I S. 2757), Art. 4 RV-Leistungsverbesserungs- und -StabilisierungsG v. 28.11.2018 (BGBl. I S. 2016), Art. 2 Brückenteilzeit-EinführungsG v. 11.12.2018 (BGBl. I S. 2384), Art. 4 QualifizierungschancenG v. 18.12. 2018 (BGBl. I S. 2651), Art. 7 Terminservice- und VersorgungsG v. 6.5.2019 (BGBl. I S. 646), Art. 7 G gegen illegale Beschäftigung und Sozialleistungsmissbrauch v. 11.7.2019 (BGBl. I S. 1066), Art. 25 Bundeswehr-EinsatzbereitschaftsstärkungsG v. 4.8.2019 (BGBl. I S. 1147), Art. 46 FachkräfteeinwanderungsG v. 15.8.2019 (BGBl. I S. 1307), Art. 1, 2 Paketboten-Schutz-G v. 15.11.2019 (BGBl. I S. 1602), Art. 122 Zweites Datenschutz-Anpassungs- und UmsetzungsG EU v. 20.11.2019 (BGBl. I S. 1626), Art. 11 Drittes BürokratieentlastungsG v. 22.11.2019 (BGBl. I S. 1746, geänd. durch G v. 11.2.2021, BGBl. I S. 154 und G v. 23.3.2022, BGBl. I S. 482), Art. 31 G zur Regelung des Sozialen Entschädigungsrechts v. 12.12.2019 (BGBl. I S. 2652), Art. 7a MDK-ReformG v. 14.12.2019 (BGBl. I S. 2789), Art. 3 Sozialschutz-Paket v. 27.3.2020 (BGBl. I S. 575), Art. 3 Fairer-Kassenwettbewerb-G v. 22.3.2020 (BGBl. I S. 604), Art. 1 Siebtes G zur Änd. des Vierten Buches SGB und anderer G v. 12.6.2020 (BGBl. I S. 1248, geänd. durch G v. 11.2.2021, BGBl. I S. 154 und G v. 23.3.2022, BGBl. I S. 482), Art. 310 Elfte ZuständigkeitsanpassungsVO v. 19.6. 2020 (BGBl. I S. 1328), Art. 2c Viertes G zur Änd. des SeearbeitsG und anderer Gesetze v. 14.10. 2020 (BGBl. I S. 2112, geänd. durch G v. 11.2.2021, BGBl. I S. 154 und G v. 23.3.2022, BGBl. I S. 482), Art. 2a und 2b Sechstes G zur Änd. des G über die internationale Rechtshilfe in Strafsachen v. 23.11.2020 (BGBl. I S. 2474, geänd. durch G v. 22.11.2021, BGBl. I S. 4906)), Art. 7 G zur Digitalisierung von Verwaltungsverfahren bei der Gewährung von Familienleistungen v. 3.12.2020 (BGBl. I S. 2668), Art. 2 Gesetz Digitale Rentenübersicht v. 11.2.2021 (BGBl. I S. 154), Art. 14a MTA-Reform-G v. 24.2.2021 (BGBl. I S. 274), Art. 2 Viertes G zur Änd. des SeefischereiG v. 26.5.2021 (BGBl. I S. 1170), Art. 4 TeilhabestärkungsG v. 2.6.2021 (BGBl. I S. 1387), Art. 2c G zur Umsetzung der RL (EU) 2019/882 v. 16.7.2021 (BGBl. I S. 2970), Art. 24 G zur Ergänzung und Änd. der Regelungen für die gleichberechtigte Teilhabe von Frauen an Führungspositionen in der Privatwirtschaft und im öffentlichen Dienst v. 7.8.2021 (BGBl. I S. 3311), Art. 37 G über die Entschädigung der Soldatinnen und Soldaten und zur Neuordnung des Soldatenversorgungsrechts v. 20.8.2021 (BGBl. I S. 3932), Art. 4a G zur Änd. des InfektionsschutzG und weiterer Gesetze anlässlich der Aufhebung der Feststellung der epidemischen Lage von nationaler Tragweite v. 22.11. 2021 (BGBl. I S. 4906) und Art. 13 G zur Stärkung der Impfprävention gegen COVID-19 und zur Änd. weiterer Vorschriften im Zusammenhang mit der COVID-19-Pandemie v. 10.12.2021 (BGBl. I S. 5162)

Inhaltsübersicht[1) 2)]

Erster Abschnitt. Grundsätze und Begriffsbestimmungen

Erster Titel. Geltungsbereich und Umfang der Versicherung

[1)] Inhaltsübers. geänd. mWv 1.10.2009 durch G v. 15.7.2009 (BGBl. I S. 1939); geänd. mWv 11.8.2010 durch G v. 5.8.2010 (BGBl. I S. 1127); geänd. mWv 3.12.2011 durch G v. 23.11.2011 (BGBl. I S. 2298); geänd. mWv 1.1.2012 durch G v. 22.12.2011 (BGBl. I S. 3057); geänd. mWv 1.1.2013 durch G v. 12.4.2012 (BGBl. I S. 579); geänd. mWv 1.1.2015 durch G v. 19.10.2013 (BGBl. I S. 3836); geänd. mWv 16.8.2014 und geänd. mWv 1.1.2019 durch G v. 11.8.2014 (BGBl. I S. 1348); geänd. mWv 1.1.2016 und geänd. mWv 1.1.2017 durch G v. 15.4.2015 (BGBl. I S. 583); geänd. mWv 1.1.2017 durch G v. 11.11.2016 (BGBl. I S. 2500); geänd. mWv 11.4.2017 durch G v. 4.4.2017 (BGBl. I S. 778); geänd. mWv 1.7.2019 durch G v. 28.11.2018 (BGBl. I S. 2016); geänd. mWv 11.5.2019 durch G v. 6.5.2019 (BGBl. I S. 646); geänd. mWv 26.11.2019 durch G v. 20.11.2019 (BGBl. I S. 1626); geänd. mWv 1.1.2018 und mWv 1.1.2020 durch G v. 12.12.2019 (BGBl. I S. 2652); geänd. mWv 28.3.2020 durch G v. 27.3.2020 (BGBl. I S. 575); geänd. mWv 1.7.2020, mWv 1.1.2021, mWv 1.7.2021, mWv 1.1.2022 durch G v. 12.6.2020 (BGBl. I S. 1248, geänd. durch G v. 11.2.2021, BGBl. I S. 154 und G v. 23.3.2022, BGBl. I S. 482; geänd. mWv 10.12.2020 durch G v. 3.12.2020 (BGBl. I S. 2668); geänd. mWv 31.12.2020 und mWv 18.2.2021 durch G v. 11.2.2021 (BGBl. I S. 154); geänd. mWv 15.12.2020 und mWv 4.3.2021 durch G v. 24.2.2021 (BGBl. I S. 274); geänd. mWv 1.6.2021 durch G v. 26.5.2021 (BGBl. I S. 1170); geänd. mWv 1.7.2021 durch G v. 2.6.2021 (BGBl. I S. 1387); geänd. mWv 1.4.2022 durch G v. 16.7.2021 (BGBl. I S. 2970); geänd. mWv 12.8.2021 durch G v. 7.8.2021 (BGBl. I S. 3311).

[2)] Nach Art. 5 Abs. 3 G v. 26.5.2021 (BGBl. I S. 1170) sollen Art. 2 Nr. 1 und 3 des ÄndG am 31.10.2021 außer Kraft treten.

Die Aufhebung einer Änderungsvorschrift nach deren Inkrafttreten hat allerdings keine Auswirkungen auf die wirksam geänderte Stammvorschrift, sodass § 132 derzeit unbefristet gilt. Für eine Außerkraftsetzung der Vorschrift müsste das SGB IV selbst geändert werden, nicht das durch Vollzug erledigte Änderungsgesetz.

Vierter Abschnitt. Träger der Sozialversicherung

Erster Titel. Verfassung

(Fortsetzung nächstes Blatt)

5. Sozialgesetzbuch (SGB) Fünftes Buch (V) – Gesetzliche Krankenversicherung –[1] [2] [3] [4]

Vom 20. Dezember 1988
(BGBl. I S. 2477)

FNA 860-5

geänd. durch Art. 2 G zur Änd. des KünstlersozialversicherungsG v. 20.12.1988 (BGBl. I S. 2606), Art. 2 G zur Einführung eines Sozialversicherungsausweises und zur Änd. anderer SozialG v. 6.10. 1989 (BGBl. I S. 1822), Art. 4 RentenreformG 1992 v. 18.12.1989 (BGBl. I S. 2261), Art. 25 Abs. 4 G zu dem Vertrag vom 18. Mai 1990 über die Schaffung einer Währungs-, Wirtschafts- und Sozialunion zwischen der Bundesrepublik Deutschland und der Deutschen Demokratischen Republik v. 25.6.1990 (BGBl. II S. 518), Art. 2 KOV-AnpassungsG 1990 v. 26.6.1990 (BGBl. I S. 1211), Art. 12 Abs. 8 G zur Neuregelung des Ausländerrechts v. 9.7.1990 (BGBl. I S. 1354), Einigungsvertrag v. 31.8.1990 (BGBl. II S. 889, 1048), Art. 1 Erstes ÄndG v. 22.3.1991 (BGBl. I S. 792), Art. 6 Renten-ÜberleitungsG v. 25.7.1991 (BGBl. I S. 1606), Art. 3 G zur Änd. des Zweites G zur Änd. des BundeserziehungsgeldG und anderer Vorschriften v. 6.12.1991 (BGBl. I S. 2142), Zweites ÄndG v. 20.12.1991 (BGBl. I S. 2325), Art. 2 Schwangeren- und FamilienhilfeG v. 27.7.1992 (BGBl. I S. 1398), Art. 1 und 2 GesundheitsstrukturG v. 21.12.1992 (BGBl. I S. 2266), Art. 61 Fünfte Zuständigkeitsanpassungs-VO v. 26.2.1993 (BGBl. I S. 278), Art. 104 EWR-AusführungsG v. 27.4. 1993 (BGBl. I S. 512), Art. 2 G zu dem Europa-Abkommen vom 16. Dezember 1991 zur Gründung einer Assoziation zwischen den Europäischen Gemeinschaften sowie ihren Mitgliedstaaten und der Republik Polen v. 26.8.1993 (BGBl. II S. 1316), Art. 2 G zu dem Europa-Abkommen vom 16. Dezember 1991 zur Gründung einer Assoziation zwischen den Europäischen Gemeinschaften sowie ihren Mitgliedstaaten und der Republik Ungarn v. 26.8.1993 (BGBl. II S. 1472), Art. 3 Abs. 12 FÖJ-FörderungsG v. 17.12.1993 (BGBl. I S. 2118), Art. 6 Abs. 101 EisenbahnneuordnungsG v. 27.12. 1993 (BGBl. I S. 2378), Art. 4 PflegeversicherungsG v. 26.5.1994 (BGBl. I S. 1014), § 16 Abs. 6 Masseur- und PhysiotherapeutenG v. 26.5.1994 (BGBl. I S. 1084), Art. 3 Zweites G zur Änd. des Sozialgesetzbuchs v. 13.6.1994 (BGBl. I S. 1229), Art. 8 § 20 Gesundheitseinrichtungen-NeuordnungsG v. 24.6.1994 (BGBl. I S. 1416), Art. 4 AgrarsozialreformG 1995 v. 29.7.1994 (BGBl. I S. 1890), Art. 1 Drittes SGB V-ÄndG v. 10.5.1995 (BGBl. I S. 678), Art. 18 G zur Änd. wehrpflichtrechtlicher, soldatenrechtlicher, beamtenrechtlicher und anderer Vorschriften v. 24.7.1995 (BGBl. I S. 962), Art. 4 Schwangeren- und FamilienhilfeÄndG v. 21.8.1995 (BGBl. I S. 1050), Art. 1 Viertes SGB V-ÄndG v. 4.12.1995 (BGBl. I S. 1558), Art. 14 WehrrechtsänderungsG v. 15.12.1995 (BGBl. I S. 1726), Art. 2 Nr. 10 Zweites G zur Änd. des ArbeitsförderungsG im Bereich des Baugewerbes v. 15.12.1995 (BGBl. I S. 1809), Art. 1 Fünftes SGB V-ÄndG v. 18.12.1995 (BGBl. I S. 1986), Art. 1 Sechstes SGB V-ÄndG v. 18.12.1995 (BGBl. I S. 1987), Art. 3 Erstes SGB XI-ÄndG v. 14.6.1996 (BGBl. I S. 830), Art. 4 Unfallversicherungs-EinordnungsG v. 7.8.1996 (BGBl. I S. 1254), Art. 1

---

[1] Verkündet als Art. 1 Gesetz zur Strukturreform im Gesundheitswesen (Gesundheits-Reformgesetz – GRG) v. 20.12.1988 (BGBl. I S. 2477); Inkrafttreten gem. Art. 79 Abs. 1 dieses G am 1.1.1989, mit Ausnahme der in Abs. 2 bis 5 dieses Artikels genannten Abweichungen.

[2] Zu **Abweichungen** von den §§ 35c, 39 und 129 **infolge der SARS-CoV-2-Epidemie** beachte die Maßgaben in § 1 der SARS-CoV-2-Arzneimittelversorgungsverordnung v. 20.4.2020 (BAnz AT 21.04.2020 V1), zuletzt geänd. durch VO v. 25.5.2022 (BAnz AT 30.05.2022 V1)

[3] Für das Gebiet der ehem. DDR beachte die Überleitungsregelungen der §§ 309 bis 311.

[4] Die Änderungen durch G v. 9.8.2019 (BGBl. I S. 1202) treten teilweise erst **mWv 16.8.2022**, die Änderungen durch G v. 12.12.2019 (BGBl. I S. 2652) treten teilweise erst **mWv 1.1.2024**, die Änderungen durch G v. 23.10.2020 (BGBl. I S. 2220) treten teilweise erst **mWv 31.10.2023**, die Änderungen durch G v. 22.12.2020 (BGBl. I S. 3299, geänd. durch G v. 22.11.2021, BGBl. I S. 4906) treten teilweise erst **mWv 1.1.2023**, die Änderungen durch G v. 28.3.2021 (BGBl. I S. 591) treten erst **mit unbestimmten Inkrafttreten**, die Änderungen durch G v. 4.5.2021 (BGBl. I S. 882) treten erst **mWv 1.1.2023**, die Änderungen durch G v. 3.6.2021 (BGBl. I S. 1309) treten teilweise erst **mWv 1.1.2024**, die Änderungen durch G v. 20.8.2021 (BGBl. I S. 3932) treten erst **mWv 1.1.2025**, die Änderungen durch G v. 22.11.2021 (BGBl. I S. 4906, geänd. durch G v. 10.12.2021, BGBl. I S. 5162) treten teilweise erst **mWv 1.1.2023** in Kraft und sind insoweit im Text noch nicht berücksichtigt.

Siebtes SGB V-ÄndG v. 28.10.1996 (BGBl. I S. 1558), Art. 1 Achtes SGB V-ÄndG v. 28.10.1996 (BGBl. I S. 1559), Art. 2 BeitragsentlastungsG v. 1.11.1996 (BGBl. I S. 1631), Art. 2 G zur sozialrechtlichen Behandlung von einmalig gezahltem Arbeitsentgelt v. 12.12.1996 (BGBl. I S. 1859), Art. 5 Arbeitsförderungs-ReformG v. 24.3.1997 (BGBl. I S. 594), Art. 1 Erstes GKV-NeuordnungsG v. 23.6.1997 (BGBl. I S. 1518), Art. 1 und 2 Zweites GKV-NeuordnungsG v. 23.6.1997 (BGBl. I S. 1520), Art. 39 Sechste Zuständigkeitsanpassungs-VO v. 21.9.1997 (BGBl. I S. 2390), § 22 TransplantationsG v. 5.11.1997 (BGBl. I S. 2631), Art. 4 Erstes SGB III-ÄndG v. 16.12.1997 (BGBl. I S. 2970), Art. 5 RentenreformG 1999 v. 16.12.1997 (BGBl. I S. 2998 geänd. durch G v. 19.12.1998, BGBl. I S. 3843, und geänd. durch G v. 20.12.2000, BGBl. I S. 1827), Art. 2 Abs. 26 BegleitG zum TelekommunikationsG v. 17.12.1997 (BGBl. I S. 3108), Art. 1 GKV-FinanzstärkungsG v. 24.3.1998 (BGBl. I S. 526), Art. 3 G zur sozialrechtlichen Absicherung flexibler Arbeitszeitregelungen v. 6.4. 1998 (BGBl. I S. 688), Art. 1 Neuntes SGB V-ÄndG v. 8.5.1998 (BGBl. I S. 907, geänd. durch G v. 19.12.1998, BGBl. I S. 3857), Art. 2 G über die Berufe des Psychologischen Psychotherapeuten und des Kinder- und Jugendlichenpsychotherapeuten, zur Änd. des SGB V und anderer G v. 16.6.1998 (BGBl. I S. 1311, geänd. durch G v. 19.12.1998, BGBl. I S. 3853), Art. 3 Erstes G zur Änd. des MedizinprodukteG v. 6.8.1998 (BGBl. I S. 2005), Art. 1 GKV-SolidaritätsstärkungsG v. 19.12.1998 (BGBl. I S. 3853), Art. 3 G zur Neuregelung der geringfügigen Beschäftigungsverhältnisse v. 24.3. 1999 (BGBl. I S. 388), Art. 2 Zweites SGB III-ÄndG v. 21.7.1999 (BGBl. I S. 1648), Art. 21 HaushaltssanierungsG v. 22.12.1999 (BGBl. I S. 2534), Art. 1 GKV-GesundheitsreformG 2000 v. 22.12.1999 (BGBl. I S. 2626, geänd. durch G v. 15.12.2002, BGBl. I S. 684), Art. 1 G zur Rechtsangleichung in der gesetzlichen Krankenversicherung v. 22.12.1999 (BGBl. I S. 2657), Entscheidung des Bundesverfassungsgerichts v. 24.5.2000 (BGBl. I S. 1082), Entscheidung des Bundesverfassungsgerichts (zu § 5 Abs. 1 Nr. 11 erster Halbsatz des Fünften Buches Sozialgesetzbuch und Artikel 56 Abs. 3 erster Halbsatz des Gesundheits-ReformG) v. 7.8.2000 (BGBl. I S. 1300), Art. 19 G zur Änderung des Begriffs „Erziehungsurlaub" v. 30.11.2000 (BGBl. I S. 1638), Art. 14 G zur Änderung des SoldatenG und anderer Vorschriften v. 19.12.2000 (BGBl. I S. 1815), Art. 5 G zur Reform der Renten wegen verminderter Erwerbsfähigkeit v. 20.12.2000 (BGBl. I S. 1827), Art. 2 Einmalzahlungs-NeuregelungsG v. 21.12.2000 (BGBl. I S. 1971), Art. 3 § 52 G zur Beendigung der Diskriminierung gleichgeschlechtlicher Gemeinschaften: Lebenspartnerschaften v. 16.2.2001 (BGBl. I S. 266), Art. 4 AltersvermögensergänzungsG v. 21.3.2001 (BGBl. I S. 403), Art. 2 und 6 Zweites G zur Änderung des KünstlersozialversicherungsG und anderer G v. 13.6.2001 (BGBl. I S. 1027), Art. 5 SGB IX v. 19.6.2001 (BGBl. I S. 1046), Art. 1 G zur Neuregelung der Krankenkassenwahlrechte v. 27.7.2001 (BGBl. I S. 1946), Art. 1 Festbetrags-AnpassungsG v. 27.7.2001 (BGBl. I S. 1948), Art. 4 Sechstes SGG-ÄnderungsG v. 17.8.2001 (BGBl. I S. 2144), Art. 1 Achtes Euro-EinführungsG v. 23.10.2001 (BGBl. I S. 2702), Art. 216 Siebente ZuständigkeitsanpassungsVO v. 29.10.2001 (BGBl. I S. 2785), Art. 3 G zur Reform der arbeitsmarktpolitischen Instrumente (Job-AQTIV-G) v. 10.12.2001 (BGBl. I S. 3443), Art. 1 G zur Reform des Risikostrukturausgleichs in der gesetzlichen Krankenversicherung v. 10.12.2001 (BGBl. I S. 3465), Art. 1 G zur Einführung des Wohnortprinzips bei Honorarvereinbarungen für Ärzte und Zahnärzte v. 11.12.2001 (BGBl. I S. 3526), Art. 12 Zweites MedizinprodukteG-ÄndG v. 13.12.2001 (BGBl. I S. 3586), Art. 2 Pflegeleistungs-ErgänzungsG v. 14.12.2001 (BGBl. I S. 3728), Art. 1 Arzneimittelbudget-AblösungsG v. 19.12.2001 (BGBl. I S. 3773), Art. 1 Arzneimittelausgaben-BegrenzungsG v. 15.2.2002 (BGBl. I S. 684), Art. 1 Zehntes SGB V-ÄndG v. 23.3.2002 (BGBl. I S. 1169), Art. 1 FallpauschalenG v. 23.4.2002 (BGBl. I S. 1412), Art. 47b G zur Gleichstellung behinderter Menschen und zur Änd. anderer G v. 27.4.2002 (BGBl. I S. 1467), Art. 10 Nr. 6 ZuwanderungsG v. 20.6.2002 (BGBl. I S. 1946, nichtig gem. Urt. des BVerfG v. 18.12.2002 - 2 BvF 1/02 -), Art. 7 Hüttenknappschaftliches Zusatzversicherungs-NeuregelungsG v. 21.6.2002 (BGBl. I S. 2167), Art. 4 G zur Erleichterung der Bekämpfung von illegaler Beschäftigung und Schwarzarbeit v. 23.7.2002 (BGBl. I S. 2787), Art. 1 G zur Sicherung der Betreuung und Pflege schwerstkranker Kinder v. 26.7.2002 (BGBl. I S. 2872), Art. 1 G zur Verbesserung des Zuschusses zu ambulanten medizinischen Vorsorgeleistungen v. 26.7.2002 (BGBl. I S. 2873), Art. 1 Elftes SGB V-ÄndG v. 26.7.2002 (BGBl. I S. 2874), Art. 3 G zur Änd. des ApothekenG v. 21.8.2002 (BGBl. I S. 3352), Art. 2 Erstes G für moderne Dienstleistungen am Arbeitsmarkt v. 23.12.2002 (BGBl. I S. 4607), Art. 3 Zweites G für moderne Dienstleistungen am Arbeitsmarkt v. 23.12.2002 (BGBl. I S. 4621), Art. 1 BeitragssatzsicherungsG v. 23.12.2002 (BGBl. I S. 4637), Art. 2 G zur Änd. von Fristen und Bezeichnungen im SGB IX und zur Änd and. G v. 3.4.2003 (BGBl. I S. 462), Art. 1 Zwölftes SGB V-ÄndG v. 12.6.2003 (BGBl. I S. 844), Art. 5b FallpauschalenÄndG v. 17.7.2003 (BGBl. I S. 1461), Art. 3 G zur Änd. des Sozialgesetzbuches und anderer G v. 24.7.2003 (BGBl. I S. 1526), Art. 1 und 2 GKV-ModernisierungsG v. 14.11.2003 (BGBl. I S. 2190, geänd. durch G v. *30.7.2004, BGBl. I S. 2014* und geänd. durch G v. 15.12.2004, BGBl. I S. 3445), Art. 204 Achte ZuständigkeitsanpassungsVO v. 25.11.2003 (BGBl. I S. 2304), Art. 4 Drittes G für moderne Dienstleistungen am Arbeitsmarkt v. 23.12.2003 (BGBl. I S. 2848), Art. 5 Viertes G für moderne Dienstleistungen am Arbeitsmarkt v. 24.12.2003 (BGBl. I S. 2954, geänd. durch G v. 30.7.2004, BGBl. I

S. 2014), Art. 5 Zweites G zur Änd. des SGB VI und anderer G v. 27.12.2003 (BGBl. I S. 3013), Art. 2 Drittes G zur Änd des SGB VI und anderer G v. 27.12.2003 (BGBl. I S. 3019), Art. 4 G zur Einordnung des Sozialhilferechts in das SGB v. 27.12.2003 (BGBl. I S. 3022), Art. 3 RV-NachhaltigkeitsG v. 21.7.2004 (BGBl. I S. 1791), Art. 10 Nr. 6 ZuwanderungsG v. 30.7.2004 (BGBl. I S. 1950), Art. 4 Kommunales OptionsG v. 30.7.2004 (BGBl. I S. 2014), Art. 5 G zur Organisationsreform in der gesetzl. Rentenversicherung v. 9.12.2004 (BGBl. I S. 3242), Art. 5 Zweites FallpauschalenÄndG v. 15.12.2004 (BGBl. I S. 3429), Art. 2 G zur Anpassung der Finanzierung von Zahnersatz v. 15.12. 2004 (BGBl. I S. 3445), Art. 6 Nr. 1 G zur Änd. des AufenthaltsG und weiterer G v. 14.3.2005 (BGBl. I S. 721), Art. 4 VerwaltungsvereinfachungsG v. 21.3.2005 (BGBl. I S. 818), Art. 20 Streitkräftereserve-NeuordnungsG v. 22.4.2005 (BGBl. I S. 1106), Art. 9 G zur Reform des Reisekostenrechts v. 26.5.2005 (BGBl. I S. 1418), Art. 1 G zur Organisationsstruktur der Telematik im Gesundheitswesen v. 22.6.2005 (BGBl. I S. 1720, ber. S. 2566), Art. 3a Vierzehntes G zur Änd. des ArzneimittelG v. 29.8.2005 (BGBl. I S. 2570), Art. 2a Fünftes G zur Änd. des SGB III und anderer G v. 22.12.2005 (BGBl. I S. 3676), Art. 2 Nr. 3 G über den Ausgleich von Arbeitgeberaufwendungen und zur Änd. weiterer G v. 22.12.2005 (BGBl. I S. 3686), Art. 4 G zur Förderung ganzjähriger Beschäftigung v. 24.4.2006 (BGBl. I S. 926), Art. 1 G zur Verbesserung der Wirtschaftlichkeit in der Arzneimittelversorgung v. 26.4.2006 (BGBl. I S. 984), Art. 10 HaushaltsbegleitG 2006 v. 29.6.2006 (BGBl. I S. 1402), Art. 3a G zur Fortentwicklung der Grundsicherung für Arbeitsuchende v. 20.7. 2006 (BGBl. I S. 1706), Art. 20 Föderalismusreform-BegleitG v. 5.9.2006 (BGBl. I S. 2098), Art. 256 Neunte ZuständigkeitsanpassungsVO v. 31.10.2006 (BGBl. I S. 2407), Art. 4 G zur Änd. des BetriebsrentenG und anderer G v. 2.12.2006 (BGBl. I S. 2742), Art. 2 Abs. 19 G zur Einführung des Elterngeldes v. 5.12.2006 (BGBl. I S. 2748), Art. 1 VertragsarztrechtsÄndG v. 22.12.2006 (BGBl. I S. 3439), Art. 1 und 2 GKV-WettbewerbsstärkungsG v. 26.3.2007 (BGBl. I S. 378, geänd. durch G v. 14.6.2007, BGBl. I S. 1066, G v. 19.12.2007, BGBl. I S. 3024 und G v. 15.12.2008, BGBl. I S. 2426), Art. 5 RV-AltersgrenzenanpassungsG v. 20.4.2007 (BGBl. I S. 554), Art. 5 und 6 G zur Änd. medizinprodukterechtl. und and. Vorschriften v. 14.6.2007 (BGBl. I S. 1066), Art. 6 Abs. 3 GewebeG v. 20.7.2007 (BGBl. I S. 1574), Art. 6 Abs. 11 G zur Umsetzung aufenthalts- und asylrechtlicher Richtlinien der EU v. 19.8.2007 (BGBl. I S. 1970), Art. 28 Abs. 4 Zweites G zum Abbau bürokratischer Hemmnisse insbesondere in der mittelständischen Wirtschaft v. 7.9.2007 (BGBl. I S. 2246), Art. 9 Abs. 21 G zur Reform des Versicherungsvertragsrechts v. 23.11.2007 (BGBl. I S. 2631), Art. 38 G zur Umsetzung der Richtline 2005/36/EG des Europäischen Parlaments und des Rates über die Anerkennung von Berufsqualifikationen der Heilberufe v. 2.12.2007 (BGBl. I S. 2686), § 22 Abs. 7 Einsatz-WeiterverwendungsG v. 12.12.2007 (BGBl. I S. 2861), Art. 5 G zur Änd. des SGB IV und anderer G v. 19.12.2007 (BGBl. I S. 3024), Art. 2 Abs. 11 G zur Förderung von Jugendfreiwilligendiensten v. 16.5.2008 (BGBl. I S. 842), Art. 6 Pflege-WeiterentwicklungsG v. 28.5.2008 (BGBl. I S. 874), Art. 4 KinderförderungsG v. 10.12.2008 (BGBl. I S. 2403), Art. 1 G zur Weiterentwicklung der Organisationsstrukturen in der gesetzlichen Krankenversicherung v. 15.12.2008 (BGBl. I S. 2426), Art. 4a G zur Neuausrichtung der arbeitsmarktpolitischen Instrumente v. 21.12.2008 (BGBl. I S. 2917), Art. 6 Nr. 1 G zur Verbesserung der Rahmenbedingungen für die Absicherung flexibler Arbeitszeitregelungen und zur Änd. anderer G v. 21.12.2008 (BGBl. I S. 2940), Art. 13 G zur Sicherung von Beschäftigung und Stabilität in Deutschland v. 2.3.2009 (BGBl. I S. 416), Art. 3 KrankenhausfinanzierungsreformG v. 17.3.2009 (BGBl. I S. 534), Art. 3 G zur Änd. des SGB IV, zur Errichtung einer Versorgungsausgleichskasse und anderer G v. 15.7.2009 (BGBl. I S. 1939), Art. 15 und 15a G zur Änd. arzneimittelrechtl. und anderer Vorschriften v. 17.7.2009 (BGBl. I S. 1990), Art. 1 G zur Regelung des Assistenzpflegebedarfs im Krankenhaus v. 30.7.2009 (BGBl. I S. 2495), Art. 4 Sozialversicherungs-StabilisierungsG v. 14.4.2010 (BGBl. I S. 410), Art. 1 G zur Änd. krankenversicherungsrechtl. und and. Vorschriften v. 24.7.2010 (BGBl. I S. 983), Art. 18 HaushaltsbegleitG 2011 v. 9.12.2010 (BGBl. I S. 1885), Art. 1 ArzneimittelmarktneuordnungsG v. 22.12.2010 (BGBl. I S. 2262), Art. 1 und 2 GKV-FinanzierungsG v. 22.12.2010 (BGBl. I S. 2309), Art. 12 Abs. 3 G zur Ermittlung von Regelbedarfen und zur Änd. des SGB II und XII v. 24.3.2011 (BGBl. I S. 453), Art. 9 G zur Einführung eines Bundesfreiwilligendienstes v. 28.4.2011 (BGBl. I S. 687), Art. 4 G zur Koordinierung der Systeme der sozialen Sicherheit in Europa und zur Änd. anderer G v. 22.6.2011 (BGBl. I S. 1202), Art. 3 G zur Änd. des InfektionsschutzG und weiterer G v. 28.7.2011 (BGBl. I S. 1622), Art. 8 G zur Verbesserung der Eingliederungschancen am Arbeitsmarkt v. 20.12.2011 (BGBl. I S. 2854), Art. 1 GKV-VersorgungsstrukturG v. 22.12.2011 (BGBl. I S. 2983, geänd. durch G v. 12.4.2012, BGBl. I S. 579), Art. 2 Abs. 116 G zur Änd. von Vorschriften über Verkündung und Bekanntmachungen sowie der ZPO, des EGZPO und der AO v. 22.12.2011 (BGBl. I S. 3044), Art. 3 Viertes G zur Änd. des Vierten Buches Sozialgesetzbuch und anderer G v. 22.12.2011 (BGBl. I S. 3057), Art. 8 LSV-NeuordnungsG v. 12.4.2012 (BGBl. I S. 579, geänd. durch G v. 23.10.2012, BGBl. I S. 2246), Art. 2 G zur Regelung der Entscheidungslösung im TransplantationsG v. 12.7.2012 (BGBl. I S. 1504), Art. 2 G zur Änd. des TransplantationsG v. 21.7.2012 (BGBl. I S. 1601), Art. 4 Psych-EntgeltG v. 21.7.2012 (BGBl. I S. 1613), Art. 12b Zweites G zur Änd. arzneimittelrechtl. und and. Vorschriften v. 19.10.2012 (BGBl. I S. 2192), Art. 3 Pflege-Neuausrichtungs-G v. 23.10.2012 (BGBl. I S. 2246), Art. 3 G zu Änd. im Bereich der geringfügigen Beschäftigung v. 5.12.2012 (BGBl. I S. 2474), Art. 3 Haushaltsbegleitgesetz 2013 v. 20.12.2012 (BGBl. I S. 2781), Art. 1 G zur Regelung des Assistenzpflegebedarfs in stationären Vorsorge- oder Rehabilitationseinrichtungen v. 20.12.2012 (BGBl. I S. 2789), Art. 4 G zur zusätzlichen Förderung von Kindern unter drei Jahren in Tageseinrichtungen und in Kindertagespflege v. 15.2.2013 (BGBl. I S. 250), Art. 2 Abs. 2 BetreuungsgeldG v. 15.2.2013 (BGBl. I S. 254), Art. 2 G zur Verbesserung der Rechte von Patientinnen und Patienten v. 20.2.2013 (BGBl. I S. 277), Art. 1 Krebsfrüherkennungs- und -registerG v. 3.4.2013 (BGBl. I S. 617), Art. 2 Abs. 13 15. G zur Änd. des SoldatenG v. 8.4.2013 (BGBl. I S. 730), Art. 4 Abs. 3 G zur Umsetzung des Seearbeitsübereinkommens 2006 der Internationalen Arbeitsorganisation v. 20.4. 2013 (BGBl. I S. 868), Art. 3 Achtes G zur Änd. des G gegen Wettbewerbsbeschränkungen v. 26.6. 2013 (BGBl. I S. 1738), Art. 1 G zur Beseitigung sozialer Überforderung bei Beitragsschulden in der Krankenversicherung v. 15.7.2013 (BGBl. I S. 2423), Art. 3 Drittes G zur Änd. arzneimittelrechtlicher und anderer Vorschriften v. 7.8.2013 (BGBl. I S. 3108), Art. 1 13. SGB V-ÄndG v. 22.12.2013 (BGBl. I S. 4382), Art. 1 14. SGB V-ÄndG v. 27.3.2014 (BGBl. I S. 261), Art. 1 GKV-Finanzstruktur- und Qualitäts-WeiterentwicklungsG v. 21.7.2014 (BGBl. I S. 1133), Art. 1 HaushaltsbegleitG 2014 v. 11.8.2014 (BGBl. I S. 1346), Art. 5 G zur Änd. des FreizügigkeitsG/EU und weiterer Vorschriften v. 2.12.2014 (BGBl. I S. 1922), Art. 2a Erstes PflegestärkungsG v. 17.12.2014 (BGBl. I S. 2222), Art. 5 G zur besseren Vereinbarkeit von Familie, Pflege und Beruf v. 23.12.2014 (BGBl. I S. 2462), Art. 2 Abs. 21 G zur Modernisierung der Finanzaufsicht über Versicherungen v. 1.4.2015 (BGBl. I S. 434), Art. 2 Fünftes G zur Änd. des Vierten Buches Sozialgesetzbuch und anderer G v. 15.4.2015 (BGBl. I S. 583), Art. 1 und 2 GKV-VersorgungsstärkungsG v. 16.7.2015 (BGBl. I S. 1211), Art. 1 und 2 PräventionsG v. 17.7.2015 (BGBl. I S. 1368, ber. S. 1781), Art. 11 AsylverfahrensbeschleunigungsG v. 20.10.2015 (BGBl. I S. 1722), Art. 1, Art. 2 Hospiz- und PalliativG v. 1.12.2015 (BGBl. I S. 2114), Art. 6 KrankenhausstrukturG v. 10.12.2015 (BGBl. I S. 2229), Art. 1, Art. 1a G für sichere digitale Kommunikation und Anwendungen im Gesundheitswesen sowie zur Änd. weiterer G v. 21.12.2015 (BGBl. I S. 2408), Art. 4 Zweites PflegestärkungsG v. 21.12.2015 (BGBl. I S. 2424), Art. 2 Abs. 12 VergaberechtsmodernisierungsG v. 17.2.2016 (BGBl. I S. 203), Art. 3 G zur Bekämpfung von Korruption im Gesundheitswesen v. 30.5.2016 (BGBl. I S. 1254), Art. 2a Arbeitslosenversicherungsschutz- und WeiterbildungsstärkungsG v. 18.7.2016 (BGBl. I S. 1710), Art. 3 Abs. 1 Neuntes G zur Änd. des SGB II – Rechtsvereinfachung – sowie zur vorübergehenden Aussetzung der Insolvenzantragspflicht v. 26.7.2016 (BGBl. I S. 1824), Art. 1a Zweites G zur Änd. des BuchpreisbindungsG v. 31.7.2016 (BGBl. I S. 1937), Art. 2 G zur Errichtung eines Transplantationsregisters und zur Änd. weiterer G v. 11.10.2016 (BGBl. I S. 2233), Art. 3 6. SGB IV-ÄndG v. 11.11.2016 (BGBl. I S. 2500), Art. 5 FlexirentenG v. 8.12.2016 (BGBl. I S. 2838), Art. 5 G zur Weiterentwicklung der Versorgung und der Vergütung für psychiatrische und psychosomatische Leistungen v. 19.12.2016 (BGBl. I S. 2986), Art. 13 Drittes PflegestärkungsG v. 23.12.2016 (BGBl. I S. 3191), Art. 6 BundesteilhabeG v. 23.12.2016 (BGBl. I S. 3234), Art. 1 GKV-SelbstverwaltungsstärkungsG v. 21.2.2017 (BGBl. I S. 265), Art. 4 G zur Änd. betäubungsmittelrechtlicher und anderer Vorschriften v. 6.3.2017 (BGBl. I S. 403), Art. 161 G zum Abbau verzichtbarer Anordnungen der Schriftform im Verwaltungsrecht des Bundes v. 29.3.2017 (BGBl. I S. 626), Art. 1 Heil- und HilfsmittelversorgungsG v. 4.4.2017 (BGBl. I S. 778), Art. 1, Art. 2 GKV-ArzneimittelversorgungsstärkungsG v. 4.5.2017 (BGBl. I S. 1050), Art. 5, Art. 7 G zur Neuregelung des Mutterschutzrechts v. 23.5.2017 (BGBl. I S. 1228), Art. 4 G zur Umsetzung der RL (EU) 2016/1148 des Europäischen Parlaments und des Rates vom 6. Juli 2016 über Maßnahmen zur Gewährleistung eines hohen gemeinsamen Sicherheitsniveaus von Netz- und Informationssystemen in der Union v. 23.6.2017 (BGBl. I S. 1885), Art. 30 G zur Neuordnung des Rechts zum Schutz vor der schädlichen Wirkung ionisierender Strahlung v. 27.6.2017 (BGBl. I S. 1966), Art. 3 PflegeberufereformG v. 17.7.2017 (BGBl. I S. 2581), Art. 8a, Art. 8b G zur Modernisierung der epidemiologischen Überwachung übertragbarer Krankheiten v. 17.7.2017 (BGBl. I S. 2615), Art. 11 Abs. 43 eIDAS-DurchführungsG v. 18.7.2017 (BGBl. I S. 2745), Art. 8 G zur Fortschreibung der Vorschriften für Blut- und Gewebezubereitungen und zur Änd. anderer Vorschriften v. 18.7.2017 (BGBl. I S. 2757), Art. 4 BetriebsrentenstärkungsG v. 17.8.2017 (BGBl. I S. 3214), Art. 6 Abs. 2 RV-Leistungsverbesserungs- und -stabilisierungsG v. 28.11.2018 (BGBl. I S. 2016), Art. 1, Art. 2 GKV-VersichertenentlastungsG v. 11.12.2018 (BGBl. I S. 2387, geänd. S. 2394, 2422), Art. 7 Pflegepersonal-StärkungsG v. 11.12. 2018 (BGBl. I S. 2394), Art. 3 G zur Verbesserung der Information über einen Schwangerschaftsabbruch v. 22.3.2019 (BGBl. I S. 350), Art. 1, Art. 2 Terminservice- und VersorgungsG v. 6.5.2019 (BGBl. I S. 646), Art. 12 G für mehr Sicherheit in der Arzneimittelversorgung v. 9.8.2019 (BGBl. I *S. 1202, geänd. durch G v. 12.12.2019*, BGBl. I S. 2494 und ber. 2020 S. 318), Art. 2 G zur Reform der Psychotherapeutenausbildung v. 15.11.2019 (BGBl. I S. 1604), Art. 123 Zweites Datenschutz-Anpassungs- und UmsetzungsG EU v. 20.11.2019 (BGBl. I S. 1626), Art. 2 und 3 HebammenreformG v. 22.11.2019 (BGBl. I S. 1759), Art. 2, 3 Implantateregister-ErrichtungsG v. 12.12.2019

(BGBl. I S. 2494), Art. 5 G zur Modernisierung und Stärkung der beruflichen Bildung v. 12.12.2019 (BGBl. I S. 2522), Art. 1 Digitale-Versorgung-G v. 9.12.2019 (BGBl. I S. 2562), Art. 32 G zur Regelung des Sozialen Entschädigungsrechts v. 12.12.2019 (BGBl. I S. 2652, geänd. durch G v. 3.6. 2021, BGBl. I S. 1309), Art. 1 und 2 MDK-ReformG v. 14.12.2019 (BGBl. I S. 2789), Art. 1 GKV-BetriebsrentenfreibetragsG v. 21.12.2019 (BGBl. I S. 2913), Art. 2 MasernschutzG v. 10.2.2020 (BGBl. I S. 148), Art. 1b G zur Einführung einer Wohnungslosenberichterstattung sowie einer Statistik untergebrachter wohnungsloser Personen und zur Änd. weiterer G v. 4.3.2020 (BGBl. I S. 437), Art. 2 G zur Stärkung der Entscheidungsbereitschaft bei der Organspende v. 16.3.2020 (BGBl. I S. 497, geänd. durch G v. 11.7.2021 (BGBl. I S. 2754)), Art. 3 und 6 COVID-19-Krankenhausentlastungsgesetz v. 27.3.2020 (BGBl. I S. 580), Art. 5 G zum Schutz der Bevölkerung bei einer epidemischen Lage von nationaler Tragweite v. 27.3.2020 (BGBl. I S. 587), Art. 5 Fairer-Kassenwettbewerb-G v. 22.3.2020 (BGBl. I S. 604), Art. 4 und 16a Abs. 5 Medizinprodukte-EU-AnpassungsG v. 28.4.2020 (BGBl. I S. 960, geänd. S. 1018, 1034), Art. 4, 15 Abs. 4 und 18 Abs. 9 Zweites G zum Schutz der Bevölkerung bei einer epidemischen Lage von nationaler Tragweite v. 19.5.2020 (BGBl. I S. 1018), Art. 5 Siebtes G zur Änd. des Vierten Buches SGB und anderer G v. 12.6.2020 (BGBl. I S. 1248), Art. 311 Elfte ZuständigkeitsanpassungsVO v. 19.6.2020 (BGBl. I S. 1328), Art. 1 Patientendaten-Schutz-G v. 14.10.2020 (BGBl. I S. 2115), Art. 3, 4 KrankenhauszukunftsG v. 23.10.2020 (BGBl. I S. 2208), Art. 1, 2 Intensivpflege- und RehabilitationsstärkungsG v. 23.10.2020 (BGBl. I S. 2220), Art. 4 Drittes G zum Schutz der Bevölkerung bei einer epidemischen Lage von nationaler Tragweite v. 18.11.2020 (BGBl. I S. 2397), Art. 8 G zur Digitalisierung von Verwaltungsverfahren bei der Gewährung von Familienleistungen v. 3.12.2020 (BGBl. I S. 2668), Art. 1 G zur Stärkung der Vor-Ort-Apotheken v. 9.12.2020 (BGBl. I S. 2870), Art. 1 und 1a Gesundheitsversorgungs- und PflegeverbesserungsG v. 22.12.2020 (BGBl. I S. 3299, geänd. durch G v. 22.11.2021, BGBl. I S. 4906), Art. 7, 8 und 9 GWB-DigitalisierungsG v. 18.1.2021 (BGBl. I S. 2), Art. 12d G Digitale Rentenübersicht v. 11.2.2021 (BGBl. I S. 154), Art. 3 G zur Umsetzung der VO des Europäischen Parlaments und des Rates über europäische Unternehmensstatistiken zur Aufh. von zehn Rechtsakten im Bereich Unternehmensstatistiken und zur Änd. anderer Statistikgesetze v. 22.2.2021 (BGBl. I S. 266), Art. 3 Covid-19-G zur Fortgeltung der die epidemische Lage von nationaler Tragweite betreffenden Regelungen v. 29.3.2021 (BGBl. I S. 370), Art. 11 RegistermodernisierungsG v. 28.3.2021 (BGBl. I S. 591), Art. 3 Viertes G zum Schutz der Bevölkerung bei einer epidemischen Lage von nationaler Tragweite v. 22.4.2021 (BGBl. I S. 802), Art. 15 Abs. 30 Vormundschafts- und Betreuungsrechts-ReformG v. 4.5.2021 (BGBl. I S. 882), Art. 4 G zur Änd. des Medizinprodukterecht-DurchführungsG und weiterer G v. 12.5.2021 (BGBl. I S. 1087), Art. 2a Zweites G zur Änd. des InfektionsschutzG und weiterer G v. 28.5.2021 (BGBl. I S. 1174), Art. 1, 1a Digitale-Versorgung-und-Pflege-Modernisierungs-G v. 3.6.2021 (BGBl. I S. 1309), Art. 5 TeilhabestärkungsG v. 2.6.2021 (BGBl. I S. 1387), Art. 3 Kinder- und JugendstärkungsG v. 3.6.2021 (BGBl. I S. 1444), Art. 4 G zur Regelung des Datenschutzes und des Schutzes der Privatsphäre in der Telekommunikation und bei Telemedien v. 23.6.2021 (BGBl. I S. 1982), Art. 1 GesundheitsversorgungsweiterentwicklungsG v. 11.7.2021 (BGBl. I S. 2754), Art. 3 G zur Zusammenführung von Krebsregisterdaten v. 18.8.2021 (BGBl. I S. 3890), Art. 38 G über die Entschädigung der Soldatinnen und Soldaten und zur Neuordnung des Soldatenversorgungsrechts v. 20.8.2021 (BGBl. I S. 3932), Art. 7a, 7b, 8 Abs. 9 G zum Erlass eines Tierarzneimittelgesetzes und zur Anpassung arzneimittelrechtlicher und anderer Vorschriften v. 27.9. 2021 (BGBl. I S. 4530), Art. 5 und 6 G zur Änd. des InfektionsschutzG und weiterer Gesetze anlässlich der Aufhebung der Feststellung der epidemischen Lage von nationaler Tragweite v. 22.11. 2021 (BGBl. I S. 4906, geänd. durch G v. 10.12.2021, BGBl. I S. 5162), Art. 14 G zur Stärkung der Impfprävention gegen COVID-19 und zur Änd. weiterer Vorschriften im Zusammenhang mit der COVID-19-Pandemie v. 10.12.2021 (BGBl. I S. 5162), Art. 2 Covid-19-G zur Verlängerung des Sozialdienstleister-EinsatzG und weiterer Regelungen v. 18.3.2022 (BGBl. I S. 473) und Art. 1b G zur Regelung eines Sofortzuschlages und einer Einmalzahlung in den sozialen Mindestsicherungssystemen sowie zur Änd. des FinanzausgleichsG und weiterer G v. 23.5.2022 (BGBl. I S. 760)

Nichtamtliche Gliederungsübersicht

5. eine Beschäftigungsduldung gemäß § 60d in Verbindung mit § 60a Absatz 2 Satz 3 des Aufenthaltsgesetzes[1] besitzt.

§ 63[2] Kinder. (1) [1] Als Kinder werden berücksichtigt

1. Kinder im Sinne des § 32 Absatz 1,
2. vom Berechtigten in seinen Haushalt aufgenommene Kinder seines Ehegatten,
3. vom Berechtigten in seinen Haushalt aufgenommene Enkel.

[2] § 32 Absatz 3 bis 5 gilt entsprechend. [3] Voraussetzung für die Berücksichtigung ist die Identifizierung des Kindes durch die an dieses Kind vergebene Identifikationsnummer (§ 139b der Abgabenordnung[3]). [4] Ist das Kind nicht nach einem Steuergesetz steuerpflichtig (§ 139a Absatz 2 der Abgabenordnung), ist es in anderer geeigneter Weise zu identifizieren. [5] Die nachträgliche Identifizierung oder nachträgliche Vergabe der Identifikationsnummer wirkt auf Monate zurück, in denen die Voraussetzungen der Sätze 1 bis 4 vorliegen. [6] Kinder, die weder einen Wohnsitz noch ihren gewöhnlichen Aufenthalt im Inland, in einem Mitgliedstaat der Europäischen Union oder in einem Staat, auf den das Abkommen über den Europäischen Wirtschaftsraum Anwendung findet, haben, werden nicht berücksichtigt, es sei denn, sie leben im Haushalt eines Berechtigten im Sinne des § 62 Absatz 1 Satz 1 Nummer 2 Buchstabe a. [7] Kinder im Sinne von § 2 Absatz 4 Satz 2 des Bundeskindergeldgesetzes[4] werden nicht berücksichtigt.

(2) Die Bundesregierung wird ermächtigt, durch Rechtsverordnung, die nicht der Zustimmung des Bundesrates bedarf, zu bestimmen, dass einem Berechtigten, der im Inland erwerbstätig ist oder sonst seine hauptsächlichen Einkünfte erzielt, für seine in Absatz 1 Satz 3 erster Halbsatz bezeichneten Kinder Kindergeld ganz oder teilweise zu leisten ist, soweit dies mit Rücksicht auf die durchschnittlichen Lebenshaltungskosten für Kinder in deren Wohnsitzstaat und auf die dort gewährten dem Kindergeld vergleichbaren Leistungen geboten ist.

§ 64 Zusammentreffen mehrerer Ansprüche. (1) Für jedes Kind wird nur einem Berechtigten Kindergeld gezahlt.

(2) [1] Bei mehreren Berechtigten wird das Kindergeld demjenigen gezahlt, der das Kind in seinen Haushalt aufgenommen hat. [2] Ist ein Kind in den gemeinsamen Haushalt von Eltern, einem Elternteil und dessen Ehegatten, Pflegeeltern oder Großeltern aufgenommen worden, so bestimmen diese untereinander den Berechtigten. [3] Wird eine Bestimmung nicht getroffen, so bestimmt das Familiengericht auf Antrag den Berechtigten. [4] Den Antrag kann stellen, wer ein berechtigtes Interesse an der Zahlung des Kindergeldes hat. [5] Lebt ein Kind im gemeinsamen Haushalt von Eltern und Großeltern, so wird das Kindergeld vorrangig einem Elternteil gezahlt; es wird an einen Großelternteil gezahlt, wenn der Elternteil gegenüber der zuständigen Stelle auf seinen Vorrang schriftlich verzichtet hat.

---

[1] **Sartorius Nr. 565.**

[2] § 63 Abs. 1 Sätze 3 bis 5 eingef., bish. Sätze 3 und 4 werden Sätze 6 und 7, Satz 6 geänd. mWv 9.12.2014 durch G v. 2.12.2014 (BGBl. I S. 1922).

[3] **Steuergesetze Nr. 800.**

[4] Nr. **8/10**.

genannten Zeitraums hat er Anspruch auf Kindergeld, es sei denn, die Voraussetzungen des § 2 Absatz 2 oder Absatz 3 des Freizügigkeitsgesetzes/EU[1] liegen nicht vor oder es sind nur die Voraussetzungen des § 2 Absatz 2 Nummer 1a des Freizügigkeitsgesetzes/EU erfüllt, ohne dass vorher eine andere der in § 2 Absatz 2 des Freizügigkeitsgesetzes/EU genannten Voraussetzungen erfüllt war. [4] Die Prüfung, ob die Voraussetzungen für einen Anspruch auf Kindergeld gemäß Satz 2 vorliegen oder gemäß Satz 3 nicht gegeben sind, führt die Familienkasse in eigener Zuständigkeit durch. [5] Lehnt die Familienkasse eine Kindergeldfestsetzung in diesem Fall ab, hat sie ihre Entscheidung der zuständigen Ausländerbehörde mitzuteilen. [6] Wurde das Vorliegen der Anspruchsvoraussetzungen durch die Verwendung gefälschter oder verfälschter Dokumente oder durch Vorspiegelung falscher Tatsachen vorgetäuscht, hat die Familienkasse die zuständige Ausländerbehörde unverzüglich zu unterrichten.

(2) Ein nicht freizügigkeitsberechtigter Ausländer erhält Kindergeld nur, wenn er

1. eine Niederlassungserlaubnis oder eine Erlaubnis zum Daueraufenthalt-EU besitzt,
2. eine Blaue Karte EU, eine ICT-Karte, eine Mobiler-ICT-Karte oder eine Aufenthaltserlaubnis besitzt, die für einen Zeitraum von mindestens sechs Monaten zur Ausübung einer Erwerbstätigkeit berechtigen oder berechtigt haben oder diese erlauben, es sei denn, die Aufenthaltserlaubnis wurde
   a) nach § 16e des Aufenthaltsgesetzes[2] zu Ausbildungszwecken, nach § 19c Absatz 1 des Aufenthaltsgesetzes[3] zum Zweck der Beschäftigung als Au-Pair oder zum Zweck der Saisonbeschäftigung, nach § 19e des Aufenthaltsgesetzes[3] zum Zweck der Teilnahme an einem Europäischen Freiwilligendienst oder nach § 20 Absatz 1 und 2 des Aufenthaltsgesetzes[3] zur Arbeitsplatzsuche erteilt,
   b) nach § 16b des Aufenthaltsgesetzes[2] zum Zweck eines Studiums, nach § 16d des Aufenthaltsgesetzes[2] für Maßnahmen zur Anerkennung ausländischer Berufsqualifikationen oder nach § 20 Absatz 3 des Aufenthaltsgesetzes[3] zur Arbeitsplatzsuche erteilt und er ist weder erwerbstätig noch nimmt er Elternzeit nach § 15 des Bundeselterngeld- und Elternzeitgesetzes[4] oder laufende Geldleistungen nach dem Dritten Buch Sozialgesetzbuch[5] in Anspruch,
   c) nach § 23 Absatz 1 des Aufenthaltsgesetzes[2] wegen eines Krieges in seinem Heimatland oder nach den § 23a oder § 25 Absatz 3 bis 5 des Aufenthaltsgesetzes[2] erteilt,
3. eine in Nummer 2 Buchstabe c genannte Aufenthaltserlaubnis besitzt und im Bundesgebiet berechtigt erwerbstätig ist oder Elternzeit nach § 15 des Bundeselterngeld- und Elternzeitgesetzes oder laufende Geldleistungen nach dem Dritten Buch Sozialgesetzbuch in Anspruch nimmt,
4. eine in Nummer 2 Buchstabe c genannte Aufenthaltserlaubnis besitzt und sich seit mindestens 15 Monaten erlaubt, gestattet oder geduldet im Bundesgebiet aufhält oder

---

[1] ***Loseblatt-Textsammlung Arbeitsrecht* Nr. 770.**
[2] **Sartorius Nr. 565.**
[3] Nr. **3/51**.
[4] Nr. **8/25**.
[5] Nr. **3**.

Erstes Kapitel. Allgemeine Vorschriften

§ 1[1] Solidarität und Eigenverantwortung. [1]Die Krankenversicherung als Solidargemeinschaft hat die Aufgabe, die Gesundheit der Versicherten zu erhalten, wiederherzustellen oder ihren Gesundheitszustand zu bessern. [2]Das umfasst auch die Förderung der gesundheitlichen Eigenkompetenz und Eigenverantwortung der Versicherten. [3]Die Versicherten sind für ihre Gesundheit mit verantwortlich; sie sollen durch eine gesundheitsbewußte Lebensführung, durch frühzeitige Beteiligung an gesundheitlichen Vorsorgemaßnahmen sowie durch aktive Mitwirkung an Krankenbehandlung und Rehabilitation dazu beitragen, den Eintritt von Krankheit und Behinderung zu vermeiden oder ihre Folgen zu überwinden. [4]Die Krankenkassen haben den Versicherten dabei durch Aufklärung, Beratung und Leistungen zu helfen und unter Berücksichtigung von geschlechts-, alters- und behinderungsspezifischen Besonderheiten auf gesunde Lebensverhältnisse hinzuwirken.

§ 2[2] Leistungen. (1) [1]Die Krankenkassen stellen den Versicherten die im Dritten Kapitel genannten Leistungen unter Beachtung des Wirtschaftlichkeitsgebots (§ 12) zur Verfügung, soweit diese Leistungen nicht der Eigenverantwortung der Versicherten zugerechnet werden. [2]Behandlungsmethoden, Arznei- und Heilmittel der besonderen Therapierichtungen sind nicht ausgeschlossen. [3]Qualität und Wirksamkeit der Leistungen haben dem allgemein anerkannten Stand der medizinischen Erkenntnisse zu entsprechen und den medizinischen Fortschritt zu berücksichtigen.

---

[1] § 1 Satz 2 eingef., bish. Sätze 2 und 3 werden Sätze 3 und 4 mWv 25.7.2015 durch G v. 17.7. 2015 (BGBl. I S. 1368); *Satz 4 neu gef. mWv 10.6.2021 durch G v. 3.6.2021 (BGBl. I S. 1444).*

[2] § 2 Abs. 2 Satz 1 geänd. mWv 1.7.2001 durch G v. 19.6.2001 (BGBl. I S. 1046); Abs. 2 Satz 2 eingef., bish. Satz 2 wird Satz 3 mWv 1.7.2004 durch G v. 27.12.2003 (BGBl. I S. 3022); Abs. 1a eingef. mWv 1.1.2012 durch G v. 22.12.2011 (BGBl. I S. 2983); Abs. 2 Satz 2 neu gef. mWv 1.1. 2018 durch G v. 23.12.2016 (BGBl. I S. 3234).

5. die Vermittlung privater Zusatzversicherungsverträge nach § 194 Absatz 1a.

[2]Das Bundesministerium für Gesundheit kann die Ermächtigung nach Satz 1 durch Rechtsverordnung mit Zustimmung des Bundesrates auf das Bundesamt für Soziale Sicherung übertragen.

(5) Beauftragen Krankenkassen Arbeitsgemeinschaften, Beteiligungsgesellschaften oder Dritte zu Zwecken des Wettbewerbs und insbesondere der Werbung, haben sie sicherzustellen, dass die Beauftragten die für entsprechende Maßnahmen der Krankenkassen geltenden Vorschriften einschließlich der Vorgaben der Absätze 1 bis 3 sowie der Rechtsverordnung nach Absatz 4 einhalten.

(6) In den Verwaltungsvorschriften nach § 78 Satz 1 des Vierten Buches[1)] und § 77 Absatz 1a des Vierten Buches ist sicherzustellen, dass Verwaltungsausgaben, die der Werbung neuer Mitglieder dienen, nach für alle Krankenkassen gleichen Grundsätzen gebucht werden.

(7) [1]Krankenkassen können von anderen Krankenkassen die Beseitigung und Unterlassung unzulässiger Maßnahmen verlangen, die geeignet sind, ihre Interessen im Wettbewerb zu beeinträchtigen. [2]Die zur Geltendmachung des Anspruchs berechtigte Krankenkasse soll die Schuldnerin vor der Einleitung eines gerichtlichen Verfahrens abmahnen und ihr Gelegenheit geben, den Streit durch Abgabe einer mit einer angemessenen Vertragsstrafe bewehrten Unterlassungsverpflichtung beizulegen. [3]Soweit die Abmahnung berechtigt ist, kann die Abmahnende von der Abgemahnten Ersatz der erforderlichen Aufwendungen verlangen. [4]Zur Sicherung der Ansprüche nach Satz 1 können einstweilige Anordnungen auch ohne die Darlegung und Glaubhaftmachung der in § 86b Absatz 2 Satz 1 und 2 des Sozialgerichtsgesetzes[2)] bezeichneten Voraussetzungen erlassen werden. [5]Ist auf Grund von Satz 1 Klage auf Unterlassung erhoben worden, so kann das Gericht der obsiegenden Partei die Befugnis zusprechen, das Urteil auf Kosten der unterliegenden Partei öffentlich bekannt zu machen, wenn sie ein berechtigtes Interesse dartut. [6]Art und Umfang der Bekanntmachung werden im Urteil bestimmt. [7]Die Befugnis erlischt, wenn von ihr nicht innerhalb von drei Monaten nach Eintritt der Rechtskraft Gebrauch gemacht worden ist. [8]Der Ausspruch nach Satz 5 ist nicht vorläufig vollstreckbar.

§ 4b[3)] Sonderregelungen zum Verwaltungsverfahren. Abweichungen von den Regelungen des Verwaltungsverfahrens gemäß den §§ 266, 267, 269 und 287a durch Landesrecht sind ausgeschlossen.

(Fortsetzung nächstes Blatt)

[1)] Nr. **4**.
[2)] Nr. **50**.
[3)] Früherer § 4a eingef. mWv 1.4.2007 durch G v. 26.3.2007 (BGBl. I S. 378); geänd. mWv 28.3. 2020 durch G v. 27.3.2020 (BGBl. I S. 587); bish. § 4a wird § 4b mWv 1.4.2020 durch G v. 22.3. 2020 (BGBl. I S. 604).

wenn ein Anspruch auf Leistungen bei Krankheit, Schwangerschaft und Geburt nach § 4 des Asylbewerberleistungsgesetzes dem Grunde nach besteht.

§ 6[1)] Versicherungsfreiheit. (1) Versicherungsfrei sind

1. Arbeiter und Angestellte, deren regelmäßiges Jahresarbeitsentgelt die Jahresarbeitsentgeltgrenze nach den Absätzen 6 oder 7 übersteigt; Zuschläge, die mit Rücksicht auf den Familienstand gezahlt werden, bleiben unberücksichtigt,

1a. nicht-deutsche Besatzungsmitglieder deutscher Seeschiffe, die ihren Wohnsitz oder gewöhnlichen Aufenthalt nicht in einem Mitgliedstaat der Europäischen Union, einem Vertragsstaat des Abkommens über den Europäischen Wirtschaftsraum oder der Schweiz haben,

2. Beamte, Richter, Soldaten auf Zeit sowie Berufssoldaten der Bundeswehr und sonstige Beschäftigte des Bundes, eines Landes, eines Gemeindeverbandes, einer Gemeinde, von öffentlich-rechtlichen Körperschaften, Anstalten, Stiftungen oder Verbänden öffentlich-rechtlicher Körperschaften oder deren Spitzenverbänden, wenn sie nach beamtenrechtlichen Vorschriften oder Grundsätzen bei Krankheit Anspruch auf Fortzahlung der Bezüge und auf Beihilfe oder Heilfürsorge haben,

3. Personen, die während der Dauer ihres Studiums als ordentliche Studierende einer Hochschule oder einer der fachlichen Ausbildung dienenden Schule gegen Arbeitsentgelt beschäftigt sind,

4. Geistliche der als öffentlich-rechtliche Körperschaften anerkannten Religionsgesellschaften, wenn sie nach beamtenrechtlichen Vorschriften oder Grundsätzen bei Krankheit Anspruch auf Fortzahlung der Bezüge und auf Beihilfe haben,

5. Lehrer, die an privaten genehmigten Ersatzschulen hauptamtlich beschäftigt sind, wenn sie nach beamtenrechtlichen Vorschriften oder Grundsätzen bei Krankheit Anspruch auf Fortzahlung der Bezüge und auf Beihilfe haben,

6. die in den Nummern 2, 4 und 5 genannten Personen, wenn ihnen ein Anspruch auf Ruhegehalt oder ähnliche Bezüge zuerkannt ist und sie Anspruch auf Beihilfe im Krankheitsfalle nach beamtenrechtlichen Vorschriften oder Grundsätzen haben,

7. satzungsmäßige Mitglieder geistlicher Genossenschaften, Diakonissen und ähnliche Personen, wenn sie sich aus überwiegend religiösen oder sittlichen Beweggründen mit Krankenpflege, Unterricht oder anderen gemeinnützi-

---

[1)] § 6 Abs. 1 Nr. 1 geänd. durch G v. 18.12.1989 (BGBl. I S. 2261); Abs. 3a eingef. mWv 1.7.2000 durch G v. 22.12.1999 (BGBl. I S. 2626); Abs. 3a Satz 3 geänd. mWv 1.8.2001 durch G v. 16.2.2001 (BGBl. I S. 266); Abs. 1 Nr. 1, Abs. 5 geänd., Abs. 6 bis 8 angef. mWv 1.1.2003 durch G v. 23.12. 2002 (BGBl. I S. 4637); Abs. 1 Nr. 1a eingef. mWv 1.1.2004 durch G v. 23.12.2003 (BGBl. I S. 2848); Abs. 3a Satz 4 angef. mWv 1.1.2005 durch G v. 24.12.2003 (BGBl. I S. 2954); Abs. 5 geänd. mWv 1.10.2005 durch G v. 9.12.2004 (BGBl. I S. 3242); Abs. 6 Satz 2 geänd. mWv 12.12.2006 durch G v. 2.12.2006 (BGBl. I S. 2742), Abs. 1 Nr. 1 geänd., Abs. 4 Sätze 1 und 3 neu gef., Sätze 4 bis 6 und Abs. 9 angef. mWv 2.2.2007, Abs. 3a Satz 4 geänd., Abs. 5 aufgeh. mWv 1.4.2007, Abs. 1 Nr. 1 geänd. mWv 28.12.2007 und Abs. 3a Satz 4 geänd. mWv 1.1.2009 durch G v. 26.3.2007 (BGBl. I S. 378, geänd. durch G v. 19.12.2007, BGBl. I S. 3024); Abs. 4 Satz 6 erster und zweiter Halbs. geänd. mWv 1.7.2008 durch G v. 28.5.2008 (BGBl. I S. 874); Abs. 3 Satz 1 geänd. mWv 1.1.2009 durch G v. 15.12.2008 (BGBl. I S. 2426); Abs. 1 Nr. 1 geänd., Abs. 4 Satz 1 neu gef., Sätze 4–6 und Abs. 9 aufgeh. mWv 31.12.2010 durch G v. 22.12.2010 (BGBl. I S. 2309); Abs. 1 Nr. 1a geänd. mWv 29.6. 2011 durch G v. 22.6.2011 (BGBl. I S. 1202); Abs. 8 aufgeh. mWv 11.5.2019 durch G v. 6.5.2019 (BGBl. I S. 646).

gen Tätigkeiten beschäftigen und nicht mehr als freien Unterhalt oder ein geringes Entgelt beziehen, das nur zur Beschaffung der unmittelbaren Lebensbedürfnisse an Wohnung, Verpflegung, Kleidung und dergleichen ausreicht,

8. Personen, die nach dem Krankheitsfürsorgesystem der Europäischen Gemeinschaften bei Krankheit geschützt sind.

(2) Nach § 5 Abs. 1 Nr. 11 versicherungspflichtige Hinterbliebene der in Absatz 1 Nr. 2 und 4 bis 6 genannten Personen sind versicherungsfrei, wenn sie ihren Rentenanspruch nur aus der Versicherung dieser Personen ableiten und nach beamtenrechtlichen Vorschriften oder Grundsätzen bei Krankheit Anspruch auf Beihilfe haben.

(3) [1] Die nach Absatz 1 oder anderen gesetzlichen Vorschriften mit Ausnahme von Absatz 2 und § 7 versicherungsfreien oder von der Versicherungspflicht befreiten Personen bleiben auch dann versicherungsfrei, wenn sie eine der in § 5 Abs. 1 Nr. 1 oder Nr. 5 bis 13 genannten Voraussetzungen erfüllen. [2] Dies gilt nicht für die in Absatz 1 Nr. 3 genannten Personen, solange sie während ihrer Beschäftigung versicherungsfrei sind.

(3a) [1] Personen, die nach Vollendung des 55. Lebensjahres versicherungspflichtig werden, sind versicherungsfrei, wenn sie in den letzten fünf Jahren vor Eintritt der Versicherungspflicht nicht gesetzlich versichert waren. [2] Weitere Voraussetzung ist, dass diese Personen mindestens die Hälfte dieser Zeit versicherungsfrei, von der Versicherungspflicht befreit oder nach § 5 Abs. 5 nicht versicherungspflichtig waren. [3] Der Voraussetzung nach Satz 2 stehen die Ehe oder die Lebenspartnerschaft mit einer in Satz 2 genannten Person gleich. [4] Satz 1 gilt nicht für Personen, die nach § 5 Abs. 1 Nr. 13 versicherungspflichtig sind.

(4) [1] Wird die Jahresarbeitsentgeltgrenze überschritten, endet die Versicherungspflicht mit Ablauf des Kalenderjahres, in dem sie überschritten wird. [2] Dies gilt nicht, wenn das Entgelt die vom Beginn des nächsten Kalenderjahres an geltende Jahresarbeitsentgeltgrenze nicht übersteigt. [3] Rückwirkende Erhöhungen des Entgelts werden dem Kalenderjahr zugerechnet, in dem der Anspruch auf das erhöhte Entgelt entstanden ist.

(5) *(aufgehoben)*

(6) [1] Die Jahresarbeitsentgeltgrenze nach Absatz 1 Nr. 1 beträgt im Jahr 2003 45 900 Euro.[1)] [2] Sie ändert sich zum 1. Januar eines jeden Jahres in dem Verhältnis, in dem die Bruttolöhne und -gehälter je Arbeitnehmer (§ 68 Abs. 2 Satz 1 des Sechsten Buches[2)]) im vergangenen Kalenderjahr zu den entsprechenden Bruttolöhnen und -gehältern im vorvergangenen Kalenderjahr stehen. [3] Die veränderten Beträge werden nur für das Kalenderjahr, für das die Jahresarbeitsentgeltgrenze bestimmt wird, auf das nächsthöhere Vielfache von 450 aufgerundet. [4] Die Bundesregierung setzt die Jahresarbeitsentgeltgrenze in der Rechtsverordnung nach § 160 des Sechsten Buches Sozialgesetzbuch fest.

(7) [1] Abweichend von Absatz 6 Satz 1 beträgt die Jahresarbeitsentgeltgrenze für Arbeiter und Angestellte, die am 31. Dezember 2002 wegen Überschreitens der an diesem Tag geltenden Jahresarbeitsentgeltgrenze versicherungsfrei und

---

[1)] Siehe hierzu die Sozialversicherungs-Rechengrößenverordnung 2022 (Nr. **6/60v**); die Jahresarbeitsentgeltgrenze nach § 6 Absatz 6 beträgt für das Jahr 2022 64 350 Euro.

[2)] Nr. **6**.

(1a) [1]Versicherte mit einer lebensbedrohlichen oder regelmäßig tödlichen Erkrankung oder mit einer zumindest wertungsmäßig vergleichbaren Erkrankung, für die eine allgemein anerkannte, dem medizinischen Standard entsprechende Leistung nicht zur Verfügung steht, können auch eine von Absatz 1 Satz 3 abweichende Leistung beanspruchen, wenn eine nicht ganz entfernt liegende Aussicht auf Heilung oder auf eine spürbare positive Einwirkung auf den Krankheitsverlauf besteht. [2]Die Krankenkasse erteilt für Leistungen nach Satz 1 vor Beginn der Behandlung eine Kostenübernahmeerklärung, wenn Versicherte oder behandelnde Leistungserbringer dies beantragen. [3]Mit der Kostenübernahmeerklärung wird die Abrechnungsmöglichkeit der Leistung nach Satz 1 festgestellt.

(2) [1]Die Versicherten erhalten die Leistungen als Sach- und Dienstleistungen, soweit dieses oder das Neunte Buch[1)] nichts Abweichendes vorsehen. [2]Die Leistungen werden auf Antrag durch ein Persönliches Budget erbracht; § 29 des Neunten Buches gilt entsprechend. [3]Über die Erbringung der Sach- und Dienstleistungen schließen die Krankenkassen nach den Vorschriften des Vierten Kapitels Verträge mit den Leistungserbringern.

(3) [1]Bei der Auswahl der Leistungserbringer ist ihre Vielfalt zu beachten. [2]Den religiösen Bedürfnissen der Versicherten ist Rechnung zu tragen.

(4) Krankenkassen, Leistungserbringer und Versicherte haben darauf zu achten, daß die Leistungen wirksam und wirtschaftlich erbracht und nur im notwendigen Umfang in Anspruch genommen werden.

§ 2a[2)] Leistungen an behinderte und chronisch kranke Menschen.

Den besonderen Belangen behinderter und chronisch kranker Menschen ist Rechnung zu tragen.

§ 2b[3)] Geschlechts- und altersspezifische Besonderheiten. Bei den Leistungen der Krankenkassen ist geschlechts- und altersspezifischen Besonderheiten Rechnung zu tragen.

§ 3 Solidarische Finanzierung. [1]Die Leistungen und sonstigen Ausgaben der Krankenkassen werden durch Beiträge finanziert. [2]Dazu entrichten die Mitglieder und die Arbeitgeber Beiträge, die sich in der Regel nach den beitragspflichtigen Einnahmen der Mitglieder richten. [3]Für versicherte Familienangehörige werden Beiträge nicht erhoben.

§ 4[4)] Krankenkassen. (1) Die Krankenkassen sind rechtsfähige Körperschaften des öffentlichen Rechts mit Selbstverwaltung.

---

1) Nr. **9**.

2) § 2a eingef. mWv 1.1.2004 durch G v. 14.11.2003 (BGBl. I S. 2190).

3) § 2b eingef. mWv 25.7.2015 durch G v. 17.7.2015 (BGBl. I S. 1368); Überschrift und Wortlaut geänd. mWv 10.6.2021 durch G v. 3.6.2021 (BGBl. I S. 1444).

4) § 4 Abs. 4 geänd. mWv 1.1.2000 durch G v. 22.12.1999 (BGBl. I S. 2626); Abs. 4 Sätze 2 und 3 angef. mWv 1.1.2003 durch G v. 12.6.2003 (BGBl. I S. 844); Abs. 4 Sätze 4 bis 9 angef. mWv 1.1.2004 durch G v. 14.11.2003 (BGBl. I S. 2190); Abs. 2 geänd. mWv 1.10.2005 durch G v. 9.12.2004 (BGBl. I S. 3242); Abs. 4 Satz 8 geänd. mWv 1.10.2005 durch G v. 22.12.2005 (BGBl. I S. 3686); Abs. 2 geänd. mWv 1.4.2007, Abs. 4 Satz 1 geänd. mWv 1.1.2009 durch G v. 26.3.2007 (BGBl. I S. 378); Abs. 2 geänd. mWv 28.12.2007 durch G v. 19.12.2007 (BGBl. I S. 3024); Abs. 4 Sätze 2–6 neu gef., Sätze 7–9 aufgeh., Abs. 5 und 6 angef. mWv 1.1.2011 durch G v. 22.12.2010 (BGBl. I S. 2309); Abs. 6 Satz 2 eingef., bish. Sätze 2 und 3 werden Sätze 3 und 4, neuer Satz 3 neu gef. mWv 1.1.2012 durch G v. 22.12.2011 (BGBl. I S. 2983); Abs. 2 geänd. mWv 1.1.2013 durch G v. 12.4. →

(2) Die Krankenversicherung ist in folgende Kassenarten gegliedert:
Allgemeine Ortskrankenkassen,
Betriebskrankenkassen,
Innungskrankenkassen,
Sozialversicherung für Landwirtschaft, Forsten und Gartenbau als Träger der Krankenversicherung der Landwirte,
die Deutsche Rentenversicherung Knappschaft-Bahn-See als Träger der Krankenversicherung (Deutsche Rentenversicherung Knappschaft-Bahn-See),
Ersatzkassen.

(3) Im Interesse der Leistungsfähigkeit und Wirtschaftlichkeit der gesetzlichen Krankenversicherung arbeiten die Krankenkassen und ihre Verbände sowohl innerhalb einer Kassenart als auch kassenartenübergreifend miteinander und mit allen anderen Einrichtungen des Gesundheitswesens eng zusammen.

(4) Die Krankenkassen haben bei der Durchführung ihrer Aufgaben und in ihren Verwaltungsangelegenheiten sparsam und wirtschaftlich zu verfahren und dabei ihre Ausgaben so auszurichten, dass Beitragserhöhungen ausgeschlossen werden, es sei denn, die notwendige medizinische Versorgung ist auch nach Ausschöpfung von Wirtschaftlichkeitsreserven nicht zu gewährleisten.

§ 4a[1)] Wettbewerb der Krankenkassen, Verordnungsermächtigung.

(1) [1] Der Wettbewerb der Krankenkassen dient dem Ziel, das Leistungsangebot und die Qualität der Leistungen zu verbessern sowie die Wirtschaftlichkeit der Versorgung zu erhöhen. [2] Dieser Wettbewerb muss unter Berücksichtigung der Finanzierung der Krankenkassen durch Beiträge und des sozialen Auftrags der Krankenkassen angemessen sein. [3] Maßnahmen, die der Risikoselektion dienen oder diese unmittelbar oder mittelbar fördern, sind unzulässig.

(2) Unlautere geschäftliche Handlungen der Krankenkassen sind unzulässig.

(3) [1] Krankenkassen sind berechtigt, um Mitglieder und für ihre Leistungen zu werben. [2] Bei Werbemaßnahmen der Krankenkassen muss die sachbezogene Information im Vordergrund stehen. [3] Die Werbung hat in einer Form zu erfolgen, die mit der Eigenschaft der Krankenkassen als Körperschaften des öffentlichen Rechts unter Berücksichtigung ihrer Aufgaben vereinbar ist.

(4) [1] Das Bundesministerium für Gesundheit wird ermächtigt, durch Rechtsverordnung mit Zustimmung des Bundesrates das Nähere über die Zulässigkeit von Werbemaßnahmen der Krankenkassen zu regeln im Hinblick auf

1. Inhalt und Art der Werbung,
2. Höchstgrenzen für Werbeausgaben einschließlich der Aufwandsentschädigungen für externe Dienstleister, die zu Werbezwecken beauftragt werden,
3. die Trennung der Werbung von der Erfüllung gesetzlicher Informationspflichten,
4. die Beauftragung und Vergütung von Mitarbeitern, Arbeitsgemeinschaften, Beteiligungsgesellschaften und Dritten zu Werbezwecken,

---

(Fortsetzung der Anm. von voriger Seite)
2012 (BGBl. I S. 579); Abs. 3 Satz 2 angef. mWv 30.6.2013 durch G v. 26.6.2013 (BGBl. I S. 1738); Abs. 6 aufgeh. mWv 11.5.2019 durch G v. 6.5.2019 (BGBl. I S. 646); Abs. 3 Satz 2, Abs. 4 Sätze 2–6 und Abs. 5 aufgeh. mWv 1.4.2020 durch G v. 22.3.2020 (BGBl. I S. 604).

[1)] § 4a eingef. mWv 1.4.2020 durch G v. 22.3.2020 (BGBl. I S. 604).

bildungsverhältnissen mit den bei ihnen beschäftigten Personen ein. [3]Die Arbeitsbedingungen der einzelnen Arbeitnehmer und Auszubildenden dürfen bis zum 31. Dezember 2022 nicht verschlechtert werden. [4]Die Arbeits- oder Ausbildungsverhältnisse können bis zum 31. Dezember 2022 nur aus einem in der Person oder im Verhalten des Arbeitsnehmers oder Auszubildenden liegenden wichtigen Grund gekündigt werden. [5]Die bestehenden Tarifverträge gelten fort. [6]Der bei dem jeweiligen Medizinischen Dienst bestehende Betriebsrat nimmt ab dem nach Absatz 1 Satz 4 bekannt gemachten Zeitpunkt übergangsweise die Aufgaben eines Personalrats nach dem jeweiligen Personalvertretungsrecht wahr. [7]Im Rahmen seines Übergangsmandats hat der Betriebsrat insbesondere die Aufgabe, unverzüglich den Wahlvorstand zur Einleitung der Personalratswahl zu bestellen. [8]Das Übergangsmandat des jeweiligen Betriebsrates endet, sobald ein Personalrat gewählt und das Wahlergebnis bekannt gegeben worden ist, spätestens jedoch zwölf Monate nach dem in Absatz 1 Satz 4 bestimmten Zeitpunkt. [9]Die in dem nach Absatz 1 Satz 4 bekannt gemachten Zeitpunkt bestehenden Betriebsvereinbarungen gelten längstens für die Dauer von zwölf Monaten als Dienstvereinbarungen fort, soweit sie nicht durch eine andere Regelung ersetzt werden. [10]Auf die bis zum nach Absatz 1 Satz 4 bekannt gemachten Datum förmlich eingeleiteten Beteiligungsverfahren finden bis zu deren Abschluss die Bestimmungen des Betriebsverfassungsgesetzes[1)] sinngemäß Anwendung. [11]Gleiches gilt für Verfahren vor der Einigungsstelle und den Arbeitsgerichten. [12]Die Sätze 2 bis 4 gelten für Ausbildungsverhältnisse entsprechend. [13]Die Sätze 6 bis 8 gelten für die Jugend- und Auszubildendenvertretung entsprechend mit der Maßgabe, dass der das Übergangsmandat innehabende Betriebsrat unverzüglich einen Wahlvorstand und seine vorsitzende Person zur Wahl einer Jugend- und Auszubildendenvertretung zu bestimmen hat.

(4) [1]Die Medizinischen Dienste, die gemäß § 278 Absatz 1 Satz 2 in Verbindung mit Artikel 73 Absatz 4 des Gesundheits-Reformgesetzes Körperschaften des öffentlichen Rechts mit Dienstherrenfähigkeit sind, verlieren ihre Dienstherrenfähigkeit, wenn die Notwendigkeit hierfür nach Artikel 73 Absatz 4 Satz 1 und Absatz 5 des Gesundheits-Reformgesetzes nicht mehr besteht. [2]Die für die Sozialversicherung zuständige oberste Verwaltungsbehörde des Landes stellt den Zeitpunkt fest, zu dem die Dienstherrenfähigkeit entfällt, und macht ihn öffentlich bekannt.

(5) [1]Der Medizinische Dienst Bund tritt als Körperschaft des öffentlichen Rechts an die Stelle des Medizinischen Dienstes des Spitzenverbandes Bund der Krankenkassen. [2]Die Verwaltungsräte der Medizinischen Dienste haben nach § 282 Absatz 2 die Vertreter des Verwaltungsrates des Medizinischen Dienstes Bund, die von den jeweils Wahlberechtigten nach § 282 Absatz 2 Satz 2 vorgeschlagen werden, bis zum 31. März 2021 zu wählen. [3]Der amtierende Vorsitzende des Verwaltungsrates des Medizinischen Dienstes des Spitzenverbandes Bund der Krankenkassen sammelt die Vorschläge für die Wahl nach Satz 2 in nach Vertretergruppen gemäß § 279 Absatz 4 Satz 1 und Absatz 5 Satz 1 und nach Geschlecht getrennten Listen und versendet diese an die jeweiligen Vertretergruppen der Medizinischen Dienste. [4]Jede Vertretergruppe eines Medizinischen Dienstes entsendet einen Vertreter, der die Stimmen jedes Mitglieds der Vertretergruppe entsprechend dessen Weisungen abgibt. [5]Der

---

[1)] **Loseblatt-Textsammlung Arbeitsrecht Nr. 570.**

amtierende Vorsitzende des Verwaltungsrates des Medizinischen Dienstes des Spitzenverbandes Bund der Krankenkassen lädt zur Wahl, leitet die Wahl und regelt das Nähere. [6] Gewählt ist, wer die meisten Stimmen auf sich vereinigt; bei Stimmengleichheit entscheidet das Los. [7] Der amtierende Vorsitzende des Verwaltungsrates des Medizinischen Dienstes des Spitzenverbandes Bund der Krankenkassen lädt zur konstituierenden Sitzung des Verwaltungsrates des Medizinischen Dienstes Bund und leitet diese. [8] In der konstituierenden Sitzung sind die oder der Vorsitzende und die oder der stellvertretende Vorsitzende zu wählen. [9] Absatz 1 Satz 2 bis 4 und 7 und die Absätze 2 und 3 gelten entsprechend mit der Maßgabe, dass die Frist nach Absatz 1 Satz 7 am 30. Juni 2022 endet, die Frist nach Absatz 1 Satz 2 am 30. September 2021 endet, die Frist nach Absatz 1 Satz 3 am 31. Dezember 2021 endet und die Satzung vom Bundesministerium für Gesundheit zu genehmigen ist.

§ 413[1)] Übergangsregelung zur Tragung der Beiträge durch Dritte für Auszubildende in einer außerbetrieblichen Einrichtung. § 251 Absatz 4c in der bis zum 31. Dezember 2019 geltenden Fassung sowie § 242 Absatz 3 Satz 1 Nummer 1 in der bis zum 30. Juni 2020 geltenden Fassung sind weiterhin anzuwenden, wenn die Berufsausbildung in einer außerbetrieblichen Einrichtung vor dem 1. Januar 2020 begonnen wurde.

§ 414[1)] Übergangsregelung für am 1. April 2020 bereits geschlossene Krankenkassen. Auf die am 1. April 2020 bereits geschlossenen Krankenkassen sind die §§ 155 und 171d Absatz 2 in der bis zum 31. März 2020 geltenden Fassung anwendbar.

§ 415[1)] Übergangsregelung zur Zahlungsfrist von Krankenhausrechnungen, Verordnungsermächtigung. [1] Die von den Krankenhäusern bis zum 30. Juni 2021 erbrachten und in Rechnung gestellten Leistungen sind von den Krankenkassen innerhalb von fünf Tagen nach Rechnungseingang zu bezahlen. [2] Als Tag der Zahlung gilt der Tag der Übergabe des Überweisungsauftrages an ein Geldinstitut oder der Übersendung von Zahlungsmitteln an das Krankenhaus. [3] Ist der Fälligkeitstag ein Samstag, Sonntag oder gesetzlicher Feiertag, so verschiebt er sich auf den nächstfolgenden Arbeitstag. [4] Das Bundesministerium für Gesundheit kann durch Rechtsverordnung ohne Zustimmung des Bundesrates die in Satz 1 genannte Frist verlängern.

§ 416[1)] Übergangsregelung zur Versicherungspflicht bei praxisintegrierter Ausbildung. § 5 Absatz 4a Satz 1 Nummer 3 findet grundsätzlich nur Anwendung auf Ausbildungen, die nach dem 30. Juni 2020 begonnen werden. Wurde die Ausbildung vor diesem Zeitpunkt begonnen und wurden

1. Beiträge gezahlt, gilt § 5 Absatz 4a Satz 1 Nummer 3 ab Beginn der Beitragszahlung,
2. keine Beiträge gezahlt, gilt § 5 Absatz 4a Satz 1 Nummer 3 ab dem Zeitpunkt, zu dem der Arbeitgeber mit Zustimmung der Teilnehmerin oder des Teilnehmers Beiträge zahlt.

---

1) 15. Kapitel (§§ 403–416) neu gef. mWv 9.6.2021 durch G v. 3.6.2021 (BGBl. I S. 1309).

§ 417[1] Versicherung nach § 9 für Ausländerinnen und Ausländer mit Aufenthaltserlaubnis nach § 24 Absatz 1 des Aufenthaltsgesetzes[2] oder mit entsprechender Fiktionsbescheinigung. (1) Ergänzend zu § 9 können innerhalb von sechs Monaten nach Aufenthaltnahme im Inland Personen der Versicherung beitreten,

1. die gemäß § 49 des Aufenthaltsgesetzes[2] erkennungsdienstlich behandelt worden sind und denen eine Aufenthaltserlaubnis nach § 24 des Aufenthaltsgesetzes[2] erteilt oder eine entsprechende Fiktionsbescheinigung nach § 81 Absatz 5 in Verbindung mit Absatz 3 des Aufenthaltsgesetzes[2] für einen Aufenthaltstitel nach § 24 des Aufenthaltsgesetzes[2] ausgestellt wurde und
2. die nicht nach § 7 Absatz 1 Satz 1 Nummer 3 des Zweiten Buches[3] oder § 19 des Zwölften Buches[4] hilfebedürftig sind.

(2) [1] Absatz 1 ist bei Personen, denen nach dem 24. Februar 2022 und vor dem 1. Juni 2022 eine Aufenthaltserlaubnis nach § 24 Absatz 1 des Aufenthaltsgesetzes[2] erteilt oder eine entsprechende Fiktionsbescheinigung nach § 81 Absatz 5 in Verbindung mit Absatz 3 oder Absatz 4 des Aufenthaltsgesetzes[2] ausgestellt worden ist, mit der Maßgabe anzuwenden, dass anstelle der erkennungsdienstlichen Behandlung die Speicherung der Daten nach § 3 Absatz 1 des AZR-Gesetzes[5] erfolgt ist. [2] Eine nicht durchgeführte erkennungsdienstliche Behandlung nach § 49 des Aufenthaltsgesetzes[2] oder nach § 16 des Asylgesetzes[6] ist in diesen Fällen durch die zuständige Behörde bis zum Ablauf des 31. Oktober 2022 nachzuholen.

(3) Das Erfordernis des Nachholens einer erkennungsdienstlichen Behandlung nach Absatz 2 gilt nicht, soweit eine erkennungsdienstliche Behandlung nach § 49 des Aufenthaltsgesetzes[2] nicht vorgesehen ist.

Anlage[7]
(zu § 307 Absatz 1 Satz 3 SGB V)

Datenschutz-Folgenabschätzung

Inhaltsverzeichnis

1. Zusammenfassung

(Fortsetzung nächstes Blatt)

---

[1] § 417 angef. mWv 1.6.2022 durch G v. 23.5.2022 (BGBl. I S. 760).
[2] **Sartorius Nr. 565.**
[3] Nr. **2**.
[4] Nr. **12**.
[5] **Sartorius ErgBd. Nr. 569.**
[6] **Sartorius Nr. 567.**
[7] Anl. angef. mWv 9.6.2021 durch G v. 3.6.2021 (BGBl. I S. 1309).

5c. Verordnung über das Verfahren zum Risikostrukturausgleich in der gesetzlichen Krankenversicherung (Risikostruktur-Ausgleichsverordnung – RSAV)[1)]

Vom 3. Januar 1994
(BGBl. I S. 55)

FNA 860-5-12

geänd. durch Art. 1 Erste ÄndVO v. 17.7.1996 (BGBl. I S. 1024), Art. 7 Zweites GKV-NeuordnungsG v. 23.6.1997 (BGBl. I S. 1520), Art. 1 Zweite ÄndVO v. 22.10.1997 (BGBl. I S. 2494), Art. 5 GKV-FinanzstärkungsG v. 24.3.1998 (BGBl. I S. 526), Art. 5 GKV-SolidaritätsstärkungsG v. 19.12. 1998 (BGBl. I S. 3853), Art. 16 G zur Neuregelung der geringfügigen Beschäftigungsverhältnisse v. 24.3.1999 (BGBl. I S. 388), Art. 3 G zur Rechtsangleichung in der gesetzlichen Krankenversicherung v. 22.12.1999 (BGBl. I S. 2657), Art. 2 § 4 SeuchenrechtsneuordnungsG v. 20.7.2000 (BGBl. I S. 1045), Art. 1 Dritte ÄndVO v. 22.12.2000 (BGBl. I S. 2037), Art. 51 SGB IX – Rehabilitation und Teilhabe behinderter Menschen v. 19.6.2001 (BGBl. I S. 1046), Art. 34 Achtes Euro-EinführungsG v. 23.10.2001 (BGBl. I S. 2702), Art. 2 G zur Reform des Risikostrukturausgleichs in der gesetzlichen Krankenversicherung v. 10.12.2001 (BGBl. I S. 3465), Art. 1 Vierte ÄndVO v. 27.6.2002 (BGBl. I S. 2286), Art. 1 Fünfte ÄndVO v. 4.12.2002 (BGBl. I S. 4506), Art. 1 Sechste ÄndVO v. 27.12.2002 (BGBl. 2003 I S. 5), Art. 1 Siebente ÄndVO v. 28.4.2003 (BGBl. I S. 553), Art. 320 Achte ZuständigkeitsanpassungsVO v. 25.11.2003 (BGBl. I S. 2304), Art. 1 Achte ÄndVO v. 19.12.2003 (BGBl. I S. 2813), Art. 1 Neunte ÄndVO v. 18.2.2004 (BGBl. I S. 271), Art. 2 VO über die Verteilung der pauschalen Abgeltung für Aufwendungen der Krankenkassen für versicherungsfremde Leistungen durch den Bund und zur Änd. der Risikostruktur-AusgleichsVO v. 26.4.2004 (BGBl. I S. 644), Art. 1 Zehnte ÄndVO v. 30.11.2004 (BGBl. I S. 3131), Art. 67 G zur Organisationsreform in der gesetzlichenRentenversicherung v. 9.12.2004 (BGBl. I S. 3242), Art. 1 Elfte ÄndVO v. 22.12.2004 (BGBl. I S. 3722), Art. 24 VerwaltungsvereinfachungsG v. 21.3.2005 (BGBl. I S. 818), Art. 1 Zwölfte ÄndVO v. 15.8.2005 (BGBl. I S. 2457), Art. 1 Dreizehnte ÄndVO v. 23.1.2006 (BGBl. I S. 228), Art. 454 Neunte ZuständigkeitsanpassungsVO v. 31.10.2006 (BGBl. I S. 2407), Art. 1 Vierzehnte ÄndVO v. 18.12.2006 (BGBl. I S. 3224), Art. 38 GKV-WettbewerbsstärkungsG v. 26.3.2007 (BGBl. I S. 378), Art. 1 Fünfzehnte ÄndVO v. 23.10.2007 (BGBl. I S. 2495), Art. 5c G zur Änd. des SGB IV und and. G[2)] v. 19.12.2007 (BGBl. I S. 3024), Art. 1 Sechzehnte ÄndVO v. 20.12.2007 (BGBl. I S. 3083), Art. 1 Siebzehnte ÄndVO v. 26.3.2008 (BGBl. I S. 468), Art. 1 Achtzehnte ÄndVO v. 12.11.2008 (BGBl. I S. 2200), Art. 6 G zur Weiterentwicklung der Organisationsstrukturen in der gesetzl. Krankenversicherung v. 15.12.2008 (BGBl. I S. 2426), Art. 1 Neunzehnte ÄndVO v. 11.3.2009 (BGBl. I S. 497), Art. 1 Zwanzigste ÄndVO v. 23.6.2009 (BGBl. I S. 1542), Art. 17 G zur Änd. arzneimittelrechtl. und anderer Vorschriften v. 17.7.2009 (BGBl. I S. 1990), Art. 5 Sozialversicherungs-Stabilisierungsgesetz v. 14.4.2010 (BGBl. I S. 410), Art. 1 und 2 21. RSA-ÄndV v. 4.6.2010 (BGBl. I S. 753), Art. 1 22. ÄndVO v. 8.11.2010 (BGBl. I S. 1497), Art. 1 23. ÄndVO v. 16.12.2010 (BGBl. I S. 2119), Art. 14 GKV-FinanzierungsG v. 22.12.2010 (BGBl. I S. 2309), Art. 6a G zur Änd. des InfektionsschutzG und weiterer G v. 28.7.2011 (BGBl. I S. 1622), Art. 1 GKV-VersorgungsstrukturG v. 22.12.2011 (BGBl. I S. 2983), Art. 2d G zur Änd. des TransplantationsG v. 21.7.2012 (BGBl. I S. 1601), Art. 1 24. ÄndVO v. 12.10.2012 (BGBl. I S. 2228), Art. 12 Pflege-Neuausrichtungs-G v. 23.10.2012 (BGBl. I S. 2246), Art. 15 GKV-Finanzstruktur- und Qualitäts-WeiterentwicklungsG v. 21.7.2014 (BGBl. I S. 1133), Art. 13 GKV-VersorgungsstärkungsG v. 16.7.2015 (BGBl. I S. 1211), Art. 10 PräventionsG v. 17.7.2015 (BGBl. I S. 1368), Art. 6a G zur Weiterentwicklung der Versorgung und der Vergütung für psychiatrische und psychosomatische Leistungen v. 19.12. 2016 (BGBl. I S. 2986), Art. 1d, 1e Heil- und HilfsmittelversorgungsG v. 4.4.2017 (BGBl. I S. 778), Art. 6a Digitale-Versorgung-G v. 9.12.2019 (BGBl. I S. 2562), Art. 33 G zur Regelung des Sozialen Entschädigungsrechts v. 12.12.2019 (BGBl. I S. 2652, geänd. durch G v. 22.3.2020, BGBl. 2020 I

[1)] Die Änderung durch G v. 12.12.2019 (BGBl. I S. 2652, geänd. durch G v. 22.3.2020, BGBl. 2020 I S. 604) tritt erst **mWv 1.1.2024** in Kraft und ist im Text noch nicht berücksichtigt.

[2)] Zum Inkrafttreten siehe die Bek. über das Inkrafttreten der Folgeänderungen zur Auflösung der See-Krankenkasse und der See-Pflegekasse und zu deren Eingliederung in die Deutsche Rentenversicherung Knappschaft-Bahn-See nach § 165 Abs. 4 Satz 1 des Fünften Buches SozialGbuch.

S. 604), Art. 6 Fairer-Kassenwettbewerb-G v. 22.3.2020 (BGBl. I S. 604), Art. 1 25. ÄndVO v. 8.6. 2020 (BGBl. I S. 1233), Art. 1 26. VO zur Änd. der Risikostruktur-AusgleichsVO v. 19.3.2021 (BGBl. I S. 360) und Art. 11 GesundheitsversorgungsweiterentwicklungsG v. 11.7.2021 (BGBl. I S. 2754)

Nichtamtliche Inhaltsübersicht

Auf Grund des § 266 Abs. 7 des Fünften Buches Sozialgesetzbuch[1)], der durch Artikel 1 Nr. 143 des Gesetzes vom 21. Dezember 1992 (BGBl. I S. 2266) neu gefaßt worden ist, verordnet das Bundesministerium für Gesundheit:

[1)] Nr. 5.

Abschnitt 1.[1] Gemeinsame Vorschriften

§ 1[2] Begriffsbestimmungen (1) Versicherte im Sinne dieser Verordnung sind alle versicherungspflichtigen und versicherungsberechtigten Mitglieder und Familienversicherten.

(2) Mitglieder im Sinne dieser Verordnung sind alle nach § 5 des Fünften Buches Sozialgesetzbuch[3], nach Artikel 56 des Gesundheits-Reformgesetzes und nach Artikel 33 § 14 des Gesundheitsstrukturgesetzes[4] versicherungspflichtig oder nach § 9 des Fünften Buches Sozialgesetzbuch freiwillig versicherten Personen.

(3) Krankenkassen im Sinne dieser Verordnung sind die Orts-, Betriebs- und Innungskrankenkassen, die Deutsche Rentenversicherung Knappschaft-Bahn-See als Träger der knappschaftlichen Krankenversicherung und die Ersatzkassen.

§ 2[5] Risikogruppen. (1) [1]Die Zuordnung der Versicherten zu den Risikogruppen nach § 266 Absatz 2 des Fünften Buches Sozialgesetzbuch[3] und § 269 Absatz 3 Satz 1 des Fünften Buches Sozialgesetzbuch erfolgt mittels eines vom Bundesamt für Soziale Sicherung festgelegten Versichertenklassifikationsmodells, das auf Klassifikationsmodellen aufbaut, deren Einsatzfähigkeit in der gesetzlichen Krankenversicherung wissenschaftlich untersucht und bestätigt worden ist. [2]Der Zuordnung der Versicherten zu Risikogruppen sind folgende Risikomerkmale zu Grunde zu legen:

1. das Alter und das Geschlecht der Versicherten,
2. die Morbidität der Versicherten auf der Grundlage von Diagnosen und Arzneimittelwirkstoffen,
3. das Vorliegen eines Anspruchs auf Krankengeld nach § 44 des Fünften Buches Sozialgesetzbuch, differenziert nach Alter und Geschlecht,
4. regionale Merkmale, die insbesondere die regionale Morbiditäts- und Mortalitätsstruktur, die demografische Struktur, die Sozialstruktur, die Markt- und Wirtschaftsstruktur oder die Siedlungsstruktur am Wohnort des Versicherten abbilden,
5. der Wohnsitz oder gewöhnliche Aufenthalt der Versicherten außerhalb des Gebiets der Bundesrepublik Deutschland während des überwiegenden Teils des dem Ausgleichsjahr vorangegangenen Jahres.

---

[1] Abschnitt 1 Überschrift neu gef. mWv 1.4.2020 durch G v. 22.3.2020 (BGBl. I S. 604).

[2] § 1 Abs. 3 geänd., Abs. 5 neu gef. mWv 1.10.2005 durch G v. 9.12.2004 (BGBl. I S. 3242); Abs. 4 geänd. mWv 1.7.2008 durch G v. 26.3.2007 (BGBl. I S. 378); Abs. 3 geänd. mWv 28.12.2007 durch G v. 19.12.2007 (BGBl. I S. 3024); Abs. 3 geänd., Abs. 4 und 5 aufgeh. mWv 1.4.2020 durch G v. 22.3.2020 (BGBl. I S. 604).

[3] Nr. **5**.

[4] **Aichberger ErgBd. Nr. 10.**

[5] § 2 neu gef. mWv 1.4.2020 durch G v. 22.3.2020 (BGBl. I S. 604); Abs. 1 Satz 1 und Satz 2 Nr. 3 und 4 geänd., Nr. 5 angef., Satz 3 aufgeh. mWv 20.7.2021 durch G v. 11.7.2021 (BGBl. I S. 2754).

5/10. Gesetz über die Zahlung des Arbeitsentgelts an Feiertagen und im Krankheitsfall (Entgeltfortzahlungsgesetz)[1) 2)]

Vom 26. Mai 1994
(BGBl. I S. 1014)

FNA 800-19-3

geänd. durch Art. 3 Arbeitsrechtliches BeschäftigungsförderungsG v. 25.9.1996 (BGBl. I S. 1476), Art. 12 G zur sozialrechtlichen Behandlung von einmalig gezahltem Arbeitsentgelt v. 12.12.1996 (BGBl. I S. 1859), Art. 7 G zu Korrekturen in der Sozialversicherung und zur Sicherung der Arbeitnehmerrechte v. 19.12.1998 (BGBl. I S. 3843), Art. 38 SGB IX v. 19.6.2001 (BGBl. I S. 1046), Art. 80 Drittes G für moderne Dienstleistungen am Arbeitsmarkt v. 23.12.2003 (BGBl. I S. 2848), Art. 1a G zur Änd. des TransplantationsG v. 21.7.2012 (BGBl. I S. 1601), Art. 7 GKV-Versorgungsstärkungsgesetz v. 16.7.2015 (BGBl. I S. 1211) und Art. 9 Drittes BürokratieentlastungsG v. 22.11.2019 (BGBl. I S. 1746, geänd. durch G v. 11.2.2021, BGBl. I S. 154 und G v. 23.3.2022, BGBl. I S. 482)

§ 1 Anwendungsbereich. (1) Dieses Gesetz regelt die Zahlung des Arbeitsentgelts an gesetzlichen Feiertagen und die Fortzahlung des Arbeitsentgelts im Krankheitsfall an Arbeitnehmer sowie die wirtschaftliche Sicherung im Bereich der Heimarbeit für gesetzliche Feiertage und im Krankheitsfall.

(2) Arbeitnehmer im Sinne dieses Gesetzes sind Arbeiter und Angestellte sowie die zu ihrer Berufsbildung Beschäftigten.

§ 2 Entgeltzahlung an Feiertagen. (1) Für Arbeitszeit, die infolge eines gesetzlichen Feiertages ausfällt, hat der Arbeitgeber dem Arbeitnehmer das Arbeitsentgelt zu zahlen, das er ohne den Arbeitsausfall erhalten hätte.

(2) Die Arbeitszeit, die an einem gesetzlichen Feiertag gleichzeitig infolge von Kurzarbeit ausfällt und für die an anderen Tagen als an gesetzlichen Feiertagen Kurzarbeitergeld geleistet wird, gilt als infolge eines gesetzlichen Feiertages nach Absatz 1 ausgefallen.

(3) Arbeitnehmer, die am letzten Arbeitstag vor oder am ersten Arbeitstag nach Feiertagen unentschuldigt der Arbeit fernbleiben, haben keinen Anspruch auf Bezahlung für diese Feiertage.

§ 3 Anspruch auf Entgeltfortzahlung im Krankheitsfall. (1) [1] Wird ein Arbeitnehmer durch Arbeitsunfähigkeit infolge Krankheit an seiner Arbeitsleistung verhindert, ohne daß ihn ein Verschulden trifft, so hat er Anspruch auf Entgeltfortzahlung im Krankheitsfall durch den Arbeitgeber für die Zeit der Arbeitsunfähigkeit bis zur Dauer von sechs Wochen. [2] Wird der Arbeitnehmer infolge derselben Krankheit erneut arbeitsunfähig, so verliert er wegen der erneuten Arbeitsunfähigkeit den Anspruch nach Satz 1 für einen weiteren Zeitraum von höchstens sechs Wochen nicht, wenn

1. er vor der erneuten Arbeitsunfähigkeit mindestens sechs Monate nicht infolge derselben Krankheit arbeitsunfähig war oder

---

1) Verkündet als Art. 53 des Pflege-Versicherungsgesetzes vom 26.5.1994 (BGBl. I S. 1014); Inkrafttreten gem. Art. 68 Abs. 4 am 1.6.1994.

2) Die Änderungen durch G v. 22.11.2019 (BGBl. I S. 1746, geänd. durch G v. 11.2.2021, BGBl. I S. 154 und G v. 23.3.2022, BGBl. I S. 482) treten erst **mWv 1.1.2023** in Kraft und sind im Text noch nicht berücksichtigt.

2. seit Beginn der ersten Arbeitsunfähigkeit infolge derselben Krankheit eine Frist von zwölf Monaten abgelaufen ist.

(2) [1] Als unverschuldete Arbeitsunfähigkeit im Sinne des Absatzes 1 gilt auch eine Arbeitsverhinderung, die infolge einer nicht rechtswidrigen Sterilisation oder eines nicht rechtswidrigen Abbruchs der Schwangerschaft eintritt. [2] Dasselbe gilt für einen Abbruch der Schwangerschaft, wenn die Schwangerschaft innerhalb von zwölf Wochen nach der Empfängnis durch einen Arzt abgebrochen wird, die schwangere Frau den Abbruch verlangt und dem Arzt durch eine Bescheinigung nachgewiesen hat, daß sie sich mindestens drei Tage vor dem Eingriff von einer anerkannten Beratungsstelle hat beraten lassen.

(3) Der Anspruch nach Absatz 1 entsteht nach vierwöchiger ununterbrochener Dauer des Arbeitsverhältnisses.

§ 3a[1)] Anspruch auf Entgeltfortzahlung bei Spende von Organen, Geweben oder Blut zur Separation von Blutstammzellen oder anderen Blutbestandteilen. (1) [1] Ist ein Arbeitnehmer durch Arbeitsunfähigkeit infolge der Spende von Organen oder Geweben, die nach den §§ 8 und 8a des Transplantationsgesetzes[2)] erfolgt, oder einer Blutspende zur Separation von Blutstammzellen oder anderen Blutbestandteilen im Sinne von § 9 des Transfusionsgesetzes[3)] an seiner Arbeitsleistung verhindert, hat er Anspruch auf Entgeltfortzahlung durch den Arbeitgeber für die Zeit der Arbeitsunfähigkeit bis zur Dauer von sechs Wochen. [2] § 3 Absatz 1 Satz 2 gilt entsprechend.

(2) [1] Dem Arbeitgeber sind von der gesetzlichen Krankenkasse des Empfängers von Organen, Geweben oder Blut zur Separation von Blutstammzellen oder anderen Blutbestandteilen das an den Arbeitnehmer nach Absatz 1 fortgezahlte Arbeitsentgelt sowie die hierauf entfallenden vom Arbeitgeber zu tragenden Beiträge zur Sozialversicherung und zur betrieblichen Alters- und Hinterbliebenenversorgung auf Antrag zu erstatten. [2] Ist der Empfänger von Organen, Geweben oder Blut zur Separation von Blutstammzellen oder anderen Blutbestandteilen gemäß § 193 Absatz 3 des Versicherungsvertragsgesetzes[4)] bei einem privaten Krankenversicherungsunternehmen versichert, erstattet dieses dem Arbeitgeber auf Antrag die Kosten nach Satz 1 in Höhe des tariflichen Erstattungssatzes. [3] Ist der Empfänger von Organen, Geweben oder Blut zur Separation von Blutstammzellen oder anderen Blutbestandteilen bei einem Beihilfeträger des Bundes beihilfeberechtigt oder berücksichtigungsfähiger Angehöriger, erstattet der zuständige Beihilfeträger dem Arbeitgeber auf Antrag die Kosten nach Satz 1 zum jeweiligen Bemessungssatz des Empfängers von Organen, Geweben oder Blut zur Separation von Blutstammzellen oder anderen Blutbestandteilen; dies gilt entsprechend für sonstige öffentlich-rechtliche Träger von Kosten in Krankheitsfällen auf Bundesebene. [4] Unterliegt der Empfänger von Organen, Geweben oder Blut zur Separation von Blutstammzellen oder anderen Blutbestandteilen der Heilfürsorge im Bereich des Bundes oder der truppenärztlichen Versorgung, erstatten die zuständigen Träger auf Antrag die Kosten nach Satz 1. [5] Mehrere Erstattungspflichtige haben die Kosten nach Satz 1 anteilig zu tragen. [6] Der Arbeitnehmer hat dem Arbeitgeber unverzüglich

(Fortsetzung nächstes Blatt)

[1)] § 3a eingef. mWv 1.8.2012 durch G v. 21.7.2012 (BGBl. I S. 1601); Überschrift, Abs. 1 Satz 1, Abs. 2 Sätze 1–4 geänd. mWv 23.7.2015 durch G v. 16.7.2015 (BGBl. I S. 1211).

[2)] **Aichberger ErgBd. Nr. 40.**

[3)] **Aichberger ErgBd. Nr. 45.**

[4)] **Habersack, Deutsche Gesetze Nr. 62.**

8. Sozialgesetzbuch (SGB) Achtes Buch (VIII) Kinder- und Jugendhilfe[1) 2) 3)]

In der Fassung der Bekanntmachung vom 11. September 2012[4)]
(BGBl. I S. 2022)

FNA 860-8

geänd. durch Art. 1 KinderförderungsG v. 10.12.2008 (BGBl. I S. 2403), Art. 2 G zur Änd. des Vormundschafts- und Betreuungsrechts v. 29.6.2011 (BGBl. I S. 1306), Art. 2 Abs. 3 Betreuungs-

---

[1)] Die Änderungen durch G v. 12.12.2019 (BGBl. I S. 2652) treten erst **mWv 1.1.2024**, die Änderungen durch G v. 4.5.2021 (BGBl. I S. 882) treten erst **mWv 1.1.2023**, die Änderungen durch G v. 3.6.2021 (BGBl. I S. 1444) treten teilweise erst **mWv 1.1.2023, mWv 1.1.2024, mWv 1.1. 2028** bzw mit **unbestimmten Inkrafttreten**, die Änderungen durch G v. 20.8.2021 (BGBl. I S. 3932) treten erst **mWv 1.1.2025**, die Änderungen durch G v. 2.10.2021 (BGBl. I S. 4602) treten teilweise erst **mWv 1.1.2023**, **mWv 1.8.2026** bzw. **mWv 1.8.2029** in Kraft und sind insoweit im Text noch nicht berücksichtigt.

[2)] Zum SGB VIII haben die Länder ua folgende Ausführungsvorschriften erlassen:
- **Baden-Württemberg:** Kinder- und JugendhilfeG für Baden-Württemberg idF der Bek. v. 14.4. 2005 (GBl. S. 376), zuletzt geänd. durch G v. 19.3.2020 (GBl. S. 149);
- **Bayern:** Gesetz zur Ausführung der Sozialgesetze (AGSG) v. 8.12.2006 (GVBl. S. 942), zuletzt geänd. durch G v. 10.5.2022 (GVBl. S. 182);
- **Berlin:** G zur Ausführung des Kinder- und JugendhilfeG (AG KJHG) v. 27.4.2001 (GVBl. S. 134), zuletzt geänd. durch G v. 27.8.2021 (GVBl. S. 995);
- **Brandenburg:** Erstes G zur Ausführung des Achten Buches des Sozialgesetzbuches – Kinder- und Jugendhilfe (AGKJHG-Org) idF der Bek. v. 26.6.1997 (GVBl. I S. 87), zuletzt geänd. durch G v. 25.6.2020 (GVBl. I Nr. 18) und Zweites G zur Ausführung des Achten Buches des Sozialgesetzbuches – Kinder- und Jugendhilfe – KindertagesstättenG (KitaG) idF der Bek. v. 27.6.2004 (GVBl. I S. 384), zuletzt geänd. durch G v. 17.12.2021 (GVBl. I Nr. 42);
- **Bremen:** Erstes G zur Ausführung des Achten Buches Sozialgesetzbuch – G zur Ausführung des Kinder- und JugendhilfeG im Lande Bremen (BremAGKJHG) v. 17.9.1991 (Brem.GBl. S. 318), zuletzt geänd. durch Bek. v. 20.10.2020 (Brem.GBl. S. 1172);
- **Hamburg:** Hamburgisches G zur Ausführung des Achten Buches Sozialgesetzbuch – Kinder- und Jugendhilfe – (AG SGB VIII) v. 25.6.1997 (HmbGVBl. S. 273), zuletzt geänd. durch G v. 3.2.2021 (HmbGVBl. S. 64, geänd. durch G v. 26.10.2021, HmbGVBl. S. 723);
- **Hessen:** Hessisches Kinder- und Jugendhilfegesetzbuch (HKJGB) v. 18.12.2006 (GVBl. I S. 698), zuletzt geänd. durch G v. 25.6.2020 (GVBl. S. 436);
- **Mecklenburg-Vorpommern:** Landesjugendhilfeorganisationsgesetz (KJHG-Org M-V) v. 23.2. 1993 (GVOBl. M-V S. 158), zuletzt geänd. durch G v. 22.6.2012 (GVOBl. M-V S. 208);
- **Niedersachsen:** G zur Ausführung des Kinder- und JugendhilfeG (AG KJHG) v. 5.2.1993 (Nds. GVBl. S. 45), zuletzt geänd. durch G v. 23.3.2022 (Nds. GVBl. S. 204);
- **Nordrhein-Westfalen:** Erstes G zur Ausführung des Kinder- und JugendhilfeG – AG-KJHG – v. 12.12.1990 (GV. NRW. S. 664), zuletzt geänd. durch G v. 1.2.2022 (GV. NRW. S. 122), Drittes G zur Ausführung des Kinder- und JugendhilfeG; G zur Förderung der Jugendarbeit, der Jugendsozialarbeit und des erzieherischen Kinder- und Jugendschutzes – Kinder- und JugendförderungsG – (3. AG-KJHG – KJFöG) v. 12.10.2004 (GV. NRW. S. 572), zuletzt geänd. durch G v. 26.2.2019 (GV. NRW. S. 151) und Fünftes G zur Ausführung des Kinder- und Jugendhilfegesetzes (5. AG-KJHG) v. 8.12.2015 (GV. NRW. S. 832), geänd. durch G v. 1.2.2022 (GV. NRW. S. 122)
- **Rheinland-Pfalz:** LandesG zur Ausführung des Kinder- und JugendhilfeG (AGKJHG) v. 21.12. 1993 (GVBl. S. 632), zuletzt geänd. durch G v. 3.9.2019 (GVBl. S. 213);
- **Saarland:** Erstes G zur Ausführung des Kinder- und JugendhilfeG (AG KJHG) v. 9.7.1993 (Amtsbl. S. 807), zuletzt geänd. durch G v. 8.12.2021 (Amtsbl. I S. 2629);
- **Sachsen:** LandesjugendhilfeG idF der Bek. v. 4.9.2008 (SächsGVBl. S. 578), zuletzt geänd. durch G v. 11.5.2019 (SächsGVBl. S. 358) und Sächsisches G zur Ausführung des Sozialgesetzbuches (SächsAGSGB) v. 6.6.2002 (SächsGVBl. S. 169), zuletzt geänd. durch G v. 31.3.2021 (SächsGVBl. S. 411);

→

geldG v. 15.2.2013 (BGBl. I S. 254), Art. 5 G zur Reform der elterlichen Sorge nicht miteinander verheirateter Eltern v. 16.4.2013 (BGBl. I S. 795), Art. 3 UnterhaltsvorschussentbürokratisierungsG v. 3.5.2013 (BGBl. I S. 1108), Art. 1 Kinder- und JugendhilfeverwaltungsvereinfachungsG v. 29.8. 2013 (BGBl. I S. 3464), Art. 2 Abs. 8 49. G zur Änd. des Strafgesetzbuches v. 21.1.2015 (BGBl. I S. 10), Art. 5 PräventionsG v. 17.7.2015 (BGBl. I S. 1368), Art. 1 G zur Verbesserung der Unterbringung, Versorgung und Betreuung ausländischer Kinder und Jugendlicher v. 28.10.2015 (BGBl. I S. 1802), Art. 3 G zur Verbesserung der Bekämpfung des Menschenhandels und zur Änd. des BundeszentralregisterG sowie des Achten Buches Sozialgesetzbuch v. 11.10.2016 (BGBl. I S. 2226), Art. 2 Abs. 10 50. G zur Änd des StGB v. 4.11.2016 (BGBl. I S. 2460), Art. 9 BundesteilhabeG v. 23.12. 2016 (BGBl. I S. 3234, geänd. durch G v. 17.7.2017, BGBl. I S. 2541), Art. 9 G zur Bekämpfung von Kinderehen v. 17.7.2017 (BGBl. I S. 2429), Art. 3 G zur besseren Durchsetzung der Ausreisepflicht v. 20.7.2017 (BGBl. I S. 2780), Art. 10 Abs. 10 G zur Neuregelung des Schutzes von Geheimnissen bei der Mitwirkung Dritter an der Berufsausübung schweigepflichtiger Personen v. 30.10.2017 (BGBl. I S. 3618), Art. 2 G zur Weiterentwicklung der Qualität und zur Teilhabe in der Kindertagesbetreuung v. 19.12.2018 (BGBl. I S. 2696), Art. 6 Zweites DatenaustauschverbesserungsG v. 4.8.2019 (BGBl. I S. 1131), Art. 7 G zur Reform der Psychotherapeutenausbildung v. 15.11.2019 (BGBl. I S. 1604), Art. 129 Zweites Datenschutz-Anpassungs- und UmsetzungsG EU v. 20.11.2019 (BGBl. I S. 1626), Art. 8 G zur Änd. des Neunten und des Zwölften Buches Sozialgesetzbuch und anderer Rechtsvorschriften v. 30.11.2019 (BGBl. I S. 1948), Art. 36 G zur Regelung des Sozialen Entschädigungsrechts v. 12.12.2019 (BGBl. I S. 2652), Art. 16a Abs. 6 Medizinprodukte-EU-AnpassungsG v. 28.4.2020 (BGBl. I S. 960, geänd. durch G v. 19.5.2020, BGBl. I S. 1018), Art. 3 Abs. 5 59. G zur Änd. des Strafgesetzbuches v. 9.10.2020 (BGBl. I S. 2075), Art. 4 Abs. 6 Adoptionshilfe-Gesetz v. 12.2.2021 (BGBl. I S. 226), Art. 12 Vormundschafts- und Betreuungsrechts-Reformgesetz v. 4.5. 2021 (BGBl. I S. 882), Art. 1 Kinder- und JugendstärkungsG v. 3.6.2021 (BGBl. I S. 1444), Art. 8 Abs. 4 G zur Bekämpfung sexualisierter Gewalt gegen Kinder v. 16.6.2021 (BGBl. I S. 1810), Art. 8 G zur Durchführung der VO (EU) 2019/1111 sowie zur Änd. sonstiger Vorschriften v. 10.8.2021 (BGBl. I S. 3424), Art. 42 G über die Entschädigung der Soldatinnen und Soldaten und zur Neuordnung des Soldatenversorgungsrechts v. 20.8.2021 (BGBl. I S. 3932), Art. 1, 2 GanztagsförderungsG v. 2.10.2021 (BGBl. I S. 4602) und Art. 32 G zum Ausbau des elektronischen Rechtsverkehrs mit den Gerichten und zur Änd. weiterer Vorschriften v. 5.10.2021 (BGBl. I S. 4607)

Inhaltsübersicht[1]

Erstes Kapitel. Allgemeine Vorschriften

(Fortsetzung der Anm. von voriger Seite)

– **Sachsen-Anhalt:** Kinder- und JugendhilfeG des Landes Sachsen-Anhalt (KJHG-LSA) v. 5.5.2000 (GVBl. LSA S. 236), zuletzt geänd. durch G v. 7.7.2020 (GVBl. LSA S. 372);
– **Schleswig-Holstein:** JugendförderungsG (JuFöG) v. 5.2.1992 (GVOBl. Schl.-H. S. 158), zuletzt geänd. durch G v. 17.3.2022 (GVOBl. Schl.-H. S. 301);
– **Thüringen:** Thüringer Kinder- und Jugendhilfe-AusführungsG (ThürKJHAG) idF der Bek. v. 5.2. 2009 (GVBl. S. 1), zuletzt geänd. durch G v. 30.6.2020 (GVBl. S. 345) und Thüringer Kindergartengesetz (ThürKigaG) v. 18.12.2017 (GVBl. S. 276), zuletzt geänd. durch G v. ErlDat (GVBl. 2021 S. 387).

[3] Zu abweichendem Landesrecht siehe ua:
– **Bayern:** Abweichungen im Gesetz zur Ausführung der Sozialgesetze mWv 16.7.2013; vgl. Hinweis v. 21.1.2014 (BGBl. I S. 47),
Hessen: Abweichungen im Hessischen Kinder- und Jugendhilfegesetzbuch mWv 28.12.2017; vgl. Hinweis v. 28.9.2018 (BGBl. I S. 1390).

[4] Neubekanntmachung des SGB VIII idF der Bek. v. 14.12.2006 (BGBl. I S. 3134) in der ab 1.1. 2012 geltenden Fassung.

[1] Inhaltsübers. geänd. mWv 19.5.2013 durch G v. 16.4.2013 (BGBl. I S. 795); geänd. mWv 1.1. 2014 durch G v. 29.8.2013 (BGBl. I S. 3464); geänd. mWv 1.11.2015 durch G v. 28.10.2015 (BGBl. I S. 1802); geänd. mWv 10.6.2021 durch G v. 3.6.2021 (BGBl. I S. 1444).

Wohl des Kindes oder Jugendlichen durch geeignete Maßnahmen fördern. [2]Der Träger der öffentlichen Jugendhilfe stellt dies durch eine abgestimmte Wahrnehmung der Aufgaben nach Absatz 1 und § 37a sicher.

(3) [1]Sofern der Inhaber der elterlichen Sorge durch eine Erklärung nach § 1688 Absatz 3 Satz 1 des Bürgerlichen Gesetzbuchs[1)] die Entscheidungsbefugnisse der Pflegeperson so weit einschränkt, dass die Einschränkung eine dem Wohl des Kindes oder des Jugendlichen förderliche Entwicklung nicht mehr ermöglicht, sollen die Beteiligten das Jugendamt einschalten. [2]Auch bei sonstigen Meinungsverschiedenheiten zwischen ihnen sollen die Beteiligten das Jugendamt einschalten.

§ 37a[2)] Beratung und Unterstützung der Pflegeperson. [1]Die Pflegeperson hat vor der Aufnahme des Kindes oder des Jugendlichen und während der Dauer des Pflegeverhältnisses Anspruch auf Beratung und Unterstützung. [2]Dies gilt auch in den Fällen, in denen für das Kind oder den Jugendlichen weder Hilfe zur Erziehung noch Eingliederungshilfe gewährt wird, und in den Fällen, in denen die Pflegeperson nicht der Erlaubnis zur Vollzeitpflege nach § 44 bedarf. [3]Lebt das Kind oder der Jugendliche bei einer Pflegeperson außerhalb des Bereichs des zuständigen Trägers der öffentlichen Jugendhilfe, so sind ortsnahe Beratung und Unterstützung sicherzustellen. [4]Der zuständige Träger der öffentlichen Jugendhilfe hat die aufgewendeten Kosten einschließlich der Verwaltungskosten auch in den Fällen zu erstatten, in denen die Beratung und Unterstützung im Wege der Amtshilfe geleistet werden. [5]Zusammenschlüsse von Pflegepersonen sollen beraten, unterstützt und gefördert werden.

§ 37b[2)] Sicherung der Rechte von Kindern und Jugendlichen in Familienpflege. (1) [1]Das Jugendamt stellt sicher, dass während der Dauer des Pflegeverhältnisses ein nach Maßgabe fachlicher Handlungsleitlinien gemäß § 79a Satz 2 entwickeltes Konzept zur Sicherung der Rechte des Kindes oder des Jugendlichen und zum Schutz vor Gewalt angewandt wird. [2]Hierzu sollen die Pflegeperson sowie das Kind oder der Jugendliche vor der Aufnahme und während der Dauer des Pflegeverhältnisses beraten und an der auf das konkrete Pflegeverhältnis bezogenen Ausgestaltung des Konzepts beteiligt werden.

(2) Das Jugendamt gewährleistet, dass das Kind oder der Jugendliche während der Dauer des Pflegeverhältnisses Möglichkeiten der Beschwerde in persönlichen Angelegenheiten hat und informiert das Kind oder den Jugendlichen hierüber.

(3) [1]Das Jugendamt soll den Erfordernissen des Einzelfalls entsprechend an Ort und Stelle überprüfen, ob eine dem Wohl des Kindes oder des Jugendlichen förderliche Entwicklung bei der Pflegeperson gewährleistet ist. [2]Die Pflegeperson hat das Jugendamt über wichtige Ereignisse zu unterrichten, die das Wohl des Kindes oder des Jugendlichen betreffen.

§ 37c[2)] Ergänzende Bestimmungen zur Hilfeplanung bei Hilfen außerhalb der eigenen Familie. (1) [1]Bei der Aufstellung und Überprüfung des Hilfeplans nach § 36 Absatz 2 Satz 2 ist bei Hilfen außerhalb der eigenen Familie prozesshaft auch die Perspektive der Hilfe zu klären. [2]Der Stand der Perspektivklärung nach Satz 1 ist im Hilfeplan zu dokumentieren.

[1)] **Habersack, Deutsche Gesetze Nr. 20.**
[2)] §§ 37a–37c eingef. mWv 10.6.2021 durch G v. 3.6.2021 (BGBl. I S. 1444).

(2) [1] Maßgeblich bei der Perspektivklärung nach Absatz 1 ist, ob durch Leistungen nach diesem Abschnitt die Entwicklungs-, Teilhabe- oder Erziehungsbedingungen in der Herkunftsfamilie innerhalb eines im Hinblick auf die Entwicklung des Kindes oder Jugendlichen vertretbaren Zeitraums so weit verbessert werden, dass die Herkunftsfamilie das Kind oder den Jugendlichen wieder selbst erziehen, betreuen und fördern kann. [2] Ist eine nachhaltige Verbesserung der Entwicklungs-, Teilhabe- oder Erziehungsbedingungen in der Herkunftsfamilie innerhalb eines im Hinblick auf die Entwicklung des Kindes oder Jugendlichen vertretbaren Zeitraums nicht erreichbar, so soll mit den beteiligten Personen eine andere, dem Wohl des Kindes oder Jugendlichen förderliche und auf Dauer angelegte Lebensperspektive erarbeitet werden. [3] In diesem Fall ist vor und während der Gewährung der Hilfe insbesondere zu prüfen, ob die Annahme als Kind in Betracht kommt.

(3) [1] Bei der Auswahl der Einrichtung oder der Pflegeperson sind der Personensorgeberechtigte und das Kind oder der Jugendliche oder bei Hilfen nach § 41 der junge Volljährige zu beteiligen. [2] Der Wahl und den Wünschen des Leistungsberechtigten ist zu entsprechen, sofern sie nicht mit unverhältnismäßigen Mehrkosten verbunden sind. [3] Wünschen die in Satz 1 genannten Personen die Erbringung einer in § 78a genannten Leistung in einer Einrichtung, mit deren Träger keine Vereinbarungen nach § 78b bestehen, so soll der Wahl nur entsprochen werden, wenn die Erbringung der Leistung in dieser Einrichtung nach Maßgabe des Hilfeplans geboten ist. [4] Bei der Auswahl einer Pflegeperson, die ihren gewöhnlichen Aufenthalt außerhalb des Bereichs des örtlich zuständigen Trägers hat, soll der örtliche Träger der öffentlichen Jugendhilfe beteiligt werden, in dessen Bereich die Pflegeperson ihren gewöhnlichen Aufenthalt hat.

(4) [1] Die Art und Weise der Zusammenarbeit nach § 37 Absatz 2 sowie die damit im Einzelfall verbundenen Ziele sind im Hilfeplan zu dokumentieren. [2] Bei Hilfen nach den §§ 33, 35a Absatz 2 Nummer 3 zählen dazu auch der vereinbarte Umfang der Beratung und Unterstützung der Eltern nach § 37 Absatz 1 und der Pflegeperson nach § 37a Absatz 1 sowie die Höhe der laufenden Leistungen zum Unterhalt des Kindes oder Jugendlichen nach § 39. [3] Bei Hilfen für junge Volljährige nach § 41 gilt dies entsprechend in Bezug auf den vereinbarten Umfang der Beratung und Unterstützung der Pflegeperson sowie die Höhe der laufenden Leistungen zum Unterhalt. [4] Eine Abweichung von den im Hilfeplan gemäß den Sätzen 1 bis 3 getroffenen Feststellungen ist nur bei einer Änderung des Hilfebedarfs und entsprechender Änderung des Hilfeplans auch bei einem Wechsel der örtlichen Zuständigkeit zulässig.

§ 38[1] Zulässigkeit von Auslandsmaßnahmen. (1) [1] Hilfen nach diesem Abschnitt sind in der Regel im Inland zu erbringen. [2] Sie dürfen nur dann im Ausland erbracht werden, wenn dies nach Maßgabe der Hilfeplanung zur Erreichung des Hilfezieles im Einzelfall erforderlich ist und die aufenthaltsrechtlichen Vorschriften des aufnehmenden Staates sowie

1. im Anwendungsbereich der Verordnung (EU) 2019/1111[2] des Rates vom 25. Juni 2019 über die Zuständigkeit, die Anerkennung und Vollstreckung von Entscheidungen in Ehesachen und in Verfahren betreffend die elterliche

---

[1] § 38 neu gef. mWv 10.6.2021 durch G v. 3.6.2021 (BGBl. I S. 1444); Abs. 1 Satz 2 Nr. 1 und Abs. 5 Satz 1 Nr. 4 Buchst. a neu gef. mWv 1.8.2022 durch G v. 10.8.2021 (BGBl. I S. 3424).

[2] **Habersack, Deutsche Gesetze ErgBd. Nr. 103b/1.**

Verantwortung und über internationale Kindesentführungen (ABl. L 178 vom 2.7.2019, S. 1) die Voraussetzungen des Artikels 82 oder

2. im Anwendungsbereich des Haager Übereinkommens[1] vom 19. Oktober 1996 über die Zuständigkeit, das anzuwendende Recht, die Anerkennung, Vollstreckung und Zusammenarbeit auf dem Gebiet der elterlichen Verantwortung und der Maßnahmen zum Schutz von Kindern die Voraussetzungen des Artikels 33

erfüllt sind.

(2) Der Träger der öffentlichen Jugendhilfe soll vor der Entscheidung über die Gewährung einer Hilfe, die ganz oder teilweise im Ausland erbracht wird,

1. zur Feststellung einer seelischen Störung mit Krankheitswert die Stellungnahme einer in § 35a Absatz 1a Satz 1 genannten Person einholen,
2. sicherstellen, dass der Leistungserbringer
   a) über eine Betriebserlaubnis nach § 45 für eine Einrichtung im Inland verfügt, in der Hilfe zur Erziehung erbracht wird,
   b) Gewähr dafür bietet, dass er die Rechtsvorschriften des aufnehmenden Staates einschließlich des Aufenthaltsrechts einhält, insbesondere vor Beginn der Leistungserbringung die in Absatz 1 Satz 2 genannten Maßgaben erfüllt, und mit den Behörden des aufnehmenden Staates sowie den deutschen Vertretungen im Ausland zusammenarbeitet,
   c) mit der Erbringung der Hilfen nur Fachkräfte nach § 72 Absatz 1 betraut,
   d) über die Qualität der Maßnahme eine Vereinbarung abschließt; dabei sind die fachlichen Handlungsleitlinien des überörtlichen Trägers anzuwenden,
   e) Ereignisse oder Entwicklungen, die geeignet sind, das Wohl des Kindes oder Jugendlichen zu beeinträchtigen, dem Träger der öffentlichen Jugendhilfe unverzüglich anzeigt und
3. die Eignung der mit der Leistungserbringung zu betrauenden Einrichtung oder Person an Ort und Stelle überprüfen.

(3) [1] Überprüfung und Fortschreibung des Hilfeplans sollen nach Maßgabe von § 36 Absatz 2 Satz 2 am Ort der Leistungserbringung unter Beteiligung des Kindes oder des Jugendlichen erfolgen. [2] Unabhängig von der Überprüfung und Fortschreibung des Hilfeplans nach Satz 1 soll der Träger der öffentlichen Jugendhilfe nach den Erfordernissen im Einzelfall an Ort und Stelle überprüfen, ob die Anforderungen nach Absatz 2 Nummer 2 Buchstabe b und c sowie Nummer 3 weiter erfüllt sind.

(4) Besteht die Erfüllung der Anforderungen nach Absatz 2 Nummer 2 oder die Eignung der mit der Leistungserbringung betrauten Einrichtung oder Person nicht fort, soll die Leistungserbringung im Ausland unverzüglich beendet werden.

(5) [1] Der Träger der öffentlichen Jugendhilfe hat der erlaubniserteilenden Behörde unverzüglich

1. den Beginn und das geplante Ende der Leistungserbringung im Ausland unter Angabe von Namen und Anschrift des Leistungserbringers, des Aufenthaltsorts des Kindes oder Jugendlichen sowie der Namen der mit der Erbringung der Hilfe betrauten Fachkräfte,
2. Änderungen der in Nummer 1 bezeichneten Angaben sowie

---

[1] **Habersack, Deutsche Gesetze ErgBd. Nr. 45m.**

3. die bevorstehende Beendigung der Leistungserbringung im Ausland

zu melden sowie

4. einen Nachweis zur Erfüllung der aufenthaltsrechtlichen Vorschriften des aufnehmenden Staates und im Anwendungsbereich
   a) der Verordnung (EU) 2019/1111 zur Erfüllung der Maßgaben des Artikels 82,
   b) des Haager Übereinkommens vom 19. Oktober 1996 über die Zuständigkeit, das anzuwendende Recht, die Anerkennung, Vollstreckung und Zusammenarbeit auf dem Gebiet der elterlichen Verantwortung und der Maßnahmen zum Schutz von Kindern zur Erfüllung der Maßgaben des Artikels 33

zu übermitteln. [2] Die erlaubniserteilende Behörde wirkt auf die unverzügliche Beendigung der Leistungserbringung im Ausland hin, wenn sich aus den Angaben nach Satz 1 ergibt, dass die an die Leistungserbringung im Ausland gestellten gesetzlichen Anforderungen nicht erfüllt sind.

§ 39[1)] Leistungen zum Unterhalt des Kindes oder des Jugendlichen.

(1) [1] Wird Hilfe nach den §§ 32 bis 35 oder nach § 35a Absatz 2 Nummer 2 bis 4 gewährt, so ist auch der notwendige Unterhalt des Kindes oder Jugendlichen außerhalb des Elternhauses sicherzustellen. [2] Er umfasst die Kosten für den Sachaufwand sowie für die Pflege und Erziehung des Kindes oder Jugendlichen.

(2) [1] Der gesamte regelmäßig wiederkehrende Bedarf soll durch laufende Leistungen gedeckt werden. [2] Sie umfassen außer im Fall des § 32 und des § 35a Absatz 2 Nummer 2 auch einen angemessenen Barbetrag zur persönlichen Verfügung des Kindes oder des Jugendlichen. [3] Die Höhe des Betrages wird in den Fällen der §§ 34, 35, 35a Absatz 2 Nummer 4 von der nach Landesrecht zuständigen Behörde festgesetzt; die Beträge sollen nach Altersgruppen gestaffelt sein. [4] Die laufenden Leistungen im Rahmen der Hilfe in Vollzeitpflege (§ 33) oder bei einer geeigneten Pflegeperson (§ 35a Absatz 2 Nummer 3) sind nach den Absätzen 4 bis 6 zu bemessen.

(3) Einmalige Beihilfen oder Zuschüsse können insbesondere zur Erstausstattung einer Pflegestelle, bei wichtigen persönlichen Anlässen sowie für Urlaubs- und Ferienreisen des Kindes oder des Jugendlichen gewährt werden.

(4) [1] Die laufenden Leistungen sollen auf der Grundlage der tatsächlichen Kosten gewährt werden, sofern sie einen angemessenen Umfang nicht übersteigen. [2] Die laufenden Leistungen umfassen auch die Erstattung nachgewiesener Aufwendungen für Beiträge zu einer Unfallversicherung sowie die hälftige Erstattung nachgewiesener Aufwendungen zu einer angemessenen Alterssicherung der Pflegeperson. [3] Sie sollen in einem monatlichen Pauschalbetrag gewährt werden, soweit nicht nach der Besonderheit des Einzelfalls abweichende Leistungen geboten sind. [4] Ist die Pflegeperson in gerader Linie mit dem Kind oder Jugendlichen verwandt und kann sie diesem unter Berücksichtigung ihrer sonstigen Verpflichtungen und ohne Gefährdung ihres angemessenen Unter-

---

[1)] § 39 Abs. 2 Satz 4 geänd. mWv 1.1.2014 durch G v. 29.8.2013 (BGBl. I S. 3464).

Vierter Abschnitt. Ergänzende Vorschriften

§ 97 Feststellung der Sozialleistungen. [1] Der erstattungsberechtigte Träger der öffentlichen Jugendhilfe kann die Feststellung einer Sozialleistung betreiben sowie Rechtsmittel einlegen. [2] Der Ablauf der Fristen, die ohne sein Verschulden verstrichen sind, wirkt nicht gegen ihn. [3] Dies gilt nicht für die Verfahrensfristen, soweit der Träger der öffentlichen Jugendhilfe das Verfahren selbst betreibt.

§ 97a Pflicht zur Auskunft. (1) [1] Soweit dies für die Berechnung oder den Erlass eines Kostenbeitrags oder die Übernahme eines Teilnahmebeitrags nach § 90 oder die Ermittlung eines Kostenbeitrags nach den §§ 92 bis 94 erforderlich ist, sind Eltern, Ehegatten und Lebenspartner junger Menschen sowie Leistungsberechtigter nach § 19 verpflichtet, dem örtlichen Träger über ihre Einkommensverhältnisse Auskunft zu geben. [2] Junge Volljährige und volljährige Leistungsberechtigte nach § 19 sind verpflichtet, dem örtlichen Träger über ihre Einkommens- und Vermögensverhältnisse Auskunft zu geben. [3] Eltern, denen die Sorge für das Vermögen des Kindes oder des Jugendlichen zusteht, sind auch zur Auskunft über dessen Einkommen verpflichtet. [4] Ist die Sorge über das Vermögen des Kindes oder des Jugendlichen anderen Personen übertragen, so treten diese an die Stelle der Eltern.

(2) [1] Soweit dies für die Berechnung der laufenden Leistung nach § 39 Absatz 6 erforderlich ist, sind Pflegepersonen verpflichtet, dem örtlichen Träger darüber Auskunft zu geben, ob der junge Mensch im Rahmen des Familienleistungsausgleichs nach § 31 des Einkommensteuergesetzes[1)] berücksichtigt wird oder berücksichtigt werden könnte und ob er ältestes Kind in der Pflegefamilie ist. [2] Pflegepersonen, die mit dem jungen Menschen in gerader Linie verwandt sind, sind verpflichtet, dem örtlichen Träger über ihre Einkommens- und Vermögensverhältnisse Auskunft zu geben.

(3) [1] Die Pflicht zur Auskunft nach den Absätzen 1 und 2 umfasst auch die Verpflichtung, Name und Anschrift des Arbeitgebers zu nennen, über die Art des Beschäftigungsverhältnisses Auskunft zu geben sowie auf Verlangen Beweisurkunden vorzulegen oder ihrer Vorlage zuzustimmen. [2] Sofern landesrechtliche Regelungen nach § 90 Absatz 1 Satz 2 bestehen, in denen nach Einkommensgruppen gestaffelte Pauschalbeträge vorgeschrieben oder festgesetzt sind, ist hinsichtlich der Höhe des Einkommens die Auskunftspflicht und die Pflicht zur Vorlage von Beweisurkunden für die Berechnung des Kostenbeitrags nach § 90 Absatz 1 Nummer 3 auf die Angabe der Zugehörigkeit zu einer bestimmten Einkommensgruppe beschränkt.

(4) [1] Kommt eine der nach den Absätzen 1 und 2 zur Auskunft verpflichteten Personen ihrer Pflicht nicht nach oder bestehen tatsächliche Anhaltspunkte für die Unrichtigkeit ihrer Auskunft, so ist der Arbeitgeber dieser Person verpflichtet, dem örtlichen Träger über die Art des Beschäftigungsverhältnisses und den Arbeitsverdienst dieser Person Auskunft zu geben; Absatz 3 Satz 2 gilt entsprechend. [2] Der zur Auskunft verpflichteten Person ist vor einer Nachfrage beim Arbeitgeber eine angemessene Frist zur Erteilung der Auskunft zu setzen. [3] Sie ist darauf hinzuweisen, dass nach Fristablauf die erforderlichen Auskünfte beim Arbeitgeber eingeholt werden.

[1)] **Steuergesetze Nr. 1.**

(5) [1] Die nach den Absätzen 1 und 2 zur Erteilung einer Auskunft Verpflichteten können die Auskunft verweigern, soweit sie sich selbst oder einen der in § 383 Absatz 1 Nummer 1 bis 3 der Zivilprozessordnung[1)] bezeichneten Angehörigen der Gefahr aussetzen würden, wegen einer Straftat oder einer Ordnungswidrigkeit verfolgt zu werden. [2] Die Auskunftspflichtigen sind auf ihr Auskunftsverweigerungsrecht hinzuweisen.

§ 97b (weggefallen)

§ 97c Erhebung von Gebühren und Auslagen. Landesrecht kann abweichend von § 64 des Zehnten Buches[2)] die Erhebung von Gebühren und Auslagen regeln.

Neuntes Kapitel. Kinder- und Jugendhilfestatistik

§ 98[3)] Zweck und Umfang der Erhebung. (1) Zur Beurteilung der Auswirkungen der Bestimmungen dieses Buches und zu seiner Fortentwicklung sind laufende Erhebungen über

1. Kinder und tätige Personen in Tageseinrichtungen,
1a. Kinder in den Klassenstufen eins bis vier,
2. Kinder und tätige Personen in öffentlich geförderter Kindertagespflege,
3. Personen, die mit öffentlichen Mitteln geförderte Kindertagespflege gemeinsam oder auf Grund einer Erlaubnis nach § 43 Absatz 3 Satz 3 in Pflegestellen durchführen, und die von diesen betreuten Kinder,
4. die Empfänger
   a) der Hilfe zur Erziehung,
   b) der Hilfe für junge Volljährige und
   c) der Eingliederungshilfe für seelisch behinderte Kinder und Jugendliche,
5. Kinder und Jugendliche, zu deren Schutz vorläufige Maßnahmen getroffen worden sind,
6. Kinder und Jugendliche, die als Kind angenommen worden sind,
7. Kinder und Jugendliche, die unter Amtspflegschaft, Amtsvormundschaft oder Beistandschaft des Jugendamts stehen,
8. Kinder und Jugendliche, für die eine Pflegeerlaubnis erteilt worden ist,
9. Maßnahmen des Familiengerichts,
10. Angebote der Jugendarbeit nach § 11 sowie Fortbildungsmaßnahmen für ehrenamtliche Mitarbeiter anerkannter Träger der Jugendhilfe nach § 74 Absatz 6,
11. die Träger der Jugendhilfe, die dort tätigen Personen und deren Einrichtungen mit Ausnahme der Tageseinrichtungen,
12. die Ausgaben und Einnahmen der öffentlichen Jugendhilfe sowie
13. Gefährdungseinschätzungen nach § 8a

als Bundesstatistik durchzuführen.

[1)] Nr. **50/10**.
[2)] Nr. **10**.
[3)] § 98 Abs. 1 Nr. 10 neu gef. mWv 1.1.2014 durch G v. 29.8.2013 (BGBl. I S. 3464); Abs. 1 Nr. 11 neu gef., Nr. 12 geänd. mWv 10.6.2021 durch G v. 3.6.2021 (BGBl. I S. 1444); Abs. 1 Nr. 1a eingef. mWv 1.7.2022 durch G v. 2.10.2021 (BGBl. I S. 4602).

(2) Zur Verfolgung der gesellschaftlichen Entwicklung im Bereich der elterlichen Sorge sind im Rahmen der Kinder- und Jugendhilfestatistik auch laufende Erhebungen über Sorgeerklärungen durchzuführen.

§ 99[1)] Erhebungsmerkmale. (1) Erhebungsmerkmale bei den Erhebungen über Hilfe zur Erziehung nach den §§ 27 bis 35, Eingliederungshilfe für seelisch behinderte Kinder und Jugendliche nach § 35a und Hilfe für junge Volljährige nach § 41 sind

1. im Hinblick auf die Hilfe
   a) Art des Trägers des Hilfe durchführenden Dienstes oder der Hilfe durchführenden Einrichtung sowie bei Trägern der freien Jugendhilfe deren Verbandszugehörigkeit,
   b) Art der Hilfe,
   c) Ort der Durchführung der Hilfe,
   d) Monat und Jahr des Beginns und Endes sowie Fortdauer der Hilfe,
   e) familienrichterliche Entscheidungen zu Beginn der Hilfe,
   f) Intensität der Hilfe,
   g) Hilfe anregende Institutionen oder Personen,
   h) Gründe für die Hilfegewährung,
   i) Grund für die Beendigung der Hilfe,
   j) vorangegangene Gefährdungseinschätzung nach § 8a Absatz 1,
   k) Einleitung der Hilfe im Anschluss an eine vorläufige Maßnahme zum Schutz von Kindern und Jugendlichen im Fall des § 42 Absatz 1 Satz 1,
   l) gleichzeitige Inanspruchnahme einer weiteren Hilfe zur Erziehung, Hilfe für junge Volljährige oder Eingliederungshilfe bei einer seelischen Behinderung oder einer drohenden seelischen Behinderung sowie
2. im Hinblick auf junge Menschen
   a) Geschlecht,
   b) Geburtsmonat und Geburtsjahr,
   c) Lebenssituation bei Beginn der Hilfe,
   d) ausländische Herkunft mindestens eines Elternteils,

---

1) § 99 Abs. 6a neu gef. mWv 19.5.2013 durch G v. 16.4.2013 (BGBl. I S. 795) Abs. 2 Nr. 1 und 2 geänd., Abs. 3 Nr. 1 Buchst. a eingef., bish. Buchst. a wird Buchst. b und geänd., bish. Buchst. b wird Buchst. c, Buchst. d eingef., bish. Buchst. c wird Buchst. e, Abs. 6 Nr. 1, Abs. 6a, Abs. 7 Nr. 1 Buchst. b, Nr. 2 Buchst. b, Nr. 3 Buchst. e geänd., Buchst. f angef., Abs. 7a Nr. 2 Buchst. g geänd., Buchst. h angef., Abs. 8 neu gef., Abs. 9 Nr. 3 Buchst. d geänd. mWv 1.1.2014 durch G v. 29.8.2013 (BGBl. I S. 3464); Abs. 1 Nr. 1 Buchst. a und j geänd., Buchst. k eingef., Abs. 2 einl. Satzteil und Nr. 1 und 2, Abs. 7 Nr. 1 Buchst. a–c geänd., Buchst d. angef., Abs. 7 Nr. 2, Abs. 8 Nr. 1 und Abs. 9 Nr. 1 geänd. mWv 1.11.2015 durch G v. 28.10.2015 (BGBl. I S. 1802); Abs. 1 Nr. 1 Buchst. a und k neu gef., Buchst. l angef., Nr. 2 Buchst. d und e eingef., bish. Buchst. d und e werden Buchst. f und g, Nr. 3 Buchst. b geänd., Nr. 4 angef., Abs. 2 Nr. 1 neu gef., Nr. 2 geänd., Abs. 3 Nr. 1 Buchst. b und c geänd., Buchst. d eingef., bish. Buchst. d und e werden Buchst. e und f und neu gef., Nr. 2 Buchst. b geänd., Nr. 3 angef., Abs. 6 Nr. 1 und 2 neu gef., Abs. 6b Satz 1 abschl. Satzteil geänd., Satz 2 angef., Abs. 7 Nr. 1 Buchst. a neu gef. Buchst. c geänd., Buchst. e und f angef., Nr. 2 Buchst. b geänd., Nr. 3 Buchst. b neu gef., Buchst. c eingef., bish. Buchst. c wird Buchst. d, bish. Buchst. d wird Buchst. e und neu gef., bish. Buchst. e und f werden Buchst. f und g, Abs. 7a Nr. 1 Buchst. b geänd., Nr. 2 Buchst. b neu gef., Buchst. c eingef., bish. Buchst. c und d werden Buchst. d und e, bish. Buchst. e wird Buchst. f und neu gef., bish. Buchst. f–h werden Buchst. g–i, Abs. 7b geänd. mWv 10.6.2021, Abs. 9 neu gef. mWv 1.1.2022 durch G v. 3.6.2021 (BGBl. I S. 1444); Abs. 7 Nr. 3 Buchst. a geänd., Abs. 7c eingef. mWv 1.7.2022 durch G v. 2.10.2021 (BGBl. I S. 4602).

   e) Deutsch als in der Familie vorrangig gesprochene Sprache,
   f) anschließender Aufenthalt,
   g) nachfolgende Hilfe;
3. bei sozialpädagogischer Familienhilfe nach § 31 und anderen familienorientierten Hilfen nach § 27 zusätzlich zu den unter den Nummern 1 und 2 genannten Merkmalen
   a) Geschlecht, Geburtsmonat und Geburtsjahr der in der Familie lebenden jungen Menschen sowie
   b) Zahl der außerhalb der Familie lebenden Kinder und Jugendlichen;
4. für Hilfen außerhalb des Elternhauses nach § 27 Absatz 1, 3 und 4, den §§ 29 und 30, 32 bis 35a und 41 zusätzlich zu den unter den Nummern 1 und 2 genannten Merkmalen der Schulbesuch sowie das Ausbildungsverhältnis.

(2) Erhebungsmerkmale bei den Erhebungen über vorläufige Maßnahmen zum Schutz von Kindern und Jugendlichen sind Kinder und Jugendliche, zu deren Schutz Maßnahmen nach § 42 oder § 42a getroffen worden sind, gegliedert nach
1. Art der Maßnahme, Art des Trägers der Maßnahme, Form der Unterbringung während der Maßnahme, hinweisgebender Institution oder Person, Zeitpunkt des Beginns und Dauer der Maßnahme, Durchführung aufgrund einer vorangegangenen Gefährdungseinschätzung nach § 8a Absatz 1, Maßnahmeanlass, im Kalenderjahr bereits wiederholt stattfindende Inobhutnahme, Widerspruch der Personensorge- oder Erziehungsberechtigten gegen die Maßnahme, im Fall des Widerspruchs gegen die Maßnahme Herbeiführung einer Entscheidung des Familiengerichts nach § 42 Absatz 3 Satz 2 Nummer 2, Grund für die Beendigung der Maßnahme, anschließendem Aufenthalt, Art der anschließenden Hilfe,
2. bei Kindern und Jugendlichen zusätzlich zu den unter Nummer 1 genannten Merkmalen nach Geschlecht, Altersgruppe zu Beginn der Maßnahme, ausländischer Herkunft mindestens eines Elternteils, Deutsch als in der Familie vorrangig gesprochene Sprache, Art des Aufenthalts vor Beginn der Maßnahme.

(3) Erhebungsmerkmale bei den Erhebungen über die Annahme als Kind sind
1. angenommene Kinder und Jugendliche, gegliedert
   a) nach nationaler Adoption und internationaler Adoption nach § 2a des Adoptionsvermittlungsgesetzes[1)],
   b) nach Geschlecht, Geburtsdatum, Staatsangehörigkeit und Art des Trägers des Adoptionsvermittlungsdienstes, Datum des Adoptionsbeschlusses,
   c) nach Herkunft des angenommenen Kindes, Art der Unterbringung vor der Adoptionspflege, Geschlecht und Familienstand der Eltern oder des sorgeberechtigten Elternteils oder Tod der Eltern zu Beginn der Adoptionspflege sowie Ersetzung der Einwilligung zur Annahme als Kind,
   d) zusätzlich bei nationalen Adoptionen nach Datum des Beginns und Endes der Adoptionspflege *und bei Unterbringung* vor der Adoptionspflege in Pflegefamilien nach Datum des Beginns und Endes dieser Unterbringung

---

[1)] Habersack, Deutsche Gesetze ErgBd. Nr. 45i.

sowie bei Annahme durch die vorherige Pflegefamilie nach Datum des Beginns und Endes dieser Unterbringung,

e) zusätzlich bei der internationalen Adoption (§ 2a des Adoptionsvermittlungsgesetzes) nach Staatsangehörigkeit vor Ausspruch der Adoption, nach Herkunftsland und gewöhnlichem Aufenthalt vor der Adoption sowie nach Ausspruch der Adoption im Ausland oder Inland,

f) nach Staatsangehörigkeit, Geschlecht und Familienstand der oder des Annehmenden sowie nach dem Verwandtschaftsverhältnis zu dem Kind,

2. die Zahl der

a) ausgesprochenen und aufgehobenen Annahmen sowie der abgebrochenen Adoptionspflegen, gegliedert nach Art des Trägers des Adoptionsvermittlungsdienstes,

b) vorgemerkten Adoptionsbewerber, die zur Annahme als Kind vorgemerkten und in Adoptionspflege untergebrachten Kinder und Jugendlichen zusätzlich nach ihrem Geschlecht, gegliedert nach Art des Trägers des Adoptionsvermittlungsdienstes,

3. bei Anerkennungs- und Wirkungsfeststellung einer ausländischen Adoptionsentscheidung nach § 2 des Adoptionswirkungsgesetzes[1)] sowie eines Umwandlungsausspruchs nach § 3 des Adoptionswirkungsgesetzes die Zahl der

a) eingeleiteten Verfahren nach den §§ 2 und 3 des Adoptionswirkungsgesetzes,

b) beendeten Verfahren nach den §§ 2 und 3 des Adoptionswirkungsgesetzes, die ausländische Adoptionen nach § 2a des Adoptionsvermittlungsgesetzes zum Gegenstand haben, gegliedert nach

aa) dem Ergebnis des Verfahrens im Hinblick auf eine erfolgte und nicht erfolgte Vermittlung nach § 2a Absatz 2 des Adoptionsvermittlungsgesetzes,

bb) dem Vorliegen einer Bescheinigung nach Artikel 23 des Haager Übereinkommens vom 29. Mai 1993 über den Schutz von Kindern und die Zusammenarbeit auf dem Gebiet der internationalen Adoption und

cc) der Verfahrensdauer.

(4) Erhebungsmerkmal bei den Erhebungen über die Amtspflegschaft und die Amtsvormundschaft sowie die Beistandschaft ist die Zahl der Kinder und Jugendlichen unter

1. gesetzlicher Amtsvormundschaft,
2. bestellter Amtsvormundschaft,
3. bestellter Amtspflegschaft sowie
4. Beistandschaft,

gegliedert nach Geschlecht, Art des Tätigwerdens des Jugendamts sowie nach deutscher und ausländischer Staatsangehörigkeit (Deutsche/Ausländer).

(5) Erhebungsmerkmal bei den Erhebungen über

1. die Pflegeerlaubnis nach § 43 ist die Zahl der Tagespflegepersonen,
2. die Pflegeerlaubnis nach § 44 ist die Zahl der Kinder und Jugendlichen, gegliedert nach Geschlecht und Art der Pflege.

[1)] **Habersack, Deutsche Gesetze ErgBd. Nr. 45j.**

(6) Erhebungsmerkmale bei der Erhebung zum Schutzauftrag bei Kindeswohlgefährdung nach § 8a sind Kinder und Jugendliche, bei denen eine Gefährdungseinschätzung nach Absatz 1 vorgenommen worden ist, gegliedert

1. nach der hinweisgebenden Institution oder Person, der Art der Kindeswohlgefährdung, der Person, von der die Gefährdung ausgeht, dem Ergebnis der Gefährdungseinschätzung sowie wiederholter Meldung zu demselben Kind oder Jugendlichen im jeweiligen Kalenderjahr,
2. bei Kindern und Jugendlichen zusätzlich zu den in Nummer 1 genannten Merkmalen nach Geschlecht, Geburtsmonat, Geburtsjahr, ausländischer Herkunft mindestens eines Elternteils, Deutsch als in der Familie vorrangig gesprochene Sprache, Eingliederungshilfe und Aufenthaltsort des Kindes oder Jugendlichen zum Zeitpunkt der Meldung sowie den Altersgruppen der Eltern und der Inanspruchnahme einer Leistung gemäß den §§ 16 bis 19 sowie 27 bis 35a und der Durchführung einer Maßnahme nach § 42.

(6a) Erhebungsmerkmal bei den Erhebungen über Sorgeerklärungen und die gerichtliche Übertragung der gemeinsamen elterlichen Sorge nach § 1626a Absatz 1 Nummer 3 des Bürgerlichen Gesetzbuchs[1)] ist die gemeinsame elterliche Sorge nicht miteinander verheirateter Eltern, gegliedert danach, ob Sorgeerklärungen beider Eltern vorliegen, oder den Eltern die elterliche Sorge aufgrund einer gerichtlichen Entscheidung ganz oder zum Teil gemeinsam übertragen worden ist.

(6b) [1] Erhebungsmerkmal bei den Erhebungen über Maßnahmen des Familiengerichts ist die Zahl der Kinder und Jugendlichen, bei denen wegen einer Gefährdung ihres Wohls das familiengerichtliche Verfahren auf Grund einer Anrufung durch das Jugendamt nach § 8a Absatz 2 Satz 1 oder § 42 Absatz 3 Satz 2 Nummer 2 oder auf andere Weise eingeleitet worden ist und

1. den Personensorgeberechtigten auferlegt worden ist, Leistungen nach diesem Buch in Anspruch zu nehmen,
2. andere Gebote oder Verbote gegenüber den Personensorgeberechtigten oder Dritten ausgesprochen worden sind,
3. Erklärungen der Personensorgeberechtigten ersetzt worden sind,
4. die elterliche Sorge ganz oder teilweise entzogen und auf das Jugendamt oder einen Dritten als Vormund oder Pfleger übertragen worden ist,

gegliedert nach Geschlecht, Altersgruppen und zusätzlich bei Nummer 4 nach dem Umfang der übertragenen Angelegenheit. [2] Zusätzlich sind die Fälle nach Geschlecht und Altersgruppen zu melden, in denen das Jugendamt insbesondere nach § 8a Absatz 2 Satz 1 oder § 42 Absatz 3 Satz 2 Nummer 2 das Familiengericht anruft, weil es dessen Tätigwerden für erforderlich hält.

(7) Erhebungsmerkmale bei den Erhebungen über Kinder und tätige Personen in Tageseinrichtungen sind

1. die Einrichtungen, gegliedert nach
   a) der Art und Rechtsform des Trägers sowie bei Trägern der freien Jugendhilfe deren Verbandszugehörigkeit sowie besonderen Merkmalen,
   b) der Zahl der genehmigten Plätze,
   c) der Art und Anzahl der Gruppen,
   d) die Anzahl der Kinder insgesamt,

[1)] **Habersack, Deutsche Gesetze Nr. 20.**

e) Anzahl der Schließtage an regulären Öffnungstagen im vorangegangenen Jahr sowie

f) Öffnungszeiten,

2. für jede dort tätige Person

a) Geschlecht und Beschäftigungsumfang,

b) für das pädagogisch und in der Verwaltung tätige Personal zusätzlich Geburtsmonat und Geburtsjahr, die Art des Berufsausbildungsabschlusses, Stellung im Beruf, Art der Beschäftigung und Arbeitsbereiche einschließlich Gruppenzugehörigkeit, Monat und Jahr des Beginns der Tätigkeit in der derzeitigen Einrichtung,

3. für die dort geförderten Kinder

a) Geschlecht, Geburtsmonat und Geburtsjahr sowie Schulbesuch und Klassenstufe,

b) ausländische Herkunft mindestens eines Elternteils,

c) Deutsch als in der Familie vorrangig gesprochene Sprache,

d) Betreuungszeit und Mittagsverpflegung,

e) Eingliederungshilfe,

f) Gruppenzugehörigkeit,

g) Monat und Jahr der Aufnahme in der Tageseinrichtung.

(7a) Erhebungsmerkmale bei den Erhebungen über Kinder in mit öffentlichen Mitteln geförderter Kindertagespflege sowie die die Kindertagespflege durchführenden Personen sind:

1. für jede tätige Person

a) Geschlecht, Geburtsmonat und Geburtsjahr,

b) Art und Umfang der Qualifikation, höchster allgemeinbildender Schulabschluss, höchster beruflicher Ausbildungs- und Hochschulabschluss, Anzahl der betreuten Kinder (Betreuungsverhältnisse am Stichtag) insgesamt und nach dem Ort der Betreuung,

2. für die dort geförderten Kinder

a) Geschlecht, Geburtsmonat und Geburtsjahr sowie Schulbesuch,

b) ausländische Herkunft mindestens eines Elternteils,

c) Deutsch als in der Familie vorrangig gesprochene Sprache,

d) Betreuungszeit und Mittagsverpflegung,

e) Art und Umfang der öffentlichen Finanzierung und Förderung,

f) Eingliederungshilfe,

g) Verwandtschaftsverhältnis zur Pflegeperson,

h) gleichzeitig bestehende andere Betreuungsarrangements,

i) Monat und Jahr der Aufnahme in Kindertagespflege.

(7b) Erhebungsmerkmale bei den Erhebungen über Personen, die mit öffentlichen Mitteln geförderte Kindertagespflege gemeinsam oder auf Grund einer Erlaubnis nach § 43 Absatz 3 Satz 3 durchführen und die von diesen betreuten Kinder sind die Zahl der Kindertagespflegepersonen und die Zahl der von diesen betreuten Kinder jeweils gegliedert nach Pflegestellen.

(7c) Erhebungsmerkmale bei den Erhebungen über Kinder in den Klassenstufen eins bis vier sind

1. Klassenstufe,

2. Anzahl der Wochenstunden, die das Kind in Angeboten nach § 24 Absatz 4 verbringt,
3. Art der Angebote nach § 24 Absatz 4.

(8) Erhebungsmerkmale bei den Erhebungen über die Angebote der Jugendarbeit nach § 11 sowie bei den Erhebungen über Fortbildungsmaßnahmen für ehrenamtliche Mitarbeiter anerkannter Träger der Jugendhilfe nach § 74 Absatz 6 sind offene und Gruppenangebote sowie Veranstaltungen und Projekte der Jugendarbeit, soweit diese mit öffentlichen Mitteln pauschal oder maßnahmenbezogen gefördert werden oder der Träger eine öffentliche Förderung erhält, gegliedert nach

1. Art, Name und Rechtsform des Trägers,
2. Dauer, Häufigkeit, Durchführungsort und Art des Angebots; zusätzlich bei schulbezogenen Angeboten die Art der kooperierenden Schule,
3. Alter, Geschlecht sowie Art der Beschäftigung und Tätigkeit der bei der Durchführung des Angebots tätigen Personen,
4. Zahl, Geschlecht und Alter der Teilnehmenden sowie der Besucher,
5. Partnerländer und Veranstaltungen im In- oder Ausland bei Veranstaltungen und Projekten der internationalen Jugendarbeit.

(9) Erhebungsmerkmale bei den Erhebungen über die Träger der Jugendhilfe, die dort tätigen Personen und deren Einrichtungen, soweit diese nicht in Absatz 7 erfasst werden, sind

1. die Träger gegliedert nach
   a) Art und Rechtsform des Trägers sowie bei Trägern der freien Jugendhilfe deren Verbandszugehörigkeit,
   b) den Betätigungsfeldern nach Aufgabenbereichen,
   c) deren Personalausstattung sowie
   d) Anzahl der Einrichtungen,
2. die Einrichtungen des Trägers mit Betriebserlaubnis nach § 45 und Betreuungsformen nach diesem Gesetz, soweit diese nicht in Absatz 7 erfasst werden, gegliedert nach
   a) Postleitzahl des Standorts,
   b) für jede vorhandene Gruppe und jede sonstige Betreuungsform nach diesem Gesetz, die von der Betriebserlaubnis umfasst ist, Angaben über die Art der Unterbringung oder Betreuung, deren Rechtsgrundlagen, Anzahl der genehmigten und belegten Plätze, Anzahl der Sollstellen des Personals und Hauptstelle der Einrichtung,
3. für jede im Bereich der Jugendhilfe pädagogisch und in der Verwaltung tätige Person des Trägers
   a) Geschlecht, Geburtsmonat und Geburtsjahr,
   b) Art des höchsten Berufsausbildungsabschlusses, Stellung im Beruf, Art der Beschäftigung, Beschäftigungsumfang und Arbeitsbereiche,
   c) Bundesland des überwiegenden Einsatzortes.

(10) Erhebungsmerkmale bei der Erhebung der Ausgaben und Einnahmen der öffentlichen Jugendhilfe sind

1. die Art des Trägers,

2. die Ausgaben für Einzel- und Gruppenhilfen, gegliedert nach Ausgabe- und Hilfeart sowie die Einnahmen nach Einnahmeart,
3. die Ausgaben und Einnahmen für Einrichtungen nach Arten gegliedert nach der Einrichtungsart,
4. die Ausgaben für das Personal, das bei den örtlichen und den überörtlichen Trägern sowie den kreisangehörigen Gemeinden und Gemeindeverbänden, die nicht örtliche Träger sind, Aufgaben der Jugendhilfe wahrnimmt.

§ 100[1)] Hilfsmerkmale. Hilfsmerkmale sind

1. Name und Anschrift des Auskunftspflichtigen,
2. für die Erhebungen nach § 99 die Kenn-Nummer der hilfeleistenden Stelle oder der auskunftsgebenden Einrichtung; soweit eine Hilfe nach § 28 gebietsübergreifend erbracht wird, die Kenn-Nummer des Wohnsitzes des Hilfeempfängers,
3. für die Erhebungen nach § 99 Absatz 1, 2, 3 und 6 die Kenn-Nummer der betreffenden Person,
4. Name und Kontaktdaten der für eventuelle Rückfragen zur Verfügung stehenden Person.

§ 101[2)] Periodizität und Berichtszeitraum. (1) [1]Die Erhebungen nach § 99 Absatz 1 bis 5, 6a bis 7c und 10 sind jährlich durchzuführen, die Erhebungen nach § 99 Absatz 3 Nummer 3 erstmalig für das Jahr 2022; die Erhebungen nach § 99 Absatz 1, soweit sie die Eingliederungshilfe für Kinder und Jugendliche mit seelischer Behinderung betreffen, sind 2007 beginnend jährlich durchzuführen. [2]Die Erhebung nach § 99 Absatz 6 erfolgt laufend. [3]Die übrigen Erhebungen nach § 99 sind alle zwei Jahre durchzuführen, die Erhebungen nach § 99 Absatz 8 erstmalig für das Jahr 2015 und die Erhebungen nach § 99 Absatz 9 erstmalig für das Jahr 2014.

(2) Die Angaben für die Erhebung nach

1. § 99 Absatz 1 sind zu dem Zeitpunkt, zu dem die Hilfe endet, bei fortdauernder Hilfe zum 31. Dezember,

2.–5. (weggefallen)

6. § 99 Absatz 2 sind zum Zeitpunkt des Endes einer vorläufigen Maßnahme,
7. § 99 Absatz 3 Nummer 1 sind zum Zeitpunkt der rechtskräftigen gerichtlichen Entscheidung über die Annahme als Kind,
8. § 99 Absatz 3 Nummer 2 Buchstabe a, Nummer 3 und Absatz 6a, 6b und 10 sind für das abgelaufene Kalenderjahr,
9. § 99 Absatz 3 Nummer 2 Buchstabe b und Absatz 4 und 5 sind zum 31. Dezember,
10. § 99 Absatz 7, 7a bis 7c sind zum 1. März,

[1)] § 100 Nr. 3 eingef., bish. Nr. 3 wird Nr. 4 mWv 1.1.2014 durch G v. 29.8.2013 (BGBl. I S. 3464); Nr. 4 geänd. mWv 10.6.2021 durch G v. 3.6.2021 (BGBl. I S. 1444).

[2)] § 101 Abs. 1 Satz 1 geänd. mWv 19.5.2013 durch G v. 16.4.2013 (BGBl. I S. 795); Abs. 1 Satz 3 neu gef., Satz 4 aufgeh., Abs. 2 Nr. 8 und 11 geänd., Nr. 12 angef. mWv 1.1.2014 durch G v. 29.8.2013 (BGBl. I S. 3464); Abs. 1 Satz 1, Abs. 2 Nr. 8 und 9 neu gef., Nr. 12 geänd., Nr. 13 angef. mWv 10.6.2021 durch G v. 3.6.2021 (BGBl. I S. 1444); Abs. 1 Satz 1, Abs. 2 Nr. 10 geänd. mWv 1.7.2022 durch G v. 2.10.2021 (BGBl. I S. 4602).

11. § 99 Absatz 6 sind zum Zeitpunkt des Abschlusses der Gefährdungseinschätzung,
12. § 99 Absatz 8 sind für das abgelaufene Kalenderjahr,
13. § 99 Absatz 9 sind zum 15. Dezember.[1)]

zu erteilen.

§ 102[2)] Auskunftspflicht. (1) [1] Für die Erhebungen besteht Auskunftspflicht. [2] Die Angaben zu § 100 Nummer 4 sind freiwillig.

(2) [1] Auskunftspflichtig sind

1. die örtlichen Träger der Jugendhilfe für die Erhebungen nach § 99 Absatz 1 bis 10, nach Absatz 8 nur, soweit eigene Angebote gemacht wurden,
2. die überörtlichen Träger der Jugendhilfe für die Erhebungen nach § 99 Absatz 3 und 7 und 8 bis 10, nach Absatz 8 nur, soweit eigene Angebote gemacht wurden,
3. die obersten Landesjugendbehörden für die Erhebungen nach § 99 Absatz 7 und 8 bis 10,
4. die fachlich zuständige oberste Bundesbehörde für die Erhebung nach § 99 Absatz 10,
5. die kreisangehörigen Gemeinden und Gemeindeverbände, soweit sie Aufgaben der Jugendhilfe wahrnehmen, für die Erhebungen nach § 99 Absatz 7 bis 10,
6. die Träger der freien Jugendhilfe für Erhebungen nach § 99 Absatz 1, soweit sie eine Beratung nach § 28 oder § 41 betreffen, nach § 99 Absatz 8, soweit sie anerkannte Träger der freien Jugendhilfe nach § 75 Absatz 1 oder Absatz 3 sind, und nach § 99 Abs. 3, 7 und 9,
7. Adoptionsvermittlungsstellen nach § 2 Absatz 3 des Adoptionsvermittlungsgesetzes[3)] aufgrund ihrer Tätigkeit nach § 1 des Adoptionsvermittlungsgesetzes sowie anerkannte Auslandsvermittlungsstellen nach § 4 Absatz 2 Satz 3 des Adoptionsvermittlungsgesetzes aufgrund ihrer Tätigkeit nach § 2a Absatz 4 Nummer 2 des Adoptionsvermittlungsgesetzes gemäß § 99 Absatz 3 Nummer 1 sowie gemäß § 99 Absatz 3 Nummer 2a für die Zahl der ausgesprochenen Annahmen und gemäß § 99 Absatz 3 Nummer 2b für die Zahl der vorgemerkten Adoptionsbewerber,
8. die Leiter der Einrichtungen, Behörden und Geschäftsstellen in der Jugendhilfe für die Erhebungen nach § 99 Absatz 7.

[2] Die Auskunftspflichtigen für Erhebungen nach § 99 Absatz 7c werden durch Landesrecht bestimmt.

(3) Zur Durchführung der Erhebungen nach § 99 Absatz 1, 3, 7, 8 und 9 übermitteln die Träger der öffentlichen Jugendhilfe den statistischen Ämtern

---

[1)] Zeichensetzung amtlich.

[2)] § 102 Abs. 1 Satz 2, Abs. 2 Nr. 1 und 2 geänd., Abs. 2 Nr. 6 neu gef., Nr. 7 eingef., bish. Nr. 7 wird Nr. 8 mWv 1.1.2014 durch G v. 29.8.2013 (BGBl. I S. 3464); Abs. 2 Nr. 6 geänd. mWv 1.11. 2015 durch G v. 28.10.2015 (BGBl. I S. 1802); Abs. 2 Nr. 7 neu gef. mWv 1.4.2021 durch G v. 12.2. 2021 (BGBl. I S. 226); Abs. 3 geänd. mWv 10.6.2021, Abs. 2 Nr. 8 geänd. mWv 1.1.2022 durch G v. 3.6.2021 (BGBl. I S. 1444); Abs. 2 Satz 2 angef. mWv 1.7.2022 durch G v. 2.10.2021 (BGBl. I S. 4602).

[3)] **Habersack, Deutsche Gesetze ErgBd. Nr. 45i.**

der Länder auf Anforderung die erforderlichen Anschriften der übrigen Auskunftspflichtigen.

§ 103[1] Übermittlung. (1) [1] An die fachlich zuständigen obersten Bundes- oder Landesbehörden dürfen für die Verwendung gegenüber den gesetzgebenden Körperschaften und für Zwecke der Planung, jedoch nicht für die Regelung von Einzelfällen, vom Statistischen Bundesamt und den statistischen Ämtern der Länder Tabellen mit statistischen Ergebnissen übermittelt werden, auch soweit Tabellenfelder nur einen einzigen Fall ausweisen. [2] Tabellen, deren Tabellenfelder nur einen einzigen Fall ausweisen, dürfen nur dann übermittelt werden, wenn sie nicht differenzierter als auf Regierungsbezirksebene, im Fall der Stadtstaaten auf Bezirksebene, aufbereitet sind.

(2) Für ausschließlich statistische Zwecke dürfen den zur Durchführung statistischer Aufgaben zuständigen Stellen der Gemeinden und Gemeindeverbände für ihren Zuständigkeitsbereich Einzelangaben aus der Erhebung nach § 99 mit Ausnahme der Hilfsmerkmale übermittelt werden, soweit die Voraussetzungen nach § 16 Absatz 5 des Bundesstatistikgesetzes gegeben sind.

(3) Die Ergebnisse der Kinder- und Jugendhilfestatistiken gemäß den §§ 98 und 99 dürfen auf der Ebene der einzelnen Gemeinde oder des einzelnen Jugendamtsbezirkes veröffentlicht werden.

(Fortsetzung nächstes Blatt)

---

[1] § 103 Abs. 4 angef. mWv 10.6.2021 durch G v. 3.6.2021 (BGBl. I S. 1444).

bei einem privaten Krankenversicherungsunternehmen in einer substitutiven Krankenversicherung versichert waren, im Jahr 2003 41 400 Euro.[1] [2]Absatz 6 Satz 2 bis 4 gilt entsprechend.

§ 7[2] Versicherungsfreiheit bei geringfügiger Beschäftigung. (1) [1]Wer eine geringfügige Beschäftigung nach §§ 8, 8a des Vierten Buches[3] ausübt, ist in dieser Beschäftigung versicherungsfrei; dies gilt nicht für eine Beschäftigung

1. im Rahmen betrieblicher Berufsbildung,
2. nach dem Jugendfreiwilligendienstegesetz[4],
3. nach dem Bundesfreiwilligendienstgesetz[5].

[2]§ 8 Abs. 2 des Vierten Buches ist mit der Maßgabe anzuwenden, daß eine Zusammenrechnung mit einer nicht geringfügigen Beschäftigung nur erfolgt, wenn diese Versicherungspflicht begründet.

(2) [1]Personen, die am 31. März 2003 nur in einer Beschäftigung versicherungspflichtig waren, die die Merkmale einer geringfügigen Beschäftigung nach den §§ 8, 8a des Vierten Buches erfüllt, und die nach dem 31. März 2003 nicht die Voraussetzungen für eine Versicherung nach § 10 erfüllen, bleiben in dieser Beschäftigung versicherungspflichtig. [2]Sie werden auf ihren Antrag von der Versicherungspflicht befreit. [3]§ 8 Abs. 2 gilt entsprechend mit der Maßgabe, dass an die Stelle des Zeitpunkts des Beginns der Versicherungspflicht der 1. April 2003 tritt. [4]Die Befreiung ist auf die jeweilige Beschäftigung beschränkt.

§ 8[6] Befreiung von der Versicherungspflicht. (1) [1]Auf Antrag wird von der Versicherungspflicht befreit, wer versicherungspflichtig wird

1. wegen Änderung der Jahresarbeitsentgeltgrenze nach § 6 Abs. 6 Satz 2 oder Abs. 7,

1a. durch den Bezug von Arbeitslosengeld oder Unterhaltsgeld (§ 5 Abs. 1 Nr. 2) und in den letzten fünf Jahren vor dem Leistungsbezug nicht gesetz-

---

[1] Siehe hierzu die Sozialversicherungs-Rechengrößenverordnung 2022 (Nr. **6/60v**); die Jahresarbeitsentgeltgrenze nach § 6 Absatz 7 beträgt für das Jahr 2022 58 050 Euro.

[2] § 7 Nr. 3 angef. durch G v. 17.12.1993 (BGBl. I S. 2118); Satz 2 angef. durch G v. 24.3.1999 (BGBl. I S. 388); Abs. 1 Satz 1 geänd., Abs. 2 angef. mWv 1.4.2003 durch G v. 23.12.2002 (BGBl. I S. 4621); Abs. 1 Satz 1 Nr. 2 neu gef., Nr. 3 aufgeh. mWv 1.6.2008 durch G v. 16.5.2008 (BGBl. I S. 842); Abs. 1 Satz 1 Nr. 2 geänd., Nr. 3 angef. mWv 3.5.2011 durch G v. 28.4.2011 (BGBl. I S. 687); Abs. 3 angef. mWv 1.1.2013 durch G v. 5.12.2012 (BGBl. I S. 2474); Abs. 3 aufgeh. mWv 11.5.2019 durch G v. 6.5.2019 (BGBl. I S. 646).

[3] Nr. **4**.

[4] **Loseblatt-Textsammlung Arbeitsrecht Nr. 422.**

[5] **Loseblatt-Textsammlung Arbeitsrecht Nr. 422a.**

[6] § 8 Abs. 1 Nr. 1a eingef. mWv 1.4.1998 durch G v. 16.12.1997 (BGBl. I S. 2970) und geänd. mWv 1.1.2000 durch G v. 22.12.1999 (BGBl. I S. 2626); Abs. 1 Nr. 2 geänd. mWv 2.1.2001 durch G v. 30.11.2000 (BGBl. I S. 1638); Abs. 1 Nrn. 4 und 7 geänd. mWv 1.7.2001 durch G v. 19.6.2001 (BGBl. I S. 1046); Abs. 1 Nr. 1 neu gef. mWv 1.1.2003 durch G v. 23.12.2002 (BGBl. I S. 4637); Abs. 1 Nr. 1a geänd. mWv 1.1.2005 durch G v. 24.12.2003 (BGBl. I S. 2954); Abs. 1 Nr. 2 geänd. mWv 1.1.2007 durch G v. 5.12.2006 (BGBl. I S. 2748); Abs. 1 Nr. 1a geänd. mWv 1.1.2009 durch G v. 26.3.2007 (BGBl. I S. 378); Abs. 1 Nr. 2a eingef. mWv 1.7.2008 durch G v. 28.5.2008 (BGBl. I S. 874); Abs. 1 Nr. 3 geänd. mWv 1.1.2011 durch G v. 22.12.2010 (BGBl. I S. 2309); Abs. 1 Nr. 2a erster und zweiter Halbs., Nr. 3 zweiter und vierter Halbs. geänd. mWv 1.1.2012 durch G v. 22.12.2011 (BGBl. I S. 2983); Abs. 2 Satz 4 angef. mWv 1.8.2013 durch G v. 15.7.2013 (BGBl. I S. 2423); Abs. 1 Nr. 2a neu gef., Nr. 3 geänd., Abs. 3 angef. mWv 1.1.2015 durch G v. 23.12.2014 (BGBl. I S. 2462); Abs. 1 Nr. 4 geänd. mWv 1.1.2017 durch G v. 21.12.2015 (BGBl. I S. 2408); Abs. 1 Satz 2 angef. mWv 15.12.2018 durch G v. 11.12.2018 (BGBl. I S. 2387).

lich krankenversichert war, wenn er bei einem Krankenversicherungsunternehmen versichert ist und Vertragsleistungen erhält, die der Art und dem Umfang nach den Leistungen dieses Buches entsprechen,

2. durch Aufnahme einer nicht vollen Erwerbstätigkeit nach § 2 des Bundeserziehungsgeldgesetzes oder nach § 1 Abs. 6 des Bundeselterngeld- und Elternzeitgesetzes[1] während der Elternzeit; die Befreiung erstreckt *sich nur* auf die Elternzeit,

2a. durch Herabsetzung der regelmäßigen Wochenarbeitszeit während einer Freistellung nach § 3 des Pflegezeitgesetzes[2] oder der Familienpflegezeit nach § 2 des Familienpflegezeitgesetzes[3]; die Befreiung erstreckt sich nur auf die Dauer einer Freistellung oder die Dauer der Familienpflegezeit,

3. weil seine Arbeitszeit auf die Hälfte oder weniger als die Hälfte der regelmäßigen Wochenarbeitszeit vergleichbarer Vollbeschäftigter des Betriebes herabgesetzt wird; dies gilt auch für Beschäftigte, die im Anschluß an ihr bisheriges Beschäftigungsverhältnis bei einem anderen Arbeitgeber ein Beschäftigungsverhältnis aufnehmen, das die Voraussetzungen des vorstehenden Halbsatzes erfüllt, sowie für Beschäftigte, die im Anschluss an die Zeiten des Bezugs von Elterngeld oder der Inanspruchnahme von Elternzeit oder einer Freistellung nach § 3 des Pflegezeitgesetzes oder § 2 des Familienpflegezeitgesetzes ein Beschäftigungsverhältnis im Sinne des ersten Teilsatzes aufnehmen, das bei Vollbeschäftigung zur Versicherungsfreiheit nach § 6 Absatz 1 Nummer 1 führen würde; Voraussetzung ist ferner, daß der Beschäftigte seit mindestens fünf Jahren wegen Überschreitens der Jahresarbeitsentgeltgrenze versicherungsfrei ist; Zeiten des Bezugs von Erziehungsgeld oder Elterngeld oder der Inanspruchnahme von Elternzeit oder einer Freistellung nach § 3 des Pflegezeitgesetzes oder § 2 des Familienpflegezeitgesetzes werden angerechnet,

4. durch den Antrag auf Rente oder den Bezug von Rente oder die Teilnahme an einer Leistung zur Teilhabe am Arbeitsleben (§ 5 Abs. 1 Nr. 6, 11 bis 12),

5. durch die Einschreibung als Student oder die berufspraktische Tätigkeit (§ 5 Abs. 1 Nr. 9 oder 10),

6. durch die Beschäftigung als Arzt im Praktikum,

7. durch die Tätigkeit in einer Einrichtung für behinderte Menschen (§ 5 Abs. 1 Nr. 7 oder 8).

[2] Das Recht auf Befreiung setzt nicht voraus, dass der Antragsteller erstmals versicherungspflichtig wird.

(2) [1] Der Antrag ist innerhalb von drei Monaten nach Beginn der Versicherungspflicht bei der Krankenkasse zu stellen. [2] Die Befreiung wirkt vom Beginn der Versicherungspflicht an, wenn seit diesem Zeitpunkt noch keine Leistungen in Anspruch genommen wurden, sonst vom Beginn des Kalendermonats an, der auf die Antragstellung folgt. [3] Die Befreiung kann nicht widerrufen werden.

---

1) Nr. **8/25**.
2) Nr. **11/10**.
3) Nr. **11/20**.

Monaten zur Ausübung einer Erwerbstätigkeit berechtigen oder berechtigt haben oder diese erlauben, es sei denn, die Aufenthaltserlaubnis wurde

a) nach § 16e des Aufenthaltsgesetzes[1] zu Ausbildungszwecken, nach § 19c Absatz 1 des Aufenthaltsgesetzes[2] zum Zweck der Beschäftigung als Au-Pair oder zum Zweck der Saisonbeschäftigung, nach § 19e des Aufenthaltsgesetzes[2] zum Zweck der Teilnahme an einem Europäischen Freiwilligendienst oder nach § 20 Absatz 1 und 2 des Aufenthaltsgesetzes[2] zur Arbeitsplatzsuche erteilt,

b) nach § 16b des Aufenthaltsgesetzes[1] zum Zweck eines Studiums, nach § 16d des Aufenthaltsgesetzes[1] für Maßnahmen zur Anerkennung ausländischer Berufsqualifikationen oder nach § 20 Absatz 3 des Aufenthalts-

(Fortsetzung nächstes Blatt)

---

[1] **Sartorius Nr. 565.**
[2] Nr. **3/51**.

(3) [1]Der Kinderzuschlag wird nicht für Zeiten vor der Antragstellung gewährt. [2]§ 28 des Zehnten Buches Sozialgesetzbuch[1)] gilt mit der Maßgabe, dass der Antrag unverzüglich nach Ablauf des Monats, in dem die Ablehnung oder Erstattung der anderen Leistungen bindend geworden ist, nachzuholen ist.

§ 6[2)] Höhe des Kindergeldes. (1) Das Kindergeld beträgt monatlich für das erste und zweite Kind jeweils 219 Euro, für das dritte Kind 225 Euro und für das vierte und jedes weitere Kind jeweils 250 Euro.

(2) In den Fällen des § 1 Absatz 2 beträgt das Kindergeld 219 Euro monatlich.

(3) [1]Darüber hinaus wird für jedes Kind, für das für den Monat Mai 2021 ein Anspruch auf Kindergeld besteht, für den Monat Juli 2022 ein Einmalbetrag in Höhe von 150 Euro gezahlt. [2]Ein Anspruch in Höhe des Einmalbetrags von 100 Euro für das Kalenderjahr 2021 besteht auch für ein Kind, für das nicht für den Monat Juli 2022, jedoch für mindestens einen anderen Kalendermonat im Kalenderjahr 2022 ein Anspruch auf Kindergeld besteht.

§ 6a[3)] Kinderzuschlag. (1) Personen erhalten für in ihrem Haushalt lebende unverheiratete oder nicht verpartnerte Kinder, die noch nicht das 25. Lebensjahr vollendet haben, einen Kinderzuschlag, wenn

1. sie für diese Kinder nach diesem Gesetz oder nach dem X. Abschnitt des Einkommensteuergesetzes[4)] Anspruch auf Kindergeld oder Anspruch auf andere Leistungen im Sinne von § 4 haben,
2. sie mit Ausnahme des Wohngeldes, des Kindergeldes und des Kinderzuschlags über Einkommen im Sinne des § 11 Absatz 1 Satz 1 des Zweiten Buches Sozialgesetzbuch[5)] in Höhe von mindestens 900 Euro oder, wenn sie alleinerziehend sind, in Höhe von mindestens 600 Euro verfügen, wobei Beträge nach § 11b des Zweiten Buches Sozialgesetzbuch nicht abzusetzen sind, und
3. bei Bezug des Kinderzuschlags keine Hilfebedürftigkeit im Sinne des § 9 des Zweiten Buches Sozialgesetzbuch besteht, wobei die Bedarfe nach § 28 des Zweiten Buches Sozialgesetzbuch außer Betracht bleiben. Bei der Prüfung der Hilfebedürftigkeit ist das für den Antragsmonat bewilligte Wohngeld zu berücksichtigen. Wird kein Wohngeld bezogen und könnte mit Wohngeld und Kinderzuschlag Hilfebedürftigkeit vermieden werden, ist bei der Prüfung

---

[1)] Nr. **10**.

[2)] § 6 Abs. 3 angef. mWv 6.3.2009 durch G v. 2.3.2009 (BGBl. I S. 416); Abs. 1 neu gef., Abs. 2 gesänd. mWv 1.1.2010 durch G v. 22.12.2009 (BGBl. I S. 3950); Abs. 1 neu gef., Abs. 2 gesänd. mWv 1.1.2015 und mWv 1.1.2016 durch G v. 16.7.2015 (BGBl. I S. 1202); Abs. 1 neu gef., Abs. 2 gesänd. mWv 1.1.2017 und Abs. 1 neu gef., Abs. 2 gesänd. mWv 1.1.2018 durch G v. 20.12.2016 (BGBl. I S. 3000); Abs. 3 neu gef. mWv 1.1.2018 durch G v. 23.6.2017 (BGBl. I S. 1682); Abs. 1 neu gef., Abs. 2 gesänd. mWv 1.7.2019 durch G v. 29.11.2018 (BGBl. I S. 2210); Abs. 3 aufgeh. mWv 1.7.2019 durch G v. 29.4.2019 (BGBl. I S. 530); Abs. 3 angef. mWv 1.7.2020 durch G v. 29.6.2020 (BGBl. I S. 1512); Abs. 1 neu gef., Abs. 2 gesänd. mWv 1.1.2021 durch G v. 1.12.2020 (BGBl. I S. 2616); Abs. 3 neu gef. mWv 18.3.2021 durch G v. 10.3.2021 (BGBl. I S. 330); Abs. 3 Sätze 1 und 2 gesänd. mWv 28.5.2022 durch G v. 23.5.2022 (BGBl. I S. 749).

[3)] § 6a neu gef. mWv 1.7.2019, Abs. 1 Nr. 2 gesänd., Nr. 3 aufgeh., bish. Nr. 4 wird Nr. 3 und neu gef., Abs. 1a eingef., Abs. 6 Satz 3 gesänd. mWv 1.1.2020 durch G v. 29.4.2019 (BGBl. I S. 530); Abs. 1 Nr. 3 neu gef. mWv 1.1.2021 durch G v. 1.12.2020 (BGBl. I S. 2616); Abs. 3 Satz 4 gesänd. mWv 30.6.2021 durch G v. 25.6.2021 (BGBl. I S. 2020); Abs. 2 Satz 4 angef. mWv 1.6.2022 durch G v. 23.5.2022 (BGBl. I S. 760).

[4)] **Steuergesetze Nr. 1.**

[5)] Nr. **2**.

Wohngeld in der Höhe anzusetzen, in der es voraussichtlich für den Antragsmonat zu bewilligen wäre.

(1a) Ein Anspruch auf Kinderzuschlag besteht abweichend von Absatz 1 Nummer 3, wenn

1. bei Bezug von Kinderzuschlag Hilfebedürftigkeit besteht, der Bedarfsgemeinschaft zur Vermeidung von Hilfebedürftigkeit aber mit ihrem Einkommen, dem Kinderzuschlag und dem Wohngeld höchstens 100 Euro fehlen,
2. sich bei der Ermittlung des Einkommens der Eltern nach § 11b Absatz 2 und 3 des Zweiten Buches Sozialgesetzbuch wegen Einkommen aus Erwerbstätigkeit Absetzbeträge in Höhe von mindestens 100 Euro ergeben und
3. kein Mitglied der Bedarfsgemeinschaft Leistungen nach dem Zweiten oder nach dem Zwölften Buch Sozialgesetzbuch[1)] erhält oder beantragt hat.

(2) [1] Der monatliche Höchstbetrag des Kinderzuschlags deckt zusammen mit dem für ein erstes Kind nach § 66 des Einkommensteuergesetzes zu zahlenden Kindergeld ein Zwölftel des steuerfrei zu stellenden sächlichen Existenzminimums eines Kindes für das jeweilige Kalenderjahr mit Ausnahme des Anteils für Bildung und Teilhabe. [2] Steht dieses Existenzminimum eines Kindes zu Beginn eines Jahres nicht fest, ist insoweit der für das Jahr geltende Betrag für den Mindestunterhalt eines Kindes in der zweiten Altersstufe nach der Mindestunterhaltsverordnung maßgeblich. [3] Als Höchstbetrag des Kinderzuschlags in dem jeweiligen Kalenderjahr gilt der Betrag, der sich zu Beginn des Jahres nach den Sätzen 1 und 2 ergibt, mindestens jedoch ein Betrag in Höhe des Vorjahres. [4] Der Betrag nach Satz 3 erhöht sich ab 1. Juli 2022 um einen Sofortzuschlag in Höhe von 20 Euro.

(3) [1] Ausgehend vom Höchstbetrag mindert sich der jeweilige Kinderzuschlag, wenn das Kind nach den §§ 11 bis 12 des Zweiten Buches Sozialgesetzbuch zu berücksichtigendes Einkommen oder Vermögen hat. [2] Bei der Berücksichtigung des Einkommens bleiben das Wohngeld, das Kindergeld und der Kinderzuschlag außer Betracht. [3] Der Kinderzuschlag wird um 45 Prozent des zu berücksichtigenden Einkommens des Kindes monatlich gemindert. [4] Ein Anspruch auf Zahlung des Kinderzuschlags für ein Kind besteht nicht, wenn zumutbare Anstrengungen unterlassen wurden, Ansprüche auf Einkommen des Kindes geltend zu machen. [5] Bei der Berücksichtigung des Vermögens des Kindes ist der Grundfreibetrag nach § 12 Absatz 2 Satz 1 Nummer 1a des Zweiten Buches Sozialgesetzbuch abzusetzen. [6] Ist das zu berücksichtigende Vermögen höher als der nach den Sätzen 1 bis 5 verbleibende monatliche Anspruch auf Kinderzuschlag, so dass es den Kinderzuschlag für den ersten Monat des Bewilligungszeitraums vollständig mindert, entfällt der Anspruch auf Kinderzuschlag. [7] Ist das zu berücksichtigende Vermögen niedriger als der monatliche Anspruch auf Kinderzuschlag, ist der Kinderzuschlag im ersten Monat des Bewilligungszeitraums um einen Betrag in Höhe des zu berücksichtigenden Vermögens zu mindern und ab dem folgenden Monat Kinderzuschlag ohne Minderung wegen des Vermögens zu zahlen.

(4) Die Summe der einzelnen Kinderzuschläge nach den Absätzen 2 und 3 bildet den Gesamtkinderzuschlag.

(5) [1] *Der Gesamtkinderzuschlag* wird in voller Höhe gewährt, wenn das nach den §§ 11 bis 12 des Zweiten Buches Sozialgesetzbuch mit Ausnahme des

---

[1)] Nr. **12**.

8/11. Einkommensteuergesetz (EStG)[1]

In der Fassung der Bekanntmachung vom 8. Oktober 2009[2]

(BGBl. I S. 3366, ber. S. 3862)

FNA 611-1

geänd. durch Art. 7 Abs. 4 G zur Reform des Kontopfändungsschutzes v. 7.7.2009 (BGBl. I S. 1707), Art. 1 Wachstumsbeschleunigungsgesetz v. 22.12.2009 (BGBl. I S. 3950), Art. 1 G zur Umsetzung steuerlicher EU-Vorgaben sowie zur Änd. steuerlicher Vorschriften v. 8.4.2010 (BGBl. I S. 386), Art. 1 Jahressteuergesetz 2010 v. 8.12.2010 (BGBl. I S. 1768), Art. 8 Restrukturierungsgesetz v. 9.12.2010 (BGBl. I S. 1900), Art. 1 G zur bestätigenden Regelung verschiedener steuerlicher und verkehrsrechtlicher Vorschriften des HaushaltsbegleitG 2004 v. 5.4.2011 (BGBl. I S. 554), Art. 7 OGAW-IV-Umsetzungsgesetz v. 22.6.2011 (BGBl. I S. 1126), Art. 1 Steuervereinfachungsgesetz 2011 v. 1.11. 2011 (BGBl. I S. 2131), Art. 2 Beitreibungsrichtlinie-Umsetzungsgesetz v. 7.12.2011 (BGBl. I S. 2592), Art. 20 G zur Verbesserung der Eingliederungschancen am Arbeitsmarkt v. 20.12.2011 (BGBl. I S. 2854), Art. 13 Abs. 4 LSV-Neuordnungsgesetz v. 12.4.2012 (BGBl. I S. 579), Art. 3 G zur Änd. des GemeindefinanzreformG und von steuerlichen Vorschriften v. 8.5.2012 (BGBl. I S. 1030), Art. 1 G zum Abbau der kalten Progression v. 20.2.2013 (BGBl. I S. 283), Art. [illegible] G zur Änd. und Vereinfachung der Unternehmensbesteuerung und des steuerlichen Reisekostenrechts v. 20.2.2013 (BGBl. I S. 285), Art. 2 Ehrenamtsstärkungsgesetz v. 21.3.2013 (BGBl. I S. 556), Art. 2 Abs. 11 G zur Fortentwicklung des Meldewesens v. 3.5.2013 (BGBl. I S. 1084, geänd. durch G v. 20.11.2014, BGBl. I S. 1738), Art. 1 Altersvorsorge-Verbesserungsgesetz v. 24.6.2013 (BGBl. I S. 1667), Art. 2 Amtshilferichtlinie-Umsetzungsgesetz v. 26.6.2013 (BGBl. I S. 1809), Art. 1 G zur Änd. des Einkommensteuergesetzes in Umsetzung der Entscheidung des Bundesverfassungsgerichtes vom 7. Mai 2013 v. 15.7.2013 (BGBl. I S. 2397), Art. 11 AIFM-Steuer-Anpassungsgesetz v. 18.12.2013 (BGBl. I S. 4318), Art. 1 G zur Anpassung steuerlicher Regelungen an die Rechtsprechung des Bundesverfassungsgerichts v. 18.7.2014 (BGBl. I S. 1042), Art. 1, 2 und 3 G zur Anpassung des nationalen Steuerrechts an den Beitritt Kroatiens zur EU und zur Änd. weiterer steuerlicher Vorschriften v. 25.7. 2014 (BGBl. I S. 1266), Art. 3 G zur Änderung des Freizügigkeitsgesetzes/EU und weiterer Vorschriften v. 2.12.2014 (BGBl. I S. 1922), Art. 4 und 5 G zur Anpassung der Abgabenordnung an den Zollkodex der Union und zur Änd. weiterer steuerlicher Vorschriften v. 22.12.2014 (BGBl. I S. 2417), Art. 2 Abs. 7 G zur Modernisierung der Finanzaufsicht über Versicherungen v. 1.4.2015 (BGBl. I S. 434, geänd. durch G v. 2.11.2015, BGBl. I S. 1834), Art. 3 Abs. 11 G zur Neuregelung der Unterhaltssicherung sowie zur Änd. soldatenrechtlicher Vorschriften v. 29.6.2015 (BGBl. I S. 1061), Art. 1 und 2 G zur Anhebung des Grundfreibetrags, des Kinderfreibetrags, des Kindergeldes und des Kinderzuschlags v. 16.7.2015 (BGBl. I S. 1202), Art. 5 Bürokratieentlastungsgesetz v. 28.7.2015 (BGBl. I S. 1400), Art. 234 Zehnte ZuständigkeitsanpassungsVO v. 31.8.2015 (BGBl. I S. 1474), Art. 1, 2 und 3 Steueränderungsgesetz 2015 v. 2.11.2015 (BGBl. I S. 1834), Art. 2 EU-Mobilitäts-Richtlinie-UmsetzungsG v. 21.12.2015 (BGBl. I S. 2553), Art. 1 G zur Änd. des EinkommensteuerG zur Erhöhung des Lohnsteuereinbehalts in der Seeschifffahrt v. 24.2.2016 (BGBl. I S. 310 iVm Bek. v. 18.5.2016, BGBl. I S. 1248), Art. 123 Abs. 6 Zweites G über die weitere Bereinigung von Bundesrecht v. 8.7.2016 (BGBl. I S. 1594), Art. 4 G zur Modernisierung des Besteuerungsverfahrens v. 18.7. 2016 (BGBl. I S. 1679), Art. 3 Investmentsteuerreformgesetz v. 19.7.2016 (BGBl. I S. 1730, geänd. durch G v. 20.12.2016, BGBl. I S. 3000), Art. 7 G zur Neuregelung des Kulturgutschutzrechts v. 31.7.2016 (BGBl. I S. 1914), Art. 2 G zur steuerlichen Förderung von Elektromobilität im Straßenverkehr v. 7.11.2016 (BGBl. I S. 2498), Art. 1–3 G zur Beendigung der Sonderzuständigkeit der Familienkassen des öffentlichen Dienstes im Bereich des Bundes v. 8.12.2016 (BGBl. I S. 2835), Art. 7–9 G zur Umsetzung der Änd. der EU-AmtshilfeRL und von weiteren Maßnahmen gegen Gewinnkürzungen und -verlagerungen v. 20.12.2016 (BGBl. I S. 3000, geänd. durch G v. 23.6.2017, BGBl. I S. 1682), Art. 3 G zum Erlass und zur Änd. marktordnungsrechtlicher Vorschriften sowie zur Änd. des EinkommensteuerG v. 20.12.2016 (BGBl. I S. 3045, aufgeh. durch G v. 12.12.2019, BGBl. I S. 2451), Art. 9 Drittes Pflegestärkungsgesetz v. 23.12.2016 (BGBl. I S. 3191), Art. 6 und 7 Steuerumgehungsbekämpfungsgesetz v. 23.6.2017 (BGBl. I S. 1682), Art. 1 und 2 G gegen schädliche Steuerpraktiken im Zusammenhang mit Rechteüberlassungen v. 27.6.2017 (BGBl. I S. 2074 iVm

---

[1] Wiedergegeben ist der aktuell geltende Gesetzeswortlaut; zu den für bestimmte Veranlagungszeiträume anzuwendenden, ggf. abweichenden Fassungen siehe § 52.

[2] Neubekanntmachung des EStG idF der Bek. v. 19.10.2002 (BGBl. I S. 4210; 2003 I S. 179) in der ab 1.9.2009 geltenden Fassung.

Art. 19 G v. 11.12.2018, BGBl. I S. 2338), Art. 4 Zweites Bürokratieentlastungsgesetz v. 30.6.2017 (BGBl. I S. 2143), Art. 2 G zur strafrechtlichen Rehabilitierung der wegen einvernehmlicher homosexueller Handlungen verurteilten Personen und zur Änd. des EStG v. 17.7.2017 (BGBl. I S. 2443), Art. 3 G zum Ausschluss verfassungsfeindlicher Parteien von der Parteienfinanzierung v. 18.7.2017 (BGBl. I S. 2730), Art. 9 Betriebsrentenstärkungsgesetz v. 17.8.2017 (BGBl. I S. 3214), Art. 1–3 Familienentlastungsgesetz v. 29.11.2018 (BGBl. I S. 2210), Art. 1–3 G zur Vermeidung von Umsatzsteuerausfällen beim Handel mit Waren im Internet und zur Änd. weiterer steuerlicher Vorschriften v. 11.12.2018 (BGBl. I S. 2338), Art. 6 Abs. 2 G zur Umsetzung der RL (EU) 2016/2341 des Europäischen Parlaments und des Rates vom 14.12.2016 über die Tätigkeiten und die Beaufsichtigung von Einrichtungen der betrieblichen Altersversorgung v. 19.12.2018 (BGBl. I S. 2672), Beschl. des BVerfG – 2 BvL 4/11, 2 BvL 5/11, 2 BvL 4/13 – v. 11.12.2018 (BGBl. 2019 I S. 194), Art. 1 Brexit-Steuerbegleitgesetz v. 25.3.2019 (BGBl. I S. 357), Art. 9 G gegen illegale Beschäftigung und Sozialleistungsmissbrauch v. 11.7.2019 (BGBl. I S. 1066), Art. 1 G zur steuerlichen Förderung des Mietwohnungsneubaus v. 4.8.2019 (BGBl. I S. 1122), Art. 74 Zweites Datenschutz-Anpassungs- und Umsetzungsgesetz EU v. 20.11.2019 (BGBl. I S. 1626), Art. 6 Drittes Bürokratieentlastungsgesetz v. 22.11.2019 (BGBl. I S. 1746), Art. 8 Grundsteuer-Reformgesetz v. 26.11.2019 (BGBl. I S. 1794), Art. 1, 2, 3, 4 und 5 G zur weiteren steuerl. Förderung der Elektromobilität und zur Änd. weiterer steuerl. Vorschriften v. 12.12.2019 (BGBl. I S. 2451 iVm Bek. v. 18.3.2020, BGBl. I S. 597, geänd. durch G v. 21.12.2020, BGBl. I S. 3096), Art. 19 G zur Regelung des Sozialen Entschädigungsrechts v. 12.12.2019 (BGBl. I S. 2652, geänd. durch G v. 21.12.2020, BGBl. I S. 3096), Art. 2 G zur steuerl. Förderung von Forschung und Entwicklung v. 14.12.2019 (BGBl. I S. 2763), Art. 5 G zur Einführung einer Pflicht zur Mitteilung grenzüberschreitender Steuergestaltungen v. 21.12.2019 (BGBl. I S. 2875), Art. 1 und 2 G zur Umsetzung des Klimaschutzprogramms 2030 im Steuerrecht v. 21.12.2019 (BGBl. I S. 2886), Art. 196 Elfte ZuständigkeitsanpassungsVO v. 19.6.2020 (BGBl. I S. 1328), Art. 2 Corona-Steuerhilfegesetz v. 19.6.2020 (BGBl. I S. 1385), Art. 1 und 2 Zweites Corona-Steuerhilfegesetz v. 29.6.2020 (BGBl. I S. 1512), Art. 3 Kohleausstiegsgesetz v. 8.8.2020 (BGBl. I S. 1818), Art. 6 Grundrentengesetz v. 12.8.2020 (BGBl. I S. 1879), Art. 1, 2 und 3 Zweites Familienentlastungsgesetz v. 1.12.2020 (BGBl. I S. 2616, geänd. durch BGBl. I 2021 S. 1259), Art. 4 G zur Digitalisierung von Verwaltungsverfahren bei der Gewährung von Familienleistungen v. 3.12.2020 (BGBl. I S. 2668), Art. 1 G zur Erhöhung der Behinderten-Pauschbeträge und zur Anpassung weiterer steuerlicher Regelungen v. 9.12.2020 (BGBl. I S. 2770), Art. 1, 2, 3, 4 und 5 Jahressteuergesetz 2020 v. 21.12.2020 (BGBl. I S. 3096), Art. 9 Gesetz Digitale Rentenübersicht v. 11.2.2021 (BGBl. I S. 154), Art. 1 und 2 Drittes Corona-Steuerhilfegesetz v. 10.3.2021 (BGBl. I S. 330), Art. 15 Abs. 27 Vormundschafts- und Betreuungsrechts-Reformgesetz v. 4.5.2021 (BGBl. I S. 882), Art. 1 G zur Verlängerung des erhöhten Lohnsteuereinbehalts in der Seeschifffahrt v. 12.5.2021 (BGBl. I S. 989), Art. 7 Abs. 7 G zur Umsetzung der RL (EU) 2019/2034 über die Beaufsichtigung von Wertpapierinstituten v. 12.5.2021 (BGBl. I S. 990), Art. 1 und 2 Abzugsteuerentlastungsmodernisierungsgesetz v. 2.6.2021 (BGBl. I S. 1259), Art. 3 Fondsstandortgesetz v. 3.6.2021 (BGBl. I S. 1498), Beschl. des BVerfG – 2 BvL 1/11 – v. 25.3.2021 (BGBl. I S. 1800), Art. 1 ATAD-Umsetzungsgesetz v. 25.6.2021 (BGBl. I S. 2035), Art. 5 G zur Modernisierung des Körperschaftsteuerrechts v. 25.6.2021 (BGBl. I S. 2050), Art. 2 G zur Abwehr von Steuervermeidung und unfairem Steuerwettbewerb und zur Änd. weiterer G v. 25.6.2021 (BGBl. I S. 2056), Art. 2 G zur Rehabilitierung der wegen einvernehmlicher homosexueller Handlungen, wegen ihrer homosexuellen Orientierung oder wegen ihrer geschlechtlichen Identität dienstrechtlich benachteiligten Soldatinnen und Soldaten v. 16.7.2021 (BGBl. I S. 2993), Art. 27 G über die Entschädigung der Soldatinnen und Soldaten und zur Neuordnung des Soldatenversorgungsrechts v. 20.8.2021 (BGBl. I S. 3932), Beschl. des BVerfG – 2 BvL 1/13 – v. 8.12.2021 (BGBl. 2022 I S. 185), Art. 1 und 2 Steuerentlastungsgesetz 2022 v. 23.5.2022 (BGBl. I S. 749) und Art. 11 G zur Regelung eines Sofortzuschlages und einer Einmalzahlung in den sozialen Mindestsicherungssystemen sowie zur Änd. des FinanzausgleichsG und weiterer G v. 23.5.2022 (BGBl. I S. 760)

(3) [1] Ist das Kind nicht in den Haushalt eines Berechtigten aufgenommen, so erhält das Kindergeld derjenige, der dem Kind eine Unterhaltsrente zahlt. [2] Zahlen mehrere Berechtigte dem Kind Unterhaltsrenten, so erhält das Kindergeld derjenige, der dem Kind die höchste Unterhaltsrente zahlt. [3] Werden gleich hohe Unterhaltsrenten gezahlt oder zahlt keiner der Berechtigten dem Kind Unterhalt, so bestimmen die Berechtigten untereinander, wer das Kindergeld erhalten soll. [4] Wird eine Bestimmung nicht getroffen, so gilt Absatz 2 Satz 3 und 4 entsprechend.

§ 65[1)] Andere Leistungen für Kinder. (1) [1] Kindergeld wird nicht für ein Kind gezahlt, für das eine der folgenden Leistungen zu zahlen ist oder bei entsprechender Antragstellung zu zahlen wäre:

1. Kinderzulagen aus der gesetzlichen Unfallversicherung oder Kinderzuschüsse aus den gesetzlichen Rentenversicherungen,
2. Leistungen für Kinder, die im Ausland gewährt werden und dem Kindergeld oder einer der unter Nummer 1 genannten Leistungen vergleichbar sind,
3. Leistungen für Kinder, die von einer zwischen- oder überstaatlichen Einrichtung gewährt werden und dem Kindergeld vergleichbar sind.

[2] Soweit es für die Anwendung von Vorschriften dieses Gesetzes auf den Erhalt von Kindergeld ankommt, stehen die Leistungen nach Satz 1 dem Kindergeld gleich. [3] Steht ein Berechtigter in einem Versicherungspflichtverhältnis zur Bundesagentur für Arbeit nach § 24 des Dritten Buches Sozialgesetzbuch[2)] oder ist er versicherungsfrei nach § 28 Absatz 1 Nummer 1 des Dritten Buches Sozialgesetzbuch oder steht er im Inland in einem öffentlich-rechtlichen Dienst- oder Amtsverhältnis, so wird sein Anspruch auf Kindergeld für ein Kind nicht nach Satz 1 Nummer 3 mit Rücksicht darauf ausgeschlossen, dass sein Ehegatte als Beamter, Ruhestandsbeamter oder sonstiger Bediensteter der Europäischen Union für das Kind Anspruch auf Kinderzulage hat.

(2) Ist in den Fällen des Absatzes 1 Satz 1 Nummer 1 der Bruttobetrag der anderen Leistung niedriger als das Kindergeld nach § 66, wird Kindergeld in Höhe des Unterschiedsbetrags gezahlt, wenn er mindestens 5 Euro beträgt.

§ 66[3)] Höhe des Kindergeldes, Zahlungszeitraum. (1) [1] Das Kindergeld beträgt monatlich für das erste und zweite Kind jeweils 219 Euro, für das dritte Kind 225 Euro und für das vierte und jedes weitere Kind jeweils 250 Euro. [2] Darüber hinaus wird für jedes Kind, für das für den Monat Juli 2022 ein Anspruch auf Kindergeld besteht, für den Monat Juli 2022 ein Einmalbetrag in Höhe von 100 Euro gezahlt. [3] Ein Anspruch in Höhe des Einmalbetrags von 100 Euro für das Kalenderjahr 2022 besteht auch für ein Kind, für das nicht für den Monat Juli 2022, jedoch für mindestens einen anderen Kalendermonat im

---

1) § 65 Abs. 1 Satz 3 geänd. mWv 30.6.2013 durch G v. 26.6.2013 (BGBl. I S. 1809).

2) Nr. 3.

3) § 66 Abs. 1 Satz 1 neu gef. mWv 31.12.2009 durch G v. 22.12.2009 (BGBl. I S. 3950); Abs. 1 neu gef. mWv 23.7.2015 und mWv 1.1.2016 durch G v. 16.7.2015 (BGBl. I S. 1202); Abs. 1 neu gef. mWv 1.1.2017 und mWv 1.1.2018 durch G v. 20.12.2016 (BGBl. I S. 3000); Abs. 3 angef. mWv 1.1. 2018 durch G v. 23.6.2017 (BGBl. I S. 1682); Abs. 1 neu gef. mWv 1.7.2019 durch G v. 29.11.2018 (BGBl. I S. 2210); Abs. 3 aufgeh. mWv 18.7.2019 durch G v. 11.7.2019 (BGBl. I S. 1066); Abs. 1 Sätze 2–4 angef. mWv 1.7.2020 durch G v. 29.6.2020 (BGBl. I S. 1512); Abs. 1 neu gef. mWv 1.1. 2021 durch G v. 1.12.2020 (BGBl. I S. 2616); Abs. 1 Sätze 2–4 angef. mWv 18.3.2021 durch G v. 10.3.2021 (BGBl. I S. 330); Abs. 1 Sätze 2 und 3 geänd. mWv 28.5.2022 durch G v. 23.5.2022 (BGBl. I S. 749).

Kalenderjahr 2022 ein Anspruch auf Kindergeld besteht. [4]Der Einmalbetrag nach den Sätzen 2 und 3 wird als Kindergeld im Rahmen der Vergleichsberechnung nach § 31 Satz 4 berücksichtigt.

(2) Das Kindergeld wird monatlich vom Beginn des Monats an gezahlt, in dem die Anspruchsvoraussetzungen erfüllt sind, bis zum Ende des Monats, in dem die Anspruchsvoraussetzungen wegfallen.

§ 67[1)] Antrag. [1]Das Kindergeld ist bei der zuständigen Familienkasse schriftlich zu beantragen; eine elektronische Antragstellung nach amtlich vorgeschriebenem Datensatz über die amtlich vorgeschriebene Schnittstelle ist zulässig, soweit der Zugang eröffnet wurde. [2]Den Antrag kann außer dem Berechtigten auch stellen, wer ein berechtigtes Interesse an der Leistung des Kindergeldes hat. [3]In Fällen des Satzes 2 ist § 62 Absatz 1 Satz 2 bis 3 anzuwenden. [4]Der Berechtigte ist zu diesem Zweck verpflichtet, demjenigen, der ein berechtigtes Interesse an der Leistung des Kindergeldes hat, seine an ihn vergebene Identifikationsnummer (§ 139b der Abgabenordnung[2)]) mitzuteilen. [5]Kommt der Berechtigte dieser Verpflichtung nicht nach, teilt die zuständige Familienkasse demjenigen, der ein berechtigtes Interesse an der Leistung des Kindergeldes hat, auf seine Anfrage die Identifikationsnummer des Berechtigten mit.

§ 68[3)] Besondere Mitwirkungspflichten und Offenbarungsbefugnis.

(1) [1]Wer Kindergeld beantragt oder erhält, hat Änderungen in den Verhältnissen, die für die Leistung erheblich sind oder über die im Zusammenhang mit der Leistung Erklärungen abgegeben worden sind, unverzüglich der zuständigen Familienkasse mitzuteilen. [2]Ein Kind, das das 18. Lebensjahr vollendet hat, ist auf Verlangen der Familienkasse verpflichtet, an der Aufklärung des für die Kindergeldzahlung maßgebenden Sachverhalts mitzuwirken; § 101 der Abgabenordnung[2)] findet insoweit keine Anwendung.

(2) (weggefallen)

(3) Auf Antrag des Berechtigten erteilt die das Kindergeld auszahlende Stelle eine Bescheinigung über das für das Kalenderjahr ausgezahlte Kindergeld.

(4) [1]Die Familienkassen dürfen den Stellen, die die Bezüge im öffentlichen Dienst anweisen, den für die jeweilige Kindergeldzahlung maßgebenden Sachverhalt durch automatisierte Abrufverfahren bereitstellen oder Auskunft über diesen Sachverhalt erteilen. [2]Das Bundesministerium der Finanzen wird ermächtigt, durch Rechtsverordnung ohne Zustimmung des Bundesrates zur Durchführung von automatisierten Abrufen nach Satz 1 die Voraussetzungen, unter denen ein Datenabruf erfolgen darf, festzulegen.

(5) [1]Zur Erfüllung der in § 31a Absatz 2 der Abgabenordnung genannten Mitteilungspflichten dürfen die Familienkassen den Leistungsträgern, die für Leistungen der Arbeitsförderung nach § 19 Absatz 2, für Leistungen der Grundsicherung für Arbeitsuchende nach § 19a Absatz 2, für Kindergeld, Kinderzuschlag, Leistungen für Bildung und Teilhabe und Elterngeld nach § 25 Absatz 3 oder für Leistungen der Sozialhilfe nach § 28 Absatz 2 des Ersten

---

[1)] § 67 Sätze 3–5 angef. mWv 9.12.2014 durch G v. 2.12.2014 (BGBl. I S. 1922); Satz 1 neu gef. mWv 10.12.2020 *durch G v. 3.12.2020 (BGBl. I S. 2668).*

[2)] **Steuergesetze Nr. 800.**

[3)] § 68 Abs. 4 neu gef. mWv 14.12.2016 durch G v. 8.12.2016 (BGBl. I S. 2835); Überschrift geänd., Abs. 5–7 angef. mWv 18.7.2019 durch G v. 11.7.2019 (BGBl. I S. 1066); Abs. 4 Satz 1 geänd. mWv 26.11.2019 durch G v. 20.11.2019 (BGBl. I S. 1626).

[2]Nach Abschluss einer erstmaligen Berufsausbildung oder eines Erststudiums wird ein Kind in den Fällen des Satzes 1 Nummer 2 nur berücksichtigt, wenn das Kind keiner Erwerbstätigkeit nachgeht. [3]Eine Erwerbstätigkeit mit bis zu 20 Stunden regelmäßiger wöchentlicher Arbeitszeit, ein Ausbildungsdienstverhältnis oder ein geringfügiges Beschäftigungsverhältnis im Sinne der §§ 8 und 8a des Vierten Buches Sozialgesetzbuch[1)] sind unschädlich.

(5) [1]In den Fällen des Absatzes 4 Satz 1 Nummer 1 oder Nummer 2 Buchstabe a und b wird ein Kind, das

1. den gesetzlichen Grundwehrdienst oder Zivildienst geleistet hat oder
2. sich anstelle des gesetzlichen Grundwehrdienstes freiwillig für die Dauer von nicht mehr als drei Jahren zum Wehrdienst verpflichtet hat oder
3. eine vom gesetzlichen Grundwehrdienst oder Zivildienst befreiende Tätigkeit als Entwicklungshelfer im Sinne des § 1 Absatz 1 des Entwicklungshelfer-Gesetzes[2)] ausgeübt hat,

für einen der Dauer dieser Dienste oder der Tätigkeit entsprechenden Zeitraum, höchstens für die Dauer des inländischen gesetzlichen Grundwehrdienstes oder bei anerkannten Kriegsdienstverweigerern für die Dauer des inländischen gesetzlichen Zivildienstes über das 21. oder 25. Lebensjahr hinaus berücksichtigt. [2]Wird der gesetzliche Grundwehrdienst oder Zivildienst in einem Mitgliedstaat der Europäischen Union oder einem Staat, auf den das Abkommen über den Europäischen Wirtschaftsraum Anwendung findet, geleistet, so ist die Dauer dieses Dienstes maßgebend. [3]Absatz 4 Satz 2 und 3 gilt entsprechend.

(6) [1]Bei der Veranlagung zur Einkommensteuer wird für jedes zu berücksichtigende Kind des Steuerpflichtigen ein Freibetrag von 2 730 Euro für das sächliche Existenzminimum des Kindes (Kinderfreibetrag) sowie ein Freibetrag von 1 464 Euro für den Betreuungs- und Erziehungs- oder Ausbildungsbedarf des Kindes vom Einkommen abgezogen. [2]Bei Ehegatten, die nach den §§ 26, 26b zusammen zur Einkommensteuer veranlagt werden, verdoppeln sich die Beträge nach Satz 1, wenn das Kind zu beiden Ehegatten in einem Kindschaftsverhältnis steht. [3]Die Beträge nach Satz 2 stehen dem Steuerpflichtigen auch dann zu, wenn

1. der andere Elternteil verstorben oder nicht unbeschränkt einkommensteuerpflichtig ist oder
2. der Steuerpflichtige allein das Kind angenommen hat oder das Kind nur zu ihm in einem Pflegekindschaftsverhältnis steht.

[4]Für ein nicht nach § 1 Absatz 1 oder 2 unbeschränkt einkommensteuerpflichtiges Kind können die Beträge nach den Sätzen 1 bis 3 nur abgezogen werden, soweit sie nach den Verhältnissen seines Wohnsitzstaates notwendig und angemessen sind. [5]Für jeden Kalendermonat, in dem die Voraussetzungen für einen Freibetrag nach den Sätzen 1 bis 4 nicht vorliegen, ermäßigen sich die dort genannten Beträge um ein Zwölftel. [6]Abweichend von Satz 1 wird bei einem unbeschränkt einkommensteuerpflichtigen Elternpaar, bei dem die Voraussetzungen des § 26 Absatz 1 Satz 1 nicht vorliegen, auf Antrag eines Elternteils der dem anderen Elternteil zustehende Kinderfreibetrag auf ihn übertragen, wenn er, nicht jedoch der andere Elternteil, seiner Unterhaltspflicht

[1)] Nr. **4**.
[2)] Nr. **40/10**.

gegenüber dem Kind für das Kalenderjahr im Wesentlichen nachkommt oder der andere Elternteil mangels Leistungsfähigkeit nicht unterhaltspflichtig ist; die Übertragung des Kinderfreibetrags führt stets auch zur Übertragung des Freibetrags für den Betreuungs- und Erziehungs- oder Ausbildungsbedarf. [7] Eine Übertragung nach Satz 6 scheidet für Zeiträume aus, für die Unterhaltsleistungen nach dem Unterhaltsvorschussgesetz[1)] gezahlt werden. [8] Bei minderjährigen Kindern wird der dem Elternteil, in dessen Wohnung das Kind nicht gemeldet ist, zustehende Freibetrag für den Betreuungs- und Erziehungs- oder Ausbildungsbedarf auf Antrag des anderen Elternteils auf diesen übertragen, wenn bei dem Elternpaar die Voraussetzungen des § 26 Absatz 1 Satz 1 nicht vorliegen. [9] Eine Übertragung nach Satz 8 scheidet aus, wenn der Übertragung widersprochen wird, weil der Elternteil, bei dem das Kind nicht gemeldet ist, Kinderbetreuungskosten trägt oder das Kind regelmäßig in einem nicht unwesentlichen Umfang betreut. [10] Die den Eltern nach den Sätzen 1 bis 9 zustehenden Freibeträge können auf Antrag auch auf einen Stiefelternteil oder Großelternteil übertragen werden, wenn dieser das Kind in seinen Haushalt aufgenommen hat oder dieser einer Unterhaltspflicht gegenüber dem Kind unterliegt. [11] Die Übertragung nach Satz 10 kann auch mit Zustimmung des berechtigten Elternteils erfolgen, die nur für künftige Kalenderjahre widerrufen werden kann.

X. Kindergeld

§ 62[2)] **Anspruchsberechtigte.** (1) [1] Für Kinder im Sinne des § 63 hat Anspruch auf Kindergeld nach diesem Gesetz, wer

1. im Inland einen Wohnsitz oder seinen gewöhnlichen Aufenthalt hat oder
2. ohne Wohnsitz oder gewöhnlichen Aufenthalt im Inland
   a) nach § 1 Absatz 2 unbeschränkt einkommensteuerpflichtig ist oder
   b) nach § 1 Absatz 3 als unbeschränkt einkommensteuerpflichtig behandelt wird.

[2] Voraussetzung für den Anspruch nach Satz 1 ist, dass der Berechtigte durch die an ihn vergebene Identifikationsnummer (§ 139b der Abgabenordnung[3)]) identifiziert wird. [3] Die nachträgliche Vergabe der Identifikationsnummer wirkt auf Monate zurück, in denen die Voraussetzungen des Satzes 1 vorliegen.

(1a) [1] Begründet ein Staatsangehöriger eines anderen Mitgliedstaates der Europäischen Union oder eines Staates, auf den das Abkommen über den Europäischen Wirtschaftsraum Anwendung findet, im Inland einen Wohnsitz oder gewöhnlichen Aufenthalt, so hat er für die ersten drei Monate ab Begründung des Wohnsitzes oder des gewöhnlichen Aufenthalts keinen Anspruch auf Kindergeld. [2] Dies gilt nicht, wenn er nachweist, dass er inländische Einkünfte im Sinne des § 2 Absatz 1 Satz 1 Nummer 1 bis 4 mit Ausnahme von Einkünften nach § 19 Absatz 1 Satz 1 Nummer 2 erzielt. [3] Nach Ablauf des in Satz 1

[1)] Nr. **8/30**.

[2)] § 62 Abs. 1 Sätze 2 und 3 angef. mWv 9.12.2014 durch G v. 2.12.2014 (BGBl. I S. 1922); Abs. 1a eingef. mWv 18.7.2019 *durch G v. 11.7.2019 (BGBl. I S. 1066)*; Abs. 2 Nr. 2 Buchst. c und Nr. 3 Buchst. b geänd., Nr. 4 angef. mWv 1.1.2020, Abs. 2 neu gef. mWv 1.3.2020 durch G v. 12.12.2019 (BGBl. I S. 2451); Abs. 2 Nr. 2 Buchst. c geänd. mWv 1.6.2022 durch G v. 23.5.2022 (BGBl. I S. 760).

[3)] **Steuergesetze Nr. 800.**

– Auszug –

IV. Tarif

§ 31[1] **Familienleistungsausgleich.** [1]Die steuerliche Freistellung eines Einkommensbetrags in Höhe des Existenzminimums eines Kindes einschließlich der Bedarfe für Betreuung und Erziehung oder Ausbildung wird im gesamten Veranlagungszeitraum entweder durch die Freibeträge nach § 32 Absatz 6 oder durch Kindergeld nach Abschnitt X bewirkt. [2]Soweit das Kindergeld dafür nicht erforderlich ist, dient es der Förderung der Familie. [3]Im laufenden Kalenderjahr wird Kindergeld als Steuervergütung monatlich gezahlt. [4]Bewirkt der Anspruch auf Kindergeld für den gesamten Veranlagungszeitraum die nach Satz 1 gebotene steuerliche Freistellung nicht vollständig und werden deshalb bei der Veranlagung zur Einkommensteuer die Freibeträge nach § 32 Absatz 6 vom Einkommen abgezogen, erhöht sich die unter Abzug dieser Freibeträge ermittelte tarifliche Einkommensteuer um den Anspruch auf Kindergeld für den gesamten Veranlagungszeitraum; bei nicht zusammenveranlagten Eltern wird der Kindergeldanspruch im Umfang des Kinderfreibetrags angesetzt. [5]Bei der Prüfung der Steuerfreistellung und der Hinzurechnung nach Satz 4 bleibt der Anspruch auf Kindergeld für Kalendermonate unberücksichtigt, in denen durch Bescheid der Familienkasse ein Anspruch auf Kindergeld festgesetzt, aber wegen § 70 Absatz 1 Satz 2 nicht ausgezahlt wurde. [6]Satz 4 gilt entsprechend für mit dem Kindergeld vergleichbare Leistungen nach § 65. [7]Besteht nach ausländischem Recht Anspruch auf Leistungen für Kinder, wird dieser insoweit nicht berücksichtigt, als er das inländische Kindergeld übersteigt.

§ 32[2] **Kinder, Freibeträge für Kinder.** (1) Kinder sind

1. im ersten Grad mit dem Steuerpflichtigen verwandte Kinder,
2. Pflegekinder (Personen, mit denen der Steuerpflichtige durch ein familienähnliches, auf längere Dauer berechnetes Band verbunden ist, sofern er sie nicht zu Erwerbszwecken in seinen Haushalt aufgenommen hat und das Obhuts- und Pflegeverhältnis zu den Eltern nicht mehr besteht).

(2) [1]Besteht bei einem angenommenen Kind das Kindschaftsverhältnis zu den leiblichen Eltern weiter, ist es vorrangig als angenommenes Kind zu berücksichtigen. [2]Ist ein im ersten Grad mit dem Steuerpflichtigen verwandtes

---

[1] § 31 Satz 5 eingef., bish. Sätze 5 und 6 werden Sätze 6 und 7 mWv 18.7.2019 durch G v. 11.7. 2019 (BGBl. I S. 1066).

[2] § 32 Abs. 6 Satz 1 Beträge geänd. mWv 31.12.2009 durch G v. 22.12.2009 (BGBl. I S. 3950); Abs. 4 Sätze 2 und 3 neu gef., Sätze 4–10 aufgeh., Abs. 5 Satz 3 geänd., Abs. 6 Sätze 6 und 7 neu gef., Sätze 8–11 angef. mWv 1.1.2012 durch G v. 1.11.2011 (BGBl. I S. 2131); Abs. 4 Satz 1 Nr. 2 Buchst. d geänd. mWv 14.12.2011 durch G v. 7.12.2011 (BGBl. I S. 2592); Abs. 4 Satz 1 Nr. 2 Buchst. d und Satz 2 geänd. mWv 1.1.2012 durch G v. 26.6.2013 (BGBl. I S. 1809); Abs. 4 Satz 1 Nr. 2 Buchst. d und Abs. 6 Satz 7 geänd. mWv 31.7.2014 durch G v. 25.7.2014 (BGBl. I S. 1266) Abs. 4 Satz 1 Nr. 2 Buchst. b geänd. mWv 1.1.2015 durch G v. 22.12.2014 (BGBl. I S. 2417); Abs. 6 Satz 1 geänd. mWv 23.7.2015 und mWv 1.1.2016 durch G v. 16.7.2015 (BGBl. I S. 1202); Abs. 6 Satz 1 geänd. mWv 1.1.2017 und mWv 1.1.2018 durch G v. 20.12.2016 (BGBl. I S. 3000); Abs. 4 Satz 1 Nr. 2 Buchst. d und Abs. 6 Satz 1 geänd. mWv 1.1.2019, Abs. 6 Satz 1 geänd. mWv 1.1.2020 durch G v. 29.11.2018 (BGBl. I S. 2210); Abs. 4 Satz 1 Nr. 2 Buchst. d geänd. mWv 18.7.2019 durch G v. 11.7.2019 (BGBl. I S. 1066); Abs. 6 Satz 1 geänd. mWv 1.1.2021 durch G v. 1.12.2020 (BGBl. I S. 2616); Abs. 6 Satz 6 neu gef. mWv 9.6.2021 durch G v. 2.6.2021 (BGBl. I S. 1259).

Kind zugleich ein Pflegekind, ist es vorrangig als Pflegekind zu berücksichtigen.

(3) Ein Kind wird in dem Kalendermonat, in dem es lebend geboren wurde, und in jedem folgenden Kalendermonat, zu dessen Beginn es das 18. Lebensjahr noch nicht vollendet hat, berücksichtigt.

(4) [1] Ein Kind, das das 18. Lebensjahr vollendet hat, wird berücksichtigt, wenn es

1. noch nicht das 21. Lebensjahr vollendet hat, nicht in einem Beschäftigungsverhältnis steht und bei einer Agentur für Arbeit im Inland als Arbeitsuchender gemeldet ist oder
2. noch nicht das 25. Lebensjahr vollendet hat und
   a) für einen Beruf ausgebildet wird oder
   b) sich in einer Übergangszeit von höchstens vier Monaten befindet, die zwischen zwei Ausbildungsabschnitten oder zwischen einem Ausbildungsabschnitt und der Ableistung des gesetzlichen Wehr- oder Zivildienstes, einer vom Wehr- oder Zivildienst befreienden Tätigkeit als Entwicklungshelfer oder als Dienstleistender im Ausland nach § 14b des Zivildienstgesetzes[1)] oder der Ableistung des freiwilligen Wehrdienstes nach § 58b des Soldatengesetzes oder der Ableistung eines freiwilligen Dienstes im Sinne des Buchstaben d liegt, oder
   c) eine Berufsausbildung mangels Ausbildungsplatzes nicht beginnen oder fortsetzen kann oder
   d) ein freiwilliges soziales Jahr oder ein freiwilliges ökologisches Jahr im Sinne des Jugendfreiwilligendienstegesetzes[2)] oder eine Freiwilligenaktivität im Rahmen des Europäischen Solidaritätskorps im Sinne der Verordnung (EU) Nr. 2018/1475 des Europäischen Parlaments und des Rates vom 2. Oktober 2018 zur Festlegung des rechtlichen Rahmens des Europäischen Solidaritätskorps sowie zur Änderung der Verordnung (EU) Nr. 1288/2013 und der Verordnung (EU) Nr. 1293/2013 sowie des Beschlusses Nr. 1313/2013/EU (ABl. L 250 vom 4.10.2018, S. 1) oder einen anderen Dienst im Ausland im Sinne von § 5 des Bundesfreiwilligendienstgesetzes[3)] oder einen entwicklungspolitischen Freiwilligendienst „weltwärts" im Sinne der Förderleitlinie des Bundesministeriums für wirtschaftliche Zusammenarbeit und Entwicklung vom 1. Januar 2016 oder einen Freiwilligendienst aller Generationen im Sinne von § 2 Absatz 1a des Siebten Buches Sozialgesetzbuch[4)] oder einen Internationalen Jugendfreiwilligendienst im Sinne der Richtlinie des Bundesministeriums für Familie, Senioren, Frauen und Jugend vom 25. Mai 2018 (GMBl S. 545) oder einen Bundesfreiwilligendienst im Sinne des Bundesfreiwilligendienstgesetzes leistet oder
3. wegen körperlicher, geistiger oder seelischer Behinderung außerstande ist, sich selbst zu unterhalten; Voraussetzung ist, dass die Behinderung vor Vollendung des 25. Lebensjahres eingetreten ist.

[1)] **Sartorius Nr. 625.**
[2)] **Loseblatt-Textsammlung Arbeitsrecht Nr. 422.**
[3)] **Loseblatt-Textsammlung Arbeitsrecht Nr. 422a.**
[4)] Nr. **7**.

Buches Sozialgesetzbuch[1] zuständig sind, und den nach § 9 Absatz 1 Satz 2 des Unterhaltsvorschussgesetzes[2] zuständigen Stellen den für die jeweilige Kindergeldzahlung maßgebenden Sachverhalt durch automatisierte Abrufverfahren bereitstellen. [2] Das Bundesministerium der Finanzen wird ermächtigt, durch Rechtsverordnung mit Zustimmung des Bundesrates zur Durchführung von automatisierten Abrufen nach Satz 1 die Voraussetzungen, unter denen ein Datenabruf erfolgen darf, festzulegen.

(6) [1] Zur Prüfung und Bemessung der in Artikel 3 Absatz 1 Buchstabe j in Verbindung mit Artikel 1 Buchstabe z der Verordnung (EG) Nr. 883/2004 des Europäischen Parlaments und des Rates vom 29. April 2004 zur Koordinierung der Systeme der sozialen Sicherheit (ABl. L 166 vom 30.4.2004, S. 1), die zuletzt durch die Verordnung (EU) 2017/492 (ABl. L 76 vom 22.3.2017, S. 13) geändert worden ist, genannten Familienleistungen dürfen die Familienkassen den zuständigen öffentlichen Stellen eines Mitgliedstaates der Europäischen Union den für die jeweilige Kindergeldzahlung maßgebenden Sachverhalt durch automatisierte Abrufverfahren bereitstellen. [2] Das Bundesministerium der Finanzen wird ermächtigt, durch Rechtsverordnung ohne Zustimmung des Bundesrates zur Durchführung von automatisierten Abrufen nach Satz 1 die Voraussetzungen, unter denen ein Datenabruf erfolgen darf, festzulegen.

(7) [1] Die Datenstelle der Rentenversicherung darf den Familienkassen in einem automatisierten Abrufverfahren die zur Überprüfung des Anspruchs auf Kindergeld nach § 62 Absatz 1a und 2 erforderlichen Daten übermitteln; § 79 Absatz 2 bis 4 des Zehnten Buches Sozialgesetzbuch[3] gilt entsprechend. [2] Die Träger der Leistungen nach dem Zweiten[4] und Dritten Buch Sozialgesetzbuch[5] dürfen den Familienkassen in einem automatisierten Abrufverfahren die zur Überprüfung des Anspruchs auf Kindergeld nach § 62 erforderlichen Daten übermitteln. [3] Das Bundesministerium für Arbeit und Soziales wird ermächtigt, durch Rechtsverordnung mit Zustimmung des Bundesrates die Voraussetzungen für das Abrufverfahren und Regelungen zu den Kosten des Verfahrens nach Satz 2 festzulegen.

(Fortsetzung nächstes Blatt)

---

1) Nr. **1**.
2) Nr. **8/30**.
3) Nr. **10**.
4) Nr. **2**.
5) Nr. **3**.

r Arbeitsgemeinschaft pfingstlich-charismatischer Missionen sind, tätig ist

utsche Staatsangehörigkeit besitzt und nur vorübergehend bei einer zwischen- oder überstaatlichen Einrichtung tätig ist, insbesondere nach den Entsenderichtlinien des Bundes[1] beurlaubte Beamte und Beamtinnen, oder wer vorübergehend eine nach § 123a des Beamtenrechtsrahmengesetzes[2] oder § 29 des Bundesbeamtengesetzes[3] zugewiesene Tätigkeit im Ausland wahrnimmt.

[2] Dies gilt auch für mit der nach Satz 1 berechtigten Person in einem Haushalt lebende Ehegatten oder Ehegattinnen.

(3) [1] Anspruch auf Elterngeld hat abweichend von Absatz 1 Satz 1 Nummer 2 auch, wer

1. mit einem Kind in einem Haushalt lebt, das er mit dem Ziel der Annahme als Kind aufgenommen hat,
2. ein Kind des Ehegatten oder der Ehegattin in seinen Haushalt aufgenommen hat oder
3. mit einem Kind in einem Haushalt lebt und die von ihm erklärte Anerkennung der Vaterschaft nach § 1594 Absatz 2 des Bürgerlichen Gesetzbuchs[4] noch nicht wirksam oder über die von ihm beantragte Vaterschaftsfeststellung nach § 1600d des Bürgerlichen Gesetzbuchs noch nicht entschieden ist.

[2] Für angenommene Kinder und Kinder im Sinne des Satzes 1 Nummer 1 sind die Vorschriften dieses Gesetzes mit der Maßgabe anzuwenden, dass statt des Zeitpunktes der Geburt der Zeitpunkt der Aufnahme des Kindes bei der berechtigten Person maßgeblich ist.

(4) Können die Eltern wegen einer schweren Krankheit, Schwerbehinderung oder Todes der Eltern ihr Kind nicht betreuen, haben Verwandte bis zum dritten Grad und ihre Ehegatten oder Ehegattinnen Anspruch auf Elterngeld, wenn sie die übrigen Voraussetzungen nach Absatz 1 erfüllen und wenn von anderen Berechtigten Elterngeld nicht in Anspruch genommen wird.

(5) Der Anspruch auf Elterngeld bleibt unberührt, wenn die Betreuung und Erziehung des Kindes aus einem wichtigen Grund nicht sofort aufgenommen werden kann oder wenn sie unterbrochen werden muss.

(6) Eine Person ist nicht voll erwerbstätig, wenn ihre Arbeitszeit 32 Wochenstunden im Durchschnitt des Lebensmonats nicht übersteigt, sie eine Beschäftigung zur Berufsbildung ausübt oder sie eine geeignete Tagespflegeperson im Sinne des § 23 des Achten Buches Sozialgesetzbuch[5] ist und nicht mehr als fünf Kinder in Tagespflege betreut.

(7) [1] Ein nicht freizügigkeitsberechtigter Ausländer oder eine nicht freizügigkeitsberechtigte Ausländerin ist nur anspruchsberechtigt, wenn diese Person

1. eine Niederlassungserlaubnis oder eine Erlaubnis zum Daueraufenthalt-EU besitzt,
2. eine Blaue Karte EU, eine ICT-Karte, eine Mobiler-ICT-Karte oder eine Aufenthaltserlaubnis besitzt, die für einen Zeitraum von mindestens sechs Monaten

---

[1] Siehe die Entsendungsrichtlinie Bund v. 9.12.2015 (GMBl 2016 S. 34).
[2] **Sartorius Nr. 150a.**
[3] **Sartorius Nr. 160.**
[4] **Habersack, Deutsche Gesetze Nr. 20.**
[5] Nr. 8.

8/25. Gesetz zum Elterngeld und zur Elternzeit (Bundeselterngeld- und Elternzeitgesetz – BEEG)[1)]

In der Fassung der Bekanntmachung vom 27. Januar 2015[2)]
(BGBl. I S. 33)

FNA 85-5

geänd. durch BVerfG, Urteil v. 21.7.2015 – 1 BvF 2/13 – v. 21.7.2015 (BGBl. I S. 1565), Art. 1k Heil- und HilfsmittelversorgungsG v. 4.4.2017 (BGBl. I S. 778), Art. 6 Abs. 9 G zur Neuregelung des Mutterschutzrechts v. 23.5.2017 (BGBl. I S. 1228), Art. 118 Zweites Datenschutz-Anpassungs- und UmsetzungsG EU v. 20.11.2019 (BGBl. I S. 1626), Art. 35 und 36 G zur weiteren steuerl. Förderung der Elektromobilität und zur Änd. weiterer steuerl. Vorschriften v. 12.12.2019 (BGBl. I S. 2451), Art. 1 G für Maßnahmen im Elterngeld aus Anlass der COVID-19-Pandemie v. 20.5.2020 (BGBl. I S. 1061), Art. 6 G zur Digitalisierung von Verwaltungsverfahren bei der Gewährung von Familienleistungen v. 3.12.2020 (BGBl. I S. 2668), Art. 3 BeschäftigungssicherungsG v. 3.12.2020 (BGBl. I S. 2691), Art. 23 Jahressteuergesetz 2020 v. 21.12.2020 (BGBl. I S. 3096), Art. 1 Zweites G zur Änd. des Bundeselterngeld- und ElternzeitG v. 15.2.2021 (BGBl. I S. 239), Art. 5 Covid-19-G zur Verlängerung des Sozialdienstleister-EinsatzG und weiterer Regelungen v. 18.3.2022 (BGBl. I S. 473) und Art. 12 G zur Regelung eines Sofortzuschlages und einer Einmalzahlung in den sozialen Mindestsicherungssystemen sowie zur Änd. des FinanzausgleichsG und weiterer G v. 23.5.2022 (BGBl. I S. 760)

Abschnitt 1. Elterngeld

§ 1[3)] Berechtigte. (1) [1] Anspruch auf Elterngeld hat, wer

1. einen Wohnsitz oder seinen gewöhnlichen Aufenthalt in Deutschland hat,
2. mit seinem Kind in einem Haushalt lebt,
3. dieses Kind selbst betreut und erzieht und
4. keine oder keine volle Erwerbstätigkeit ausübt.

[2] Bei Mehrlingsgeburten besteht nur ein Anspruch auf Elterngeld.

(2) [1] Anspruch auf Elterngeld hat auch, wer, ohne eine der Voraussetzungen des Absatzes 1 Satz 1 Nummer 1 zu erfüllen,

1. nach § 4 des Vierten Buches Sozialgesetzbuch[4)] dem deutschen Sozialversicherungsrecht unterliegt oder im Rahmen seines in Deutschland bestehenden öffentlich-rechtlichen Dienst- oder Amtsverhältnisses vorübergehend ins Ausland abgeordnet, versetzt oder kommandiert ist,
2. Entwicklungshelfer oder Entwicklungshelferin im Sinne des § 1 des Entwicklungshelfer-Gesetzes[5)] ist oder als Missionar oder Missionarin der Missionswerke und -gesellschaften, die Mitglieder oder Vereinbarungspartner des Evangelischen Missionswerkes Hamburg, der Arbeitsgemeinschaft Evangelikaler Missionen e.V.

[1)] Die Änderungen durch G v. 21.12.2021 (BGBl. I S. 3096) treten erst **mWv 1.1.2024**, die Änderungen durch G v. 15.2.2021 (BGBl. I S. 239) treten teilweise erst **mWv 1.1.2023** in Kraft und sind insoweit im Text noch nicht berücksichtigt.

[2)] Neubekanntmachung des Bundeselterngeld- und ElternzeitG v. 5.12.2006 (BGBl. I S. 2748) in der ab 1.1.2015 geltenden Fassung; beachte die Übergangsvorschriften in § 27.

[3)] § 1 Abs. 7 Nr. 2 Buchst. d, Nr. 3 Buchst. b geänd., Nr. 4 angef. mWv 1.1.2020, Abs. 7 neu gef. mWv 1.3.2020 durch G v. 12.12.2019 (BGBl. I S. 2451); Abs. 2 Satz 1 Nr. 2 geänd., Satz 2, Abs. 3 Satz 1 Nr. 2 und Abs. 4 neu gef., Abs. 6 und Abs. 8 Satz 2 geänd. mWv 1.9.2021 durch G v. 15.2.2021 (BGBl. I S. 239); Abs. 7 Satz 1 Nr. 2 Buchst. c geänd. mWv 1.6.2022 durch G v. 23.5.2022 (BGBl. I S. 760).

[4)] Nr. **4**.

[5)] Nr. **40/10**.

zur Ausübung einer Erwerbstätigkeit berechtigen oder berechtigt haben oder diese erlauben, es sei denn, die Aufenthaltserlaubnis wurde

a) nach § 16e des Aufenthaltsgesetzes[1)] zu Ausbildungszwecken, nach § 19c Absatz 1 des Aufenthaltsgesetzes[2)] zum Zweck der Beschäftigung als Au-Pair oder zum Zweck der Saisonbeschäftigung, nach § 19e des Aufenthaltsgesetzes[2)] zum Zweck der Teilnahme an einem Europäischen Freiwilligendienst oder nach § 20 Absatz 1 und 2 des Aufenthaltsgesetzes[2)] zur Arbeitsplatzsuche erteilt,

b) nach § 16b des Aufenthaltsgesetzes[1)] zum Zweck eines Studiums, nach § 16d des Aufenthaltsgesetzes[1)] für Maßnahmen zur Anerkennung ausländischer Berufsqualifikationen oder nach § 20 Absatz 3 des Aufenthaltsgesetzes[2)] zur Arbeitsplatzsuche erteilt und er ist weder erwerbstätig noch nimmt er Elternzeit nach § 15 des Bundeselterngeld- und Elternzeitgesetzes oder laufende Geldleistungen nach dem Dritten Buch Sozialgesetzbuch[3)] in Anspruch,

c) nach § 23 Absatz 1 des Aufenthaltsgesetzes[1)] wegen eines Krieges in seinem Heimatland oder nach den § 23a oder § 25 Absatz 3 bis 5 des Aufenthaltsgesetzes[1)] erteilt,

3. eine in Nummer 2 Buchstabe c genannte Aufenthaltserlaubnis besitzt und im Bundesgebiet berechtigt erwerbstätig ist oder Elternzeit nach § 15 des Bundeselterngeld- und Elternzeitgesetzes oder laufende Geldleistungen nach dem Dritten Buch Sozialgesetzbuch in Anspruch nimmt,

4. eine in Nummer 2 Buchstabe c genannte Aufenthaltserlaubnis besitzt und sich seit mindestens 15 Monaten erlaubt, gestattet oder geduldet im Bundesgebiet aufhält oder

5. eine Beschäftigungsduldung gemäß § 60d in Verbindung mit § 60a Absatz 2 Satz 3 des Aufenthaltsgesetzes[1)] besitzt.

[2] Abweichend von Satz 1 Nummer 3 erste Alternative ist ein minderjähriger nicht freizügigkeitsberechtigter Ausländer oder eine minderjährige nicht freizügigkeitsberechtigte Ausländerin unabhängig von einer Erwerbstätigkeit anspruchsberechtigt.

(8) [1] Ein Anspruch entfällt, wenn die berechtigte Person im letzten abgeschlossenen Veranlagungszeitraum vor der Geburt des Kindes ein zu versteuerndes Einkommen nach § 2 Absatz 5 des Einkommensteuergesetzes[4)] in Höhe von mehr als 250 000 Euro erzielt hat. [2] Erfüllt auch eine andere Person die Voraussetzungen des Absatzes 1 Satz 1 Nummer 2 oder der Absätze 3 oder 4, entfällt abweichend von Satz 1 der Anspruch, wenn die Summe des zu versteuernden Einkommens beider Personen mehr als 300 000 Euro beträgt.

§ 2[5)] Höhe des Elterngeldes. (1) [1] Elterngeld wird in Höhe von 67 Prozent des Einkommens aus Erwerbstätigkeit vor der Geburt des Kindes gewährt. [2] Es wird bis zu einem Höchstbetrag von 1 800 Euro monatlich für volle Lebensmonate gezahlt, in denen die berechtigte Person kein Einkommen aus Erwerbstätigkeit hat. [3] Das Einkommen aus Erwerbstätigkeit errechnet sich nach Maßgabe der §§ 2c bis 2f aus

---

1) **Sartorius Nr. 565.**
2) Nr. **3/51**.
3) Nr. **3**.
4) **Steuergesetze Nr. 1.**
5) § 2 Abs. 1 Satz 2 und Satz 3 abschl. Satzteil, Abs. 3 Sätze 1 und 3 geänd. mWv 1.9.2021 durch G v. 15.2. 2021 (BGBl. I S. 239).

der um die Abzüge für Steuern und Sozialabgaben verminderten Summe der positiven Einkünfte aus

1. nichtselbständiger Arbeit nach § 2 Absatz 1 Satz 1 Nummer 4 des Einkommensteuergesetzes[1)] sowie
2. Land- und Forstwirtschaft, Gewerbebetrieb und selbständiger Arbeit nach § 2 Absatz 1 Satz 1 Nummer 1 bis 3 des Einkommensteuergesetzes,

die im Inland zu versteuern sind und die die berechtigte Person durchschnittlich monatlich im Bemessungszeitraum nach § 2b oder in Lebensmonaten der Bezugszeit nach § 2 Absatz 3 hat.

(2) [1] In den Fällen, in denen das Einkommen aus Erwerbstätigkeit vor der Geburt geringer als 1 000 Euro war, erhöht sich der Prozentsatz von 67 Prozent um 0,1 Prozentpunkte für je 2 Euro, um die dieses Einkommen den Betrag von 1 000 Euro unterschreitet, auf bis zu 100 Prozent. [2] In den Fällen, in denen das Einkommen aus Erwerbstätigkeit vor der Geburt höher als 1 200 Euro war, sinkt der Prozentsatz von 67 Prozent um 0,1 Prozentpunkte für je 2 Euro, um die dieses Einkommen den Betrag von 1 200 Euro überschreitet, auf bis zu 65 Prozent.

(3) [1] Für Lebensmonate nach der Geburt des Kindes, in denen die berechtigte Person ein Einkommen aus Erwerbstätigkeit hat, das durchschnittlich geringer ist als das Einkommen aus Erwerbstätigkeit vor der Geburt, wird Elterngeld in Höhe des nach Absatz 1 oder 2 maßgeblichen Prozentsatzes des Unterschiedsbetrages dieser Einkommen aus Erwerbstätigkeit gezahlt. [2] Als Einkommen aus Erwerbstätigkeit vor der Geburt ist dabei höchstens der Betrag von 2 770 Euro anzusetzen. [3] Der Unterschiedsbetrag nach Satz 1 ist für das Einkommen aus Erwerbstätigkeit in Lebensmonaten, in denen die berechtigte Person Basiselterngeld in Anspruch nimmt, und in Lebensmonaten, in denen sie Elterngeld Plus im Sinne des § 4a Absatz 2 in Anspruch nimmt, getrennt zu berechnen.

(4) [1] Elterngeld wird mindestens in Höhe von 300 Euro gezahlt. [2] Dies gilt auch, wenn die berechtigte Person vor der Geburt des Kindes kein Einkommen aus Erwerbstätigkeit hat.

§ 2a Geschwisterbonus und Mehrlingszuschlag. (1) [1] Lebt die berechtigte Person in einem Haushalt mit

1. zwei Kindern, die noch nicht drei Jahre alt sind, oder
2. drei oder mehr Kindern, die noch nicht sechs Jahre alt sind,

wird das Elterngeld um 10 Prozent, mindestens jedoch um 75 Euro erhöht (Geschwisterbonus). [2] Zu berücksichtigen sind alle Kinder, für die die berechtigte Person die Voraussetzungen des § 1 Absatz 1 und 3 erfüllt und für die sich das Elterngeld nicht nach Absatz 4 erhöht.

(2) [1] Für angenommene Kinder, die noch nicht 14 Jahre alt sind, gilt als Alter des Kindes der Zeitraum seit der Aufnahme des Kindes in den Haushalt der berechtigten Person. [2] Dies gilt auch für Kinder, die die berechtigte Person entsprechend § 1 Absatz 3 Satz 1 Nummer 1 mit dem Ziel der Annahme als Kind in ihren Haushalt aufgenommen hat. [3] Für Kinder mit Behinderung im Sinne von § 2 Absatz 1 Satz 1 des Neunten Buches Sozialgesetzbuch[2)] liegt die Altersgrenze nach Absatz 1 Satz 1 bei 14 Jahren.

[1)] **Steuergesetze Nr. 1.**
[2)] Nr. **9**.

§ 27[1] Sonderregelung aus Anlass der COVID-19-Pandemie. (1) [1]Übt ein Elternteil eine systemrelevante Tätigkeit aus, so kann sein Bezug von Elterngeld auf Antrag für die Zeit vom 1. März 2020 bis 31. Dezember 2020 aufgeschoben werden. [2]Der Bezug der verschobenen Lebensmonate ist spätestens bis zum 30. Juni 2021 anzutreten. [3]Wird von der Möglichkeit des Aufschubs Gebrauch gemacht, so kann das Basiselterngeld abweichend von § 4 Absatz 1 Satz 2 und 3 auch noch nach Vollendung des 14. Lebensmonats bezogen werden. [4]In der Zeit vom 1. März 2020 bis 30. Juni 2021 entstehende Lücken im Elterngeldbezug sind abweichend von § 4 Absatz 1 Satz 4 unschädlich.

(2) [1]Für ein Verschieben des Partnerschaftsbonus genügt es, wenn nur ein Elternteil einen systemrelevanten Beruf ausübt. [2]Hat der Bezug des Partnerschaftsbonus bereits begonnen, so gelten allein die Bestimmungen des Absatzes 3.

(3) Liegt der Bezug des Partnerschaftsbonus ganz oder teilweise vor dem Ablauf des 23. September 2022 und kann die berechtigte Person die Voraussetzungen des Bezugs aufgrund der COVID-19-Pandemie nicht einhalten, gelten die Angaben zur Höhe des Einkommens und zum Umfang der Arbeitszeit, die bei der Beantragung des Partnerschaftsbonus glaubhaft gemacht worden sind.

§ 28[2] Übergangsvorschrift. (1) Für die vor dem 1. September 2021 geborenen oder mit dem Ziel der Adoption aufgenommenen Kinder ist dieses Gesetz in der bis zum 31. August 2021 geltenden Fassung weiter anzuwenden.

(1a) Soweit dieses Gesetz Mutterschaftsgeld nach dem Fünften Buch Sozialgesetzbuch[3] oder nach dem Zweiten Gesetz über die Krankenversicherung der Landwirte[4] in Bezug nimmt, gelten die betreffenden Regelungen für Mutterschaftsgeld nach der Reichsversicherungsordnung oder nach dem Gesetz über die Krankenversicherung der Landwirte entsprechend.

(2) Für die dem Erziehungsgeld vergleichbaren Leistungen der Länder sind § 8 Absatz 1 und § 9 des Bundeserziehungsgeldgesetzes in der bis zum 31. Dezember 2006 geltenden Fassung weiter anzuwenden.

(3) [1]§ 1 Absatz 7 Satz 1 Nummer 1 bis 4 in der Fassung des Artikels 36 des Gesetzes vom 12. Dezember 2019 (BGBl. I S. 2451) ist für Entscheidungen anzuwenden, die Zeiträume betreffen, die nach dem 29. Februar 2020 beginnen. [2]§ 1 Absatz 7 Satz 1 Nummer 5 in der Fassung des Artikels 36 des Gesetzes vom 12. Dezember 2019 (BGBl. I S. 2451) ist für Entscheidungen anzuwenden, die Zeiträume betreffen, die nach dem 31. Dezember 2019 beginnen. [3]§ 1 Absatz 7 Satz 1 Nummer 2 Buchstabe c in der Fassung des Artikels 12 Nummer 1 des Gesetzes vom 23. Mai 2022 (BGBl. I S. 760) ist für Ent-

---

[1] § 27 eingef. mWv 1.3.2020 durch G v. 20.5.2020 (BGBl. I S. 1061); Abs. 4 neu gef. mWv 1.1.2021 durch G v. 3.12.2020 (BGBl. I S. 2691); Abs. 3 neu gef. mWv 28.5.2020, Abs. 1 Sätze 3 und 4 geänd., Abs. 4 aufgeh. mWv 1.9.2021 durch G v. 15.2.2021 (BGBl. I S. 239); Abs. 3 geänd. mWv 19.3.2022 durch G v. 18.3.2022 (BGBl. I S. 473).

[2] Früherer § 27 Abs. 3 neu gef. mWv 1.1.2020 und neu gef. mWv 1.3.2020 durch G v. 12.12.2019 (BGBl. I S. 2451); bish. § 27 wird § 28 mWv 1.3.2020 durch G v. 20.5.2020 (BGBl. I S. 1061); Abs. 4 angef. mWv 10.12.2020 durch G v. 3.12.2020 (BGBl. I S. 2668); Abs. 1 Satz 1 geänd., Sätze 2 und 3 aufgeh. mWv 1.9.2021 durch G v. 15.2.2021 (BGBl. I S. 239); Abs. 3 Satz 3 angef. mWv 1.6.2022 durch G v. 23.5.2022 (BGBl. I S. 760).

[3] Nr. **5**.

[4] Nr. **30/22**.

scheidungen anzuwenden, die Zeiträume betreffen, die nach dem 31. Mai 2022 beginnen.

(4) [1] § 9 Absatz 2 und § 25 sind auf Kinder anwendbar, die nach dem 31. Dezember 2021 geboren oder nach dem 31. Dezember 2021 mit dem Ziel der Adoption aufgenommen worden sind. [2] Zur Erprobung des Verfahrens können diese Regelungen in Pilotprojekten mit Zustimmung des Bundesministeriums für Familie, Senioren, Frauen und Jugend, des Bundesministeriums für Arbeit und Soziales und des Bundesministeriums des Innern, für Bau und Heimat auf Kinder, die vor dem 1. Januar 2022 geboren oder vor dem 1. Januar 2022 zur Adoption aufgenommen worden sind, angewendet werden.

9. Sozialgesetzbuch Neuntes Buch – Rehabilitation und Teilhabe von Menschen mit Behinderungen – (Neuntes Buch Sozialgesetzbuch – SGB IX)[1) 2) 3)]

Vom 23. Dezember 2016
(BGBl. I S. 3234)

FNA 860-9-3

geänd. durch Art. 25a BundesteilhabeG[4)] v. 23.12.2016 (BGBl. I S. 3234), Art. 3 EM-Leistungsverbesserungsg v. 17.7.2017 (BGBl. I S. 2509), Art. 23 G zur Änd. des BundesversorgungsG und

---

[1)] Verkündet als Art. 1 BundesteilhabeG v. 23.12.2016 (BGBl. I S. 3234); Inkrafttreten gem. Art. 26 Abs. 1 dieses G am 1.1.2018, mit Ausnahme von Teil 2 Kapitel 1–7 (§§ 90–122) sowie Kapitel 9–11 (§§ 135–150), die gem. Abs. 4 Nr. 1 dieses G mit Ausnahme von § 94 Absatz 1 am 1.1.2020 in Kraft getreten sind.

Die Änderungen durch Art. 25a BundesteilhabeG v. 23.12.2016 (BGBl. I S. 3234), die mWv **1.1. 2023** in Kraft treten, wenn zu diesem Zeitpunkt das Bundesgesetz nach Artikel 25a § 99 Absatz 7 verkündet wurde, sind im Text noch nicht berücksichtigt.

[2)] Die Änderungen durch G v. 10.12.2019 (BGBl. I S. 2135) treten teilweise erst **mWv 1.1.2023**, die Änderungen durch G v. 12.12.2019 (BGBl. I S. 2652) treten erst **mWv 1.1.2024**, die Änderungen durch G v. 4.5.2021 (BGBl. I S. 882) treten erst **mWv 1.1.2023**, die Änderungen durch G v. 20.8. 2021 (BGBl. I S. 3932) treten erst **mWv 1.1.2025**, die Änderungen durch G v. 27.9.2021 (BGBl. I S. 4530) treten erst **mWv 1.11.2022** und die Änderungen durch G v. 23.5.2022 (BGBl. I S. 760) treten teilweise erst **mWv 1.10.2022** in Kraft und sind insoweit im Text noch nicht berücksichtigt.

[3)] Zum SGB IX haben die Länder folgende Ausführungsvorschriften erlassen:

- **Baden-Württemberg:** G zur Ausführung des Neunten Buches Sozialgesetzbuch (AGSGB IX) v. 10.4.2018 (GBl. S. 113),
- **Bayern:** G zur Ausführung der Sozialgesetze (AGSG) v. 8.12.2006 (GVBl. S. 942), zuletzt geänd. durch G v. 10.5.2022 (GVBl. S. 182),
- **Berlin:** Gesetz zur Ausführung des Neunten Buches Sozialgesetzbuch (AG SGB IX) v. 25.9.2019 (GVBl. S. 602),
- **Brandenburg:** G zur Ausführung des Neunten Buches Sozialgesetzbuch (AG-SGB IX) v. 18.12. 2018 (GVBl. I Nr. 38), geänd. durch G v. 18.12.2018 (GVBl. I Nr. 38),
- **Bremen:** G zur Ausführung des Neunten Buches Sozialgesetzbuch (SGB IX AG) v. 5.3.2019 (Brem.GBl. S. 45), geänd. durch Bek. v. 20.10.2020 (Brem.GBl. S. 1172),
- **Hamburg:** Hamburgisches G zur Ausführung des Neunten Buches Sozialgesetzbuch – Rehabilitation und Teilhabe von Menschen mit Behinderungen – (AG SGB IX) v. 21.5.2018 (HmbGVBl. S. 214).
- **Hessen:** Hessisches AusführungsG zum Neunten Buch Sozialgesetzbuch (HAG/SGB IX) v. 13.9. 2018 (GVBl. S. 590), geänd. durch G v. 7.5.2020 (GVBl. S. 318).
- **Mecklenburg-Vorpommern:** G zur Ausführung des Neunten Buches Sozialgesetzbuch (Landesausführungsgesetz SGB IX-AG SGB IX M-V) v. 16.12.2019 (GVOBl. M-V S. 796), geänd. durch G v. 11.12.2020 (GVOBl. M-V S. 1346).
- **Niedersachsen:** G zur Ausführung des Neunten und des Zwölften Buchs des Sozialgesetzbuchs (Nds. AG SGB IX/XII) v. 24.10.2019 (Nds. GVBl. S. 300),
- **Nordrhein-Westfalen:** AusführungsG zum Neunten Buch Sozialgesetzbuch für das Land Nordrhein-Westfalen (AG-SGB IX NRW) v. 21.7.2018 (GV. NRW. S. 414, ber. S. 460), geänd. durch G v. 13.4.2022 (GV. NRW. S. 714),
- **Rheinland-Pfalz:** LandesG zur Ausführung des Neunten Buches Sozialgesetzbuch (AGSGB IX) v. 19.12.2018 (GVBl. S. 463), zuletzt geänd. durch G v. 17.12.2020 (GVBl. S. 719),
- **Saarland:** G zur Ausführung des Neunten Buches Sozialgesetzbuch v. 13.6.2018 (Amtsbl. I S. 384), geänd. durch G v. 30.10.2019 (Amtsbl. I S. 1053),
- **Sachsen:** Sächsisches G zur Ausführung des Sozialgesetzbuches (SächsAGSGB) v. 6.6.2002 (SächsGVBl. S. 169), zuletzt geänd. durch G v. 31.3.2021 (SächsGVBl. S. 411),
- **Sachsen-Anhalt:** G zur Ausführung des Neunten Buches Sozialgesetzbuch (AG SGB IX) v. 5.12. 2019 (GVBl. LSA S. 948),

→

anderer Vorschriften v. 17.7.2017 (BGBl. I S. 2541), Art. 6 Abs. 3 RV-Leistungsverbesserungs- und -StabilisierungsG v. 28.11.2018 (BGBl. I S. 2016), Art. 3, Art. 4 G zur Durchführung von Verordnungen der EU zur Bereitstellung von Produkten auf dem Markt und zur Änd. des Neunten und Zwölften Buches Sozialgesetzbuch v. 18.4.2019 (BGBl. I S. 473), Art. 5 G zur Anpassung der Berufsausbildungsbeihilfe und des Ausbildungsgeldes v. 8.7.2019 (BGBl. I S. 1025), Art. 130 Zweites Datenschutz-Anpassungs- und UmsetzungsG EU v. 20.11.2019 (BGBl. I S. 1626), Art. 1 G zur Änd. des Neunten und des Zwölften Buches Sozialgesetzbuch und anderer Rechtsvorschriften v. 30.11.2019 (BGBl. I S. 1948), Art. 2 Angehörigen-EntlastungsG v. 10.12.2019 (BGBl. I S. 2135), Art. 37 G zur Regelung des Sozialen Entschädigungsrechts v. 12.12.2019 (BGBl. I S. 2652), Art. 8 MDK-ReformG v. 14.12.2019 (BGBl. I S. 2789), Art. 3 Abs. 6 59. G zur Änd. des Strafgesetzbuches v. 9.10.2020 (BGBl. I S. 2075), Art. 13 Vormundschafts- und Betreuungsrechts-ReformG v. 4.5.2021 (BGBl. I S. 882), Art. 7 TeilhabestärkungsG v. 2.6.2021 (BGBl. I S. 1387), Art. 4 Kinder- und JugendstärkungsG v. 3.6.2021 (BGBl. I S. 1444), Art. 17 G zur Novellierung des BundespersonalvertretungsG v. 9.6.2021 (BGBl. I S. 1614), Art. 8 Abs. 5 G zur Bekämpfung sexualisierter Gewalt gegen Kinder v. 16.6.2021 (BGBl. I S. 1810), Art. 43 G über die Entschädigung der Soldatinnen und Soldaten und zur Neuordnung des Soldatenversorgungsrechts v. 20.8.2021 (BGBl. I S. 3932), Art. 7c G zum Erlass eines Tierarzneimittelgesetzes und zur Anpassung arzneimittelrechtlicher und anderer Vorschriften[1] v. 27.9.2021 (BGBl. I S. 4530) und Art. 2 G zur Regelung eines Sofortzuschlages und einer Einmalzahlung in den sozialen Mindestsicherungssystemen sowie zur Änd. des FinanzausgleichsG und weiterer G v. 23.5.2022 (BGBl. I S. 760)

Inhaltsübersicht[2]

Teil 1. Regelungen für Menschen mit Behinderungen und von Behinderung bedrohte Menschen

Kapitel 1. Allgemeine Vorschriften

Kapitel 2. Einleitung der Rehabilitation von Amts wegen

Kapitel 3. Erkennung und Ermittlung des Rehabilitationsbedarfs

Kapitel 4. Koordinierung der Leistungen

(Fortsetzung der Anm. von voriger Seite)

– **Schleswig-Holstein:** G zur Ausführung des Neunten Buches Sozialgesetzbuch (AG-SGB IX) v. 22.3.2018 (GVOBl. Schl.-H. S. 94), zuletzt geänd. durch G v. 25.2.2021 (GVOBl. Schl.-H. S. 201),
– **Thüringen:** Thüringer G zur Ausführung des Neunten Buches Sozialgesetzbuch (ThürAGSGB IX) v. 21.9.2018 (GVBl. S. 386).

[4] Artikel 25a tritt am 1. Januar 2023 in Kraft, wenn zu diesem Zeitpunkt das Bundesgesetz nach Artikel 25a § 99 Absatz 7 verkündet wurde. Das Bundesministerium für Arbeit und Soziales kann den Wortlaut von § 99 des Neunten Buches Sozialgesetzbuch in der vom 1. Januar 2023 an geltenden Fassung im Bundesgesetzblatt bekannt machen.

[1] Notifiziert gemäß der Richtlinie (EU) 2015/1535 des Europäischen Parlaments und des Rates vom 9. September 2015 über ein Informationsverfahren auf dem Gebiet der technischen Vorschriften und der Vorschriften für die Dienste der Informationsgesellschaft (ABl. L 241 vom 17.9.2015, S. 1).

[2] Inhaltsübersicht geänd. mWv 1.1.2018 durch G v. 17.7.2017 (BGBl. I S. 2509); geänd. mWv 1.1.2020 durch G v. 10.12.2019 (BGBl. I S. 2135); geänd. mWv 10.6.2021 sowie mWv 1.7.2021 und mWv 1.1.2022 durch G v. 2.6.2021 (BGBl. I S. 1387); geänd. mWv 1.6.2022 durch G v. 23.5.2022 (BGBl. I S. 760).

§ 10 Bußgeldvorschriften. (1) Ordnungswidrig handelt, wer vorsätzlich oder fahrlässig

1. entgegen § 6 Abs. 1 oder 2 auf Verlangen eine Auskunft nicht, nicht richtig, nicht vollständig oder nicht innerhalb der von der zuständigen Stelle gesetzten Frist erteilt oder
2. entgegen § 6 Abs. 4 eine Änderung in den dort bezeichneten Verhältnissen nicht richtig, nicht vollständig oder nicht unverzüglich mitteilt.

(2) Die Ordnungswidrigkeit kann mit einer Geldbuße geahndet werden.

(3) Verwaltungsbehörde im Sinne des § 36 Abs. 1 Nr. 1 des Gesetzes über Ordnungswidrigkeiten[1] ist die durch Landesrecht bestimmte Stelle.

§ 11[2] Übergangsvorschriften. (1) [1] § 1 Abs. 2a in der am 19. Dezember 2006 geltenden Fassung ist in Fällen, in denen die Entscheidung über den Anspruch auf Unterhaltsvorschuss für Monate in dem Zeitraum zwischen dem 1. Januar 1994 und dem 18. Dezember 2006 noch nicht bestandskräftig geworden ist, anzuwenden, wenn dies für den Antragsteller günstiger ist. [2] In diesem Fall werden die Aufenthaltsgenehmigungen nach dem Ausländergesetz den Aufenthaltstiteln nach dem Aufenthaltsgesetz entsprechend den Fortgeltungsregelungen in § 101 des Aufenthaltsgesetzes[3] gleichgestellt.

(2) [1] § 1 Absatz 2a Satz 1 Nummer 1 bis 4 in der Fassung des Artikels 38 des Gesetzes vom 12. Dezember 2019 (BGBl. I S. 2451) ist für Entscheidungen anzuwenden, die Zeiträume betreffen, die nach dem 29. Februar 2020 beginnen. [2] § 1 Absatz 2a Satz 1 Nummer 5 in der Fassung des Artikels 38 des Gesetzes vom 12. Dezember 2019 (BGBl. I S. 2451) ist für Entscheidungen anzuwenden, die Zeiträume betreffen, die nach dem 31. Dezember 2019 beginnen. [3] § 1 Absatz 2a Satz 1 Nummer 2 Buchstabe c in der Fassung des Artikels 13 Nummer 1 des Gesetzes vom 23. Mai 2022 (BGBl. I S. 760) ist für Entscheidungen anzuwenden, die Zeiträume betreffen, die nach dem 31. Mai 2022 beginnen.

§ 11a[4] Anwendungsvorschrift. [1] Im Sinne dieses Gesetzes beträgt für die Zeit vom 1. Januar 2015 bis zum 30. Juni 2015 die Unterhaltsleistung nach § 2 Absatz 1 Satz 1 monatlich 317 Euro für ein Kind, das das sechste Lebensjahr noch nicht vollendet hat, und monatlich 364 Euro für ein Kind, das das zwölfte Lebensjahr noch nicht vollendet hat. [2] Für die Zeit vom 1. Juli 2015 bis zum 31. Dezember 2015 beträgt die Unterhaltsleistung nach § 2 Absatz 1 Satz 1 monatlich 328 Euro für ein Kind, das das sechste Lebensjahr noch nicht vollendet hat, und monatlich 376 Euro für ein Kind, das das zwölfte Lebensjahr noch nicht vollendet hat. [3] Bis zum 31. Dezember 2015 gilt als für ein erstes Kind zu zahlendes Kindergeld im Sinne von § 2 Absatz 2 Satz 1 ein Betrag in Höhe von monatlich 184 Euro.

---

[1] **Habersack, Deutsche Gesetze Nr. 94.**

[2] § 11 Abs. 2 angef. mWv 1.1.2020 und Abs. 2 neu gef. mWv 1.3.2020 durch G v. 12.12.2019 (BGBl. I S. 2451); Abs. 2 Satz 3 angef. mWv 1.6.2022 durch G v. 23.5.2022 (BGBl. I S. 760).

[3] **Sartorius Nr. 565.**

[4] § 11a eingef. mWv 1.1.2015 durch G v. 16.7.2015 (BGBl. I S. 1202); Satz 3 aufgeh., bish. Satz 4 wird Satz 3 mWv 1.8.2016 durch G v. 26.7.2016 (BGBl. I S. 1824).

§ 12[1] Bericht. [1]Die Bundesregierung legt dem Deutschen Bundestag bis zum 31. Juli 2018 einen Bericht über die Wirkung der Reform, die am 1. Juli 2017 in Kraft getreten ist, vor. [2]Der Bericht darf keine personenbezogenen Daten enthalten.

§§ 12a, 13[2] *(aufgehoben)*

---

[1] § 12 neu gef. mWv 1.7.2013 durch G v. 3.5.2013 (BGBl. I S. 1108); Satz 1 neu gef. mWv 1.7. 2017 durch G v. 14.8.2017 (BGBl. I S. 3122).

[2] §§ 12a, 13 aufgeh.mWv 1.7.2013 durch G v. 3.5.2013 (BGBl. I S. 1108).

8/30. Gesetz zur Sicherung des Unterhalts von Kindern alleinstehender Mütter und Väter durch Unterhaltsvorschüsse oder -ausfallleistungen (Unterhaltsvorschussgesetz)

In der Fassung der Bekanntmachung vom 17. Juli 2007[1)]

(BGBl. I S. 1446)

FNA 2163-1

geänd. durch Art. 1 Erstes ÄndG v. 21.12.2007 (BGBl. I S. 3194), Art. 1 UnterhaltsvorschussentbürokratisierungsG v. 3.5.2013 (BGBl. I S. 1108), Art. 9 G zur Anhebung des Grundfreibetrags, des Kinderfreibetrags, des Kindergeldes und des Kinderzuschlags v. 16.7.2015 (BGBl. I S. 1202), Art. 3 Abs. 10 Neuntes G zur Änd. des SGB II – Rechtsvereinfachung – sowie zur vorübergehenden Aussetzung der Insolvenzantragspflicht v. 26.7.2016 (BGBl. I S. 1824), Art. 69 G zum Abbau verzichtbarer Anordnungen der Schriftform im Verwaltungsrecht des Bundes v. 29.3.2017 (BGBl. I S. 626), Art. 23 G zur Neuregelung des bundesstaatlichen Finanzausgleichssystems ab dem Jahr 2020 und zur Änd. haushaltsrechtlicher Vorschriften v. 14.8.2017 (BGBl. I S. 3122), Art. 37 und 38 G zur weiteren steuerl. Förderung der Elektromobilität und zur Änd. weiterer steuerl. Vorschriften v. 12.12.2019 (BGBl. I S. 2451) und Art. 13 G zur Regelung eines Sofortzuschlages und einer Einmalzahlung in den sozialen Mindestsicherungssystemen sowie zur Änd. des FinanzausgleichsG und weiterer G v. 23.5.2022 (BGBl. I S. 760)

§ 1[2)] Berechtigte. (1) Anspruch auf Unterhaltsvorschuss oder -ausfallleistung nach diesem Gesetz (Unterhaltsleistung) hat, wer

1. das zwölfte Lebensjahr noch nicht vollendet hat,
2. im Geltungsbereich dieses Gesetzes bei einem seiner Elternteile lebt, der ledig, verwitwet oder geschieden ist oder von seinem Ehegatten oder Lebenspartner dauernd getrennt lebt, und
3. nicht oder nicht regelmäßig
   a) Unterhalt von dem anderen Elternteil oder,
   b) wenn dieser oder ein Stiefelternteil gestorben ist, Waisenbezüge

   mindestens in der in § 2 Abs. 1 und 2 bezeichneten Höhe erhält.

(1a) [1] Über Absatz 1 Nummer 1 hinaus besteht Anspruch auf Unterhaltsleistung bis zur Vollendung des 18. Lebensjahres des Kindes, wenn

1. das Kind keine Leistungen nach dem Zweiten Buch Sozialgesetzbuch[3)] bezieht oder durch die Unterhaltsleistung die Hilfebedürftigkeit des Kindes nach § 9 des Zweiten Buches Sozialgesetzbuch vermieden werden kann oder
2. der Elternteil nach Absatz 1 Nummer 2 mit Ausnahme des Kindergeldes über Einkommen im Sinne des § 11 Absatz 1 Satz 1 des Zweiten Buches Sozialgesetzbuch in Höhe von mindestens 600 Euro verfügt, wobei Beträge nach § 11b des Zweiten Buches Sozialgesetzbuch nicht abzusetzen sind.

[1)] Neubekanntmachung des UnterhaltsvorschussG idF der Bek. v. 2.1.2002 (BGBl. I S. 2, ber. S. 615) in der ab 1.1.2006 geltenden Fassung.

[2)] § 1 Abs. 1 Nr. 2 geänd., Abs. 4 Satz 2 angef. mWv 1.1.2008 durch G v. 21.12.2007 (BGBl. I S. 3194); Abs. 1a eingef. mWv 1.7.2017 durch G v. 14.8.2017 (BGBl. I S. 3122); Abs. 2a Nr. 2 Buchst. c und Nr. 2 abschl. Satzteil, Nr. 3 Buchst. b und Nr. 3 abschl. Satzteil geänd., Nr. 4 angef. mWv 1.1.2020; Abs. 2a neu gef. mWv 1.3.2020 durch G v. 12.12.2019 (BGBl. I S. 2451); Abs. 2a Satz 1 Nr. 2 Buchst. c geänd. mWv 1.6.2022 durch G v. 23.5.2022 (BGBl. I S. 760).

[3)] Nr. 2.

[2] Für die Feststellung der Vermeidung der Hilfebedürftigkeit und der Höhe des Einkommens nach Satz 1 ist der für den Monat der Vollendung des zwölften Lebensjahres, bei späterer Antragstellung der für diesen Monat und bei Überprüfung zu einem späteren Zeitpunkt der für diesen Monat zuletzt bekanntgegebene Bescheid des Jobcenters zugrunde zu legen. [3] Die jeweilige Feststellung wirkt für die Zeit von dem jeweiligen Monat bis einschließlich des Monats der nächsten Überprüfung.

(2) Ein Elternteil, bei dem das Kind lebt, gilt als dauernd getrennt lebend im Sinne des Absatzes 1 Nr. 2, wenn im Verhältnis zum Ehegatten oder Lebenspartner ein Getrenntleben im Sinne des § 1567 des Bürgerlichen Gesetzbuchs[1)] vorliegt oder wenn sein Ehegatte oder Lebenspartner wegen Krankheit oder Behinderung oder auf Grund gerichtlicher Anordnung für voraussichtlich wenigstens sechs Monate in einer Anstalt untergebracht ist.

(2a) [1] Ein nicht freizügigkeitsberechtigter Ausländer hat einen Anspruch nach Absatz 1 oder Absatz 1a nur, wenn er oder sein Elternteil nach Absatz 1 Nummer 2

1. eine Niederlassungserlaubnis oder eine Erlaubnis zum Daueraufenthalt-EU besitzt,
2. eine Blaue Karte EU, eine ICT-Karte, eine Mobiler- ICT-Karte oder eine Aufenthaltserlaubnis besitzt, die für einen Zeitraum von mindestens sechs Monaten zur Ausübung einer Erwerbstätigkeit berechtigen oder berechtigt haben oder diese erlauben, es sei denn, die Aufenthaltserlaubnis wurde
   a) nach § 16e des Aufenthaltsgesetzes[2)] zu Ausbildungszwecken, nach § 19c Absatz 1 des Aufenthaltsgesetzes[3)] zum Zweck der Beschäftigung als Au-Pair oder zum Zweck der Saisonbeschäftigung, nach § 19e des Aufenthaltsgesetzes[3)] zum Zweck der Teilnahme an einem Europäischen Freiwilligendienst oder nach § 20 Absatz 1 und 2 des Aufenthaltsgesetzes[3)] zur Arbeitsplatzsuche erteilt,
   b) nach § 16b des Aufenthaltsgesetzes[2)] zum Zweck eines Studiums, nach § 16d des Aufenthaltsgesetzes[2)] für Maßnahmen zur Anerkennung ausländischer Berufsqualifikationen oder nach § 20 Absatz 3 des Aufenthaltsgesetzes[3)] zur Arbeitsplatzsuche erteilt und er ist weder erwerbstätig noch nimmt er Elternzeit nach § 15 des Bundeselterngeld- und Elternzeitgesetzes[4)] oder laufende Geldleistungen nach dem Dritten Buch Sozialgesetzbuch[5)] in Anspruch,
   c) nach § 23 Absatz 1 des Aufenthaltsgesetzes[2)] wegen eines Krieges in seinem Heimatland oder nach den §§ 23a oder § 25 Absatz 3 bis 5 des Aufenthaltsgesetzes[2)] erteilt,
3. eine in Nummer 2 Buchstabe c genannte Aufenthaltserlaubnis besitzt und im Bundesgebiet berechtigt erwerbstätig ist oder Elternzeit nach § 15 des Bundeselterngeld- und Elternzeitgesetzes oder laufende Geldleistungen nach dem Dritten Buch Sozialgesetzbuch in Anspruch nimmt,
4. eine in Nummer 2 Buchstabe c genannte Aufenthaltserlaubnis besitzt und sich seit mindestens 15 Monaten erlaubt, gestattet oder geduldet im Bundesgebiet aufhält oder

---

1) **Habersack, Deutsche Gesetze Nr. 20.**
2) **Sartorius Nr. 565.**
3) Nr. **3/51**.
4) Nr. **8/25**.
5) Nr. **3**.

---

[1] **Sartorius Nr. 565.**

9/10. Gesetz zur Gleichstellung von Menschen mit Behinderungen (Behindertengleichstellungsgesetz – BGG)[1) 2)]

Vom 27. April 2002
(BGBl. I S. 1468)

FNA 860-9-2

geänd. durch Art. 210 Achte ZuständigkeitsanpassungsVO v. 25.11.2003 (BGBl. I S. 2304), Art. 79 G zur Organisationsreform in der gesetzl. RV v. 9.12.2004 (BGBl. I S. 3242), Art. 14b VerwaltungsvereinfachungsG v. 21.3.2005 (BGBl. I S. 818), Art. 262 Neunte ZuständigkeitsanpassungsVO v. 31.10.2006 (BGBl. I S. 2407), Art. 12 G zur Änd. des SGB IV und and. G v. 19.12.2007 (BGBl. I S. 3024), Art. 1, Art. 2 G zur Weiterentwicklung des Behindertengleichstellungsrechts v. 19.7.2016 (BGBl. I S. 1757), Art. 19 Abs. 2 BundesteilhabeG v. 23.12.2016 (BGBl. I S. 3234, geänd. durch G v. 17.7.2017, BGBl. I S. 2541), Art. 3 G zur Verlängerung befristeter Regelungen im Arbeitsförderungsrecht und zur Umsetzung der RL (EU) 2016/2102 über den barrierefreien Zugang zu den Websites und mobilen Anwendungen öffentlicher Stellen v. 10.7.2018 (BGBl. I S. 1117), Art. 9 TeilhabestärkungsG v. 2.6.2021 (BGBl. I S. 1387) und Art. 7 G zur Regelung eines Sofortzuschlages und einer Einmalzahlung in den sozialen Mindestsicherungssystemen sowie zur Änd. des FinanzausgleichsG und weiterer G v. 23.5.2022 (BGBl. I S. 760)

Inhaltsübersicht[3)]

[1)] Verkündet als Art. 1 Gesetz zur Gleichstellung behinderter Menschen und zur Änderung anderer Gesetze v. 27.4.2002 (BGBl. I S. 1467); Inkrafttreten gem Art. 56 dieses G am 1.5.2002.

[2)] Titel neu gef. mWv 27.7.2016 durch G v. 19.7.2016 (BGBl. I S. 1757).

[3)] Inhaltsübersicht neu gef. mWv 27.7.2016 durch G v. 19.7.2016 (BGBl. I S. 1757); geänd. mWv 14.7.2018 durch G v. 10.7.2018 (BGBl. I S. 1117); geänd. mWv 1.7.2021 durch G v. 2.6.2021 (BGBl. I S. 1387).

Abschnitt 1. Allgemeine Bestimmungen

§ 1[1)] Ziel und Verantwortung der Träger öffentlicher Gewalt. (1) [1] Ziel dieses Gesetzes ist es, die Benachteiligung von Menschen mit Behinderungen zu beseitigen und zu verhindern sowie ihre gleichberechtigte Teilhabe am Leben in der Gesellschaft zu gewährleisten und ihnen eine selbstbestimmte Lebensführung zu ermöglichen. [2] Dabei wird ihren besonderen Bedürfnissen Rechnung getragen.

(1a) Träger öffentlicher Gewalt im Sinne dieses Gesetzes sind

1. Dienststellen und sonstige Einrichtungen der Bundesverwaltung einschließlich der bundesunmittelbaren Körperschaften, bundesunmittelbaren Anstalten und bundesunmittelbaren Stiftungen des öffentlichen Rechts,
2. Beliehene, die unter der Aufsicht des Bundes stehen, soweit sie öffentlich-rechtliche Verwaltungsaufgaben wahrnehmen, und
3. sonstige Bundesorgane, soweit sie öffentlich-rechtliche Verwaltungsaufgaben wahrnehmen.

(2) [1] Die Träger der öffentlichen Gewalt sollen im Rahmen ihres jeweiligen Aufgabenbereichs die in Absatz 1 genannten Ziele aktiv fördern und bei der Planung von Maßnahmen beachten. [2] Das Gleiche gilt für Landesverwaltungen, einschließlich der landesunmittelbaren Körperschaften, Anstalten und Stiftungen des öffentlichen Rechts, soweit sie Bundesrecht ausführen.

(3) [1] Die Träger öffentlicher Gewalt sollen darauf hinwirken, dass Einrichtungen, Vereinigungen und juristische Personen des Privatrechts, an denen die Träger öffentlicher Gewalt unmittelbar oder mittelbar ganz oder überwiegend beteiligt sind, die Ziele dieses Gesetzes in angemessener Weise berücksichtigen. [2] Gewähren Träger öffentlicher Gewalt Zuwendungen nach § 23 der Bundeshaushaltsordnung[2)] als institutionelle Förderungen, so sollen sie durch Nebenbestimmung zum Zuwendungsbescheid oder vertragliche Vereinbarung sicherstellen, dass die institutionellen Zuwendungsempfängerinnen und -empfänger die Grundzüge dieses Gesetzes anwenden. [3] Aus der Nebenbestimmung zum Zuwendungsbescheid oder der vertraglichen Vereinbarung muss hervorgehen, welche Vorschriften anzuwenden sind. [4] Die Sätze 2 und 3 gelten auch für den Fall, dass Stellen außerhalb der Bundesverwaltung mit Bundesmitteln im Wege der Zuweisung institutionell geför-

---

[1)] § 1 Überschrift neu gef., Abs. 1 Satz 1 neu gef., Satz 2 geänd., Abs. 2–4 angef. mWv 27.7.2016 durch G v. 19.7.2016 (BGBl. I S. 1757); Abs. 1a eingef., Abs. 2 Satz 1 neu gef., Abs. 3 Sätze 1 und 2 geänd. mWv 14.7.2018 durch G v. 10.7.2018 (BGBl. I S. 1117).

[2)] **Sartorius Nr. 700.**

(Fortsetzung nächstes Blatt)

denen ein Einsatz des Einkommens über der Einkommensgrenze gemäß § 87 des Zwölften Buches in der Fassung vom 31. Dezember 2019 gefordert wurde, die am 31. Dezember 2019 geltenden Einkommensgrenzen nach dem Elften Kapitel des Zwölften Buches in der Fassung vom 31. Dezember 2019 zugrunde zu legen, solange der nach Kapitel 9 aufzubringende Beitrag höher ist als der Einkommenseinsatz nach dem am 31. Dezember 2019 geltenden Recht.

§ 150a[1)] Übergangsregelung für Ausländerinnen und Ausländer mit Aufenthaltstitel nach § 24 des Aufenthaltsgesetzes[2)] oder mit entsprechender Fiktionsbescheinigung. § 100 Absatz 1 findet keine Anwendung, soweit Leistungsberechtigte nach § 18 des Asylbewerberleistungsgesetzes[3)] Leistungen nach dem Asylbewerberleistungsgesetz erhalten.

Teil 3. Besondere Regelungen zur Teilhabe schwerbehinderter Menschen (Schwerbehindertenrecht)

Kapitel 1. Geschützter Personenkreis

§ 151 Geltungsbereich. (1) Die Regelungen dieses Teils gelten für schwerbehinderte und diesen gleichgestellte behinderte Menschen.

(2) [1] Die Gleichstellung behinderter Menschen mit schwerbehinderten Menschen (§ 2 Absatz 3) erfolgt auf Grund einer Feststellung nach § 152 auf Antrag des behinderten Menschen durch die Bundesagentur für Arbeit. [2] Die Gleichstellung wird mit dem Tag des Eingangs des Antrags wirksam. [3] Sie kann befristet werden.

(3) Auf gleichgestellte behinderte Menschen werden die besonderen Regelungen für schwerbehinderte Menschen mit Ausnahme des § 208 und des Kapitels 13 angewendet.

(4) [1] Schwerbehinderten Menschen gleichgestellt sind auch behinderte Jugendliche und junge Erwachsene (§ 2 Absatz 1) während der Zeit ihrer Berufsausbildung in Betrieben und Dienststellen oder einer beruflichen Orientierung, auch wenn der Grad der Behinderung weniger als 30 beträgt oder ein Grad der Behinderung nicht festgestellt ist. [2] Der Nachweis der Behinderung wird durch eine Stellungnahme der Agentur für Arbeit oder durch einen Bescheid über Leistungen zur Teilhabe am Arbeitsleben erbracht. [3] Die

(Fortsetzung nächstes Blatt)

[1)] § 150a eingef. mWv 1.6.2022 durch G v. 23.5.2022 (BGBl. I S. 760).
[2)] **Sartorius Nr. 565.**
[3)] Nr. **12/50**.

5. die konkreten Anforderungen der Berichterstattung über den Stand der Barrierefreiheit und
6. die Einzelheiten des Überwachungsverfahrens nach § 13 Absatz 3 Satz 2 Nummer 1.

Abschnitt 2b.[1] Assistenzhunde

§ 12e[2] Menschen mit Behinderungen in Begleitung durch Assistenzhunde. (1) [1] Träger öffentlicher Gewalt sowie Eigentümer, Besitzer und Betreiber von beweglichen oder unbeweglichen Anlagen und Einrichtungen dürfen Menschen mit Behinderungen in Begleitung durch ihren Assistenzhund den Zutritt zu ihren typischerweise für den allgemeinen Publikums- und Benutzungsverkehr zugänglichen Anlagen und Einrichtungen nicht wegen der Begleitung durch ihren Assistenzhund verweigern, soweit nicht der Zutritt mit Assistenzhund eine unverhältnismäßige oder unbillige Belastung darstellen würde. [2] Weitergehende Rechte von Menschen mit Behinderungen bleiben unberührt.

(2) Eine nach Absatz 1 unberechtigte Verweigerung durch Träger öffentlicher Gewalt gilt als Benachteiligung im Sinne von § 7 Absatz 1.

(3) [1] Ein Assistenzhund ist ein unter Beachtung des Tierschutzes und des individuellen Bedarfs eines Menschen mit Behinderungen speziell ausgebildeter Hund, der aufgrund seiner Fähigkeiten und erlernten Assistenzleistungen dazu bestimmt ist, diesem Menschen die selbstbestimmte Teilhabe am gesellschaftlichen Leben zu ermöglichen, zu erleichtern oder behinderungsbedingte Nachteile auszugleichen. [2] Dies ist der Fall, wenn der Assistenzhund

1. zusammen mit einem Menschen mit Behinderungen als Mensch-Assistenzhund-Gemeinschaft im Sinne des § 12g zertifiziert ist oder
2. von einem Träger der gesetzlichen Sozialversicherung, einem Träger nach § 6 des Neunten Buches Sozialgesetzbuch[3], einem Beihilfeträger, einem Träger der Heilfürsorge oder einem privaten Versicherungsunternehmen als Hilfsmittel zur Teilhabe oder zum Behinderungsausgleich anerkannt ist oder
3. im Ausland als Assistenzhund anerkannt ist und dessen Ausbildung den Anforderungen des § 12f Satz 2 entspricht oder
4. zusammen mit einem Menschen mit Behinderungen als Mensch-Assistenzhund-Gemeinschaft vor dem 1. Juli 2023
   a) in einer den Anforderungen des § 12f Satz 2 entsprechenden Weise ausgebildet und entsprechend § 12g Satz 2 erfolgreich geprüft wurde oder
   b) sich in einer den Anforderungen des § 12f Satz 2 entsprechenden Ausbildung befunden hat und innerhalb von zwölf Monaten nach dem 1. Juli 2023 diese Ausbildung beendet und mit einer § 12g Satz 2 entsprechenden Prüfung erfolgreich abgeschlossen hat.

(4) Ein Assistenzhund ist als solcher zu kennzeichnen.

(5) Für den Assistenzhund ist eine Haftpflichtversicherung zur Deckung der durch ihn verursachten Personenschäden, Sachschäden und sonstigen Vermögensschäden abzuschließen und aufrechtzuerhalten.

---

[1] Abschnitt 2b (§§ 12e–12l) eingef. mWv 1.7.2021 durch G v. 2.6.2021 (BGBl. I S. 1387).

[2] § 12e eingef. mWv 1.7.2021 durch G v. 2.6.2021 (BGBl. I S. 1387); Abs. 3 Satz 2 Nr. 4 einl. Satzteil und Buchst. b geänd. mWv 28.5.2022 durch G v. 23.5.2022 (BGBl. I S. 760).

[3] Nr. **9**.

(6) Für Blindenführhunde und andere Assistenzhunde, die als Hilfsmittel im Sinne des § 33 des Fünften Buches Sozialgesetzbuch[1)] gewährt werden, finden die §§ 12f bis 12k und die Vorgaben einer Rechtsverordnung nach § 12l Nummer 1, 2 und 4 bis 6 dieses Gesetzes keine Anwendung.

§ 12f[2)] Ausbildung von Assistenzhunden. [1] Assistenzhund und die Gemeinschaft von Mensch und Tier (Mensch-Assistenzhund-Gemeinschaft) bedürfen einer geeigneten Ausbildung durch eine oder begleitet von einer Ausbildungsstätte für Assistenzhunde (§ 12i). [2] Gegenstand der Ausbildung sind insbesondere die Schulung des Sozial- und Umweltverhaltens sowie des Gehorsams des Hundes, grundlegende und spezifische Hilfeleistungen des Hundes, das langfristige Funktionieren der Mensch-Assistenzhund-Gemeinschaft sowie die Vermittlung der notwendigen Kenntnisse und Fähigkeiten an den Halter, insbesondere im Hinblick auf die artgerechte Haltung des Assistenzhundes. [3] Aufgabe der Ausbildungsstätte ist dabei nicht nur das Bereitstellen eines Assistenzhundes, sondern nach Abschluss der Ausbildung bei Bedarf auch die nachhaltige Unterstützung des Assistenzhundehalters.

§ 12g[2)] Prüfung von Assistenzhunden und der Mensch-Assistenzhund-Gemeinschaft. [1] Der Abschluss der Ausbildung des Hundes und der Mensch-Assistenzhund-Gemeinschaft nach § 12f erfolgt durch eine Prüfung. [2] Die Prüfung dient dazu, die Eignung als Assistenzhund und die Zusammenarbeit der Mensch-Assistenzhund-Gemeinschaft nachzuweisen. [3] Die bestandene Prüfung ist durch ein Zertifikat eines Prüfers im Sinne von § 12j Absatz 2 zu bescheinigen.

§ 12h[2)] Haltung von Assistenzhunden. (1) [1] Der Halter eines Assistenzhundes ist zur artgerechten Haltung des Assistenzhundes verpflichtet. [2] Die Anforderungen des Tierschutzgesetzes[3)] in der Fassung der Bekanntmachung vom 18. Mai 2006 (BGBl. I S. 1206, 1313), das zuletzt durch Artikel 280 der Verordnung vom 19. Juni 2020 (BGBl. I S. 1328) geändert worden ist, in der jeweils geltenden Fassung sowie der Tierschutz-Hundeverordnung vom 2. Mai 2001 (BGBl. I S. 838), die zuletzt durch Artikel 3 der Verordnung vom 12. Dezember 2013 (BGBl. I S. 4145) geändert worden ist, in der jeweils geltenden Fassung, bleiben unberührt.

(2) [1] Soweit aufgrund der Art der Behinderung oder des Alters des Menschen mit Behinderungen die artgerechte Haltung des Assistenzhundes in der Mensch-Assistenzhund-Gemeinschaft nicht sichergestellt ist, ist die Versorgung des Assistenzhundes durch eine weitere Bezugsperson sicherzustellen. [2] In diesem Fall gilt diese Bezugsperson als Halter des Assistenzhundes.

§ 12i[2)] Zulassung einer Ausbildungsstätte für Assistenzhunde. [1] Eine Ausbildungsstätte, die Assistenzhunde nach § 12f ausbildet, bedarf der Zulassung durch eine fachliche Stelle. [2] Die Zulassung ist jährlich durch die fachliche Stelle zu überprüfen. [3] Eine Ausbildungsstätte für Assistenzhunde ist auf Antrag zuzulassen, wenn sie

---

1) Nr. 5.
2) Abschnitt 2b (§§ 12e–12l) eingef. mWv 1.7.2021 durch G v. 2.6.2021 (BGBl. I S. 1387).
3) **Sartorius Nr. 873.**

1. über eine Erlaubnis nach § 11 Absatz 1 Satz 1 Nummer 8 Buchstabe f des Tierschutzgesetzes[1] verfügt oder, soweit eine solche Erlaubnis nicht erforderlich ist, wenn die verantwortliche Person der Ausbildungsstätte die erforderlichen Kenntnisse und Fähigkeiten besitzt,
2. über die erforderliche Sachkunde verfügt, die eine erfolgreiche Ausbildung von Assistenzhunden sowie der Mensch-Assistenzhund-Gemeinschaft erwarten lässt, und
3. die Anforderungen der Verordnung gemäß § 12l erfüllt und ein System zur Qualitätssicherung anwendet.

⁴ Der Antrag muss alle Angaben und Nachweise erhalten, die erforderlich sind, um das Vorliegen der Voraussetzungen nach Satz 2 festzustellen. ⁵ Das Zulassungsverfahren folgt dem Verfahren nach DIN EN ISO/IEC 17065:2013[2]1. ⁶ Die Zulassung einer Ausbildungsstätte ist jeweils auf längstens fünf Jahre zu befristen. ⁷ Die fachliche Stelle bescheinigt die Kompetenz und Leistungsfähigkeit der Ausbildungsstätte durch ein Zulassungszertifikat.

§ 12j[3] Fachliche Stelle und Prüfer. (1) ¹ Als fachliche Stelle dürfen nur Zertifizierungsstellen für Produkte, Prozesse und Dienstleistungen nach DIN EN ISO/IEC 17065:2013 tätig werden, die von einer nationalen Akkreditierungsstelle im Sinne der Verordnung (EG) Nr. 765/2008 des Europäischen Parlaments und des Rates vom 9. Juli 2008 über die Vorschriften für die Akkreditierung und Marktüberwachung im Zusammenhang mit der Vermarktung von Produkten und zur Aufhebung der Verordnung (EWG) Nr. 339/93 des Rates (ABl. L 218 vom 13.8.2008, S. 30), die durch die Verordnung (EU) 2019/1020 (ABl. L 169 vom 25.6.2019, S. 1) geändert worden ist, in der jeweils geltenden Fassung akkreditiert worden sind. ² Die Akkreditierung ist jeweils auf längstens fünf Jahre zu befristen. ³ Das Bundesministerium für Arbeit und Soziales übt im Anwendungsbereich dieses Gesetzes die Aufsicht über die nationale Akkreditierungsstelle aus.

(2) ¹ Als Prüfer dürfen nur Stellen, die Personen zertifizieren, nach DIN EN ISO/IEC 17024:2012[4]2 tätig werden, die von einer nationalen Akkreditierungsstelle im Sinne der Verordnung (EG) Nr. 765/2008 in der jeweils geltenden Fassung akkreditiert worden sind. ² Die Akkreditierung ist jeweils auf längstens fünf Jahre zu befristen. ³ Ist der Prüfer zugleich als Ausbildungsstätte im Sinne von § 12i tätig, kann die Akkreditierung erteilt werden, wenn die Unabhängigkeitsanforderungen durch interne organisatorische Trennung und die Anforderungen gemäß Nummer 5.2.3 der DIN EN ISO/IEC 17024:2012 erfüllt werden. ⁴ Die näheren Anforderungen an das Akkreditierungsverfahren ergeben sich aus der Verordnung gemäß § 12l.

§ 12k[3] Studie zur Untersuchung. ¹ Das Bundesministerium für Arbeit und Soziales untersucht die Umsetzung und die Auswirkungen der §§ 12e bis 12l in

---

[1] **Sartorius Nr. 873.**

[2] Amtlicher Hinweis: Die bezeichnete technische Norm ist zu beziehen bei der Beuth Verlag GmbH, 10772 Berlin und in der Deutschen Nationalbibliothek archivmäßig gesichert, niedergelegt und einsehbar.

[3] Abschnitt 2b (§§ 12e–12l) eingef. mWv 1.7.2021 durch G v. 2.6.2021 (BGBl I S. 1387).

[4] Amtlicher Hinweis: Die in § 12j Absatz 2 bezeichneten technischen Normen sind zu beziehen bei der Beuth Verlag GmbH, 10772 Berlin und in der Deutschen Nationalbibliothek archivmäßig gesichert, niedergelegt und einsehbar.

den Jahren 2021 bis 2024. [2] Im Rahmen dieser Studie können Ausgaben wie beispielsweise die Anschaffungs-, Ausbildungs- und Haltungskosten der in die Studie einbezogenen Mensch-Assistenzhund-Gemeinschaften getragen werden.

§ 12l[1)] Verordnungsermächtigung. Das Bundesministerium für Arbeit und Soziales wird ermächtigt, im Einvernehmen mit dem Bundesministerium für Ernährung und Landwirtschaft durch Rechtsverordnung, die nicht der Zustimmung des Bundesrates bedarf, Folgendes zu regeln:

1. Näheres über die erforderliche Beschaffenheit des Assistenzhundes, insbesondere Wesensmerkmale, Alter und Gesundheit des auszubildenden Hundes sowie über die vom Assistenzhund zu erbringenden Unterstützungsleistungen,
2. Näheres über die Anerkennung von am 1. Juli 2023 in Ausbildung befindlichen oder bereits ausgebildeten Assistenzhunden sowie von im Ausland anerkannten Assistenzhunden einschließlich des Verfahrens,
3. Näheres über die erforderliche Kennzeichnung des Assistenzhundes sowie zum Umfang des notwendigen Versicherungsschutzes,
4. Näheres über den Inhalt der Ausbildung nach § 12f und der Prüfung nach § 12g sowie über die Zulassung als Prüfer jeweils einschließlich des Verfahrens sowie des zu erteilenden Zertifikats,
5. Näheres über die Voraussetzungen für die Akkreditierung als fachliche Stelle einschließlich des Verfahrens,
6. nähere Voraussetzungen für die Zulassung als Ausbildungsstätte für Assistenzhunde einschließlich des Verfahrens.

Abschnitt 3.[2)] Bundesfachstelle für Barrierefreiheit

§ 13[3)] Bundesfachstelle für Barrierefreiheit. (1) Bei der Deutschen Rentenversicherung Knappschaft-Bahn-See wird eine Bundesfachstelle für Barrierefreiheit errichtet.

(2) [1] Die Bundesfachstelle für Barrierefreiheit ist zentrale Anlaufstelle zu Fragen der Barrierefreiheit für die Träger öffentlicher Gewalt. [2] Sie berät darüber hinaus auch die übrigen öffentlichen Stellen des Bundes, Wirtschaft, Verbände und Zivilgesellschaft auf Anfrage. [3] Ihre Aufgaben sind:

1. zentrale Anlaufstelle und Erstberatung,
2. Bereitstellung, Bündelung und Weiterentwicklung von unterstützenden Informationen zur Herstellung von Barrierefreiheit,
3. Unterstützung der Beteiligten bei Zielvereinbarungen nach § 5 im Rahmen der verfügbaren finanziellen und personellen Kapazitäten,
4. Aufbau eines Netzwerks,
5. Begleitung von Forschungsvorhaben zur Verbesserung der Datenlage und zur Herstellung von Barrierefreiheit und

---

[1)] § 12l eingef. mWv 1.7.2021 durch G v. 2.6.2021 (BGBl. I S. 1387); Nr. 2 geänd. mWv 28.5.2022 *durch G v. 23.5.2022 (BGBl. I S. 760).*

[2)] Abschnitt 3 (§ 13) eingef. mWv 27.7.2016 durch G v. 19.7.2016 (BGBl. I S. 1757).

[3)] § 13 eingef. mWv 27.7.2016 durch G v. 19.7.2016 (BGBl. I S. 1757); Abs. 2 Satz 1, Abs. 2 Satz 2 geänd., Abs. 3 eingef., bish. Abs. 3 wird Abs. 4 und geänd. mWv 14.7.2018 durch G v. 10.7.2018 (BGBl. I S. 1117).

10/10. Verordnung über die Erfassung und Übermittlung von Daten für die Träger der Sozialversicherung (Datenerfassungs- und -übermittlungsverordnung – DEÜV)[1) 2)]

In der Fassung der Bekanntmachung vom 23.1.2006[3)]
(BGBl. I S. 152)

FNA 860-4-1-12

geänd. durch Art. 26 GKV-WettbewerbsstärkungsG v. 26.3.2007 (BGBl. I S. 378), Art. 23 Zweites G zum Abbau bürokratischer Hemmnisse insbesondere in der mittelständischen Wirtschaft v. 7.9.2007 (BGBl. I S. 2246), § 22 Abs. 6 Einsatz-WeiterverwendungsG v. 12.12.2007 (BGBl. I S. 2861), Art. 18 G zur Änd. des SGB IV und anderer G[4)] v. 19.12.2007 (BGBl. I S. 3024), Art. 11 Abs. 3 Unfallversicherungsmodernisierungs G v. 30.10.2008 (BGBl. I S. 2130), Art. 4b G zur Weiterentwicklung der Organisationsstrukturen in der gesetzl. Krankenversicherung v. 15.12.2008 (BGBl. I S. 2426), Art. 7 Abs. 4 G zur Neuausrichtung der arbeitsmarktpolitischen Instrumente v. 21.12.2008 (BGBl. I S. 2917), Art. 12 Zweites G zur Änd. des SGB IV und anderer G v. 21.12.2008 (BGBl. I S. 2933), Art. 6 Nr. 4 G zur Verbesserung der Rahmenbedingungen für die Absicherung flexibler Arbeitszeitregelungen und zur Änd. anderer G v. 21.12.2008 (BGBl. I S. 2940), Art. 11 Drittes G zur Änd. des SGB IV und anderer G v. 5.8.2010 (BGBl. I S. 1127), Art. 17 HaushaltsbegleitG 2011 v. 9.12.2010 (BGBl. I S. 1885), Art. 11 GKV-FinanzierungsG v. 22.12.2010 (BGBl. I S. 2309), Art. 5 Einsatzversorgungs-VerbesserungsG v. 5.12.2011 (BGBl. I S. 2458), Art. 47 G zur Verbesserung der Eingliederungschancen am Arbeitsmarkt v. 20.12.2011 (BGBl. I S. 2854), Art. 16 und 17 Viertes G zur Änd. des Vierten Buches Sozialgesetzbuch und anderer G v. 22.12.2011 (BGBl. I S. 3057), Art. 10 G zu Änd. im Bereich der geringfügigen Beschäftigung v. 5.12.2012 (BGBl. I S. 2474), Art. 16 Abs. 5 BUK-NeuorganisationsG v. 19.10.2013 (BGBl. I S. 3836), Art. 13 GKV-Finanzstruktur- und Qualitäts-WeiterentwicklungsG v. 21.7.2014 (BGBl. I S. 1133), Art. 10 G zur besseren Vereinbarkeit von Familie, Pflege und Beruf v. 23.12.2014 (BGBl. I S. 2462), Art. 12 Fünftes G zur Änd. des Vierten Buches Sozialgesetzbuch und anderer G v. 15.4.2015 (BGBl. I S. 583, ber. S. 1008), Art. 3 Abs. 4 G zur Neuregelung der Unterhaltssicherung sowie zur Änd. soldatenrechtlicher Vorschriften v. 29.6. 2015 (BGBl. I S. 1061), Art. 18 6. SGB IV-ÄndG v. 11.11.2016 (BGBl. I S. 2500), Art. 10 Rentenüberleitungs-AbschlussG v. 17.7.2017 (BGBl. I S. 2575), Art. 3 VO zur Änd. der Sozialversicherungsentgeltverordnung VO und anderer Verordnungen v. 7.12.2017 (BGBl. I S. 3906), Art. 6 Abs. 7 RV-Leistungsverbesserungs- und -StabilisierungsG v. 28.11.2018 (BGBl. I S. 2016), Art. 5 QualifizierungschancenG v. 18.12.2018 (BGBl. I S. 2651), Art. 26 und 27 Bundeswehr-Einsatzbereitschaftsstär-

---

[1)] Die Rechtsvorschrift wurden erlassen auf Grund des
- § 28c des Vierten Buches Sozialgesetzbuch – Gemeinsame Vorschriften für die Sozialversicherung – (Nr. 4), der durch Artikel 1 Nr. 5 des Gesetzes vom 20. Dezember 1988 (BGBl. I S. 2330) eingefügt und zuletzt durch Artikel 3 des Gesetzes vom 16. Dezember 1997 (BGBl. I S. 2970) geändert worden ist,
- § 106 des Vierten Buches Sozialgesetzbuch (Nr. **4**), der durch Artikel 1 Nr. 3 des Gesetzes vom 6 Oktober 1989 (BGBl. I S. 1822) eingefügt und zuletzt durch Artikel 3 des Gesetzes vom 16. Dezember 1997 (BGBl. I S. 2970) geändert worden ist,
- § 195 des Sechsten Buches Sozialgesetzbuch – Gesetzliche Rentenversicherung – (Nr. **6**) (Artikel 1 des Gesetzes vom 18. Dezember 1989, BGBl. I S. 2261; 1990 I S. 1337)

in Verbindung mit Artikel 80 des Gesetzes vom 24. März 1997 (BGBl. I S. 594).

[2)] Die Änderungen durch G v. 17.7.2017 (BGBl. I S. 2575) treten teilweise erst **mWv 1.1.2025**, die Änderungen durch G v. 22.11.2019 (BGBl. I S. 1746, geänd. durch G v. 11.2.2021, BGBl. I S. 154 und durch G v. 23.3.2022, BGBl. I S. 482) und die Änderungen durch G v. 12.6.2020 (BGBl. I S. 1248) treten teilweise erst **mWv 1.1.2023** in Kraft und sind insoweit im Text noch nicht berücksichtigt.

[3)] Neubekanntmachung der DEÜV v. 10.2.1998 (BGBl. I S. 343) in der ab 1.1.2006 geltenden Fassung.

[4)] Zum Inkrafttreten siehe auch die Bek. über das Inkrafttreten der Folgeänderungen zur Auflösung der See-Krankenkasse und der See-Pflegekasse und zu deren Eingliederung in die Deutsche Rentenversicherung Knappschaft-Bahn-See nach § 165 Abs. 4 Satz 1 des Fünften Buches SozialGbuch.

kungsG v. 4.8.2019 (BGBl. I S. 1147), Art. 12 Drittes BürokratieentlastungsG v. 22.11.2019 (BGBl. I S. 1746, geänd. durch G v. 11.2.2021, BGBl. I S. 154 und durch G v. 23.3.2022, BGBl. I S. 482), Art. 57 Abs. 23 G zur Regelung des Sozialen Entschädigungsrechts v. 12.12.2019 (BGBl. I S. 2652), Art. 26 Siebtes G zur Änd. des Vierten Buches SGB und anderer G v. 12.6.2020 (BGBl. I S. 1248) und Art. 4 Viertes G zur Änd. des SeefischereiG v. 26.5.2021 (BGBl. I S. 1170)

Erster Abschnitt. Allgemeines

§ 1[1)] Grundsatz. [1] Die Vorschriften dieser Verordnung gelten für die Meldungen auf Grund des § 18i Absatz 4, §§ 28a, 99 und 106 bis 108 des Vierten Buches Sozialgesetzbuch[2)], des § 200 Abs. 1 des Fünften Buches Sozialgesetzbuch[3)], der §§ 190 bis 194 und 281c des Sechsten Buches Sozialgesetzbuch[4)] und des § 27 Abs. 2 des Zweiten Gesetzes über die Krankenversicherung der Landwirte[5)] sowie für den Beitragsnachweis nach § 28f Abs. 3 Satz 1 des Vierten Buches Sozialgesetzbuch. [2] Die Meldungen und Beitragsnachweise für die jeweils beteiligten Träger der Sozialversicherung sind gemeinsam zu erstatten.

§ 2[6)] Meldepflichtige. Meldungen sind zu erstatten von

1. dem Arbeitgeber,
2. Personen, die wie ein Arbeitgeber Beiträge auf Grund gesetzlicher Vorschriften zahlen,
3. Zahlstellen,
4. dem Bundesministerium der Verteidigung oder den von ihm bestimmten Stellen und dem Bundesamt für Familie und zivilgesellschaftliche Aufgaben,
5. den Leistungsträgern.

§ 3[7)] Zu meldender Personenkreis. [1] Meldungen sind zu erstatten für

1. Beschäftigte, die kranken-, pflege-, renten- oder nach dem Recht der Arbeitsförderung versicherungspflichtig sind,
2. Beschäftigte, für die Beitragsanteile zur Rentenversicherung oder nach dem Recht der Arbeitsförderung zu zahlen sind,
3. geringfügig Beschäftigte,
4. Leiharbeitnehmer,
5. Bezieher von Entgeltersatzleistungen oder von Arbeitslosengeld II,
6. Wehr- und Zivildienstleistende.

[2] Den Beschäftigten stehen Personen gleich, für die ein anderer wie ein Arbeitgeber Beiträge auf Grund gesetzlicher Vorschriften zahlt.

§ 4 (weggefallen)

[1)] § 1 Satz 1 geänd. mWv 1.1.2008 durch G v. 7.9.2007 (BGBl. I S. 2246); Satz 1 geänd. mWv 1.1.2016 durch G v. 15.4.2015 (BGBl. I S. 583); Satz 1 geänd. mWv 1.1.2017 durch G v. 11.11.2016 (BGBl. I S. 2500); Satz 1 geänd. mWv 1.7.2022 durch G v. 22.11.2019 (BGBl. I S. 1746; geänd. durch G v. 11.2.2021, BGBl. I S. 154 und durch G v. 23.3.2022 (BGBl. I S. 482).

[2)] Nr. **4**.

[3)] Nr. **5**.

[4)] Nr. **6**.

[5)] Nr. **30/22**.

[6)] § 2 Nr. 3 neu gef., Nr. 4 geänd. mWv 1.1.2017 durch G v. 11.11.2016 (BGBl. I S. 2500).

[7)] § 3 Satz 1 Nr. 5 geänd. mWv 1.1.2011 durch G v. 9.12.2010 (BGBl. I S. 1885).

Sozialgesetzbuch

mit Nebengesetzen, Ausführungs- und Verfahrensvorschriften

Textausgabe
mit Anmerkungen und Sachverzeichnis

Begründet und herausgegeben von

FRIEDRICH AICHBERGER †
Senatspräsident am Bayerischen Landessozialgericht

Unter Mitarbeit von Stephan Rittweger
Vors. Richter am Bayerischen Landessozialgericht

Band II

Stand: 24. Juni 2022

155. Ergänzungslieferung

C.H.BECK

Dieses Titelblatt stammt aus der 155. Ergänzungslieferung Juni 2022,
die an die 154. Ergänzungslieferung März 2022 anschließt.

ISBN 978 3 406 78289 3

Redaktioneller Hinweis: Paragraphenüberschriften in eckigen Klammern sind nichtamtlich. Sie sind ebenso wie die Fußnoten urheber- und wettbewerbsrechtlich geschützt.

Verbesserungswünsche und Fehlerhinweise sind jederzeit willkommen.

Verlag C. H. Beck oHG
Wilhelmstr. 9, 80801 München
Fax 0 89/3 81 89-5 16

www.beck.de

Gesamtwerk 978 3 406 46009 8 ergänzt bis 978 3 406 78289 3

Wilhelmstraße 9, 80801 München
Druck: Druckerei C. H. Beck Nördlingen
(Adresse wie Verlag)

CO2 neutral
chbeck.de/nachhaltig

Gedruckt auf säurefreiem, alterungsbeständigem Papier
(hergestellt aus chlorfrei gebleichtem Zellstoff)

11. Sozialgesetzbuch (SGB) Elftes Buch (XI) Soziale Pflegeversicherung[1) 2)]

Vom 26. Mai 1994
(BGBl. I S. 1014)

FNA 860-11

geänd. durch Art. 6 AgrarsozialreformG 1995 v. 29.7.1994 (BGBl. I S. 1890), Art. 4 Drittes SGB V-ÄndG v. 10.5.1995 (BGBl. I S. 678), Art. 20 G zur Änd. wehrpflichtrechtlicher, soldatenrechtlicher, beamtenrechtlicher und anderer Vorschriften v. 24.7.1995 (BGBl. I S. 962), Art. 4 G zur Änd. des Sechsten Buches Sozialgesetzbuch und anderer G v. 15.12.1995 (BGBl. I S. 1824), Art. 2 G zum Inkraftsetzen der 2. Stufe der Pflegeversicherung v. 31.5.1996 (BGBl. I S. 718), Art. 1 Erstes SGB XI-ÄndG v. 14.6.1996 (BGBl. I S. 830), Art. 7 Unfallversicherungs-EinordnungsG v. 7.8.1996 (BGBl. I S. 1254), Art. 4 G zur sozialrechtlichen Behandlung von einmalig gezahltem Arbeitsentgelt v. 12.12. 1996 (BGBl. I S. 1859), Art. 10 Arbeitsförderungs-ReformG v. 24.3.1997 (BGBl. I S. 594), Art. 41 Sechste Zuständigkeitsanpassungs-VO v. 21.9.1997 (BGBl. I S. 2390), Art. 7 RentenreformG 1999 v. 16.12.1997 (BGBl. I S. 2998), Art. 6 G zur sozialrechtlichen Absicherung flexibler Arbeitszeitregelungen v. 6.4.1998 (BGBl. I S. 688), Art. 1 Zweites G zur Änd. des SGB XI und anderer G v. 29.5. 1998 (BGBl. I S. 1188), Art. 1 Drittes SGB XI-ÄndG v. 5.6.1998 (BGBl. I S. 1229), Art. 1 Viertes SGB XI-ÄndG v. 21.7.1999 (BGBl. I S. 1656), Art. 24 HaushaltssanierungsG v. 22.12.1999 (BGBl. I S. 2534), Art. 3 GKV-GesundheitsreformG 2000 v. 22.12.1999 (BGBl. I S. 2626), Art. 16 G zur Änd. des SoldatenG und anderer Vorschriften v. 19.12.2000 (BGBl. I S. 1815), Art. 3 § 56 G zur Beendigung der Diskriminierung gleichgeschlechtlicher Gemeinschaften: Lebenspartnerschaften v. 16.2.2001 (BGBl. I S. 266), Art. 4 Zweites G zur Änd. des Künstlersozialversicherungsg und anderer G v. 13.6.2001 (BGBl. I S. 1027), Art. 10 SGB IX v. 19.6.2001 (BGBl. I S. 1046), Art. 7 Abs. 40 MietrechtsreformG v. 19.6.2001 (BGBl. I S. 1149), Art. 1 Pflege-QualitätssicherungsG v. 9.9. 2001 (BGBl. I S. 2320, geänd. durch G v. 14.12.2001, BGBl. I S. 3728), Art. 2 Achtes Euro-EinführungsG v. 23.10.2001 (BGBl. I S. 2702, geänd. durch G v. 14.12.2001,BGBl. I S. 3728), Art. 219 Siebente ZuständigkeitsanpassungsVO v. 29.10.2001 (BGBl. I S. 2785), Art. 6 Job-AQTIV-Gesetz v. 10.12.2001 (BGBl. I S. 3443), Art. 1 und 4 Pflegeleistungs-ErgänzungsG v. 14.12.2001 (BGBl. I S. 3728), Art. 12 Hüttenknappschaftliches Zusatzversicherungs-NeuregelungsG v. 21.6.2002 (BGBl. I S. 2167), Art. 5 Erstes G für moderne Dienstleistungen am Arbeitsmarkt v. 23.12.2002 (BGBl. I S. 4607), Art. 6 Zweites G für moderne Dienstleistungen am Arbeitsmarkt v. 23.12.2002 (BGBl. I S. 4621), Art. 3 BeitragssatzsicherungsG v. 23.12.2002 (BGBl. I S. 4637), Art. 7 ÄndG des Sozialgesetzbuches und anderer G v. 24.7.2003 (BGBl. I S. 1526), Art. 7 GKV-ModernisierungsG v. 14.11.2003 (BGBl. I S. 2190), Art. 212 Achte ZuständigkeitsanpassungsVO v. 25.11.2003 (BGBl. I S. 2304), Art. 10 Drittes G für moderne Dienstleistungen am Arbeitsmarkt v. 23.12.2003 (BGBl. I S. 2848), Art. 11 Viertes G für moderne Dienstleistungen am Arbeitsmarkt v. 24.12.2003 (BGBl. I S. 2954), Art. 6 Zweites G zur Änd. des Sechsten Buches Sozialgesetzbuch und anderer G v. 27.12. 2003 (BGBl. I S. 3013), Art. 4 Drittes G zur Änd. des Sechsten Buches Sozialgesetzbuch und anderer G v. 27.12.2003 (BGBl. I S. 3019), Art. 10 G zur Einordnung des Sozialhilferechts in das SGB v. 27.12.2003 (BGBl. I S. 3022), Art. 10 G zur Organisationsreform in der gesetzl. RV v. 9.12.2004 (BGBl. I S. 3242), Art. 1 Kinder-BerücksichtigungsG v. 15.12.2004 (BGBl. I S. 3448), Art. 9a VerwaltungsvereinfachungsG v. 21.3.2005 (BGBl. I S. 818), Art. 11 Zweites Betreuungsrechtsänderungsg v. 21.4.2005 (BGBl. I S. 1073), Art. 22 Streitkräftereserve-NeuordnungsG v. 22.4.2005 (BGBl. I S. 1106), Art. 3b Zweites G zur Änd. des SeemannsG und anderer G v. 8.6.2005 (BGBl. I

---

1) Verkündet als Art. 1 Pflege-VersicherungsG v. 26.5.1994 (BGBl. I S. 1014); Inkrafttreten gem. Art. 68 Abs. 1 dieses G am 1.1.1995, mit Ausnahme der §§ 36–42, 44 und 45, die gem. Art. 68 Abs. 2 am 1.4.1995, des § 43, der gem. Art. 68 Abs. 3 am 1.7.1996, und des § 46 Abs. 1, 2, 5 und 6 sowie der §§ 47, 52, 53, 93–108, die gem. Art. 68 Abs. 4 dieses G am 1.6.1994 in Kraft getreten sind.

2) Die Änderungen durch G v. 17.7.2017 (BGBl. I S. 2581) treten erst **mWv 1.1.2025**, die Änderungen durch G v. 12.12.2019 (BGBl. I S. 2652) treten teilweise erst **mWv 1.1.2024**, die Änderungen durch G v. 28.3.2021 (BGBl. I S. 591) treten erst **mit unbestimmten Inkrafttreten**, die Änderungen durch G v. 11.7.2021 (BGBl. I S. 2754) treten teilweise erst **mWv 1.9.2022** bzw. **mWv 1.1.2026**, und die Änderungen durch G v. 20.8.2021 (BGBl. I S. 3932) treten erst **mWv 1.1. 2025** in Kraft und sind im Text noch nicht berücksichtigt.

S. 1530), Art. 8 G zur Förderung ganzjähriger Beschäftigung v. 24.4.2006 (BGBl. I S. 926), Art. 12 HaushaltsbegleitG 2006 v. 29.6.2006 (BGBl. I S. 1402), Art. 7 G zur Fortentwicklung der Grundsicherung für Arbeitsuchende v. 20.7.2006 (BGBl. I S. 1706), Art. 264 Neunte ZuständigkeitsanpassungsVO v. 31.10.2006 (BGBl. I S. 2407), Art. 2 Abs. 21 G zur Einführung des Elterngeldes v. 5.12. 2006 (BGBl. I S. 2748), Art. 8 und 9 GKV-WettbewerbsstärkungsG v. 26.3.2007 (BGBl. I S. 378), Art. 28 Abs. 5 Zweites G zum Abbau bürokratischer Hemmnisse insbesondere in der mittelständischen Wirtschaft v. 7.9.2007 (BGBl. I S. 2246), § 22 Abs. 10 Einsatz-WeiterverwendungsG v. idF der Bek. 12.12.2007 (BGBl. I S. 2861, neu gef. BGBl. I 2012, S. 2070), Art. 8 Abs. 3 G zur Modernisierung des Rechts der landwirtschaftlichen Sozialversicherung v. 18.12.2007 (BGBl. I S. 2984), Art. 5a G zur Änd. des SGB IV und and. G v. 19.12.2007 (BGBl. I S. 3024), Art. 2 Abs. 14 G zur Förderung von Jugendfreiwilligendiensten v. 16.5.2008 (BGBl. I S. 842), Art. 1 und 2 Pflege-WeiterentwicklungsG v. 28.5.2008 (BGBl. I S. 874), Art. 5 KinderförderungsG v. 10.12.2008 (BGBl. I S. 2403), Art. 2a G zur Weiterentwicklung der Organisationsstrukturen in der gesetzlichen Krankenversicherung v. 15.12.2008 (BGBl. I S. 2426), Art. 107 FGG-ReformG v. 17.12.2008 (BGBl. I S. 2586), Art. 2 Abs. 1 G zur Neuregelung der zivilrechtl. Vorschriften des HeimG nach der Föderalismusreform v. 29.7.2009 (BGBl. I S. 2319), Art. 3 G zur Regelung des Assistenzpflegebedarfs im Krankenhaus v. 30.7.2009 (BGBl. I S. 2495), Art. 12 Abs. 7 G zur Ermittlung von Regelbedarfen und zur Änd. des Zweiten und Zwölften Buches Sozialgesetzbuch v. 24.3.2011 (BGBl. I S. 453), Art. 12 G zur Einführung eines Bundesfreiwilligendienstes v. 28.4.2011 (BGBl. I S. 687), Art. 7 G zur Koordinierung der Systeme der sozialen Sicherheit in Europa und zur Änd. anderer G v. 22.6.2011 (BGBl. I S. 1202), Art. 6 G zur Änd. des InfektionsschutzG und weiterer G v. 28.7.2011 (BGBl. I S. 1622), Art. 3 G zur Vereinbarkeit von Pflege und Beruf v. 6.12.2011 (BGBl. I S. 2564), Art. 11 G zur Verbesserung der Eingliederungschancen am Arbeitsmarkt v. 27.12.2011 (BGBl. I S. 2854), Art. 4 GKV-VersorgungsstrukturG v. 22.12.2011 (BGBl. I S. 2983), Art. 13 Abs. 27 LSV-NeuordnungsG v. 12.4.2012 (BGBl. I S. 579), Art. 2c G zur Änd. des TransplantationsG v. 21.7.2012 (BGBl. I S. 1601), Art. 1 Pflege-Neuausrichtungs-G v. 23.10.2012 (BGBl. I S. 2246), Art. 5 G zu Änd. im Bereich der geringfügigen Beschäftigung v. 5.12.2012 (BGBl. I S. 2474), Art. 2 G zur Regelung des Assistenzpflegebedarfs in stationären Vorsorge- oder Rehabilitationseinrichtungen v. 20.12.2012 (BGBl. I S. 2789), Art. 2 Abs. 4 BetreuungsgeldG v. 15.2.2013 (BGBl. I S. 254), Art. 2 Abs. 14 15. G zur Änd. des SoldatenG v. 8.4.2013 (BGBl. I S. 730), Art. 2a G zur Beseitigung sozialer Überforderung bei Beitragsschulden in der Krankenversicherung v. 15.7.2013 (BGBl. I S. 2423), Art. 6 GKV-Finanzstruktur- und Qualitäts-WeiterentwicklungsG v. 21.7.2014 (BGBl. I S. 1133), Art. 1 Erstes PflegestärkungsG v. 17.12.2014 (BGBl. I S. 2222), Art. 8 G zur besseren Vereinbarkeit von Familie, Pflege und Beruf v. 23.12.2014 (BGBl. I S. 2462), Art. 2 Abs. 24 G zur Modernisierung der Finanzaufsicht über Versicherungen v. 1.4.2015 (BGBl. I S. 434), Art. 5 GKV-VersorgungsstärkungsG v. 16.7.2015 (BGBl. I S. 1211), Art. 6 und 7 PräventionsG v. 17.7.2015 (BGBl. I S. 1368), Art. 3 Hospiz- und PalliativG v. 1.12.2015 (BGBl. I S. 2114), Art. 1c G für sichere digitale Kommunikation und Anwendungen im Gesundheitswesen sowie zur Änd. weiterer G v. 21.12.2015 (BGBl. I S. 2408), Art. 1 und 2 Zweites PflegestärkungsG v. 21.12.2015 (BGBl. I S. 2424, geänd. durch G v. 11.10.2016, BGBl. I S. 2233), Art. 2b Arbeitslosenversicherungsschutz- und WeiterbildungsstärkungsG v. 18.7. 2016 (BGBl. I S. 1710), Art. 3 Abs. 3 Neuntes G zur Änd. des SGB II - Rechtsvereinfachung - sowie zur vorübergehenden Aussetzung der Insolvenzantragspflicht v. 26.7.2016 (BGBl. I S. 1824), Art. 2a G zur Errichtung eines Transplantationsregisters und zur Änd. weiterer Gesetze v. 11.10.2016 (BGBl. I S. 2233), Art. 1 Drittes PflegestärkungsG v. 23.12.2016 (BGBl. I S. 3191), Art. 10 BundesteilhabeG v. 23.12.2016 (BGBl. I S. 3234), Art. 2 GKV-SelbstverwaltungsstärkungsG v. 21.2.2017 (BGBl. I S. 265), Art. 1c Heil- und HilfsmittelversorgungsG v. 4.4.2017 (BGBl. I S. 778), Art. 8 Zweites Bürokratieentlastungsgesetz v. 30.6.2017 (BGBl. I S. 2143), Art. 4 PflegeberufereformG v. 17.7.2017 (BGBl. I S. 2581), Art. 9 G zur Fortschreibung der Vorschriften für Blut- und Gewebezubereitungen und zur Änd. anderer Vorschriften v. 18.7.2017 (BGBl. I S. 2757), Art. 6 Abs. 4 RV-Leistungsverbesserungs- und -StabilisierungsG v. 28.11.2018 (BGBl. I S. 2016), Art. 5 GKV-VersichertenentlastungsG v. 11.12.2018 (BGBl. I S. 2387), Art. 11 und 12 Pflegepersonal-StärkungsG v. 11.12.2018 (BGBl. I S. 2394), Art. 1 Fünftes ÄndG v. 17.12.2018 (BGBl. I S. 2587), Art. 10 Terminservice- und VersorgungsG v. 6.5.2019 (BGBl. I S. 646), Art. 10c G für mehr Sicherheit in der Arzneimittelversorgung v. 9.8.2019 (BGBl. I S. 1202), Art. 132 Zweites Datenschutz-Anpassungs- und UmsetzungsG EU v. 20.11.2019 (BGBl. I S. 1626), Art. 4 Digitale-Versorgung-G v. 9.12.2019 (BGBl. I S. 2562), Art. 39 G zur Regelung des Sozialen Entschädigungsrechts v. 12.12.2019 (BGBl. I S. 2652), Art. 2c G über die Ausbildung zur Anästhesietechnischen Assistentin und zum Anästhesietechnischen Assistenten und über die Ausbildung zur Operationstechnischen Assistentin und zum Operationstechnischen Assistenten v. 14.12.2019 (BGBl. I S. 2768), Art. 10 MDK-ReformG v. 14.12.2019 (BGBl. I S. 2789), Art. 2 GKV-BetriebsrentenfreibetragsG v. 21.12.2019 (BGBl. I S. 2913), Art. 2a G zur Einführung einer Wohnungslosenberichterstattung sowie einer Statistik untergebrachter wohnungsloser Personen und zur Änd. weiterer Gesetze v. 4.3.2020 (BGBl. I S. 437), Art. 4 COVID-19-KrankenhausentlastungsG

v. 27.3.2020 (BGBl. I S. 580), Art. 10 Fairer-Kassenwettbewerb-G v. 22.3.2020 (BGBl. I S. 604), Art. 5 Zweites G zum Schutz der Bevölkerung bei einer epidemischen Lage von nationaler Tragweite v. 19.5.2020 (BGBl. I S. 1018), Art. 5 Patientendaten-Schutz-G v. 14.10.2020 (BGBl. I S. 2115), Art. 5 KrankenhauszukunftsG v. 23.10.2020 (BGBl. I S. 2208), Art. 3 Intensivpflege- und RehabilitationsstärkungsG v. 23.10.2020 (BGBl. I S. 2220), Art. 3 Gesundheitsversorgungs- und Pflegeverbesserungsgesetz v. 22.12.2020 (BGBl. I S. 3299), Art. 3 Zweites G zur Änd. des Bundeselterngeld- und ElternzeitG v. 15.2.2021 (BGBl. I S. 239), Art. 4 Covid-19-G zur Fortgeltung der die epidemische Lage von nationaler Tragweite betreffenden Regelungen v. 29.3.2021 (BGBl. I S. 370), Art. 15 RegistermodernisierungsG v. 28.3.2021 (BGBl. I S. 591), Art. 5 Digitale-Versorgung-und-Pflege-Modernisierungs-G v. 3.6.2021 (BGBl. I S. 1309), Art. 2 und 2a GesundheitsversorgungsweiterentwicklungsG v. 11.7.2021 (BGBl. I S. 2754), Art. 46 G über die Entschädigung der Soldatinnen und Soldaten und zur Neuordnung des Soldatenversorgungsrechts v. 20.8.2021 (BGBl. I S. 3932), Art. 7e G zum Erlass eines Tierarzneimittelgesetzes und zur Anpassung arzneimittelrechtlicher und anderer Vorschriften[1] v. 27.9.2021 (BGBl. I S. 4530), Art. 8 G zur Änd. des InfektionsschutzG und weiterer Gesetze anlässlich der Aufhebung der Feststellung der epidemischen Lage von nationaler Tragweite v. 22.11.2021 (BGBl. I S. 4906), Art. 15 G zur Stärkung der Impfprävention gegen COVID-19 und zur Änd. weiterer Vorschriften im Zusammenhang mit der COVID-19-Pandemie v. 10.12.2021 (BGBl. I S. 5162), Art. 2 Covid-19-G zur Änd. des InfektionsschutzG und anderer Vorschriften v. 18.3.2022 (BGBl. I S. 466) und Art. 1a G zur Verlängerung von Sonderregelungen im Zusammenhang mit der COVID-19-Pandemie beim Kurzarbeitergeld und anderer Leistungen v. 23.3.2022 (BGBl. I S. 482)

Inhaltsübersicht[2]

Erstes Kapitel. Allgemeine Vorschriften

---

[1] Notifiziert gemäß der Richtlinie (EU) 2015/1535 des Europäischen Parlaments und des Rates vom 9. September 2015 über ein Informationsverfahren auf dem Gebiet der technischen Vorschriften und der Vorschriften für die Dienste der Informationsgesellschaft (ABl. L 241 vom 17.9.2015, S. 1).

[2] Inhaltsübersicht geänd. mWv 1.7.2001 durch G v. 19.6.2001 (BGBl. I S. 1046); geänd. mWv 1.1.2002 durch G v. 9.9.2001 (BGBl. I S. 2320); geänd. mWv 1.1.2002 durch G v. 14.12.2001 (BGBl. I S. 3728); geänd. mWv 1.1.2004 durch G v. 14.11.2003 (BGBl. I S. 2190); geänd. mWv 1.7.2004 durch G v. 27.12.2003 (BGBl. I S. 3022); geänd. mWv 1.4.2007 durch G v. 26.3.2007 (BGBl. I S. 378); geänd. mWv 1.7.2008 durch G v. 28.5.2008 (BGBl. I S. 874); geänd. mWv 1.10.2009 durch G v. 29.7.2009 (BGBl. I S. 2319); geänd. mWv 4.8.2011 durch G v. 28.7.2011 (BGBl. I S. 1622); geänd. mWv 30.10.2012 und mWv 1.1.2013 durch G v. 23.10.2012 (BGBl. I S. 2246); geänd. mWv 1.1.2015 durch G v. 17.12.2014 (BGBl. I S. 2222); geänd. mWv 1.1.2015 durch G v. 23.12.2014 (BGBl. I S. 2462); geänd. und nichtamtl. angepasst mWv 25.7.2015 durch G v. 17.7.2015 (BGBl. I S. 1368); geänd. mWv 1.1.2016 und mWv 1.1.2017 durch G v. 21.12.2015 (BGBl. I S. 2424); geänd. mWv 1.1.2017 und geänd. mWv 1.1.2020 durch G v. 23.12.2016 (BGBl. I S. 3191); geänd. mWv 1.1.2018 durch G v. 23.12.2016 (BGBl. I S. 3234); geänd. mWv 29.7.2017 durch G v. 18.7.2017 (BGBl. I S. 2757); geänd. mWv 15.12.2018 und mWv 1.1.2019 durch G v. 11.12.2018 (BGBl. I S. 2394); geänd. mWv 11.5.2019 durch G v. 6.5.2019 (BGBl. I S. 646); geänd. mWv 26.11.2019 durch G v. 20.11.2019 (BGBl. I S. 1626); geänd. mWv 1.1.2020 durch G v. 14.12.2019 (BGBl. I S. 2789); geänd. mWv 28.3.2020 durch G v. 27.3.2020 (BGBl. I S. 580); geänd. mWv 23.5.2020 durch G v. 19.5.2020 (BGBl. I S. 1018); geänd. mWv 1.1.2021 durch G v. 22.12.2020 (BGBl. I S. 3299); geänd. mWv 31.3.2021 durch G v. 29.3.2021 (BGBl. I S. 370); geänd. mWv 9.6.2021 durch G v. 3.6.2021 (BGBl. I S. 1309); geänd. mWv 20.7.2021 und mWv 1.1.2022 durch G v. 11.7.2021 (BGBl. I S. 2754).
Die Inhaltsübersicht wurde nichtamtlich an die Änderungen mWv 1.7.2017 durch G v. 21.12.2015 (BGBl. I S. 2424) und mWv 19.12.2019 durch G v. 9.12.2019 (BGBl. I S. 2562) angepasst.

[1)] Nr. **9**.

(Fortsetzung nächstes Blatt)

2. die Ausgaben und Einnahmen der Träger der Eingliederungshilfe

als Bundesstatistik durchgeführt.

§ 144 Erhebungsmerkmale. (1) Erhebungsmerkmale bei den Erhebungen nach § 143 Nummer 1 sind für jeden Leistungsberechtigten

1. Geschlecht, Geburtsmonat und -jahr, Staatsangehörigkeit Bundesland, Wohngemeinde und Gemeindeteil, Kennnummer des Trägers, mit anderen Leistungsberechtigten zusammenlebend, erbrachte Leistungsarten im Laufe und am Ende des Berichtsjahres,
2. die Höhe der Bedarfe für jede erbrachte Leistungsart, die Höhe des aufgebrachten Beitrags nach § 92, die Art des angerechneten Einkommens, Beginn und Ende der Leistungserbringung nach Monat und Jahr, die für mehrere Leistungsberechtigte erbrachte Leistung, die Leistung als pauschalierte Geldleistung, die Leistung durch ein Persönliches Budget sowie
3. gleichzeitiger Bezug von Leistungen nach dem Zweiten, Elften oder Zwölften Buch.

(2) Merkmale bei den Erhebungen nach Absatz 1 Nummer 1 und 2 nach der Art der Leistung sind insbesondere:

1. Leistung zur medizinischen Rehabilitation,
2. Leistung zur Beschäftigung im Arbeitsbereich anerkannter Werkstätten für behinderte Menschen,
3. Leistung zur Beschäftigung bei anderen Leistungsanbietern,
4. Leistung zur Beschäftigung bei privaten und öffentlichen Arbeitgebern,
5. Leistung zur Teilhabe an Bildung,
6. Leistung für Wohnraum,
7. Assistenzleistung nach § 113 Absatz 2 Nummer 2 in Verbindung mit § 78 Absatz 2 Nummer 1,
8. Assistenzleistung nach § 113 Absatz 2 Nummer 2 in Verbindung mit § 78 Absatz 2 Nummer 2,
9. heilpädagogische Leistung,
10. Leistung zum Erwerb praktischer Kenntnisse und Fähigkeiten,
11. Leistung zur Förderung der Verständigung,
12. Leistung für ein Kraftfahrzeug,
13. Leistung zur Beförderung insbesondere durch einen Beförderungsdienst,
14. Hilfsmittel im Rahmen der Sozialen Teilhabe und
15. Besuchsbeihilfen.

(3) Erhebungsmerkmale nach § 143 Nummer 2 sind das Bundesland, die Ausgaben gesamt nach der Art der Leistungen die Einnahmen gesamt und nach Einnahmearten sowie die Höhe der aufgebrachten Beiträge gesamt.

§ 145 Hilfsmerkmale. (1) Hilfsmerkmale sind

1. Name und Anschrift des Auskunftspflichtigen,
2. Name, Telefonnummer und E-Mail-Adresse der für eventuelle Rückfragen zur Verfügung stehenden Person,
3. für die Erhebung nach § 143 Nummer 1 die Kennnummer des Leistungsberechtigten.

(2) [1] Die Kennnummern nach Absatz 1 Nummer 3 dienen der Prüfung der Richtigkeit der Statistik und der Fortschreibung der jeweils letzten Bestandserhebung. [2] Sie enthalten keine Angaben über persönliche und sachliche Verhältnisse des Leistungsberechtigten und sind zum frühestmöglichen Zeitpunkt, spätestens nach Abschluss der wiederkehrenden Bestandserhebung, zu löschen.

§ 146 Periodizität und Berichtszeitraum. Die Erhebungen erfolgen jährlich für das abgelaufene Kalenderjahr.

§ 147 Auskunftspflicht. (1) [1] Für die Erhebungen besteht Auskunftspflicht. [2] Die Angaben nach § 145 Absatz 1 Nummer 2 und die Angaben zum Gemeindeteil nach § 144 Absatz 1 Nummer 1 sind freiwillig.

(2) Auskunftspflichtig sind die Träger der Eingliederungshilfe.

§ 148 Übermittlung, Veröffentlichung. (1) Die in sich schlüssigen und nach einheitlichen Standards formatierten Einzeldatensätze sind von den Auskunftspflichtigen elektronisch bis zum Ablauf von 40 Arbeitstagen nach Ende des jeweiligen Berichtszeitraums an das jeweilige statistische Landesamt zu übermitteln.

(2) [1] An die fachlich zuständigen obersten Bundes- oder Landesbehörden dürfen für die Verwendung gegenüber den gesetzgebenden Körperschaften und für Zwecke der Planung, jedoch nicht für die Regelung von Einzelfällen, vom Statistischen Bundesamt und von den statistischen Ämtern der Länder Tabellen mit statistischen Ergebnissen übermittelt werden, auch soweit Tabellenfelder nur einen einzigen Fall ausweisen. [2] Tabellen, die nur einen einzigen Fall ausweisen, dürfen nur dann übermittelt werden, wenn sie nicht differenzierter als auf Regierungsbezirksebene, bei Stadtstaaten auf Bezirksebene, aufbereitet sind.

(3) [1] Die statistischen Ämter der Länder stellen dem Statistischen Bundesamt für Zusatzaufbereitungen des Bundes jährlich unverzüglich nach Aufbereitung der Bestandserhebung und der Erhebung im Laufe des Berichtsjahres die Einzelangaben aus der Erhebung zur Verfügung. [2] Angaben zu den Hilfsmerkmalen nach § 145 dürfen nicht übermittelt werden.

(4) Die Ergebnisse der Bundesstatistik nach diesem Kapitel dürfen auf die einzelnen Gemeinden bezogen veröffentlicht werden.

Kapitel 11.[1] Übergangs- und Schlussbestimmungen

§ 149 Übergangsregelung für ambulant Betreute. Für Personen, die Leistungen der Eingliederungshilfe für behinderte Menschen erhalten, deren Betreuung am 26. Juni 1996 durch von ihnen beschäftigte Personen oder ambulante Dienste sichergestellt wurde, gilt § 3a des Bundessozialhilfegesetzes in der am 26. Juni 1996 geltenden Fassung.

§ 150 Übergangsregelung zum Einsatz des Einkommens. Abweichend von Kapitel 9 sind bei der Festsetzung von Leistungen für Leistungsberechtigte, die am 31. Dezember 2019 Leistungen nach dem Sechsten Kapitel des Zwölften Buches[2] in der Fassung vom 31. Dezember 2019 erhalten haben und von

[1] Teil 2 Kapitel 1–7 (§§ 90–122) sowie Kapitel 9–11 (§§ 135–150) sind mit Ausnahme von § 94 Absatz 1, der am 1.1.2018 in Kraft getreten ist, am **1.1.2020** in Kraft getreten, vgl. Anm. am Titel.

[2] Nr. **12**.

Zeitpunkt der Verhinderung mindestens in Pflegegrad 2 eingestuft ist. [3]Die Aufwendungen der Pflegekasse können sich im Kalenderjahr auf bis zu 1 612 Euro belaufen, wenn die Ersatzpflege durch andere Pflegepersonen sichergestellt wird als solche, die mit dem Pflegebedürftigen bis zum zweiten Grade verwandt oder verschwägert sind oder die mit ihm in häuslicher Gemeinschaft leben.

(2) [1]Der Leistungsbetrag nach Absatz 1 Satz 3 kann um bis zu 806 Euro aus noch nicht in Anspruch genommenen Mitteln der Kurzzeitpflege nach § 42 Absatz 2 Satz 2 auf insgesamt bis zu 2 418 Euro im Kalenderjahr erhöht werden. [2]Der für die Verhinderungspflege in Anspruch genommene Erhöhungsbetrag wird auf den Leistungsbetrag für eine Kurzzeitpflege nach § 42 Absatz 2 Satz 2 angerechnet.

(3) [1]Bei einer Ersatzpflege durch Pflegepersonen, die mit dem Pflegebedürftigen bis zum zweiten Grade verwandt oder verschwägert sind oder mit ihm in häuslicher Gemeinschaft leben, dürfen die Aufwendungen der Pflegekasse regelmäßig den Betrag des Pflegegeldes nach § 37 Absatz 1 Satz 3 für bis zu sechs Wochen nicht überschreiten. [2]Wird die Ersatzpflege von den in Satz 1 genannten Personen erwerbsmäßig ausgeübt, können sich die Aufwendungen der Pflegekasse abweichend von Satz 1 auf den Leistungsbetrag nach Absatz 1 Satz 3 belaufen; Absatz 2 findet Anwendung. [3]Bei Bezug der Leistung in Höhe des Pflegegeldes für eine Ersatzpflege durch Pflegepersonen, die mit dem Pflegebedürftigen bis zum zweiten Grade verwandt oder verschwägert sind oder mit ihm in häuslicher Gemeinschaft leben, können von der Pflegekasse auf Nachweis notwendige Aufwendungen, die der Pflegeperson im Zusammenhang mit der Ersatzpflege entstanden sind, übernommen werden. [4]Die Aufwendungen der Pflegekasse nach den Sätzen 1 und 3 dürfen zusammen den Leistungsbetrag nach Absatz 1 Satz 3 nicht übersteigen; Absatz 2 findet Anwendung.

§ 39a[1)] Ergänzende Unterstützung bei Nutzung von digitalen Pflegeanwendungen. Pflegebedürftige haben bei der Nutzung digitaler Pflegeanwendungen im Sinne des § 40a Anspruch auf ergänzende Unterstützungsleistungen, deren Erforderlichkeit das Bundesinstitut für Arzneimittel und Medizinprodukte nach § 78a Absatz 5 Satz 6 festgestellt hat, durch nach diesem Buch zugelassene ambulante Pflegeeinrichtungen.

§ 40[2)] Pflegehilfsmittel und wohnumfeldverbessernde Maßnahmen.

(1) [1]Pflegebedürftige haben Anspruch auf Versorgung mit Pflegehilfsmitteln, die zur Erleichterung der Pflege oder zur Linderung der Beschwerden des

---

[1)] § 39a eingef. mWv 9.6.2021 durch G v. 3.6.2021 (BGBl. I S. 1309); Satz 2 aufgeh. mWv 26.3. 2022 durch G v. 23.3.2022 (BGBl. I S. 482).

[2)] § 40 Abs. 2, Abs. 3 Satz 4, Abs. 4 Satz 3 geänd. mWv 1.1.2002 durch G v. 23.10.2001 (BGBl. I S. 2702); Abs. 5 geänd. mWv 7.11.2001 durch VO v. 29.10.2001 (BGBl. I S. 2785); Abs. 5 geänd. mWv 28.11.2003 durch VO v. 25.11.2003 (BGBl. I S. 2304); Abs. 5 geänd. mWv 8.11.2006 durch VO v. 31.10.2006 (BGBl. I S. 2407); Abs. 1 Sätze 3 und 4 angef. mWv 1.4.2007 durch G v. 26.3.2007 (BGBl. I S. 378); Überschr., Abs. 2 Satz 1 geänd., Satz 2 angef., Abs. 3 Sätze 1, 3 und 4 geänd., Satz 5 neu gef., Satz 6 eingef., bish. Satz 6 wird Satz 7 und geänd. mWv 1.7.2008 durch G v. 28.5.2008 (BGBl. I S. 874); Abs. 5 neu gef. mWv 1.1.2012 durch G v. 22.12.2011 (BGBl. I S. 2983); Abs. 4 Satz 2 aufgeh., bish. Satz 3 wird Satz 2, Sätze 3 und 4 angef. mWv 30.10.2012 durch G v. 23.10.2012 (BGBl. I S. 2246); Abs. 2 Satz 1, Abs. 4 Sätze 2–4 geänd. mWv 1.1.2015 durch G v. 17.12.2014 (BGBl. I S. 2222); Abs. 1 Satz 2 geänd., Abs. 4 Satz 5 und Abs. 6 angef. mWv 1.1.2021 durch G v. 22.12.2020 (BGBl. I S. 3299); Abs. 2 Satz 1 geänd. mWv 31.3.2021 durch G v. 29.3.2021 (BGBl. I →

Pflegebedürftigen beitragen oder ihm eine selbständigere Lebensführung ermöglichen, soweit die Hilfsmittel nicht wegen Krankheit oder Behinderung von der Krankenversicherung oder anderen zuständigen Leistungsträgern zu leisten sind. [2] Die Pflegekasse kann in geeigneten Fällen die Notwendigkeit der Versorgung mit den beantragten Pflegehilfsmitteln unter Beteiligung einer Pflegefachkraft oder des Medizinischen Dienstes überprüfen lassen. [3] Entscheiden sich Versicherte für eine Ausstattung des Pflegehilfsmittels, die über das Maß des Notwendigen hinausgeht, haben sie die Mehrkosten und die dadurch bedingten Folgekosten selbst zu tragen. [4] § 33 Abs. 6 und 7 des Fünften Buches[1] gilt entsprechend.

(2) [1] Die Aufwendungen der Pflegekassen für zum Verbrauch bestimmte Pflegehilfsmittel dürfen monatlich den Betrag von 40 Euro nicht übersteigen; bis zum 31. Dezember 2021 gilt ein monatlicher Betrag in Höhe von 60 Euro. [2] Die Leistung kann auch in Form einer Kostenerstattung erbracht werden.

(3) [1] Die Pflegekassen sollen technische Pflegehilfsmittel in allen geeigneten Fällen vorrangig leihweise überlassen. [2] Sie können die Bewilligung davon abhängig machen, daß die Pflegebedürftigen sich das Pflegehilfsmittel anpassen oder sich selbst oder die Pflegeperson in seinem Gebrauch ausbilden lassen. [3] Der Anspruch umfaßt auch die notwendige Änderung, Instandsetzung und Ersatzbeschaffung von Pflegehilfsmitteln sowie die Ausbildung in ihrem Gebrauch. [4] Versicherte, die das 18. Lebensjahr vollendet haben, haben zu den Kosten der Pflegehilfsmittel mit Ausnahme der Pflegehilfsmittel nach Absatz 2 eine Zuzahlung von zehn vom Hundert, höchstens jedoch 25 Euro je Pflegehilfsmittel an die abgebende Stelle zu leisten. [5] Zur Vermeidung von Härten kann die Pflegekasse den Versicherten in entsprechender Anwendung des § 62 Abs. 1 Satz 1, 2 und 6 sowie Abs. 2 und 3 des Fünften Buches ganz oder teilweise von der Zuzahlung befreien. [6] Versicherte, die die für sie geltende Belastungsgrenze nach § 62 des Fünften Buches erreicht haben oder unter Berücksichtigung der Zuzahlung nach Satz 4 erreichen, sind hinsichtlich des die Belastungsgrenze überschreitenden Betrags von der Zuzahlung nach diesem Buch befreit. [7] Lehnen Versicherte die leihweise Überlassung eines Pflegehilfsmittels ohne zwingenden Grund ab, haben sie die Kosten des Pflegehilfsmittels in vollem Umfang selbst zu tragen.

(4) [1] Die Pflegekassen können subsidiär finanzielle Zuschüsse für Maßnahmen zur Verbesserung des individuellen Wohnumfeldes des Pflegebedürftigen gewähren, beispielsweise für technische Hilfen im Haushalt, wenn dadurch im Einzelfall die häusliche Pflege ermöglicht oder erheblich erleichtert oder eine möglichst selbständige Lebensführung des Pflegebedürftigen wiederhergestellt wird. [2] Die Zuschüsse dürfen einen Betrag in Höhe von 4 000 Euro je Maßnahme nicht übersteigen. [3] Leben mehrere Pflegebedürftige in einer gemeinsamen Wohnung, dürfen die Zuschüsse für Maßnahmen zur Verbesserung des gemeinsamen Wohnumfeldes einen Betrag in Höhe von 4 000 Euro je Pflegebedürftigem nicht übersteigen. [4] Der Gesamtbetrag je Maßnahme nach Satz 3 ist auf 16 000 Euro begrenzt und wird bei mehr als vier Anspruchsberechtigten

---

(Fortsetzung der Anm. von voriger Seite)
S. 370); Abs. 6 eingef., bish. Abs. 6 wird Abs. 7 und Satz 2 eingef., bish. Satz 2 wird Satz 3 und geänd., bish. Satz 3 wird Satz 4 mWv 20.7.2021 durch G v. 11.7.2021 (BGBl. I S. 2754).

[1] Nr. **5**.

anteilig auf die Versicherungsträger der Anspruchsberechtigten aufgeteilt. [5] § 40 Absatz 1 Satz 2 gilt entsprechend.

(5) [1] Für Hilfsmittel und Pflegehilfsmittel, die sowohl den in § 23 und § 33 des Fünften Buches als auch den in Absatz 1 genannten Zwecken dienen können, prüft der Leistungsträger, bei dem die Leistung beantragt wird, ob ein Anspruch gegenüber der Krankenkasse oder der Pflegekasse besteht und entscheidet über die Bewilligung der Hilfsmittel und Pflegehilfsmittel. [2] Zur Gewährleistung einer Absatz 1 Satz 1 entsprechenden Abgrenzung der Leistungsverpflichtungen der gesetzlichen Krankenversicherung und der sozialen Pflegeversicherung werden die Ausgaben für Hilfsmittel und Pflegehilfsmittel zwischen der jeweiligen Krankenkasse und der bei ihr errichteten Pflegekasse in einem bestimmten Verhältnis pauschal aufgeteilt. [3] Der Spitzenverband Bund der Krankenkassen bestimmt in Richtlinien, die erstmals bis zum 30. April 2012 zu beschließen sind, die Hilfsmittel und Pflegehilfsmittel nach Satz 1, das Verhältnis, in dem die Ausgaben aufzuteilen sind, sowie die Einzelheiten zur Umsetzung der Pauschalierung. [4] Er berücksichtigt dabei die bisherigen Ausgaben der Kranken- und Pflegekassen und stellt sicher, dass bei der Aufteilung die Zielsetzung der Vorschriften des Fünften Buches und dieses Buches zur Hilfsmittelversorgung sowie die Belange der Versicherten gewahrt bleiben. [5] Die Richtlinien bedürfen der Genehmigung des Bundesministeriums für Gesundheit und treten am ersten Tag des auf die Genehmigung folgenden Monats in Kraft; die Genehmigung kann mit Auflagen verbunden werden. [6] Die Richtlinien sind für die Kranken- und Pflegekassen verbindlich. [7] Für die nach Satz 3 bestimmten Hilfsmittel und Pflegehilfsmittel richtet sich die Zuzahlung nach den §§ 33, 61 und 62 des Fünften Buches; für die Prüfung des Leistungsanspruchs gilt § 275 Absatz 3 des Fünften Buches. [8] Die Regelungen dieses Absatzes gelten nicht für Ansprüche auf Hilfsmittel oder Pflegehilfsmittel von Pflegebedürftigen, die sich in vollstationärer Pflege befinden, sowie von Pflegebedürftigen nach § 28 Absatz 2.

(6) [1] Pflegefachkräfte können im Rahmen ihrer Leistungserbringung nach § 36, nach den §§ 37 und 37c des Fünften Buches sowie der Beratungseinsätze nach § 37 Absatz 3 konkrete Empfehlungen zur Hilfsmittel- und Pflegehilfsmittelversorgung abgeben. [2] Wird ein Pflegehilfsmittel nach Absatz 1 Satz 1 oder Absatz 5 oder ein Hilfsmittel nach Absatz 5, das den Zielen von Absatz 1 Satz 1 dient, von einer Pflegefachkraft bei der Antragstellung empfohlen, werden unter den in den Richtlinien nach Satz 6 festgelegten Voraussetzungen die Notwendigkeit der Versorgung nach Absatz 1 Satz 2 und die Erforderlichkeit der Versorgung nach § 33 Absatz 1 des Fünften Buches vermutet. [3] Die Empfehlung der Pflegefachkraft darf bei der Antragstellung nicht älter als zwei Wochen sein. [4] Einer ärztlichen Verordnung gemäß § 33 Absatz 5a des Fünften Buches bedarf es bei Vorliegen einer Empfehlung nach Satz 1 nicht. [5] Die Empfehlung der Pflegefachkraft für ein Pflegehilfsmittel oder ein Hilfsmittel, das den Zielen des Absatzes 1 Satz 1 dient, ist der Kranken- oder Pflegekasse zusammen mit dem Antrag des Versicherten in Textform zu übermitteln. [6] Der Spitzenverband Bund der Krankenkassen, zugleich nach § 53 Satz 1 die Aufgaben des Spitzenverbandes Bund der Pflegekassen wahrnehmend, legt bis zum 31. Dezember 2021 in Richtlinien fest, in welchen Fällen und für welche Hilfsmittel und Pflegehilfsmittel nach Satz 2 die Erforderlichkeit oder Notwendigkeit der Versorgung vermutet wird; dabei ist auch festzulegen, über welche Eignung die empfehlende Pflegefachkraft verfügen soll. [7] In den Richtlinien

wird auch das Nähere zum Verfahren der Empfehlung durch die versorgende Pflegefachkraft bei Antragstellung festgelegt. Die Bundespflegekammer und die Verbände der Pflegeberufe auf Bundesebene sind an den Richtlinien zu beteiligen. [8] Der Spitzenverband Bund der Krankenkassen, zugleich nach § 53 Satz 1 die Aufgaben des Spitzenverbandes Bund der Pflegekassen wahrnehmend, wird beauftragt, die in den Richtlinien festgelegten Verfahren in fachlicher und wirtschaftlicher Hinsicht unter Beteiligung des Medizinischen Dienstes Bund, der Bundespflegekammer und der Verbände der Pflegeberufe auf Bundesebene zu evaluieren. [9] Ein Bericht über die Ergebnisse der Evaluation ist dem Bundesministerium für Gesundheit bis zum 1. Januar 2025 vorzulegen.

(7) [1] Die Pflegekasse hat über einen Antrag auf Pflegehilfsmittel oder Zuschüsse zu wohnumfeldverbessernden Maßnahmen zügig, spätestens bis zum Ablauf von drei Wochen nach Antragseingang oder in Fällen, in denen eine Pflegefachkraft oder der Medizinische Dienst nach Absatz 1 Satz 2 beteiligt wird, innerhalb von fünf Wochen nach Antragseingang zu entscheiden. [2] Über einen Antrag auf ein Pflegehilfsmittel, das von einer Pflegefachkraft bei der Antragstellung nach Absatz 6 Satz 2 empfohlen wurde, hat die Pflegekasse zügig, spätestens bis zum Ablauf von drei Wochen nach Antragseingang, zu entscheiden. [3] Kann die Pflegekasse die Fristen nach Satz 1 oder Satz 2 nicht einhalten, teilt sie dies den Antragstellern unter Darlegung der Gründe rechtzeitig schriftlich mit. [4] Erfolgt keine Mitteilung eines hinreichenden Grundes, gilt die Leistung nach Ablauf der Frist als genehmigt.

§ 40a[1)] Digitale Pflegeanwendungen. (1) Pflegebedürftige haben Anspruch auf Versorgung mit Anwendungen, die wesentlich auf digitalen Technologien beruhen und von den Pflegebedürftigen oder in der Interaktion von Pflegebedürftigen mit Angehörigen, sonstigen ehrenamtlich Pflegenden oder zugelassenen ambulanten Pflegeeinrichtungen genutzt werden, um Beeinträchtigungen der Selbständigkeit oder der Fähigkeiten des Pflegebedürftigen zu mindern oder einer Verschlimmerung der Pflegebedürftigkeit entgegenzuwirken, soweit die Anwendung nicht wegen Krankheit oder Behinderung von der Krankenversicherung oder anderen zuständigen Leistungsträgern zu leisten ist (digitale Pflegeanwendungen).

(1a) [1] Digitale Pflegeanwendungen im Sinne des Absatzes 1 sind auch solche Anwendungen, die pflegende Angehörige oder sonstige ehrenamtlich Pflegende in den in § 14 Absatz 2 genannten Bereichen oder bei der Haushaltsführung unterstützen und die häusliche Versorgungssituation des Pflegebedürftigen stabilisieren. [2] Keine digitalen Pflegeanwendungen im Sinne des Absatzes 1 sind insbesondere Anwendungen, deren Zweck dem allgemeinen Lebensbedarf oder der allgemeinen Lebensführung dient, sowie Anwendungen zur Arbeitsorganisation von ambulanten Pflegeeinrichtungen, zur Wissensvermittlung, Information oder Kommunikation, zur Beantragung oder Verwaltung von Leistungen oder andere digitale Anwendungen, die ausschließlich auf Auskunft oder Beratung zur Auswahl und Inanspruchnahme von Sozialleistungen oder sonstigen Hilfsangeboten ausgerichtet sind.

(1b) Sofern digitale Pflegeanwendungen nach den geltenden medizinprodukterechtlichen Vorschriften Medizinprodukte sind, umfasst der Anspruch

---

[1)] § 40a eingef. mWv 9.6.2021 durch G v. 3.6.2021 (BGBl. I S. 1309); Abs. 1 neu gef., Abs. 1a und 1b eingef., Abs. 2 Satz 1 geänd., Abs. 3 Sätze 1 und 3 aufgeh. mWv 26.3.2022 durch G v. 23.3. 2022 (BGBl. I S. 482).

nur digitale Pflegeanwendungen, die nach § 33a Absatz 2 des Fünften Buches[1)] Medizinprodukte mit niedriger Risikoklasse sind.

(2) [1]Der Anspruch umfasst nur digitale Pflegeanwendungen, die vom Bundesinstitut für Arzneimittel und Medizinprodukte in das Verzeichnis für digitale Pflegeanwendungen nach § 78a Absatz 3 aufgenommen sind. [2]Die Pflegekasse entscheidet auf Antrag des Pflegebedürftigen über die Notwendigkeit der Versorgung des Pflegebedürftigen mit einer digitalen Pflegeanendung. [3]Entscheiden sich Pflegebedürftige für eine digitale Pflegeanwendung, deren Funktionen oder Anwendungsbereiche über die in das Verzeichnis für digitale Pflegeanwendungen nach § 78a Absatz 3 aufgenommenen digitalen Pflegeanwendungen hinausgehen oder deren Kosten die Vergütungsbeträge nach § 78a Absatz 1 Satz 1 übersteigen, haben sie die Mehrkosten selbst zu tragen. [4]Über die von ihnen zu tragenden Mehrkosten sind die Pflegebedürftigen von den Pflegekassen vorab in schriftlicher Form oder elektronisch zu informieren.

(3) Ansprüche nach anderen Vorschriften dieses Buches bleiben unberührt.

(4) Die Hersteller stellen den Anspruchsberechtigten digitale Pflegeanwendungen barrierefrei im Wege elektronischer Übertragung über öffentlich zugängliche Netze, auf maschinell lesbaren Datenträgern oder über digitale Vertriebsplattformen zur Verfügung.

§ 40b[2)] Leistungsanspruch beim Einsatz digitaler Pflegeanwendungen. Bewilligt die Pflegekasse die Versorgung mit einer digitalen Pflegeanwendung, hat die pflegebedürftige Person Anspruch auf die Erstattung von Aufwendungen für digitale Pflegeanwendungen nach § 40a sowie auf Leistungen für die Inanspruchnahme von ergänzenden Unterstützungsleistungen ambulanter Pflegeeinrichtungen nach § 39a bis zur Höhe von insgesamt 50 Euro im Monat.

Zweiter Titel. Teilstationäre Pflege und Kurzzeitpflege

§ 41[3)] Tagespflege und Nachtpflege. (1) [1]Pflegebedürftige der Pflegegrade 2 bis 5 haben Anspruch auf teilstationäre Pflege in Einrichtungen der Tages- oder Nachtpflege, wenn häusliche Pflege nicht in ausreichendem Umfang sichergestellt werden kann oder wenn dies zur Ergänzung oder Stärkung der häuslichen Pflege erforderlich ist. [2]Die teilstationäre Pflege umfaßt auch die notwendige Beförderung des Pflegebedürftigen von der Wohnung zur Einrichtung der Tagespflege oder der Nachtpflege und zurück.

(2) [1]Die Pflegekasse übernimmt im Rahmen der Leistungsbeträge nach Satz 2 die pflegebedingten Aufwendungen der teilstationären Pflege einschließ-

---

[1)] Nr. **5**.

[2)] § 40b eingef. mWv 9.6.2021 durch G v. 3.6.2021 (BGBl. I S. 1309); Satz 1 neu gef., Satz 2 aufgeh. mWv 26.3.2022 durch G v. 23.3.2022 (BGBl. I S. 482).

[3)] § 41 Abs. 2 Nr. 2 und Nr. 3 geänd. durch G v. 21.7.1999 (BGBl. I S. 1656); Abs. 2 geänd. mWv 1.1.2000 durch G v. 22.12.1999 (BGBl. I S. 2626); Abs. 2 Nr. 1, 2 und 3 geänd. mWv 1.1.2002 durch G v. 23.10.2001 (BGBl. I S. 2702); Abs. 1 Satz 1, Abs. 2 geänd., Abs. 3 neu gef. mWv 1.1.2002 durch G v. 14.12.2001 (BGBl. I S. 3728); Abs. 2 geänd. mWv 1.1.2005 durch G v. 21.3.2005 (BGBl. I S. 818); Abs. 2 geänd. mWv 1.4.2007 durch G v. 26.3.2007 (BGBl. I S. 378); Abs. 2 und 3 neu gef., Abs. 4–6 angef. mWv 1.7.2008 durch G v. 28.5.2008 (BGBl. I S. 874); Abs. 7 angef. mWv 30.10.2012 durch G v. 23.10.2012 (BGBl. I S. 2246); Abs. 2 Satz 2 Nr. 1 Buchst. d und Nr. 2 Buchst. d angef., Nr. 3 Buchst. c geänd. und Buchst. d angef., Abs. 3 neu gef., Abs. 4–7 aufgeh. mWv 1.1.2015 durch G v. 17.12.2014 (BGBl. I S. 2222); Abs. 1 Satz 1 geänd., Abs. 2 neu gef., Abs. 3 geänd. mWv 1.1.2017 durch G v. 21.12.2015 (BGBl. I S. 2424).

lich der Aufwendungen für Betreuung und die Aufwendungen für die in der Einrichtung notwendigen Leistungen der medizinischen Behandlungspflege. [2]Der Anspruch auf teilstationäre Pflege umfasst je Kalendermonat

1. für Pflegebedürftige des Pflegegrades 2 einen Gesamtwert bis zu 689 Euro,
2. für Pflegebedürftige des Pflegegrades 3 einen Gesamtwert bis zu 1 298 Euro,
3. für Pflegebedürftige des Pflegegrades 4 einen Gesamtwert bis zu 1 612 Euro,
4. für Pflegebedürftige des Pflegegrades 5 einen Gesamtwert bis zu 1 995 Euro.

(3) Pflegebedürftige der Pflegegrade 2 bis 5 können teilstationäre Tages- und Nachtpflege zusätzlich zu ambulanten Pflegesachleistungen, Pflegegeld oder der Kombinationsleistung nach § 38 in Anspruch nehmen, ohne dass eine Anrechnung auf diese Ansprüche erfolgt.

§ 42[1)] Kurzzeitpflege. (1) [1]Kann die häusliche Pflege zeitweise nicht, noch nicht oder nicht im erforderlichen Umfang erbracht werden und reicht auch teilstationäre Pflege nicht aus, besteht für Pflegebedürftige der Pflegegrade 2 bis 5 Anspruch auf Pflege in einer vollstationären Einrichtung. [2]Dies gilt:

1. für eine Übergangszeit im Anschluß an eine stationäre Behandlung des Pflegebedürftigen oder
2. in sonstigen Krisensituationen, in denen vorübergehend häusliche oder teilstationäre Pflege nicht möglich oder nicht ausreichend ist.

(2) [1]Der Anspruch auf Kurzzeitpflege ist auf acht Wochen pro Kalenderjahr beschränkt. [2]Die Pflegekasse übernimmt die pflegebedingten Aufwendungen einschließlich der Aufwendungen für Betreuung sowie die Aufwendungen für Leistungen der medizinischen Behandlungspflege bis zu dem Gesamtbetrag von 1 774 Euro im Kalenderjahr. [3]Der Leistungsbetrag nach Satz 2 kann um bis zu 1 612 Euro aus noch nicht in Anspruch genommenen Mitteln der Verhinderungspflege nach § 39 Absatz 1 Satz 3 auf insgesamt bis zu 3 386 Euro im Kalenderjahr erhöht werden. [4]Der für die Kurzzeitpflege in Anspruch genommene Erhöhungsbetrag wird auf den Leistungsbetrag für eine Verhinderungspflege nach § 39 Absatz 1 Satz 3 angerechnet.

(3) [1]Abweichend von den Absätzen 1 und 2 besteht der Anspruch auf Kurzzeitpflege in begründeten Einzelfällen bei zu Hause gepflegten Pflegebedürftigen auch in geeigneten Einrichtungen der Hilfe für behinderte Menschen und anderen geeigneten Einrichtungen, wenn die Pflege in einer von den Pflegekassen zur Kurzzeitpflege zugelassenen Pflegeeinrichtung nicht möglich ist oder nicht zumutbar erscheint. [2]§ 34 Abs. 2 Satz 1 findet keine Anwendung. [3]Sind in dem Entgelt für die Einrichtung Kosten für Unterkunft und Verpflegung sowie Aufwendungen für Investitionen enthalten, ohne gesondert ausgewiesen

---

[1)] § 42 Abs. 2 Satz aufgeh. durch G v. 21.7.1999 (BGBl. I S. 1656); Abs. 2 geänd. mWv 1.1.2000 durch G v. 22.12.1999 (BGBl. I S. 2626); Abs. 2 Satz 2 geänd. mWv 1.1.2002 durch G v. 23.10.2001 (BGBl. I S. 2702); Abs. 2 Satz 2 geänd. mWv 1.1.2002 durch G v. 14.12.2001 (BGBl. I S. 3728); Abs. 2 geänd. mWv 1.1.2005 durch G v. 21.3.2005 (BGBl. I S. 818); Abs. 2 Satz 2 geänd. mWv 1.4.2007 durch G v. 26.3.2007 (BGBl. I S. 378); Abs. 2 Satz 2 geänd., Abs. 3 angef. mWv 1.7.2008 durch G v. 28.5.2008 (BGBl. I S. 874); Abs. 3 Satz 1 geänd., Abs. 4 angef. mWv 30.10.2012 durch G v. 23.10.2012 (BGBl. I S. 2246); Abs. 2 Satz 2 geänd., Sätze 3–5 angef., Abs. 3 Satz 1 geänd. mWv 1.1.2015 durch G v. 17.12.2014 (BGBl. I S. 2222); Abs. 2 Satz 1 geänd., Satz 4 aufgeh., bish. Satz 5 wird Satz 4 mWv 1.1.2016, Abs. 1 Satz 1 geänd., Abs. 2 Satz 2 neu gef. mWv 1.1.2017 durch G v. 21.12.2015 (BGBl. I S. 2424); Abs. 2 Sätze 2 und 3 geänd. mWv 1.1.2022 durch G v. 11.7.2021 (BGBl. I S. 2754).

zu sein, so sind 60 vom Hundert des Entgelts zuschussfähig. [4] In begründeten Einzelfällen kann die Pflegekasse in Ansehung der Kosten für Unterkunft und Verpflegung sowie der Aufwendungen für Investitionen davon abweichende pauschale Abschläge vornehmen.

(4) Abweichend von den Absätzen 1 und 2 besteht der Anspruch auf Kurzzeitpflege auch in Einrichtungen, die stationäre Leistungen zur medizinischen Vorsorge oder Rehabilitation erbringen, wenn während einer Maßnahme der medizinischen Vorsorge oder Rehabilitation für eine Pflegeperson eine gleichzeitige Unterbringung und Pflege des Pflegebedürftigen erforderlich ist.

Dritter Titel. Vollstationäre Pflege

§ 43[1)] Inhalt der Leistung. (1) Pflegebedürftige der Pflegegrade 2 bis 5 haben Anspruch auf Pflege in vollstationären Einrichtungen.

(2) [1] Für Pflegebedürftige in vollstationären Einrichtungen übernimmt die Pflegekasse im Rahmen der pauschalen Leistungsbeträge nach Satz 2 die pflegebedingten Aufwendungen einschließlich der Aufwendungen für Betreuung und die Aufwendungen für Leistungen der medizinischen Behandlungspflege. [2] Der Anspruch beträgt je Kalendermonat

1. 770 Euro für Pflegebedürftige des Pflegegrades 2,
2. 1 262 Euro für Pflegebedürftige des Pflegegrades 3,
3. 1 775 Euro für Pflegebedürftige des Pflegegrades 4,
4. 2 005 Euro für Pflegebedürftige des Pflegegrades 5.

[3] Abweichend von Satz 1 übernimmt die Pflegekasse auch Aufwendungen für Unterkunft und Verpflegung, soweit der nach Satz 2 gewährte Leistungsbetrag die in Satz 1 genannten Aufwendungen übersteigt.

(3) Wählen Pflegebedürftige des Pflegegrades 1 vollstationäre Pflege, erhalten sie für die in Absatz 2 Satz 1 genannten Aufwendungen einen Zuschuss in Höhe von 125 Euro monatlich.

(4) Bei vorübergehender Abwesenheit von Pflegebedürftigen aus dem Pflegeheim werden die Leistungen für vollstationäre Pflege erbracht, solange die Voraussetzungen des § 87a Abs. 1 Satz 5 und 6 vorliegen.

[1)] § 43 Abs. 5 angef. durch Art. 1 G v. 5.6.1998 (BGBl. I S. 1229); Abs. 2, 3 und 5 geänd. mWv 1.1.2000 durch G v. 22.12.1999 (BGBl. I S. 2626); Abs. 2 Satz 1, Abs. 3, Abs. 5 Satz 1 Nr. 1–4, Satz 2 und 3 geänd. mWv 1.1.2002 durch G v. 23.10.2001 (BGBl. I S. 2702); Abs. 2 Satz 1, Abs. 3 Satz 1 und Abs. 5 Satz 1 geänd. mWv 1.1.2002 durch G v. 14.12.2001 (BGBl. I S. 3728); Abs. 2 Satz 1, Abs. 3 Satz 1 und Abs. 5 Satz 1 geänd. mWv 1.1.2005 durch G v. 21.3.2005 (BGBl. I S. 818); Abs. 2 neu gef., Abs. 3 Satz 1 geänd., Abs. 5 aufgeh. mWv 1.4.2007 durch G v. 26.3.2007 (BGBl. I S. 378); Abs. 2 und 3 neu gef., Abs. 5 angef. mWv 1.7.2008 durch G v. 28.5.2008 (BGBl. I S. 874); Abs. 2 Satz 2 Nr. 1 und 2 geänd., Nr. 3 Buchst. d angef., Nr. 4 Buchst. c geänd. und Buchst. d angef. mWv 1.1.2015 durch G v. 17.12.2014 (BGBl. I S. 2222); Abs. 1 geänd., Abs. 2 und 3 neu gef., Abs. 4 aufgeh., bish. Abs. 5 wird Abs. 4 mWv 1.1.2017 durch G v. 21.12.2015 (BGBl. I S. 2424); Abs. 1 geänd., Abs. 2 Satz 3 angef. mWv 1.1.2017 durch G v. 23.12.2016 (BGBl. I S. 3191).

Vierter Titel.[1)] Pauschalleistung für die Pflege von Menschen mit Behinderungen

§ 43a[2)] Inhalt der Leistung. [1] Für Pflegebedürftige der Pflegegrade 2 bis 5 in einer vollstationären Einrichtung im Sinne des § 71 Absatz 4 Nummer 1, in der die Teilhabe am Arbeitsleben, an Bildung oder die soziale Teilhabe, die schulische Ausbildung oder die Erziehung von Menschen mit Behinderungen im Vordergrund des Einrichtungszwecks stehen, übernimmt die Pflegekasse zur Abgeltung der in § 43 Absatz 2 genannten Aufwendungen 15 Prozent der nach Teil 2 Kapitel 8 des Neunten Buches[3)] vereinbarten Vergütung. [2] Die Aufwendungen der Pflegekasse dürfen im Einzelfall je Kalendermonat 266 Euro nicht überschreiten. [3] Die Sätze 1 und 2 gelten auch für Pflegebedürftige der Pflegegrade 2 bis 5 in Räumlichkeiten im Sinne des § 71 Absatz 4 Nummer 3, die Leistungen der Eingliederungshilfe für Menschen mit Behinderungen nach Teil 2 des Neunten Buches erhalten. [4] Wird für die Tage, an denen die Pflegebedürftigen im Sinne der Sätze 1 und 3 zu Hause gepflegt und betreut werden, anteiliges Pflegegeld beansprucht, gelten die Tage der An- und Abreise als volle Tage der häuslichen Pflege.

Fünfter Titel.[4)] Zusätzliche Betreuung und Aktivierung in stationären Pflegeeinrichtungen

§ 43b[4)] Inhalt der Leistung. Pflegebedürftige in stationären Pflegeeinrichtungen haben nach Maßgabe von § 84 Absatz 8 und § 85 Absatz 8 Anspruch auf zusätzliche Betreuung und Aktivierung, die über die nach Art und Schwere der Pflegebedürftigkeit notwendige Versorgung hinausgeht.

Sechster Titel.[5)] Pflegebedingter Eigenanteil bei vollstationärer Pflege

§ 43c[5)] Begrenzung des Eigenanteils an den pflegebedingten Aufwendungen. [1] Pflegebedürftige der Pflegegrade 2 bis 5, die bis einschließlich zwölf Monate Leistungen nach § 43 beziehen, erhalten einen Leistungszuschlag in Höhe von 5 Prozent ihres zu zahlenden Eigenanteils an den pflegebedingten Aufwendungen. [2] Pflegebedürftige der Pflegegrade 2 bis 5, die seit mehr als zwölf Monaten Leistungen nach § 43 beziehen, erhalten einen Leistungszuschlag in Höhe von 25 Prozent ihres zu zahlenden Eigenanteils an den pflegebedingten Aufwendungen. [3] Pflegebedürftige der Pflegegrade 2 bis 5, die seit mehr als 24 Monaten Leistungen nach § 43 beziehen, erhalten einen Leistungszuschlag in Höhe von 45 Prozent ihres zu zahlenden Eigenanteils an den pflegebedingten Aufwendungen. [4] Pflegebedürftige der Pflegegrade 2 bis 5, die seit mehr als 36 Monaten Leistungen nach § 43 beziehen, erhalten einen Leistungszuschlag in Höhe von 70 Prozent ihres zu zahlenden Eigenanteils an den pflegebedingten Aufwendungen. [5] Bei der Bemessung der Monate, in denen Pflegebedürftige Leistungen nach § 43 beziehen, werden Monate, in denen nur für einen Teilzeitraum Leistungen nach § 43 bezogen worden sind, berücksichtigt. [6] Die Pflegeeinrichtung, die den Pflegebedürftigen versorgt,

---

[1)] Überschr. geänd. mWv 1.7.2001 durch G v. 19.6.2001 (BGBl. I S. 1046); neu gef. mWv 1.1.2020 durch G v. 23.12.2016 (BGBl. I S. 3191).

[2)] § 43a neu gef. mWv 1.1.2020 durch G v. 23.12.2016 (BGBl. I S. 3191).

[3)] Nr. **9**.

[4)] 5. Titel (§ 43b) eingef. mWv 1.1.2017 durch G v. 21.12.2015 (BGBl. I S. 2424).

[5)] 6. Titel (43c) eingef. mWv 1.1.2022 durch G v. 11.7.2021 (BGBl. I S. 2754).

stellt der Pflegekasse des Pflegebedürftigen neben dem Leistungsbetrag den Leistungszuschlag in Rechnung und dem Pflegebedürftigen den verbleibenden Eigenanteil. [7] Die Pflegekasse übermittelt für jeden Pflegebedürftigen beim Einzug in die Pflegeeinrichtung sowie zum 1. Januar 2022 für alle vollstationär versorgten Pflegebedürftigen die bisherige Dauer des Bezugs von Leistungen nach § 43.

Vierter Abschnitt. Leistungen für Pflegepersonen

§ 44[1)] Leistungen zur sozialen Sicherung der Pflegepersonen. (1) [1] Zur Verbesserung der sozialen Sicherung der Pflegepersonen im Sinne des § 19, die einen Pflegebedürftigen mit mindestens Pflegegrad 2 pflegen, entrichten die Pflegekassen und die privaten Versicherungsunternehmen, bei denen eine private Pflege-Pflichtversicherung durchgeführt wird, sowie die sonstigen in § 170 Absatz 1 Nummer 6 des Sechsten Buches[2)] genannten Stellen Beiträge nach Maßgabe des § 166 Absatz 2 des Sechsten Buches an den zuständigen Träger der gesetzlichen Rentenversicherung, wenn die Pflegeperson regelmäßig nicht mehr als 30 Stunden wöchentlich erwerbstätig ist. [2] Der Medizinische Dienst oder ein anderer von der Pflegekasse beauftragter unabhängiger Gutachter ermittelt im Einzelfall, ob die Pflegeperson eine oder mehrere pflegebedürftige Personen wenigstens zehn Stunden wöchentlich, verteilt auf regelmäßig mindestens zwei Tage in der Woche, pflegt. [3] Wird die Pflege eines Pflegebedürftigen von mehreren Pflegepersonen erbracht (Mehrfachpflege), wird zudem der Umfang der jeweiligen Pflegetätigkeit je Pflegeperson im Verhältnis zum Umfang der von den Pflegepersonen zu leistenden Pflegetätigkeit insgesamt (Gesamtpflegeaufwand) ermittelt. [4] Dabei werden die Angaben der beteiligten Pflegepersonen zugrunde gelegt. [5] Werden keine oder keine übereinstimmenden Angaben gemacht, erfolgt eine Aufteilung zu gleichen Teilen. [6] Die Feststellungen zu den Pflegezeiten und zum Pflegeaufwand der Pflegeperson sowie bei Mehrfachpflege zum Einzel- und Gesamtpflegeaufwand trifft die für die Pflegeleistungen nach diesem Buch zuständige Stelle. [7] Diese Feststellungen sind der Pflegeperson auf Wunsch zu übermitteln.

(Fortsetzung nächstes Blatt)

[1)] § 44 Abs. 1 Satz 6 geänd. durch G v. 7.8.1996 (BGBl. I S. 1254); Abs. 1 Satz 7 geänd. durch G v. 24.3.1997 (BGBl. I S. 594); Abs. 1 Satz 7 neu gef. mWv 1.1.2005 durch G v. 23.12.2003 (BGBl. I S. 2848); Abs. 1 Satz 2 geänd. mWv 1.1.2005; Abs. 3 Satz 3 geänd. mWv 1.10.2005 durch G v. 9.12. 2004 (BGBl. I S. 3242); Abs. 4 geänd., Abs. 5 angef. mWv 30.3.2005 durch G v. 21.3.2005 (BGBl. I S. 818); Abs. 3 Satz 3 geänd. mWv 1.7.2008 durch G v. 26.3.2007 (BGBl. I S. 378); Abs. 1 Satz 3 geänd., Abs. 6 angef. mWv 1.1.2013 durch G v. 23.10.2012 (BGBl. I S. 2246); Abs. 1 neu gef., Abs. 2 geänd., Abs. 2a und 2b eingef., Abs. 3 Satz 1, Satz 2 Nr. 7 und 8, Satz 3 geänd., Abs. 5 Sätze 1 und 2, Abs. 6 neu gef. mWv 1.1.2017 durch G v. 21.12.2015 (BGBl. I S. 2424); Abs. 5 Sätze 4–6 angef. mWv 1.1.2019 durch G v. 11.12.2018 (BGBl. I S. 2394); Abs. 6 Satz 2 geänd. mWv 26.11.2019 durch G v. 20.11.2019 (BGBl. I S. 1626); Abs. 1 Satz 2 geänd. mWv 1.1.2020 durch G v. 14.12.2019 (BGBl. I S. 2789); Abs. 2 Satz 2 angef. mWv 20.7.2021 durch G v. 11.7.2021 (BGBl. I S. 2754).

[2)] Nr. **6**.

die Pflegekräfte mit dem Pflegebedürftigen, dem sie Leistungen der häuslichen Pflegehilfe erbringen, kein Beschäftigungsverhältnis eingehen dürfen. [5] Soweit davon abweichend Verträge geschlossen sind, sind sie zu kündigen. [6] Die Sätze 4 und 5 gelten nicht, wenn

1. das Beschäftigungsverhältnis vor dem 1. Mai 1996 bestanden hat und
2. die vor dem 1. Mai 1996 erbrachten Pflegeleistungen von der zuständigen Pflegekasse aufgrund eines von ihr mit der Pflegekraft abgeschlossenen Vertrages vergütet worden sind.

[7] In den Pflegeverträgen zwischen den Pflegebedürftigen und den Pflegekräften sind mindestens Art, Inhalt und Umfang der Leistungen einschließlich der dafür mit den Kostenträgern vereinbarten Vergütungen zu beschreiben. [8] § 120 Absatz 1 Satz 2 gilt entsprechend.

(2) Die Pflegekassen können bei Bedarf einzelne Pflegekräfte zur Sicherstellung der körperbezogenen Pflege, der pflegerischen Betreuung sowie der Haushaltsführung im Sinne des § 36 anstellen, für die hinsichtlich der Wirtschaftlichkeit und Qualität ihrer Leistungen die gleichen Anforderungen wie für die zugelassenen Pflegedienste nach diesem Buch gelten.

§ 78[1)] Verträge über Pflegehilfsmittel, Pflegehilfsmittelverzeichnis und Empfehlungen zu wohnumfeldverbessernden Maßnahmen (1) [1] Der Spitzenverband Bund der Pflegekassen schließt mit den Leistungserbringern oder deren Verbänden Verträge über die Versorgung der Versicherten mit Pflegehilfsmitteln, soweit diese nicht nach den Vorschriften des Fünften Buches über die Hilfsmittel zu vergüten sind. [2] Abweichend von Satz 1 können die Pflegekassen Verträge über die Versorgung der Versicherten mit Pflegehilfsmitteln schließen, um dem Wirtschaftlichkeitsgebot verstärkt Rechnung zu tragen. [3] Die §§ 36, 126 und 127 des Fünften Buches[2)] gelten entsprechend.

(2) [1] Der Spitzenverband Bund der Pflegekassen erstellt als Anlage zu dem Hilfsmittelverzeichnis nach § 139 des Fünften Buches ein systematisch strukturiertes Pflegehilfsmittelverzeichnis. [2] Darin sind die von der Leistungspflicht der Pflegeversicherung umfassten Pflegehilfsmittel aufzuführen, soweit diese nicht bereits im Hilfsmittelverzeichnis enthalten sind. [3] Pflegehilfsmittel, die für eine leihweise Überlassung an die Versicherten geeignet sind, sind gesondert auszuweisen. [4] Das Pflegehilfsmittelverzeichnis ist spätestens alle drei Jahre unter besonderer Berücksichtigung digitaler Technologien vom Spitzenverband Bund der Pflegekassen fortzuschreiben. [5] Unbeschadet der regelhaften Fortschreibung nach Satz 4 entscheidet der Spitzenverband Bund der Pflegekassen über Anträge zur Aufnahme von neuartigen Pflegehilfsmitteln in das Pflegehilfsmittelverzeichnis innerhalb von drei Monaten nach Vorlage der vollständigen Unterlagen. [6] Der Spitzenverband Bund der Pflegekassen informiert und berät Hersteller auf deren Anfrage über die Voraus-

---

[1)] § 78 Abs. 2 Satz 3 geänd. mWv 1.7.2001 durch G v. 19.6.2001 (BGBl. I S. 1046); Abs. 5 geänd. mWv 7.11.2001 durch VO v. 29.10.2001 (BGBl. I S. 2785); Abs. 5 erster Halbsatz geänd. mWv 28.11.2003 durch VO v. 25.11.2003 (BGBl. I S. 2304); Abs. 5 erster Halbs. geänd. mWv 8.11.2006 durch VO v. 31.10.2006 (BGBl. I S. 2407); Abs. 1–3 neu gef., Abs. 4 aufgeh., bish. Abs. 5 wird Abs. 4 mWv 1.4.2007, Abs. 1 Satz 1, Abs. 2 Sätze 1 und 2 geänd. mWv 1.7.2008 durch G v. 26.3.2007 (BGBl. I S. 378); Abs. 2 Satz 1 aufgeh., bish. Sätze 2–5 werden Sätze 1–4, neuer Satz 1 geänd. mWv 30.10.2012 durch G v. 23.10.2012 (BGBl. I S. 2246); Abs. 4 geänd. mWv 1.1.2019 durch G v. 11.12.2018 (BGBl. I S. 2394); Überschrift geänd., Abs. 2 Sätze 4–7 eingef., bish. Satz 4 wird Satz 8, Abs. 2a eingef. mWv 1.1.2021 durch G v. 22.12.2020 (BGBl. I S. 3299).

[2)] Nr. **5**.

setzungen und das Verfahren zur Aufnahme von neuartigen Pflegehilfsmitteln in das Pflegehilfsmittelverzeichnis; im Übrigen gilt § 139 Absatz 8 des Fünften Buches entsprechend. [7] Die Beratung erstreckt sich insbesondere auch auf die grundlegenden Anforderungen an den Nachweis des pflegerischen Nutzens des Pflegehilfsmittels [8] Im Übrigen gilt § 139 des Fünften Buches entsprechend mit der Maßgabe, dass die Verbände der Pflegeberufe und der behinderten Menschen vor Erstellung und Fortschreibung des Pflegehilfsmittelverzeichnisses ebenfalls anzuhören sind.

(2a) [1] Der Spitzenverband Bund der Pflegekassen beschließt spätestens alle drei Jahre, erstmals bis zum 30. September 2021, Empfehlungen zu wohnumfeldverbessernden Maßnahmen gemäß § 40 Absatz 4 unter besonderer Berücksichtigung digitaler Technologien, einschließlich des Verfahrens zur Aufnahme vonProdukten oder Maßnahmen in die Empfehlungen. [2] Absatz 2 Satz 5 bis 7 gilt entsprechend.

(3) [1] Die Landesverbände der Pflegekassen vereinbaren untereinander oder mit geeigneten Pflegeeinrichtungen das Nähere zur Ausleihe der hierfür nach Absatz 2 Satz 4 geeigneten Pflegehilfsmittel einschließlich ihrer Beschaffung, Lagerung, Wartung und Kontrolle. [2] Die Pflegebedürftigen und die zugelassenen Pflegeeinrichtungen sind von den Pflegekassen oder deren Verbänden in geeigneter Form über die Möglichkeit der Ausleihe zu unterrichten.

(4) Das Bundesministerium für Gesundheit wird ermächtigt, das Pflegehilfsmittelverzeichnis nach Absatz 2 durch Rechtsverordnung im Einvernehmen mit dem Bundesministerium für Arbeit und Soziales und dem Bundesministerium für Familie, Senioren, Frauen und Jugend und mit Zustimmung des Bundesrates zu bestimmen; § 40 Abs. 5 bleibt unberührt.

§ 78a[1] Verträge über digitale Pflegeanwendungen und Verzeichnis für digitale Pflegeanwendungen, Verordnungsermächtigung. (1) [1] Der Spitzenverband Bund der Pflegekassen vereinbart im Einvernehmen mit der Bundesarbeitsgemeinschaft der überörtlichen Träger der Sozialhilfe und der Eingliederungshilfe mit dem Hersteller einer digitalen Pflegeanwendung innerhalb von drei Monaten nach Aufnahme der digitalen Pflegeanwendung in das Verzeichnis nach Absatz 3 einen Vergütungsbetrag sowie technische und vertragliche Rahmenbedingungen für die Zurverfügungstellung der digitalen Pflegeanwendungen nach § 40a Absatz 4. [2] Die Vereinbarungen gelten ab dem Zeitpunkt der Aufnahme in das Verzeichnis für digitale Pflegeanwendungen. [3] Kommt innerhalb der Frist nach Satz 1 keine Einigung zustande, entscheidet die Schiedsstelle nach § 134 Absatz 3 des Fünften Buches[2] mit der Maßgabe, dass an die Stelle der zwei Vertreter der Krankenkassen zwei Vertreter der Pflegekassen und an die Stelle der zwei Vertreter der Hersteller digitaler Gesundheitsanwendungen zwei Vertreter der Hersteller von digitalen Pflegeanwendungen treten. [4] An den Sitzungen der Schiedsstelle können anstelle der Vertreter der Patientenorganisationen nach § 140f des Fünften Buches Vertreter der maßgeblichen Organisationen für die Wahrnehmung der Interessen und der Selbsthilfe pflegebedürftiger und behinderter Menschen nach § 118 beratend teilnehmen. [5] Der Hersteller übermittelt dem Spitzenverband Bund der Pflegekassen zur Vorbereitung der Verhandlungen unverzüglich

1. den Nachweis nach Absatz 4 Satz 3 Nummer 3 und

---

[1] § 78a eingef. mWv 9.6.2021 durch G v. 3.6.2021 (BGBl. I S. 1309); Abs. 1 Satz 3 geänd., Satz 4 eingef., bish. Sätze 4 und 5 werden Sätze 5 und 6, neuer Satz 6 neu gef., Abs. 4 Satz 5 neu gef., Abs. 5 Satz 1 geänd., Sätze 7 und 8 angef. mWv 26.3.2022 durch G v. 23.3.2022 (BGBl. I S. 482).

[2] Nr. **5**.

2. die Angaben zur Höhe des tatsächlichen Preises bei Abgabe an Selbstzahler und in anderen europäischen Ländern.

[6] Die Hersteller digitaler Pflegeanwendungen stellen dem Spitzenverband Bund der Pflegekassen nach Aufnahme in das Verzeichnis nach Absatz 3 einen kostenfreien und auf drei Monate beschränkten Zugang zu den digitalen Pflegeanwendungen zur Verfügung.

(2) [1] Der Spitzenverband Bund der Pflegekassen trifft im Einvernehmen mit der Bundesarbeitsgemeinschaft der überörtlichen Träger der Sozialhilfe und der Eingliederungshilfe mit den für die Wahrnehmung der wirtschaftlichen Interessen gebildeten maßgeblichen Spitzenorganisationen der Hersteller von digitalen Pflegeanwendungen auf Bundesebene eine Rahmenvereinbarung über die Maßstäbe für die Vereinbarungen der Vergütungsbeträge sowie zu den Grundsätzen der technischen und vertraglichen Rahmenbedingungen für die Zurverfügungstellung der digitalen Pflegeanwendungen. [2] Kommt innerhalb von drei Monaten nach Inkrafttreten der Rechtsverordnung nach Absatz 6 eine Rahmenvereinbarung nicht zustande, setzen die unparteiischen Mitglieder der Schiedsstelle nach Absatz 1 Satz 3 innerhalb von drei Monaten die Rahmenvereinbarung im Benehmen mit dem Spitzenverband Bund der Pflegekassen sowie den in Satz 1 genannten Verbänden auf Antrag einer Vertragspartei und im Einvernehmen mit der Bundesarbeitsgemeinschaft der überörtlichen Träger der Sozialhilfe und der Eingliederungshilfe fest.

(3) [1] Das Bundesinstitut für Arzneimittel und Medizinprodukte führt ein barrierefreies Verzeichnis für digitale Pflegeanwendungen. [2] § 139e Absatz 1 Satz 2 und 3 des Fünften Buches gilt entsprechend.

(4) [1] Die Aufnahme in das Verzeichnis nach Absatz 3 erfolgt auf elektronischen Antrag des Herstellers einer digitalen Pflegeanwendung beim Bundesinstitut für Arzneimittel und Medizinprodukte. [2] Der Hersteller hat die vom Bundesinstitut für Arzneimittel und Medizinprodukte auf seiner Internetseite bereitgestellten elektronischen Antragsformulare zu verwenden. [3] Der Hersteller hat dem Antrag Nachweise darüber beizufügen, dass die digitale Pflegeanwendung

1. die in der Rechtsverordnung nach Absatz 6 Nummer 2 geregelten Anforderungen an die Sicherheit, Funktionstauglichkeit und Qualität erfüllt,
2. die Anforderungen an den Datenschutz erfüllt und die Datensicherheit nach dem Stand der Technik gewährleistet und
3. im Sinne der Rechtsverordnung nach Absatz 6 Nummer 2 einen pflegerischen Nutzen aufweist.

[4] Die Qualität einer digitalen Pflegeanwendung im Sinne des Satzes 3 Nummer 1 bemisst sich insbesondere nach folgenden Kriterien:

1. Barrierefreiheit,
2. altersgerechte Nutzbarkeit,
3. Robustheit,
4. Verbraucherschutz,
5. Qualität der pflegebezogenen Inhalte und
6. Unterstützung der Pflegebedürftigen, Angehörigen und zugelassenen ambulanten Pflegeeinrichtungen bei der Nutzung der digitalen Pflegeanwendung.

[5] Auch wenn die digitale Pflegeanwendung mehrfach zur Nutzung abgerufen wird oder eine andere Funktion beinhaltet, die nicht in das Verzeichnis nach Absatz 3 aufgenommen wurde, steht dem Hersteller für die digitale Pflegeanwendung kein

höherer als der nach Absatz 1 vereinbarte Vergütungsbetrag zu. [6] Eine Differenzierung der Vergütungsbeträge nach Absatz 1 nach Kostenträgern ist nicht zulässig.

(5) [1] Das Bundesinstitut für Arzneimittel und Medizinprodukte entscheidet über den Antrag des Herstellers innerhalb von drei Monaten nach Eingang der vollständigen Antragsunterlagen durch Bescheid; in begründeten Einzelfällen kann die Frist um bis zu weitere drei Monate verlängert werden. [2] Legt der Hersteller unvollständige Antragsunterlagen vor, fordert ihn das Bundesinstitut für Arzneimittel und Medizinprodukte auf, den Antrag innerhalb von einer Frist von drei Monaten zu ergänzen. [3] Liegen nach Ablauf der Frist keine vollständigen Antragsunterlagen vor, ist der Antrag abzulehnen. [4] Das Bundesinstitut für Arzneimittel und Medizinprodukte berät die Hersteller digitaler Pflegeanwendungen zu den Antrags- und Anzeigeverfahren sowie zu den Voraussetzungen, die erfüllt sein müssen, damit die Versorgung mit der jeweiligen digitalen Pflegeanwendung nach den §§ 40a und 40b zu Lasten der Pflegeversicherung erbracht werden kann. [5] Im Übrigen gilt § 139e Absatz 6 bis 8 des Fünften Buches entsprechend. [6] In seiner Entscheidung stellt das Bundesinstitut für Arzneimittel und Medizinprodukte fest, welche ergänzenden Unterstützungsleistungen für die Nutzung der digitalen Pflegeanwendung erforderlich sind, und informiert die Vertragsparteien nach § 75 Absatz 1, die an Rahmenverträgen über ambulante Pflege beteiligt sind, zeitgleich mit der Aufnahme der digitalen Pflegeanwendung in das Verzeichnis nach Absatz 3 hierüber. [7] Das Bundesinstitut für Arzneimittel und Medizinprodukte informiert unverzüglich den Spitzenverband Bund der Pflegekassen über die Aufnahme einer digitalen Pflegeanwendung in das Verzeichnis nach Absatz 3. [8] Der Spitzenverband Bund der Pflegekassen informiert unverzüglich das Bundesinstitut für Arzneimittel und Medizinprodukte über den nach Absatz 1 vereinbarten Vergütungsbetrag.

(6) Das Bundesministerium für Gesundheit wird ermächtigt, durch Rechtsverordnung im Benehmen mit dem Bundesministerium für Arbeit und Soziales ohne Zustimmung des Bundesrates das Nähere zu regeln zu

1. den Inhalten des Verzeichnisses, dessen Veröffentlichung, der Interoperabilität des elektronischen Verzeichnisses mit elektronischen Transparenzportalen Dritter und der Nutzung der Inhalte des Verzeichnisses durch Dritte,
2. den Anforderungen an die Sicherheit, Funktionstauglichkeit und Qualität einschließlich der Anforderungen an die Interoperabilität, der Anforderungen an Datenschutz und Datensicherheit und dem pflegerischen Nutzen,
3. den anzeigepflichtigen Veränderungen der digitalen Pflegeanwendung einschließlich deren Dokumentation,
4. den Einzelheiten des Antrags- und Anzeigeverfahrens sowie des Formularwesens beim Bundesinstitut für Arzneimittel und Medizinprodukte,
5. dem Schiedsverfahren nach Absatz 1 Satz 3, insbesondere der Bestellung der Mitglieder der Schiedsstelle nach Absatz 1 Satz 3, der Erstattung der baren Auslagen und der Entschädigung für den Zeitaufwand der Mitglieder der Schiedsstelle nach Absatz 1 Satz 3, dem Verfahren, dem Teilnahmerecht des Bundesministeriums für Gesundheit, sowie der Vertreter der Organisationen, die für die Wahrnehmung der Interessen der Pflegebedürftigen maßgeblich sind, an den Sitzungen der Schiedsstelle nach Absatz 1 Satz 3 sowie der Verteilung der Kosten,

steller mindestens drei unabhängige Gutachter zur Auswahl zu benennen, wenn innerhalb von 20 Arbeitstagen nach Antragstellung keine Begutachtung erfolgt ist.

(5) § 18 Absatz 3b Satz 1 bis 3 findet bis einschließlich 30. September 2020 keine Anwendung.

(6) Absatz 1 gilt für Anträge auf Pflegeleistungen, die zwischen dem 1. Oktober 2020 und dem 31. März 2022[1] gestellt werden.

§ 148[2] Beratungsbesuche nach § 37. [1] Abweichend von § 37 Absatz 3 Satz 1 erfolgt die von den Pflegebedürftigen abzurufende Beratung bis einschließlich 31. März 2022[3] telefonisch, digital oder per Videokonferenz, wenn die oder der Pflegebedürftige dies wünscht. [2] Die Pflegekasse oder das private Versicherungsunternehmen darf das Pflegegeld abweichend von § 37 Absatz 6 nicht kürzen oder entziehen, wenn die oder der Pflegebedürftige in dem Zeitraum vom 1. März 2022 bis einschließlich zum 30. Juni 2022 keine Beratung nach § 37 Absatz 3 Satz 1 abruft. [3] Die Pflegekassen und die privaten Versicherungsunternehmen haben diese Ausnahmeregelung den Pflegegeldempfängern kurzfristig in geeigneter Form zur Kenntnis zu bringen.

§ 149[4] Einrichtungen zur Inanspruchnahme von Kurzzeitpflege und anderweitige vollstationäre pflegerische Versorgung. (1) [1] Bis einschließlich 30. September 2020 besteht der Anspruch auf Kurzzeitpflege in Einrichtungen, die stationäre Leistungen zur medizinischen Vorsorge oder Rehabilitation erbringen, abweichend von § 42 Absatz 4 auch ohne, dass gleichzeitig eine Maßnahme der medizinischen Vorsorge oder Rehabilitation für eine Pflegeperson erbracht wird. [2] Die Vergütung richtet sich nach dem durchschnittlichen Vergütungssatz gemäß § 111 Absatz 5 des Fünften Buches[5] der Vorsorge- oder Rehabilitationseinrichtung.

(2) Abweichend von § 42 Absatz 2 Satz 2 übernehmen die Pflegekassen bei Kurzzeitpflege in dem Zeitraum vom 28. März 2020 bis einschließlich 30. September 2020 in Einrichtungen, die stationäre Leistungen zur medizinischen Vorsorge oder Rehabilitation erbringen, Aufwendungen bis zu einem Gesamtbetrag von 2 418 Euro.

(3) [1] Ist eine pflegerische Versorgung von bereits vollstationär versorgten Pflegebedürftigen in einer vollstationären Pflegeeinrichtung auf Grund der SARS-CoV-2-Pandemie quarantänebedingt nicht zu gewährleisten, kann diese für die Dauer von maximal 14 Kalendertagen in dem Zeitraum vom 23. Mai 2020 bis einschließlich 30. September 2020 auch in einer Einrichtung erbracht

---

[1] Gem. § 1 Abs. 1 und 2 der Dritten VO zur Verlängerung von Maßnahmen zur Aufrechterhaltung der pflegerischen Versorgung während der Covid-19-Pandemie v. 16.3.2022 (BGBl. I S. 475) wird die Frist nach § 147 Absatz 1 Satz 1 und Abs. 6 SGB XI bis einschließlich 30. Juni 2022 verlängert.

[2] § 148 neu gef. mWv 1.10.2020 durch G v. 22.12.2020 (BGBl. I S. 3299); geänd. mWv 31.3.2021 durch G v. 29.3.2021 (BGBl. I S. 370); geänd. mWv 1.1.2022 durch G v. 22.11.2021 (BGBl. I S. 4906); Sätze 2 und 3 angef. mWv 26.3.2022 durch G v. 23.3.2022 (BGBl. I S. 482).

[3] Gem. § 1 Abs. 3 der Dritten VO zur Verlängerung von Maßnahmen zur Aufrechterhaltung der pflegerischen Versorgung während der Covid-19-Pandemie v. 16.3.2022 (BGBl. I S. 475) wird die Frist nach § 148 SGB XI bis einschließlich 30. Juni 2022 verlängert.

[4] § 149 angef. mWv 28.3.2020 durch G v. 27.3.2020 (BGBl. I S. 580)§ 149 Abs. 2 angef. mWv 28.3.2020, Überschrift neu gef., Abs. 3 angef. mWv 23.5.2020 durch G v. 19.5.2020 (BGBl. I S. 1018).

[5] Nr. 5.

werden, die Leistungen zur medizinischen Vorsorge oder Rehabilitation erbringt (anderweitige vollstationäre pflegerische Versorgung). [2] Im begründeten Einzelfall kann in Abstimmung mit der Pflegekasse des Pflegebedürftigen auch eine pflegerische Versorgung von mehr als 14 Tagen in einer Einrichtung erbracht werden, die Leistungen zur medizinischen Vorsorge oder Rehabilitation erbringt. [3] Der Pflegeplatz des Pflegebedürftigen ist von der bisherigen vollstationären Pflegeeinrichtung während seiner Abwesenheit freizuhalten. [4] Die Berechnung des Heimentgeltes und seine Zahlung an die bisherige vollstationäre Pflegeeinrichtung sowie der nach § 43 von der Pflegekasse an die bisherige vollstationäre Pflegeeinrichtung zu gewährende Leistungsbetrag bleiben unverändert. [5] Die Vergütung der anderweitigen vollstationären pflegerischen Versorgung richtet sich nach dem durchschnittlichen Vergütungssatz nach § 111 Absatz 5 des Fünften Buches für die Vorsorge- oder Rehabilitationseinrichtung. [6] Sie wird der Einrichtung von den Pflegekassen entsprechend dem Verfahren nach § 150 Absatz 2 Satz 2 bis 4 erstattet. [7] Der Spitzenverband Bund der Pflegekassen kann im Benehmen mit den Verbänden der Träger von vollstationären Pflegeeinrichtungen sowie im Benehmen mit den Verbänden der stationären medizinischen Rehabilitations- und Vorsorgeeinrichtungen Empfehlungen zur formellen Abwicklung des Abrechnungsverfahrens abgeben.

§ 150[1)] Sicherstellung der pflegerischen Versorgung, Kostenerstattung für Pflegeeinrichtungen und Pflegebedürftige. (1) [1] Im Fall einer wesentlichen Beeinträchtigung der Leistungserbringung infolge des neuartigen Coronavirus SARS-CoV-2 ist der Träger einer nach § 72 zugelassenen Pflegeeinrichtung verpflichtet, diese umgehend den Pflegekassen gegenüber anzuzeigen. [2] Es genügt die Anzeige an eine als Partei des Versorgungsvertrages beteiligte Pflegekasse. [3] In Abstimmung mit den weiteren hierbei zuständigen Stellen, insbesondere den nach Landesrecht bestimmten heimrechtlichen Aufsichtsbehörden, haben die Pflegekassen zusammen mit der Pflegeeinrichtung zur Sicherstellung der pflegerischen Versorgung die erforderlichen Maßnahmen und Anpassungen vorzunehmen, wobei auch von der vereinbarten Personalausstattung einschließlich deren gesetzlichen Bestimmungen nach diesem Buch abgewichen werden kann. [4] Dabei sind zum flexiblen Einsatz des Personals in anderen Versorgungsbereichen alle bestehenden Instrumente und Mittel einschließlich des Vertragsrechts zu nutzen, bei denen zulassungsrechtliche Voraussetzungen zweckgerichtet und unbürokratisch angewandt werden können. [5] Dies gilt auch für den Einsatz von Beschäftigten für die Leistungen der zusätzlichen Betreuung nach § 43b in anderen Bereichen.

(2) [1] Den zugelassenen Pflegeeinrichtungen werden die ihnen infolge des neuartigen Coronavirus SARS-CoV-2 anfallenden, außerordentlichen Aufwendungen sowie Mindereinnahmen im Rahmen ihrer Leistungserbringung, die nicht anderweitig finanziert werden, erstattet. [2] Der Anspruch auf Erstattung kann bei einer Pflegekasse regelmäßig zum Monatsende geltend gemacht wer-

---

[1)] § 150 angef. mWv 28.3.2020 durch G v. 27.3.2020 (BGBl. I S. 580); Abs. 4 Satz 1 neu gef., Sätze 2–4 eingef., bish. Sätze 2–5 werden Sätze 5–8, Abs. 5a eingef. mWv 28.3.2020, Abs. 5b–5d eingef., Abs. 6 geänd. mWv 23.5.2020 durch G v. 19.5.2020 (BGBl. I S. 1018); Abs. 5d Sätze 2 und 5 aufgeh. mWv 23.5.2020, *Abs. 5a Satz 1, Abs. 5b Satz 1,* Abs. 5c, Abs. 5d Satz 1 einl. Satzteil und Sätze 3 und 4 geänd., Abs. 6 neu gef. mWv 1.10.2020 durch G v. 23.10.2020 (BGBl. I S. 2208); Abs. 6 Sätze 1 und 2 geänd. mWv 1.1.2021 durch G v. 22.12.2020 (BGBl. I S. 3299); Abs. 5c neu gef., Abs. 6 geänd. mWv 31.3.2021 durch G v. 29.3.2021 (BGBl. I S. 370); Abs. 6 Sätze 1 und 2 geänd. mWv 1.1.2022 durch G v. 22.11.2021 (BGBl. I S. 4906).

den, die Partei des Versorgungsvertrages ist. [3]Die Auszahlung des gesamten Erstattungsbetrages hat innerhalb von 14 Kalendertagen über eine Pflegekasse zu erfolgen. [4]Die Auszahlung kann vorläufig erfolgen. [5]Für zugelassene Pflegeeinrichtungen, die eine vertragliche Regelung der Pflegevergütung nach den §§ 85 und 89 abgeschlossen haben, findet § 85 Absatz 7 insoweit keine Anwendung. [6]Dabei sind bei Unterschreitungen der vereinbarten Personalaus-

(Fortsetzung nächstes Blatt)

11/10. Gesetz über die Pflegezeit (Pflegezeitgesetz – PflegeZG)[1)]

Vom 28. Mai 2008
(BGBl. I S. 874)

FNA 860-11-4

geänd. durch Art. 2 G zur besseren Vereinbarkeit von Familie, Pflege und Beruf v. 23.12.2014 (BGBl. I S. 2462), Art. 7 Zweites PflegestärkungsG v. 21.12.2015 (BGBl. I S. 2424), Art. 5b und 18 Abs. 8a Zweites G zum Schutz der Bevölkerung bei einer epidemischen Lage von nationaler Tragweite v. 19.5.2020 (BGBl. I S. 1018), Art. 10 und 11 KrankenhauszukunftsG v. 23.10.2020 (BGBl. I S. 2208, geänd. durch G v. 22.12.2020, BGBl. I S. 3299, G v. 29.3.2021, BGBl. I S. 370, G v. 25.6.2021, BGBl. I S. 2020, G v. 22.11.2021 BGBl. I S. 4906 und G v. 23.3.2022, BGBl. I S. 482), Art. 4c Gesundheitsversorgungs- und PflegeverbesserungsG v. 22.12.2020 (BGBl. I S. 3299), Art. 5 G zur Fortgeltung der die epidemische Lage von nationaler Tragweite betreffenden Regelungen v. 29.3. 2021 (BGBl. I S. 370), Art. 3 KitafinanzhilfenänderungsG v. 25.6.2021 (BGBl. I S. 2020), Art. 17 G zur Änd. des InfektionsschutzG und weiterer Gesetze anlässlich der Aufhebung der Feststellung der epidemischen Lage von nationaler Tragweite v. 22.11.2021 (BGBl. I S. 4906) und Art. 2 G zur Verlängerung von Sonderregelungen im Zusammenhang mit der COVID-19-Pandemie beim Kurzarbeitergeld und anderer Leistungen v. 23.3.2022 (BGBl. I S. 482)

§ 1 Ziel des Gesetzes. Ziel des Gesetzes ist, Beschäftigten die Möglichkeit zu eröffnen, pflegebedürftige nahe Angehörige in häuslicher Umgebung zu pflegen und damit die Vereinbarkeit von Beruf und familiärer Pflege zu verbessern.

§ 2[2)] Kurzzeitige Arbeitsverhinderung. (1) Beschäftigte haben das Recht, bis zu zehn Arbeitstage der Arbeit fernzubleiben, wenn dies erforderlich ist, um für einen pflegebedürftigen nahen Angehörigen in einer akut aufgetretenen Pflegesituation eine bedarfsgerechte Pflege zu organisieren oder eine pflegerische Versorgung in dieser Zeit sicherzustellen.

(2) [1] Beschäftigte sind verpflichtet, dem Arbeitgeber ihre Verhinderung an der Arbeitsleistung und deren voraussichtliche Dauer unverzüglich mitzuteilen. [2] Dem Arbeitgeber ist auf Verlangen eine ärztliche Bescheinigung über die Pflegebedürftigkeit des nahen Angehörigen und die Erforderlichkeit der in Absatz 1 genannten Maßnahmen vorzulegen.

(3) [1] Der Arbeitgeber ist zur Fortzahlung der Vergütung nur verpflichtet, soweit sich eine solche Verpflichtung aus anderen gesetzlichen Vorschriften oder auf Grund einer Vereinbarung ergibt. [2] Ein Anspruch der Beschäftigten auf Zahlung von Pflegeunterstützungsgeld richtet sich nach § 44a Absatz 3 des Elften Buches Sozialgesetzbuch[3)].

§ 3[4)] Pflegezeit und sonstige Freistellungen. (1) [1] Beschäftigte sind von der Arbeitsleistung vollständig oder teilweise freizustellen, wenn sie einen pflegebedürftigen nahen Angehörigen in häuslicher Umgebung pflegen (Pfle-

---

[1)] Verkündet als Art. 3 Pflege-WeiterentwicklungsG v. 28.5.2008 (BGBl. I S. 874); Inkrafttreten gem. Art. 17 Abs. 1 dieses G am 1.7.2008.

[2)] § 2 Abs. 3 Satz 2 angef. mWv 1.1.2015 durch G v. 23.12.2014 (BGBl. I S. 2462).

[3)] Nr. **11**.

[4)] § 3 Überschrift geänd., Abs. 3 Sätze 3–6 sowie Abs. 5–7 angef. mWv 1.1.2015 durch G v. 23.12. 2014 (BGBl. I S. 2462).

gezeit). 2 Der Anspruch nach Satz 1 besteht nicht gegenüber Arbeitgebern mit in der Regel 15 oder weniger Beschäftigten.

(2) 1 Die Beschäftigten haben die Pflegebedürftigkeit des nahen Angehörigen durch Vorlage einer Bescheinigung der Pflegekasse oder des Medizinischen Dienstes der Krankenversicherung nachzuweisen. 2 Bei in der privaten Pflege-Pflichtversicherung versicherten Pflegebedürftigen ist ein entsprechender Nachweis zu erbringen.

(3) 1 Wer Pflegezeit beanspruchen will, muss dies dem Arbeitgeber spätestens zehn Arbeitstage vor Beginn schriftlich ankündigen und gleichzeitig erklären, für welchen Zeitraum und in welchem Umfang die Freistellung von der Arbeitsleistung in Anspruch genommen werden soll. 2 Wenn nur teilweise Freistellung in Anspruch genommen wird, ist auch die gewünschte Verteilung der Arbeitszeit anzugeben. 3 Enthält die Ankündigung keine eindeutige Festlegung, ob die oder der Beschäftigte Pflegezeit oder Familienpflegezeit nach § 2 des Familienpflegezeitgesetzes[1)] in Anspruch nehmen will, und liegen die Voraussetzungen beider Freistellungsansprüche vor, gilt die Erklärung als Ankündigung von Pflegezeit. 4 Beansprucht die oder der Beschäftigte nach der Pflegezeit Familienpflegezeit oder eine Freistellung nach § 2 Absatz 5 des Familienpflegezeitgesetzes zur Pflege oder Betreuung desselben pflegebedürftigen Angehörigen, muss sich die Familienpflegezeit oder die Freistellung nach § 2 Absatz 5 des Familienpflegezeitgesetzes unmittelbar an die Pflegezeit anschließen. 5 In diesem Fall soll die oder der Beschäftigte möglichst frühzeitig erklären, ob sie oder er Familienpflegezeit oder eine Freistellung nach § 2 Absatz 5 des Familienpflegezeitgesetzes in Anspruch nehmen wird; abweichend von § 2a Absatz 1 Satz 1 des Familienpflegezeitgesetzes muss die Ankündigung spätestens drei Monate vor Beginn der Familienpflegezeit erfolgen. 6 Wird Pflegezeit nach einer Familienpflegezeit oder einer Freistellung nach § 2 Absatz 5 des Familienpflegezeitgesetzes in Anspruch genommen, ist die Pflegezeit in unmittelbarem Anschluss an die Familienpflegezeit oder die Freistellung nach § 2 Absatz 5 des Familienpflegezeitgesetzes zu beanspruchen und abweichend von Satz 1 dem Arbeitgeber spätestens acht Wochen vor Beginn der Pflegezeit schriftlich anzukündigen.

(4) 1 Wenn nur teilweise Freistellung in Anspruch genommen wird, haben Arbeitgeber und Beschäftigte über die Verringerung und die Verteilung der Arbeitszeit eine schriftliche Vereinbarung zu treffen. 2 Hierbei hat der Arbeitgeber den Wünschen der Beschäftigten zu entsprechen, es sei denn, dass dringende betriebliche Gründe entgegenstehen.

(5) 1 Beschäftigte sind von der Arbeitsleistung vollständig oder teilweise freizustellen, wenn sie einen minderjährigen pflegebedürftigen nahen Angehörigen in häuslicher oder außerhäuslicher Umgebung betreuen. 2 Die Inanspruchnahme dieser Freistellung ist jederzeit im Wechsel mit der Freistellung nach Absatz 1 im Rahmen der Gesamtdauer nach § 4 Absatz 1 Satz 4 möglich. 3 Absatz 1 Satz 2 und die Absätze 2 bis 4 gelten entsprechend. 4 Beschäftigte können diesen Anspruch wahlweise statt des Anspruchs auf Pflegezeit nach Absatz 1 geltend machen.

(6) 1 Beschäftigte sind zur Begleitung eines nahen Angehörigen von der Arbeitsleistung *vollständig oder teilweise freizustellen*, wenn dieser an einer Erkrankung leidet, die progredient verläuft und bereits ein weit fortgeschritte-

---

[1)] Nr. **11/20**.

nes Stadium erreicht hat, bei der eine Heilung ausgeschlossen und eine palliativmedizinische Behandlung notwendig ist und die lediglich eine begrenzte Lebenserwartung von Wochen oder wenigen Monaten erwarten lässt. [2] Beschäftigte haben diese gegenüber dem Arbeitgeber durch ein ärztliches Zeugnis nachzuweisen. [3] Absatz 1 Satz 2, Absatz 3 Satz 1 und 2 und Absatz 4 gelten entsprechend. [4] § 45 des Fünften Buches Sozialgesetzbuch bleibt unberührt.

(7) Ein Anspruch auf Förderung richtet sich nach den §§ 3, 4, 5 Absatz 1 Satz 1 und Absatz 2 sowie den §§ 6 bis 10 des Familienpflegezeitgesetzes.

§ 4[1)] Dauer der Inanspruchnahme. (1) [1] Die Pflegezeit nach § 3 beträgt für jeden pflegebedürftigen nahen Angehörigen längstens sechs Monate (Höchstdauer). [2] Für einen kürzeren Zeitraum in Anspruch genommene Pflegezeit kann bis zur Höchstdauer verlängert werden, wenn der Arbeitgeber zustimmt. [3] Eine Verlängerung bis zur Höchstdauer kann verlangt werden, wenn ein vorgesehener Wechsel in der Person des Pflegenden aus einem wichtigen Grund nicht erfolgen kann. [4] Pflegezeit und Familienpflegezeit nach § 2 des Familienpflegezeitgesetzes[2)] dürfen gemeinsam die Gesamtdauer von 24 Monaten je pflegebedürftigem nahen Angehörigen nicht überschreiten. [5] Die Pflegezeit wird auf Berufsbildungszeiten nicht angerechnet.

(2) [1] Ist der nahe Angehörige nicht mehr pflegebedürftig oder die häusliche Pflege des nahen Angehörigen unmöglich oder unzumutbar, endet die Pflegezeit vier Wochen nach Eintritt der veränderten Umstände. [2] Der Arbeitgeber ist über die veränderten Umstände unverzüglich zu unterrichten. [3] Im Übrigen kann die Pflegezeit nur vorzeitig beendet werden, wenn der Arbeitgeber zustimmt.

(3) [1] Für die Betreuung nach § 3 Absatz 5 gelten die Absätze 1 und 2 entsprechend. [2] Für die Freistellung nach § 3 Absatz 6 gilt eine Höchstdauer von drei Monaten je nahem Angehörigen. [3] Für die Freistellung nach § 3 Absatz 6 gelten Absatz 1 Satz 2, 3 und 5 sowie Absatz 2 entsprechend; bei zusätzlicher Inanspruchnahme von Pflegezeit oder einer Freistellung nach § 3 Absatz 5 oder Familienpflegezeit oder einer Freistellung nach § 2 Absatz 5 des Familienpflegezeitgesetzes dürfen die Freistellungen insgesamt 24 Monate je nahem Angehörigen nicht überschreiten.

(4) Der Arbeitgeber kann den Erholungsurlaub, der der oder dem Beschäftigten für das Urlaubsjahr zusteht, für jeden vollen Kalendermonat der vollständigen Freistellung von der Arbeitsleistung um ein Zwölftel kürzen.

§ 4a[3)] Erneute Pflegezeit nach Inanspruchnahme einer Freistellung auf Grundlage der Sonderregelungen aus Anlass der COVID-19-Pandemie. (1) Abweichend von § 4 Absatz 1 Satz 2 und 3 können Beschäftigte einmalig nach einer beendeten Pflegezeit zur Pflege oder Betreuung desselben pflegebedürftigen Angehörigen Pflegezeit erneut, jedoch insgesamt nur bis zur Höchstdauer nach § 4 Absatz 1 Satz 1 in Anspruch nehmen, wenn die Gesamtdauer nach § 4 Absatz 1 Satz 4 nicht überschritten wird und die Inanspruchnahme der beendeten Pflegezeit auf der Grundlage der Sonderregelungen aus Anlass der COVID-19-Pandemie erfolgte.

[1)] § 4 Überschrift geänd., Abs. 1 Satz 4 eingef., bish. Satz 4 wird Satz 5, Abs. 3 und 4 angef. mWv 1.1.2015 durch G v. 23.12.2014 (BGBl. I S. 2462).

[2)] Nr. **11/20**.

[3)] § 4a eingef. mWv 29.10.2020 durch G v. 23.10.2020 (BGBl. I S. 2208).

(2) Abweichend von § 3 Absatz 3 Satz 4 muss sich die Familienpflegezeit oder eine Freistellung nach § 2 Absatz 5 des Familienpflegezeitgesetzes[1)] nicht unmittelbar an die Pflegezeit anschließen, wenn die Pflegezeit auf Grund der Sonderregelungen aus Anlass der COVID-19-Pandemie in Anspruch genommen wurde und die Gesamtdauer nach § 4 Absatz 1 Satz 4 nicht überschritten wird.

(3) Abweichend von § 3 Absatz 3 Satz 6 muss sich die Pflegezeit nicht unmittelbar an die Familienpflegezeit oder an die Freistellung nach § 2 Absatz 5 des Familienpflegezeitgesetzes anschließen, wenn die Familienpflegezeit oder Freistellung auf Grund der Sonderregelungen aus Anlass der COVID-19-Pandemie erfolgte und die Gesamtdauer nach § 4 Absatz 1 Satz 4 nicht überschritten wird.

§ 5[2)] Kündigungsschutz. (1) Der Arbeitgeber darf das Beschäftigungsverhältnis von der Ankündigung, höchstens jedoch zwölf Wochen vor dem angekündigten Beginn, bis zur Beendigung der kurzzeitigen Arbeitsverhinderung nach § 2 oder der Freistellung nach § 3 nicht kündigen.

(2) [1] In besonderen Fällen kann eine Kündigung von der für den Arbeitsschutz zuständigen obersten Landesbehörde oder der von ihr bestimmten Stelle ausnahmsweise für zulässig erklärt werden. [2] Die Bundesregierung kann hierzu mit Zustimmung des Bundesrates allgemeine Verwaltungsvorschriften erlassen.

§ 6[3)] Befristete Verträge. (1) [1] Wenn zur Vertretung einer Beschäftigten oder eines Beschäftigten für die Dauer der kurzzeitigen Arbeitsverhinderung nach § 2 oder der Freistellung nach § 3 eine Arbeitnehmerin oder ein Arbeitnehmer eingestellt wird, liegt hierin ein sachlicher Grund für die Befristung des Arbeitsverhältnisses. [2] Über die Dauer der Vertretung nach Satz 1 hinaus ist die Befristung für notwendige Zeiten einer Einarbeitung zulässig.

(2) Die Dauer der Befristung des Arbeitsvertrages muss kalendermäßig bestimmt oder bestimmbar sein oder den in Absatz 1 genannten Zwecken zu entnehmen sein.

(3) [1] Der Arbeitgeber kann den befristeten Arbeitsvertrag unter Einhaltung einer Frist von zwei Wochen kündigen, wenn die Freistellung nach § 4 Abs. 2 Satz 1 vorzeitig endet. [2] Das Kündigungsschutzgesetz[4)] ist in diesen Fällen nicht anzuwenden. [3] Satz 1 gilt nicht, soweit seine Anwendung vertraglich ausgeschlossen ist.

(4) [1] Wird im Rahmen arbeitsrechtlicher Gesetze oder Verordnungen auf die Zahl der beschäftigten Arbeitnehmerinnen und Arbeitnehmer abgestellt, sind bei der Ermittlung dieser Zahl Arbeitnehmerinnen und Arbeitnehmer, die nach § 2 kurzzeitig an der Arbeitsleistung verhindert oder nach § 3 freigestellt sind, nicht mitzuzählen, solange für sie auf Grund von Absatz 1 eine Vertreterin oder ein Vertreter eingestellt ist. [2] Dies gilt nicht, wenn die Vertreterin oder der Vertreter nicht mitzuzählen ist. [3] Die Sätze 1 und 2 gelten entsprechend, wenn im Rahmen arbeitsrechtlicher Gesetze oder Verordnungen auf die Zahl der Arbeitsplätze abgestellt wird.

---

1) Nr. **11/20**.
2) § 5 Abs. 1 geänd. mWv 1.1.2015 durch G v. 23.12.2014 (BGBl. I S. 2462).
3) § 6 Abs. 1 Satz 1 und Abs. 3 Satz 1 geänd. mWv 1.1.2015 durch G v. 23.12.2014 (BGBl. I S. 2462).
4) **Loseblatt-Textsammlung Arbeitsrecht Nr. 152.**

§ 7[1)] Begriffsbestimmungen. (1) Beschäftigte im Sinne dieses Gesetzes sind

1. Arbeitnehmerinnen und Arbeitnehmer,
2. die zu ihrer Berufsbildung Beschäftigten,
3. Personen, die wegen ihrer wirtschaftlichen Unselbständigkeit als arbeitnehmerähnliche Personen anzusehen sind; zu diesen gehören auch die in Heimarbeit Beschäftigten und die ihnen Gleichgestellten.

(2) [1] Arbeitgeber im Sinne dieses Gesetzes sind natürliche und juristische Personen sowie rechtsfähige Personengesellschaften, die Personen nach Absatz 1 beschäftigen. [2] Für die arbeitnehmerähnlichen Personen, insbesondere für die in Heimarbeit Beschäftigten und die ihnen Gleichgestellten, tritt an die Stelle des Arbeitgebers der Auftraggeber oder Zwischenmeister.

(3) Nahe Angehörige im Sinne dieses Gesetzes sind

1. Großeltern, Eltern, Schwiegereltern, Stiefeltern,
2. Ehegatten, Lebenspartner, Partner einer eheähnlichen oder lebenspartnerschaftsähnlichen Gemeinschaft, Geschwister, Ehegatten der Geschwister und Geschwister der Ehegatten, Lebenspartner der Geschwister und Geschwister der Lebenspartner,
3. Kinder, Adoptiv- oder Pflegekinder, die Kinder, Adoptiv- oder Pflegekinder des Ehegatten oder Lebenspartners, Schwiegerkinder und Enkelkinder.

(4) [1] Pflegebedürftig im Sinne dieses Gesetzes sind Personen, die die Voraussetzungen nach den §§ 14 und 15 des Elften Buches Sozialgesetzbuch[2)] erfüllen. [2] Pflegebedürftig im Sinne von § 2 sind auch Personen, die die Voraussetzungen nach den §§ 14 und 15 des Elften Buches Sozialgesetzbuch voraussichtlich erfüllen.

§ 8 Unabdingbarkeit. Von den Vorschriften dieses Gesetzes kann nicht zuungunsten der Beschäftigten abgewichen werden.

§ 9[3)] *(aufgehoben)*

[1)] § 7 Abs. 3 Nr. 1 und 2 geänd. mWv 1.1.2015 durch G v. 23.12.2014 (BGBl. I S. 2462); Abs. 3 Nr. 2 geänd. mWv 1.1.2016 durch G v. 21.12.2015 (BGBl. I S. 2424).

[2)] Nr. **11**.

[3)] § 9 aufgeh. mWv 1.7.2022 durch G v. 23.10.2020 (BGBl. I S. 2208, geänd. durch G v. 22.12. 2020, BGBl. I S. 3299, G v. 29.3.2021, BGBl. I S. 370, G v.25.6.2021, BGBl. I S. 2020, G v. 22.11. 2021 BGBl. I S. 4906 und G v. 23.3.2022 (BGBl. I S. 482).

11/20. Gesetz über die Familienpflegezeit (Familienpflegezeitgesetz – FPfZG)[1)]

Vom 6. Dezember 2011
(BGBl. I S. 2564)

FNA 860-11-5

geänd. durch Art. 1 G zur besseren Vereinbarkeit von Familie, Pflege und Beruf v. 23.12.2014 (BGBl. I S. 2462), Art. 5a und 18 Abs. 8a Zweites G zum Schutz der Bevölkerung bei einer epidemischen Lage von nationaler Tragweite v. 19.5.2020 (BGBl. I S. 1018), Art. 8 und 9 KrankenhauszukunftsG v. 23.10.2020 (BGBl. I S. 2208, geänd. durch G v. 22.12.2020, BGBl. I S. 3299, G v. 29.3.2021, BGBl. I S. 370, G v. 25.6.2021, BGBl. I S. 2020, G v. 22.11.2021 BGBl. I S. 4906 und G v. 23.3. 2022, BGBl. I S. 482), Art. 4b Gesundheitsversorgungs- und PflegeverbesserungsG v. 22.12.2020 (BGBl. I S. 3299), Art. 6 G zur Fortgeltung der die epidemische Lage von nationaler Tragweite betreffenden Regelungen v. 29.3.2021 (BGBl. I S. 370), Art. 4 KitafinanzhilfenänderungsG v. 25.6. 2021 (BGBl. I S. 2020), Art. 18 G zur Änd. des InfektionsschutzG und weiterer Gesetze anlässlich der Aufhebung der Feststellung der epidemischen Lage von nationaler Tragweite v. 22.11.2021 (BGBl. I S. 4906) und Art. 1a G zur Verlängerung von Sonderregelungen im Zusammenhang mit der COVID-19-Pandemie beim Kurzarbeitergeld und anderer Leistungen v. 23.3.2022 (BGBl. I S. 482)

§ 1 Ziel des Gesetzes. Durch die Einführung der Familienpflegezeit werden die Möglichkeiten zur Vereinbarkeit von Beruf und familiärer Pflege verbessert.

§ 2[2)] Familienpflegezeit. (1) [1]Beschäftigte sind von der Arbeitsleistung für längstens 24 Monate (Höchstdauer) teilweise freizustellen, wenn sie einen pflegebedürftigen nahen Angehörigen in häuslicher Umgebung pflegen (Familienpflegezeit). [2]Während der Familienpflegezeit muss die verringerte Arbeitszeit wöchentlich mindestens 15 Stunden betragen. [3]Bei unterschiedlichen wöchentlichen Arbeitszeiten oder einer unterschiedlichen Verteilung der wöchentlichen Arbeitszeit darf die wöchentliche Arbeitszeit im Durchschnitt eines Zeitraums von bis zu einem Jahr 15 Stunden nicht unterschreiten (Mindestarbeitszeit). [4]Der Anspruch nach Satz 1 besteht nicht gegenüber Arbeitgebern mit in der Regel 25 oder weniger Beschäftigten ausschließlich der zu ihrer Berufsbildung Beschäftigten.

(2) Pflegezeit und Familienpflegezeit dürfen gemeinsam 24 Monate je pflegebedürftigem nahen Angehörigen nicht überschreiten (Gesamtdauer).

(3) Die §§ 5 bis 8 des Pflegezeitgesetzes[3)] gelten entsprechend.

(4) Die Familienpflegezeit wird auf Berufsbildungszeiten nicht angerechnet.

(5) [1]Beschäftigte sind von der Arbeitsleistung für längstens 24 Monate (Höchstdauer) teilweise freizustellen, wenn sie einen minderjährigen pflegebedürftigen nahen Angehörigen in häuslicher oder außerhäuslicher Umgebung betreuen. [2]Die Inanspruchnahme dieser Freistellung ist jederzeit im Wechsel mit der Freistellung nach Absatz 1 im Rahmen der Gesamtdauer nach Absatz 2 möglich. [3]Absatz 1 Satz 2 bis 4 und die Absätze 2 bis 4 gelten entsprechend. [4]Beschäftigte können diesen Anspruch wahlweise statt des Anspruchs auf Familienpflegezeit nach Absatz 1 geltend machen.

---

1) Verkündet als Art. 1 G v. 6.12.2011 (BGBl. I S. 2564); Inkrafttreten gem. Art. 4 dieses G am 1.1. 2012.

2) § 2 neu gef. mWv 1.1.2015 durch G v. 23.12.2014 (BGBl. I S. 2462).

3) Nr. **11/10**.

§ 2a[1] **Inanspruchnahme der Familienpflegezeit.** (1) [1]Wer Familienpflegezeit nach § 2 beanspruchen will, muss dies dem Arbeitgeber spätestens acht Wochen vor dem gewünschten Beginn schriftlich ankündigen und gleichzeitig erklären, für welchen Zeitraum und in welchem Umfang innerhalb der Gesamtdauer nach § 2 Absatz 2 die Freistellung von der Arbeitsleistung in Anspruch genommen werden soll. [2]Dabei ist auch die gewünschte Verteilung der Arbeitszeit anzugeben. [3]Enthält die Ankündigung keine eindeutige Festlegung, ob die oder der Beschäftigte Pflegezeit nach § 3 des Pflegezeitgesetzes[2] oder Familienpflegezeit in Anspruch nehmen will, und liegen die Voraussetzungen beider Freistellungsansprüche vor, gilt die Erklärung als Ankündigung von Pflegezeit. [4]Wird die Familienpflegezeit nach einer Freistellung nach § 3 Absatz 1 oder Absatz 5 des Pflegezeitgesetzes zur Pflege oder Betreuung desselben pflegebedürftigen Angehörigen in Anspruch genommen, muss sich die Familienpflegezeit unmittelbar an die Freistellung nach § 3 Absatz 1 oder Absatz 5 des Pflegezeitgesetzes anschließen. [5]In diesem Fall soll die oder der Beschäftigte möglichst frühzeitig erklären, ob sie oder er Familienpflegezeit in Anspruch nehmen wird; abweichend von Satz 1 muss die Ankündigung spätestens drei Monate vor Beginn der Familienpflegezeit erfolgen. [6]Wird eine Freistellung nach § 3 Absatz 1 oder Absatz 5 des Pflegezeitgesetzes nach einer Familienpflegezeit in Anspruch genommen, ist die Freistellung nach § 3 Absatz 1 oder Absatz 5 des Pflegezeitgesetzes in unmittelbarem Anschluss an die Familienpflegezeit zu beanspruchen und dem Arbeitgeber spätestens acht Wochen vor Beginn der Freistellung nach § 3 Absatz 1 oder Absatz 5 des Pflegezeitgesetzes schriftlich anzukündigen.

(2) [1]Arbeitgeber und Beschäftigte haben über die Verringerung und Verteilung der Arbeitszeit eine schriftliche Vereinbarung zu treffen. [2]Hierbei hat der Arbeitgeber den Wünschen der Beschäftigten zu entsprechen, es sei denn, dass dringende betriebliche Gründe entgegenstehen.

(3) [1]Für einen kürzeren Zeitraum in Anspruch genommene Familienpflegezeit kann bis zur Gesamtdauer nach § 2 Absatz 2 verlängert werden, wenn der Arbeitgeber zustimmt. [2]Eine Verlängerung bis zur Gesamtdauer kann verlangt werden, wenn ein vorgesehener Wechsel in der Person der oder des Pflegenden aus einem wichtigen Grund nicht erfolgen kann.

(4) [1]Die Beschäftigten haben die Pflegebedürftigkeit der oder des nahen Angehörigen durch Vorlage einer Bescheinigung der Pflegekasse oder des Medizinischen Dienstes der Krankenversicherung nachzuweisen. [2]Bei in der privaten Pflege-Pflichtversicherung versicherten Pflegebedürftigen ist ein entsprechender Nachweis zu erbringen.

(5) [1]Ist die oder der nahe Angehörige nicht mehr pflegebedürftig oder die häusliche Pflege der oder des nahen Angehörigen unmöglich oder unzumutbar, endet die Familienpflegezeit vier Wochen nach Eintritt der veränderten Umstände. [2]Der Arbeitgeber ist hierüber unverzüglich zu unterrichten. [3]Im Übrigen kann die Familienpflegezeit nur vorzeitig beendet werden, wenn der Arbeitgeber zustimmt.

(6) Die Absätze 1 bis 5 gelten entsprechend für die Freistellung von der Arbeitsleistung nach § 2 Absatz 5.

---

[1] § 2a eingef. mWv 1.1.2015 durch G v. 23.12.2014 (BGBl. I S. 2462).
[2] Nr. **11/10**.

§ 2b[1)] Erneute Familienpflegezeit nach Inanspruchnahme einer Freistellung auf Grundlage der Sonderregelungen aus Anlass der COVID-19-Pandemie. (1) Abweichend von § 2a Absatz 3 können Beschäftigte einmalig nach einer beendeten Familienpflegezeit zur Pflege und Betreuung desselben pflegebedürftigen Angehörigen Familienpflegezeit erneut, jedoch insgesamt nur bis zur Höchstdauer nach § 2 Absatz 1 in Anspruch nehmen, wenn die Gesamtdauer von 24 Monaten nach § 2 Absatz 2 nicht überschritten wird und die Inanspruchnahme der beendeten Familienpflegezeit auf der Grundlage der Sonderregelungen aus Anlass der COVID-19-Pandemie erfolgte.

(2) Abweichend von § 2a Absatz 1 Satz 4 muss sich die Familienpflegezeit nicht unmittelbar an die Freistellung nach § 3 Absatz 1 oder Absatz 5 des Pflegezeitgesetzes[2)] anschließen, wenn die Freistellung aufgrund der Sonderregelungen aus Anlass der COVID-19-Pandemie in Anspruch genommen wurde und die Gesamtdauer nach § 2 Absatz 2 von 24 Monaten nicht überschritten wird.

(3) Abweichend von § 2a Absatz 1 Satz 6 muss sich die Freistellung nach § 3 Absatz 1 oder Absatz 5 des Pflegezeitgesetzes nicht unmittelbar an die Familienpflegezeit anschließen, wenn die Inanspruchnahme der Familienpflegezeit aufgrund der Sonderregelungen aus Anlass der COVID-19-Pandemie erfolgte und die Gesamtdauer nach § 2 Absatz 2 von 24 Monaten ab Beginn der ersten Freistellung nicht überschritten wird.

§ 3[3)] Förderung der pflegebedingten Freistellung von der Arbeitsleistung. (1) [1] Für die Dauer der Freistellungen nach § 2 dieses Gesetzes oder nach § 3 des Pflegezeitgesetzes[2)] gewährt das Bundesamt für Familie und zivilgesellschaftliche Aufgaben Beschäftigten auf Antrag ein in monatlichen Raten zu zahlendes zinsloses Darlehen nach Maßgabe der Absätze 2 bis 5. [2] Der Anspruch gilt auch für alle Vereinbarungen über Freistellungen von der Arbeitsleistung, die die Voraussetzungen von § 2 Absatz 1 Satz 1 bis 3 dieses Gesetzes oder des § 3 Absatz 1 Satz 1, Absatz 5 Satz 1 oder Absatz 6 Satz 1 des Pflegezeitgesetzes erfüllen.

(2) Die monatlichen Darlehensraten werden in Höhe der Hälfte der Differenz zwischen den pauschalierten monatlichen Nettoentgelten vor und während der Freistellung nach Absatz 1 gewährt.

(3) [1] Das pauschalierte monatliche Nettoentgelt vor der Freistellung nach Absatz 1 wird berechnet auf der Grundlage des regelmäßigen durchschnittlichen monatlichen Bruttoarbeitsentgelts ausschließlich der Sachbezüge der letzten zwölf Kalendermonate vor Beginn der Freistellung. [2] Das pauschalierte monatliche Nettoentgelt während der Freistellung wird berechnet auf der Grundlage des Bruttoarbeitsentgelts, das sich aus dem Produkt aus der verein-

---

1) § 2b eingef. mWv 29.10.2020 durch G v. 23.10.2020 (BGBl. I S. 2208).

2) Nr. **11/10**.

3) § 3 neu gef. mWv 1.1.2015 durch G v. 23.12.2014 (BGBl. I S. 2462); Abs. 3 Satz 5 neu gef., Satz 6 angef. mWv 23.5.2020 durch G v. 19.5.2020 (BGBl. I S. 1018); Abs. 3 Satz 6 geänd. mWv 29.10.2020 durch G v. 23.10.2020 (BGBl. I S. 2208); Abs. 3 Satz 6 geänd. mWv 30.12.2020 durch G v. 22.12.2020 (BGBl. I S. 3299); Abs. 3 Sätze 1 und 2 neu gef., Satz 4 eingef., bish. Sätze 4-6 werden Sätze 5-7, neuer Satz 7 geänd. mWv 31.3.2021 durch G v. 29.3.2021 (BGBl. I S. 370); Abs. 3 Satz 7 geänd. mWv 30.6.2021 durch G v. 25.6.2021 (BGBl. I S. 2020); Abs. 3 Satz 7 neu gef. mWv 24.11.2021 durch G v. 22.11.2021 (BGBl. I S. 4906); Abs. 3 Satz 7 geänd. mWv 26.3.2022 durch G v. 23.3.2022 (BGBl. I S. 482).

barten durchschnittlichen monatlichen Stundenzahl während der Freistellung und dem durchschnittlichen Entgelt je Arbeitsstunde ergibt. [3]Durchschnittliches Entgelt je Arbeitsstunde ist das Verhältnis des regelmäßigen gesamten Bruttoarbeitsentgelts ausschließlich der Sachbezüge der letzten zwölf Kalendermonate vor Beginn der Freistellung zur arbeitsvertraglichen Gesamtstundenzahl der letzten zwölf Kalendermonate vor Beginn der Freistellung. [4]Die Berechnung der pauschalierten Nettoentgelte erfolgt entsprechend der Berechnung der pauschalierten Nettoentgelte gemäß § 106 Absatz 1 Satz 5 bis 7 des Dritten Buches Sozialgesetzbuch[1]. [5]Bei einem weniger als zwölf Monate vor Beginn der Freistellung bestehenden Beschäftigungsverhältnis verkürzt sich der der Berechnung zugrunde zu legende Zeitraum entsprechend. [6]Für die Berechnung des durchschnittlichen Entgelts je Arbeitsstunde bleiben Mutterschutzfristen, Freistellungen nach § 2, kurzzeitige Arbeitsverhinderungen nach § 2 des Pflegezeitgesetzes, Freistellungen nach § 3 des Pflegezeitgesetzes sowie die Einbringung von Arbeitsentgelt in und die Entnahme von Arbeitsentgelt aus Wertguthaben nach § 7b des Vierten Buches Sozialgesetzbuch[2] außer Betracht. [7]Abweichend von Satz 6 bleiben auf Antrag für die Berechnung des durchschnittlichen Arbeitsentgelts je Arbeitsstunde in der Zeit vom 1. März 2020 bis zum Ablauf des 30. Juni 2022 auch Kalendermonate mit einem aufgrund der COVID-19-Pandemie geringeren Entgelt unberücksichtigt.

(4) In den Fällen der Freistellung nach § 3 des Pflegezeitgesetzes ist die monatliche Darlehensrate auf den Betrag begrenzt, der bei einer durchschnittlichen Arbeitszeit während der Familienpflegezeit von 15 Wochenstunden zu gewähren ist.

(5) Abweichend von Absatz 2 können Beschäftigte auch einen geringeren Darlehensbetrag in Anspruch nehmen, wobei die monatliche Darlehensrate mindestens 50 Euro betragen muss.

(6) [1]Das Darlehen ist in der in Absatz 2 genannten Höhe, in den Fällen der Pflegezeit in der in Absatz 4 genannten Höhe, vorrangig vor dem Bezug von bedürftigkeitsabhängigen Sozialleistungen in Anspruch zu nehmen und von den Beschäftigten zu beantragen; Absatz 5 ist insoweit nicht anzuwenden. [2]Bei der Berechnung von Sozialleistungen nach Satz 1 sind die Zuflüsse aus dem Darlehen als Einkommen zu berücksichtigen.

§ 4[3] Mitwirkungspflicht des Arbeitgebers. [1]Der Arbeitgeber hat dem Bundesamt für Familie und zivilgesellschaftliche Aufgaben für bei ihm Beschäftigte den Arbeitsumfang sowie das Arbeitsentgelt vor der Freistellung nach § 3 Absatz 1 zu bescheinigen, soweit dies zum Nachweis des Einkommens aus Erwerbstätigkeit oder der wöchentlichen Arbeitszeit der die Förderung beantragenden Beschäftigten erforderlich ist. [2]Für die in Heimarbeit Beschäftigten und die ihnen Gleichgestellten tritt an die Stelle des Arbeitgebers der Auftraggeber oder Zwischenmeister.

§ 5[3] Ende der Förderfähigkeit. (1) [1]Die Förderfähigkeit endet mit dem Ende der Freistellung nach § 3 Absatz 1. [2]Die Förderfähigkeit endet auch dann, wenn die oder der Beschäftigte während der Freistellung nach § 2 den Mindestumfang der wöchentlichen Arbeitszeit aufgrund gesetzlicher oder kollektivver-

---

[1] Nr. **3**.
[2] Nr. **4**.
[3] §§ 4 und 5 neu gef. mWv 1.1.2015 durch G v. 23.12.2014 (BGBl. I S. 2462).

8/10. Bundeskindergeldgesetz (BKGG)

In der Fassung der Bekanntmachung vom 28. Januar 2009[1)]

(BGBl. I S. 142, ber. S. 3177)

FNA 85-4

geänd. durch § 62 Abs. 17 BeamtenstatusG v. 17.6.2008 (BGBl. I S. 1010), Art. 104 FGG-ReformG v. 17.12.2008 (BGBl. I S. 2586), Art. 15 Abs. 95 DienstrechtsneuordnungsG v. 5.2.2009 (BGBl. I S. 160), Art. 3 G zur Sicherung von Beschäftigung und Stabilität in Deutschland v. 2.3.2009 (BGBl. I S. 416), Art. 13 BürgerentlastungsG Krankenversicherung v. 16.7.2009 (BGBl. I S. 1959), Art. 8 WachstumsbeschleunigungsG v. 22.12.2009 (BGBl. I S. 3950), Art. 5 G zur Ermittlung von Regelbedarfen und zur Änd. des Zweiten und Zwölften Buches Sozialgesetzbuch v. 24.3.2011 (BGBl. I S. 453), Art. 6 Abs. 11 G zur Änd. des BundesversorgungsG und anderer Vorschriften v. 20.6.2011 (BGBl. I S. 1114), Art. 12 SteuervereinfachungsG 2011 v. 1.11.2011 (BGBl. I S. 2131), Art. 9 Beitreibungsrichtlinie-UmsetzungsG v. 7.12.2011 (BGBl. I S. 2592), Art. 2 UnterhaltsvorschussentbürokratisierungsG v. 3.5.2013 (BGBl. I S. 1108), Art. 3 G zur Änd. des Zweiten Buches Sozialgesetzbuch und anderer G v. 7.5.2013 (BGBl. I S. 1167), Art. 15 Amtshilferichtlinie-UmsetzungsG v. 26.6. 2013 (BGBl. I S. 1809), Art. 7 G zur Anpassung steuerlicher Regelungen an die Rechtsprechung des Bundesverfassungsgerichts v. 18.7.2014 (BGBl. I S. 1042), Art. 21 G zur Anpassung des nationalen Steuerrechts an den Beitritt Kroatiens zur EU und zur Änd. weiterer steuerlicher Vorschriften v. 25.7. 2014 (BGBl. I S. 1266), Art. 14 G zur Anpassung der Abgabenordnung an den Zollkodex der Union und zur Änd. weiterer steuerlicher Vorschriften v. 22.12.2014 (BGBl. I S. 2417), Art. 5, Art. 6, Art. 7 G zur Anhebung des Grundfreibetrags, des Kinderfreibetrags, des Kindergeldes und des Kinderzuschlags v. 16.7.2015 (BGBl. I S. 1202), Art. 3 Abs. 11 Neuntes G zur Änd. des SGB II – Rechtsvereinfachung – sowie zur vorübergehenden Aussetzung der Insolvenzantragspflicht v. 26.7.2016 (BGBl. I S. 1824), Art. 12, Art. 13 G zur Umsetzung der Änd. der EU-AmtshilfeRL und von weiteren Maßnahmen gegen Gewinnkürzungen und -verlagerungen v. 20.12.2016 (BGBl. I S. 3000), Art. 157 G zum Abbau verzichtbarer Anordnungen der Schriftform im Verwaltungsrecht des Bundes v. 29.3. 2017 (BGBl. I S. 626), Art. 8 Steuerumgehungsbekämpfungsgesetz v. 23.6.2017 (BGBl. I S. 1682), Art. 6, Art. 7 FamilienentlastungsG v. 29.11.2018 (BGBl. I S. 2210), Art. 1, Art. 2 Starke-Familien-G v. 29.4.2019 (BGBl. I S. 530), Art. 15 G gegen illegale Beschäftigung und Sozialleistungsmissbrauch v. 11.7.2019 (BGBl. I S. 1066), Art. 33 und 34 G zur weiteren steuerl. Förderung der Elektromobilität und zur Änd. weiterer steuerl. Vorschriften v. 12.12.2019 (BGBl. I S. 2451), Art. 6 Sozialschutz-Paket v. 27.3.2020 (BGBl. I S. 575), Art. 18 Sozialschutz-Paket II v. 20.5.2020 (BGBl. I S. 1055), Art. 9 Zweites Corona-SteuerhilfeG v. 29.6.2020 (BGBl. I S. 1512), Art. 12 KrankenhauszukunftsG v. 23.10.2020 (BGBl. I S. 2208), Art. 5 Zweites FamilienentlastungsG v. 1.12.2020 (BGBl. I S. 2616), Art. 8 G zur Ermittlung der Regelbedarfe und zur Änd. des Zwölften Buches Sozialgesetzbuch sowie weiterer Gesetze v. 9.12.2020 (BGBl. I S. 2855), Art. 4 Drittes Corona-SteuerhilfeG v. 10.3.2021 (BGBl. I S. 330), Art. 4 Sozialschutz-Paket III v. 10.3.2021 (BGBl. I S. 335), Art. 2 KitafinanzhilfenänderungsG v. 25.6.2021 (BGBl. I S. 2020), Art. 14 G zur Änd. des InfektionsschutzG und weiterer Gesetze anlässlich der Aufhebung der Feststellung der epidemischen Lage von nationaler Tragweite v. 22.11.2021 (BGBl. I S. 4906), Art. 3 SteuerentlastungsG 2022 v. 23.5.2022 (BGBl. I S. 749) und Art. 5 G zur Regelung eines Sofortzuschlages und einer Einmalzahlung in den sozialen Mindestsicherungssystemen sowie zur Änd. des FinanzausgleichsG und weiterer G v. 23.5.2022 (BGBl. I S. 760)

---

1) Neubekanntmachung des BundeskindergeldG idF der Bek. v. 17.7.2007 (BGBl. I S. 1450) in der ab 1.1.2009 geltenden Fassung.

Erster Abschnitt. Leistungen

§ 1[1)] Anspruchsberechtigte. (1) Kindergeld nach diesem Gesetz für seine Kinder erhält, wer nach § 1 Absatz 1 und 2 des Einkommensteuergesetzes[2)] nicht unbeschränkt steuerpflichtig ist und auch nicht nach § 1 Absatz 3 des Einkommensteuergesetzes als unbeschränkt steuerpflichtig behandelt wird und

1. in einem Versicherungspflichtverhältnis zur Bundesagentur für Arbeit nach dem Dritten Buch Sozialgesetzbuch[3)] steht oder versicherungsfrei nach § 28 Absatz 1 Nummer 1 des Dritten Buches Sozialgesetzbuch ist oder
2. als Entwicklungshelfer Unterhaltsleistungen im Sinne des § 4 Absatz 1 Nummer 1 des Entwicklungshelfer-Gesetzes[4)] erhält oder als Missionar der Missionswerke und -gesellschaften, die Mitglieder oder Vereinbarungspartner des Evangelischen Missionswerkes Hamburg, der Arbeitsgemeinschaft Evangelikaler Missionen e.V., des Deutschen katholischen Missionsrates oder der Arbeitsgemeinschaft pfingstlich-charismatischer Missionen sind, tätig ist oder
3. eine nach § 123a des Beamtenrechtsrahmengesetzes[5)] oder § 29 des Bundesbeamtengesetzes[6)] oder nach § 20 des Beamtenstatusgesetzes[7)] bei einer Einrichtung außerhalb Deutschlands zugewiesene Tätigkeit ausübt oder
4. als Ehegatte oder Lebenspartner eines Mitglieds der Truppe oder des zivilen Gefolges eines NATO-Mitgliedstaates die Staatsangehörigkeit eines EU/EWR-Mitgliedstaates besitzt und in Deutschland seinen Wohnsitz oder gewöhnlichen Aufenthalt hat.

(2) [1] Kindergeld für sich selbst erhält, wer

1. in Deutschland einen Wohnsitz oder seinen gewöhnlichen Aufenthalt hat,
2. Vollwaise ist oder den Aufenthalt seiner Eltern nicht kennt und
3. nicht bei einer anderen Person als Kind zu berücksichtigen ist.

[2] § 2 Absatz 2 und 3 sowie die §§ 4 und 5 sind entsprechend anzuwenden. [3] Im Fall des § 2 Absatz 2 Satz 1 Nummer 3 wird Kindergeld längstens bis zur Vollendung des 25. Lebensjahres[8)] gewährt.

(3) [1] Ein nicht freizügigkeitsberechtigter Ausländer erhält Kindergeld nur, wenn er

1. eine Niederlassungserlaubnis oder eine Erlaubnis zum Daueraufenthalt-EU besitzt,
2. eine Blaue Karte EU, eine ICT-Karte, eine Mobiler-ICT-Karte oder eine Aufenthaltserlaubnis besitzt, die für einen Zeitraum von mindestens sechs

---

[1)] § 1 Abs. 1 Nr. 3 neu gef. mWv 1.4.2009 durch G v. 17.6.2008 (BGBl. I S. 1010); Abs. 1 Nr. 3 geänd. mWv 12.2.2009 durch G v. 5.2.2009 (BGBl. I S. 160); Abs. 1 Nr. 3 geänd. mWv 1.1.2012 durch G v. 1.11.2011 (BGBl. I S. 2131); Abs. 1 Nr. 4 geänd. mWv 24.7.2014 durch G v. 18.7.2014 (BGBl. I S. 1042); Abs. 3 Nr. 2 Buchst. c geänd., Wortlaut vor Nr. 3 aufgeh., Nr. 3 Buchst. b geänd., Wortlaut nach Nr. 3 Buchst. b eingef., Nr. 4 angef. mWv 1.1.2020, Abs. 3 neu gef. mWv 1.3.2020 durch G v. 12.12.2019 (BGBl. I S. 2451); Abs. 3 Nr. 2 Buchst. c geänd. mWv 1.6.2022 durch G v. 23.5.2022 (BGBl. I S. 760).

[2)] **Steuergesetze Nr. 1.**

[3)] Nr. 3.

[4)] *Nr. 40/10.*

[5)] **Sartorius Nr. 150a.**

[6)] **Sartorius Nr. 160.**

[7)] **Sartorius Nr. 150.**

[8)] Siehe hierzu die Übergangsvorschrift in § 20 Abs. 5.

Härte liegt auch vor, wenn sich die Darlehensnehmerin oder der Darlehensnehmer wegen unverschuldeter finanzieller Belastungen vorübergehend in ernsthaften Zahlungsschwierigkeiten befindet oder zu erwarten ist, dass sie oder er durch die Rückzahlung des Darlehens in der vorgesehenen Form in solche Schwierigkeiten gerät.

(2) Für den über die Gesamtdauer der Freistellungen nach § 2 dieses Gesetzes oder nach § 3 Absatz 1 oder 5 des Pflegezeitgesetzes[1] hinausgehenden Zeitraum, in dem die Pflegebedürftigkeit desselben nahen Angehörigen fortbesteht, die Pflege durch die oder den Beschäftigten in häuslicher Umgebung andauert und die Freistellung von der Arbeitsleistung fortgeführt wird, sind auf Antrag die fälligen Rückzahlungsraten zu einem Viertel zu erlassen (Teildarlehenserlass) und die restliche Darlehensschuld für diesen Zeitraum bis zur Beendigung der häuslichen Pflege auf Antrag zu stunden, ohne dass hierfür Zinsen anfallen, sofern eine besondere Härte im Sinne von Absatz 1 Satz 3 vorliegt.

(3) Die Darlehensschuld erlischt, soweit sie noch nicht fällig ist, wenn die Darlehensnehmerin oder der Darlehensnehmer

1. Leistungen nach dem Dritten und Vierten Kapitel des Zwölften Buches Sozialgesetzbuch oder Leistungen zur Sicherung des Lebensunterhalts nach dem Zweiten Buch Sozialgesetzbuch ununterbrochen seit mindestens zwei Jahren nach dem Ende der Freistellung bezieht oder
2. verstirbt.

(4) Der Abschluss von Vergleichen sowie die Stundung, Niederschlagung und der Erlass von Ansprüchen richten sich, sofern in diesem Gesetz nicht abweichende Regelungen getroffen werden, nach den §§ 58 und 59 der Bundeshaushaltsordnung[2].

§ 8[3] Antrag auf Förderung. (1) Das Bundesamt für Familie und zivilgesellschaftliche Aufgaben entscheidet auf schriftlichen Antrag über das Darlehen nach § 3 und dessen Rückzahlung nach § 6.

(2) Der Antrag wirkt vom Zeitpunkt des Vorliegens der Anspruchsvoraussetzungen, wenn er innerhalb von drei Monaten nach deren Vorliegen gestellt wird, andernfalls wirkt er vom Beginn des Monats der Antragstellung.

(3) Der Antrag muss enthalten:

1. Name und Anschrift der oder des das Darlehen beantragenden Beschäftigten,
2. Name, Anschrift und Angehörigenstatus der gepflegten Person,
3. Bescheinigung über die Pflegebedürftigkeit oder im Fall des § 3 Absatz 6 des Pflegezeitgesetzes[1] das dort genannte ärztliche Zeugnis über die Erkrankung des oder der nahen Angehörigen,
4. Dauer der Freistellung nach § 3 Absatz 1 sowie Mitteilung, ob zuvor eine Freistellung nach § 3 Absatz 1 in Anspruch genommen wurde, sowie
5. Höhe, Dauer und Angabe der Zeitabschnitte des beantragten Darlehens.

(4) Dem Antrag sind beizufügen:

1. Entgeltbescheinigungen mit Angabe der arbeitsvertraglichen Wochenstunden der letzten zwölf Monate vor Beginn der Freistellung nach § 3 Absatz 1,

---

[1] Nr. **11/10**.
[2] **Sartorius Nr. 700.**
[3] § 8 neu gef. mWv 1.1.2015 durch G v. 23.12.2014 (BGBl. I S. 2462).

traglicher Bestimmungen oder aufgrund von Bestimmungen, die in Arbeitsrechtsregelungen der Kirchen enthalten sind, unterschreitet. [3] Die Unterschreitung der Mindestarbeitszeit aufgrund von Kurzarbeit oder eines Beschäftigungsverbotes lässt die Förderfähigkeit unberührt.

(2) Die Darlehensnehmerin oder der Darlehensnehmer hat dem Bundesamt für Familie und zivilgesellschaftliche Aufgaben unverzüglich jede Änderung in den Verhältnissen, die für den Anspruch nach § 3 Absatz 1 erheblich sind, mitzuteilen, insbesondere die Beendigung der häuslichen Pflege der oder des nahen Angehörigen, die Beendigung der Betreuung nach § 2 Absatz 5 dieses Gesetzes oder § 3 Absatz 5 des Pflegezeitgesetzes[1)], die Beendigung der Freistellung nach § 3 Absatz 6 des Pflegezeitgesetzes, die vorzeitige Beendigung der Freistellung nach § 3 Absatz 1 sowie die Unterschreitung des Mindestumfangs der wöchentlichen Arbeitszeit während der Freistellung nach § 2 aus anderen als den in Absatz 1 Satz 2 genannten Gründen.

§ 6[2)] Rückzahlung des Darlehens. (1) [1] Im Anschluss an die Freistellung nach § 3 Absatz 1 ist die Darlehensnehmerin oder der Darlehensnehmer verpflichtet, das Darlehen innerhalb von 48 Monaten nach Beginn der Freistellung nach § 3 Absatz 1 zurückzuzahlen. [2] Die Rückzahlung erfolgt in möglichst gleichbleibenden monatlichen Raten in Höhe des im Bescheid nach § 9 festgesetzten monatlichen Betrags jeweils spätestens zum letzten Bankarbeitstag des laufenden Monats. [3] Für die Rückzahlung gelten alle nach § 3 an die Darlehensnehmerin oder den Darlehensnehmer geleisteten Darlehensbeträge als ein Darlehen.

(2) [1] Die Rückzahlung beginnt in dem Monat, der auf das Ende der Förderung der Freistellung nach § 3 Absatz 1 folgt. [2] Das Bundesamt für Familie und zivilgesellschaftliche Aufgaben kann auf Antrag der Darlehensnehmerin oder des Darlehensnehmers den Beginn der Rückzahlung auf einen späteren Zeitpunkt, spätestens jedoch auf den 25. Monat nach Beginn der Förderung festsetzen, wenn die übrigen Voraussetzungen für den Anspruch nach den §§ 2 und 3 weiterhin vorliegen. [3] Befindet sich die Darlehensnehmerin oder der Darlehensnehmer während des Rückzahlungszeitraums in einer Freistellung nach § 3 Absatz 1, setzt das Bundesamt für Familie und zivilgesellschaftliche Aufgaben auf Antrag der oder des Beschäftigten die monatlichen Rückzahlungsraten bis zur Beendigung der Freistellung von der Arbeitsleistung aus. [4] Der Rückzahlungszeitraum verlängert sich um den Zeitraum der Aussetzung.

§ 7[2)] Härtefallregelung. (1) [1] Zur Vermeidung einer besonderen Härte stundet das Bundesamt für Familie und zivilgesellschaftliche Aufgaben der Darlehensnehmerin oder dem Darlehensnehmer auf Antrag die Rückzahlung des Darlehens, ohne dass hierfür Zinsen anfallen. [2] Als besondere Härte gelten insbesondere der Bezug von Entgeltersatzleistungen nach dem Dritten und dem Fünften Buch Sozialgesetzbuch, Leistungen zur Sicherung des Lebensunterhalts nach dem Zweiten Buch Sozialgesetzbuch[3)] und Leistungen nach dem Dritten und Vierten Kapitel des Zwölften Buches Sozialgesetzbuch[4)] oder eine mehr als 180 Tage ununterbrochene Arbeitsunfähigkeit. [3] Eine besondere

---

[1)] Nr. **11/10**.
[2)] §§ 6 und 7 neu gef. mWv 1.1.2015 durch G v. 23.12.2014 (BGBl. I S. 2462).
[3)] Nr. **2**.
[4)] Nr. **12**.

2. in den Fällen der vollständigen Freistellung nach § 3 des Pflegezeitgesetzes eine Bescheinigung des Arbeitgebers über die Freistellung und in den Fällen der teilweisen Freistellung die hierüber getroffene schriftliche Vereinbarung zwischen dem Arbeitgeber und der oder dem Beschäftigten.

§ 9[1)] **Darlehensbescheid und Zahlweise.** (1) [1] In dem Bescheid nach § 8 Absatz 1 sind anzugeben:

1. Höhe des Darlehens,
2. Höhe der monatlichen Darlehensraten sowie Dauer der Leistung der Darlehensraten,
3. Höhe und Dauer der Rückzahlungsraten und
4. Fälligkeit der ersten Rückzahlungsrate.

[2] Wurde dem Antragsteller für eine vor dem Antrag liegende Freistellung nach § 3 Absatz 1 ein Darlehen gewährt, sind für die Ermittlung der Beträge nach Satz 1 Nummer 3 und 4 das zurückliegende und das aktuell gewährte Darlehen wie ein Darlehen zu behandeln. [3] Der das erste Darlehen betreffende Bescheid nach Satz 1 wird hinsichtlich Höhe, Dauer und Fälligkeit der Rückzahlungsraten geändert.

(2) Die Höhe der Darlehensraten wird zu Beginn der Leistungsgewährung in monatlichen Festbeträgen für die gesamte Förderdauer festgelegt.

(3) [1] Die Darlehensraten werden unbar zu Beginn jeweils für den Kalendermonat ausgezahlt, in dem die Anspruchsvoraussetzungen vorliegen. [2] Monatliche Förderungsbeträge, die nicht volle Euro ergeben, sind bei Festbeträgen bis zu 0,49 Euro abzurunden und von 0,50 Euro an aufzurunden.

§ 10[1)] **Antrag und Nachweis in weiteren Fällen.** (1) Das Bundesamt für Familie und zivilgesellschaftliche Aufgaben entscheidet auch in den Fällen des § 7 auf schriftlichen Antrag, der Name und Anschrift der Darlehensnehmerin oder des Darlehensnehmers enthalten muss.

(2) Die Voraussetzungen des § 7 sind nachzuweisen

1. in den Fällen des Absatzes 1 durch Glaubhaftmachung der dort genannten Voraussetzungen, insbesondere durch Darlegung der persönlichen wirtschaftlichen Verhältnisse oder bei Arbeitsunfähigkeit durch Vorlage einer Arbeitsunfähigkeitsbescheinigung der Darlehensnehmerin oder des Darlehensnehmers,
2. in den Fällen des Absatzes 2 durch Vorlage einer Bescheinigung über die fortbestehende Pflegebedürftigkeit der oder des nahen Angehörigen und die Fortdauer der Freistellung von der Arbeitsleistung sowie Glaubhaftmachung der dort genannten Voraussetzungen, insbesondere durch Darlegung der persönlichen wirtschaftlichen Verhältnisse,
3. in den Fällen des Absatzes 3 durch Vorlage der entsprechenden Leistungsbescheide der Darlehensnehmerin oder des Darlehensnehmers oder durch Vorlage einer Sterbeurkunde durch die Rechtsnachfolger.

[1)] §§ 9 und 10 neu gef. mWv 1.1.2015 durch G v. 23.12.2014 (BGBl. I S. 2462).

(3) Anträge auf Teildarlehenserlass nach § 7 Absatz 2 sind bis spätestens 48 Monate nach Beginn der Freistellungen nach § 2 dieses Gesetzes oder nach § 3 Absatz 1 oder 5 des Pflegezeitgesetzes[1] zu stellen.

§ 11[2] Allgemeine Verwaltungsvorschriften. Zur Durchführung des Verfahrens nach den §§ 8 und 10 kann das Bundesministerium für Familie, Senioren, Frauen und Jugend allgemeine Verwaltungsvorschriften erlassen.

§ 12[3] Bußgeldvorschriften. (1) Ordnungswidrig handelt, wer vorsätzlich oder fahrlässig

1. entgegen § 4 Satz 1 eine dort genannte Bescheinigung nicht, nicht richtig, nicht vollständig oder nicht rechtzeitig erstellt,
2. entgegen § 5 Absatz 2 eine Mitteilung nicht, nicht richtig, nicht vollständig oder nicht rechtzeitig macht oder
3. entgegen § 8 Absatz 3 Nummer 4 eine Mitteilung nicht, nicht richtig, nicht vollständig oder nicht rechtzeitig macht.

(2) Verwaltungsbehörde im Sinne des § 36 Absatz 1 Nummer 1 des Gesetzes über Ordnungswidrigkeiten[4] ist das Bundesamt für Familie und zivilgesellschaftliche Aufgaben.

(3) Die Ordnungswidrigkeit kann in den Fällen des Absatzes 1 Nummer 1 mit einer Geldbuße bis zu fünftausend Euro und in den Fällen des Absatzes 1 Nummer 2 mit einer Geldbuße bis zu tausend Euro geahndet werden.

(4) [1] Die Geldbußen fließen in die Kasse des Bundesamtes für Familie und zivilgesellschaftliche Aufgaben. [2] Diese trägt abweichend von § 105 Absatz 2 des Gesetzes über Ordnungswidrigkeiten die notwendigen Auslagen. [3] Sie ist auch ersatzpflichtig im Sinne des § 110 Absatz 4 des Gesetzes über Ordnungswidrigkeiten.

§ 13[5] Aufbringung der Mittel. Die für die Ausführung dieses Gesetzes erforderlichen Mittel trägt der Bund.

§ 14[6] Beirat. (1) Das Bundesministerium für Familie, Senioren, Frauen und Jugend setzt einen unabhängigen Beirat für die Vereinbarkeit von Pflege und Beruf ein.

(2) [1] Der Beirat befasst sich mit Fragen zur Vereinbarkeit von Pflege und Beruf, er begleitet die Umsetzung der einschlägigen gesetzlichen Regelungen und berät über deren Auswirkungen. [2] Das Bundesministerium für Familie, Senioren, Frauen und Jugend kann dem Beirat Themenstellungen zur Beratung vorgeben.

(3) Der Beirat legt dem Bundesministerium für Familie, Senioren, Frauen und Jugend alle vier Jahre, erstmals zum 1. Juni 2019, einen Bericht vor und kann hierin Handlungsempfehlungen aussprechen.

---

[1] Nr. **11/10**.
[2] § 11 aufgeh., bish. § 13 wird § 11 und geänd. mWv 1.1.2015 durch G v. 23.12.2014 (BGBl. I S. 2462).
[3] § 12 aufgeh., bish. § 14 wird § 12, Abs. 1 *neu gef. m*Wv 1.1.2015 durch G v. 23.12.2014 (BGBl. I S. 2462).
[4] **Habersack, Deutsche Gesetze Nr. 94.**
[5] Bish. § 15 wird § 13 und neu gef. mWv 1.1.2015 durch G v. 23.12.2014 (BGBl. I S. 2462).
[6] § 14 angef. mWv 1.1.2015 durch G v. 23.12.2014 (BGBl. I S. 2462).

(4) [1] Der Beirat besteht aus einundzwanzig Mitgliedern, die vom Bundesministerium für Familie, Senioren, Frauen und Jugend im Einvernehmen mit dem Bundesministerium für Arbeit und Soziales und dem Bundesministerium für Gesundheit berufen werden. [2] Stellvertretung ist zulässig. [3] Die oder der Vorsitzende und die oder der stellvertretende Vorsitzende werden vom Bundesministerium für Familie, Senioren, Frauen und Jugend ernannt. [4] Der Beirat setzt sich zusammen aus sechs Vertreterinnen oder Vertretern von fachlich betroffenen Interessenverbänden, je zwei Vertreterinnen oder Vertretern der Gewerkschaften, der Arbeitgeber, der Wohlfahrtsverbände und der Seniorenorganisationen sowie aus je einer Vertreterin oder einem Vertreter der sozialen und der privaten Pflege-Pflichtversicherung. [5] Des Weiteren gehören dem Beirat zwei Wissenschaftlerinnen oder Wissenschaftler mit Schwerpunkt in der Forschung der Vereinbarkeit von Pflege und Beruf sowie je eine Vertreterin oder ein Vertreter der Konferenz der Ministerinnen und Minister, Senatorinnen und Senatoren für Jugend und Familie, der Konferenz der Ministerinnen und Minister, Senatorinnen und Senatoren für Arbeit und Soziales sowie der kommunalen Spitzenverbände an. [6] Die Besetzung des Beirats muss geschlechterparitätisch erfolgen.

(5) [1] Die Amtszeit der Mitglieder des Beirats und ihrer Stellvertreterinnen oder Stellvertreter beträgt fünf Jahre und kann einmalig um fünf Jahre verlängert werden. [2] Scheidet ein Mitglied oder dessen Stellvertreterin oder Stellvertreter vorzeitig aus, wird für den Rest der Amtszeit eine Nachfolgerin oder ein Nachfolger berufen.

(6) [1] Die Mitglieder des Beirats sind ehrenamtlich tätig. [2] Sie haben Anspruch auf Erstattung ihrer notwendigen Auslagen.

(7) Der Beirat arbeitet auf der Grundlage einer durch das Bundesministerium für Familie, Senioren, Frauen und Jugend zu erlassenden Geschäftsordnung.

§ 15[1)] Übergangsvorschrift. Die Vorschriften des Familienpflegezeitgesetzes in der Fassung vom 6. Dezember 2011 gelten in den Fällen fort, in denen die Voraussetzungen für die Gewährung eines Darlehens nach § 3 Absatz 1 in Verbindung mit § 12 Absatz 1 Satz 1 bis einschließlich 31. Dezember 2014 vorlagen.

§ 16[2)] *(aufgehoben)*

[1)] § 15 angef. mWv 1.1.2015 durch G v. 23.12.2014 (BGBl. I S. 2462).

[2)] § 16 aufgeh. mWv 1.4.2022 durch G v. 23.10.2020 (BGBl. I S. 2208, geänd. durch G v. 22.12. 2020, BGBl. I S. 3299, G v. 29.3.2021, BGBl. I S. 370, G v.25.6.2021, BGBl. I S. 2020, G v. 22.11. 2021 BGBl. I S. 4906 und G v. 23.10.2020 BGBl. I S. 2208).

12. Sozialgesetzbuch (SGB) Zwölftes Buch (XII) – Sozialhilfe –[1) 2) 3) 4) 5)]

Vom 27. Dezember 2003
(BGBl. I S. 3022)

FNA 860-12

geänd. durch Art. 10 Nr. 10a ZuwanderungsG v. 30.7.2004 (BGBl. I S. 1950), Art. 11 G zur Organisationsreform in der gesetzl. RV v. 9.12.2004 (BGBl. I S. 3242), Art. 10 und Art. 27 Nr. 2 VerwaltungsvereinfachungsG v. 21.3.2005 (BGBl. I S. 818), Art. 4 Abs. 36 G zur Neuorganisation der Bundesfinanzverwaltung und zur Schaffung eines Refinanzierungsregisters v. 22.9.2005 (BGBl. I S. 2809), Art. 3 G zur Änd. des SGB II und anderer G v. 24.3.2006 (BGBl. I S. 558), Art. 8 G zur Fortentwicklung der Grundsicherung für Arbeitsuchende v. 20.7.2006 (BGBl. I S. 1706), Art. 266

[1)] Verkündet als Art. 1 G zur Einordnung des Sozialhilferechts in das SGB v. 27.12.2003 (BGBl. I S. 3022, geänd. durch G v. 9.12.2004, BGBl. I S. 3220, und durch G v. 9.12.2004, BGBl. I S. 3305); Inkrafttreten gem. Art. 70 Abs. 1 dieses G am 1.1.2005 mit Ausnahme der §§ 40 und 133 Abs. 2, die gem. Art. 70 Abs. 2 Satz 1 am 31.12.2003, der §§ 24, 28 Abs. 2, §§ 132 und 133 Abs. 1, die gem. Art. 70 Abs. 2 Sätze 2 und 3 am 1.1.2004 sowie der §§ 57 und 61 Abs. 2 Sätze 3 und 4, die gem. Art. 70 Abs. 2 Satz 4 am 1.7.2004 in Kraft getreten sind; § 97 Abs. 3 ist gem. Art. 70 Abs. 2 Satz 5 am 1.1.2007 in Kraft getreten.

[2)] § 100 ist gem. Art. 27 Nr. 2 G v. 21.3.2005 (BGBl. I S. 818) am 1.1.2004 in Kraft getreten.

[3)] Die Änderungen durch G v. 12.12.2019 (BGBl. I S. 2652) treten erst **mWv 1.1.2024**, die Änderungen durch G v. 20.8.2021 (BGBl. I S. 3932) treten erst **mWv 1.1.2025** in Kraft und sind im Text noch nicht berücksichtigt.

[4)] Zum SGB XII haben die Länder ua folgende Vorschriften erlassen:
- **Baden-Württemberg:** G zur Ausführung des SGB XII v. 1.7.2004 (GBl. S. 469), zuletzt geänd. durch G v. 4.2.2021 (GBl. S. 198)
- **Bayern:** G zur Ausführung der Sozialgesetze v. 8.12.2006 (GVBl. S. 942), zuletzt geänd. durch G v. 10.5.2022 (GVBl. S. 182);
- **Berlin:** G zur Ausführung des SGB XII v. 7.9.2005 (GVBl. S. 467), zuletzt geänd. durch G v. 25.9. 2019 (GVBl. S. 602);
- **Brandenburg:** G zur Ausführung des SGB XII v. 3.11.2010 (GVBl. I Nr. 36), zuletzt geänd. durch G v. 17.12.2021 (GVBl. I Nr. 40);
- **Bremen:** G zur Ausführung des SGB XII v. 30.4.2007 (Brem.GBl. S. 315), zuletzt geänd. durch G v. 5.3.2019 (Brem.GBl. S. 45);
- **Hamburg::** Gesetz zu § 116 des SGB XII v. 1.9.2005 (HmbGVBl. S. 385);
- **Hessen:** Hessisches AusführungsG zum SGB XII v. 13.9.2018 (GVBl. S. 590 594), zuletzt geänd. durch G v. 1.6.2022 (GVBl. S. 358);
- **Mecklenburg-Vorpommern:** G zur Ausführung des SGB XII v. 20.12.2004 (GVOBl. M-V S. 546), zuletzt geänd. durch G v. 11.12.2020 (GVOBl. M-V S. 1346);
- **Niedersachsen:** G zur Ausführung des SGB IX und des SGB XII v. 24.10.2019 (Nds. GVBl. S. 300);
- **Nordrhein-Westfalen:** LandesausführungsG zum SGB XII für das Land Nordrhein-Westfalen v. 16.12.2004 (GV. NRW. S. 816), zuletzt geänd. durch G v. 1.12.2021 (GV. NRW. S. 1384);
- **Rheinland-Pfalz:** LandesG zur Ausführung des SGB XII v. 22.12.2004 (GVBl. S. 571), zuletzt geänd. durch G v. 19.12.2018 (GVBl. S. 463);
- **Saarland:** G zur Ausführung des SGB XII v. 8.3.2005 (Amtsbl. S. 438), zuletzt geänd. durch G v. 8.12.2021 (Amtsbl. 2022 I S. 94);
- **Sachsen:** Sächsisches G zur Ausführung des Sozialgesetzbuches (SächsAGSGB) v. 6.6.2002 (SächsGVBl. S. 169), zuletzt geänd. durch G v. 31.3.2021 (SächsGVBl. S. 411);
- **Sachsen-Anhalt:** G zur Ausführung des SGB XII v. 11.1.2005 (GVBl. LSA S. 8), zuletzt geänd. durch G v. 7.2.2022 (GVBl. LSA S. 13);
- **Schleswig-Holstein:** G zur Ausführung des SGB XII;
- **Thüringen:** Thüringer G zur Ausführung des SGB XII v. 17.12.2004 (GVBl. S. 891), zuletzt geänd. durch G v. 8.4.2009 (GVBl. S. 322).

[5)] Siehe hierzu ua auch den Hinweis auf von BundesR abweichendes LandesR für das Land Berlin v. 10.8.2018 (BGBl. I S. 1311).

Neunte ZuständigkeitsanpassungsVO v. 31.10.2006 (BGBl. I S. 2407), Art. 1 G zur Änd. des SGB XII und and. G v. 2.12.2006 (BGBl. I S. 2670), Art. 10 GKV-WettbewerbsstärkungsG v. 26.3.2007 (BGBl. I S. 378, aufgeh. durch G v. 20.7.2007, BGBl. I S. 1595), Art. 7 RV-AltersgrenzenanpassungsG v. 20.4. 2007 (BGBl. I S. 554), Art. 5 G zum Schutz vor den Gefahren des Passivrauchens v. 20.7.2007 (BGBl. I S. 1595), Art. 5 22. G zur Änd. des BundesausbildungsförderungsG v. 23.12.2007 (BGBl. I S. 3254), Art. 7 Pflege-WeiterentwicklungsG v. 28.5.2008 (BGBl. I S. 874), Art. 2d G zur Neuregelung des Wohngeldrechts und zur Änd. des SGB v. 24.9.2008 (BGBl. I S. 1856), Art. 7 Zweites G zur Änd. des SGB IV und anderer G v. 21.12.2008 (BGBl. I S. 2933), Art. 4 FamilienleistungsG v. 22.12.2008 (BGBl. I S. 2955), Art. 9a G zur Änd. des SGB IV, zur Errichtung einer Versorgungsausgleichskasse und anderer G v. 15.7.2009 (BGBl. I S. 1939), Art. 6 BürgerentlastungsG Krankenversicherung v. 16.7.2009 (BGBl. I S. 1959), Art. 2 Abs. 2 G zur Neuregelung der zivilrechtl. Vorschriften des HeimG nach der Föderalismusreform v. 29.7.2009 (BGBl. I S. 2319), Art. 4 G zur Regelung des Assistenzpflegebedarfs im Krankenhaus v. 30.7.2009 (BGBl. I S. 2495), Art. 2 Abs. 3 G zur Weiterentwicklung der Organisation der Grundsicherung für Arbeitsuchende v. 3.8.2010 (BGBl. I S. 1112), Art. 21 HaushaltsbegleitG 2011 v. 9.12.2010 (BGBl. I S. 1885), Art. 3 G zur Ermittlung von Regelbedarfen und zur Änd. des Zweiten und Zwölften Buches Sozialgesetzbuch v. 24.3.2011 (BGBl. I S. 453), Art. 3b G zur Änd. des BundesversorgungsG und and. Vorschriften v. 20.6.2011 (BGBl. I S. 1114), § 2 Abs. 2 Regelbedarfsstufen-FortschreibungsVO 2012 v. 17.10.2011 (BGBl. I S. 2090), Art. 1 G zur Stärkung der Finanzkraft der Kommunen v. 6.12.2011 (BGBl. I S. 2563), Art. 12 G zur Verbesserung der Eingliederungschancen am Arbeitsmarkt v. 20.12.2011 (BGBl. I S. 2854), Art. 6a Viertes G zur Änd. des Vierten Buches Sozialgesetzbuch und anderer G v. 22.12.2011 (BGBl. I S. 3057), Art. 13 Abs. 28 LSV-NeuordnungsG v. 12.4.2012 (BGBl. I S. 579), § 2 Regelbedarfsstufen-FortschreibungsVO 2013 v. 18.10.2012 (BGBl. I S. 2173), Art. 1 G zur Änd. des SGB XII v. 20.12.2012 (BGBl. I S. 2783), Art. 3 G zur Regelung des Assistenzpflegebedarfs in stationären Vorsorge- oder Rehabilitationseinrichtungen v. 20.12.2012 (BGBl. I S. 2789), Art. 9 EhrenamtsstärkungsG v. 21.3.2013 (BGBl. I S. 556), Art. 2 G zur Änd. des Zweiten Buches Sozialgesetzbuch und anderer G v. 7.5.2013 (BGBl. I S. 1167), Art. 2 Kinder- und JugendhilfeverwaltungsvereinfachungsG v. 29.8.2013 (BGBl. I S. 3464), Art. 1 Zweites G zur Änd. des Zwölften Buches Sozialgesetzbuch v. 1.10.2013 (BGBl. I S. 3733), § 2 Regelbedarfsstufen-FortschreibungsVO 2014 v. 15.10.2013 (BGBl. I S. 3856), Art. 9 GKV-Finanzstruktur- und Qualitäts-WeiterentwicklungsG v. 21.7.2014 (BGBl. I S. 1133), § 2 Regelbedarfsstufen-FortschreibungsVO 2015 v. 14.10.2014 (BGBl. I S. 1618), § 2 Regelbedarfsstufen-FortschreibungsVO 2016 v. 22.10.2015 (BGBl. I S. 1788), Art. 1 G zur Änd. des Zwölften Buches Sozialgesetzbuch und weiterer Vorschriften v. 21.12.2015 (BGBl. I S. 2557), Art. 3 Abs. 8 Neuntes G zur Änd. des SGB II - Rechtsvereinfachung - sowie zur vorübergehenden Aussetzung der Insolvenzantragspflicht v. 26.7.2016 (BGBl. I S. 1824), Art. 3 IntegrationsG v. 31.7.2016 (BGBl. I S. 1939), Art. 22 Abs. 3 6. SGB IV-ÄndG v. 11.11.2016 (BGBl. I S. 2500), Art. 2 G zur Regelung von Ansprüchen ausländischer Personen in der Grundsicherung für Arbeitsuchende nach dem SGB II und in der Sozialhilfe nach dem SGB XII v. 22.12.2016 (BGBl. I S. 3155), Art. 3, Art. 3a, Art. 4, Art. 5 G zur Ermittlung von Regelbedarfen sowie zur Änd. des Zweiten und des Zwölften Buches Sozialgesetzbuch v. 22.12.2016 (BGBl. I S. 3159), Art. 2 Drittes PflegestärkungsG v. 23.12.2016 (BGBl. I S. 3191), Art. 11, Art. 12, Art. 13 BundesteilhabeG v. 23.12. 2016 (BGBl. I S. 3234, geänd. durch G v. 29.4.2019, BGBl. S. 530 und durch G v. 30.11.2019, BGBl. I S. 1948), Art. 25 G zur Änd. des BundesversorgungsG und anderer Vorschriften v. 17.7.2017 (BGBl. I S. 2541), Art. 5 Rentenüberleitungs-AbschlussG v. 17.7.2017 (BGBl. I S. 2575), Art. 2 BetriebsrentenstärkungsG v. 17.8.2017 (BGBl. I S. 3214), § 2 Regelbedarfsstufen-FortschreibungsVO 2018 v. 8.11. 2017 (BGBl. I S. 3767), Art. 2 G zur Verlängerung befristeter Regelungen im Arbeitsförderungsrecht und zur Umsetzung der RL (EU) 2016/2102 über den barrierefreien Zugang zu den Websites und mobilen Anwendungen öffentlicher Stellen v. 10.7.2018 (BGBl. I S. 1117), § 2 Regelbedarfsstufen-FortschreibungsVO 2019 v. 19.10.2018 (BGBl. I S. 1766), Art. 5, Art. 6 G zur Durchführung von Verordnungen der EU zur Bereitstellung von Produkten auf dem Markt und zur Änd. des Neunten und Zwölften Buches Sozialgesetzbuch v. 18.4.2019 (BGBl. I S. 473), Art. 4 Starke-Familien-G v. 29.4. 2019 (BGBl. I S. 530), Art. 2 AusländerbeschäftigungsförderungsG v. 8.7.2019 (BGBl. I S. 1029), § 2 Regelbedarfsstufen-FortschreibungsVO 2020 v. 15.10.2019 (BGBl. I S. 1452), Art. 133 Zweites Datenschutz-Anpassungs- und UmsetzungsG EU v. 20.11.2019 (BGBl. I S. 1626), Art. 3 G zur Änd. des Neunten und des Zwölften Buches Sozialgesetzbuch und anderer Rechtsvorschriften v. 30.11.2019 (BGBl. I S. 1948), Art. 1 Angehörigen-EntlastungsG v. 10.12.2019 (BGBl. I S. 2135), Art. 40 G zur Regelung des Sozialen Entschädigungsrechts v. 12.12.2019 (BGBl. I S. 2652), Art. 11 MDK-ReformG v. 14.12.2019 (BGBl. I S. 2789), Art. 5 Sozialschutz-Paket v. 27.3.2020 (BGBl. I S. 575), Art. 17 Sozialschutz-Paket II v. 20.5.2020 (BGBl. I S. 1055), Art. 314 Elfte ZuständigkeitsanpassungsVO v. 19.6.2020 (BGBl. I S. 1328), Art. 3 GrundrentenG v. 12.8.2020 (BGBl. I S. 1879), Beschl. des BVerfG – 2 BvR 696/12 - v. 7.7.2020 (BGBl. I S. 1992), Art. 3 Abs. 7 59. G zur Änd. des Strafgesetzbuches v. 9.10.2020 (BGBl. I S. 2075), Art. 2 G zur Ermittlung der Regelbedarfe und zur Änd. des Zwölften Buches Sozialgesetzbuch sowie weiterer Gesetze v. 9.12.2020 (BGBl. I S. 2855), Art. 43

JahressteuerG 2020 v. 21.12.2020 (BGBl. I S. 3096), Art. 6 G Digitale Rentenübersicht v. 11.2.2021 (BGBl. I S. 154), Art. 2 Sozialschutz-Paket III v. 10.3.2021 (BGBl. I S. 335), Art. 1 TeilhabestärkungsG v. 2.6.2021 (BGBl. I S. 1387), Art. 8 Abs. 6 G zur Bekämpfung sexualisierter Gewalt gegen Kinder v. 16.6.2021 (BGBl. I S. 1810), Art. 7 KitafinanzhilfenänderungsG v. 25.6.2021 (BGBl. I S. 2020), Art. 4 MietspiegelreformG v. 10.8.2021 (BGBl. I S. 3515), Art. 47 G über die Entschädigung der Soldatinnen und Soldaten und zur Neuordnung des Soldatenversorgungsrechts v. 20.8.2021 (BGBl. I S. 3932), § 1 Regelbedarfsstufen-FortschreibungsVO 2022 v. 13.10.2021 (BGBl. I S. 4674), Art. 9 G zur Änd. des InfektionsschutzG und weiterer Gesetze anlässlich der Aufhebung der Feststellung der epidemischen Lage von nationaler Tragweite v. 22.11.2021 (BGBl. I S. 4906), Art. 16 G zur Stärkung der Impfprävention gegen COVID-19 und zur Änd. weiterer Vorschriften im Zusammenhang mit der COVID-19-Pandemie v. 10.12.2021 (BGBl. I S. 5162), Covid-19-Vereinfachter-Zugang-Verlängerungsverordnung 2022 v. 10.3.2022 (BGBl. I S. 426, 427) und Art. 3 G zur Regelung eines Sofortzuschlages und einer Einmalzahlung in den sozialen Mindestsicherungssystemen sowie zur Änd. des FinanzausgleichsG und weiterer G v. 23.5.2022 (BGBl. I S. 760)

Inhaltsverzeichnis[1]

Erstes Kapitel. Allgemeine Vorschriften

Zweites Kapitel. Leistungen der Sozialhilfe

Erster Abschnitt. Grundsätze der Leistungen

Zweiter Abschnitt. Anspruch auf Leistungen

---

[1] Inhaltsverzeichnis geänd. mWv 7.12.2006 durch G v. 2.12.2006 (BGBl. I S. 2670); geänd. mWv 1.1.2009 durch G v. 24.9.2008 (BGBl. I S. 1856); geänd. mWv 1.1.2009 durch G v. 22.12.2008 (BGBl. I S. 2955); geänd. mWv 1.1.2011 durch G v. 24.3.2011 (BGBl. I S. 453); geänd. mWv 1.1.2013, mWv 1.1.2014 und mWv 1.1.2015 durch G v. 20.12.2012 (BGBl. I S. 2783); geänd. mWv 1.8.2013 durch G v. 7.5.2013 (BGBl. I S. 1167); geänd. mWv 9.10.2013 durch G v. 1.10.2013 (BGBl. I S. 3733); geänd. mWv 1.1.2016 durch G v. 21.12.2015 (BGBl. I S. 2557); geänd. mWv 1.1.2017 durch G v. 26.7.2016 (BGBl. I S. 1824); geänd. mWv 1.1.2017 und mWv 1.7.2017 durch G v. 22.12.2016 (BGBl. I S. 3159); geänd. mWv 1.1.2017 durch G v. 23.12.2016 (BGBl. I S. 3191); geänd. mWv 1.1.2017und geänd. mWv 1.1.2018 durch G v. 23.12.2016 (BGBl. I S. 3234); geänd. mWv 1.7.2017 und geänd. mWv 1.1. 2018 durch G v. 17.7.2017 (BGBl. I S. 2541); geänd. mWv 1.8.2019 durch G v. 29.4.2019 (BGBl. I S. 530); geänd. mWv 1.1.2020 durch G v. 30.11.2019 (BGBl. I S. 1948); geänd. mWv 1.1.2020 durch G v. 10.12.2019 (BGBl. I S. 2135); geänd. mWv 28.3.2020 durch G v. 27.3.2020 (BGBl. I S. 575); geänd. mWv 29.5.2020 durch G v. 20.5.2020 (BGBl. I S. 1055); geänd. mWv 1.1.2021 durch G v. 12.8. 2020 (BGBl. I S. 1879); geänd. mWv 1.1.2021 durch G v. 9.12.2020 (BGBl. I S. 2855); geänd. mWv 1.1.2021 durch G v. 11.2.2021 (BGBl. I S. 154); geänd. mWv 1.4.2021 durch G v. 10.3.2021 (BGBl. I S. 335); geänd. mWv 10.6.2021 und mWv 1.1.2022 durch G v. 2.6.2021 (BGBl. I S. 1387); geänd. mWv 24.11.2021 durch G v. 22.11.2021 (BGBl. I S. 4906); geänd. mWv 25.11.2021 durch G v. 10.12. 2021 (BGBl. I S. 5162); geänd. mWv 1.6.2022 durch G v. 23.5.2022 (BGBl. I S. 760).

[1)] **Habersack, Deutsche Gesetze ErgBd. Nr. 1.**
[2)] **Sartorius Nr. 565.**

Erstes Kapitel. Allgemeine Vorschriften

§ 1 Aufgabe der Sozialhilfe [1] Aufgabe der Sozialhilfe ist es, den Leistungsberechtigten die Führung eines Lebens zu ermöglichen, das der Würde des Menschen entspricht. [2] Die Leistung soll sie so weit wie möglich befähigen, unabhängig von ihr zu leben; darauf haben auch die Leistungsberechtigten nach ihren Kräften hinzuarbeiten. [3] Zur Erreichung dieser Ziele haben die Leistungsberechtigten und die Träger der Sozialhilfe im Rahmen ihrer Rechte und Pflichten zusammenzuwirken.

§ 2 Nachrang der Sozialhilfe. (1) Sozialhilfe erhält nicht, wer sich vor allem durch Einsatz seiner Arbeitskraft, seines Einkommens und seines Vermögens selbst helfen kann oder wer die erforderliche Leistung von anderen, insbesondere von Angehörigen oder von Trägern anderer Sozialleistungen, erhält.

(2) [1] Verpflichtungen anderer, insbesondere Unterhaltspflichtiger oder der Träger anderer Sozialleistungen, bleiben unberührt. [2] Auf Rechtsvorschriften beruhende Leistungen anderer dürfen nicht deshalb versagt werden, weil nach dem Recht der Sozialhilfe entsprechende Leistungen vorgesehen sind.

§ 3 Träger der Sozialhilfe. (1) Die Sozialhilfe wird von örtlichen und überörtlichen Trägern geleistet.

(2) [1] Örtliche Träger der Sozialhilfe sind die kreisfreien Städte und die Kreise, soweit nicht nach Landesrecht etwas anderes bestimmt wird. [2] Bei der Bestimmung durch Landesrecht ist zu gewährleisten, dass die zukünftigen örtlichen Träger mit der Übertragung dieser Aufgaben einverstanden sind, nach ihrer Leistungsfähigkeit zur Erfüllung der Aufgaben nach diesem Buch geeignet sind und dass die Erfüllung dieser Aufgaben in dem gesamten Kreisgebiet sichergestellt ist.

(3) Die Länder bestimmen die überörtlichen Träger der Sozialhilfe.

§ 4[1] Zusammenarbeit. (1) [1] Die Träger der Sozialhilfe arbeiten mit anderen Stellen, deren gesetzliche Aufgaben dem gleichen Ziel dienen oder die an Leistungen beteiligt sind oder beteiligt werden sollen, zusammen, insbesondere mit den Trägern von Leistungen nach dem Zweiten[2], dem Achten[3], dem Neunten[4] und dem Elften Buch[5], sowie mit anderen Trägern von Sozialleistungen und mit Verbänden. [2] Darüber hinaus sollen die Träger der Sozialhilfe gemeinsam mit den Beteiligten der Pflegestützpunkte nach § 7c des Elften Buches alle für die wohnortnahe Versorgung und Betreuung in Betracht kommenden Hilfe- und Unterstützungsangebote koordinieren. [3] Die Rahmenverträge nach § 7a Absatz 7 des Elften Buches sind zu berücksichtigen und die Empfehlungen nach § 8a des Elften Buches sollen berücksichtigt werden.

---

[1] § 4 Abs. 1 neu gef. mWv 1.7.2008 durch G v. 28.5.2008 (BGBl. I S. 874); Abs. 1 Satz 2 geänd., Satz 3 angef. mWv 1.1.2017 durch G v. 23.12.2016 (BGBl. I S. 3191); Abs. 1 Satz 1 geänd. mWv 1.1.2020 durch G v. 23.12.2016 (BGBl. I S. 3234); Abs. 3 geänd. mWv 26.11.2019 durch G v. 20.11.2019 *(BGBl. I S. 1626)*.

[2] Nr. **2**.

[3] Nr. **8**.

[4] Nr. **9**.

[5] Nr. **11**.

Erbringung von Leistungen nach Teil 2 des Neunten Buches[1)] unberücksichtigt.

(2) [1] Leistungen zur Deckung der Bedarfe nach § 34 Absatz 2 und 5 bis 7 werden erbracht durch

1. Sach- und Dienstleistungen, insbesondere in Form von personalisierten Gutscheinen,
2. Direktzahlungen an Anbieter von Leistungen zur Deckung dieser Bedarfe (Anbieter) oder
3. Geldleistungen.

[2] Die nach § 34c Absatz 1 zuständigen Träger der Sozialhilfe bestimmen, in welcher Form sie die Leistungen erbringen. [3] Die Leistungen zur Deckung der Bedarfe nach § 34 Absatz 3 und 4 werden jeweils durch Geldleistungen erbracht. [4] Die nach § 34c Absatz 1 zuständigen Träger der Sozialhilfe können mit Anbietern pauschal abrechnen.

(3) [1] Werden die Bedarfe durch Gutscheine gedeckt, gelten die Leistungen mit Ausgabe des jeweiligen Gutscheins als erbracht. [2] Die nach § 34c Absatz 1 zuständigen Träger der Sozialhilfe gewährleisten, dass Gutscheine bei geeigneten vorhandenen Anbietern oder zur Wahrnehmung ihrer eigenen Angebote eingelöst werden können. [3] Gutscheine können für den gesamten Bewilligungszeitraum im Voraus ausgegeben werden. [4] Die Gültigkeit von Gutscheinen ist angemessen zu befristen. [5] Im Fall des Verlustes soll ein Gutschein erneut in dem Umfang ausgestellt werden, in dem er noch nicht in Anspruch genommen wurde.

(4) [1] Werden die Bedarfe durch Direktzahlungen an Anbieter gedeckt, gelten die Leistungen mit der Zahlung als erbracht. [2] Eine Direktzahlung ist für den gesamten Bewilligungszeitraum im Voraus möglich.

(5) Werden die Leistungen für Bedarfe nach § 34 Absatz 2 und 5 bis 7 durch Geldleistungen erbracht, erfolgt dies

1. monatlich in Höhe der im Bewilligungszeitraum bestehenden Bedarfe oder
2. nachträglich durch Erstattung verauslagter Beträge.

(6) [1] Im Einzelfall kann der nach § 34c Absatz 1 zuständige Träger der Sozialhilfe einen Nachweis über eine zweckentsprechende Verwendung der Leistung verlangen. [2] Soweit der Nachweis nicht geführt wird, soll die Bewilligungsentscheidung widerrufen werden.

(7) [1] Abweichend von den Absätzen 2 bis 5 können Leistungen nach § 34 Absatz 2 Satz 1 Nummer 1 gesammelt für Schülerinnen und Schüler an eine Schule ausgezahlt werden, wenn die Schule

1. dies bei dem nach § 34c Absatz 1 zuständigen Träger der Sozialhilfe beantragt,
2. die Leistungen für die leistungsberechtigten Schülerinnen und Schüler verauslagt und
3. sich die Leistungsberechtigung von den Leistungsberechtigten nachweisen lässt.

[2] Der nach § 34c Absatz 1 zuständige Träger der Sozialhilfe kann mit der Schule vereinbaren, dass monatliche oder schulhalbjährliche Abschlagszahlungen geleistet werden.

[1)] Nr. **9**.

§ 34b[1] **Berechtigte Selbsthilfe.** [1] Geht die leistungsberechtigte Person durch Zahlung an Anbieter in Vorleistung, ist der nach § 34c Absatz 1 zuständige Träger der Sozialhilfe zur Übernahme der berücksichtigungsfähigen Aufwendungen verpflichtet, soweit

1. unbeschadet des Satzes 2 die Voraussetzungen einer Leistungsgewährung zur Deckung der Bedarfe im Zeitpunkt der Selbsthilfe nach § 34 Absatz 2 und 5 bis 7 vorlagen und
2. zum Zeitpunkt der Selbsthilfe der Zweck der Leistung durch Erbringung als Sach- oder Dienstleistung ohne eigenes Verschulden nicht oder nicht rechtzeitig zu erreichen war.

[2] War es dem Leistungsberechtigten nicht möglich, rechtzeitig einen Antrag zu stellen, gilt dieser als zum Zeitpunkt der Selbstvornahme gestellt.

§ 34c[2] **Zuständigkeit.** (1) Die für die Ausführung des Gesetzes nach diesem Abschnitt zuständigen Träger werden nach Landesrecht bestimmt.

(2) Die §§ 3, 6 und 7 sind nicht anzuwenden.

Vierter Abschnitt.[3] Bedarfe für Unterkunft und Heizung

§ 35[4] **Bedarfe für Unterkunft und Heizung.** (1) [1] Bedarfe für die Unterkunft werden in Höhe der tatsächlichen Aufwendungen anerkannt. [2] Bedarfe für die Unterkunft sind auf Antrag der leistungsberechtigten Person durch Direktzahlung an den Vermieter oder andere Empfangsberechtigte zu decken. [3] Direktzahlungen an den Vermieter oder andere Empfangsberechtigte sollen erfolgen, wenn die zweckentsprechende Verwendung durch die leistungsberechtigte Person nicht sichergestellt ist. [4] Das ist insbesondere der Fall, wenn

1. Mietrückstände bestehen, die zu einer außerordentlichen Kündigung des Mietverhältnisses berechtigen,
2. Energiekostenrückstände bestehen, die zu einer Unterbrechung der Energieversorgung berechtigen,
3. konkrete Anhaltspunkte für ein krankheits- oder suchtbedingtes Unvermögen der leistungsberechtigten Person bestehen, die Mittel zweckentsprechend zu verwenden, oder
4. konkrete Anhaltspunkte dafür bestehen, dass die im Schuldnerverzeichnis eingetragene leistungsberechtigte Person die Mittel nicht zweckentsprechend verwendet.

[5] Werden die Bedarfe für die Unterkunft und Heizung durch Direktzahlung an den Vermieter oder andere Empfangsberechtigte gedeckt, hat der Träger der Sozialhilfe die leistungsberechtigte Person darüber schriftlich zu unterrichten.

---

[1] § 34b eingef. mWv 1.8.2013 durch G v. 7.5.2013 (BGBl. I S. 1167); Satz 1 einl. Satzteil geänd. mWv 1.1.2022 durch G v. 2.6.2021 (BGBl. I S. 1387).

[2] § 34c eingef. mWv 1.1.2022 durch G v. 2.6.2021 (BGBl. I S. 1387).

[3] 4. Abschnitt eingef. mWv 1.1.2011 durch G v. 24.3.2011 (BGBl. I S. 453); Überschrift neu gef. mWv 1.1.2016 durch G v. 21.12.2015 (BGBl. I S. 2557).

[4] § 35 neu gef. mWv 1.1.2011 durch G v. 24.3.2011 (BGBl. I S. 453); Überschrift neu gef., Abs. 1 *Sätze 1–3 und 5, Abs. 3 Satz 1, Abs. 4 Sätze 1* und 2 geänd. mWv 1.1.2016 durch G v. 21.12.2015 (BGBl. I S. 2557); Abs. 5 angef. mWv 1.7.2017, Abs. 5 geänd. mWv 1.1.2020 durch G v. 22.12.2016 (BGBl. I S. 3159); Abs. 5 Satz 1 eingef., bish. Wortlaut wird Satz 2 mWv 1.1.2020 durch G v. 30.11. 2019 (BGBl. I S. 1948); Abs. 5 Satz 2 geänd. mWv 1.7.2021 durch G v. 2.6.2021 (BGBl. I S. 1387); Abs. 6 angef. mWv 1.7.2022 durch G v. 10.8.2021 (BGBl. I S. 3515).

(2) [1] Übersteigen die Aufwendungen für die Unterkunft den der Besonderheit des Einzelfalles angemessenen Umfang, sind sie insoweit als Bedarf der Personen, deren Einkommen und Vermögen nach § 27 Absatz 2 zu berücksichtigen sind, anzuerkennen. [2] Satz 1 gilt so lange, als es diesen Personen nicht möglich oder nicht zuzumuten ist, durch einen Wohnungswechsel, durch Vermieten oder auf andere Weise die Aufwendungen zu senken, in der Regel jedoch längstens für sechs Monate. [3] Vor Abschluss eines Vertrages über eine neue Unterkunft haben Leistungsberechtigte den dort zuständigen Träger der Sozialhilfe über die nach den Sätzen 1 und 2 maßgeblichen Umstände in Kenntnis zu setzen. [4] Sind die Aufwendungen für die neue Unterkunft unangemessen hoch, ist der Träger der Sozialhilfe nur zur Übernahme angemessener Aufwendungen verpflichtet, es sei denn, er hat den darüber hinausgehenden Aufwendungen vorher zugestimmt. [5] Wohnungsbeschaffungskosten, Mietkautionen und Umzugskosten können bei vorheriger Zustimmung übernommen werden; Mietkautionen sollen als Darlehen erbracht werden. [6] Eine Zustimmung soll erteilt werden, wenn der Umzug durch den Träger der Sozialhilfe veranlasst wird oder aus anderen Gründen notwendig ist und wenn ohne die Zustimmung eine Unterkunft in einem angemessenen Zeitraum nicht gefunden werden kann.

(3) [1] Der Träger der Sozialhilfe kann für seinen Bereich die Bedarfe für die Unterkunft durch eine monatliche Pauschale festsetzen, wenn auf dem örtlichen Wohnungsmarkt hinreichend angemessener freier Wohnraum verfügbar und in Einzelfällen die Pauschalierung nicht unzumutbar ist. [2] Bei der Bemessung der Pauschale sind die tatsächlichen Gegebenheiten des örtlichen Wohnungsmarkts, der örtliche Mietspiegel sowie die familiären Verhältnisse der Leistungsberechtigten zu berücksichtigen. [3] Absatz 2 Satz 1 gilt entsprechend.

(4) [1] Bedarfe für Heizung und zentrale Warmwasserversorgung werden in tatsächlicher Höhe anerkannt, soweit sie angemessen sind. [2] Die Bedarfe können durch eine monatliche Pauschale festgesetzt werden. [3] Bei der Bemessung der Pauschale sind die persönlichen und familiären Verhältnisse, die Größe und Beschaffenheit der Wohnung, die vorhandenen Heizmöglichkeiten und die örtlichen Gegebenheiten zu berücksichtigen.

(5) [1] Leben Leistungsberechtigte in einer Unterkunft nach § 42a Absatz 2 Satz 1 Nummer 2 und Satz 3, sind Aufwendungen für Unterkunft und Heizung nach § 42a Absatz 5 und 6 anzuerkennen. [2] Leben Leistungsberechtigte in einer sonstigen Unterkunft nach § 42a Absatz 2 Satz 1 Nummer 3 sind Aufwendungen für Unterkunft und Heizung nach § 42a Absatz 7 anzuerkennen.

(6) § 22 Absatz 11 und 12 des Zweiten Buches[1)] gilt entsprechend.

§ 35a[2)] Satzung. [1] Hat ein Kreis oder eine kreisfreie Stadt eine Satzung nach den §§ 22a bis 22c des Zweiten Buches[1)] erlassen, so gilt sie für die Höhe der anzuerkennenden Bedarfe für die Unterkunft nach § 35 Absatz 1 und 2 des zuständigen Trägers der Sozialhilfe entsprechend, sofern darin nach § 22b Absatz 3 des Zweiten Buches Sonderregelungen für Personen mit einem besonderen Bedarf für Unterkunft und Heizung getroffen werden und dabei zusätzlich auch die Bedarfe älterer Menschen berücksichtigt werden. [2] Dies gilt auch für die Höhe der anzuerkennenden Bedarfe für Heizung nach § 35 Absatz 4, soweit die

---

1) Nr. **2**.

2) § 35a eingef. mWv 1.4.2011 durch G v. 24.3.2011 (BGBl. I S. 453); Sätze 1 und 2 geänd. mWv 1.1.2016 durch G v. 21.12.2015 (BGBl. I S. 2557).

Satzung Bestimmungen nach § 22b Absatz 1 Satz 2 und 3 des Zweiten Buches enthält. [3] In Fällen der Sätze 1 und 2 ist § 35 Absatz 3 und 4 Satz 2 und 3 nicht anzuwenden.

§ 36[1)] Sonstige Hilfen zur Sicherung der Unterkunft. (1) [1] Schulden können nur übernommen werden, wenn dies zur Sicherung der Unterkunft oder zur Behebung einer vergleichbaren Notlage gerechtfertigt ist. [2] Sie sollen übernommen werden, wenn dies gerechtfertigt und notwendig ist und sonst Wohnungslosigkeit einzutreten droht. [3] Geldleistungen können als Beihilfe oder als Darlehen erbracht werden.

(2) [1] Geht bei einem Gericht eine Klage auf Räumung von Wohnraum im Falle der Kündigung des Mietverhältnisses nach § 543 Absatz 1, 2 Satz 1 Nummer 3 in Verbindung mit § 569 Absatz 3 des Bürgerlichen Gesetzbuchs[2)] ein, teilt das Gericht dem zuständigen örtlichen Träger der Sozialhilfe oder der Stelle, die von ihm zur Wahrnehmung der in Absatz 1 bestimmten Aufgaben beauftragt wurde, unverzüglich Folgendes mit:

1. den Tag des Eingangs der Klage,
2. die Namen und die Anschriften der Parteien,
3. die Höhe der monatlich zu entrichtenden Miete,
4. die Höhe des geltend gemachten Mietrückstandes und der geltend gemachten Entschädigung sowie
5. den Termin zur mündlichen Verhandlung, sofern dieser bereits bestimmt ist.

[2] Außerdem kann der Tag der Rechtshängigkeit mitgeteilt werden. [3] Die Übermittlung unterbleibt, wenn die Nichtzahlung der Miete nach dem Inhalt der Klageschrift offensichtlich nicht auf Zahlungsunfähigkeit des Mieters beruht. [4] Die übermittelten Daten dürfen auch für entsprechende Zwecke der Kriegsopferfürsorge nach dem Bundesversorgungsgesetz[3)] gespeichert, verändert, genutzt, übermittelt und in der Verarbeitung eingeschränkt werden.

Fünfter Abschnitt.[4)] Gewährung von Darlehen

§ 37[5)] Ergänzende Darlehen. (1) Kann im Einzelfall ein von den Regelbedarfen umfasster und nach den Umständen unabweisbar gebotener Bedarf auf keine andere Weise gedeckt werden, sollen auf Antrag hierfür notwendige Leistungen als Darlehen erbracht werden.

(2) [1] Der Träger der Sozialhilfe übernimmt für Leistungsberechtigte, die einen Barbetrag nach § 27b Absatz 3 Satz 2 Nummer 1 erhalten, die jeweils

(Fortsetzung nächstes Blatt)

[1)] § 36 neu gef. mWv 1.1.2011 durch G v. 24.3.2011 (BGBl. I S. 453); Abs. 2 Satz 4 geänd. mWv 26.11.2019 durch G v. 20.11.2019 (BGBl. I S. 1626).

[2)] **Habersack, Deutsche Gesetze Nr. 20.**

[3)] Nr. **20/10**.

[4)] 5. *Abschnitt Überschrift eingef. mWv 1.1.2011 durch G v. 24.3.2011* (BGBl. I S. 453).

[5)] § 37 Abs. 1 geänd., Abs. 2 und 3 eingef., bish. Abs. 2 wird Abs. 4 und Satz 1 neu gef., Satz 2 geänd. mWv 1.1.2011 durch G v. 24.3.2011 (BGBl. I S. 453); Abs. 2 Satz 1 geänd. mWv 1.1.2020 durch G v. 10.12.2019 (BGBl. I S. 2135); Abs. 2 Satz 3, Abs. 4 Satz 2 geänd. mWv 1.7.2021 durch G v. 2.6.2021 (BGBl. I S. 1387).

b) die in einer Werkstatt für behinderte Menschen nach § 56 des Neunten Buches oder bei einem anderen Leistungsanbieter nach § 60 des Neunten Buches tätig sind oder

c) die die Altersgrenze nach § 41 Absatz 2 erreicht oder überschritten haben,

2. als Leistung nach dem Dritten Kapitel für Personen, bei denen die Voraussetzungen der Nummer 1 nicht vorliegen.

[5] Bei Personen, für die Satz 4 Nummer 1 gilt, ist § 44 Absatz 1 Satz 1 nicht anzuwenden. [6] Die Sätze 1 bis 5 gelten entsprechend für alle laufend gezahlten und am Monatsende zufließenden Einkommen. [7] Der Zuschuss nach den Sätzen 1 bis 3 gilt nicht als Leistung nach § 7 Absatz 1 Satz 1 Nummer 5 und 6 des Wohngeldgesetzes[1)].

§ 141[2)] Übergangsregelung aus Anlass der COVID-19-Pandemie- Übergangsregelung aus Anlass der COVID-19-Pandemie; Verordnungsermächtigung. (1) Leistungen nach dem Dritten und Vierten Kapitel werden für Bewilligungszeiträume, die in der Zeit vom 1. März 2020 bis zum *31. März 2022*[3)] beginnen, nach Maßgabe der Absätze 2 bis 4 erbracht.

(2) [1] Abweichend von § 2 Absatz 1, § 19 Absatz 1, 2 und 5, § 27 Absatz 1 und 2, § 39, § 41 Absatz 1, § 43 Absatz 1, § 43a Absatz 2 und § 90 wird Vermögen für die Dauer von sechs Monaten nicht berücksichtigt. [2] Satz 1 gilt nicht, wenn das Vermögen erheblich ist; es wird vermutet, dass kein erhebliches Vermögen vorhanden ist, wenn die leistungsnachsuchenden Personen dies im Antrag erklären.

(3) [1] Abweichend von § 35 und § 42a Absatz 1 gelten die tatsächlichen Aufwendungen für Unterkunft und Heizung für die Dauer von sechs Monaten als angemessen. [2] Nach Ablauf des Zeitraums nach Satz 1 ist § 35 Absatz 2 Satz 2 mit der Maßgabe anzuwenden, dass der Zeitraum nach Satz 1 nicht auf die in § 35 Absatz 2 Satz 2 genannte Frist anzurechnen ist. [3] Satz 1 gilt nicht in den Fällen, in denen im vorangegangenen Bewilligungszeitraum die angemessenen und nicht die tatsächlichen Aufwendungen als Bedarf anerkannt wurden.

(4) Sofern Geldleistungen der Grundsicherung im Alter und bei Erwerbsminderung nach § 44a Absatz 1 vorläufig oder Geldleistungen der Hilfe zum Lebensunterhalt vorschussweise nach § 42 des Ersten Buches[4)] zu bewilligen sind, ist über den monatlichen Leistungsanspruch für Bewilligungszeiträume, die bis zum 31. März 2021 begonnen haben, nur auf Antrag der leistungsberechtigten Person abschließend zu entscheiden; § 44a Absatz 5 Satz 1 findet keine Anwendung.

[1)] Nr. **13**.

[2)] § 141 angef. mWv 28.3.2020 durch G v. 27.3.2020 (BGBl. I S. 575); Abs. 1 geänd., Abs. 5 aufgeh. mWv 1.1.2021 durch G v. 9.12.2020 (BGBl. I S. 2855); Überschr., Abs. 1 und 4 geänd., Abs. 6 aufgeh. mWv 1.4.2021 durch G v. 10.3.2021 (BGBl. I S. 335); Abs. 5 neu gef. mWv 1.7.2021 durch G v. 25.6.2021 (BGBl. I S. 2020); Überschr. neu gef., Abs. 1 geänd., Abs. 6 angef. mWv 24.11. 2021 durch G v. 22.11.2021 (BGBl. I S. 4906); Abs. 1 geänd. mWv 18.3.2022 durch VO v. 10.3.2022 (BGBl. I S. 426, 427).

[3)] Gem. Art. 1 § 1 Abs. 1 VO zur Verlängerung des Zeitraums für das vereinfachte Verfahren für den Zugang zu den Grundsicherungssystemen und für den Mehrbedarf für die gemeinschaftliche Mittagsverpflegung für Menschen mit Behinderungen aus Anlass der COVID-19-Pandemie (VZVV) v. 10.3.2022 (BGBl. I S. 426, 427) werden die in § 141 Abs. 1 genannten Zeiträume bis zum 31. Dezember 2022 verlängert.

[4)] Nr. **1**.

(5) [1]Abweichend von § 34a Absatz 1 Satz 1 gilt der Antrag auf Leistungen nach § 34 Absatz 5 in der Zeit vom 1. Juli 2021 bis zum Ablauf des 31. Dezember 2023 als von dem Antrag auf Leistungen zur Sicherung des Lebensunterhalts mit umfasst. [2]Dies gilt für ab dem 1. Juli 2021 entstehende Lernförderungsbedarfe auch dann, wenn die jeweiligen Bewilligungszeiträume nur teilweise in den in Satz 1 genannten Zeitraum fallen, weil sie entweder bereits vor dem 1. Juli 2021 begonnen haben oder erst nach dem 31. Dezember 2023 enden.

(6) Die Bundesregierung wird ermächtigt, den in Absatz 1 genannten Zeitraum durch Rechtsverordnung ohne Zustimmung des Bundesrates längstens bis zum 31. Dezember 2022 zu verlängern.

§ 142[1)] Übergangsregelung für die gemeinschaftliche Mittagsverpflegung für Menschen mit Behinderungen aus Anlass der COVID-19-Pandemie; Verordnungsermächtigung. (1) [1]Wurde im Oktober 2021 ein Mehrbedarf nach § 42b Absatz 2 anerkannt, wird dieser bis zum Ablauf des *31. März 2022*[2)] in unveränderter Höhe auch dann anerkannt, wenn abweichend von § 42b Absatz 2 Satz 1 und 2 die Voraussetzungen der Gemeinschaftlichkeit der Mittagsverpflegung und der Essenseinnahme in der Verantwortung des Leistungsanbieters nicht vorliegen. [2]Für die Berechnung der Höhe des Mehrbedarfs sind die Anzahl der für Oktober 2021 berücksichtigten Arbeitstage und die sich nach § 42b Absatz 2 Satz 3 ergebenden Mehraufwendungen je Arbeitstag zugrunde zu legen.

(2) Die Bundesregierung wird ermächtigt, den in Absatz 1 Satz 1 genannten Zeitraum durch Rechtsverordnung ohne Zustimmung des Bundesrates längstens bis zum 31. Dezember 2022 zu verlängern.

§ 143[3)] Übergangsregelung zum Freibetrag für Grundrentenzeiten und vergleichbare Zeiten. Der Träger der Sozialhilfe hat über Leistungen der Hilfe zum Lebensunterhalt und der Grundsicherung im Alter und bei Erwerbsminderung ohne Berücksichtigung eines eventuellen Freibetrages nach § 82a zu entscheiden, so lange ihm nicht durch eine Mitteilung des Rentenversicherungsträgers oder berufsständischer Versicherungs- oder Versorgungseinrichtungen nachgewiesen ist, dass die Voraussetzungen für die Einräumung des Freibetrages vorliegen.

§ 144[4)] Einmalzahlung für den Monat Juli 2022 . [1]Leistungsberechtigte, denen für den Monat Juli 2022 Leistungen nach dem Dritten oder Vierten Kapitel gezahlt werden und deren Regelsatz sich nach der Regelbedarfsstufe 1, 2 oder 3 der Anlage zu § 28 ergibt, erhalten für diesen Monat zum Ausgleich der mit der COVID-19-Pandemie in Zusammenhang stehenden Mehraufwendungen eine Einmalzahlung in Höhe von 200 Euro. [2]Leistungsberechtigten,

---

1) § 142 neu gef. mWv 25.11.2021 durch G v. 10.12.2021 (BGBl. I S. 5162; Abs. 1 Satz 1 geänd. mWv 18.3.2022 durch VO v. 10.3.2022 (BGBl. I S. 426, 427).

2) Gem. Art. 1 § 1 Abs. 2 VO zur Verlängerung des Zeitraums für das vereinfachte Verfahren für den Zugang zu den Grundsicherungssystemen und für den Mehrbedarf für die gemeinschaftliche *Mittagsverpflegung für Menschen mit Behinderungen* aus Anlass der COVID-19-Pandemie (VZVV) v. 10.3.2022 (BGBl. I S. 426, 427) werden die in § 142 Abs. 1 Satz 1 genannten Zeiträume bis zum 31. Dezember 2022 verlängert.

3) § 143 eingef. mWv 1.1.2021 durch G v. 9.12.2020 (BGBl. I S. 2855).

4) § 144 neu gef. mWv 1.6.2022 durch G v. 23.5.2022 (BGBl. I S. 760).

für die die Regelbedarfsstufe 3 gilt, ist die Leistung nach Satz 1 zusammen mit dem Barbetrag nach § 27b Absatz 3 oder § 27c Absatz 3 auszuzahlen; die Einmalzahlungen für Leistungsberechtigte nach dem Vierten Kapitel sind Bruttoausgaben nach § 46a Absatz 2 Satz 1.

§ 145[1)] Sofortzuschlag. (1) [1] Minderjährige, die einen Anspruch auf Leistungen nach dem Dritten Kapitel haben, dem ein Regelsatz nach der Regelbedarfsstufe 4, 5 oder 6 zugrunde liegt, haben Anspruch auf einen monatlichen Sofortzuschlag in Höhe von 20 Euro. [2] Anspruch auf den Sofortzuschlag besteht für Minderjährige auch dann, wenn sie

1. einen Anspruch auf Leistungen nach § 34 haben oder
2. einen Anspruch nach Satz 1 oder Nummer 1 nur deshalb nicht haben, weil Kindergeld nach § 82 Absatz 1 Satz 4 berücksichtigt wird.

[3] Der Sofortzuschlag wird erstmalig für den Monat Juli 2022 erbracht.

(2) [1] Wird die Entscheidung über die Bewilligung der Leistungen nach Absatz 1 Satz 1 und 2 Nummer 1 rückwirkend geändert oder fällt diese rückwirkend weg, erfolgt keine rückwirkende Aufhebung der Bewilligung und keine Aufhebung des Sofortzuschlages. [2] Dies gilt auch, wenn sich nachträglich ergibt, dass innerhalb des Bewilligungszeitraums, für den der Sofortzuschlag bereits festgesetzt ist, kein Anspruch auf Leistungen nach Absatz 1 Satz 1 und 2 Nummer 1 besteht.

(3) [1] § 17 Absatz 1 Satz 2 gilt auch für den Anspruch auf den Sofortzuschlag.

(4) [1] Die für die Ausführung der Absätze 1 bis 3 zuständigen Träger werden nach Landesrecht bestimmt. [2] Die §§ 3, 6 und 7 sind nicht anzuwenden.

§ 146[1)] Sozialhilfe für Ausländerinnen und Ausländer mit einem Aufenthaltstitel nach § 24 des Aufenthaltsgesetzes[2)] oder einer entsprechenden Fiktionsbescheinigung. (1) [1] Für Ausländerinnen und Ausländer, die gemäß § 49 des Aufenthaltsgesetzes[2)] erkennungsdienstlich behandelt worden sind und denen eine Aufenthaltserlaubnis nach § 24 Absatz 1 des Aufenthaltsgesetzes[2)] erteilt wurde oder denen eine entsprechende Fiktionsbescheinigung nach § 81 Absatz 5 in Verbindung mit Absatz 3 des Aufenthaltsgesetzes[3)] für einen solchen Aufenthaltstitel ausgestellt wurde, gilt der Tatbestand von § 23 Absatz 1 Satz 4 als erfüllt. [2] § 23 Absatz 3 findet in diesen Fällen keine Anwendung. [3] Der Leistungsbeginn richtet sich für Leistungen nach dem Vierten Kapitel nach § 44 und im Übrigen nach § 18, frühestens jedoch ab dem Folgemonat, in dem die Aufenthaltserlaubnis erteilt oder die Fiktionsbescheinigung ausgestellt wurde.

(2) Absatz 1 gilt auch für Personen, die gemäß § 49 des Aufenthaltsgesetzes[2)] erkennungsdienstlich behandelt worden sind, eine Aufenthaltserlaubnis nach § 24 Absatz 1 des Aufenthaltsgesetzes[2)] beantragt haben und denen eine entsprechende Fiktionsbescheinigung nach § 81 Absatz 5 in Verbindung mit Absatz 4 des Aufenthaltsgesetzes[3)] ausgestellt worden ist.

(3) [1] Die Absätze 1 und 2 sind bei Personen, denen nach dem 24. Februar 2022 und vor dem 1. Juni 2022 eine Aufenthaltserlaubnis nach § 24 Absatz 1 des Aufenthaltsgesetzes[2)] erteilt oder eine entsprechende Fiktionsbescheinigung

---

[1)] §§ 145 und 146 angef. mWv 1.6.2022 durch G v. 23.5.2022 (BGBl. I S. 760).
[2)] **Sartorius Nr. 565.**
[3)] Auszugsweise abgedruckt unter Nr. **3/51**.

nach § 81 Absatz 5 in Verbindung mit Absatz 3 oder Absatz 4 des Aufenthaltsgesetzes[1] ausgestellt wurde, mit der Maßgabe anzuwenden, dass anstelle der erkennungsdienstlichen Behandlung die Speicherung der Daten nach § 3 Absatz 1 des AZR-Gesetzes[2] erfolgt ist. [2] Eine nicht durchgeführte erkennungsdienstliche Behandlung nach § 49 des Aufenthaltsgesetzes[3] oder nach § 16 des Asylgesetzes[4] ist in diesen Fällen durch die zuständige Behörde bis zum Ablauf des 31. Oktober 2022 nachzuholen.

(4) Das Erfordernis des Nachholens einer erkennungsdienstlichen Behandlung nach Absatz 3 gilt nicht, soweit eine erkennungsdienstliche Behandlung nach § 49 des Aufenthaltsgesetzes[3] nicht vorgesehen ist.

(5) [1] In der Zeit vom 1. Juni 2022 bis einschließlich 31. August 2022 gilt der Antrag auf Leistungen nach diesem Buch für Leistungsberechtigte nach § 18 des Asylbewerberleistungsgesetzes[5] als gestellt. [2] Die Leistungen nach diesem Buch sind gegenüber den Leistungen nach § 18 des Asylbewerberleistungsgesetzes vorrangig. [3] Wenn die Träger der Leistungen nach dem Dritten oder Vierten Kapitel Leistungsberechtigten nach § 18 des Asylbewerberleistungsgesetzes laufende Leistungen zur Sicherung des Lebensunterhalts bewilligt haben, haben sie den Zeitpunkt der Aufnahme der laufenden Leistungsgewährung den für die Durchführung des Asylbewerberleistungsgesetzes zuständigen Behörden unverzüglich anzuzeigen. [4] Der für die Durchführung des Asylbewerberleistungsgesetzes zuständigen Behörde stehen Erstattungsansprüche nach Maßgabe des § 104 des Zehnten Buches[6] zu.

Anlage[7]
(zu § 28)

Regelbedarfsstufen nach § 28 in Euro

gültig ab	Regelbedarfsstufe 1	Regelbedarfsstufe 2	Regelbedarfsstufe 3	Regelbedarfsstufe 4	Regelbedarfsstufe 5	Regelbedarfsstufe 6
1. Januar 2011	364	328	291	287	251	215
1. Januar 2012	374	337	299	287	251	219
1. Januar 2013	382	345	306	289	255	224
1. Januar 2014	391	353	313	296	261	229
1. Januar 2015	399	360	320	302	267	234
1. Januar 2016	404	364	324	306	270	237
1. Januar 2017	409	368	327	311	291	237

[1] Auszugsweise abgedruckt unter Nr. **3/51**.
[2] **Sartorius ErgBd. Nr. 569.**
[3] **Sartorius Nr. 565.**
[4] **Sartorius Nr. 567.**
[5] Nr. **12/50**.
[6] Nr. **10**.
[7] Anl. angef. mWv 1.1.2011 durch G v. 24.3.2011 (BGBl. I S. 453); geänd. mWv 1.1.2012 durch VO v. 17.10.2011 (BGBl. I S. 2090); geänd. mWv 1.1.2013 durch VO v. 18.10.2012 (BGBl. I S. 2173); geänd. mWv 1.1.2014 durch VO v. 15.10.2013 (BGBl. I S. 3856); geänd. mWv 1.1.2015 durch VO v. 14.10.2014 (BGBl. I S. 1618); geänd. mWv 1.1.2016 durch VO v. 22.10.2015 (BGBl. I S. 1788); *geänd. mWv 1.1.2017 und geänd.* mWv 1.1.2020 durch G v. 22.12.2016 (BGBl. I S. 3159); geänd. mWv 1.1.2018 durch VO v. 8.11.2017 (BGBl. I S. 3767); geänd. mWv 1.1.2019 durch VO v. 19.10.2018 (BGBl. I S. 1766); geänd. mWv 1.1.2020 durch VO v. 15.10.2019 (BGBl. I S. 1452); geänd. mWv 1.1.2021 durch G v. 9.12.2020 (BGBl. I S. 2855); geänd. mWv 1.1.2022 durch VO v. 13.10.2021 (BGBl. I S. 4674).

gültig ab	Regel-bedarfs-stufe 1	Regel-bedarfs-stufe 2	Regel-bedarfs-stufe 3	Regel-bedarfs-stufe 4	Regel-bedarfs-stufe 5	Regel-bedarfs-stufe 6
1. Januar 2018	416	374	332	316	296	240
1. Januar 2019	424	382	339	322	302	245
1. Januar 2020	432	389	345	328	308	250
1. Januar 2021	446	401	357	373	309	283
1. Januar 2022	449	404	360	376	311	285

Regelbedarfsstufe 1:

Für jede erwachsene Person, die in einer Wohnung nach § 42a Absatz 2 Satz 2 lebt und für die nicht Regelbedarfsstufe 2 gilt.

Regelbedarfsstufe 2:

Für jede erwachsene Person, wenn sie

1. in einer Wohnung nach § 42a Absatz 2 Satz 2 mit einem Ehegatten oder Lebenspartner oder in eheähnlicher oder lebenspartnerschaftsähnlicher Gemeinschaft mit einem Partner zusammenlebt oder
2. nicht in einer Wohnung lebt, weil ihr allein oder mit einer weiteren Person ein persönlicher Wohnraum und mit weiteren Personen zusätzliche Räumlichkeiten nach § 42a Absatz 2 Satz 3 zur gemeinschaftlichen Nutzung überlassen sind.

Regelbedarfsstufe 3:

Für eine erwachsene Person, deren notwendiger Lebensunterhalt sich nach § 27b bestimmt.

Regelbedarfsstufe 4:

Für eine Jugendliche oder einen Jugendlichen vom Beginn des 15. bis zur Vollendung des 18. Lebensjahres.

Regelbedarfsstufe 5:

Für ein Kind vom Beginn des siebten bis zur Vollendung des 14. Lebensjahres.

Regelbedarfsstufe 6:

Für ein Kind bis zur Vollendung des sechsten Lebensjahres.

Anlage[1)]
(zu § 34)

Ausstattung mit persönlichem Schulbedarf in Euro

gültig im Kalenderjahr	Teilbetrag für das im jeweiligen Kalenderjahr beginnende erste Schulhalbjahr	Teilbetrag für das im jeweiligen Kalenderjahr beginnende zweite Schulhalbjahr
2019	100 Euro	–
2020	100 Euro	50 Euro
2021	103 Euro	51,50 Euro
2022	104 Euro	52 Euro

[1)] Anlage zu § 34 angef. mWv 1.8.2019 durch G v. 29.4.2019 (BGBl. I S. 530); geänd. mWv 1.1. 2021 durch G v. 9.12.2020 (BGBl. I S. 2855); geänd. mWv 1.1.2022 durch VO v. 13.10.2021 (BGBl. I S. 4674).

12/50. Asylbewerberleistungsgesetz (AsylbLG)[1) 2)]

In der Fassung der Bekanntmachung vom 5. August 1997[3)]
(BGBl. I S. 2022)

FNA 2178-1

geänd. durch Art. 1 Zweites ÄndG v. 25.8.1998 (BGBl. I S. 2505), Art. 65 Siebente Zuständigkeitsanpassungs VO v. 29.10.2001 (BGBl. I S. 2785), Art. 8 ZuwanderungsG v. 20.6.2002 (BGBl. I S. 1946, nichtig gem. Urt. des BVerfG v. 18.12.2002 – 2 BvF 1/02 –), Art. 56 Achte Zuständigkeitsanpassungs VO v. 25.11.2003 (BGBl. I S. 2304), Art. 19a Viertes G für moderne Dienstleistungen am Arbeitsmarkt v. 24.12.2003 (BGBl. I S. 2954), Art. 20 G zur Einordnung des Sozialhilferechts in das SGB v. 27.12.2003 (BGBl. I S. 3022), Art. 8 ZuwanderungsG v. 30.7.2004 (BGBl. I S. 1950), Art. 6 Nrn. 6a und 6b G zur Änd. des AufenthaltsG und weiterer Gesetze v. 14.3.2005 (BGBl. I S. 721, ber. 2010 S. 1358), Art. 7c Bürokratieabbau- und DeregulierungsG v. 21.6.2005 (BGBl I S. 1666), Art. 82 Neunte ZuständigkeitsanpassungsVO v. 31.10.2006 (BGBl. I S. 2407), Art. 6 Abs. 2 G zur Umsetzung aufenthalts- und asylrechtlicher Richtlinien der Europäischen Union v. 19.8.2007 (BGBl. I S. 1970), Art. 2 Abs. 1 G zur Neuregelung des Wohngeldrechts und zur Änd. des SGB v. 24.9.2008 (BGBl. I S. 1856), Art. 3 G zur Umsetzung aufenthaltsrechtlicher Richtlinien der EU und zur Anpassung nationaler Rechtsvorschriften an den EU-Visakodex v. 22.11.2011 (BGBl. I S. 2258), Beschl. des BVerfG – 1 BvL 10/10 und 1 BvL 2/11 – v. 18.7.2012 (BGBl. I S. 1715), Art. 1 G zur Änd. des AsylbewerberleistungsG und des SozialgerichtsG v. 10.12.2014 (BGBl. I S. 2187), Art. 3 G zur Verbesserung der Rechtsstellung von asylsuchenden und geduldeten Ausländern v. 23.12.2014 (BGBl. I S. 2439), Art. 2 AsylverfahrensbeschleunigungsG v. 20.10.2015 (BGBl. I S. 1722), Art. 3 G zur Einführung beschleunigter Asylverfahren v. 11.3.2016 (BGBl. I S. 390), Art. 3 Abs. 9 Neuntes G zur Änd. des SGB II – Rechtsvereinfachung – sowie zur vorübergehenden Aussetzung der Insolvenzantragspflicht v. 26.7.2016 (BGBl. I S. 1824), Art. 4, 8 Abs. 4 IntegrationsG v. 31.7.2016 (BGBl. I S. 1939), Art. 20 Abs. 6 BundesteilhabeG v. 23.12.2016 (BGBl. I S. 3234), Art. 4 G zur Änd. des BundesversorgungsG und anderer Vorschriften[4)] v. 17.7.2017 (BGBl. I S. 2541 iVm Bek. v. 25.2.

[1)] Die Änderungen durch G v. 31.7.2016 (BGBl. I S. 1939) treten teilweise erst **mit noch nicht bestimmtem Datum**, die Änderungen durch G v. 12.12.2019 (BGBl. I S. 2652) treten erst **mWv 1.1.2024** in Kraft und sind im Text noch nicht berücksichtigt.

[2)] Zur Ausführung und Durchführung des AsylbLG haben die Länder ua folgende Vorschriften erlassen:
- **Baden-Württemberg:** FlüchtlingsaufnahmeG v. 19.12.2013 (GBl. S. 493), zuletzt geänd. durch VO v. 21.12.2021 (GBl. 2022 S. 1)
- **Bayern:** AufnahmeG v. 24.5.2002 (GVBl. S. 192), zuletzt geänd. durch G v. 23.12.2021 (GVBl. S. 672)
- **Berlin:** AsylbewerberleistungsGAG v. 10.6.1998 (GVBl. S. 129), zuletzt geänd. durch G v. 25.9.2019 (GVBl. S. 602)
- **Brandenburg:** VwV zur Asylbewerberleistungsgesetzdurchführung v. 14.10.20_1 (ABl. S. 1951)
- **Hessen:** VO zur Durchführung des AsylbewerberleistungsG v. 16.11.1993 (GVBl. I S. 515), geänd. durch VO v. 5.7.1994 (GVBl. I S. 286)
- **Mecklenburg-Vorpommern:** AusführungsG zum AsylbLG v. 28.6.1994 (GVOBl. M-V S. 660)
- **Niedersachsen:** AufnahmeG v. 11.3.2004 (Nds. GVBl. S. 100), zuletzt geänd. durch G v. 1.7.2020 (Nds. GVBl. S. 212)
- **Nordrhein-Westfalen:** Asylbewerberleistungs-AusführungsG v. 29.11.1994 (GV. NRW. S. 1087), zuletzt geänd. durch G v. 19.12.2019 (GV. NRW. S. 1004)
- **Rheinland-Pfalz:** LandesaufnahmeG v. 21.12.1993 (GVBl. S. 627), zuletzt geänd. durch G v. 18.11.2020 (GVBl. S. 606)
- **Saarland:** Asylbewerberleistungs-AusführungsG v. 13.10.1993 (Amtsbl. S. 958), zuletzt geänd. durch G v. 21.11.2007 (Amtsbl. S. 2393)
- **Sachsen:** Asylbewerberleistungs-VO v. 28.3.2001 (SächsGVBl. S. 135)
- **Sachsen-Anhalt:** AufnahmeG v. 21.1.1998 (GVBl. LSA S. 10), zuletzt geänd. durch G v. 14.2.2019 (GVBl. LSA S. 33)
- **Schleswig-Holstein:** LandesaufnahmeG v. 4.11.2021 (GVOBl. Schl.-H. S. 1232)
- **Thüringen:** AsylbewerberleistungsVO v. 5.5.2000 (GVBl. S. 102)

[3)] Neubekanntmachung des AsylbLG v. 30.6.1993 (BGBl. I S. 1074) in der ab 1.6.1997 geltenden Fassung.

2019, BGBl. I S. 162), Art. 1 Drittes ÄndG v. 13.8.2019 (BGBl. I S. 1290), Art. 5 Zweites G zur besseren Durchsetzung der Ausreisepflicht v. 15.8.2019 (BGBl. I S. 1294), Art. 38 Zweites Datenschutz-Anpassungs- und Umsetzungsgesetz EU v. 20.11.2019 (BGBl. I S. 1626), Art. 4 G zur Regelung des Sozialen Entschädigungsrechts v. 12.12.2019 (BGBl. I S. 2652), Art. 7 Sozialschutz-Paket II v. 20.5.2020 (BGBl. I S. 1055), Art. 18 Siebtes G zur Änd. des SGB IV und anderer Gesetze v. 12.6.2020 (BGBl. I S. 1248), Art. 3 G zur Ermittlung der Regelbedarfe und zur Änd. des Zwölften Buches Sozialgesetzbuch sowie weiterer Gesetze v. 9.12.2020 (BGBl. I S. 2855), Art. 44 JahressteuerG 2020 v. 21.12.2020 (BGBl. I S. 3096), Art. 5 Sozialschutz-Paket III v. 10.3.2021 (BGBl. I S. 335), Art. 20c RegistermodernisierungsG v. 28.3.2021 (BGBl. I S. 591), Art. 8 KitafinanzhilfenänderungsG v. 25.6.2021 (BGBl. I S. 2020), Art. 18 G zur Stärkung der Impfprävention gegen COVID-19 und zur Änd. weiterer Vorschriften im Zusammenhang mit der COVID-19-Pandemie v. 10.12.2021 (BGBl. I S. 5162) und Art. 4 G zur Regelung eines Sofortzuschlages und einer Einmalzahlung in den sozialen Mindestsicherungssystemen sowie zur Änd. des FinanzausgleichsG und weiterer G v. 23.5. 2022 (BGBl. I S. 760)

§ 1[1] Leistungsberechtigte. (1) Leistungsberechtigt nach diesem Gesetz sind Ausländer, die sich tatsächlich im Bundesgebiet aufhalten und die

1. eine Aufenthaltsgestattung nach dem Asylgesetz[2] besitzen,

1a. ein Asylgesuch geäußert haben und nicht die in den Nummern 1, 2 bis 5 und 7 genannten Voraussetzungen erfüllen,

2. über einen Flughafen einreisen wollen und denen die Einreise nicht oder noch nicht gestattet ist,

3. eine Aufenthaltserlaubnis besitzen
   a) wegen des Krieges in ihrem Heimatland nach § 23 Absatz 1 des Aufenthaltsgesetzes[3],
   b) nach § 25 Absatz 4 Satz 1 des Aufenthaltsgesetzes[3] oder
   c) nach § 25 Absatz 5 des Aufenthaltsgesetzes[3], sofern die Entscheidung über die Aussetzung ihrer Abschiebung noch nicht 18 Monate zurückliegt,

4. eine Duldung nach § 60a des Aufenthaltsgesetzes besitzen,

5. vollziehbar ausreisepflichtig sind, auch wenn eine Abschiebungsandrohung noch nicht oder nicht mehr vollziehbar ist,

6. Ehegatten, Lebenspartner oder minderjährige Kinder der in den Nummern 1 bis 5 genannten Personen sind, ohne daß sie selbst die dort genannten Voraussetzungen erfüllen,

7. einen Folgeantrag nach § 71 des Asylgesetzes oder einen Zweitantrag nach § 71a des Asylgesetzes stellen oder

---

[4] Art. 4 dieses G ist am **27.2.2019** in Kraft getreten; vgl. Art. 31 Abs. 5 dieses G iVm Bek. v. 25.2. 2019 (BGBl. I S. 162).

[1] § 1 Abs. 1 Nr. 6 geänd. mWv 1.1.2005 durch G v. 27.12.2003 (BGBl. I S. 3022); Abs. 1 Nr. 3 neu gef., Nr. 4–6 sowie Abs. 2 und Abs. 3 Nr. 2 geänd. und Abs. 1 Nr. 7 angef. mWv 1.1.2005 durch G v. 30.7.2004 (BGBl. I S. 1950); Abs. 1 Nr. 3 neu gef. mWv 18.3.2005 durch G v. 14.3.2005 (BGBl. I S. 721); Abs. 1 Nr. 3 neu gef. mWv 28.8.2007 durch G v. 19.8.2007 (BGBl. I S. 1970); Abs. 1 Nr. 3 geänd. mWv 26.11.2011 durch G v. 22.11.2011 (BGBl. I S. 2258); Abs. 1 Nr. 3 neu gef. mWv 1.3.2015 durch G v. 10.12.2014 (BGBl. I S. 2187); Abs. 1 Nr. 1 und Nr. 7 geänd., Abs. 3 Satz 2 angef. mWv 24.10.2015 durch G v. 20.10.2015 (BGBl. I S. 1722); Abs. 1 Nr. 1a eingef., Abs. 3 Satz 1 *neu gef. mWv 1.9.2019 durch G v. 13.8.2019* (BGBl. I S. 1290); Abs. 4 angef. mWv 21.8.2019 durch G v. 15.8.2019 (BGBl. I S. 1294); Abs. 1 Nr. 3 Buchst. a, Nr. 6 und Nr. 7 geänd., Nr. 8 angef. mWv 31.5.2022, Abs. 3a eingef. mWv 1.6.2022 durch G v. 23.5.2022 (BGBl. I S. 760).

[2] **Sartorius Nr. 567.**

[3] **Sartorius Nr. 565.**

8. a) eine Aufenthaltserlaubnis nach § 24 Absatz 1 des Aufenthaltsgesetzes[1] besitzen, die ihnen nach dem 24. Februar 2022 und vor dem 1. Juni 2022 erteilt wurde, oder

b) eine entsprechende Fiktionsbescheinigung nach § 81 Absatz 5 in Verbindung mit Absatz 3 oder Absatz 4 des Aufenthaltsgesetzes[1] besitzen, die nach dem 24. Februar 2022 und vor dem 1. Juni 2022 ausgestellt wurde,

und bei denen weder eine erkennungsdienstliche Behandlung nach § 49 des Aufenthaltsgesetzes[1] oder nach § 16 des Asylgesetzes durchgeführt worden ist, noch deren Daten nach § 3 Absatz 1 des AZR-Gesetzes[2] gespeichert wurden; das Erfordernis einer erkennungsdienstlichen Behandlung gilt nicht, soweit eine erkennungsdienstliche Behandlung nach § 49 des Aufenthaltsgesetzes[1] nicht vorgesehen ist.

(2) Die in Absatz 1 bezeichneten Ausländer sind für die Zeit, für die ihnen ein anderer Aufenthaltstitel als die in Absatz 1 Nr. 3 bezeichnete Aufenthaltserlaubnis mit einer Gesamtgeltungsdauer von mehr als sechs Monaten erteilt worden ist, nicht nach diesem Gesetz leistungsberechtigt.

(3) [1]Die Leistungsberechtigung endet mit der Ausreise oder mit Ablauf des Monats, in dem die Leistungsvoraussetzung entfällt. [2]Für minderjährige Kinder, die eine Aufenthaltserlaubnis nach § 25 Absatz 5 des Aufenthaltsgesetzes[1] besitzen und die mit ihren Eltern in einer Haushaltsgemeinschaft leben, endet die Leistungsberechtigung auch dann, wenn die Leistungsberechtigung eines Elternteils, der eine Aufenthaltserlaubnis nach § 25 Absatz 5 des Aufenthaltsgesetzes[1] besitzt, entfallen ist.

(3a) [1]Sofern kein Fall des Absatzes 1 Nummer 8 vorliegt, sind Leistungen nach diesem Gesetz mit Ablauf des Monats ausgeschlossen, in dem Leistungsberechtigten, die gemäß § 49 des Aufenthaltsgesetzes[1] erkennungsdienstlich behandelt worden sind und eine Aufenthaltserlaubnis nach § 24 Absatz 1 des Aufenthaltsgesetzes[1] beantragt haben, eine entsprechende Fiktionsbescheinigung nach § 81 Absatz 5 in Verbindung mit Absatz 3 oder Absatz 4 des Aufenthaltsgesetzes[1] ausgestellt worden ist. [2]Der Ausschluss nach Satz 1 gilt bis zur Entscheidung der Ausländerbehörde über den Antrag auf Erteilung einer Aufenthaltserlaubnis nach § 24 Absatz 1 des Aufenthaltsgesetzes[1]. [3]Das Erfordernis einer erkennungsdienstlichen Behandlung in den Sätzen 1 und 2 gilt nicht, soweit eine erkennungsdienstliche Behandlung nach § 49 des Aufenthaltsgesetzes[1] nicht vorgesehen ist.

(4) [1]Leistungsberechtigte nach Absatz 1 Nummer 5, denen bereits von einem anderen Mitgliedstaat der Europäischen Union oder von einem am Verteilmechanismus teilnehmenden Drittstaat im Sinne von § 1a Absatz 4 Satz 1 internationaler Schutz gewährt worden ist, haben keinen Anspruch auf Leistungen nach diesem Gesetz, wenn der internationale Schutz fortbesteht. [2]Hilfebedürftigen Ausländern, die Satz 1 unterfallen, werden bis zur Ausreise, längstens jedoch für einen Zeitraum von zwei Wochen, einmalig innerhalb von zwei Jahren nur eingeschränkte Hilfen gewährt, um den Zeitraum bis zur Ausreise zu überbrücken (Überbrückungsleistungen); die Zweijahresfrist beginnt mit dem Erhalt der Überbrückungsleistungen nach Satz 2. [3]Hierüber und über die Möglichkeit der Leistungen nach Satz 6 sind die Leistungsberechtigten

---

[1] **Sartorius Nr. 565.**
[2] **Sartorius ErgBd. Nr. 569.**

zu unterrichten. [4] Die Überbrückungsleistungen umfassen die Leistungen nach § 1a Absatz 1 und nach § 4 Absatz 1 Satz 1 und Absatz 2. [5] Sie sollen als Sachleistung erbracht werden. [6] Soweit dies im Einzelfall besondere Umstände erfordern, werden Leistungsberechtigten nach Satz 2 zur Überwindung einer besonderen Härte andere Leistungen nach den §§ 3, 4 und 6 gewährt; ebenso sind Leistungen über einen Zeitraum von zwei Wochen hinaus zu erbringen, soweit dies im Einzelfall auf Grund besonderer Umstände zur Überwindung einer besonderen Härte und zur Deckung einer zeitlich befristeten Bedarfslage geboten ist. [7] Neben den Überbrückungsleistungen werden auf Antrag auch die angemessenen Kosten der Rückreise übernommen. [8] Satz 7 gilt entsprechend, soweit die Personen allein durch die angemessenen Kosten der Rückreise die in Satz 4 genannten Bedarfe nicht aus eigenen Mitteln oder mit Hilfe Dritter decken können. [9] Die Leistung ist als Darlehen zu erbringen.

§ 1a[1)] Anspruchseinschränkung. (1) [1] Leistungsberechtigte nach § 1 Absatz 1 Nummer 5, für die ein Ausreisetermin und eine Ausreisemöglichkeit feststehen, haben ab dem auf den Ausreisetermin folgenden Tag keinen Anspruch auf Leistungen nach den §§ 2, 3 und 6, es sei denn, die Ausreise konnte aus Gründen, die sie nicht zu vertreten haben, nicht durchgeführt werden. [2] Ihnen werden bis zu ihrer Ausreise oder der Durchführung ihrer Abschiebung nur noch Leistungen zur Deckung ihres Bedarfs an Ernährung und Unterkunft einschließlich Heizung sowie Körper- und Gesundheitspflege gewährt. [3] Nur soweit im Einzelfall besondere Umstände vorliegen, können ihnen auch andere Leistungen im Sinne von § 3 Absatz 1 Satz 1 gewährt werden. Die Leistungen sollen als Sachleistungen erbracht werden.

(2) Leistungsberechtigte nach § 1 Absatz 1 Nummer 4 und 5 und Leistungsberechtigte nach § 1 Absatz 1 Nummer 6, soweit es sich um Familienangehörige der in § 1 Absatz 1 Nummer 4 und 5 genannten Personen handelt, die sich in den Geltungsbereich dieses Gesetzes begeben haben, um Leistungen nach diesem Gesetz zu erlangen, erhalten nur Leistungen entsprechend Absatz 1.

(3) [1] Leistungsberechtigte nach § 1 Absatz 1 Nummer 4 und 5, bei denen aus von ihnen selbst zu vertretenden Gründen aufenthaltsbeendende Maßnahmen nicht vollzogen werden können, erhalten ab dem auf die Vollziehbarkeit einer Abschiebungsandrohung oder Vollziehbarkeit einer Abschiebungsanordnung folgenden Tag nur Leistungen entsprechend Absatz 1. [2] Können bei nach § 1 Absatz 1 Nummer 6 leistungsberechtigten Ehegatten, Lebenspartnern oder minderjährigen Kindern von Leistungsberechtigten nach § 1 Absatz 1 Nummer 4 oder 5 aus von ihnen selbst zu vertretenden Gründen aufenthaltsbeendende Maßnahmen nicht vollzogen werden, so gilt Satz 1 entsprechend.

(4) [1] Leistungsberechtigte nach § 1 Absatz 1 Nummer 1, 1a oder 5, für die in Abweichung von der Regelzuständigkeit nach der Verordnung (EU) Nr. 604/2013 des Europäischen Parlaments und des Rates vom 26. Juni 2013 zur Festlegung der Kriterien und Verfahren zur Bestimmung des Mitgliedstaats, der für die Prüfung eines von einem Drittstaatsangehörigen oder Staatenlosen in

---

[1)] § 1a neu gef. mWv 24.10.2015 durch G v. 20.10.2015 (BGBl. I S. 1722); Abs. 4 Satz 2 und Abs. 5 *angef. mWv 6.8.2016 durch G v. 31.7.2016 (BGBl. I S. 1939)*; Abs. 4 Satz 1 geänd. mWv 1.9.2019 durch G v. 13.8.2019 (BGBl. I S. 1290); Änd. von Abs. 4 Satz 2 und Abs. 5 Satz 1 obsolet durch Neufassung von Abs. 4 Satz 2 und Abs. 5 vor Inkrafttreten der Änd.; Abs. 1 eingef., bish. Abs. 1 wird Abs. 2 und geänd., bish. Abs. 2 aufgeh., Abs. 3 neu gef., Abs. 4 Satz 1 geänd., Satz 2 neu gef., Satz 3 angef., Abs. 5 neu gef., Abs. 6 und 7 angef. mWv 21.8.2019 durch G v. 15.8.2019 (BGBl. I S. 1294).

einem Mitgliedstaat gestellten Antrags auf internationalen Schutz zuständig ist (ABl. L 180 vom 29.6.2013, S. 31) nach einer Verteilung durch die Europäische Union ein anderer Mitgliedstaat oder ein am Verteilmechanismus teilnehmender Drittstaat, der die Verordnung (EU) Nr. 604/2013 anwendet, zuständig ist, erhalten ebenfalls nur Leistungen entsprechend Absatz 1. [2] Satz 1 gilt entsprechend für Leistungsberechtigte nach § 1 Absatz 1 Nummer 1 oder 1a, denen bereits von einem anderen Mitgliedstaat der Europäischen Union oder von einem am Verteilmechanismus teilnehmenden Drittstaat im Sinne von Satz 1

1. internationaler Schutz oder
2. aus anderen Gründen ein Aufenthaltsrecht gewährt worden ist,

wenn der internationale Schutz oder das aus anderen Gründen gewährte Aufenthaltsrecht fortbesteht. [3] Satz 2 Nummer 2 gilt für Leistungsberechtigte nach § 1 Absatz 1 Nummer 5 entsprechend.

(5) [1] Leistungsberechtigte nach § 1 Absatz 1 Nummer 1, 1a oder 7 erhalten nur Leistungen entsprechend Absatz 1, wenn

1. sie ihrer Pflicht nach § 13 Absatz 3 Satz 3 des Asylgesetzes[1)] nicht nachkommen,
2. sie ihrer Mitwirkungspflicht nach § 15 Absatz 2 Nummer 4 des Asylgesetzes nicht nachkommen,
3. das Bundesamt für Migration und Flüchtlinge festgestellt hat, dass sie ihrer Mitwirkungspflicht nach § 15 Absatz 2 Nummer 5 des Asylgesetzes nicht nachkommen,
4. das Bundesamt für Migration und Flüchtlinge festgestellt hat, dass sie ihrer Mitwirkungspflicht nach § 15 Absatz 2 Nummer 6 des Asylgesetzes nicht nachkommen,
5. sie ihrer Mitwirkungspflicht nach § 15 Absatz 2 Nummer 7 des Asylgesetzes nicht nachkommen,
6. sie den gewährten Termin zur förmlichen Antragstellung bei der zuständigen Außenstelle des Bundesamtes für Migration und Flüchtlinge oder dem Bundesamt für Migration und Flüchtlinge nicht wahrgenommen haben oder
7. sie den Tatbestand nach § 30 Absatz 3 Nummer 2 zweite Alternative des Asylgesetzes verwirklichen, indem sie Angaben über ihre Identität oder Staatsangehörigkeit verweigern,

es sei denn, sie haben die Verletzung der Mitwirkungspflichten oder die Nichtwahrnehmung des Termins nicht zu vertreten oder ihnen war die Einhaltung der Mitwirkungspflichten oder die Wahrnehmung des Termins aus wichtigen Gründen nicht möglich. [2] Die Anspruchseinschränkung nach Satz 1 endet, sobald sie die fehlende Mitwirkungshandlung erbracht oder den Termin zur förmlichen Antragstellung wahrgenommen haben.

(6) Leistungsberechtigte nach § 1 Absatz 1, die nach Vollendung des 18. Lebensjahres vorsätzlich oder grob fahrlässig Vermögen, das gemäß § 7 Absatz 1 und 5 vor Eintritt von Leistungen nach diesem Gesetz aufzubrauchen ist,

1. entgegen § 9 Absatz 3 dieses Gesetzes in Verbindung mit § 60 Absatz 1 Satz 1 Nummer 1 des Ersten Buches Sozialgesetzbuch[2)] nicht angeben oder

---

[1)] **Sartorius Nr. 567.**
[2)] Nr. 1.

2. entgegen § 9 Absatz 3 dieses Gesetzes in Verbindung mit § 60 Absatz 1 Satz 1 Nummer 2 des Ersten Buches Sozialgesetzbuch nicht unverzüglich mitteilen

und deshalb zu Unrecht Leistungen nach diesem Gesetz beziehen, haben nur Anspruch auf Leistungen entsprechend Absatz 1.

(7) [1] Leistungsberechtigte nach § 1 Absatz 1 Nummer 1 oder 5, deren Asylantrag durch eine Entscheidung des Bundesamtes für Migration und Flüchtlinge nach § 29 Absatz 1 Nummer 1 in Verbindung mit § 31 Absatz 6 des Asylgesetzes als unzulässig abgelehnt wurde und für die eine Abschiebung nach § 34a Absatz 1 Satz 1 zweite Alternative des Asylgesetzes angeordnet wurde, erhalten nur Leistungen entsprechend Absatz 1, auch wenn die Entscheidung noch nicht unanfechtbar ist. [2] Satz 1 gilt nicht, sofern ein Gericht die aufschiebende Wirkung der Klage gegen die Abschiebungsanordnung angeordnet hat.

§ 2[1)] Leistungen in besonderen Fällen. (1) [1] Abweichend von den §§ 3 und 4 sowie 6 bis 7 sind das Zwölfte Buch Sozialgesetzbuch[2)] und Teil 2 des Neunten Buches Sozialgesetzbuch[3)] auf diejenigen Leistungsberechtigten entsprechend anzuwenden, die sich seit 18 Monaten ohne wesentliche Unterbrechung im Bundesgebiet aufhalten und die Dauer des Aufenthalts nicht rechtsmissbräuchlich selbst beeinflusst haben. [2] Die Sonderregelungen für Auszubildende nach § 22 des Zwölften Buches Sozialgesetzbuch finden dabei jedoch keine Anwendung auf

1. Leistungsberechtigte nach § 1 Absatz 1 Nummer 1, 3 und 4 in einer nach den §§ 51, 57 und 58 des Dritten Buches Sozialgesetzbuch[4)] dem Grunde nach förderungsfähigen Ausbildung sowie
2. Leistungsberechtigte nach § 1 Absatz 1 Nummer 3 und 4 in einer nach dem Bundesausbildungsförderungsgesetz[5)] dem Grunde nach förderungsfähigen Ausbildung, deren Bedarf sich nach den §§ 12, 13 Absatz 1 in Verbindung mit Absatz 2 Nummer 1 oder nach § 13 Absatz 1 Nummer 1 in Verbindung mit Absatz 2 Nummer 2 des Bundesausbildungsförderungsgesetzes bemisst und die Leistungen nach dem Bundesausbildungsförderungsgesetz erhalten.

[3] Bei Leistungsberechtigten nach § 1 Absatz 1 Nummer 1 in einer nach dem Bundesausbildungsförderungsgesetz dem Grunde nach förderungsfähigen Ausbildung gilt anstelle des § 22 Absatz 1 des Zwölften Buches Sozialgesetzbuch, dass die zuständige Behörde Leistungen nach dem Dritten oder Vierten Kapitel des Zwölften Buches Sozialgesetzbuch als Beihilfe oder als Darlehen gewährt. [4] § 28 des Zwölften Buches Sozialgesetzbuch in Verbindung mit dem Regelbedarfs-Ermittlungsgesetz[6)] und den §§ 28a, 40 des Zwölften Buches Sozialgesetzbuch findet auf Leistungsberechtigte nach Satz 1 mit den Maßgaben entsprechende Anwendung, dass

---

[1)] § 2 Abs. 1 neu gef. mWv 1.1.2005 durch G v. 30.7.2004 (BGBl. I S. 1950); Abs. 1 geänd. mWv 28.8.2007 durch G v. 19.8.2007 (BGBl. I S. 1970); Abs. 1 und 3 geänd. mWv 1.3.2015 durch G v. 10.12.2014 (BGBl. I S. 2187); Abs. 1 geänd. mWv 6.8.2016 durch G v. 31.7.2016 (BGBl. I S. 1939); Abs. 1 geänd. mWv 1.1.2020 durch G v. 23.12.2016 (BGBl. I S. 3234); Abs. 1 Sätze 2–4 angef. mWv 1.9.2019 durch G v. 13.8.2019 (BGBl. I S. 1290); Abs. 1 geänd. mWv 21.8.2019 durch G v. 15.8.2019 (BGBl. I S. 1294).

[2)] *Nr.* ***12***.

[3)] Nr. **9**.

[4)] Nr. **3**.

[5)] **Sartorius Nr. 420.**

[6)] Nr. **12/10**.

1. bei der Unterbringung in einer Gemeinschaftsunterkunft im Sinne von § 53 Absatz 1 des Asylgesetzes[1] oder in einer Aufnahmeeinrichtung nach § 44 Absatz 1 des Asylgesetzes für jede erwachsene Person ein Regelbedarf in Höhe der Regelbedarfsstufe 2 anerkannt wird;
2. für jede erwachsene Person, die das 25. Lebensjahr noch nicht vollendet hat, unverheiratet ist und mit mindestens einem Elternteil in einer Wohnung im Sinne von § 8 Absatz 1 Satz 2 des Regelbedarfs-Ermittlungsgesetzes zusammenlebt, ein Regelbedarf in Höhe der Regelbedarfsstufe 3 anerkannt wird.

(2) Bei der Unterbringung von Leistungsberechtigten nach Absatz 1 in einer Gemeinschaftsunterkunft bestimmt die zuständige Behörde die Form der Leistung auf Grund der örtlichen Umstände.

(3) Minderjährige Kinder, die mit ihren Eltern oder einem Elternteil in einer Haushaltsgemeinschaft leben, erhalten Leistungen nach Absatz 1 auch dann, wenn mindestens ein Elternteil in der Haushaltsgemeinschaft Leistungen nach Absatz 1 erhält.

§ 3[2] Grundleistungen. (1) [1] Leistungsberechtigte nach § 1 erhalten Leistungen zur Deckung des Bedarfs an Ernährung, Unterkunft, Heizung, Kleidung, Gesundheitspflege und Gebrauchs- und Verbrauchsgütern des Haushalts (notwendiger Bedarf). [2] Zusätzlich werden ihnen Leistungen zur Deckung persönlicher Bedürfnisse des täglichen Lebens gewährt (notwendiger persönlicher Bedarf).

(2) [1] Bei einer Unterbringung in Aufnahmeeinrichtungen im Sinne von § 44 Absatz 1 des Asylgesetzes[1] wird der notwendige Bedarf durch Sachleistungen gedeckt. [2] Kann Kleidung nicht geleistet werden, so kann sie in Form von Wertgutscheinen oder anderen vergleichbaren unbaren Abrechnungen gewährt werden. [3] Gebrauchsgüter des Haushalts können leihweise zur Verfügung gestellt werden. [4] Der notwendige persönliche Bedarf soll durch Sachleistungen gedeckt werden, soweit dies mit vertretbarem Verwaltungsaufwand möglich ist. [5] Sind Sachleistungen für den notwendigen persönlichen Bedarf nicht mit vertretbarem Verwaltungsaufwand möglich, können auch Leistungen in Form von Wertgutscheinen, von anderen vergleichbaren unbaren Abrechnungen oder von Geldleistungen gewährt werden.

(3) [1] Bei einer Unterbringung außerhalb von Aufnahmeeinrichtungen im Sinne des § 44 Absatz 1 des Asylgesetzes sind vorbehaltlich des Satzes 3 vorrangig Geldleistungen zur Deckung des notwendigen Bedarfs zu gewähren. [2] Anstelle der Geldleistungen können, soweit es nach den Umständen erforderlich ist, zur Deckung des notwendigen Bedarfs Leistungen in Form von unbaren Abrechnungen, von Wertgutscheinen oder von Sachleistungen gewährt werden. [3] Der Bedarf für Unterkunft, Heizung und Hausrat sowie für Wohnungsinstandhaltung und Haushaltsenergie wird, soweit notwendig und angemessen, gesondert als Geld- oder Sachleistung erbracht. [4] Absatz 2 Satz 3 ist entsprechend anzuwenden. [5] Der notwendige persönliche Bedarf ist vorbehaltlich des Satzes 6 durch Geldleistungen zu decken. [6] In Gemeinschafts-

[1] **Sartorius Nr. 567.**

[2] § 3 neu gef. mWv 1.9.2019 durch G v. 13.8.2019 (BGBl. I S. 1290); Abs. 4a eingef. mWv 29.5. 2020 durch G v. 20.5.2020 (BGBl. I S. 1055); Abs. 6 angef. mWv 1.4.2021 durch G v. 10.3.2021 (BGBl. I S. 335); Abs. 4 Satz 2 angef. mWv 1.7.2021 durch G v. 25.6.2021 (BGBl. I S. 2020); Abs. 4a aufgeh. mWv 25.11.2021 durch G v. 10.12.2021 (BGBl. I S. 5162); Abs. 6 aufgeh. mWv 1.6.2022 durch G v. 23.5.2022 (BGBl. I S. 760).

unterkünften im Sinne von § 53 des Asylgesetzes kann der notwendige persönliche Bedarf soweit wie möglich auch durch Sachleistungen gedeckt werden.

(4) [1] Bedarfe für Bildung und Teilhabe am sozialen und kulturellen Leben in der Gemeinschaft werden bei Kindern, Jugendlichen und jungen Erwachsenen neben den Leistungen nach den Absätzen 1 bis 3 entsprechend den §§ 34, 34a und 34b des Zwölften Buches Sozialgesetzbuch[1)] gesondert berücksichtigt. [2] Die Regelung des § 141 Absatz 5 des Zwölften Buches Sozialgesetzbuch gilt entsprechend.

(5) [1] Leistungen in Geld oder Geldeswert sollen der oder dem Leistungsberechtigten oder einem volljährigen berechtigten Mitglied des Haushalts persönlich ausgehändigt werden. [2] Stehen die Leistungen nicht für einen vollen Monat zu, wird die Leistung anteilig erbracht; dabei wird der Monat mit 30 Tagen berechnet. [3] Geldleistungen dürfen längstens einen Monat im Voraus erbracht werden. [4] Von Satz 3 kann nicht durch Landesrecht abgewichen werden.

§ 3a[2)] Bedarfssätze der Grundleistungen. (1) Wird der notwendige persönliche Bedarf nach § 3 Absatz 1 Satz 2 vollständig durch Geldleistungen gedeckt, so beträgt dieser monatlich für

1. erwachsene Leistungsberechtigte, die in einer Wohnung im Sinne von § 8 Absatz 1 Satz 2 des Regelbedarfs-Ermittlungsgesetzes[3)] leben und für die nicht Nummer 2 Buchstabe a oder Nummer 3 Buchstabe a gelten, sowie für jugendliche Leistungsberechtigte, die nicht mit mindestens einem Elternteil in einer Wohnung leben, je 162 Euro;
2. erwachsene Leistungsberechtigte je 146 Euro, wenn sie
   a) in einer Wohnung im Sinne von § 8 Absatz 1 Satz 2 des Regelbedarfs-Ermittlungsgesetzes mit einem Ehegatten oder Lebenspartner oder in eheähnlicher oder lebenspartnerschaftsähnlicher Gemeinschaft mit einem Partner zusammenleben;
   b) nicht in einer Wohnung leben, weil sie in einer Aufnahmeeinrichtung im Sinne von § 44 Absatz 1 des Asylgesetzes[4)] oder in einer Gemeinschaftsunterkunft im Sinne von § 53 Absatz 1 des Asylgesetzes oder nicht nur kurzfristig in einer vergleichbaren sonstigen Unterkunft untergebracht sind;
3. erwachsene Leistungsberechtigte je 130 Euro, wenn sie
   a) das 25. Lebensjahr noch nicht vollendet haben, unverheiratet sind und mit mindestens einem Elternteil in einer Wohnung im Sinne von § 8 Absatz 1 Satz 2 des Regelbedarfs-Ermittlungsgesetzes zusammenleben;
   b) in einer stationären Einrichtung untergebracht sind;
4. jugendliche Leistungsberechtigte vom Beginn des 15. bis zur Vollendung des 18. Lebensjahres 110 Euro;
5. leistungsberechtigte Kinder vom Beginn des siebten bis zur Vollendung des 14. Lebensjahres 108 Euro;

[1)] *Nr.* **12**.

[2)] § 3a eingef. mWv 1.9.2019 durch G v. 13.8.2019 (BGBl. I S. 1290); Abs. 1 Nr. 1–6, Abs. 2 Nr. 1–6 geänd., Abs. 2a eingef. mWv 1.1.2021 durch G v. 9.12.2020 (BGBl. I S. 2855).

[3)] Nr. **12/10**.

[4)] **Sartorius Nr. 567.**

6. leistungsberechtigte Kinder bis zur Vollendung des sechsten Lebensjahres 104 Euro.

(2) Wird der notwendige Bedarf nach § 3 Absatz 1 Satz 1 mit Ausnahme der Bedarfe für Unterkunft, Heizung, Hausrat, Wohnungsinstandhaltung und Haushaltsenergie vollständig durch Geldleistungen gedeckt, so beträgt dieser monatlich für

1. erwachsene Leistungsberechtigte, die in einer Wohnung im Sinne von § 8 Absatz 1 Satz 2 des Regelbedarfs-Ermittlungsgesetzes leben und für die nicht Nummer 2 Buchstabe a oder Nummer 3 Buchstabe a gelten, sowie für jugendliche Leistungsberechtigte, die nicht mit mindestens einem Elternteil in einer Wohnung leben, je 202 Euro;
2. erwachsene Leistungsberechtigte je 182 Euro, wenn sie
   a) in einer Wohnung im Sinne von § 8 Absatz 1 Satz 2 des Regelbedarfs-Ermittlungsgesetzes mit einem Ehegatten oder Lebenspartner oder in eheähnlicher oder lebenspartnerschaftsähnlicher Gemeinschaft mit einem Partner zusammenleben;
   b) nicht in einer Wohnung leben, weil sie in einer Aufnahmeeinrichtung im Sinne von § 44 Absatz 1 des Asylgesetzes oder in einer Gemeinschaftsunterkunft im Sinne von § 53 Absatz 1 des Asylgesetzes oder nicht nur kurzfristig in einer vergleichbaren sonstigen Unterkunft untergebracht sind;
3. erwachsene Leistungsberechtigte je 162 Euro, wenn sie
   a) das 25. Lebensjahr noch nicht vollendet haben, unverheiratet sind und mit mindestens einem Elternteil in einer Wohnung im Sinne von § 8 Absatz 1 Satz 2 des Regelbedarfs-Ermittlungsgesetzes zusammenleben;
   b) in einer stationären Einrichtung untergebracht sind;
4. sonstige jugendliche Leistungsberechtigte vom Beginn des 15. bis zur Vollendung des 18. Lebensjahres 213 Euro;
5. leistungsberechtigte Kinder vom Beginn des siebten bis zur Vollendung des 14. Lebensjahres 162 Euro;

(Fortsetzung nächstes Blatt)

dd) Schülerbeförderung,

ee) Lernförderung,

ff) Mehraufwendungen für die Teilnahme an einer gemeinschaftlichen Mittagsverpflegung von Schülerinnen und Schülern in schulischer Verantwortung sowie von Kindern in einer Kindertageseinrichtung und in der Kindertagespflege,

gg) Teilhabe am sozialen und kulturellen Leben in der Gemeinschaft;

f) *(aufgehoben)*

g) bei Erhebungen zum Jahresende zusätzlich zu den unter den Buchstaben a bis d genannten Merkmalen:
Art und Form anderer Leistungen nach diesem Gesetz im Laufe und am Ende des Berichtsjahres; Beteiligung am Erwerbsleben;

2. bei den Erhebungen nach Absatz 1 Nr. 1 Buchstabe c für jeden Leistungsempfänger:
Geschlecht; Geburtsmonat und -jahr; Staatsangehörigkeit; aufenthaltsrechtlicher Status; Art und Form der Leistung im Laufe und am Ende des Berichtsjahres; Typ des Leistungsempfängers nach § 3a Absatz 1 Nummer 1 bis 6; Wohngemeinde und Gemeindeteil; Art des Trägers; Art der Unterbringung;

2a. *(aufgehoben)*

3. bei der Erhebung nach Absatz 1 Nr. 2:
Art des Trägers; Ausgaben nach Art und Form der Leistungen sowie Unterbringungsform; Einnahmen nach Einnahmearten und Unterbringungsform.

(3) [1] Hilfsmerkmale sind

1. Name und Anschrift des Auskunftspflichtigen,
2. für die Erhebungen nach Absatz 2 Nummer 1 und 2 die Kenn-Nummern der Leistungsempfänger,
3. Name und Kontaktdaten der für eventuelle Rückfragen zur Verfügung stehenden Person.

[2] Die Kenn-Nummern nach Satz 1 Nr. 2 dienen der Prüfung der Richtigkeit der Statistik und der Fortschreibung der jeweils letzten Bestandserhebung. [3] Sie enthalten keine Angaben über persönliche und sachliche Verhältnisse der Leistungsempfänger und sind zum frühestmöglichen Zeitpunkt, spätestens nach Abschluß der wiederkehrenden Bestandserhebung zu löschen.

(4) [1] Die Erhebungen nach Absatz 2 Nummer 1 Buchstabe a bis d und g sowie nach Absatz 2 Nummer 2 und 3 sind jährlich durchzuführen. [2] Die Angaben für die Erhebung

a) nach Absatz 2 Nr. 1 Buchstabe a bis d und g (Bestandserhebung) sind zum 31. Dezember,

b) *(aufgehoben)*

c) *(aufgehoben)*

d) nach Absatz 2 Nr. 2 und 3 sind für das abgelaufene Kalenderjahr

zu erteilen.

(5) [1] Die Erhebungen nach Absatz 2 Nummer 1 Buchstabe e sind quartalsweise durchzuführen, wobei gleichzeitig Geschlecht, Geburtsmonat und -jahr, Wohngemeinde und Gemeindeteil, Staatsangehörigkeit sowie aufenthaltsrecht-

licher Status zu erheben sind. [2] Dabei ist die Angabe zur Höhe der einzelnen Leistungen für jeden Monat eines Quartals gesondert zu erheben.

(6) [1] Für die Erhebungen besteht Auskunftspflicht. [2] Die Angaben nach Absatz 3 Satz 1 Nr. 3 sowie zum Gemeindeteil nach Absatz 2 Nr. 1 Buchstabe d und Absatz 2 Nr. 2 sowie nach Absatz 5 sind freiwillig. [3] Auskunftspflichtig sind die für die Durchführung dieses Gesetzes zuständigen Stellen.

(7) Die Ergebnisse der Asylbewerberleistungsstatistik dürfen auf die einzelne Gemeinde bezogen veröffentlicht werden.

(8) [1] Das Statistische Bundesamt und die statistischen Ämter der Länder dürfen an die obersten Bundes- und Landesbehörden Tabellen mit statistischen Ergebnissen übermitteln, auch wenn Tabellenfelder nur einen einzigen Fall ausweisen. [2] Die übermittelten Tabellen dürfen nur gegenüber den gesetzgebenden Körperschaften und nur für Zwecke der Planung, jedoch nicht für die Regelung von Einzelfällen verwendet werden.

§ 13[1)] Bußgeldvorschrift. (1) Ordnungswidrig handelt, wer vorsätzlich oder fahrlässig entgegen § 8a eine Meldung nicht, nicht richtig, nicht vollständig oder nicht rechtzeitig erstattet.

(2) Die Ordnungswidrigkeit kann mit einer Geldbuße bis zu fünftausend Euro geahndet werden.

§ 14[2)] Dauer der Anspruchseinschränkung. (1) Die Anspruchseinschränkungen nach diesem Gesetz sind auf sechs Monate zu befristen.

(2) Im Anschluss ist die Anspruchseinschränkung bei fortbestehender Pflichtverletzung fortzusetzen, sofern die gesetzlichen Voraussetzungen der Anspruchseinschränkung weiterhin erfüllt werden.

§ 15[3)] Übergangsregelung zum Zweiten Gesetz zur besseren Durchsetzung der Ausreisepflicht. Für Leistungsberechtigte des Asylbewerberleistungsgesetzes, auf die bis zum 21. August 2019 gemäß § 2 Absatz 1 des Asylbewerberleistungsgesetzes das Zwölfte Buch Sozialgesetzbuch[4)] entsprechend anzuwenden war, ist § 2 des Asylbewerberleistungsgesetzes in der Fassung der Bekanntmachung vom 5. August 1997 (BGBl. I S. 2022), das zuletzt durch Artikel 4 des Gesetzes vom 17. Juli 2017 (BGBl. I S. 2541; 2019 I S. 162) geändert worden ist, weiter anzuwenden.

§ 16[5)] Sofortzuschlag. [1] Minderjährige Leistungsberechtigte sowie Leistungsberechtigte, die das 25. Lebensjahr noch nicht vollendet haben, unverheiratet sind und mit mindestens einem Elternteil in einer Wohnung im Sinne von § 42a Absatz 2 Satz 2 des Zwölften Buches Sozialgesetzbuch[4)] zusammenleben, haben Anspruch auf einen monatlichen Sofortzuschlag in Höhe von 20 Euro. [2] Der Sofortzuschlag wird erstmalig für den Monat Juli 2022 erbracht.

§ 17[6)] Einmalzahlung für den Monat Juli 2022. Erwachsene Leistungsberechtigte, die für den Monat Juli 2022 Anspruch auf Leistungen haben,

---

1) § 13 Abs. 2 geänd. mWv 1.1.2005 durch G v. 30.7.2004 (BGBl. I S. 1950).
2) *§ 14 neu gef. mWv 24.10.2015 durch G v. 20.10.2015* (BGBl. I S. 1722).
3) § 15 angef. mWv 21.8.2019 durch G v. 15.8.2019 (BGBl. I S. 1294).
4) Nr. **12**.
5) § 16 neu gef. mWv 1.6.2022 durch G v. 23.5.2022 (BGBl. I S. 760).
6) § 17 angef. mWv 1.6.2022 durch G v. 23.5.2022 (BGBl. I S. 760).

erhalten für diesen Monat zum Ausgleich der mit der COVID-19-Pandemie in Zusammenhang stehenden Mehraufwendungen eine Einmalzahlung in Höhe von 200 Euro, sofern sie nicht § 3a Absatz 1 Nummer 3a zuzuordnen sind.

§ 18[1] Übergangsregelung für Personen mit Aufenthaltserlaubnis nach § 24 des Aufenthaltsgesetzes[2] oder entsprechender Fiktionsbescheinigung. (1) [1] Für die Zeit vom 1. Juni 2022 bis einschließlich 31. August 2022 erhalten Personen abweichend von § 1 Absatz 1 Leistungen nach diesem Gesetz, wenn sie folgende Bedingungen erfüllen:

1. sie haben im Monat Mai 2022 Leistungen nach diesem Gesetz bezogen,
2. ihnen wurde nach dem 24. Februar 2022 und vor dem 1. Juni 2022 eine Aufenthaltserlaubnis nach § 24 des Aufenthaltsgesetzes[2] erteilt oder eine Fiktionsbescheinigung gemäß § 81 Absatz 5 in Verbindung mit Absatz 3 oder Absatz 4 des Aufenthaltsgesetzes[2] ausgestellt und
3. bei ihnen wurde entweder eine erkennungsdienstliche Behandlung nach § 49 des Aufenthaltsgesetzes[2] oder nach § 16 des Asylgesetzes[3] durchgeführt oder ihre Daten wurden nach § 3 des AZR-Gesetzes[4] gespeichert.

[2] Der Leistungsanspruch endet mit Ablauf des Monats, der dem Monat vorausgeht, für den der zuständige Träger der Grundsicherung für Arbeitsuchende nach § 74 Absatz 5 Satz 3 des Zweiten Buches Sozialgesetzbuch[5] oder der zuständige Träger der Leistungen nach dem Dritten oder Vierten Kapitel des Zwölften Buches Sozialgesetzbuch[6] nach § 146 Absatz 5 Satz 3 des Zwölften Buches Sozialgesetzbuch die Aufnahme der laufenden Leistungsgewährung gegenüber der für die Durchführung dieses Gesetzes zuständigen Behörde anzeigt.

(2) Die Leistungen nach diesem Gesetz gemäß Absatz 1 sind gegenüber den Leistungen nach dem Zweiten und Zwölften Buch Sozialgesetzbuch nachrangig.

(3) [1] Leistungen nach den §§ 4 und 6 dieses Gesetzes, die für Zeiten erbracht wurden, für die ein Erstattungsanspruch nach § 74 Absatz 5 des Zweiten Buches oder nach § 146 Absatz 5 des Zwölften Buches Sozialgesetzbuch besteht, werden den Leistungsträgern vom Bund erstattet; insoweit findet § 104 des Zehnten Buches Sozialgesetzbuch[7] keine Anwendung. [2] Das Erstattungsverfahren wird vom Bundesamt für Soziale Sicherung durchgeführt.

§ 19[8] Einmalzahlung für Kinder. [1] Minderjährige Leistungsberechtigte erhalten eine Einmalzahlung in Höhe von 100 Euro, wenn sie für den Monat Oktober 2022 Anspruch auf Leistungen nach diesem Gesetz haben. [2] Eines gesonderten Antrags bedarf es nicht. [3] Ausgenommen von der Einmalzahlung nach Satz 1 sind Leistungsberechtigte, für die in einem der Monate von Januar bis Oktober 2022 ein Anspruch auf Kindergeld besteht.

---

[1] § 18 angef. mWv 1.6.2022 durch G v. 23.5.2022 (BGBl. I S. 760).
[2] **Sartorius Nr. 565.**
[3] **Sartorius Nr. 567.**
[4] **Sartorius ErgBd. Nr. 569.**
[5] Nr. **2**.
[6] Nr. **12**.
[7] Nr. **10**.
[8] § 19 angef. mWv 1.6.2022 durch G v. 23.5.2022 (BGBl. I S. 760).

20/10. Gesetz über die Versorgung der Opfer des Krieges (Bundesversorgungsgesetz – BVG)[1)]

In der Fassung der Bekanntmachung vom 22. Januar 1982[2)]
(BGBl. I S. 21)

FNA 830-2

geänd. durch Urteil des BVerfG – 2 BvL 6/78 und 8/79 – v. 9.2.1982 (BGBl. I S. 693), Art. II § 9 SGB – Zusammenarbeit der Leistungsträger und ihre Beziehungen zu Dritten – v. 4.11.1982 (BGBl. I S. 1450), Art. 25 HaushaltsbegleitG 1983 v. 20.12.1982 (BGBl. I S. 1857, ber. BGBl. I S. 311), Art. 16 HaushaltsbegleitG 1984 v. 22.12.1983 (BGBl. I S. 1532), Art. 10 G zur Erleichterung des Übergangs vom Arbeitsleben in den Ruhestand v. 13.4.1984 (BGBl. I S. 601), Art. 1 Dreizehntes AnpassungsG-KOV v. 20.6.1984 (BGBl. I S. 761), Art. 1 Vierzehntes AnpassungsG-KOV v. 4.6.1985 (BGBl. I S. 910), Art. 5 AdoptionsanpassungsG v. 24.6.1985 (BGBl. I S. 1144), Art. 8 Wohnungsrechtsvereinfachungs G 1985 v. 11.7.1985 (BGBl. I S. 1277), Art. 8 Hinterbliebenenrenten- und Erziehungszeiten-G v. 11.7.1985 (BGBl. I S. 1450), § 25 BundeserziehungsgeldG v. 6.12.1985 (BGBl. I S. 2154), Art. 10 Siebtes G zur Änd. des ArbeitsförderungsG v. 20.12.1985 (BGBl. I S. 2484), Art. 3 G zur Verbesserung der ambulanten und teilstationären Versorgung psychisch Kranker v. 26.2.1986 (BGBl. I S. 324), Art. 1 und Art. 2 Fünfzehntes AnpassungsG-KOV v. 23.6.1986 (BGBl. I S. 915, geänd. durch G v. 16.12.1986 BGBl. I S. 2441), Art. 28 Zweites RechtsbereinigungsG v. 16.12.1986 (BGBl. I S. 2441), Art. 1 Sechzehntes AnpassungsG-KOV v. 27.6.1987 (BGBl. I S. 1545), Art. 1 und Art. 2 KOV-AnpassungsG 1988 v. 21.6.1988 (BGBl. I S. 826), Art. 5 G zur Änd. des ArbeitsförderungsG und zur Förderung eines gleitenden Übergangs älterer Arbeitnehmer in den Ruhestand v. 20.12.1988 (BGBl. I S. 2343), Art. 37 Gesundheits-ReformG v. 20.12.1988 (BGBl. I S. 2477), Art. 1 KOV-AnpassungsG 1989 v. 30.6.1989 (BGBl. I S. 1288), Art. 5 Zwölftes G zur Änd. des BundeskindergeldG v. 30.6.1989 (BGBl. I S. 1294), Art. 39 RentenreformG 1992 v. 18.12.1989 (BGBl. I S. 2261), Art. 1 KOV-StrukturG 1990 v. 23.3.1990 (BGBl. I S. 582), Art. 1 KOV-AnpassungsG 1990 v. 26.6. 1990 (BGBl. I S. 1211), Anl. I Kap. VIII Sachgeb. K Abschn. II Einigungsvertrag v. 31.8.1990 (BGBl. II S. 889), Art. 2 Sechstes G zur Änd. des BundessozialhilfeG v. 10.12.1990 (BGBl. I S. 2644), Art. 1 KOV-AnpassungsG 1991 v. 21.6.1991 (BGBl. I S. 1310, geänd. durch G v. 20.12.1991 BGBl. I S. 2313), Art. 25 Renten-ÜberleitungsG v. 25.7.1991 (BGBl. I S. 1606), Art. 5 Zweites G zur Änd. des Fünften Buches Sozialgesetzbuch v. 20.12.1991 (BGBl. I S. 2325), Art. 1 Erste KOV-AnpassungsVO 1992 v. 17.6.1992 (BGBl. I S. 1078), Art. 2 G zur Änd. des BundessozialhilfeG und anderer G v. 7.7.1992 (BGBl. I S. 1225), Art. 11 KriegsfolgenbereinigungsG v. 21.12.1992 (BGBl. I S. 2094), Art. 1 Zweite KOV-AnpassungsVO 1993 v. 14.6.1993 (BGBl. I S. 920), Art. 8 G zur Umsetzung des Föderalen Konsolidierungsprogramms v. 23.6.1993 (BGBl. I S. 944), Art. 8 Rentenüberleitungs-ErgänzungsG v. 24.6.1993 (BGBl. I S. 1038), Art. 4 Zweites G zur Änd. des G über die Entschädigung für Opfer von Gewalttaten v. 21.7.1993 (BGBl. I S. 1262), Art. 3 Abs. 9 FÖJ-FörderungsG v. 17.12.1993 (BGBl. I S. 2118), Art. 3 Erstes G zur Umsetzung des Spar-, Konsolidierungs- und Wachstumsprogramms v. 21.12.1993 (BGBl. I S. 2353), Art. 9 Pflege-VersicherungsG v. 26.5.1994 (BGBl. I S. 1014), Art. 1 Dritte KOV-AnpassungsVO 1994 v. 1.6.1994 (BGBl. I S. 1204), Art. 13 Zweites G zur Änd. des Sozialgesetzbuchs v. 13.6.1994 (BGBl. I S. 1229), Art. 19 AgrarsozialreformG 1995 v. 29.7.1994 (BGBl. I S. 1890), Art. 2 § 10 BundesgrenzschutzneuregelungsG v. 19.10.1994 (BGBl. I S. 2978), Art. 1 Vierte KOV-AnpassungsVO 1995 v. 23.6.1995 (BGBl. I S. 852), Art. 2 Nr. 7 Zweites G zur Änd. des ArbeitsförderungsG im Bereich des Baugewerbes v. 15.12.1995 (BGBl. I S. 1809), Art. 13 G zur Änd. des Sechsten Buches Sozialgesetzbuch und anderer G v. 15.12.1995 (BGBl. I S. 1824), Art. 5 Erstes SGB XI-ÄnderungsG v. 14.6.1996 (BGBl. I S. 830), Art. 2 Fünfte KOV-AnpassungsVO 1996 v. 25.6.1996 (BGBl. I S. 903), Art. 10 und 15 Abs. 2 G zur Reform des Sozialhilferechts v. 23.7.1996 (BGBl. I S. 1088), Art. 1 G zur Änd. von Erstattungsvorschriften im sozialen Entschädigungsrecht v. 25.7.1996 (BGBl. I S. 1118), Art. 29 Unfallversicherungs-EinordnungsG v. 7.8.1996 (BGBl. I S. 1254), Art. 72 Arbeitsförderungs-ReformG v. 24.3.1997 (BGBl. I S. 594), Art. 1 Sechste KOV-AnpassungsVO 1997 v. 18.6.1997 (BGBl. I S. 1382), Art. 14 § 23 KindschaftsrechtsreformG v. 16.12.1997 (BGBl. I S. 2942), Art. 24 Erstes SGB III-ÄnderungsG v. 16.12.1997 (BGBl. I S. 2970), Art. 25 RentenreformG 1999 v. 16.12.1997 (BGBl. I S. 2998,

---

[1)] **Aufgehoben mit Ablauf des 31.12.2023** durch Art. 58 Nr. 2 G v. 12.12.2019 (BGBl. I S. 2652); siehe ab diesem Zeitpunkt das Sozialgesetzbuch XIV: Soziale Entschädigung.

[2)] Neubekanntmachung des BVG idF der Bek. v. 22.6.1976 (BGBl. I S. 1633).

geänd. durch G v. 19.12.1998 BGBl. I S. 3843, geänd. durch G v. 20 12. 2000 BGBl. I S. 1827), Art. 1 G zur Änd. des BundesversorgungsG v. 14.1.1998 (BGBl. I S. 66), Art. 8 G zur sozialrechtlichen Absicherung flexibler Arbeitszeitregelungen v. 6.4.1998 (BGBl. I S. 688), Art. 1 Siebte KOV-AnpassungsVO 1998 v. 17.6.1998 (BGBl. I S. 1362), Art. 1 Achte KOV-AnpassungsVO 1999 v. 15.6.1999 (BGBl. I S. 1328), Art. 18 HaushaltssanierungsG v. 22.12.1999 (BGBl. I S. 2534), Urt. des BVerfG – 1 BvR 284/96 – 1 BvR 1659/96 – v. 14.3.2000 (BGBl. I S. 445), Art. 1 Neunte KOV-AnpassungsVO 2000 v. 21.6.2000 (BGBl. I S. 916), Art. 16 G zur Änd. des Begriffs „Erziehungsurlaub" v. 30.11.2000 (BGBl. I S. 1638), Art. 6 G zur Änd. des OpferentschädigungsG und anderer G v. 6.12.2000 (BGBl. I S. 1676), Art. 17 G zur Reform der Renten wegen verminderter Erwerbsfähigkeit v. 20.12.2000 (BGBl. I S. 1827), Art. 55 4. Euro-EinführungsG v. 21.12.2000 (BGBl. I S. 1983), Art. 3 § 44 G zur Beendigung der Diskriminierung gleichgeschlechtlicher Gemeinschaften: Lebenspartnerschaften v. 16.2.2001 (BGBl. I S. 266, geänd. durch G v. 19.6.2001 BGBl. I S. 1046), Art. 9 AltersvermögensergänzungsG v. 21.3.2001 (BGBl. I S. 403), Art. 47 SGB IX – Rehabilitation und Teilhabe behinderter Menschen – v. 19.6.2001 (BGBl. I S. 1046), Art. 1 Zehnte KOV-AnpassungsVO 2001 v. 26.6.2001 (BGBl. I S. 1344), Art. 22 Wohnungsbaurechts-ReformG v. 13.9.2001 (BGBl. I S. 2376), Art. 1 G zur Änd. des BundesversorgungsG v. 11.4.2002 (BGBl. I S. 1302, ber. S. 3487), Art. 46 G zur Gleichstellung behinderter Menschen und zur Änd. anderer G v. 27.4.2002 (BGBl. I S. 1467), Art. 1 Elfte KOV-AnpassungsVO 2002 v. 24.6.2002 (BGBl. I S. 2229), Art. 10 Abs. 5 Zweites G zur Änd. schadensersatzrechtlicher Vorschriften v. 19.7.2002 (BGBl. I S. 2674), Art. 1 Zwölfte KOV-AnpassungsVO 2003 v. 24.6.2003 (BGBl. I S. 984), Art. 44 Viertes G für moderne Dienstleistungen am Arbeitsmarkt v. 24.12.2003 (BGBl. I S. 2954), Art. 58 G zur Einordnung des Sozialhilferechts in das Sozialgesetzbuch v. 27.12.2003 (BGBl. I S. 3022), Art. 11 RV-NachhaltigkeitsG v. 21.7.2004 (BGBl. I S. 1791), Art. 62 G zur Organisationsreform in der gesetzlichen Rentenversicherung v. 9.12.2004 (BGBl. I S. 3242), Art. 4 G zur Überarbeitung des Lebenspartnerschaftsrechts v. 15.12.2004 (BGBl. I S. 3396), Art. 20 VerwaltungsvereinfachungsG v. 21.3.2005 (BGBl. I S. 818), Beschl. des BVerfG – 1 BvR 684/98 – v. 24.3.2005 (BGBl. I S. 1047), Art. 1 Dreizehnte KOV-Anpassungsverordnung 2005 v. 23.6.2005 (BGBl. I S. 1727), Art. 42 G zur Umbenennung des Bundesgrenzschutzes in Bundespolizei v. 21.6.2005 (BGBl. I S. 1818), Art. 13 G zur Förderung ganzjähriger Beschäftigung v. 24.4.2006 (BGBl. I S. 926), Art. 01 und 1 G zur Änd. von Vorschriften des Sozialen Entschädigungsrechts und des G über einen Ausgleich für Dienstbeschädigungen im Beitrittsgebiet v. 19.6.2006 (BGBl. I S. 1305), Art. 2 Abs. 14 G zur Einführung des Elterngeldes v. 5.12.2006 (BGBl. I S. 2748), Art. 13 GKV-WettbewerbsstärkungsG v. 26.3.2007 (BGBl. I S. 378), Art. 22 RV-AltersgrenzenanpassungsG v. 20.4.2007 (BGBl. I S. 554), Art. 1 Vierzehnte KOV-AnpassungsVO 2007 v. 14.6.2007 (BGBl. I S. 1115), Art. 1 G zur Änd. des BundesversorgungsG und anderer Vorschriften des Sozialen Entschädigungsrechts v. 13.12.2007 (BGBl. I S. 2904), Art. 2 Abs. 7 G zur Förderung von Jugendfreiwilligendiensten v. 16.5.2008 (BGBl. I S. 842), Art. 8 Pflege-WeiterentwicklungsG v. 28.5.2008 (BGBl. I S. 874), Art. 1 Fünfzehnte KOV-AnpassungsVO 2008 v. 18.7. 2008 (BGBl. I S. 1300), Art. 6 Nr. 3 G zur Verbesserung der Rahmenbedingungen für die Absicherung flexibler Arbeitszeitregelungen und zur Änd. anderer G v. 21.12.2008 (BGBl. I S. 2940), Art. 6 G zur Einführung Unterstützter Beschäftigung v. 22.12.2008 (BGBl. I S. 2959), Art. 1 Sechzehnte KOV-AnpassungsVO 2009 v. 17.7.2009 (BGBl. I S. 2024), Art. 5 G zur Regelung des Assistenzpflegebedarfs im Krankenhaus v. 30.7.2009 (BGBl. I S. 2495), Art. 13 HaushaltsbegleitG 2011 v. 9.12. 2010 (BGBl. I S. 1885), Art. 1 G zur Änd. des BundesversorgungsG und anderer Vorschriften v. 20.6. 2011 (BGBl. I S. 1114), Art. 1 Siebzehnte KOV-AnpassungsVO 2011 v. 28.6.2011 (BGBl. I S. 1271), Art. 15 SteuervereinfachungsG 2011 v. 1.11.2011 (BGBl. I S. 2131), Art. 1 Achtzehnte KOV-AnpassungsVO 2012 v. 21.6.2012 (BGBl. I S. 1391), Art. 2 Abs. 2 G zur Übertragung der Zuständigkeiten der Länder im Bereich der Beschädigten- und Hinterbliebenenversorgung nach dem Dritten Teil des SoldatenversorgungsG auf den Bund v. 15.7.2013 (BGBl. I S. 2416), Art. 1 19. KOV-AnpassungsVO 2013 v. 14.8.2013 (BGBl. I S. 3227), Art. 1a Erstes G zur Änd. des Arbeitnehmer-EntsendeG v. 24.5.2014 (BGBl. I S. 538), Art. 1 20. KOV-Anpassungsverordnung 2014 v. 23.9.2014 (BGBl. I S. 1533), Art. 4a Fünftes G zur Änd. des SGB IV und anderer G v. 15.4.2015 (BGBl. I S. 583), Art. 1 21. KOV-AnpassungsVO 2015 v. 19.6.2015 (BGBl. I S. 993), Art. 8 Siebtes BesoldungsänderungsG v. 3.12.2015 (BGBl. I S. 2163), Art. 1 22. KOV-AnpassungsVO 2016 v. 20.6. 2016 (BGBl. I S. 1362), Art. 3 Abs. 7 Neuntes G zur Änd. des SGB II – Rechtsvereinfachung – sowie zur vorübergehenden Aussetzung der Insolvenzantragspflicht v. 26.7.2016 (BGBl. I S. 1824), Art. 12 Drittes PflegestärkungsG v. 23.12.2016 (BGBl. I S. 3191), Art. 14 und Art. 15 BundesteilhabeG v. 23.12.2016 (BGBl. I S. 3234, geänd. durch G v. 30.11.2019, BGBl. I S. 1948), Art. 1 23. KOV-AnpassungsVO 2017 v. 8.6.2017 (BGBl. I S. 1524), Art. 1 G zur Änd. des BundesversorgungsG und anderer Vorschriften v. 17.7.2017 (BGBl. I S. 2541), Art. 3 BetriebsrentenstärkungsG v. 17.8.2017 (BGBl. I S. 3214), Art. 1 24. KOV-AnpassungsVO 2018 v. 12.6.2018 (BGBl. I S. 840), Art. 6 Abs. 5 RV-Leistungsverbesserungs- und -StabilisierungsG v. 28.11.2018 (BGBl. I S. 2016), Art. 1 25. KOV-Anpassungsverordnung 2019 v. 13.6.2019 (BGBl. I S. 793), Art. 5 und Art. 6 G zur Änd. des Neunten und des Zwölften Buches Sozialgesetzbuch und anderer Rechtsvorschriften v. 30.11.2019 (BGBl. I S. 1948), Art. 6 Angehörigen-Entlastungsgesetz v. 10.12.2019 (BGBl. I S. 2135), Art. 2, 58 Nr. 2 G zur Regelung des Sozialen Entschädigungsrechts v. 12.12.2019 (BGBl. I S. 2652), Art. 7 Sozialschutz-Paket v. 27.3.2020 (BGBl. I S. 575), Art. 12 Sozialschutz-Paket II v. 20.5.2020 (BGBl. I S. 1055), Art. 1, 2 26. KOV-AnpassungsVO 2020 v. 8.6.2020 (BGBl. I S. 1222), Art. 4 Grundrentengesetz v. 12.8.2020 (BGBl. I S. 1879), Art. 6 G zur Ermittlung der Regelbedarfe und zur Änd. des Zwölften Buches Sozialgesetzbuch sowie weiterer Gesetze v. 9.12.2020 (BGBl. I S. 2855), Art. 45 Jahressteuergesetz 2020 v. 21.12.2020 (BGBl. I S. 3096), Art. 3 Sozialschutz-Paket III v. 10.3.2021 (BGBl. I S. 335), Art. 11 TeilhabestärkungsG v. 2.6.2021 (BGBl. I S. 1387), Art. 9 KitafinanzhilfenänderungsG v. 25.6.2021 (BGBl. I S. 2020), Art. 10 G zur Änd. des InfektionsschutzG und weiterer Gesetze anlässlich der Aufhebung der Feststellung der epidemischen Lage von nationaler Tragweite v. 22.11. 2021 (BGBl. I S. 4906), Art. 17 G zur Stärkung der Impfprävention gegen COVID-19 und zur Änd. weiterer Vorschriften im Zusammenhang mit der COVID-19-Pandemie v. 10.12.2021 (BGBl. I S. 5162), Covid-19-Vereinfachter-Zugang-Verlängerungsverordnung 2022 v. 10.3.2022 (BGBl. I S. 426, 427) und Art. 6 G zur Regelung eines Sofortzuschlages und einer Einmalzahlung in den sozialen Mindestsicherungssystemen sowie zur Änd. des FinanzausgleichsG und weiterer G v. 23.5. 2022 (BGBl. I S. 760)

(Fortsetzung nächstes Blatt)

ligungszeitraum die angemessenen und nicht die tatsächlichen Aufwendungen als Bedarf anerkannt wurden.

(4) Sofern Geldleistungen der ergänzenden Hilfe zum Lebensunterhalt für Bewilligungszeiträume, die bis zum 31. März 2021 begonnen haben, vorschussweise nach § 42 des Ersten Buches Sozialgesetzbuch[1] zu bewilligen sind, ist über den monatlichen Leistungsanspruch nur auf Antrag der leistungsberechtigten Person abschließend zu entscheiden.

(5) Die Bundesregierung wird ermächtigt, den in Absatz 1 genannten Zeitraum durch Rechtsverordnung[2] ohne Zustimmung des Bundesrates längstens bis zum 31. Dezember 2022 zu verlängern.

§ 88b[3] [Durch SARS-CoV-2-Pandemie bedingte abweichende Regelungen] (1) [1] Wurde im Oktober 2021 ein Mehrbedarf nach § 27a dieses Gesetzes in Verbindung mit § 30 Absatz 8 und § 42b Absatz 2 des Zwölften Buches Sozialgesetzbuch[4] anerkannt, wird dieser bis zum Ablauf des *31. März 2022*[5] in unveränderter Höhe auch dann anerkannt, wenn abweichend von § 27a dieses Gesetzes in Verbindung mit § 30 Absatz 8 und § 42b Absatz 2 Satz 1 und 2 des Zwölften Buches Sozialgesetzbuch die Voraussetzungen der Gemeinschaftlichkeit der Mittagsverpflegung und der Esseneinnahme in der Verantwortung des Leistungsanbieters nicht vorliegen. [2] Für die Berechnung der Höhe des Mehrbedarfs sind die Anzahl der für Oktober 2021 berücksichtigten Arbeitstage und die sich nach § 27a dieses Gesetzes in Verbindung mit § 30 Absatz 8 und § 42b Absatz 2 Satz 3 des Zwölften Buches Sozialgesetzbuch ergebenden Mehraufwendungen je Arbeitstag zugrunde zu legen.

(2) Die Bundesregierung wird ermächtigt, den in Absatz 1 Satz 1 genannten Zeitraum durch Rechtsverordnung[2] ohne Zustimmung des Bundesrates längstens bis zum 31. Dezember 2022 zu verlängern.

§ 88c[6] [Ergänzende Hilfe zum Lebensunterhalt ohne Berücksichtigung eines eventuellen Freibetrages] Der Träger der Kriegsopferfürsorge hat über Leistungen der ergänzenden Hilfe zum Lebensunterhalt ohne Berücksichtigung eines eventuellen Freibetrages nach § 25d Absatz 3c zu entscheiden, so lange ihm nicht durch eine Mitteilung des Rentenversicherungsträgers oder berufsständischer Versicherungs- oder Versorgungseinrichtungen nachgewiesen ist, dass die Voraussetzungen für die Einräumung des Freibetrages vorliegen.

---

[1] Nr. **1**.

[2] Siehe hierzu ua die VO zur Verlängerung des Zeitraums für das vereinfach e Verfahren für den Zugang zu den Grundsicherungssystemen und für den Mehrbedarf für die gemeinschaftliche Mittagsverpflegung für Menschen mit Behinderungen aus Anlass der COVID-19-Pandemie (VZVV) v. 10.3. 2022 (BGBl. I S. 426, 427).

[3] § 88b neu gef. mWv 25.11.2021 durch G v. 10.12.2021 (BGBl. I S. 5162); Abs. 1 Satz 1 geänd. mWv 18.3.2022 durch VO v. 10.3.2022 (BGBl. I S. 426, 427).

[4] Nr. **12**.

[5] Gem. Art. 1 § 1 Abs. 2 VO zur Verlängerung des Zeitraums für das vereinfachte Verfahren für den Zugang zu den Grundsicherungssystemen und für den Mehrbedarf für die gemeinschaftliche Mittagsverpflegung für Menschen mit Behinderungen aus Anlass der COVID-19-Pandemie (VZVV) v. 10.3.2022 (BGBl. I S. 426, 427) werden die in § 88b Abs. 1 Satz 1 genannten Zeiträume bis zum 31. Dezember 2022 verlängert.

[6] § 88c eingef. mWv 1.1.2021 durch G v. 9.12.2020 (BGBl. I S. 2855).

§ 88d[1] **[Einmalzahlung für Mehraufwendungen aufgrund der COVID-19-Pandemie]** Erwachsene Leistungsberechtigte, denen für den Monat Juli 2022 Leistungen nach § 27a gezahlt werden, erhalten für sich und ihren Ehegatten oder Lebenspartner im Sinne des § 25 Absatz 4 Satz 2 Nummer 1 für diesen Monat zum Ausgleich der mit der COVID-19-Pandemie in Zusammenhang stehenden Mehraufwendungen eine Einmalzahlung in Höhe von jeweils 200 Euro.

§ 88e[2] **[Einmalzahlung für entstehende Lernförderungsbedarfe]**

(1) [1] Abweichend von § 27a dieses Gesetzes in Verbindung mit § 34a Absatz 1 Satz 1 des Zwölften Buches Sozialgesetzbuch[3] gilt der Antrag auf Leistungen nach § 27a dieses Gesetzes in Verbindung mit § 34 Absatz 5 des Zwölften Buches Sozialgesetzbuch in der Zeit vom 1. Juli 2021 bis zum Ablauf des 31. Dezember 2023 von dem Antrag auf ergänzende Hilfe zum Lebensunterhalt als mit umfasst. [2] Dies gilt für ab dem 1. Juli 2021 entstehende Lernförderungsbedarfe auch dann, wenn die jeweiligen Bewilligungszeiträume nur teilweise in den in Satz 1 genannten Zeitraum fallen, weil sie entweder bereits vor dem 1. Juli 2021 begonnen haben oder erst nach dem 31. Dezember 2023 enden.

(2) [1] Leistungsberechtigte, die für den Monat August 2021 Anspruch auf Leistungen nach § 27a und das 18. Lebensjahr noch nicht vollendet haben, erhalten eine Einmalzahlung in Höhe von 100 Euro. [2] Die Einmalzahlung nach Satz 1 erhalten auch Familienmitglieder, die nach § 27a in Verbindung mit § 25 Absatz 4 Satz 2 für den Monat August 2021 Leistungen erhalten und das 18. Lebensjahr noch nicht vollendet haben. [3] Eines gesonderten Antrags bedarf es nicht.

(3) [1] Die Einmalzahlung nach Absatz 2 ist bei Sozialleistungen, deren Zahlung von anderen Einkommen abhängig ist, nicht als Einkommen zu berücksichtigen. [2] Der Anspruch auf die Einmalzahlung nach Absatz 2 ist unpfändbar.

§ 88f[4] **[Sofortzuschlag für Minderjährige]** (1) [1] Minderjährige, die ergänzende Hilfe zum Lebensunterhalt nach § 27a beziehen, die sich nach der Regelbedarfsstufe 4, 5 oder 6 der Anlage zu § 28 des Zwölften Buches Sozialgesetzbuch[5] bemisst, haben Anspruch auf einen monatlichen Sofortzuschlag in Höhe von 20 Euro. [2] Anspruch auf den Sofortzuschlag besteht auch dann, wenn Minderjährige

1. Bildungs- und Teilhabeleistungen nach § 27a dieses Gesetzes in Verbindung mit § 34 des Zwölften Buches Sozialgesetzbuch[3] beziehen oder
2. die Leistungen nach Satz 1 oder Nummer 1 nur deshalb nicht beziehen, weil Kindergeld nach § 30 Absatz 3 der Verordnung zur Kriegsopferfürsorge berücksichtigt wird.

[3] Der Sofortzuschlag wird erstmalig für den Monat Juli 2022 erbracht.

(2) [1] Wird die Entscheidung über die Bewilligung der ergänzenden Hilfe zum Lebensunterhalt nach Absatz 1 Satz 1 oder der Bildungs- und Teilhabeleistungen nach Absatz 1 Satz 2 Nummer 1 rückwirkend geändert oder fällt die

---

[1] *§ 88d neu gef. mWv 1.6.2022 durch G v. 23.5.2022* (BGBl. I S. 760).
[2] § 88e eingef. mWv 1.7.2021 durch G v. 25.6.2021 (BGBl. I S. 2020).
[3] Nr. **12**.
[4] § 88f eingef. mWv 1.6.2022 durch G v. 23.5.2022 (BGBl. I S. 760).
[5] Nr. **6**.

Leistung rückwirkend weg, erfolgt keine rückwirkende Aufhebung der Bewilligung und keine Rückforderung des Sofortzuschlages. [2] Dies gilt auch, wenn sich nachträglich ergibt, dass innerhalb des Bewilligungszeitraums, für den der Sofortzuschlag bereits festgesetzt ist, kein Anspruch auf ergänzende Hilfe zum Lebensunterhalt oder Bildungs- und Teilhabeleistungen besteht.

(3) Der Anspruch auf den Sofortzuschlag kann nicht übertragen, verpfändet oder gepfändet werden.

Härteausgleich

§ 89[1] [Härteausgleich] (1) Sofern sich in einzelnen Fällen aus den Vorschriften dieses Gesetzes besondere Härten ergeben, kann mit Zustimmung des Bundesministeriums für Arbeit und Soziales ein Ausgleich gewährt werden.

(2) Das Bundesministerium für Arbeit und Soziales kann der Gewährung von Härteausgleichen allgemein zustimmen.

(3) Zahlungen für Zeiträume vor dem Monat, in dem die Entscheidung für die Verwaltungsbehörde bindend wird, kommen in der Regel nicht in Betracht, wenn sie überwiegend zur Erfüllung von Erstattungsansprüchen anderer Leistungsträger führten.

Schlußvorschriften

§ 90[2] [Neufeststellung von Ansprüchen] (1) [1] Führt eine Änderung des Bundesversorgungsgesetzes, einer Verordnung auf Grund des Bundesversorgungsgesetzes oder einer Rechtsvorschrift, auf die das Bundesversorgungsgesetz verweist, zu einer Änderung laufend gewährter Versorgungsbezüge, Versorgungskrankengelder und Übergangsgelder, sind diese von Amts wegen neu festzustellen. [2] Sind nur die einkommensunabhängigen Leistungen nach den §§ 14, 15, 31 Abs. 1 und 4, § 35 Abs. 1 und den §§ 40 und 46 anzupassen (§ 56), kann von einer förmlichen Bescheiderteilung abgesehen werden.

(2) [1] Im Übrigen werden neue Ansprüche, die sich aus einer solchen Rechtsänderung ergeben, nur auf Antrag festgestellt. [2] Wird der Antrag binnen eines Jahres nach Inkrafttreten der Rechtsänderung gestellt, so beginnt die Zahlung mit dem Wirksamwerden der entsprechenden Änderung, frühestens mit dem Jahr, Monat oder Tag, in dem oder an dem die Voraussetzungen erfüllt sind. [3] Sie beginnt mit demselben Zeitpunkt, wenn die neuen Ansprüche erst auf Grund einer noch zu erlassenden Rechtsverordnung festgestellt werden können und der Antrag binnen eines Jahres nach Verkündung der Rechtsverordnung gestellt wird.

(3) Die Absätze 1 und 2 gelten entsprechend, wenn Versorgung als Kannleistung oder im Wege des Härteausgleichs gewährt wird.

---

[1] § 89 Abs. 3 neu gef. durch G v. 20.12.1982 (BGBl. I S. 1857); Abs. 1 und 2 geänd. mWv 1.5. 2002 durch G v. 11.4.2002 (BGBl. I S. 1302); Abs. 1 und 2 geänd. mWv 21.12.2007 durch G v. 13.12.2007 (BGBl. I S. 2904).

[2] § 90 Abs. 1 Satz 2 angef., bish. Wortlaut wird Satz 1 durch G v. 20.6.1984 (BGBl. I S. 761); Abs. 1 Satz 1 geänd. durch G v. 16.12.1989 (BGBl. I S. 2261); Abs. 1, 2 Sätze 1 und 2 neu gef. mWv 21.12. 2007 durch G v. 13.12.2007 (BGBl. I S. 2904).

§ 91[1)] [Ermächtigung zur Neubekanntmachung des BVG] [1] Das Bundesministerium für Arbeit und Soziales wird ermächtigt, den Wortlaut des Gesetzes und der zu diesem Gesetz erlassenen Durchführungsverordnungen in der jeweils geltenden Fassung mit neuem Datum und in neuer Paragraphenfolge bekanntzumachen. [2] Eskann dabei Unstimmigkeiten des Wortlauts beseitigen.

§ 92[2)] *(aufgehoben)*

---

1) § 91 Sätze 1 und 2 geänd. mWv 1.5.2002 durch G v. 11.4.2002 (BGBl. I S. 1302); Satz 1 geänd. mWv 21.12.2007 durch G v. 13.12.2007 (BGBl. I S. 2904).

2) § 92 aufgeh. mWv 21.12.2007 durch G v. 13.12.2007 (BGBl. I S. 2904).

40/31. Verordnung über die Vergütungsstufen des Arbeitsentgelts und der Ausbildungsbeihilfe nach dem Strafvollzugsgesetz – Strafvollzugsvergütungsordnung (StVollzVergO) –[1)]

Vom 11. Januar 1977
(BGBl. I S. 57)

FNA 312-9-1-1

geänd. durch Art. 6 Zweites G zur Änd. des JugendgerichtsG und anderer Gesetze v. 13.12.2007 (BGBl. I S. 2894)

Auf Grund des § 48 des Gesetzes über den Vollzug der Freiheitsstrafe und der freiheitsentziehenden Maßregeln der Besserung und Sicherung – Strafvollzugsgesetz (StVollzG) –[2)] vom 16. März 1976 (BGBl. I S. 581, 2088), geändert durch Gesetz vom 18. August 1976 (BGBl. I S. 2181), wird im Einvernehmen mit dem Bundesminister für Arbeit und Sozialordnung und mit Zustimmung des Bundesrates verordnet:

§ 1[3)] Grundlohn. (1) Der Grundlohn des Arbeitsentgelts (§ 43 Abs. 2 des Strafvollzugsgesetzes[2)]) wird nach folgenden Vergütungsstufen festgesetzt:

Vergütungsstufe I	=	Arbeiten einfacher Art, die keine Vorkenntnisse und nur eine kurze Einweisungszeit erfordern und die nur geringe Anforderungen an die körperliche

[1)] Nach der Neuregelung der Art. 72 ff. GG durch das FöderalismusreformG v. 28.8.2006 (BGBl. I S. 2034) fällt der Strafvollzug einschließlich des Untersuchungshaftvollzugs in die Gesetzgebungskompetenz der Länder (Art. 74 Abs. 1 Nr. 1 iVm Art. 70 Abs. 1 GG **(Habersack, Deutsche Gesetze ErgBd. Nr. 1)**).

Die StrafvollzugsvergütungsO gilt gem. Art. 125a Abs. 1 GG **(Habersack, Deutsche Gesetze ErgBd. Nr. 1)** seit dem 1.9.2006 als Bundesrecht fort, kann aber durch Landesrecht ersetzt werden. Der Bundesgesetzgeber besitzt nach dem 31.8.2006 für Änderungen des StrafvollzugsvergütungsO keine Gesetzgebungskompetenz mehr.

Bisher haben die Länder folgende Vorschriften erlassen:
– **Baden-Württemberg:** JustizvollzugsvergütungsO v. 30.11.2009 (GBl. S. 765)
– **Bayern:** Bayerische StrafvollzugsvergütungsVO v. 15.1.2008 (GVBl. S. 25)
– **Berlin:** JustizvollzugsvergütungsVO v. 1.9.2021 (GVBl. S. 1006, ber. S. 1352); beachte hierzu die Übergangsregelungen in § 9 dieser VO
– **Brandenburg:** Brandenburgische Justizvollzugs- und SicherungsverwahrungsvollzugsvergütungsO v. 22.5.2013 (GVBl. II Nr. 42)
– **Hamburg:** Hamburgische VollzugsvergütungsO v. 26.3.2015 (HmbGVBl. S. 57)
– **Hessen:** Hessische StrafvollzugsvergütungsVO v. 23.11.2011 (GVBl. I S. 751), zuletzt geänd. durch VO v. 29.3.2021 (GVBl. S. 277)
– **Mecklenburg-Vorpommern:** JustizvollzugsvergütungsVO v. 16.9.2013 (GVOBl. M-V S. 548)
– **Nordrhein-Westfalen:** LandesvollzugsvergütungsVO Nordrhein-Westfalen v. 31.8.2017 (GV. NRW. S. 778), geänd. durch Berichtigung v. 5.10.2017 (GV. NRW. S. 800)
– **Rheinland-Pfalz:** Justizvollzug und Sicherungsverwahrung-VergütungsstufenVO v. 24.5.2013 (GVBl. S. 155), geänd. durch VO v. 16.12.2021 (GVBl. 2022 S. 1)
– **Sachsen:** Sächsische JustizvollzugsvergütungsVO v. 5.7.2016 (SächsGVBl. S. 380), geänd. durch VO v. 10.4.2022 (SächsGVBl. S. 287)
– **Sachsen-Anhalt:** JustizvollzugsvergütungsVO v. 21.1.2016 (GVBl. LSA S. 45)
– **Schleswig-Holstein:** VollzugsvergütungsVO v. 24.2.2022 (GVOBl. Schl.-H. S. 393)

[2)] Nr. **40/30**.

[3)] § 1 Abs. 1 Satz 1, Abs. 2 und Abs. 3 Satz 3 geänd. mWv 1.1.2008 durch G v. 13.12.2007 (BGBl. I S. 2894).

		oder geistige Leistungsfähigkeit oder an die Geschicklichkeit stellen.
Vergütungsstufe II	=	Arbeiten der Stufe I, die eine Einarbeitungszeit erfordern.
Vergütungsstufe III	=	Arbeiten, die eine Anlernzeit erfordern und durchschnittliche Anforderungen an die Leistungsfähigkeit und die Geschicklichkeit stellen.
Vergütungsstufe IV	=	Arbeiten, die die Kenntnisse und Fähigkeiten eines Facharbeiters erfordern oder gleichwertige Kenntnisse und Fähigkeiten voraussetzen.
Vergütungsstufe V	=	Arbeiten, die über die Anforderungen der Stufe IV hinaus ein besonderes Maß an Können, Einsatz und Verantwortung erfordern.

(2) Der Grundlohn beträgt in der

Vergütungsstufe I	75 vom Hundert,
Vergütungsstufe II	88 vom Hundert,
Vergütungsstufe III	100 vom Hundert,
Vergütungsstufe IV	112 vom Hundert,
Vergütungsstufe V	125 vom Hundert

der Eckvergütung nach § 43 Abs. 2 Satz 2 des Strafvollzugsgesetzes.

(3) [1] Der Grundlohn nach Absatz 2 kann unterschritten werden, wenn die Arbeitsleistung den Anforderungen der jeweiligen Vergütungsstufe nicht genügt. [2] Während einer Einarbeitungs- oder Anlernzeit darf der Grundlohn um höchstens 20 vom Hundert verringert werden. [3] § 43 Abs. 3 Satz 2 des Strafvollzugsgesetzes bleibt unberührt.

§ 2 Zulagen. (1) Zum Grundlohn können Zulagen gewährt werden

1. für Arbeiten unter arbeitserschwerenden Umgebungseinflüssen, die das übliche Maß erheblich übersteigen, bis zu fünf vom Hundert des Grundlohnes,
2. für Arbeiten zu ungünstigen Zeiten bis zu fünf vom Hundert des Grundlohnes,
3. für Zeiten, die über die festgesetzte Arbeitszeit hinausgehen, bis zu 25 vom Hundert des Grundlohnes.

(2) [1] Eine Leistungszulage kann im Zeitlohn bis zu 30 vom Hundert, im Leistungslohn bis zu 15 vom Hundert des Grundlohnes gewährt werden, wenn die individuelle Arbeitsleistung dies rechtfertigt. [2] Bei der Bemessung der Leistungszulage können berücksichtigt werden:

1. Im Zeitlohn die Arbeitsmenge, die Arbeitsgüte, der Umgang mit Betriebsmitteln und Arbeitsmaterialien, die Leistungsbereitschaft und keine oder nur geringe Fehlzeiten,
2. im Leistungslohn die Arbeitsgüte sowie der Umgang mit Betriebsmitteln und Arbeitsmaterialien.

§ 3[1] Arbeitsentgelt für arbeitstherapeutische Beschäftigung. Soweit ein Arbeitsentgelt nach § 43 Abs. 4 des Strafvollzugsgesetzes[2] zu zahlen ist, beträgt es in der Regel 75 vom Hundert des Grundlohnes der Vergütungsstufe I.

§ 4 Ausbildungsbeihilfe. (1) Die Ausbildungsbeihilfe (§ 44 Abs. 1 des Strafvollzugsgesetzes[2]) wird vorbehaltlich der Absätze 2 und 3 nach der Vergütungsstufe III gewährt.

(2) Nach der Hälfte der Gesamtdauer der Maßnahme kann die Ausbildungsbeihilfe nach der Vergütungsstufe IV gewährt werden, wenn der Ausbildungsstand des Gefangenen dies rechtfertigt.

(3) Für die Teilnahme an einem Unterricht nach § 38 Abs. 1 Satz 1 des Strafvollzugsgesetzes oder an Maßnahmen der Berufsfindung kann die Ausbildungsbeihilfe nach der Vergütungsstufe II gewährt werden, wenn dies wegen der Kürze oder des Ziels der Maßnahmen gerechtfertigt ist.

(4) Für die Gewährung von besonderen Zulagen gilt § 2 entsprechend.

§ 5[3] *(aufgehoben)*

§ 6 Inkrafttreten. Diese Verordnung tritt am 1. Februar 1977 in Kraft.

---

[1] § 3 geänd. mWv 1.1.2008 durch G v. 13.12.2007 (BGBl. I S. 2894).
[2] Nr. **40/30**.
[3] § 5 aufgeh. mWv 1.1.2008 durch G v. 13.12.2007 (BGBl. I S. 2894).

XVII. Gerichtliches Verfahren

50. **Sozialgerichtsgesetz (SGG)** i. d. F. der Bek. vom 23. September 1975

50/10. **Zivilprozessordnung (ZPO)** i. d. F. der Bek. vom 5. Dezember 2005 (Auszug)

50/20. **Gerichtsverfassungsgesetz (GVG)** i. d. F. der Bek. vom 9. Mai 1975 (Auszug)

50/30. **Gerichtskostengesetz (GKG)** vom 5. Mai 2004 (Auszug)

50/31. **Verwaltungsgerichtsordnung (VwGO)** i. d. F. der Bek. vom 19. März 1991 (Auszug)

50/32. **Verwaltungszustellungsgesetz (VwZG)** vom 12. August 2005

50/33. **Verwaltungs-Vollstreckungsgesetz (VwVG)** vom 27. April 1953

50/40. **Justizvergütungs- und -entschädigungsgesetz (JVEG)** vom 5. Mai 2004

55/10. **Rechtsanwaltsvergütungsgesetz (RVG)** i. d. F. der Bek. vom 15. März 2022

50. Sozialgerichtsgesetz (SGG)[1) 2)]

In der Fassung der Bekanntmachung vom 23. September 1975[3)]
(BGBl. I S. 2535)

FNA 330-1

geänd. durch Art. II § 16 SGB – Allgemeiner Teil – v. 11.12.1975 (BGBl. I S. 3015), Art. 3 und 4 G zur Änd. verwaltungsprozessualer Vorschriften v. 24.8.1976 (BGBl. I S. 2437), Art. 6 Vereinfachungsnovelle v. 3.12.1976 (BGBl. I S. 3281), Art. II § 12 SGB – Gemeinsame Vorschriften für die Sozialversicherung – v. 23.12.1976 (BGBl. I S. 3845), Art. 4 Nr. 12 G über die Prozeßkostenhilfe v. 13.6.1980 (BGBl. I S. 677), Art. II § 30 SGB – Verwaltungsverfahren – v. 18.8.1980 (BGBl. I S. 1469), Art. 5 Erstes G zur Änd. des SchwerbehindertenG v. 24.7.1986 (BGBl. I S. 1110), Art. 9 OpferschutzG v. 18.12.1986 (BGBl. I S. 2496), Art. 32 Gesundheits-ReformG v. 20.12.1988 (BGBl. I S. 2477), Anl. I Kap. VIII Sachgeb. D Abschn. II Nr. 1 Einigungsvertrag v. 31.8.1990 (BGBl. II S. 885, 1032), Art. 7 § 22 BetreuungsG v. 12.9.1990 (BGBl. I S. 2002), Art. 5 Viertes G zur Änd. der VwGO v. 17.12.1990 (BGBl. I S. 2809), Art. 4 Rechtspflege-VereinfachungsG v. 17.12.1990 (BGBl. I S. 2847), Art. 15 GesundheitsstrukturG v. 21.12.1992 (BGBl. I S. 2266), Art. 8 G zur Entlastung der Rechtspflege v. 11.1.1993 (BGBl. I S. 50), Art. 4 Fünftes G zur Änd. des BundesverfassungsgerichtsG v. 2.8.1993 (BGBl. I S. 1442), Art. 33 Pflege-VersicherungsG v. 26.5.1994 (BGBl. I S. 1014), Art. 20 Zweites G zur Änd. des SGB v. 13.6.1994 (BGBl. I S. 1229), Art. 8 Abs. 9 Kostenrechts-ÄndG 1994 v. 24.6.1994 (BGBl. I S. 1325), Art. 26 EinführungsG zur InsolvenzO v. 5.10.1994 (BGBl. I S. 2911), Art. 4 G zur Änd. des G zur Reform der agrarsozialen Sicherung v. 15.12.1995 (BGBl. I S. 1814), Art. 32 Unfallversicherungs-EinordnungsG v. 7.8.1996 (BGBl. I S. 1254), Art. 33 Abs. 4 Justizmittei-

---

[1)] Die Änderungen durch G v. 5.7.2017 (BGBl. I S. 2208) treten teilweise erst **mWv 1.1.2026**, die Änderungen durch G v. 12.12.2019 (BGBl. I S. 2652) treten teilweise erst **mWv 1.1.2024**, die Änderungen durch G v. 20.8.2021 (BGBl. I S. 3932) treten erst **mWv 1.1.2025**, die Änderungen durch G v. 5.10.2021 (BGBl. I S. 4607) treten erst **mWv 1.1.2026** in Kraft und sind im Text noch nicht berücksichtigt.

[2)] Zum SGG haben die Länder ua folgende Vorschriften erlassen:
- **Baden-Württemberg:** AusführungsG zum SGG v. 21.12.1953 (GBl. S. 235), zuletzt geänd. durch G v. 23.5.2017 (GBl. S. 265)
- **Bayern:** G zur Ausführung des SGG in Bayern v. 7.10.1982 (BayRS IV S. 560), zuletzt geänd. durch G v. 8.7.2020 (GVBl. S. 330);
- **Berlin:** AusführungsG zum SGG idF der Bek. v. 7.12.1971 (GVBl. S. 2097), aufgeh. durch G v. 22.1.2021 (GVBl. S. 88); gem. § 2 dieses G bleibt die Vorschrift auf Rechtsverhältnisse und Sachverhalte anwendbar, die während ihrer Geltung ganz oder zum Teil bestanden haben oder entstanden sind; besondere Rechtsvorschriften zu Übergangsregelungen bleiben unberührt.
- **Brandenburg:** G zur Errichtung der Sozialgerichtsbarkeit im Land Brandenburg v. 3.3.1992 (GVBl. I S. 86), zuletzt geänd. durch G v. 10.7.2014 (GVBl. I Nr. 37);
- **Bremen:** G über die Sozialgerichtsbarkeit idF der Bek. v. 12.10.1972 (Brem.GBl. S. 211), zuletzt geänd. durch G v. 30.11.2004 (Brem.GBl. S. 583);
- **Hamburg:** Hamburgisches AusführungsG zum SGG v. 16.10.1953 (BS Hbg I), zuletzt geänd. durch G v. 1.9.2005 (HmbGVBl. S. 385);
- **Hessen:** Hessisches AusführungsG zum SGG idF der Bek. v. 26.7.1989 (GVBl. I S. 226), zuletzt geänd. durch G v. 25.3.2013 (GVBl. S. 110);
- **Niedersachsen:** Niedersächsisches JustizG v. 16.12.2014 (Nds. GVBl. S. 436), zuletzt geänd. durch G v. 11.11.2020 (Nds. GVBl. S. 391);
- **Nordrhein-Westfalen:** JustizG Nordrhein-Westfalen v. 26.1.2010 (GV. NRW. S. 30), zuletzt geänd. durch G v. 13.4.2022 (GV. NRW. S. 543);
- **Rheinland-Pfalz:** LandesG zur Ausführung des SGG v. 2.10.1954 (GVBl. S. 115), zuletzt geändert durch G v. 22.12.2004 (GVBl. S. 581);
- **Saarland:** G zur Ausführung des SGG v. 18.6.1958 (Amtsbl. S. 1224), zuletzt geänd. durch G v. 15.2.2006 (Amtsbl. S. 474);
- **Sachsen-Anhalt:** G zur Ausführung des SGG für das Land Sachsen-Anhalt v. 19.3.1992 (GVBl. LSA S. 292), zuletzt geänd. durch G v. 8.3.2021 (GVBl. LSA S. 88);
- **Thüringen:** Thüringer G zur Ausführung des SGG v. 16.8.1993 (GVBl. S. 489), zuletzt geänd. durch G v. 16.10.2019 (GVBl. S. 429).

[3)] Neubekanntmachung des SGG v. 3.9.1953 (BGBl. I S. 1239, ber. S. 1326) in der ab 1.1.1975 geltenden Fassung.

lungsG und G zur Änd. kostenrechtlicher Vorschriften und anderer Gesetze v. 18.6.1997 (BGBl. I S. 1430), Art. 2 GKV-FinanzstärkungsG v. 24.3.1998 (BGBl. I S. 526), Art. 1 Fünftes ÄndG v. 30.3. 1998 (BGBl. I S. 638), Art. 12 PsychotherapeutenG v. 16.6.1998 (BGBl. I S. 1311), Art. 12 BundesrechtsanwaltsO-ÄndG v. 31.8.1998 (BGBl. I S. 2600), Art. 8 GKV-GesundheitsreformG 2000 v. 22.12.1999 (BGBl. I S. 2626), Art. 21 und 22 Viertes Euro-EinführungsG v. 21.12.2000 (BGBl. I S. 1983), Art. 3 § 21 G zur Beendigung der Diskriminierung gleichgeschlechtlicher Gemeinschaften: Lebenspartnerschaften v. 16.2.2001 (BGBl. I S. 266), Art. 24 SGB IX – Rehabilitation und Teilhabe behinderter Menschen – v. 19.6.2001 (BGBl. I S. 1046), Art. 2 Abs. 17 ZustellungsreformG v. 25.6. 2001 (BGBl. I S. 1206), Art. 7 G zur Anpassung der Formvorschr. des Privatrechts und anderer Vorschr. an den modernen Rechtsgeschäftsverkehr v. 13.7.2001 (BGBl. I S. 1542), Art. 31 ZivilprozessreformG v. 27.7.2001 (BGBl. I S. 1887), Art. 1 Sechstes ÄndG v. 17.8.2001 (BGBl. I S. 2144), Art. 7 G zur Vereinfachung der Wahl der Arbeitnehmervertreter in den Aufsichtsrat v. 23.3.2002 (BGBl. I S. 1130), Art. 33 G zur Gleichstellung behinderter Menschen und zur Änd. anderer Gesetze v. 27.4.2002 (BGBl. I S. 1467), Art. 6 G zur Änd. des Sozialgesetzbuches und anderer Gesetze v. 24.7. 2003 (BGBl. I S. 1526), Art. 65 Achte ZuständigkeitsanpassungsVO v. 25.11.2003 (BGBl. I S. 2304), Art. 42 Drittes G für moderne Dienstleistungen am Arbeitsmarkt v. 23.12.2003 (BGBl. I S. 2848), Art. 22 Viertes G für moderne Dienstleistungen am Arbeitsmarkt v. 24.12.2003 (BGBl. I S. 2954, geänd. durch G v. 30.7.2004, BGBl. I S. 2014), Art. 38 G zur Einordnung des Sozialhilferechts in das SGB v. 27.12.2003 (BGBl. I S. 3022, geänd. durch G v. 9.12.2004, BGBl. I S. 3302), Art. 4 Abs. 25 KostenrechtsmodernisierungsG v. 5.5.2004 (BGBl. I S. 718), Art. 22 G zur Intensivierung der Bekämpfung der Schwarzarbeit und damit zusammenhängender Steuerhinterziehung v. 23.7.2004 (BGBl. I S. 1842), Art. 8 Erstes JustizmodernisierungsG v. 24.8.2004 (BGBl. I S. 2198, ber. S. 2300), Art. 9 AnhörungsrügenG v. 9.12.2004 (BGBl. I S. 3220), Art. 1 und 3 Siebentes ÄndG v. 9.12.2004 (BGBl. I S. 3302), Art. 4 JustizkommunikationsG v. 22.3.2005 (BGBl. I S. 837), Art. 2 Abs. 4 G zur Novellierung des Verwaltungszustellungsrechts v. 12.8.2005 (BGBl. I S. 2354), Art. 4 Fünftes G zur Änd. des SGB III und anderer Gesetze v. 22.12.2005 (BGBl. I S. 3676), Art. 2 Nr. 7 G über den Ausgleich von Arbeitgeberaufwendungen und zur Änd. weiterer Gesetze v. 22.12.2005 (BGBl. I S. 3686), Art. 9 G zur Fortentwicklung der Grundsicherung für Arbeitsuchende v. 20.7.2006 (BGBl. I S. 1706), Art. 3 Abs. 13 G zur Umsetzung europäischer Richtlinien zur Verwirklichung des Grundsatzes der Gleichbehandlung v. 14.8.2006 (BGBl. I S. 1897), Art. 95 Neunte ZuständigkeitsanpassungsVO v. 31.10.2006 (BGBl. I S. 2407), Art. 8 Abs 4 G zur Änd. des BetriebsrentenG und anderer Gesetze v. 2.12.2006 (BGBl. I S. 2742), Art. 4 Vertragsarztrechts-ÄndG v. 22.12.2006 (BGBl. I S. 3439), Art. 7 Abs. 10 G zur Stärkung der Selbstverwaltung der Rechtsanwaltschaft v. 26.3.2007 (BGBl. I S. 358), Art. 9 RV-AltersgrenzenanpassungsG v. 20.4.2007 (BGBl. I S. 554), Art. 12 G zur Neuregelung des Rechtsberatungsrechts v. 12.12.2007 (BGBl. I S. 2840, geänd. durch G v. 12.6.2008, BGBl. I S. 1000), Art. 1 G zur Änd. des SozialgerichtsG und des ArbeitsgerichtsG v. 26.3.2008 (BGBl. I S. 444), Art. 10a UnfallversicherungsmodernisierungsG v. 30.10.2008 (BGBl. I S. 2130), Art. 2b G zur Weiterentwicklung der Organisationsstrukturen in der gesetzl. Krankenversicherung v. 15.12.2008 (BGBl. I S. 2426), Art. 8 Zweites G zur Änd. des SGB IV und anderer Gesetze v. 21.12. 2008 (BGBl. I S. S. 2933), Art. 6 G zur Änd. des SGB IV, zur Errichtung einer Versorgungsausgleichskasse und anderer Gesetze v. 15.7.2009 (BGBl. I S. 1939), Art. 9 Abs. 6 G zur Modernisierung von Verfahren im anwaltl. und notariellen Berufsrecht, zur Errichtung einer Schlichtungsstelle der Rechtsanwaltschaft sowie zur Änd. sonstiger Vorschriften v. 30.7.2009 (BGBl. I S. 2449), Art. 2 Abs. 4 G zur Weiterentwicklung der Organisation der Grundsicherung für Arbeitsuchende v. 3.8.2010 (BGBl. I S. 1112), Art. 6 Drittes G zur Änd. des SGB IV und and. G v. 5.8.2010 (BGBl. I S. 1127), Art. 10 G zur Umsetzung der DienstleistungsRL in der Justiz und zur Änd. weiterer Vorschriften v. 22.12.2010 (BGBl. I S. 2248), Art. 2 ArzneimittelmarktneuordnungsG v. 22.12.2010 (BGBl. I S. 2262), Art. 4 G zur Ermittlung von Regelbedarfen und zur Änd. des Zweiten und Zwölften Buches Sozialgesetzbuch v. 24.3.2011 (BGBl. I S. 453), Art. 7 G über den Rechtsschutz bei überlangen Gerichtsverfahren und strafrechtl. Ermittlungsverfahren v. 24.11.2011 (BGBl. I S. 2302), Art. 2 Abs. 33 G zur Änd. von Vorschriften über Verkündung und Bekanntmachungen sowie der ZPO, des EGZPO und der AO v. 22.12.2011 (BGBl. I S. 3044), Art. 8 Viertes G zur Änd. des Vierten Buches Sozialgesetzbuch und anderer Gesetze v. 22.12.2011 (BGBl. I S. 3057), Art. 5 G zur Förderung der Mediation und anderer Verfahren der außergerichtl. Konfliktbeilegung v. 21.7.2012 (BGBl. I S. 1577), Art. 5 G zur Neuordnung der Altersversorgung der Bezirksschornsteinfegermeister und zur Änd. anderer Gesetze v. 5.12.2012 (BGBl. I S. 2467), Art. 2 G zur Änd. des SGB XII v. 20.12.2012 (BGBl. I S. 2783), Art. 4 G zur Regelung des Assistenzpflegebedarfs in stationären Vorsorge- oder Rehabilitationseinrichtungen v. 20.12.2012 (BGBl. I S. 2789), Art. 5 G zur Intensivierung des Einsatzes von Videokonferenztechnik in gerichtlichen und staatsanwaltschaftlichen Verfahren v. 25.4.2013 (BGBl. I S. 935), Art. 5

che[1] gelten die §§ 169, 171b bis 191a des Gerichtsverfassungsgesetzes[2] entsprechend.

(2) Für die Beratung und Abstimmung gelten die §§ 192 bis 197 des Gerichtsverfassungsgesetzes[2] entsprechend.

§ 62[3] **[Rechtliches Gehör]** Vor jeder Entscheidung ist den Beteiligten rechtliches Gehör zu gewähren; die Anhörung kann schriftlich oder elektronisch geschehen.

§ 63[4] **[Zustellungen]** (1) [1] Anordnungen und Entscheidungen, durch die eine Frist in Lauf gesetzt wird, sind den Beteiligten zuzustellen, bei Verkündung jedoch nur, wenn es ausdrücklich vorgeschrieben ist. [2] Terminbestimmungen und Ladungen sind bekannt zu geben.

(2) [1] Zugestellt wird von Amts wegen nach den Vorschriften der Zivilprozessordnung[5]. [2] Die §§ 173, 175 und 178 Abs. 1 Nr. 2 der Zivilprozessordnung[6] sind entsprechend anzuwenden auf die nach § 73 Abs. 2 Satz 2 Nr. 3 bis 9 zur Prozessvertretung zugelassenen Personen.

(3) Wer nicht im Inland wohnt, hat auf Verlangen einen Zustellungsbevollmächtigten zu bestellen.

§ 64 [Berechnung der Fristen] (1) Der Lauf einer Frist beginnt, soweit nichts anderes bestimmt ist, mit dem Tage nach der Zustellung oder, wenn diese nicht vorgeschrieben ist, mit dem Tage nach der Eröffnung oder Verkündung.

(2) [1] Eine nach Tagen bestimmte Frist endet mit dem Ablauf ihres letzten Tages, eine nach Wochen oder Monaten bestimmte Frist mit dem Ablauf desjenigen Tages der letzten Woche oder des letzten Monats, welcher nach Benennung oder Zahl dem Tage entspricht, in den das Ereignis oder der Zeitpunkt fällt. [2] Fehlt dem letzten Monat der entsprechende Tag, so endet die Frist mit dem Monat.

(3) Fällt das Ende einer Frist auf einen Sonntag, einen gesetzlichen Feiertag oder einen Sonnabend, so endet die Frist mit Ablauf des nächsten Werktages.

§ 65 [Richterliche Fristen, Abkürzung und Verlängerung] [1] Auf Antrag kann der Vorsitzende richterliche Fristen abkürzen oder verlängern. [2] Im Falle der Verlängerung wird die Frist von dem Ablauf der vorigen Frist an berechnet.

---

[1] Für EG-Angehörige siehe Art. 84 Abs. 4 VO (EWG) Nr. 1408/71 **(Loseblatt-Textsammlung Arbeitsrecht Nr. 867)**.

[2] Nr. **50/20**.

[3] § 62 zweiter Halbs. geänd. mWv 1.4.2005 durch G v. 22.3.2005 (BGBl. I S. 837).

[4] § 63 Abs. 1 geänd. durch G v. 24.6.1994 (BGBl. I S. 1325); Abs. 2 neu gef. mWv 1.7.2002 durch G v. 25.6.2001 (BGBl. I S. 1206); Abs. 1 Satz 2 angef., bish. Wortlaut wird Satz 1 und geänd. mWv 2.1.2002 durch G v. 17.8.2001 (BGBl. I S. 2144); Abs. 2 Satz 2 geänd. mWv 1.2.2006 durch G v. 12.8.2005 (BGBl. I S. 2354); Abs. 2 Satz 2 geänd. mWv 1.7.2008 durch G v. 12.12.2007 (BGBl. I S. 2840, geänd. durch G v. 12.6.2008, BGBl. I S. 1000); Abs. 2 Satz 2 geänd. mWv 1.1.2022 durch G v. 5.10.2021 (BGBl. I S. 4607).

[5] Auszugsweise abgedruckt unter Nr. **50/10**.

[6] Nr. **50/10**.

§ 65a[1] **[Übermittlung elektronischer Dokumente]** (1) Vorbereitende Schriftsätze und deren Anlagen, schriftlich einzureichende Anträge und Erklärungen der Beteiligten sowie schriftlich einzureichende Auskünfte, Aussagen, Gutachten, Übersetzungen und Erklärungen Dritter können nach Maßgabe der Absätze 2 bis 6 als elektronische Dokumente bei Gericht eingereicht werden.

(2) [1] Das elektronische Dokument muss für die Bearbeitung durch das Gericht geeignet sein. [2] Die Bundesregierung bestimmt durch Rechtsverordnung mit Zustimmung des Bundesrates technische Rahmenbedingungen für die Übermittlung und die Eignung zur Bearbeitung durch das Gericht.

(3) [1] Das elektronische Dokument muss mit einer qualifizierten elektronischen Signatur der verantwortenden Person versehen sein oder von der verantwortenden Person signiert und auf einem sicheren Übermittlungsweg eingereicht werden. [2] Satz 1 gilt nicht für Anlagen, die vorbereitenden Schriftsätzen beigefügt sind.

(4) [1] Sichere Übermittlungswege sind

1. der Postfach- und Versanddienst eines De-Mail-Kontos, wenn der Absender bei Versand der Nachricht sicher im Sinne des § 4 Absatz 1 Satz 2 des De-Mail-Gesetzes angemeldet ist und er sich die sichere Anmeldung gemäß § 5 Absatz 5 des De-Mail-Gesetzes bestätigen lässt,
2. der Übermittlungsweg zwischen den besonderen elektronischen Anwaltspostfächern nach den §§ 31a und 31b der Bundesrechtsanwaltsordnung[2] oder einem entsprechenden, auf gesetzlicher Grundlage errichteten elektronischen Postfach und der elektronischen Poststelle des Gerichts,
3. der Übermittlungsweg zwischen einem nach Durchführung eines Identifizierungsverfahrens eingerichteten Postfach einer Behörde oder einer juristischen Person des öffentlichen Rechts und der elektronischen Poststelle des Gerichts,
4. der Übermittlungsweg zwischen einem nach Durchführung eines Identifizierungsverfahrens eingerichteten elektronischen Postfach einer natürlichen oder juristischen Person oder einer sonstigen Vereinigung und der elektronischen Poststelle des Gerichts,
5. der Übermittlungsweg zwischen einem nach Durchführung eines Identifizierungsverfahrens genutzten Postfach- und Versanddienst eines Nutzerkontos im Sinne des § 2 Absatz 5 des Onlinezugangsgesetzes und der elektronischen Poststelle des Gerichts,
6. sonstige bundeseinheitliche Übermittlungswege, die durch Rechtsverordnung der Bundesregierung mit Zustimmung des Bundesrates festgelegt werden, bei denen die Authentizität und Integrität der Daten sowie die Barrierefreiheit gewährleistet sind.

---

[1] § 65a eingef. mWv 1.4.2005 durch G v. 22.3.2005 (BGBl. I S. 837); Abs. 1 und 2 neu gef., Abs. 3–6 eingef., bish. Abs. 3 wird Abs. 7 mWv 1.1.2018 durch G v. 10.10.2013 (BGBl. I S. 3786); Abs. 7 Satz 2 angef. mWv 1.1.2018 durch G v. 5.7.2017 (BGBl. I S. 2208); Abs. 1 Satz 3, Abs. 3 geänd. mWv 29.7.2017 durch G v. 18.7.2017 (BGBl. I S. 2745); Abs. 1 geänd., Abs. 3 Satz 2 angef. *mWv 1.1.2020 durch G v. 12.12.2019 (BGBl. I S. 2633)*; Abs. 4 Nr. 2 neu gef. mWv 1.8.2022 durch G v. 7.7.2021 (BGBl. I S. 2363); Abs. 2 Satz 2 neu gef., Abs. 4 Nr. 3 geänd., Nr. 4 und 5 eingef., bish. Nr. 4 wird Nr. 6, Satz 2 angef., Abs. 6 Satz 1 geänd. mWv 1.1.2022 durch G v. 5.10.2021 (BGBl. I S. 4607).

[2] **Habersack, Deutsche Gesetze ErgBd. Nr. 98.**

[2]Das Nähere zu den Übermittlungswegen gemäß Satz 1 Nummer 3 bis 5 regelt die Rechtsverordnung nach Absatz 2 Satz 2.

(5) [1]Ein elektronisches Dokument ist eingegangen, sobald es auf der für den Empfang bestimmten Einrichtung des Gerichts gespeichert ist. [2]Dem Absender ist eine automatisierte Bestätigung über den Zeitpunkt des Eingangs zu erteilen. [3]Die Vorschriften dieses Gesetzes über die Beifügung von Abschriften für die übrigen Beteiligten finden keine Anwendung.

(6) [1]Ist ein elektronisches Dokument für das Gericht zur Bearbeitung nicht geeignet, ist dies dem Absender unter Hinweis auf die Unwirksamkeit des Eingangs unverzüglich mitzuteilen. [2]Das Dokument gilt als zum Zeitpunkt der früheren Einreichung eingegangen, sofern der Absender es unverzüglich in einer für das Gericht zur Bearbeitung geeigneten Form nachreicht und glaubhaft macht, dass es mit dem zuerst eingereichten Dokument inhaltlich übereinstimmt.

(7) [1]Soweit eine handschriftliche Unterzeichnung durch den Richter oder den Urkundsbeamten der Geschäftsstelle vorgeschrieben ist, genügt dieser Form die Aufzeichnung als elektronisches Dokument, wenn die verantwortenden Personen am Ende des Dokuments ihren Namen hinzufügen und das Dokument mit einer qualifizierten elektronischen Signatur versehen. [2]Der in Satz 1 genannten Form genügt auch ein elektronisches Dokument, in welches das handschriftlich unterzeichnete Schriftstück gemäß § 65b Absatz 6 Satz 4 übertragen worden ist.

§ 65b[1)] [Führung elektronischer Prozessakten] (1) [1]Die Prozessakten können elektronisch geführt werden. [2]Die Bundesregierung und die Landesregierungen bestimmen jeweils für ihren Bereich durch Rechtsverordnung den Zeitpunkt, von dem an die Prozessakten elektronisch geführt werden. [3]In der Rechtsverordnung sind die organisatorisch-technischen Rahmenbedingungen für die Bildung, Führung und Verwahrung der elektronischen Akten festzulegen. [4]Die Landesregierungen können die Ermächtigung auf die für die Sozialgerichtsbarkeit zuständigen obersten Landesbehörden übertragen. [5]Die Zulassung der elektronischen Akte kann auf einzelne Gerichte oder Verfahren beschränkt werden; wird von dieser Möglichkeit Gebrauch gemacht, kann in der Rechtsverordnung bestimmt werden, dass durch Verwaltungsvorschrift, die öffentlich bekanntzumachen ist, geregelt wird, in welchen Verfahren die Prozessakten elektronisch zu führen sind. [6]Die Rechtsverordnung der Bundesregierung bedarf nicht der Zustimmung des Bundesrates.

(1a) [1]Die Prozessakten werden ab dem 1. Januar 2026 elektronisch geführt. [2]Die Bundesregierung und die Landesregierungen bestimmen jeweils für ihren Bereich durch Rechtsverordnung die organisatorischen und dem Stand der Technik entsprechenden technischen Rahmenbedingungen für die Bildung, Führung und Verwahrung der elektronischen Akten einschließlich der einzuhaltenden Anforderungen der Barrierefreiheit. [3]Die Bundesregierung und die Landesregierungen können jeweils für ihren Bereich durch Rechtsverordnung bestimmen, dass Akten, die in Papierform angelegt wurden, in Papierform weitergeführt werden. [4]Die Landesregierungen können die Ermächti-

---

[1)] § 65b eingef. mWv 1.4.2005 durch G v. 22.3.2005 (BGBl. I S. 837); Abs. 2–5 neu gef., Abs. 6 angef. mWv 1.1.2018 durch G v. 10.10.2013 (BGBl. I S. 3786); Abs. 1 Satz 5 geänd. mWv 13.7.2017, Abs. 1a eingef., Abs. 6 neu gef. mWv 1.1.2018 durch G v. 5.7.2017 (BGBl. I S. 2208).

gungen nach den Sätzen 2 und 3 auf die für die Sozialgerichtsbarkeit zuständigen obersten Landesbehörden übertragen. [5] Die Rechtsverordnungen der Bundesregierung bedürfen nicht der Zustimmung des Bundesrates.

(2) [1] Werden die Akten in Papierform geführt, ist von einem elektronischen Dokument ein Ausdruck für die Akten zu fertigen. [2] Kann dies bei Anlagen zu vorbereitenden Schriftsätzen nicht oder nur mit unverhältnismäßigem Aufwand erfolgen, so kann ein Ausdruck unterbleiben. [3] Die Daten sind in diesem Fall dauerhaft zu speichern; der Speicherort ist aktenkundig zu machen.

(3) Wird das elektronische Dokument auf einem sicheren Übermittlungsweg eingereicht, so ist dies aktenkundig zu machen.

(4) Ist das elektronische Dokument mit einer qualifizierten elektronischen Signatur versehen und nicht auf einem sicheren Übermittlungsweg eingereicht, muss der Ausdruck einen Vermerk darüber enthalten,

1. welches Ergebnis die Integritätsprüfung des Dokumentes ausweist,
2. wen die Signaturprüfung als Inhaber der Signatur ausweist,
3. welchen Zeitpunkt die Signaturprüfung für die Anbringung der Signatur ausweist.

(5) Ein eingereichtes elektronisches Dokument kann im Falle von Absatz 2 nach Ablauf von sechs Monaten gelöscht werden.

(6) [1] Werden die Prozessakten elektronisch geführt, sind in Papierform vorliegende Schriftstücke und sonstige Unterlagen nach dem Stand der Technik zur Ersetzung der Urschrift in ein elektronisches Dokument zu übertragen. [2] Es ist sicherzustellen, dass das elektronische Dokument mit den vorliegenden Schriftstücken und sonstigen Unterlagen bildlich und inhaltlich übereinstimmt. [3] Das elektronische Dokument ist mit einem Übertragungsnachweis zu versehen, der das bei der Übertragung angewandte Verfahren und die bildliche und inhaltliche Übereinstimmung dokumentiert. [4] Wird ein von den verantwortenden Personen handschriftlich unterzeichnetes gerichtliches Schriftstück übertragen, ist der Übertragungsnachweis mit einer qualifizierten elektronischen Signatur des Urkundsbeamten der Geschäftsstelle zu versehen. [5] Die in Papierform vorliegenden Schriftstücke und sonstigen Unterlagen können sechs Monate nach der Übertragung vernichtet werden, sofern sie nicht rückgabepflichtig sind.

§ 65c[1)] Formulare; Verordnungsermächtigung. [1] Das Bundesministerium für Arbeit und Soziales kann durch Rechtsverordnung mit Zustimmung des Bundesrates elektronische Formulare einführen. [2] Die Rechtsverordnung kann bestimmen, dass die in den Formularen enthaltenen Angaben ganz oder teilweise in strukturierter maschinenlesbarer Form zu übermitteln sind. [3] Die Formulare sind auf einer in der Rechtsverordnung zu bestimmenden Kommunikationsplattform im Internet zur Nutzung bereitzustellen. [4] Die Rechtsverordnung kann bestimmen, dass eine Identifikation des Formularverwenders abweichend von § 65a Absatz 3 auch durch Nutzung des elektronischen Identitätsnachweises nach § 18 des Personalausweisgesetzes[2)], § 12 des eID-Karte-Gesetzes oder § 78 Absatz 5 des Aufenthaltsgesetzes[3)] erfolgen kann.

[1)] § 65c eingef. mWv 1.7.2014 durch G v. 10.10.2013 (BGBl. I S. 3786); Satz 4 geänd. mWv 1.11. 2019 durch G v. 21.6.2019 (BGBl. I S. 846).

[2)] **Sartorius Nr. 255.**

[3)] **Sartorius Nr. 565.**

§ 65d[1] Nutzungspflicht für Rechtsanwälte, Behörden und vertretungsberechtigte Personen. [1] Vorbereitende Schriftsätze und deren Anlagen sowie schriftlich einzureichende Anträge und Erklärungen, die durch einen Rechtsanwalt, durch eine Behörde oder durch eine juristische Person des öffentlichen Rechts einschließlich der von ihr zur Erfüllung ihrer öffentlichen Aufgaben gebildeten Zusammenschlüsse eingereicht werden, sind als elektronisches Dokument zu übermitteln. [2] Gleiches gilt für die nach diesem Gesetz vertretungsberechtigten Personen, für die ein sicherer Übermittlungsweg nach § 65a Absatz 4 Satz 1 Nummer 2 zur Verfügung steht. [3] Ist eine Übermittlung aus technischen Gründen vorübergehend nicht möglich, bleibt die Übermittlung nach den allgemeinen Vorschriften zulässig. [4] Die vorübergehende Unmöglichkeit ist bei der Ersatzeinreichung oder unverzüglich danach glaubhaft zu machen; auf Anforderung ist ein elektronisches Dokument nachzureichen.

§ 66[2] [Rechtsmittelbelehrung] (1) Die Frist für ein Rechtsmittel oder einen anderen Rechtsbehelf beginnt nur dann zu laufen, wenn der Beteiligte über den Rechtsbehelf, die Verwaltungsstelle oder das Gericht, bei denen der Rechtsbehelf anzubringen ist, den Sitz und die einzuhaltende Frist schriftlich oder elektronisch belehrt worden ist.

(2) [1] Ist die Belehrung unterblieben oder unrichtig erteilt, so ist die Einlegung des Rechtsbehelfs nur innerhalb eines Jahres seit Zustellung, Eröffnung oder Verkündung zulässig, außer wenn die Einlegung vor Ablauf der Jahresfrist infolge höherer Gewalt unmöglich war oder eine schriftliche oder elektronische Belehrung dahin erfolgt ist, daß ein Rechtsbehelf nicht gegeben sei. [2] § 67 Abs. 2 gilt für den Fall höherer Gewalt entsprechend.

§ 67 [Wiedereinsetzung in den vorigen Stand] (1) Wenn jemand ohne Verschulden verhindert war, eine gesetzliche Verfahrensfrist einzuhalten, so ist ihm auf Antrag Wiedereinsetzung in den vorigen Stand zu gewähren.

(2) [1] Der Antrag ist binnen eines Monats nach Wegfall des Hindernisses zu stellen. [2] Die Tatsachen zur Begründung des Antrages sollen glaubhaft gemacht werden. [3] Innerhalb der Antragsfrist ist die versäumte Rechtshandlung nachzuholen. [4] Ist dies geschehen, so kann die Wiedereinsetzung auch ohne Antrag gewährt werden.

(3) Nach einem Jahr seit dem Ende der versäumten Frist ist der Antrag unzulässig, außer wenn der Antrag vor Ablauf der Jahresfrist infolge höherer Gewalt unmöglich war.

(4) [1] Über den Wiedereinsetzungsantrag entscheidet das Gericht, das über die versäumte Rechtshandlung zu befinden hat. [2] Der Beschluß, der die Wiedereinsetzung bewilligt, ist unanfechtbar.

§ 68 (weggefallen)

§ 69 [Beteiligte] Beteiligte am Verfahren sind

1. der Kläger,
2. der Beklagte,
3. der Beigeladene.

---

[1] § 65d eingef. mWv 1.1.2022 durch G v. 10.10.2013 (BGBl. I S. 3786); Satz 2 geänd. mWv 1.1.2022 durch G v. 5.10.2021 (BGBl. I S. 4607).

[2] § 66 Abs. 1 und Abs. 2 Satz 1 geänd. mWv 1.4.2005 durch G v. 22.3.2005 (BGBl. I S. 837).

§ 70[1] **[Beteiligtenfähigkeit]** Fähig, am Verfahren beteiligt zu sein, sind
1. natürliche und juristische Personen,
2. nichtrechtsfähige Personenvereinigungen,
3. Behörden, sofern das Landesrecht dies bestimmt,
4. gemeinsame Entscheidungsgremien von Leistungserbringern und Krankenkassen oder Pflegekassen.

§ 71[2] **[Prozessfähigkeit]** (1) Ein Beteiligter ist prozeßfähig, soweit er sich durch Verträge verpflichten kann.

(2) [1] Minderjährige sind in eigener Sache prozeßfähig, soweit sie durch Vorschriften des bürgerlichen oder öffentlichen Rechts für den Gegenstand des Verfahrens als geschäftsfähig anerkannt sind. [2] Zur Zurücknahme eines Rechtsbehelfs bedürfen sie der Zustimmung des gesetzlichen Vertreters.

(3) Für rechtsfähige und nichtrechtsfähige Personenvereinigungen sowie für Behörden handeln ihre gesetzlichen Vertreter und Vorstände.

(4) Für Entscheidungsgremien im Sinne von § 70 Nr. 4 handelt der Vorsitzende.

(5) In Angelegenheiten des sozialen Entschädigungsrechts und des Schwerbehindertenrechts wird das Land durch das Landesversorgungsamt oder nach Maßgabe des Landesrechts durch die Stelle vertreten, der dessen Aufgaben übertragen worden sind oder die für die Durchführung des Bundesversorgungsgesetzes[3] oder des Rechts der Teilhabe behinderter Menschen zuständig ist.

(6) Die §§ 53 bis 56 der Zivilprozeßordnung[4] gelten entsprechend.

§ 72[5] **[Bestellung eines besonderen Vertreters]** (1) Für einen nicht prozeßfähigen Beteiligten ohne gesetzlichen Vertreter kann der Vorsitzende bis zum Eintritt eines Vormundes, Betreuers oder Pflegers für das Verfahren einen besonderen Vertreter bestellen, dem alle Rechte, außer dem Empfang von Zahlungen, zustehen.

(2) Die Bestellung eines besonderen Vertreters ist mit Zustimmung des Beteiligten oder seines gesetzlichen Vertreters auch zulässig, wenn der Aufenthaltsort eines Beteiligten oder seines gesetzlichen Vertreters vom Sitz des Gerichts weit entfernt ist.

§ 73[6] **[Prozessbeteiligte; Bevollmächtigte; Beistand]** (1) Die Beteiligten können vor dem Sozialgericht und dem Landessozialgericht den Rechtsstreit selbst führen.

---

[1] § 70 Nr. 4 neu gef. mWv 2.1.2002 durch G v. 17.8.2001 (BGBl. I S. 2144).

[2] § 71 Abs. 2 Satz 1 neu gef. durch G v. 11.12.1975 (BGBl. I S. 3015); Abs. 4 und 5 neu gef. mWv 2.1.2002 durch G v. 17.8.2001 (BGBl. I S. 2144); Abs. 3 geänd. mWv 1.7.2008 durch G v. 12.12.2007 (BGBl. I S. 2840); Abs. 5 geänd. mWv 1.1.2012 durch G v. 22.12.2011 (BGBl. I S. 3057).

[3] Nr. **20/10**.

[4] Nr. **50/10**.

[5] § 72 Abs. 1 geänd. durch G v. 12.9.1990 (BGBl. I S. 2002); Abs. 2 neu gef., Abs. 3 bis 5 aufgeh. durch G v. 13.6.1980 (BGBl. I S. 677); Abs. 1 geänd. durch G v. 12.9.1990 (BGBl. I S. 2002).

[6] § 73 neu gef. mWv 1.7.2008 durch G v. 12.12.2007 (BGBl. I S. 2840); Abs. 2 Satz 2 Nr. 4 geänd. *mWv 5.8.2009 durch G v. 30.7.2009* (BGBl. I S. 2449); Abs. 2 Satz 1 neu gef. mWv 28.12.2010 durch G v. 22.12.2010 (BGBl. I S. 2248); Abs. 6 Satz 3 eingef., bish. Sätze 3–6 werden Sätze 4–7 mWv 1.1.2012 durch G v. 22.12.2011 (BGBl. I S. 3057); Abs. 2 Satz 2 Nr. 3 geänd. mWv 18.5.2017 durch G v. 12.5.2017 (BGBl. I S. 1121); Abs. 2 Satz 2 Nr. 4 neu gef. mWv 1.8.2022 durch G v. 7.7.2021 (BGBl. I S. 2363).

(2) [1]Die Beteiligten können sich durch einen Rechtsanwalt oder einen Rechtslehrer an einer staatlichen oder staatlich anerkannten Hochschule eines Mitgliedstaates der Europäischen Union, eines anderen Vertragsstaates des Abkommens über den Europäischen Wirtschaftsraum oder der Schweiz, der die Befähigung zum Richteramt besitzt, als Bevollmächtigten vertreten lassen. [2]Darüber hinaus sind als Bevollmächtigte vor dem Sozialgericht und dem Landessozialgericht vertretungsbefugt nur

1. Beschäftigte des Beteiligten oder eines mit ihm verbundenen Unternehmens (§ 15 des Aktiengesetzes[1)]); Behörden und juristische Personen des öffentlichen Rechts einschließlich der von ihnen zur Erfüllung ihrer öffentlichen Aufgaben gebildeten Zusammenschlüsse können sich auch durch Beschäftigte anderer Behörden oder juristischer Personen des öffentlichen Rechts einschließlich der von ihnen zur Erfüllung ihrer öffentlichen Aufgaben gebildeten Zusammenschlüsse vertreten lassen,
2. volljährige Familienangehörige (§ 15 der Abgabenordnung[2)], § 11 des Lebenspartnerschaftsgesetzes[3)]), Personen mit Befähigung zum Richteramt und Streitgenossen, wenn die Vertretung nicht im Zusammenhang mit einer entgeltlichen Tätigkeit steht,
3. Rentenberater im Umfang ihrer Befugnisse nach § 10 Absatz 1 Satz 1 Nummer 2, auch in Verbindung mit Satz 2, des Rechtsdienstleistungsgesetzes[4)],
4. Steuerberater, Steuerbevollmächtigte, Wirtschaftsprüfer und vereidigte Buchprüfer, Personen und Vereinigungen im Sinn des § 3a des Steuerberatungsgesetzes[5)], zu beschränkter geschäftsmäßiger Hilfeleistung in Steuersachen nach den §§ 3d und 3e des Steuerberatungsgesetzes berechtigte Personen im Rahmen dieser Befugnisse sowie Gesellschaften im Sinn des § 3 Nr. 2 und 3 des Steuerberatungsgesetzes, die durch Personen im Sinn des § 3 Nr. 1 des Steuerberatungsgesetzes handeln, in Angelegenheiten nach den §§ 28h und 28p des Vierten Buches Sozialgesetzbuch[6)],
5. selbständige Vereinigungen von Arbeitnehmern mit sozial- oder berufspolitischer Zwecksetzung für ihre Mitglieder,
6. berufsständische Vereinigungen der Landwirtschaft für ihre Mitglieder,
7. Gewerkschaften und Vereinigungen von Arbeitgebern sowie Zusammenschlüsse solcher Verbände für ihre Mitglieder oder für andere Verbände oder Zusammenschlüsse mit vergleichbarer Ausrichtung und deren Mitglieder,
8. Vereinigungen, deren satzungsgemäße Aufgaben die gemeinschaftliche Interessenvertretung, die Beratung und Vertretung der Leistungsempfänger nach dem sozialen Entschädigungsrecht oder der behinderten Menschen wesentlich umfassen und die unter Berücksichtigung von Art und Umfang ihrer Tätigkeit sowie ihres Mitgliederkreises die Gewähr für eine sachkundige Prozessvertretung bieten, für ihre Mitglieder,
9. juristische Personen, deren Anteile sämtlich im wirtschaftlichen Eigentum einer der in den Nummern 5 bis 8 bezeichneten Organisationen stehen,

---

[1)] **Habersack, Deutsche Gesetze Nr. 51.**
[2)] **Steuergesetze Nr. 800.**
[3)] **Habersack, Deutsche Gesetze ErgBd. Nr. 43.**
[4)] **Habersack, Deutsche Gesetze ErgBd. Nr. 99.**
[5)] **Steuergesetze Nr. 840.**
[6)] Nr. **4**.

wenn die juristische Person ausschließlich die Rechtsberatung und Prozessvertretung dieser Organisation und ihrer Mitglieder oder anderer Verbände oder Zusammenschlüsse mit vergleichbarer Ausrichtung und deren Mitglieder entsprechend deren Satzung durchführt, und wenn die Organisation für die Tätigkeit der Bevollmächtigten haftet.

3 Bevollmächtigte, die keine natürlichen Personen sind, handeln durch ihre Organe und mit der Prozessvertretung beauftragten Vertreter. 4 § 157 der Zivilprozessordnung[1)] gilt entsprechend.

(3) 1 Das Gericht weist Bevollmächtigte, die nicht nach Maßgabe des Absatzes 2 vertretungsbefugt sind, durch unanfechtbaren Beschluss zurück. 2 Prozesshandlungen eines nicht vertretungsbefugten Bevollmächtigten und Zustellungen oder Mitteilungen an diesen Bevollmächtigten sind bis zu seiner Zurückweisung wirksam. 3 Das Gericht kann den in Absatz 2 Satz 2 Nr. 1 und 2 bezeichneten Bevollmächtigten durch unanfechtbaren Beschluss die weitere Vertretung untersagen, wenn sie nicht in der Lage sind, das Sach- und Streitverhältnis sachgerecht darzustellen. 4 Satz 3 gilt nicht für Beschäftigte eines Sozialleistungsträgers oder eines Spitzenverbandes der Sozialversicherung.

(4) 1 Vor dem Bundessozialgericht müssen sich die Beteiligten, außer im Prozesskostenhilfeverfahren, durch Prozessbevollmächtigte vertreten lassen. 2 Als Bevollmächtigte sind außer den in Absatz 2 Satz 1 bezeichneten Personen nur die in Absatz 2 Satz 2 Nr. 5 bis 9 bezeichneten Organisationen zugelassen. 3 Diese müssen durch Personen mit Befähigung zum Richteramt handeln. 4 Behörden und juristische Personen des öffentlichen Rechts einschließlich der von ihnen zur Erfüllung ihrer öffentlichen Aufgaben gebildeten Zusammenschlüsse sowie private Pflegeversicherungsunternehmen können sich durch eigene Beschäftigte mit Befähigung zum Richteramt oder durch Beschäftigte mit Befähigung zum Richteramt anderer Behörden oder juristischer Personen des öffentlichen Rechts einschließlich der von ihnen zur Erfüllung ihrer öffentlichen Aufgaben gebildeten Zusammenschlüsse vertreten lassen. 5 Ein Beteiligter, der nach Maßgabe des Satzes 2 zur Vertretung berechtigt ist, kann sich selbst vertreten; Satz 3 bleibt unberührt.

(5) 1 Richter dürfen nicht als Bevollmächtigte vor dem Gericht auftreten, dem sie angehören. 2 Ehrenamtliche Richter dürfen, außer in den Fällen des Absatzes 2 Satz 2 Nr. 1, nicht vor einem Spruchkörper auftreten, dem sie angehören. 3 Absatz 3 Satz 1 und 2 gilt entsprechend.

(6) 1 Die Vollmacht ist schriftlich zu den Gerichtsakten einzureichen. 2 Sie kann nachgereicht werden; hierfür kann das Gericht eine Frist bestimmen. 3 Bei Ehegatten oder Lebenspartnern und Verwandten in gerader Linie kann unterstellt werden, dass sie bevollmächtigt sind. 4 Der Mangel der Vollmacht kann in jeder Lage des Verfahrens geltend gemacht werden. 5 Das Gericht hat den Mangel der Vollmacht von Amts wegen zu berücksichtigen, wenn nicht als Bevollmächtigter ein Rechtsanwalt auftritt. 6 Ist ein Bevollmächtigter bestellt, sind die Zustellungen oder Mitteilungen des Gerichts an ihn zu richten. 7 Im Übrigen gelten die §§ 81, 83 bis 86 der Zivilprozessordnung[1)] entsprechend.

(7) 1 In der Verhandlung können die Beteiligten mit Beiständen erscheinen. 2 *Beistand kann sein,* wer in Verfahren, in denen die Beteiligten den Rechtsstreit selbst führen können, als Bevollmächtigter zur Vertretung in der Verhand-

[1)] Nr. **50/10**.

lung befugt ist. [3]Das Gericht kann andere Personen als Beistand zulassen, wenn dies sachdienlich ist und hierfür nach den Umständen des Einzelfalls ein Bedürfnis besteht. [4]Absatz 3 Satz 1 und 3 und Absatz 5 gelten entsprechend. [5]Das von dem Beistand Vorgetragene gilt als von dem Beteiligten vorgebracht, soweit es nicht von diesem sofort widerrufen oder berichtigt wird.

§ 73a[1)] **[Prozesskostenhilfe]** (1) [1]Die Vorschriften der Zivilprozeßordnung[2)] über die Prozeßkostenhilfe mit Ausnahme des § 127 Absatz 2 Satz 2 der Zivilprozeßordnung[3)] gelten entsprechend. [2]Macht der Beteiligte, dem Prozeßkostenhilfe bewilligt ist, von seinem Recht, einen Rechtsanwalt zu wählen, nicht Gebrauch, wird auf Antrag des Beteiligten der beizuordnende Rechtsanwalt vom Gericht ausgewählt. [3]Einem Beteiligten, dem Prozesskostenhilfe bewilligt worden ist, kann auch ein Steuerberater, Steuerbevollmächtigter, Wirtschaftsprüfer, vereidigter Buchprüfer oder Rentenberater beigeordnet werden. [4]Die Vergütung richtet sich nach den für den beigeordneten Rechtsanwalt geltenden Vorschriften des Rechtsanwaltsvergütungsgesetzes[4)].

(2) Prozeßkostenhilfe wird nicht bewilligt, wenn der Beteiligte durch einen Bevollmächtigten im Sinne des § 73 Abs. 2 Satz 2 Nr. 5 bis 9 vertreten ist.

(3) § 109 Abs. 1 Satz 2 bleibt unberührt.

(4) [1]Die Prüfung der persönlichen und wirtschaftlichen Verhältnisse nach den §§ 114 bis 116 der Zivilprozessordnung[3)] einschließlich der in § 118 Absatz 2 der Zivilprozessordnung[3)] bezeichneten Maßnahmen, der Beurkundung von Vergleichen nach § 118 Absatz 1 Satz 3 der Zivilprozessordnung[3)] und der Entscheidungen nach § 118 Absatz 2 Satz 4 der Zivilprozessordnung[3)] obliegt dem Urkundsbeamten der Geschäftsstelle des jeweiligen Rechtszugs, wenn der Vorsitzende ihm das Verfahren insoweit überträgt. [2]Liegen die Voraussetzungen für die Bewilligung der Prozesskostenhilfe hiernach nicht vor, erlässt der Urkundsbeamte die den Antrag ablehnende Entscheidung; anderenfalls vermerkt der Urkundsbeamte in den Prozessakten, dass dem Antragsteller nach seinen persönlichen und wirtschaftlichen Verhältnissen Prozesskostenhilfe gewährt werden kann und in welcher Höhe gegebenenfalls Monatsraten oder Beträge aus dem Vermögen zu zahlen sind.

(5) Dem Urkundsbeamten obliegen im Verfahren über die Prozesskostenhilfe ferner die Bestimmung des Zeitpunkts für die Einstellung und eine Wiederaufnahme der Zahlungen nach § 120 Absatz 3 der Zivilprozessordnung[3)] sowie die Änderung und die Aufhebung der Bewilligung der Prozesskostenhilfe nach den §§ 120a und 124 Absatz 1 Nummer 2 bis 5 der Zivilprozessordnung[3)].

(6) [1]Der Vorsitzende kann Aufgaben nach den Absätzen 4 und 5 zu jedem Zeitpunkt an sich ziehen. [2]§ 5 Absatz 1 Nummer 1, die §§ 6, 7, 8 Absatz 1 bis 4 und § 9 des Rechtspflegergesetzes[5)] gelten entsprechend mit der Maßgabe, dass an die Stelle des Rechtspflegers der Urkundsbeamte der Geschäftsstelle tritt.

[1)] § 73a eingef. durch G v. 13.6.1980 (BGBl. I S. 677); Abs. 2 geänd. mWv 1.7.2008 durch G v. 12.12.2007 (BGBl. I S. 2840); Abs. 1 Sätze 3 und 4, Abs. 4–9 angef. mWv 1.1.2014 durch G v. 31.8.2013 (BGBl. I S. 3533); Abs. 1 Satz 1 geänd. mWv 25.10.2013 durch G v. 19.10.2013 (BGBl. I S. 3836); Abs. 4 neu gef. mWv 16.7.2014 durch G v. 8.7.2014 (BGBl. I S. 890).

[2)] Auszugsweise abgedruckt unter Nr. **50/10**.

[3)] Nr. **50/10**.

[4)] Nr. **55/10**.

[5)] **Habersack, Deutsche Gesetze Nr. 96.**

(7) § 155 Absatz 4 gilt entsprechend.

(8) Gegen Entscheidungen des Urkundsbeamten nach den Absätzen 4 und 5 kann binnen eines Monats nach Bekanntgabe das Gericht angerufen werden, das endgültig entscheidet.

(9) Durch Landesgesetz kann bestimmt werden, dass die Absätze 4 bis 8 für die Gerichte des jeweiligen Landes nicht anzuwenden sind.

§ 74 [Streitgenossenschaft; Hauptintervention] Die §§ 59 bis 65 der Zivilprozeßordnung[1)] über die Streitgenossenschaft und die Hauptintervention gelten entsprechend.

§ 75[2)] [Beiladung] (1) [1] Das Gericht kann von Amts wegen oder auf Antrag andere, deren berechtigte Interessen durch die Entscheidung berührt werden, beiladen. [2] In Angelegenheiten des sozialen Entschädigungsrechts ist die Bundesrepublik Deutschland auf Antrag beizuladen.

(2) Sind an dem streitigen Rechtsverhältnis Dritte derart beteiligt, daß die Entscheidung auch ihnen gegenüber nur einheitlich ergehen kann oder ergibt sich im Verfahren, daß bei der Ablehnung des Anspruchs ein anderer Versicherungsträger, ein Träger der Grundsicherung für Arbeitsuchende, ein Träger der Sozialhilfe einschließlich der Leistungen nach Teil 2 des Neunten Buches Sozialgesetzbuch[3)], ein Träger der Leistungen nach dem Asylbewerberleistungsgesetz[4)] oder in Angelegenheiten des sozialen Entschädigungsrechts ein Land als leistungspflichtig in Betracht kommt, so sind sie beizuladen.

(2a) [1] Kommt nach Absatz 2 erste Alternative die Beiladung von mehr als 20 Personen in Betracht, kann das Gericht durch Beschluss anordnen, dass nur solche Personen beigeladen werden, die dies innerhalb einer bestimmten Frist beantragen. [2] Der Beschluss ist unanfechtbar. [3] Er ist im Bundesanzeiger bekannt zu machen. [4] Er muss außerdem in im gesamten Bundesgebiet verbreiteten Tageszeitungen veröffentlicht werden. [5] Die Bekanntmachung kann zusätzlich in einem von dem Gericht für Bekanntmachungen bestimmten Informations- und Kommunikationssystem erfolgen. [6] Die Frist muss mindestens drei Monate seit der Bekanntgabe betragen. [7] Es ist jeweils anzugeben, an welchem Tag die Antragsfrist abläuft. [8] Für die Wiedereinsetzung in den vorigen Stand wegen Fristversäumnis gilt § 67 entsprechend. [9] Das Gericht soll Personen, die von der Entscheidung erkennbar in besonderem Maße betroffen werden, auch ohne Antrag beiladen.

(2b) [1] In Verfahren gegen Entscheidungen nach § 7a Absatz 1 Satz 3, § 28h Absatz 2 und § 28p Absatz 1 Satz 5 des Vierten Buches Sozialgesetzbuch[5)] sind andere Versicherungsträger abweichend von Absatz 2 nur auf deren Antrag beizuladen. [2] Das Gericht benachrichtigt die anderen Versicherungsträger über

---

[1)] Nr. **50/10**.

[2)] § 75 Abs. 1 Satz 2, Abs. 2 und Abs. 5 geänd. sowie Abs. 2a eingef. mWv 2.1.2002 durch G v. 17.8.2001 (BGBl. I S. 2144); Abs. 2a Satz 3 geänd. und Satz 5 eingef., bish. Sätze 5 bis 8 werden Sätze 6 bis 9 mWv 1.4.2005 durch G v. 22.3.2005 (BGBl. I S. 837); Abs. 2 und 5 geänd. mWv 1.8.2006 durch G v. 20.7.2006 (BGBl. I S. 1706); Abs. 2a Satz 3 geänd. mWv 1.4.2012 durch G v. 22.12.2011 (BGBl. I S. 3044); Abs. 2 und 5 geänd. mWv 19.12.2014 durch G v. 10.12.2014 (BGBl. I S. 2187); Abs. 2 und 5 geänd. mWv 1.1.2020 durch G v. 23.12.2016 (BGBl. I S. 3234); Abs. 2b eingef. mWv 1.7.2020 durch G v. 12.6.2020 (BGBl. I S. 1248).

[3)] Nr. **9**.

[4)] Nr. **12/50**.

[5)] Nr. **4**.

die Erhebung einer entsprechenden Klage und über die Möglichkeit der Beiladung auf Antrag. [3] Das Gericht setzt den anderen Versicherungsträgern für die Antragstellung eine angemessene Frist. [4] Für die Wiedereinsetzung in den vorigen Stand wegen Fristversäumnis gilt § 67 entsprechend [5] Das Gericht kann Versicherungsträger auch von Amts wegen beiladen.

(3) [1] Der Beiladungsbeschluß ist allen Beteiligten zuzustellen. [2] Dabei sollen der Stand der Sache und der Grund der Beiladung angegeben werden. [3] Der Beschluß, den Dritten beizuladen, ist unanfechtbar.

(4) [1] Der Beigeladene kann innerhalb der Anträge der anderen Beteiligten selbständig Angriffs- und Verteidigungsmittel geltend machen und alle Verfahrenshandlungen wirksam vornehmen. [2] Abweichende Sachanträge kann er nur dann stellen, wenn eine Beiladung nach Absatz 2 vorliegt.

(5) Ein Versicherungsträger, ein Träger der Grundsicherung für Arbeitsuchende, ein Träger der Sozialhilfe einschließlich der Leistungen nach Teil 2 des Neunten Buches Sozialgesetzbuch, ein Träger der Leistungen nach dem Asylbewerberleistungsgesetz oder in Angelegenheiten des sozialen Entschädigungsrechts ein Land kann nach Beiladung verurteilt werden.

Zweiter Unterabschnitt. Beweissicherungsverfahren

§ 76[1] [Beweissicherungsverfahren] (1) Auf Gesuch eines Beteiligten kann die Einnahme des Augenscheins und die Vernehmung von Zeugen und Sach-

(Fortsetzung nächstes Blatt)

[1] § 76 Abs. 1 geänd. durch G v. 17.12.1990 (BGBl. I S. 2847).

§ 115[1)] Einsatz von Einkommen und Vermögen. (1) [1] Die Partei hat ihr Einkommen einzusetzen. [2] Zum Einkommen gehören alle Einkünfte in Geld oder Geldeswert. [3] Von ihm sind abzusetzen:

1. a) die in § 82 Abs. 2 des Zwölften Buches Sozialgesetzbuch bezeichneten Beträge;
   b) bei Parteien, die ein Einkommen aus Erwerbstätigkeit erzielen, ein Betrag in Höhe von 50 vom Hundert des Regelsatzes, der für den alleinstehenden oder alleinerziehenden Leistungsberechtigten vom Bund gemäß der Regelbedarfsstufe 1 nach der Anlage zu § 28 des Zwölften Buches Sozialgesetzbuch festgesetzt oder fortgeschrieben worden ist;
2. a) für die Partei und ihren Ehegatten oder ihren Lebenspartner jeweils ein Betrag in Höhe des um 10 vom Hundert erhöhten Regelsatzes, der für den alleinstehenden oder alleinerziehenden Leistungsberechtigten vom Bund gemäß der Regelbedarfsstufe 1 nach der Anlage zu § 28 des Zwölften Buches Sozialgesetzbuch festgesetzt oder fortgeschrieben worden ist;
   b) bei weiteren Unterhaltsleistungen auf Grund gesetzlicher Unterhaltspflicht für jede unterhaltsberechtigte Person jeweils ein Betrag in Höhe des um 10 vom Hundert erhöhten Regelsatzes, der für eine Person ihres Alters vom Bund gemäß den Regelbedarfsstufen 3 bis 6 nach der Anlage zu § 28 des Zwölften Buches Sozialgesetzbuch festgesetzt oder fortgeschrieben worden ist;
3. die Kosten der Unterkunft und Heizung, soweit sie nicht in einem auffälligen Missverhältnis zu den Lebensverhältnissen der Partei stehen;
4. Mehrbedarfe nach § 21 des Zweiten Buches Sozialgesetzbuch[2)] und nach § 30 des Zwölften Buches Sozialgesetzbuch[3)];
5. weitere Beträge, soweit dies mit Rücksicht auf besondere Belastungen angemessen ist; § 1610a des Bürgerlichen Gesetzbuchs[4)] gilt entsprechend.

[4] Maßgeblich sind die Beträge, die zum Zeitpunkt der Bewilligung der Prozesskostenhilfe gelten. [5] Soweit am Wohnsitz der Partei aufgrund einer Neufestsetzung oder Fortschreibung nach § 29 Absatz 2 bis 4 des Zwölften Buches Sozialgesetzbuch höhere Regelsätze gelten, sind diese heranzuziehen. [6] Das Bundesministerium der Justiz und für Verbraucherschutz gibt bei jeder Neufestsetzung oder jeder Fortschreibung die maßgebenden Beträge nach Satz 3 Nummer 1 Buchstabe b und Nummer 2 und nach Satz 5 im Bundesgesetzblatt bekannt.[5)] [7] Diese Beträge sind, soweit sie nicht volle Euro ergeben, bis zu

---

[1)] § 115 Abs. 1 Satz 3 Nr. 1 Buchst. b, Nr. 2 und Satz 5 neu gef. mWv 30.3.2011 durch G v. 24.3. 2011 (BGBl. I S. 453); Abs. 1 Satz 3 Nr. 4 eingef., bish. Nr. 4 wird Nr. 5, Abs. 2 neu gef. mWv 1.1. 2014 durch G v. 31.8.2013 (BGBl. I S. 3533); Abs. 1 Satz 5 geänd. mWv 8.9.2015 durch VO v. 31.8. 2015 (BGBl. I S. 1474); Abs. 1 Satz 3 Nr. 1 Buchst. b, Nr. 2 Buchst. a und b geänd., Satz 5 eingef., bish. Sätze 5–8 werden Sätze 6–9, neuer Satz 6 geänd. mWv 1.1.2021 durch G v. 21.12.2020 (BGBl. I S. 3229).

[2)] Nr. **2**.

[3)] Nr. **12**.

[4)] **Habersack, Deutsche Gesetze Nr. 20.**

[5)] Siehe die Prozesskostenhilfebek. 2022 v. 17.12.2021 (BGBl. I S. 5239):

„Auf Grund des § 115 Absatz 1 Satz 6 der Zivilprozessordnung, der zuletzt durch Artikel 10 Nummer 3 des Gesetzes vom 21. Dezember 2020 (BGBl. I S. 3229) geändert worden ist, werden die ab dem 1. Januar 2022 maßgebenden Beträge, die nach § 115 Absatz 1 Satz 3 Nummer 1 Buchstabe b und Nummer 2 sowie Satz 5 der Zivilprozessordnung vom Einkommen der Partei abzusetzen sind, bekannt gemacht: →

0,49 Euro abzurunden und von 0,50 Euro an aufzurunden. [8] Die Unterhaltsfreibeträge nach Satz 3 Nr. 2 vermindern sich um eigenes Einkommen der unterhaltsberechtigten Person. [9] Wird eine Geldrente gezahlt, so ist sie anstelle des Freibetrages abzusetzen, soweit dies angemessen ist.

(2) [1] Von dem nach den Abzügen verbleibenden Teil des monatlichen Einkommens (einzusetzendes Einkommen) sind Monatsraten in Höhe der Hälfte des einzusetzenden Einkommens festzusetzen; die Monatsraten sind auf volle Euro abzurunden. [2] Beträgt die Höhe einer Monatsrate weniger als 10 Euro, ist von der Festsetzung von Monatsraten abzusehen. [3] Bei einem einzusetzenden Einkommen von mehr als 600 Euro beträgt die Monatsrate 300 Euro zuzüglich des Teils des einzusetzenden Einkommens, der 600 Euro übersteigt. [4] Unabhängig von der Zahl der Rechtszüge sind höchstens 48 Monatsraten aufzubringen.

(3) [1] Die Partei hat ihr Vermögen einzusetzen, soweit dies zumutbar ist. [2] § 90 des Zwölften Buches Sozialgesetzbuch gilt entsprechend.

(4) Prozesskostenhilfe wird nicht bewilligt, wenn die Kosten der Prozessführung der Partei vier Monatsraten und die aus dem Vermögen aufzubringenden Teilbeträge voraussichtlich nicht übersteigen.

(Fortsetzung der Anm. von voriger Seite)

	Freibetrag Bund	Freibetrag im Landkreis Fürstenfeldbruck und Starnberg	Freibetrag im Landkreis München	Freibetrag in der Landeshauptstadt München
Parteien, die ein Einkommen aus Erwerbstätigkeit erzielen (§ 115 Abs. 1 Satz 3 Nr. 1 Buchstabe b ZPO)	225 €	237 €	235 €	236 €
Partei, Ehegatte oder Lebenspartner (§ 115 Abs. 1 Satz 3 Nr. 2 Buchstabe a ZPO)	494 €	520 €	517 €	518 €
Freibetrag für unterhaltsberechtigte Erwachsene (§ 115 Abs. 1 Satz 3 Nr. 2 Buchstabe b ZPO *Regelbedarfsstufe 3)*	396 €	417 €	414 €	415 €
Freibetrag für unterhaltsberechtigte Jugendliche vom Beginn des 15. bis zur Vollendung des 18. Lebensjahres (§ 115 Abs. 1 Satz 3 Nr. 2 Buchstabe b ZPO *Regelbedarfsstufe 4)*	414 €	433 €	432 €	432 €
Freibetrag für unterhaltsberechtigte Kinder vom Beginn des siebten bis zur Vollendung des 14. Lebensjahres (§ 115 Abs. 1 Satz 3 Nr. 2 Buchstabe b ZPO *Regelbedarfsstufe 5)*	342 €	355 €	359 €	355 €
Freibetrag für unterhaltsberechtigte Kinder bis zur Vollendung des sechsten Lebensjahres (§ 115 Abs. 1 Satz 3 Nr. 2 Buchstabe b ZPO *Regelbedarfsstufe 6)*	314 €	327 €	328 €	326 €“

Begründung einer Lebenspartnerschaft entstandenen Ansprüche betrieben wird;

6. Erziehungsgelder, Studienbeihilfen und ähnliche Bezüge;
7. Sterbe- und Gnadenbezüge aus Arbeits- oder Dienstverhältnissen;
8. Blindenzulagen.

§ 850b[1] Bedingt pfändbare Bezüge. (1) Unpfändbar sind ferner

1. Renten, die wegen einer Verletzung des Körpers oder der Gesundheit zu entrichten sind;
2. Unterhaltsrenten, die auf gesetzlicher Vorschrift beruhen, sowie die wegen Entziehung einer solchen Forderung zu entrichtenden Renten;
3. fortlaufende Einkünfte, die ein Schuldner aus Stiftungen oder sonst auf Grund der Fürsorge und Freigebigkeit eines Dritten oder auf Grund eines Altenteils oder Auszugsvertrags bezieht;
4. Bezüge aus Witwen-, Waisen-, Hilfs- und Krankenkassen, die ausschließlich oder zu einem wesentlichen Teil zu Unterstützungszwecken gewährt werden, ferner Ansprüche aus Lebensversicherungen, die nur auf den Todesfall des Versicherungsnehmers abgeschlossen sind, wenn die Versicherungssumme 5400 Euro nicht übersteigt.

(2) Diese Bezüge können nach den für Arbeitseinkommen geltenden Vorschriften gepfändet werden, wenn die Vollstreckung in das sonstige bewegliche Vermögen des Schuldners zu einer vollständigen Befriedigung des Gläubigers nicht geführt hat oder voraussichtlich nicht führen wird und wenn nach den Umständen des Falles, insbesondere nach der Art des beizutreibenden Anspruchs und der Höhe der Bezüge, die Pfändung der Billigkeit entspricht

(3) Das Vollstreckungsgericht soll vor seiner Entscheidung die Beteiligten hören.

§ 850c[2] Pfändungsgrenzen für Arbeitseinkommen. (1) Arbeitseinkommen ist unpfändbar, wenn es, je nach dem Zeitraum, für den es gezahlt wird, nicht mehr als

1. *1178,59 Euro* monatlich,
2. *271,24 Euro* wöchentlich oder
3. *54,25 Euro* täglich

beträgt.[3]

---

[1] § 850b Abs. 1 Nr. 4 geänd. mWv 1.1.2022 durch G v. 7.5.2021 (BGBl. I S. 850).

[2] § 850c Abs. 2a Satz 2 geänd. mWv 8.9.2015 durch VO v. 31.8.2015 (BGBl. I S. 1474); Abs. 1–3 neu gef., Abs. 4 und 5 eingef., bish. Abs. 4 wird Abs. 6 und geänd. mWv 8.5.2021 durch G v. 22.11. 2020 (BGBl. I S. 2466, geänd. durch G v. 7.5.2021, BGBl. I S. 850).

[3] Ab 1.7.2022 geltende Beträge gem. Abs. 4 Satz 1 iVm der Pfändungsfreigrenzenbek. 2022 v. 25.5. 2022 (BGBl. I S. 825, auszugsweise wiedergegeben als nichtamtlicher Anhang zur ZPO):

unpfändbar gem. Abs. 1:	Erhöhungsbetrag für die 1. Person gem. Abs. 2 Satz 1:	Erhöhungsbetrag für die 2.–5. Person gem. Abs. 2 Satz 2:	
1 330,16 Euro	500,62 Euro	278,90 Euro	monatlich
306,12 Euro	115,21 Euro	64,19 Euro	wöchentlich
61,22 Euro	23,04 Euro	12,84 Euro	täglich

(2) [1] Gewährt der Schuldner auf Grund einer gesetzlichen Verpflichtung seinem Ehegatten, einem früheren Ehegatten, seinem Lebenspartner, einem früheren Lebenspartner, einem Verwandten oder nach den §§ 1615l und 1615n des Bürgerlichen Gesetzbuchs[1)] einem Elternteil Unterhalt, so erhöht sich der Betrag nach Absatz 1 für die erste Person, der Unterhalt gewährt wird, und zwar um

1. *443,57 Euro* monatlich,
2. *102,08 Euro* wöchentlich oder
3. *20,42 Euro* täglich.

[2] Für die zweite bis fünfte Person, der Unterhalt gewährt wird, erhöht sich der Betrag nach Absatz 1 um je

1. *247,12 Euro* monatlich,
2. *56,87 Euro* wöchentlich oder
3. *11,37 Euro* täglich.[2)]

(3) [1] Übersteigt das Arbeitseinkommen den Betrag nach Absatz 1, so ist es hinsichtlich des überschießenden Teils in Höhe von drei Zehnteln unpfändbar. [2] Gewährt der Schuldner nach Absatz 2 Unterhalt, so sind für die erste Person weitere zwei Zehntel und für die zweite bis fünfte Person jeweils ein weiteres Zehntel unpfändbar. [3] Der Teil des Arbeitseinkommens, der

1. *3613,08 Euro* monatlich,
2. *831,50 Euro* wöchentlich oder
3. *166,30 Euro* täglich[3)]

übersteigt, bleibt bei der Berechnung des unpfändbaren Betrages unberücksichtigt.

(4) [1] Das Bundesministerium der Justiz und für Verbraucherschutz macht im Bundesgesetzblatt Folgendes bekannt (Pfändungsfreigrenzenbekanntmachung)[4)]:

1. die Höhe des unpfändbaren Arbeitseinkommens nach Absatz 1,
2. die Höhe der Erhöhungsbeträge nach Absatz 2,
3. die Höhe der in Absatz 3 Satz 3 genannten Höchstbeträge.

[2] Die Beträge werden jeweils zum 1. Juli eines Jahres entsprechend der im Vergleich zum jeweiligen Vorjahreszeitraum sich ergebenden prozentualen Entwicklung des Grundfreibetrages nach § 32a Absatz 1 Satz 2 Nummer 1 des

---

[1)] **Habersack, Deutsche Gesetze Nr. 20.**

[2)] Ab 1.7.2022 geltende Beträge gem. Abs. 4 Satz 1 iVm der Pfändungsfreigrenzenbek. 2022 v. 25.5. 2022 (BGBl. I S. 825, auszugsweise wiedergegeben als nichtamtlicher Anhang zur ZPO):

unpfändbar gem. Abs. 1:	Erhöhungsbetrag für die 1. Person gem. Abs. 2 Satz 1:	Erhöhungsbetrag für die 2.–5. Person gem. Abs. 2 Satz 2:	
1 330,16 Euro	500,62 Euro	278,90 Euro	monatlich
306,12 Euro	115,21 Euro	64,19 Euro	wöchentlich
61,22 Euro	23,04 Euro	12,84 Euro	täglich

[3)] Ab *1.7.2022:* ***4077,72 Euro*** *monatlich*, **938,43 Euro** wöchentlich, **187,69 Euro** täglich gem. Abs. 4 Satz 1 iVm der Pfändungsfreigrenzenbek. 2022 v. 25.5.2022 (BGBl. I S. 825, auszugsweise wiedergegeben als nichtamtlicher Anhang zur ZPO).

[4)] Siehe die Pfändungsfreigrenzenbek. 2022 v. 25.5.2022 (BGBl. I S. 825), auszugsweise wiedergegeben als nichtamtlicher Anhang zur ZPO.

§ 955[1)] Sicherheitsleistung nach Artikel 38 der Verordnung (EU) Nr. 655/2014. [1] Für die Entscheidung über Anträge des Schuldners auf Beendigung der Vollstreckung wegen erbrachter Sicherheitsleistung nach Artikel 38 Absatz 1 Buchstabe b der Verordnung (EU) Nr. 655/2014[2)] ist das Vollstreckungsgericht zuständig. [2] Die Entscheidung nach Artikel 38 Absatz 1 der Verordnung (EU) Nr. 655/2014 ergeht durch Beschluss.

§ 956[1)] Rechtsmittel gegen die Entscheidungen nach § 954 Absatz 1 bis 3 und § 955. (1) [1] Gegen die Entscheidungen des Vollstreckungsgerichts nach § 954 Absatz 2 und 3 Satz 1 sowie nach § 955 Satz 1 findet die sofortige Beschwerde statt. [2] Dies gilt auch für Entscheidungen des Gerichts des ersten Rechtszugs in den Fällen des § 954 Absatz 1 und 3 Satz 2 sowie des § 955 Satz 2.

(2) Die sofortige Beschwerde ist innerhalb einer Notfrist von einem Monat ab Zustellung der Entscheidung einzulegen.

§ 957[1)] Ausschluss der Rechtsbeschwerde. In Verfahren zur grenzüberschreitenden vorläufigen Kontenpfändung nach der Verordnung (EU) Nr. 655/2014[2)] findet die Rechtsbeschwerde nicht statt.

Titel 4. Schadensersatz; Verordnungsermächtigung

§ 958[1)] Schadensersatz. [1] Erweist sich die Anordnung eines Beschlusses zur vorläufigen Kontenpfändung, der im Inland vollzogen worden ist, als von Anfang an ungerechtfertigt, so ist der Gläubiger verpflichtet, dem Schuldner den Schaden zu ersetzen, der ihm aus der Vollziehung des Beschlusses oder dadurch entsteht, dass er Sicherheit leistet, um die Freigabe der vorläufig gepfändeten Gelder oder die Beendigung der Vollstreckung zu erwirken. [2] Im Übrigen richtet sich die Haftung des Gläubigers gegenüber dem Schuldner nach Artikel 13 Absatz 1 und 2 der Verordnung (EU) Nr. 655/2014[2)].

§ 959[1)] Verordnungsermächtigung. (1) Die Landesregierungen können die Aufgaben nach Artikel 10 Absatz 2, Artikel 23 Absatz 3, 5 und 6, Artikel 25 Absatz 3, Artikel 27 Absatz 2, Artikel 28 Absatz 3 sowie Artikel 36 Absatz 5 Unterabsatz 2 und 3 der Verordnung (EU) Nr. 655/2014[2)] einem Amtsgericht für die Bezirke mehrerer Amtsgerichte durch Rechtsverordnung zuweisen.

(2) Die Landesregierungen können die Ermächtigung nach Absatz 1 durch Rechtsverordnung einer obersten Landesbehörde übertragen.

[1)] Abschnitt 6 (§§ 946–959) eingef. mWv 18.1.2017 durch G v. 21.11.2016 (BGBl. I S. 2591).
[2)] **Habersack, Deutsche Gesetze ErgBd. Nr. 103h.**

Nichtamtlicher Anhang[1)]
(zu § 850c)

[Pfändungsfreibeträge ab 1.7.2022]

Auszahlung für Monate

Euro	Pfändbarer Betrag bei Unterhaltspflicht für … Personen					
Nettolohn monatlich	0	1	2	3	4	5 und mehr
bis 1 339,99	–	–	–	–	–	–
1 340,00 bis 1 349,99	6,89	–	–	–	–	–
1 350,00 bis 1 359,99	13,89	–	–	–	–	–
1 360,00 bis 1 369,99	20,89	–	–	–	–	–
1 370,00 bis 1 379,99	27,89	–	–	–	–	–
1 380,00 bis 1 389,99	34,89	–	–	–	–	–
1 390,00 bis 1 399,99	41,89	–	–	–	–	–
1 400,00 bis 1 409,99	48,89	–	–	–	–	–
1 410,00 bis 1 419,99	55,89	–	–	–	–	–
1 420,00 bis 1 429,99	62,89	–	–	–	–	–
1 430,00 bis 1 439,99	69,89	–	–	–	–	–
1 440,00 bis 1 449,99	76,89	–	–	–	–	–
1 450,00 bis 1 459,99	83,89	–	–	–	–	–
1 460,00 bis 1 469,99	90,89	–	–	–	–	–
1 470,00 bis 1 479,99	97,89	–	–	–	–	–
1 480,00 bis 1 489,99	104,89	–	–	–	–	–
1 490,00 bis 1 499,99	111,89	–	–	–	–	–
1 500,00 bis 1 509,99	118,89	–	–	–	–	–
1 510,00 bis 1 519,99	125,89	–	–	–	–	–
1 520,00 bis 1 529,99	132,89	–	–	–	–	–
1 530,00 bis 1 539,99	139,89	–	–	–	–	–
1 540,00 bis 1 549,99	146,89	–	–	–	–	–
1 550,00 bis 1 559,99	153,89	–	–	–	–	–
1 560,00 bis 1 569,99	160,89	–	–	–	–	–
1 570,00 bis 1 579,99	167,89	–	–	–	–	–
1 580,00 bis 1 589,99	174,89	–	–	–	–	–
1 590,00 bis 1 599,99	181,89	–	–	–	–	–
1 600,00 bis 1 609,99	188,89	–	–	–	–	–
1 610,00 bis 1 619,99	195,89	–	–	–	–	–
1 620,00 bis 1 629,99	202,89	–	–	–	–	–
1 630,00 bis 1 639,99	209,89	–	–	–	–	–
1 640,00 bis 1 649,99	216,89	–	–	–	–	–
1 650,00 bis 1 659,99	223,89	–	–	–	–	–
1 660,00 bis 1 669,99	230,89	–	–	–	–	–
1 670,00 bis 1 679,99	237,89	–	–	–	–	–
1 680,00 bis 1 689,99	244,89	–	–	–	–	–
1 690,00 bis 1 699,99	251,89	–	–	–	–	–
1 700,00 bis 1 709,99	258,89	–	–	–	–	–
1 710,00 bis 1 719,99	265,89	–	–	–	–	–
1 720,00 bis 1 729,99	272,89	–	–	–	–	–
1 730,00 bis 1 739,99	279,89	–	–	–	–	–
1 740,00 bis 1 749,99	286,89	–	–	–	–	–

1) Pfändungsfreibeträge in der **ab 1.7.2022** geltenden Fassung gem. dem Anhang der Pfändungsfreigrenzenbek. 2022 v. 25.5.2022 (BGBl. I S. 825).

Euro	Pfändbarer Betrag bei Unterhaltspflicht für … Personen					
Nettolohn monatlich	0	1	2	3	4	5 und mehr
1 750,00 bis 1 759,99	293,89	–	–	–	–	–
1 760,00 bis 1 769,99	300,89	–	–	–	–	–
1 770,00 bis 1 779,99	307,89	–	–	–	–	–
1 780,00 bis 1 789,99	314,89	–	–	–	–	–
1 790,00 bis 1 799,99	321,89	–	–	–	–	–
1 800,00 bis 1 809,99	328,89	–	–	–	–	–
1 810,00 bis 1 819,99	335,89	–	–	–	–	–
1 820,00 bis 1 829,99	342,89	–	–	–	–	–
1 830,00 bis 1 839,99	349,89	–	–	–	–	–
1 840,00 bis 1 849,99	356,89	4,61	–	–	–	–
1 850,00 bis 1 859,99	363,89	9,61	–	–	–	–
1 860,00 bis 1 869,99	370,89	14,61	–	–	–	–
1 870,00 bis 1 879,99	377,89	19,61	–	–	–	–
1 880,00 bis 1 889,99	384,89	24,61	–	–	–	–
1 890,00 bis 1 899,99	391,89	29,61	–	–	–	–
1 900,00 bis 1 909,99	398,89	34,61	–	–	–	–
1 910,00 bis 1 919,99	405,89	39,61	–	–	–	–
1 920,00 bis 1 929,99	412,89	44,61	–	–	–	–
1 930,00 bis 1 939,99	419,89	49,61	–	–	–	–
1 940,00 bis 1 949,99	426,89	54,61	–	–	–	–
1 950,00 bis 1 959,99	433,89	59,61	–	–	–	–
1 960,00 bis 1 969,99	440,89	64,61	–	–	–	–
1 970,00 bis 1 979,99	447,89	69,61	–	–	–	–
1 980,00 bis 1 989,99	454,89	74,61	–	–	–	–
1 990,00 bis 1 999,99	461,89	79,61	–	–	–	–
2 000,00 bis 2 009,99	468,89	84,61	–	–	–	–
2 010,00 bis 2 019,99	475,89	89,61	–	–	–	–
2 020,00 bis 2 029,99	482,89	94,61	–	–	–	–
2 030,00 bis 2 039,99	489,89	99,61	–	–	–	–
2 040,00 bis 2 049,99	496,89	104,61	–	–	–	–
2 050,00 bis 2 059,99	503,89	109,61	–	–	–	–
2 060,00 bis 2 069,99	510,89	114,61	–	–	–	–
2 070,00 bis 2 079,99	517,89	119,61	–	–	–	–
2 080,00 bis 2 089,99	524,89	124,61	–	–	–	–
2 090,00 bis 2 099,99	531,89	129,61	–	–	–	–
2 100,00 bis 2 109,99	538,89	134,61	–	–	–	–
2 110,00 bis 2 119,99	545,89	139,61	0,13	–	–	–
2 120,00 bis 2 129,99	552,89	144,61	4,13	–	–	–
2 130,00 bis 2 139,99	559,89	149,61	8,13	–	–	–
2 140,00 bis 2 149,99	566,89	154,61	12,13	–	–	–
2 150,00 bis 2 159,99	573,89	159,61	16,13	–	–	–
2 160,00 bis 2 169,99	580,89	164,61	20,13	–	–	–
2 170,00 bis 2 179,99	587,89	169,61	24,13	–	–	–
2 180,00 bis 2 189,99	594,89	174,61	28,13	–	–	–
2 190,00 bis 2 199,99	601,89	179,61	32,13	–	–	–
2 200,00 bis 2 209,99	608,89	184,61	36,13	–	–	–
2 210,00 bis 2 219,99	615,89	189,61	40,13	–	–	–
2 220,00 bis 2 229,99	622,89	194,61	44,13	–	–	–
2 230,00 bis 2 239,99	629,89	199,61	48,13	–	–	–
2 240,00 bis 2 249,99	636,89	204,61	52,13	–	–	–

Euro	Pfändbarer Betrag bei Unterhaltspflicht für … Personen					
Nettolohn monatlich	0	1	2	3	4	5 und mehr
2 250,00 bis 2 259,99	643,89	209,61	56,13	–	–	–
2 260,00 bis 2 269,99	650,89	214,61	60,13	–	–	–
2 270,00 bis 2 279,99	657,89	219,61	64,13	–	–	–
2 280,00 bis 2 289,99	664,89	224,61	68,13	–	–	–
2 290,00 bis 2 299,99	671,89	229,61	72,13	–	–	–
2 300,00 bis 2 309,99	678,89	234,61	76,13	–	–	–
2 310,00 bis 2 319,99	685,89	239,61	80,13	–	–	–
2 320,00 bis 2 329,99	692,89	244,61	84,13	–	–	–
2 330,00 bis 2 339,99	699,89	249,61	88,13	–	–	–
2 340,00 bis 2 349,99	706,89	254,61	92,13	–	–	–
2 350,00 bis 2 359,99	713,89	259,61	96,13	–	–	–
2 360,00 bis 2 369,99	720,89	264,61	100,13	–	–	–
2 370,00 bis 2 379,99	727,89	269,61	104,13	–	–	–
2 380,00 bis 2 389,99	734,89	274,61	108,13	–	–	–
2 390,00 bis 2 399,99	741,89	279,61	112,13	0,43	–	–
2 400,00 bis 2 409,99	748,89	284,61	116,13	3,43	–	–
2 410,00 bis 2 419,99	755,89	289,61	120,13	6,43	–	–
2 420,00 bis 2 429,99	762,89	294,61	124,13	9,43	–	–
2 430,00 bis 2 439,99	769,89	299,61	128,13	12,43	–	–
2 440,00 bis 2 449,99	776,89	304,61	132,13	15,43	–	–
2 450,00 bis 2 459,99	783,89	309,61	136,13	18,43	–	–
2 460,00 bis 2 469,99	790,89	314,61	140,13	21,43	–	–
2 470,00 bis 2 479,99	797,89	319,61	144,13	24,43	–	–
2 480,00 bis 2 489,99	804,89	324,61	148,13	27,43	–	–
2 490,00 bis 2 499,99	811,89	329,61	152,13	30,43	–	–
2 500,00 bis 2 509,99	818,89	334,61	156,13	33,43	–	–
2 510,00 bis 2 519,99	825,89	339,61	160,13	36,43	–	–
2 520,00 bis 2 529,99	832,89	344,61	164,13	39,43	–	–
2 530,00 bis 2 539,99	839,89	349,61	168,13	42,43	–	–
2 540,00 bis 2 549,99	846,89	354,61	172,13	45,43	–	–
2 550,00 bis 2 559,99	853,89	359,61	176,13	48,43	–	–
2 560,00 bis 2 569,99	860,89	364,61	180,13	51,43	–	–
2 570,00 bis 2 579,99	867,89	369,61	184,13	54,43	–	–
2 580,00 bis 2 589,99	874,89	374,61	188,13	57,43	–	–
2 590,00 bis 2 599,99	881,89	379,61	192,13	60,43	–	–
2 600,00 bis 2 609,99	888,89	384,61	196,13	63,43	–	–
2 610,00 bis 2 619,99	895,89	389,61	200,13	66,43	–	–
2 620,00 bis 2 629,99	902,89	394,61	204,13	69,43	–	–
2 630,00 bis 2 639,99	909,89	399,61	208,13	72,43	–	–
2 640,00 bis 2 649,99	916,89	404,61	212,13	75,43	–	–
2 650,00 bis 2 659,99	923,89	409,61	216,13	78,43	–	–
2 660,00 bis 2 669,99	930,89	414,61	220,13	81,43	–	–
2 670,00 bis 2 679,99	937,89	419,61	224,13	84,43	0,50	–
2 680,00 bis 2 689,99	944,89	424,61	228,13	87,43	2,50	–
2 690,00 bis 2 699,99	951,89	429,61	232,13	90,43	4,50	–
2 700,00 bis 2 709,99	958,89	434,61	236,13	93,43	6,50	–
2 710,00 bis 2 719,99	965,89	439,61	240,13	96,43	8,50	–
2 720,00 bis 2 729,99	972,89	444,61	244,13	99,43	10,50	–
2 730,00 bis 2 739,99	979,89	449,61	248,13	102,43	12,50	–
2 740,00 bis 2 749,99	986,89	454,61	252,13	105,43	14,50	–

Euro	Pfändbarer Betrag bei Unterhaltspflicht für … Personen					
Nettolohn monatlich	0	1	2	3	4	5 und mehr
2 750,00 bis 2 759,99	993,89	459,61	256,13	108,43	16,50	–
2 760,00 bis 2 769,99	1 000,89	464,61	260,13	111,43	18,50	–
2 770,00 bis 2 779,99	1 007,89	469,61	264,13	114,43	20,50	–
2 780,00 bis 2 789,99	1 014,89	474,61	268,13	117,43	22,50	–
2 790,00 bis 2 799,99	1 021,89	479,61	272,13	120,43	24,50	–
2 800,00 bis 2 809,99	1 028,89	484,61	276,13	123,43	26,50	–
2 810,00 bis 2 819,99	1 035,89	489,61	280,13	126,43	28,50	–
2 820,00 bis 2 829,99	1 042,89	494,61	284,13	129,43	30,50	–
2 830,00 bis 2 839,99	1 049,89	499,61	288,13	132,43	32,50	–
2 840,00 bis 2 849,99	1 056,89	504,61	292,13	135,43	34,50	–
2 850,00 bis 2 859,99	1 063,89	509,61	296,13	138,43	36,50	–
2 860,00 bis 2 869,99	1 070,89	514,61	300,13	141,43	38,50	–
2 870,00 bis 2 879,99	1 077,89	519,61	304,13	144,43	40,50	–
2 880,00 bis 2 889,99	1 084,89	524,61	308,13	147,43	42,50	–
2 890,00 bis 2 899,99	1 091,89	529,61	312,13	150,43	44,50	–
2 900,00 bis 2 909,99	1 098,89	534,61	316,13	153,43	46,50	–
2 910,00 bis 2 919,99	1 105,89	539,61	320,13	156,43	48,50	–
2 920,00 bis 2 929,99	1 112,89	544,61	324,13	159,43	50,50	–
2 930,00 bis 2 939,99	1 119,89	549,61	328,13	162,43	52,50	–
2 940,00 bis 2 949,99	1 126,89	554,61	332,13	165,43	54,50	–
2 950,00 bis 2 959,99	1 133,89	559,61	336,13	168,43	56,50	0,36
2 960,00 bis 2 969,99	1 140,89	564,61	340,13	171,43	58,50	1,36
2 970,00 bis 2 979,99	1 147,89	569,61	344,13	174,43	60,50	2,36
2 980,00 bis 2 989,99	1 154,89	574,61	348,13	177,43	62,50	3,36
2 990,00 bis 2 999,99	1 161,89	579,61	352,13	180,43	64,50	4,36
3 000,00 bis 3 009,99	1 168,89	584,61	356,13	183,43	66,50	5,36
3 010,00 bis 3 019,99	1 175,89	589,61	360,13	186,43	68,50	6,36
3 020,00 bis 3 029,99	1 182,89	594,61	364,13	189,43	70,50	7,36
3 030,00 bis 3 039,99	1 189,89	599,61	368,13	192,43	72,50	8,36
3 040,00 bis 3 049,99	1 196,89	604,61	372,13	195,43	74,50	9,36
3 050,00 bis 3 059,99	1 203,89	609,61	376,13	198,43	76,50	10,36
3 060,00 bis 3 069,99	1 210,89	614,61	380,13	201,43	78,50	11,36
3 070,00 bis 3 079,99	1 217,89	619,61	384,13	204,43	80,50	12,36
3 080,00 bis 3 089,99	1 224,89	624,61	388,13	207,43	82,50	13,36
3 090,00 bis 3 099,99	1 231,89	629,61	392,13	210,43	84,50	14,36
3 100,00 bis 3 109,99	1 238,89	634,61	396,13	213,43	86,50	15,36
3 110,00 bis 3 119,99	1 245,89	639,61	400,13	216,43	88,50	16,36
3 120,00 bis 3 129,99	1 252,89	644,61	404,13	219,43	90,50	17,36
3 130,00 bis 3 139,99	1 259,89	649,61	408,13	222,43	92,50	18,36
3 140,00 bis 3 149,99	1 266,89	654,61	412,13	225,43	94,50	19,36
3 150,00 bis 3 159,99	1 273,89	659,61	416,13	228,43	96,50	20,36
3 160,00 bis 3 169,99	1 280,89	664,61	420,13	231,43	98,50	21,36
3 170,00 bis 3 179,99	1 287,89	669,61	424,13	234,43	100,50	22,36
3 180,00 bis 3 189,99	1 294,89	674,61	428,13	237,43	102,50	23,36
3 190,00 bis 3 199,99	1 301,89	679,61	432,13	240,43	104,50	24,36
3 200,00 bis 3 209,99	1 308,89	684,61	436,13	243,43	106,50	25,36
3 210,00 bis 3 219,99	1 315,89	689,61	440,13	246,43	108,50	26,36
3 220,00 bis 3 229,99	1 322,89	694,61	444,13	249,43	110,50	27,36
3 230,00 bis 3 239,99	1 329,89	699,61	448,13	252,43	112,50	28,36
3 240,00 bis 3 249,99	1 336,89	704,61	452,13	255,43	114,50	29,36

Euro	Pfändbarer Betrag bei Unterhaltspflicht für … Personen					
Nettolohn monatlich	0	1	2	3	4	5 und mehr
3 250,00 bis 3 259,99	1 343,89	709,61	456,13	258,43	116,50	30,36
3 260,00 bis 3 269,99	1 350,89	714,61	460,13	261,43	118,50	31,36
3 270,00 bis 3 279,99	1 357,89	719,61	464,13	264,43	120,50	32,36
3 280,00 bis 3 289,99	1 364,89	724,61	468,13	267,43	122,50	33,36
3 290,00 bis 3 299,99	1 371,89	729,61	472,13	270,43	124,50	34,36
3 300,00 bis 3 309,99	1 378,89	734,61	476,13	273,43	126,50	35,36
3 310,00 bis 3 319,99	1 385,89	739,61	480,13	276,43	128,50	36,36
3 320,00 bis 3 329,99	1 392,89	744,61	484,13	279,43	130,50	37,36
3 330,00 bis 3 339,99	1 399,89	749,61	488,13	282,43	132,50	38,36
3 340,00 bis 3 349,99	1 406,89	754,61	492,13	285,43	134,50	39,36
3 350,00 bis 3 359,99	1 413,89	759,61	496,13	288,43	136,50	40,36
3 360,00 bis 3 369,99	1 420,89	764,61	500,13	291,43	138,50	41,36
3 370,00 bis 3 379,99	1 427,89	769,61	504,13	294,43	140,50	42,36
3 380,00 bis 3 389,99	1 434,89	774,61	508,13	297,43	142,50	43,36
3 390,00 bis 3 399,99	1 441,89	779,61	512,13	300,43	144,50	44,36
3 400,00 bis 3 409,99	1 448,89	784,61	516,13	303,43	146,50	45,36
3 410,00 bis 3 419,99	1 455,89	789,61	520,13	306,43	148,50	46,36
3 420,00 bis 3 429,99	1 462,89	794,61	524,13	309,43	150,50	47,36
3 430,00 bis 3 439,99	1 469,89	799,61	528,13	312,43	152,50	48,36
3 440,00 bis 3 449,99	1 476,89	804,61	532,13	315,43	154,50	49,36
3 450,00 bis 3 459,99	1 483,89	809,61	536,13	318,43	156,50	50,36
3 460,00 bis 3 469,99	1 490,89	814,61	540,13	321,43	158,50	51,36
3 470,00 bis 3 479,99	1 497,89	819,61	544,13	324,43	160,50	52,36
3 480,00 bis 3 489,99	1 504,89	824,61	548,13	327,43	162,50	53,36
3 490,00 bis 3 499,99	1 511,89	829,61	552,13	330,43	164,50	54,36
3 500,00 bis 3 509,99	1 518,89	834,61	556,13	333,43	166,50	55,36
3 510,00 bis 3 519,99	1 525,89	839,61	560,13	336,43	168,50	56,36
3 520,00 bis 3 529,99	1 532,89	844,61	564,13	339,43	170,50	57,36
3 530,00 bis 3 539,99	1 539,89	849,61	568,13	342,43	172,50	58,36
3 540,00 bis 3 549,99	1 546,89	854,61	572,13	345,43	174,50	59,36
3 550,00 bis 3 559,99	1 553,89	859,61	576,13	348,43	176,50	60,36
3 560,00 bis 3 569,99	1 560,89	864,61	580,13	351,43	178,50	61,36
3 570,00 bis 3 579,99	1 567,89	869,61	584,13	354,43	180,50	62,36
3 580,00 bis 3 589,99	1 574,89	874,61	588,13	357,43	182,50	63,36
3 590,00 bis 3 599,99	1 581,89	879,61	592,13	360,43	184,50	64,36
3 600,00 bis 3 609,99	1 588,89	884,61	596,13	363,43	186,50	65,36
3 610,00 bis 3 619,99	1 595,89	889,61	600,13	366,43	188,50	66,36
3 620,00 bis 3 629,99	1 602,89	894,61	604,13	369,43	190,50	67,36
3 630,00 bis 3 639,99	1 609,89	899,61	608,13	372,43	192,50	68,36
3 640,00 bis 3 649,99	1 616,89	904,61	612,13	375,43	194,50	69,36
3 650,00 bis 3 659,99	1 623,89	909,61	616,13	378,43	196,50	70,36
3 660,00 bis 3 669,99	1 630,89	914,61	620,13	381,43	198,50	71,36
3 670,00 bis 3 679,99	1 637,89	919,61	624,13	384,43	200,50	72,36
3 680,00 bis 3 689,99	1 644,89	924,61	628,13	387,43	202,50	73,36
3 690,00 bis 3 699,99	1 651,89	929,61	632,13	390,43	204,50	74,36
3 700,00 bis 3 709,99	1 658,89	934,61	636,13	393,43	206,50	75,36
3 710,00 bis 3 719,99	1 665,89	939,61	640,13	396,43	208,50	76,36
3 720,00 bis 3 729,99	1 672,89	944,61	644,13	399,43	210,50	77,36
3 730,00 bis 3 739,99	1 679,89	949,61	648,13	402,43	212,50	78,36
3 740,00 bis 3 749,99	1 686,89	954,61	652,13	405,43	214,50	79,36

Euro	Pfändbarer Betrag bei Unterhaltspflicht für … Personen					
Nettolohn monatlich	0	1	2	3	4	5 und mehr
3 750,00 bis 3 759,99	1 693,89	959,61	656,13	408,43	216,50	80,36
3 760,00 bis 3 769,99	1 700,89	964,61	660,13	411,43	218,50	81,36
3 770,00 bis 3 779,99	1 707,89	969,61	664,13	414,43	220,50	82,36
3 780,00 bis 3 789,99	1 714,89	974,61	668,13	417,43	222,50	83,36
3 790,00 bis 3 799,99	1 721,89	979,61	672,13	420,43	224,50	84,36
3 800,00 bis 3 809,99	1 728,89	984,61	676,13	423,43	226,50	85,36
3 810,00 bis 3 819,99	1 735,89	989,61	680,13	426,43	228,50	86,36
3 820,00 bis 3 829,99	1 742,89	994,61	684,13	429,43	230,50	87,36
3 830,00 bis 3 839,99	1 749,89	999,61	688,13	432,43	232,50	88,36
3 840,00 bis 3 849,99	1 756,89	1 004,61	692,13	435,43	234,50	89,36
3 850,00 bis 3 859,99	1 763,89	1 009,61	696,13	438,43	236,50	90,36
3 860,00 bis 3 869,99	1 770,89	1 014,61	700,13	441,43	238,50	91,36
3 870,00 bis 3 879,99	1 777,89	1 019,61	704,13	444,43	240,50	92,36
3 880,00 bis 3 889,99	1 784,89	1 024,61	708,13	447,43	242,50	93,36
3 890,00 bis 3 899,99	1 791,89	1 029,61	712,13	450,43	244,50	94,36
3 900,00 bis 3 909,99	1 798,89	1 034,61	716,13	453,43	246,50	95,36
3 910,00 bis 3 919,99	1 805,89	1 039,61	720,13	456,43	248,50	96,36
3 920,00 bis 3 929,99	1 812,89	1 044,61	724,13	459,43	250,50	97,36
3 930,00 bis 3 939,99	1 819,89	1 049,61	728,13	462,43	252,50	98,36
3 940,00 bis 3 949,99	1 826,89	1 054,61	732,13	465,43	254,50	99,36
3 950,00 bis 3 959,99	1 833,89	1 059,61	736,13	468,43	256,50	100,36
3 960,00 bis 3 969,99	1 840,89	1 064,61	740,13	471,43	258,50	101,36
3 970,00 bis 3 979,99	1 847,89	1 069,61	744,13	474,43	260,50	102,36
3 980,00 bis 3 989,99	1 854,89	1 074,61	748,13	477,43	262,50	103,36
3 990,00 bis 3 999,99	1 861,89	1 079,61	752,13	480,43	264,50	104,36
4 000,00 bis 4 009,99	1 868,89	1 084,61	756,13	483,43	266,50	105,36
4 010,00 bis 4 019,99	1 875,89	1 089,61	760,13	486,43	268,50	106,36
4 020,00 bis 4 029,99	1 882,89	1 094,61	764,13	489,43	270,50	107,36
4 030,00 bis 4 039,99	1 889,89	1 099,61	768,13	492,43	272,50	108,36
4 040,00 bis 4 049,99	1 896,89	1 104,61	772,13	495,43	274,50	109,36
4 050,00 bis 4 059,99	1 903,89	1 109,61	776,13	498,43	276,50	110,36
4 060,00 bis 4 069,99	1 910,89	1 114,61	780,13	501,43	278,50	111,36
4 070,00 bis 4 077,72	1 917,89	1 119,61	784,13	504,43	280,50	112,36
Der Mehrbetrag über 4 077,72 Euro ist voll pfändbar.						

Auszahlung für Wochen

Euro	Pfändbarer Betrag bei Unterhaltspflicht für … Personen					
Nettolohn wöchentlich	0	1	2	3	4	5 und mehr
bis 307,49	–	–	–	–	–	–
307,50 bis 309,99	0,97	–	–	–	–	–
310,00 bis 312,49	2,72	–	–	–	–	–
312,50 bis 314,99	4,47	–	–	–	–	–
315,00 bis 317,49	6,22	–	–	–	–	–
317,50 bis 319,99	7,97	–	–	–	–	–
320,00 bis 322,49	9,72	–	–	–	–	–
322,50 bis 324,99	11,47	–	–	–	–	–
325,00 bis 327,49	13,22	–	–	–	–	–
327,50 bis 329,99	14,97	–	–	–	–	–
330,00 bis 332,49	16,72	–	–	–	–	–

Euro	Pfändbarer Betrag bei Unterhaltspflicht für … Personen					
Nettolohn wöchentlich	0	1	2	3	4	5 und mehr
332,50 bis 334,99	18,47	–	–	–	–	–
335,00 bis 337,49	20,22	–	–	–	–	–
337,50 bis 339,99	21,97	–	–	–	–	–
340,00 bis 342,49	23,72	–	–	–	–	–
342,50 bis 344,99	25,47	–	–	–	–	–
345,00 bis 347,49	27,22	–	–	–	–	–
347,50 bis 349,99	28,97	–	–	–	–	–
350,00 bis 352,49	30,72	–	–	–	–	–
352,50 bis 354,99	32,47	–	–	–	–	–
355,00 bis 357,49	34,22	–	–	–	–	–
357,50 bis 359,99	35,97	–	–	–	–	–
360,00 bis 362,49	37,72	–	–	–	–	–
362,50 bis 364,99	39,47	–	–	–	–	–
365,00 bis 367,49	41,22	–	–	–	–	–
367,50 bis 369,99	42,97	–	–	–	–	–
370,00 bis 372,49	44,72	–	–	–	–	–
372,50 bis 374,99	46,47	–	–	–	–	–
375,00 bis 377,49	48,22	–	–	–	–	–
377,50 bis 379,99	49,97	–	–	–	–	–
380,00 bis 382,49	51,72	–	–	–	–	–
382,50 bis 384,99	53,47	–	–	–	–	–
385,00 bis 387,49	55,22	–	–	–	–	–
387,50 bis 389,99	56,97	–	–	–	–	–
390,00 bis 392,49	58,72	–	–	–	–	–
392,50 bis 394,99	60,47	–	–	–	–	–
395,00 bis 397,49	62,22	–	–	–	–	–
397,50 bis 399,99	63,97	–	–	–	–	–
400,00 bis 402,49	65,72	–	–	–	–	–
402,50 bis 404,99	67,47	–	–	–	–	–
405,00 bis 407,49	69,22	–	–	–	–	–
407,50 bis 409,99	70,97	–	–	–	–	–
410,00 bis 412,49	72,72	–	–	–	–	–
412,50 bis 414,99	74,47	–	–	–	–	–
415,00 bis 417,49	76,22	–	–	–	–	–
417,50 bis 419,99	77,97	–	–	–	–	–
420,00 bis 422,49	79,72	–	–	–	–	–
422,50 bis 424,99	81,47	0,59	–	–	–	–
425,00 bis 427,49	83,22	1,84	–	–	–	–
427,50 bis 429,99	84,97	3,09	–	–	–	–
430,00 bis 432,49	86,72	4,34	–	–	–	–
432,50 bis 434,99	88,47	5,59	–	–	–	–
435,00 bis 437,49	90,22	6,84	–	–	–	–
437,50 bis 439,99	91,97	8,09	–	–	–	–
440,00 bis 442,49	93,72	9,34	–	–	–	–
442,50 bis 444,99	95,47	10,59	–	–	–	–
445,00 bis 447,49	97,22	11,84	–	–	–	–
447,50 bis 449,99	*98,97*	*13,09*	–	–	–	–
450,00 bis 452,49	100,72	14,34	–	–	–	–
452,50 bis 454,99	102,47	15,59	–	–	–	–
455,00 bis 457,49	104,22	16,84	–	–	–	–

Euro	Pfändbarer Betrag bei Unterhaltspflicht für … Personen					
Nettolohn wöchentlich	0	1	2	3	4	5 und mehr
457,50 bis 459,99	105,97	18,09	–	–	–	–
460,00 bis 462,49	107,72	19,34	–	–	–	–
462,50 bis 464,99	109,47	20,59	–	–	–	–
465,00 bis 467,49	111,22	21,84	–	–	–	–
467,50 bis 469,99	112,97	23,09	–	–	–	–
470,00 bis 472,49	114,72	24,34	–	–	–	–
472,50 bis 474,99	116,47	25,59	–	–	–	–
475,00 bis 477,49	118,22	26,84	–	–	–	–
477,50 bis 479,99	119,97	28,09	–	–	–	–
480,00 bis 482,49	121,72	29,34	–	–	–	–
482,50 bis 484,99	123,47	30,59	–	–	–	–
485,00 bis 487,49	125,22	31,84	–	–	–	–
487,50 bis 489,99	126,97	33,09	0,79	–	–	–
490,00 bis 492,49	128,72	34,34	1,79	–	–	–
492,50 bis 494,99	130,47	35,59	2,79	–	–	–
495,00 bis 497,49	132,22	36,84	3,79	–	–	–
497,50 bis 499,99	133,97	38,09	4,79	–	–	–
500,00 bis 502,49	135,72	39,34	5,79	–	–	–
502,50 bis 504,99	137,47	40,59	6,79	–	–	–
505,00 bis 507,49	139,22	41,84	7,79	–	–	–
507,50 bis 509,99	140,97	43,09	8,79	–	–	–
510,00 bis 512,49	142,72	44,34	9,79	–	–	–
512,50 bis 514,99	144,47	45,59	10,79	–	–	–
515,00 bis 517,49	146,22	46,84	11,79	–	–	–
517,50 bis 519,99	147,97	48,09	12,79	–	–	–
520,00 bis 522,49	149,72	49,34	13,79	–	–	–
522,50 bis 524,99	151,47	50,59	14,79	–	–	–
525,00 bis 527,49	153,22	51,84	15,79	–	–	–
527,50 bis 529,99	154,97	53,09	16,79	–	–	–
530,00 bis 532,49	156,72	54,34	17,79	–	–	–
532,50 bis 534,99	158,47	55,59	18,79	–	–	–
535,00 bis 537,49	160,22	56,84	19,79	–	–	–
537,50 bis 539,99	161,97	58,09	20,79	–	–	–
540,00 bis 542,49	163,72	59,34	21,79	–	–	–
542,50 bis 544,99	165,47	60,59	22,79	–	–	–
545,00 bis 547,49	167,22	61,84	23,79	–	–	–
547,50 bis 549,99	168,97	63,09	24,79	–	–	–
550,00 bis 552,49	170,72	64,34	25,79	0,09	–	–
552,50 bis 554,99	172,47	65,59	26,79	0,84	–	–
555,00 bis 557,49	174,22	66,84	27,79	1,59	–	–
557,50 bis 559,99	175,97	68,09	28,79	2,34	–	–
560,00 bis 562,49	177,72	69,34	29,79	3,09	–	–
562,50 bis 564,99	179,47	70,59	30,79	3,84	–	–
565,00 bis 567,49	181,22	71,84	31,79	4,59	–	–
567,50 bis 569,99	182,97	73,09	32,79	5,34	–	–
570,00 bis 572,49	184,72	74,34	33,79	6,09	–	–
572,50 bis 574,99	186,47	75,59	34,79	6,84	–	–
575,00 bis 577,49	188,22	76,84	35,79	7,59	–	–
577,50 bis 579,99	189,97	78,09	36,79	8,34	–	–
580,00 bis 582,49	191,72	79,34	37,79	9,09	–	–

Euro	Pfändbarer Betrag bei Unterhaltspflicht für … Personen					
Nettolohn wöchentlich	0	1	2	3	4	5 und mehr
582,50 bis 584,99	193,47	80,59	38,79	9,84	–	–
585,00 bis 587,49	195,22	81,84	39,79	10,59	–	–
587,50 bis 589,99	196,97	83,09	40,79	11,34	–	–
590,00 bis 592,49	198,72	84,34	41,79	12,09	–	–
592,50 bis 594,99	200,47	85,59	42,79	12,84	–	–
595,00 bis 597,49	202,22	86,84	43,79	13,59	–	–
597,50 bis 599,99	203,97	88,09	44,79	14,34	–	–
600,00 bis 602,49	205,72	89,34	45,79	15,09	–	–
602,50 bis 604,99	207,47	90,59	46,79	15,84	–	–
605,00 bis 607,49	209,22	91,84	47,79	16,59	–	–
607,50 bis 609,99	210,97	93,09	48,79	17,34	–	–
610,00 bis 612,49	212,72	94,34	49,79	18,09	–	–
612,50 bis 614,99	214,47	95,59	50,79	18,84	–	–
615,00 bis 617,49	216,22	96,84	51,79	19,59	0,22	–
617,50 bis 619,99	217,97	98,09	52,79	20,34	0,72	–
620,00 bis 622,49	219,72	99,34	53,79	21,09	1,22	–
622,50 bis 624,99	221,47	100,59	54,79	21,84	1,72	–
625,00 bis 627,49	223,22	101,84	55,79	22,59	2,22	–
627,50 bis 629,99	224,97	103,09	56,79	23,34	2,72	–
630,00 bis 632,49	226,72	104,34	57,79	24,09	3,22	–
632,50 bis 634,99	228,47	105,59	58,79	24,84	3,72	–
635,00 bis 637,49	230,22	106,84	59,79	25,59	4,22	–
637,50 bis 639,99	231,97	108,09	60,79	26,34	4,72	–
640,00 bis 642,49	233,72	109,34	61,79	27,09	5,22	–
642,50 bis 644,99	235,47	110,59	62,79	27,84	5,72	–
645,00 bis 647,49	237,22	111,84	63,79	28,59	6,22	–
647,50 bis 649,99	238,97	113,09	64,79	29,34	6,72	–
650,00 bis 652,49	240,72	114,34	65,79	30,09	7,22	–
652,50 bis 654,99	242,47	115,59	66,79	30,84	7,72	–
655,00 bis 657,49	244,22	116,84	67,79	31,59	8,22	–
657,50 bis 659,99	245,97	118,09	68,79	32,34	8,72	–
660,00 bis 662,49	247,72	119,34	69,79	33,09	9,22	–
662,50 bis 664,99	249,47	120,59	70,79	33,84	9,72	–
665,00 bis 667,49	251,22	121,84	71,79	34,59	10,22	–
667,50 bis 669,99	252,97	123,09	72,79	35,34	10,72	–
670,00 bis 672,49	254,72	124,34	73,79	36,09	11,22	–
672,50 bis 674,99	256,47	125,59	74,79	36,84	11,72	–
675,00 bis 677,49	258,22	126,84	75,79	37,59	12,22	–
677,50 bis 679,99	259,97	128,09	76,79	38,34	12,72	–
680,00 bis 682,49	261,72	129,34	77,79	39,09	13,22	0,19
682,50 bis 684,99	263,47	130,59	78,79	39,84	13,72	0,44
685,00 bis 687,49	265,22	131,84	79,79	40,59	14,22	0,69
687,50 bis 689,99	266,97	133,09	80,79	41,34	14,72	0,94
690,00 bis 692,49	268,72	134,34	81,79	42,09	15,22	1,19
692,50 bis 694,99	270,47	135,59	82,79	42,84	15,72	1,44
695,00 bis 697,49	272,22	136,84	83,79	43,59	16,22	1,69
697,50 bis 699,99	273,97	138,09	84,79	44,34	16,72	1,94
700,00 bis 702,49	275,72	139,34	85,79	45,09	17,22	2,19
702,50 bis 704,99	277,47	140,59	86,79	45,84	17,72	2,44
705,00 bis 707,49	279,22	141,84	87,79	46,59	18,22	2,69

Euro	Pfändbarer Betrag bei Unterhaltspflicht für … Personen					
Nettolohn wöchentlich	0	1	2	3	4	5 und mehr
707,50 bis 709,99	280,97	143,09	88,79	47,34	18,72	2,94
710,00 bis 712,49	282,72	144,34	89,79	48,09	19,22	3,19
712,50 bis 714,99	284,47	145,59	90,79	48,84	19,72	3,44
715,00 bis 717,49	286,22	146,84	91,79	49,59	20,22	3,69
717,50 bis 719,99	287,97	148,09	92,79	50,34	20,72	3,94
720,00 bis 722,49	289,72	149,34	93,79	51,09	21,22	4,19
722,50 bis 724,99	291,47	150,59	94,79	51,84	21,72	4,44
725,00 bis 727,49	293,22	151,84	95,79	52,59	22,22	4,69
727,50 bis 729,99	294,97	153,09	96,79	53,34	22,72	4,94
730,00 bis 732,49	296,72	154,34	97,79	54,09	23,22	5,19
732,50 bis 734,99	298,47	155,59	98,79	54,84	23,72	5,44
735,00 bis 737,49	300,22	156,84	99,79	55,59	24,22	5,69
737,50 bis 739,99	301,97	158,09	100,79	56,34	24,72	5,94
740,00 bis 742,49	303,72	159,34	101,79	57,09	25,22	6,19
742,50 bis 744,99	305,47	160,59	102,79	57,84	25,72	6,44
745,00 bis 747,49	307,22	161,84	103,79	58,59	26,22	6,69
747,50 bis 749,99	308,97	163,09	104,79	59,34	26,72	6,94
750,00 bis 752,49	310,72	164,34	105,79	60,09	27,22	7,19
752,50 bis 754,99	312,47	165,59	106,79	60,84	27,72	7,44
755,00 bis 757,49	314,22	166,84	107,79	61,59	28,22	7,69
757,50 bis 759,99	315,97	168,09	108,79	62,34	28,72	7,94
760,00 bis 762,49	317,72	169,34	109,79	63,09	29,22	8,19
762,50 bis 764,99	319,47	170,59	110,79	63,84	29,72	8,44
765,00 bis 767,49	321,22	171,84	111,79	64,59	30,22	8,69
767,50 bis 769,99	322,97	173,09	112,79	65,34	30,72	8,94
770,00 bis 772,49	324,72	174,34	113,79	66,09	31,22	9,19
772,50 bis 774,99	326,47	175,59	114,79	66,84	31,72	9,44
775,00 bis 777,49	328,22	176,84	115,79	67,59	32,22	9,69
777,50 bis 779,99	329,97	178,09	116,79	68,34	32,72	9,94
780,00 bis 782,49	331,72	179,34	117,79	69,09	33,22	10,19
782,50 bis 784,99	333,47	180,59	118,79	69,84	33,72	10,44
785,00 bis 787,49	335,22	181,84	119,79	70,59	34,22	10,69
787,50 bis 789,99	336,97	183,09	120,79	71,34	34,72	10,94
790,00 bis 792,49	338,72	184,34	121,79	72,09	35,22	11,19
792,50 bis 794,99	340,47	185,59	122,79	72,84	35,72	11,44
795,00 bis 797,49	342,22	186,84	123,79	73,59	36,22	11,69
797,50 bis 799,99	343,97	188,09	124,79	74,34	36,72	11,94
800,00 bis 802,49	345,72	189,34	125,79	75,09	37,22	12,19
802,50 bis 804,99	347,47	190,59	126,79	75,84	37,72	12,44
805,00 bis 807,49	349,22	191,84	127,79	76,59	38,22	12,69
807,50 bis 809,99	350,97	193,09	128,79	77,34	38,72	12,94
810,00 bis 812,49	352,72	194,34	129,79	78,09	39,22	13,19
812,50 bis 814,99	354,47	195,59	130,79	78,84	39,72	13,44
815,00 bis 817,49	356,22	196,84	131,79	79,59	40,22	13,69
817,50 bis 819,99	357,97	198,09	132,79	80,34	40,72	13,94
820,00 bis 822,49	359,72	199,34	133,79	81,09	41,22	14,19
822,50 bis 824,99	361,47	200,59	134,79	81,84	41,72	14,44
825,00 bis 827,49	363,22	201,84	135,79	82,59	42,22	14,69
827,50 bis 829,99	364,97	203,09	136,79	83,34	42,72	14,94
830,00 bis 832,49	366,72	204,34	137,79	84,09	43,22	15,19

Euro	Pfändbarer Betrag bei Unterhaltspflicht für … Personen					
Nettolohn wöchentlich	0	1	2	3	4	5 und mehr
832,50 bis 834,99	368,47	205,59	138,79	84,84	43,72	15,44
835,00 bis 837,49	370,22	206,84	139,79	85,59	44,22	15,69
837,50 bis 839,99	371,97	208,09	140,79	86,34	44,72	15,94
840,00 bis 842,49	373,72	209,34	141,79	87,09	45,22	16,19
842,50 bis 844,99	375,47	210,59	142,79	87,84	45,72	16,44
845,00 bis 847,49	377,22	211,84	143,79	88,59	46,22	16,69
847,50 bis 849,99	378,97	213,09	144,79	89,34	46,72	16,94
850,00 bis 852,49	380,72	214,34	145,79	90,09	47,22	17,19
852,50 bis 854,99	382,47	215,59	146,79	90,84	47,72	17,44
855,00 bis 857,49	384,22	216,84	147,79	91,59	48,22	17,69
857,50 bis 859,99	385,97	218,09	148,79	92,34	48,72	17,94
860,00 bis 862,49	387,72	219,34	149,79	93,09	49,22	18,19
862,50 bis 864,99	389,47	220,59	150,79	93,84	49,72	18,44
865,00 bis 867,49	391,22	221,84	151,79	94,59	50,22	18,69
867,50 bis 869,99	392,97	223,09	152,79	95,34	50,72	18,94
870,00 bis 872,49	394,72	224,34	153,79	96,09	51,22	19,19
872,50 bis 874,99	396,47	225,59	154,79	96,84	51,72	19,44
875,00 bis 877,49	398,22	226,84	155,79	97,59	52,22	19,69
877,50 bis 879,99	399,97	228,09	156,79	98,34	52,72	19,94
880,00 bis 882,49	401,72	229,34	157,79	99,09	53,22	20,19
882,50 bis 884,99	403,47	230,59	158,79	99,84	53,72	20,44
885,00 bis 887,49	405,22	231,84	159,79	100,59	54,22	20,69
887,50 bis 889,99	406,97	233,09	160,79	101,34	54,72	20,94
890,00 bis 892,49	408,72	234,34	161,79	102,09	55,22	21,19
892,50 bis 894,99	410,47	235,59	162,79	102,84	55,72	21,44
895,00 bis 897,49	412,22	236,84	163,79	103,59	56,22	21,69
897,50 bis 899,99	413,97	238,09	164,79	104,34	56,72	21,94
900,00 bis 902,49	415,72	239,34	165,79	105,09	57,22	22,19
902,50 bis 904,99	417,47	240,59	166,79	105,84	57,72	22,44
905,00 bis 907,49	419,22	241,84	167,79	106,59	58,22	22,69
907,50 bis 909,99	420,97	243,09	168,79	107,34	58,72	22,94
910,00 bis 912,49	422,72	244,34	169,79	108,09	59,22	23,19
912,50 bis 914,99	424,47	245,59	170,79	108,84	59,72	23,44
915,00 bis 917,49	426,22	246,84	171,79	109,59	60,22	23,69
917,50 bis 919,99	427,97	248,09	172,79	110,34	60,72	23,94
920,00 bis 922,49	429,72	249,34	173,79	111,09	61,22	24,19
922,50 bis 924,99	431,47	250,59	174,79	111,84	61,72	24,44
925,00 bis 927,49	433,22	251,84	175,79	112,59	62,22	24,69
927,50 bis 929,99	434,97	253,09	176,79	113,34	62,72	24,94
930,00 bis 932,49	436,72	254,34	177,79	114,09	63,22	25,19
932,50 bis 934,99	438,47	255,59	178,79	114,84	63,72	25,44
935,00 bis 937,49	440,22	256,84	179,79	115,59	64,22	25,69
937,50 bis 938,43	441,97	258,09	180,79	116,34	64,72	25,94
Der Mehrbetrag über 938,43 Euro ist voll pfändbar.						

Auszahlung für Tage

Euro	*Pfändbarer Betrag bei Unterhaltspflicht für … Personen*					
Nettolohn täglich	0	1	2	3	4	5 und mehr
bis 61,49	–	–	–	–	–	–
61,50 bis 61,99	0,20	–	–	–	–	–

Euro	Pfändbarer Betrag bei Unterhaltspflicht für … Personen					
Nettolohn täglich	0	1	2	3	4	5 und mehr
62,00 bis 62,49	0,55	–	–	–	–	–
62,50 bis 62,99	0,90	–	–	–	–	–
63,00 bis 63,49	1,25	–	–	–	–	–
63,50 bis 63,99	1,60	–	–	–	–	–
64,00 bis 64,49	1,95	–	–	–	–	–
64,50 bis 64,99	2,30	–	–	–	–	–
65,00 bis 65,49	2,65	–	–	–	–	–
65,50 bis 65,99	3,00	–	–	–	–	–
66,00 bis 66,49	3,35	–	–	–	–	–
66,50 bis 66,99	3,70	–	–	–	–	–
67,00 bis 67,49	4,05	–	–	–	–	–
67,50 bis 67,99	4,40	–	–	–	–	–
68,00 bis 68,49	4,75	–	–	–	–	–
68,50 bis 68,99	5,10	–	–	–	–	–
69,00 bis 69,49	5,45	–	–	–	–	–
69,50 bis 69,99	5,80	–	–	–	–	–
70,00 bis 70,49	6,15	–	–	–	–	–
70,50 bis 70,99	6,50	–	–	–	–	–
71,00 bis 71,49	6,85	–	–	–	–	–
71,50 bis 71,99	7,20	–	–	–	–	–
72,00 bis 72,49	7,55	–	–	–	–	–
72,50 bis 72,99	7,90	–	–	–	–	–
73,00 bis 73,49	8,25	–	–	–	–	–
73,50 bis 73,99	8,60	–	–	–	–	–
74,00 bis 74,49	8,95	–	–	–	–	–
74,50 bis 74,99	9,30	–	–	–	–	–
75,00 bis 75,49	9,65	–	–	–	–	–
75,50 bis 75,99	10,00	–	–	–	–	–
76,00 bis 76,49	10,35	–	–	–	–	–
76,50 bis 76,99	10,70	–	–	–	–	–
77,00 bis 77,49	11,05	–	–	–	–	–
77,50 bis 77,99	11,40	–	–	–	–	–
78,00 bis 78,49	11,75	–	–	–	–	–
78,50 bis 78,99	12,10	–	–	–	–	–
79,00 bis 79,49	12,45	–	–	–	–	–
79,50 bis 79,99	12,80	–	–	–	–	–
80,00 bis 80,49	13,15	–	–	–	–	–
80,50 bis 80,99	13,50	–	–	–	–	–
81,00 bis 81,49	13,85	–	–	–	–	–
81,50 bis 81,99	14,20	–	–	–	–	–
82,00 bis 82,49	14,55	–	–	–	–	–
82,50 bis 82,99	14,90	–	–	–	–	–
83,00 bis 83,49	15,25	–	–	–	–	–
83,50 bis 83,99	15,60	–	–	–	–	–
84,00 bis 84,49	15,95	–	–	–	–	–
84,50 bis 84,99	16,30	0,12	–	–	–	–
85,00 bis 85,49	16,65	0,37	–	–	–	–
85,50 bis 85,99	17,00	0,62	–	–	–	–
86,00 bis 86,49	17,35	0,87	–	–	–	–
86,50 bis 86,99	17,70	1,12	–	–	–	–
87,00 bis 87,49	18,05	1,37	–	–	–	–

Euro	Pfändbarer Betrag bei Unterhaltspflicht für … Personen					
Nettolohn täglich	0	1	2	3	4	5 und mehr
87,50 bis 87,99	18,40	1,62	–	–	–	–
88,00 bis 88,49	18,75	1,87	–	–	–	–
88,50 bis 88,99	19,10	2,12	–	–	–	–
89,00 bis 89,49	19,45	2,37	–	–	–	–
89,50 bis 89,99	19,80	2,62	–	–	–	–
90,00 bis 90,49	20,15	2,87	–	–	–	–
90,50 bis 90,99	20,50	3,12	–	–	–	–
91,00 bis 91,49	20,85	3,37	–	–	–	–
91,50 bis 91,99	21,20	3,62	–	–	–	–
92,00 bis 92,49	21,55	3,87	–	–	–	–
92,50 bis 92,99	21,90	4,12	–	–	–	–
93,00 bis 93,49	22,25	4,37	–	–	–	–
93,50 bis 93,99	22,60	4,62	–	–	–	–
94,00 bis 94,49	22,95	4,87	–	–	–	–
94,50 bis 94,99	23,30	5,12	–	–	–	–
95,00 bis 95,49	23,65	5,37	–	–	–	–
95,50 bis 95,99	24,00	5,62	–	–	–	–
96,00 bis 96,49	24,35	5,87	–	–	–	–
96,50 bis 96,99	24,70	6,12	–	–	–	–
97,00 bis 97,49	25,05	6,37	–	–	–	–
97,50 bis 97,99	25,40	6,62	0,16	–	–	–
98,00 bis 98,49	25,75	6,87	0,36	–	–	–
98,50 bis 98,99	26,10	7,12	0,56	–	–	–
99,00 bis 99,49	26,45	7,37	0,76	–	–	–
99,50 bis 99,99	26,80	7,62	0,96	–	–	–
100,00 bis 100,49	27,15	7,87	1,16	–	–	–
100,50 bis 100,99	27,50	8,12	1,36	–	–	–
101,00 bis 101,49	27,85	8,37	1,56	–	–	–
101,50 bis 101,99	28,20	8,62	1,76	–	–	–
102,00 bis 102,49	28,55	8,87	1,96	–	–	–
102,50 bis 102,99	28,90	9,12	2,16	–	–	–
103,00 bis 103,49	29,25	9,37	2,36	–	–	–
103,50 bis 103,99	29,60	9,62	2,56	–	–	–
104,00 bis 104,49	29,95	9,87	2,76	–	–	–
104,50 bis 104,99	30,30	10,12	2,96	–	–	–
105,00 bis 105,49	30,65	10,37	3,16	–	–	–
105,50 bis 105,99	31,00	10,62	3,36	–	–	–
106,00 bis 106,49	31,35	10,87	3,56	–	–	–
106,50 bis 106,99	31,70	11,12	3,76	–	–	–
107,00 bis 107,49	32,05	11,37	3,96	–	–	–
107,50 bis 107,99	32,40	11,62	4,16	–	–	–
108,00 bis 108,49	32,75	11,87	4,36	–	–	–
108,50 bis 108,99	33,10	12,12	4,56	–	–	–
109,00 bis 109,49	33,45	12,37	4,76	–	–	–
109,50 bis 109,99	33,80	12,62	4,96	–	–	–
110,00 bis 110,49	34,15	12,87	5,16	0,02	–	–
110,50 bis 110,99	34,50	13,12	5,36	0,17	–	–
111,00 bis 111,49	34,85	13,37	5,56	0,32	–	–
111,50 bis 111,99	35,20	13,62	5,76	0,47	–	–
112,00 bis 112,49	35,55	13,87	5,96	0,62	–	–
112,50 bis 112,99	35,90	14,12	6,16	0,77	–	–

Euro	Pfändbarer Betrag bei Unterhaltspflicht für … Personen					
Nettolohn täglich	0	1	2	3	4	5 und mehr
113,00 bis 113,49	36,25	14,37	6,36	0,92	–	–
113,50 bis 113,99	36,60	14,62	6,56	1,07	–	–
114,00 bis 114,49	36,95	14,87	6,76	1,22	–	–
114,50 bis 114,99	37,30	15,12	6,96	1,37	–	–
115,00 bis 115,49	37,65	15,37	7,16	1,52	–	–
115,50 bis 115,99	38,00	15,62	7,36	1,67	–	–
116,00 bis 116,49	38,35	15,87	7,56	1,82	–	–
116,50 bis 116,99	38,70	16,12	7,76	1,97	–	–
117,00 bis 117,49	39,05	16,37	7,96	2,12	–	–
117,50 bis 117,99	39,40	16,62	8,16	2,27	–	–
118,00 bis 118,49	39,75	16,87	8,36	2,42	–	–
118,50 bis 118,99	40,10	17,12	8,56	2,57	–	–
119,00 bis 119,49	40,45	17,37	8,76	2,72	–	–
119,50 bis 119,99	40,80	17,62	8,96	2,87	–	–
120,00 bis 120,49	41,15	17,87	9,16	3,02	–	–
120,50 bis 120,99	41,50	18,12	9,36	3,17	–	–
121,00 bis 121,49	41,85	18,37	9,56	3,32	–	–
121,50 bis 121,99	42,20	18,62	9,76	3,47	–	–
122,00 bis 122,49	42,55	18,87	9,96	3,62	–	–
122,50 bis 122,99	42,90	19,12	10,16	3,77	–	–
123,00 bis 123,49	43,25	19,37	10,36	3,92	0,04	–
123,50 bis 123,99	43,60	19,62	10,56	4,07	0,14	–
124,00 bis 124,49	43,95	19,87	10,76	4,22	0,24	–
124,50 bis 124,99	44,30	20,12	10,96	4,37	0,34	–
125,00 bis 125,49	44,65	20,37	11,16	4,52	0,44	–
125,50 bis 125,99	45,00	20,62	11,36	4,67	0,54	–
126,00 bis 126,49	45,35	20,87	11,56	4,82	0,64	–
126,50 bis 126,99	45,70	21,12	11,76	4,97	0,74	–
127,00 bis 127,49	46,05	21,37	11,96	5,12	0,84	–
127,50 bis 127,99	46,40	21,62	12,16	5,27	0,94	–
128,00 bis 128,49	46,75	21,87	12,36	5,42	1,04	–
128,50 bis 128,99	47,10	22,12	12,56	5,57	1,14	–
129,00 bis 129,49	47,45	22,37	12,76	5,72	1,24	–
129,50 bis 129,99	47,80	22,62	12,96	5,87	1,34	–
130,00 bis 130,49	48,15	22,87	13,16	6,02	1,44	–
130,50 bis 130,99	48,50	23,12	13,36	6,17	1,54	–
131,00 bis 131,49	48,85	23,37	13,56	6,32	1,64	–
131,50 bis 131,99	49,20	23,62	13,76	6,47	1,74	–
132,00 bis 132,49	49,55	23,87	13,96	6,62	1,84	–
132,50 bis 132,99	49,90	24,12	14,16	6,77	1,94	–
133,00 bis 133,49	50,25	24,37	14,36	6,92	2,04	–
133,50 bis 133,99	50,60	24,62	14,56	7,07	2,14	–
134,00 bis 134,49	50,95	24,87	14,76	7,22	2,24	–
134,50 bis 134,99	51,30	25,12	14,96	7,37	2,34	–
135,00 bis 135,49	51,65	25,37	15,16	7,52	2,44	–
135,50 bis 135,99	52,00	25,62	15,36	7,67	2,54	–
136,00 bis 136,49	52,35	25,87	15,56	7,82	2,64	0,04
136,50 bis 136,99	52,70	26,12	15,76	7,97	2,74	0,09
137,00 bis 137,49	53,05	26,37	15,96	8,12	2,84	0,14
137,50 bis 137,99	53,40	26,62	16,16	8,27	2,94	0,19
138,00 bis 138,49	53,75	26,87	16,36	8,42	3,04	0,24

Euro	Pfändbarer Betrag bei Unterhaltspflicht für … Personen					
Nettolohn täglich	0	1	2	3	4	5 und mehr
138,50 bis 138,99	54,10	27,12	16,56	8,57	3,14	0,29
139,00 bis 139,49	54,45	27,37	16,76	8,72	3,24	0,34
139,50 bis 139,99	54,80	27,62	16,96	8,87	3,34	0,39
140,00 bis 140,49	55,15	27,87	17,16	9,02	3,44	0,44
140,50 bis 140,99	55,50	28,12	17,36	9,17	3,54	0,49
141,00 bis 141,49	55,85	28,37	17,56	9,32	3,64	0,54
141,50 bis 141,99	56,20	28,62	17,76	9,47	3,74	0,59
142,00 bis 142,49	56,55	28,87	17,96	9,62	3,84	0,64
142,50 bis 142,99	56,90	29,12	18,16	9,77	3,94	0,69
143,00 bis 143,49	57,25	29,37	18,36	9,92	4,04	0,74
143,50 bis 143,99	57,60	29,62	18,56	10,07	4,14	0,79
144,00 bis 144,49	57,95	29,87	18,76	10,22	4,24	0,84
144,50 bis 144,99	58,30	30,12	18,96	10,37	4,34	0,89
145,00 bis 145,49	58,65	30,37	19,16	10,52	4,44	0,94
145,50 bis 145,99	59,00	30,62	19,36	10,67	4,54	0,99
146,00 bis 146,49	59,35	30,87	19,56	10,82	4,64	1,04
146,50 bis 146,99	59,70	31,12	19,76	10,97	4,74	1,09
147,00 bis 147,49	60,05	31,37	19,96	11,12	4,84	1,14
147,50 bis 147,99	60,40	31,62	20,16	11,27	4,94	1,19
148,00 bis 148,49	60,75	31,87	20,36	11,42	5,04	1,24
148,50 bis 148,99	61,10	32,12	20,56	11,57	5,14	1,29
149,00 bis 149,49	61,45	32,37	20,76	11,72	5,24	1,34
149,50 bis 149,99	61,80	32,62	20,96	11,87	5,34	1,39
150,00 bis 150,49	62,15	32,87	21,16	12,02	5,44	1,44
150,50 bis 150,99	62,50	33,12	21,36	12,17	5,54	1,49
151,00 bis 151,49	62,85	33,37	21,56	12,32	5,64	1,54
151,50 bis 151,99	63,20	33,62	21,76	12,47	5,74	1,59
152,00 bis 152,49	63,55	33,87	21,96	12,62	5,84	1,64
152,50 bis 152,99	63,90	34,12	22,16	12,77	5,94	1,69
153,00 bis 153,49	64,25	34,37	22,36	12,92	6,04	1,74
153,50 bis 153,99	64,60	34,62	22,56	13,07	6,14	1,79
154,00 bis 154,49	64,95	34,87	22,76	13,22	6,24	1,84
154,50 bis 154,99	65,30	35,12	22,96	13,37	6,34	1,89
155,00 bis 155,49	65,65	35,37	23,16	13,52	6,44	1,94
155,50 bis 155,99	66,00	35,62	23,36	13,67	6,54	1,99
156,00 bis 156,49	66,35	35,87	23,56	13,82	6,64	2,04
156,50 bis 156,99	66,70	36,12	23,76	13,97	6,74	2,09
157,00 bis 157,49	67,05	36,37	23,96	14,12	6,84	2,14
157,50 bis 157,99	67,40	36,62	24,16	14,27	6,94	2,19
158,00 bis 158,49	67,75	36,87	24,36	14,42	7,04	2,24
158,50 bis 158,99	68,10	37,12	24,56	14,57	7,14	2,29
159,00 bis 159,49	68,45	37,37	24,76	14,72	7,24	2,34
159,50 bis 159,99	68,80	37,62	24,96	14,87	7,34	2,39
160,00 bis 160,49	69,15	37,87	25,16	15,02	7,44	2,44
160,50 bis 160,99	69,50	38,12	25,36	15,17	7,54	2,49
161,00 bis 161,49	69,85	38,37	25,56	15,32	7,64	2,54
161,50 bis 161,99	70,20	38,62	25,76	15,47	7,74	2,59
162,00 bis 162,49	70,55	38,87	25,96	15,62	7,84	2,64
162,50 bis 162,99	70,90	39,12	26,16	15,77	7,94	2,69
163,00 bis 163,49	71,25	39,37	26,36	15,92	8,04	2,74
163,50 bis 163,99	71,60	39,62	26,56	16,07	8,14	2,79

Euro	Pfändbarer Betrag bei Unterhaltspflicht für … Personen					
Nettolohn täglich	0	1	2	3	4	5 und mehr
164,00 bis 164,49	71,95	39,87	26,76	16,22	8,24	2,84
164,50 bis 164,99	72,30	40,12	26,96	16,37	8,34	2,89
165,00 bis 165,49	72,65	40,37	27,16	16,52	8,44	2,94
165,50 bis 165,99	73,00	40,62	27,36	16,67	8,54	2,99
166,00 bis 166,49	73,35	40,87	27,56	16,82	8,64	3,04
166,50 bis 166,99	73,70	41,12	27,76	16,97	8,74	3,09
167,00 bis 167,49	74,05	41,37	27,96	17,12	8,84	3,14
167,50 bis 167,99	74,40	41,62	28,16	17,27	8,94	3,19
168,00 bis 168,49	74,75	41,87	28,36	17,42	9,04	3,24
168,50 bis 168,99	75,10	42,12	28,56	17,57	9,14	3,29
169,00 bis 169,49	75,45	42,37	28,76	17,72	9,24	3,34
169,50 bis 169,99	75,80	42,62	28,96	17,87	9,34	3,39
170,00 bis 170,49	76,15	42,87	29,16	18,02	9,44	3,44
170,50 bis 170,99	76,50	43,12	29,36	18,17	9,54	3,49
171,00 bis 171,49	76,85	43,37	29,56	18,32	9,64	3,54
171,50 bis 171,99	77,20	43,62	29,76	18,47	9,74	3,59
172,00 bis 172,49	77,55	43,87	29,96	18,62	9,84	3,64
172,50 bis 172,99	77,90	44,12	30,16	18,77	9,94	3,69
173,00 bis 173,49	78,25	44,37	30,36	18,92	10,04	3,74
173,50 bis 173,99	78,60	44,62	30,56	19,07	10,14	3,79
174,00 bis 174,49	78,95	44,87	30,76	19,22	10,24	3,84
174,50 bis 174,99	79,30	45,12	30,96	19,37	10,34	3,89
175,00 bis 175,49	79,65	45,37	31,16	19,52	10,44	3,94
175,50 bis 175,99	80,00	45,62	31,36	19,67	10,54	3,99
176,00 bis 176,49	80,35	45,87	31,56	19,82	10,64	4,04
176,50 bis 176,99	80,70	46,12	31,76	19,97	10,74	4,09
177,00 bis 177,49	81,05	46,37	31,96	20,12	10,84	4,14
177,50 bis 177,99	81,40	46,62	32,16	20,27	10,94	4,19
178,00 bis 178,49	81,75	46,87	32,36	20,42	11,04	4,24
178,50 bis 178,99	82,10	47,12	32,56	20,57	11,14	4,29
179,00 bis 179,49	82,45	47,37	32,76	20,72	11,24	4,34
179,50 bis 179,99	82,80	47,62	32,96	20,87	11,34	4,39
180,00 bis 180,49	83,15	47,87	33,16	21,02	11,44	4,44
180,50 bis 180,99	83,50	48,12	33,36	21,17	11,54	4,49
181,00 bis 181,49	83,85	48,37	33,56	21,32	11,64	4,54
181,50 bis 181,99	84,20	48,62	33,76	21,47	11,74	4,59
182,00 bis 182,49	84,55	48,87	33,96	21,62	11,84	4,64
182,50 bis 182,99	84,90	49,12	34,16	21,77	11,94	4,69
183,00 bis 183,49	85,25	49,37	34,36	21,92	12,04	4,74
183,50 bis 183,99	85,60	49,62	34,56	22,07	12,14	4,79
184,00 bis 184,49	85,95	49,87	34,76	22,22	12,24	4,84
184,50 bis 184,99	86,30	50,12	34,96	22,37	12,34	4,89
185,00 bis 185,49	86,65	50,37	35,16	22,52	12,44	4,94
185,50 bis 185,99	87,00	50,62	35,36	22,67	12,54	4,99
186,00 bis 186,49	87,35	50,87	35,56	22,82	12,64	5,04
186,50 bis 186,99	87,70	51,12	35,76	22,97	12,74	5,09
187,00 bis 187,49	88,05	51,37	35,96	23,12	12,84	5,14
187,50 bis 187,69	88,40	51,62	36,16	23,27	12,94	5,19
Der Mehrbetrag über 187,69 Euro ist voll pfändbar.						

50/20. Gerichtsverfassungsgesetz (GVG)[1) 2)]

In der Fassung der Bekanntmachung vom 9. Mai 1975[3)]
(BGBl. I S. 1077)

FNA 300-2

geänd. durch Art. 4 § 7 G zur Änd. des GKG, des G über Kosten der Gerichtsvollzieher, der Bundesgebührenordnung für Rechtsanwälte und anderer Vorschriften v. 20.8.1975 (BGBl. I S. 2189), § 179 StrafvollzugsG v. 16.3.1976 (BGBl. I S. 581), Art. 5 Erstes G zur Reform des Ehe- und Familienrechts v. 14.6.1976 (BGBl. I S. 1421), Art. 7 Nr. 1 AdoptionsG v. 2.7.1976 (BGBl. I S. 1749), Art. 6 Nr. 1 Erstes G zur Bekämpfung der Wirtschaftskriminalität v. 29.7.1976 (BGBl. I S. 2034), Art. 3 G zur Änd. des StGB, der StPO, des GVG, der BundesrechtsanwaltsO und des StVollzG v. 18.8.1976 (BGBl. I S. 2181), Art. 2 Vereinfachungsnovelle v. 3.12.1976 (BGBl. I S. 3281), Art. 2 StrafverfahrensänderungsG 1979 v. 5.10.1978 (BGBl. I S. 1645), Art. 1 G zur Neuregelung des Rechts des Urkundsbeamten der Geschäftsstelle v. 19.12.1979 (BGBl. I S. 2306), Art. 3 Achtzehntes StrafrechtsänderungsG v. 28.3.1980 (BGBl. I S. 373), Art. 3 G zur Neuordnung des Betäubungsmittelrechts v. 28.7.1981 (BGBl. I S. 681), Art. 1 G zur Erhöhung von Wertgrenzen in der Gerichtsbarkeit v. 8.12.1982 (BGBl. I S. 1615), § 78 G über die internationale Rechtshilfe in Strafsachen v. 23.12.1982 (BGBl. I S. 2071), Art. 2 G zur Änd. des StrafvollzugsG v. 20.1.1984 (BGBl. I S. 97, ber. S. 360), Art. 4 Zweites G zur Änd. des BundeszentralregisterG v. 17.7.1984 (BGBl. I S. 990), Art. 2 G zur Änd. unterhaltsrechtlicher, verfahrensrechtlicher und anderer Vorschriften v. 20.2.1986 (BGBl. I S. 301), Art. 3 Dreiundzwanzigstes StrafrechtsänderungsG v. 13.4.1986 (BGBl. I S. 393), Art. 8 Nr. 2 Zweites G zur Bekämpfung der Wirtschaftskriminalität v. 15.5.1986 (BGBl. I S. 721), Art. 4 G zur Änd. wirtschafts-, verbraucher-, arbeits- und sozialrechtlicher Vorschriften v. 25.7.1986 (BGBl. I S. 1169), Art. 3 Abs. 1 G zur Änd. des Gebrauchs-

---

[1)] Die Länder haben ua folgende Ausführungsvorschriften erlassen:
- **Baden-Württemberg:** GVG-AusführungsG v. 16.12.1975 (GBl. S. 868), zuletzt geänd. durch G v. 17.12.2020 (GBl. 2021 S. 1)
- **Bayern:** GVG-AusführungsG v. 23.6.1981 (BayRS IV S. 483), zuletzt geänd. durch V v. 26.3.2019 (GVBl. S. 98)
- **Berlin:** JustizG Berlin v. 22.1.2021 (GVBl. S. 75), geänd. durch G v. 14.9.2021 (GVBl. S. 1076)
- **Brandenburg:** Brandenburgisches GerichtsorganisationsG v. 19.12.2011 (GVBl. I Nr. 32), geänd. durch G v. 19.12.2011 (GVBl. I Nr. 32 S. 1)
- **Bremen:** GVG-AusführungsG idF der Bek. v. 21.8.1974 (Brem.GBl. S. 297), zuletzt geänd. durch G v. 25.11.2014 (Brem.GBl. S. 639)
- **Hamburg:** GVG-AusführungsG v. 31.5.1965 (HmbGVBl. S. 99), zuletzt geänd durch G v. 10.9. 2002 (GVBl. S. 252)
- **Hessen:** GVG-AusführungsG v. 3.9.1878 (Hess. Reg.Bl. S. 101), zuletzt geänd. durch G v. 25.9.1990 (GVBl. I S. 563)
- **Mecklenburg-Vorpommern:** GerichtsstrukturG idF der Bek. v. 7.4.1998 (GVOBl. M-V S. 444, ber. S. 549), zuletzt geänd. durch G v. 11.11.2013 (GVOBl. M-V S. 609)
- **Niedersachsen:** Niedersächsisches JustizG v. 16.12.2014 (Nds. GVBl. S. 436), zuletzt geänd. durch G v. 11.11.2020 (Nds. GVBl. S. 391)
- **Nordrhein-Westfalen:** JustizG Nordrhein-Westfalen v. 26.1.2010 (GV. NRW. S. 30), zuletzt geänd. durch G v. 13.4.2022 (GV. NRW. S. 543)
- **Rheinland-Pfalz:** GVG-AusführungsG v. 6.11.1989 (GVBl. S. 225), zuletzt geänd. durch G v. 3.9. 2018 (GVBl. S. 276)
- **Saarland:** GVG-AusführungsG v. 4.10.1972 (Amtsbl. S. 601), zuletzt geänd. durch G v. 11.11.2020 (Amtsbl. I S. 1262)
- **Sachsen:** Sächsisches JustizG v. 24.11.2000 (SächsGVBl. S. 482, ber. 2001 S. 704), zuletzt geänd. durch G v. 11.5.2019 (SächsGVBl. S. 358)
- **Sachsen-Anhalt:** GVG-AusführungsG v. 24.8.1992 (GVBl. LSA S. 648), zuletzt geänd. durch G v. 8.3.2021 (GVBl. LSA S. 88)
- **Schleswig-Holstein:** LandesjustizG v. 17.4.2018 (GVOBl. Schl.-H. S. 231, ber. S. 441), zuletzt geänd. durch G v. 17.3.2022 (GVOBl. Schl.-H. S. 301)
- **Thüringen:** GVG-AusführungsG idF der Bek. v. 12.10.1993 (GVBl. S. 612), zuletzt geänd. durch G v. 10.10.2019 (GVBl. S. 382)

[2)] Die Änderungen durch G v. 10.12.2019 (BGBl. I S. 2121) treten teilweise erst **mWv 12.12.2024** in Kraft und sind insoweit im Text noch nicht berücksichtigt.

[3)] Neubekanntmachung des GVG v. 27.1.1877 (RGBl. S. 41) in der seit 1.1.1975 geltenden Fassung.

musterG v. 15.8.1986 (BGBl. I S. 1446), Art. 8 § 4 G zur Änd. von Kostengesetzen v. 9.12.1986 (BGBl. I S. 2326), Art. 2 OpferschutzG v. 18.12.1986 (BGBl. I S. 2496), Art. 2 G zur Bekämpfung des Terrorismus v. 19.12.1986 (BGBl. I S. 2566), Art. 2 StrafverfahrensänderungsG 1987 v. 27.1.1987 (BGBl. I S. 475), § 19 HalbleiterschutzG v. 22.10.1987 (BGBl. I S. 2294), § 16 Abs. 1 G zur Ausführung der EWG-Verordnung über die Europäische wirtschaftliche Interessenvereinigung v. 14.4.1988 (BGBl. I S. 514), Art. 9 G zur Stärkung des Schutzes des geistigen Eigentums und zur Bekämpfung der Produktpiraterie v. 7.3.1990 (BGBl. I S. 422), Art. 3 G zur Ausführung von Sorgerechtsübereinkommen und zur Änd. des FGG sowie anderer Gesetze v. 5.4.1990 (BGBl. I S. 701), Art. 2 BetreuungsG v. 12.9.1990 (BGBl. I S. 2002), Art. 2 Viertes VwGO-ÄndG v. 17.12.1990 (BGBl. I S. 2809), Art. 2 Rechtspflege-VereinfachungsG v. 17.12.1990 (BGBl. I S. 2847), Art. 4 G zur Bekämpfung des illegalen Rauschgifthandels und anderer Erscheinungsformen der Organisierten Kriminalität v. 15.7.1992 (BGBl. I S. 1302), Art. 3 G zur Entlastung der Rechtspflege v. 11.1.1993 (BGBl. I S. 50, aufgeh. durch G v. 6.12.2011, BGBl. I S. 2554), Art. 3 G zur Änderung des RechtspflegerG und anderer Gesetze v. 24.6.1994 (BGBl. I S. 1374), Art. 12 Zweites FinanzmarktförderungsG v. 26.7.1994 (BGBl. I S. 1749), Art. 12 EinführungsG zur InsO v. 5.10.1994 (BGBl. I S. 2911), Art. 7 MarkenrechtsreformG v. 25.10.1994 (BGBl. I S. 3082), Art. 8 VerbrechensbekämpfungsG v. 28.10.1994 (BGBl. I S. 3186), Art. 14 G zur Bereinigung des Umwandlungsrechts v. 28.10.1994 (BGBl. I S. 3210), Art. 2 G zur Rechtsvereinheitlichung der Sicherungsverwahrung v. 16.6.1995 (BGBl. I S. 818), Art. 2 MarkenrechtsänderungsG 1996 v. 19.7.1996 (BGBl. I S. 1014), Art. 1 G zur Abschaffung der Gerichtsferien v. 28.10.1996 (BGBl. I S. 1546), Art. 2 Abs. 2 Dreiunddreißigstes StrafrechtsänderungsG v. 1.7.1997 (BGBl. I S. 1607), Art. 2 G zur Bekämpfung der Korruption v. 13.8.1997 (BGBl. I S. 2038), Art. 4 KindschaftsrechtsreformG v. 16.12.1997 (BGBl. I S. 2942), Art. 2 Sechstes G zur Reform des Strafrechts v. 26.1.1998 (BGBl. I S. 164), Art. 4 Abs. 2 KindesunterhaltsG v. 6.4.1998 (BGBl. I S. 666), Art. 16 HandelsrechtsreformG v. 22.6.1998 (BGBl. I S. 1474), Art. 1a BetreuungsrechtsänderungsG v. 25.6. 1998 (BGBl. IS. 1580), Art. 14 G zur Änd. der Haftungsbeschränkung in der Binnenschiffahrt v. 25.8. 1998 (BGBl. I S. 2489), Art. 1 G zur Stärkung der Unabhängigkeit der Richter und Gerichte v. 22.12. 1999 (BGBl. I S. 2598, ber. 2000 I S. 1415), Art. 14 2. ZuständigkeitslockerungsG v. 3.5.2000 (BGBl. I S. 632), Art. 5 StrafverfahrensänderungsG 1999 v. 2.8.2000 (BGBl. I S. 1253), Art. 2 G zur Verlängerung der Besetzungsreduktion bei Strafkammern v. 19.12.2000 (BGBl. I S. 1756), Art. 3 § 12 G zur Beendigung der Diskriminierung gleichgeschlechtlicher Gemeinschaften v. 16.2.2001 (BGBl. I S. 266), Art. 2 Abs. 2 G zur Änd. von Vorschriften auf dem Gebiet der Anerkennung und Vollstreckung ausländischer Entscheidungen in Zivil- und Handelssachen v. 19.2.2001 (BGBl. I S. 288), Art. 6 Drittes SeerechtsänderungsG v. 16.5.2001 (BGBl. I S. 898), Art. 1 ZivilprozessreformG v. 27.7.2001 (BGBl. I S. 1887), Art. 5 Abs. 1 SchuldrechtsmodernisierungsG v. 26.11.2001 (BGBl. I S. 3138), Art. 12 Elektronische Register/JustizkostenG v. 10.12.2001 (BGBl. I S. 3422), Art. 3 GewaltschutzG-EinführungsG v. 11.12.2001 (BGBl. I S. 3513), Art. 29 Behindertengleichstellungs-EinführungsG v. 27.4. 2002 (BGBl. I S. 1467), Art. 4 IStGH-AusführungsG v. 21.6.2002 (BGBl. I S. 2144), Art. 4 Völkerstrafgesetzbuch-EinführungsG v. 26.6.2002 (BGBl. I S. 2254), Art. 7 Schwarzarbeit-Bekämpfungs-ErleichterungsG v. 23.7.2002 (BGBl. I S. 2787, ber. S. 3760), Art. 20 OLG-VertretungsänderungsG v. 23.7.2002 (BGBl. I S. 2850, ber. S. 4410), Art. 1 GVG-ÄndG v. 26.7.2002 (BGBl. I S. 2914), Art. 2 Vierunddreißigstes StrafrechtsänderungsG v. 22.8.2002 (BGBl. I S. 3390), Art. 5 SpruchverfahrensneuordnungsG v. 12.6.2003 (BGBl. I S. 838), Art. 2 G zur Umsetzung des Rahmenbeschlusses des Rates v. 13.6.2002 zur Terrorismusbekämpfung und zur Änd. anderer Gesetze v. 22.12.2003 (BGBl. I S. 2836), Art. 2 G zur Änd. der Vorschriften über die Straftaten gegen die sexuelle Selbstbestimmung und zur Änd. anderer Vorschriften v. 27.12.2003 (BGBl. I S. 3007), Art. 2 Abs. 1 GeschmacksmusterreformG v. 12.3.2004 (BGBl. I S. 390), Art. 4 Abs. 16 KostenrechtsmodernisierungsG v. 5.5.2004 (BGBl. I S. 718), Art. 2 OpferrechtsreformG v. 24.6.2004 (BGBl. I S. 1354), § 20 Abs. 2 G gegen den unlauteren Wettbewerb v. 3.7.2004 (BGBl. I S. 1414), Art. 3 G zur Einführung der nachträglichen Sicherungsverwahrung v. 23.7.2004 (BGBl. I S. 1838), Art. 11 G zur Intensivierung der Bekämpfung der Schwarzarbeit und damit zusammenhängender Steuerhinterziehung v. 23.7.2004 (BGBl. I S. 1842), Art. 12a 1. JustizmodernisierungsG v. 24.8.2004 (BGBl. I S. 2198), Art. 1 G zur Vereinfachung und Vereinheitlichung der Verfahrensvorschriften zur Wahl und Berufung ehrenamtlicher Richter v. 21.12.2004 (BGBl. I S. 3599), Art. 3 G zur Einführung der Europäischen Gesellschaft v. 22.12.2004 (BGBl. I S. 3675), Art. 2 Abs. 1 G zum internationalen Familienrecht v. 26.1.2005 (BGBl. I S. 162), Art. 15c JustizkommunikationsG v. 22.3.2005 (BGBl. I S. 837, ber. S. 2022), Art. 1 Bürokratieabbau- und DeregulierungsG v. 21.6.2005 (BGBl. I S. 1666), Art. 2 G zur Umsetzung des BVerfG-Urteils „akustische Wohnraumüberwachung" v. 24.6.2005 (BGBl. I S. 1841), Art. 3 und 9 Abs. 2 G zur Einführung von Kapitalanleger-Musterverfahren v. 16.8.2005 (BGBl. I S. 2437, geänd. durch G v. 22.12.2006, BGBl. I S. 3416), Art. 17 Erstes BMJ-RechtsbereinigungsG v. 19.4.2006 (BGBl. I S. 866), Art. 5 G zur Einführung der Europäischen Genossenschaft und zur Änd. des Genossenschaftsrechts

ob den Aufnahmen ein bleibender Wert zukommt. [5]Nimmt das Bundesarchiv oder das jeweilige Landesarchiv die Aufnahmen nicht an, sind die Aufnahmen durch das Gericht zu löschen.

(3) [1]Abweichend von Absatz 1 Satz 2 kann das Gericht für die Verkündung von Entscheidungen des Bundesgerichtshofs in besonderen Fällen Ton- und Fernseh-Rundfunkaufnahmen sowie Ton- und Filmaufnahmen zum Zwecke der öffentlichen Vorführung oder der Veröffentlichung ihres Inhalts zulassen. [2]Zur Wahrung schutzwürdiger Interessen der Beteiligten oder Dritter sowie eines ordnungsgemäßen Ablaufs des Verfahrens können die Aufnahmen oder deren Übertragung teilweise untersagt oder von der Einhaltung von Auflagen abhängig gemacht werden.

(4) Die Beschlüsse des Gerichts nach den Absätzen 1 bis 3 sind unanfechtbar.

§ 171b[1)] [Ausschluss der Öffentlichkeit zum Schutz der Privatsphäre]

(1) [1]Die Öffentlichkeit kann ausgeschlossen werden, soweit Umstände aus dem persönlichen Lebensbereich eines Prozessbeteiligten, eines Zeugen oder eines durch eine rechtswidrige Tat (§ 11 Absatz 1 Nummer 5 des Strafgesetzbuchs[2)]) Verletzten zur Sprache kommen, deren öffentliche Erörterung schutzwürdige Interessen verletzen würde. [2]Das gilt nicht, soweit das Interesse an der öffentlichen Erörterung dieser Umstände überwiegt. [3]Die besonderen Belastungen, die für Kinder und Jugendliche mit einer öffentlichen Hauptverhandlung verbunden sein können, sind dabei zu berücksichtigen. [4]Entsprechendes gilt bei volljährigen Personen, die als Kinder oder Jugendliche durch die Straftat verletzt worden sind.

(2) [1]Die Öffentlichkeit soll ausgeschlossen werden, soweit in Verfahren wegen Straftaten gegen die sexuelle Selbstbestimmung (§§ 174 bis 184k des Strafgesetzbuchs) oder gegen das Leben (§§ 211 bis 222 des Strafgesetzbuchs), wegen Misshandlung von Schutzbefohlenen (§ 225 des Strafgesetzbuchs) oder wegen Straftaten gegen die persönliche Freiheit nach den §§ 232 bis 233a des Strafgesetzbuchs ein Zeuge unter 18 Jahren vernommen wird. [2]Absatz 1 Satz 4 gilt entsprechend.

(3) [1]Die Öffentlichkeit ist auszuschließen, wenn die Voraussetzungen der Absätze 1 oder 2 vorliegen und der Ausschluss von der Person, deren Lebensbereich betroffen ist, beantragt wird. [2]Für die Schlussanträge in Verfahren wegen der in Absatz 2 genannten Straftaten ist die Öffentlichkeit auszuschließen, ohne dass es eines hierauf gerichteten Antrags bedarf, wenn die Verhandlung unter den Voraussetzungen der Absätze 1 oder 2 oder des § 172 Nummer 4 ganz oder zum Teil unter Ausschluss der Öffentlichkeit stattgefunden hat.

(4) Abweichend von den Absätzen 1 und 2 darf die Öffentlichkeit nicht ausgeschlossen werden, soweit die Personen, deren Lebensbereiche betroffen sind, dem Ausschluss der Öffentlichkeit widersprechen.

(5) Die Entscheidungen nach den Absätzen 1 bis 4 sind unanfechtbar.

[1)] § 171b neu gef. mWv 1.9.2013 durch G v. 26.6.2013 (BGBl. I S. 1805); Abs. 2 Satz 1 geänd. mWv 27.1.2015 durch G v. 21.1.2015 (BGBl. I S. 10); Abs. 2 Satz 2 geänd. mWv 31.12.2015 durch G v. 21.12.2015 (BGBl. I S. 2525); Abs. 2 Satz 1 geänd. mWv 10.11.2016 durch G v. 4.11.2016 (BGBl. I S. 2460); Abs. 2 Satz 1 geänd. mWv 1.1.2021 durch G v. 9.10.2020 (BGBl. I S. 2075).

[2)] **Habersack, Deutsche Gesetze Nr. 85.**

§ 172[1)] **[Gründe für Ausschluss der Öffentlichkeit]** Das Gericht kann für die Verhandlung oder für einen Teil davon die Öffentlichkeit ausschließen, wenn

1. eine Gefährdung der Staatssicherheit, der öffentlichen Ordnung oder der Sittlichkeit zu besorgen ist,

1a. eine Gefährdung des Lebens, des Leibes oder der Freiheit eines Zeugen oder einer anderen Person zu besorgen ist,

2. ein wichtiges Geschäfts-, Betriebs-, Erfindungs- oder Steuergeheimnis zur Sprache kommt, durch dessen öffentliche Erörterung überwiegende schutzwürdige Interessen verletzt würden,

3. ein privates Geheimnis erörtert wird, dessen unbefugte Offenbarung mit Strafe bedroht ist,

4. eine Person unter 18 Jahren vernommen wird.

§ 173[2)] **[Öffentliche Urteilsverkündung]** (1) Die Verkündung des Urteils sowie der Endentscheidung in Ehesachen und Familienstreitsachen erfolgt in jedem Falle öffentlich.

(2) Durch einen besonderen Beschluß des Gerichts kann unter den Voraussetzungen der §§ 171b und 172 auch für die Verkündung der Entscheidungsgründe oder eines Teiles davon die Öffentlichkeit ausgeschlossen werden.

§ 174[3)] **[Verhandlung über Ausschluss der Öffentlichkeit; Schweigepflicht]** (1) [1] Über die Ausschließung der Öffentlichkeit ist in nicht öffentlicher Sitzung zu verhandeln, wenn ein Beteiligter es beantragt oder das Gericht es für angemessen erachtet. [2] Der Beschluß, der die Öffentlichkeit ausschließt, muß öffentlich verkündet werden; er kann in nicht öffentlicher Sitzung verkündet werden, wenn zu befürchten ist, daß seine öffentliche Verkündung eine erhebliche Störung der Ordnung in der Sitzung zur Folge haben würde. [3] Bei der Verkündung ist in den Fällen der §§ 171b, 172 und 173 anzugeben, aus welchem Grund die Öffentlichkeit ausgeschlossen worden ist.

(2) Soweit die Öffentlichkeit wegen Gefährdung der Staatssicherheit ausgeschlossen wird, dürfen Presse, Rundfunk und Fernsehen keine Berichte über die Verhandlung und den Inhalt eines die Sache betreffenden amtlichen Schriftstücks veröffentlichen.

(3) [1] Ist die Öffentlichkeit wegen Gefährdung der Staatssicherheit oder aus den in §§ 171b und 172 Nr. 2 und 3 bezeichneten Gründen ausgeschlossen, so kann das Gericht den anwesenden Personen die Geheimhaltung von Tatsachen, die durch die Verhandlung oder durch ein die Sache betreffendes amtliches Schriftstück zu ihrer Kenntnis gelangen, zur Pflicht machen. [2] Der Beschluß ist in das Sitzungsprotokoll aufzunehmen. [3] Er ist anfechtbar. [4] Die Beschwerde hat keine aufschiebende Wirkung.

---

1) § 172 Nr. 1a eingef. durch G v. 15.7.1992 (BGBl. I S. 1302); Nr. 2 neu gef. durch G v. 18.12. 1986 (*BGBl. I S. 2496*); *Nr. 4 geänd. m*Wv 1.10.2009 durch G v. 29.7.2009 (BGBl. I S. 2280); Nr. 3 geänd. mWv 1.8.2022 durch G v. 7.7.2021 (BGBl. I S. 2363).

2) § 173 Abs. 2 geänd. durch G v. 18.12.1986 (BGBl. I S. 2496); Abs. 1 und 2 geänd. mWv 1.1. 2013 durch G v. 5.12.2012 (BGBl. I S. 2418).

3) § 174 Abs. 1 Satz 3 und Abs. 3 Satz 1 geänd. durch G v. 18.12.1986 (BGBl. I S. 2496).

50/32. Verwaltungszustellungsgesetz (VwZG)[1) 2) 3)]

Vom 12. August 2005

(BGBl. I S. 2354)

FNA 201-9

geänd. durch Art. 6b G zur Modernisierung des GmbH-Rechts und zur Bekämpfung von Missbräuchen v. 23.10.2008 (BGBl. I S. 2026), Art. 9a Viertes G zur Änd. verwaltungsverfahrensrechtl. Vorschriften v. 11.12.2008 (BGBl. I S. 2418), Art. 3 G zur Regelung von De-Mail-Diensten und zur Änd. weiterer Vorschriften v. 28.4.2011 (BGBl. I S. 666), Art. 2 Abs. 2 G zur Änd. von Vorschriften über Verkündung und Bekanntmachungen sowie der ZPO, des EGZPO und der AO v. 22.12.2011 (BGBl. I S. 3044), Art. 17 G zur Förderung des elektronischen Rechtsverkehrs mit den Gerichten v. 10.10.2013 (BGBl. I S. 3786), Art. 11 Abs. 3 eIDAS-Durchführungsgesetz v. 18.7.2017 (BGBl. I S. 2745), Art. 15 Abs. 2 Vormundschafts- und Betreuungsrechts-Reformgesetz v. 4.5.2021 (BGBl. I S. 882), Art. 7 G zur Neuregelung des Berufsrechts der anwaltlichen und steuerberatenden Berufsausübungsgesellschaften sowie zur Änd. weiterer Vorschriften im Bereich der rechtsberatenden Berufe v. 7.7.2021 (BGBl. I S. 2363) und Art. 6 Personengesellschaftsrechtsmodernisierungsgesetz (MoPeG) v. 10.8.2021 (BGBl. I S. 3436)

[1)] Verkündet als Art. 1 G zur Novellierung des Verwaltungszustellungsrechts v. 12.8.2005 (BGBl. I S. 2354); Inkrafttreten gem. Art. 4 Abs. 1 Satz 2 dieses G am 1.2.2006.

[2)] Siehe zur Verwaltungszustellung u.a. auch die folgenden Vorschriften der Länder:

- **Baden-Württemberg:** Verwaltungszustellungsgesetz für Baden-Württemberg – LVwZG v. 3.7. 2007 (GBl. S. 293), zuletzt geänd. durch G v. 4.2.2021 (GBl. S. 181)
- **Bayern:** Bayerisches Verwaltungszustellungs- und Vollstreckungsgesetz (VwZVG) v. 11.11.1970 (BayRS II S. 232), zuletzt geänd. durch V v. 26.3.2019 (GVBl. S. 98)
- **Berlin:** Gesetz über das Verfahren der Berliner Verwaltung v. 21.4.2016 (GVBl. S. 218), zuletzt geänd. durch G v. 27.9.2021 (GVBl. S. 1117)
- **Brandenburg:** Verwaltungszustellungsgesetz für das Land Brandenburg (BbgVwZG) v. 18.10.1991 (GVBl. S. 457), zuletzt geänd. durch G v. 28.6.2006 (GVBl. I S. 74)
- **Bremen:** Bremisches Verwaltungszustellungsgesetz (BremVwZG) v. 26.1.2006 (Brem.GBl. S. 49)
- **Hamburg:** Hamburgisches Verwaltungszustellungsgesetz (HmbVwZG) v. 21.6.1954 (BS Hbg I), zuletzt geänd. durch G v. 25.11.2010 (HmbGVBl. S. 614)
- **Hessen:** Hessisches Verwaltungszustellungsgesetz (HessVwZG) v. 14.2.1957 (GVBl. I S. 9), zuletzt geänd. durch G v. 13.12.2012 (GVBl. S. 622)
- **Mecklenburg-Vorpommern:** Verwaltungsverfahrens-, Zustellungs- und Vollstreckungsgesetz des Landes Mecklenburg-Vorpommern (Landesverwaltungsverfahrensgesetz – VwVfG M-V) idF der Bek. v. 6.5.2020 (GVOBl. M-V S. 410)
- **Niedersachsen:** Niedersächsisches Verwaltungszustellungsgesetz (NVwZG) v. 23.2.2006 (Nds. GVBl. S. 72)
- **Nordrhein-Westfalen:** Verwaltungszustellungsgesetz für das Land Nordrhein-Westfalen (Landeszustellungsgesetz – LZG NRW) v. 7.3.2006 (GV. NRW. S. 94), zuletzt geänd. durch G v. 23.6.2021 (GV. NRW. S. 762)
- **Rheinland-Pfalz:** Landesverwaltungszustellungsgesetz (LVwZG) v. 2.3.2006 (GVBl. S. 56), geänd. durch G v. 3.4.2014 (GVBl. S. 34)
- **Saarland:** Saarländisches Verwaltungszustellungsgesetz (SVwZG) v. 13.12.2005 (Amtsbl. 2006 S. 214)
- **Sachsen:** Gesetz zur Regelung des Verwaltungsverfahrens- und des Verwaltungszustellungsrechts für den Freistaat Sachsen (SächsVwVfZG) v. 19.5.2010 (SächsGVBl. S. 142), geänd. durch G v. 12.7. 2013 (SächsGVBl. S. 503)
- **Sachsen-Anhalt:** Verwaltungszustellungsgesetz des Landes Sachsen-Anhalt (VwZG-LSA) v. 9.10. 1992 (GVBl. LSA S. 715), zuletzt geänd. durch G v. 17.1.2008 (GVBl. LSA S. 2)
- **Schleswig-Holstein:** Allgemeines Verwaltungsgesetz für das Land Schleswig-Holstein (LVwG) idF der Bek. v. 2.6.1992 (GVOBl. Schl.-H. S. 243, ber. S. 534), zuletzt geänd. durch G v. 29.4.2022 (GVOBl. Schl.-H. S. 549)
- **Thüringen:** Thüringer Verwaltungszustellungs- und Vollstreckungsgesetz (ThürVwZVG) idF der Bek. v. 5.2.2009 (GVBl. S. 24), zuletzt geänd. durch G v. 23.9.2015 (GVBl. S. 131)

[3)] Die Änderung durch G v. 4.5.2021 (BGBl. I S. 882) tritt erst **mWv 1.1.2023**, die Änderung durch G v. 10.8.2021 (BGBl. I S. 3436) tritt erst **mWv 1.1.2024** in Kraft und ist im Text noch nicht berücksichtigt.

§ 1 Anwendungsbereich. (1) Die Vorschriften dieses Gesetzes gelten für das Zustellungsverfahren der Bundesbehörden, der bundesunmittelbaren Körperschaften, Anstalten und Stiftungen des öffentlichen Rechts und der Landesfinanzbehörden.

(2) Zugestellt wird, soweit dies durch Rechtsvorschrift oder behördliche Anordnung bestimmt ist.

§ 2[1] Allgemeines. (1) Zustellung ist die Bekanntgabe eines schriftlichen oder elektronischen Dokuments in der in diesem Gesetz bestimmten Form.

(2) [1] Die Zustellung wird durch einen Erbringer von Postdienstleistungen (Post), einen nach § 17 des De-Mail-Gesetzes akkreditierten Diensteanbieter oder durch die Behörde ausgeführt. [2] Daneben gelten die in den §§ 9 und 10 geregelten Sonderarten der Zustellung.

(3) [1] Die Behörde hat die Wahl zwischen den einzelnen Zustellungsarten. [2] § 5 Absatz 5 Satz 2 bleibt unberührt.

§ 3 Zustellung durch die Post mit Zustellungsurkunde. (1) Soll durch die Post mit Zustellungsurkunde zugestellt werden, übergibt die Behörde der Post den Zustellungsauftrag, das zuzustellende Dokument in einem verschlossenen Umschlag und einen vorbereiteten Vordruck einer Zustellungsurkunde.

(2) [1] Für die Ausführung der Zustellung gelten die §§ 177 bis 182 der Zivilprozessordnung[2] entsprechend. [2] Im Fall des § 181 Abs. 1 der Zivilprozessordnung[2] kann das zuzustellende Dokument bei einer von der Post dafür bestimmten Stelle am Ort der Zustellung oder am Ort des Amtsgerichts, in dessen Bezirk der Ort der Zustellung liegt, niedergelegt werden oder bei der Behörde, die den Zustellungsauftrag erteilt hat, wenn sie ihren Sitz an einem der vorbezeichneten Orte hat. [3] Für die Zustellungsurkunde, den Zustellungsauftrag, den verschlossenen Umschlag nach Absatz 1 und die schriftliche Mitteilung nach § 181 Abs. 1 Satz 3 der Zivilprozessordnung[2] sind die Vordrucke nach der Zustellungsvordruckverordnung zu verwenden.

§ 4 Zustellung durch die Post mittels Einschreiben. (1) Ein Dokument kann durch die Post mittels Einschreiben durch Übergabe oder mittels Einschreiben mit Rückschein zugestellt werden.

(2) [1] Zum Nachweis der Zustellung genügt der Rückschein. [2] Im Übrigen gilt das Dokument am dritten Tag nach der Aufgabe zur Post als zugestellt, es sei denn, dass es nicht oder zu einem späteren Zeitpunkt zugegangen ist. [3] Im Zweifel hat die Behörde den Zugang und dessen Zeitpunkt nachzuweisen. [4] Der Tag der Aufgabe zur Post ist in den Akten zu vermerken.

§ 5[3] Zustellung durch die Behörde gegen Empfangsbekenntnis; elektronische Zustellung. (1) [1] Bei der Zustellung durch die Behörde händigt der zustellende Bedienstete das Dokument dem Empfänger in einem verschlossenen Umschlag aus. [2] Das Dokument kann auch offen ausgehändigt werden,

---

[1] § 2 Abs. 3 Satz 2 angef. mWv 18.12.2008 durch G v. 11.12.2008 (BGBl. I S. 2418); Abs. 2 Satz 1 geänd., Abs. 3 Satz 2 neu gef. mWv 3.5.2011 durch G v. 28.4.2011 (BGBl. I S. 666).

[2] Nr. **50/10.**

[3] § 5 Abs. 4 Satz 2 aufgeh., Abs. 5 neu gef., Abs. 6 und 7 angef. mWv 18.12.2008 durch G v. 11.12.2008 (BGBl. I S. 2418); Überschrift, Abs. 5 und 7 Satz 2 und 4 neu gef., Abs. 7 Satz 3 geänd. mWv 3.5.2011 durch G v. 28.4.2011 (BGBl. I S. 666); Abs. 5 Satz 3 geänd. mWv 29.7.2017 durch G v. 18.7.2017 (BGBl. I S. 2745); Abs. 4 geänd. mWv 1.8.2022 durch G v. 7.7.2021 (BGBl. I S. 2363).

wenn keine schutzwürdigen Interessen des Empfängers entgegenstehen. [3]Der Empfänger hat ein mit dem Datum der Aushändigung versehenes Empfangsbekenntnis zu unterschreiben. [4]Der Bedienstete vermerkt das Datum der Zustellung auf dem Umschlag des auszuhändigenden Dokuments oder bei offener Aushändigung auf dem Dokument selbst.

(2) [1]Die §§ 177 bis 181 der Zivilprozessordnung[1)] sind anzuwenden. [2]Zum Nachweis der Zustellung ist in den Akten zu vermerken:

1. im Fall der Ersatzzustellung in der Wohnung, in Geschäftsräumen und Einrichtungen nach § 178 der Zivilprozessordnung[1)] der Grund, der diese Art der Zustellung rechtfertigt,
2. im Fall der Zustellung bei verweigerter Annahme nach § 179 der Zivilprozessordnung[1)], wer die Annahme verweigert hat und dass das Dokument am Ort der Zustellung zurückgelassen oder an den Absender zurückgesandt wurde sowie der Zeitpunkt und der Ort der verweigerten Annahme,
3. in den Fällen der Ersatzzustellung nach den §§ 180 und 181 der Zivilprozessordnung[1)] der Grund der Ersatzzustellung sowie wann und wo das Dokument in einen Briefkasten eingelegt oder sonst niedergelegt und in welcher Weise die Niederlegung schriftlich mitgeteilt wurde.

[3]Im Fall des § 181 Abs. 1 der Zivilprozessordnung[1)] kann das zuzustellende Dokument bei der Behörde, die den Zustellungsauftrag erteilt hat, niedergelegt werden, wenn diese Behörde ihren Sitz am Ort der Zustellung oder am Ort des Amtsgerichts hat, in dessen Bezirk der Ort der Zustellung liegt.

(3) [1]Zur Nachtzeit, an Sonntagen und allgemeinen Feiertagen darf nach den Absätzen 1 und 2 im Inland nur mit schriftlicher oder elektronischer Erlaubnis des Behördenleiters zugestellt werden. [2]Die Nachtzeit umfasst die Stunden von 21 bis 6 Uhr. [3]Die Erlaubnis ist bei der Zustellung abschriftlich mitzuteilen. [4]Eine Zustellung, bei der diese Vorschriften nicht beachtet sind, ist wirksam, wenn die Annahme nicht verweigert wird.

(4) Das Dokument kann an Behörden, Körperschaften, Anstalten und Stiftungen des öffentlichen Rechts, an Rechtsanwälte, Patentanwälte, Notare, Steuerberater, Steuerbevollmächtigte, Wirtschaftsprüfer, vereidigte Buchprüfer, Berufsausübungsgesellschaften im Sinne der Bundesrechtsanwaltsordnung[2)], der Patentanwaltsordnung und des Steuerberatungsgesetzes[3)], Wirtschaftsprüfungsgesellschaften und Buchprüfungsgesellschaften auch auf andere Weise, auch elektronisch, gegen Empfangsbekenntnis zugestellt werden.

(5) [1]Ein elektronisches Dokument kann im Übrigen unbeschadet des Absatzes 4 elektronisch zugestellt werden, soweit der Empfänger hierfür einen Zugang eröffnet. [2]Es ist elektronisch zuzustellen, wenn auf Grund einer Rechtsvorschrift ein Verfahren auf Verlangen des Empfängers in elektronischer Form abgewickelt wird. [3]Für die Übermittlung ist das Dokument mit einer qualifizierten elektronischen Signatur zu versehen und gegen unbefugte Kenntnisnahme Dritter zu schützen.

(6) [1]Bei der elektronischen Zustellung ist die Übermittlung mit dem Hinweis „Zustellung gegen Empfangsbekenntnis" einzuleiten. [2]Die Übermittlung muss die absendende Behörde, den Namen und die Anschrift des Zustellungs-

---

[1)] Nr. **50/10**.
[2)] **Habersack, Deutsche Gesetze ErgBd. Nr. 98.**
[3)] **Steuergesetze Nr. 840.**

adressaten sowie den Namen des Bediensteten erkennen lassen, der das Dokument zur Übermittlung aufgegeben hat.

(7) [1]Zum Nachweis der Zustellung nach den Absätzen 4 und 5 genügt das mit Datum und Unterschrift versehene Empfangsbekenntnis, das an die Behörde durch die Post oder elektronisch zurückzusenden ist. [2]Ein elektronisches Dokument gilt in den Fällen des Absatzes 5 Satz 2 am dritten Tag nach der Absendung an den vom Empfänger hierfür eröffneten Zugang als zugestellt, wenn der Behörde nicht spätestens an diesem Tag ein Empfangsbekenntnis nach Satz 1 zugeht. [3]Satz 2 gilt nicht, wenn der Empfänger nachweist, dass das Dokument nicht oder zu einem späteren Zeitpunkt zugegangen ist. [4]Der Empfänger ist in den Fällen des Absatzes 5 Satz 2 vor der Übermittlung über die Rechtsfolgen nach den Sätzen 2 und 3 zu belehren. [5]Zum Nachweis der Zustellung ist von der absendenden Behörde in den Akten zu vermerken, zu welchem Zeitpunkt und an welchen Zugang das Dokument gesendet wurde. [6]Der Empfänger ist über den Eintritt der Zustellungsfiktion nach Satz 2 zu benachrichtigen.

§ 5a[1)] Elektronische Zustellung gegen Abholbestätigung über De-Mail-Dienste. (1) [1]Die elektronische Zustellung kann unbeschadet des § 5 Absatz 4 und 5 Satz 1 und 2 durch Übermittlung der nach § 17 des De-Mail-Gesetzes akkreditierten Diensteanbieter gegen Abholbestätigung nach § 5 Absatz 9 des De-Mail-Gesetzes an das De-Mail-Postfach des Empfängers erfolgen. [2]Für die Zustellung nach Satz 1 ist § 5 Absatz 4 und 6 mit der Maßgabe anzuwenden, dass an die Stelle des Empfangsbekenntnisses die Abholbestätigung tritt.

(2) [1]Der nach § 17 des De-Mail-Gesetzes akkreditierte Diensteanbieter hat eine Versandbestätigung nach § 5 Absatz 7 des De-Mail-Gesetzes und eine Abholbestätigung nach § 5 Absatz 9 des De-Mail-Gesetzes zu erzeugen. [2]Er hat diese Bestätigungen unverzüglich der absendenden Behörde zu übermitteln.

(3) [1]Zum Nachweis der elektronischen Zustellung genügt die Abholbestätigung nach § 5 Absatz 9 des De-Mail-Gesetzes. [2]Für diese gelten § 371 Absatz 1 Satz 2 und § 371a Absatz 3 der Zivilprozessordnung[2)].

(4) [1]Ein elektronisches Dokument gilt in den Fällen des § 5 Absatz 5 Satz 2 am dritten Tag nach der Absendung an das De-Mail-Postfach des Empfängers als zugestellt, wenn er dieses Postfach als Zugang eröffnet hat und der Behörde nicht spätestens an diesem Tag eine elektronische Abholbestätigung nach § 5 Absatz 9 des De-Mail-Gesetzes zugeht. [2]Satz 1 gilt nicht, wenn der Empfänger nachweist, dass das Dokument nicht oder zu einem späteren Zeitpunkt zugegangen ist. [3]Der Empfänger ist in den Fällen des § 5 Absatz 5 Satz 2 vor der Übermittlung über die Rechtsfolgen nach den Sätzen 1 und 2 zu belehren. [4]Als Nachweis der Zustellung nach Satz 1 dient die Versandbestätigung nach § 5 Absatz 7 des De-Mail-Gesetzes oder ein Vermerk der absendenden Behörde in den Akten, zu welchem Zeitpunkt und an welches De-Mail-Postfach das Dokument gesendet wurde. [5]Der Empfänger ist über den Eintritt der Zustellungsfiktion nach Satz 1 elektronisch zu benachrichtigen.

[1)] § 5a eingef. mWv 3.5.2011 durch G v. 28.4.2011 (BGBl. I S. 666); Abs. 3 Satz 2 geänd. mWv 1.7.2014 durch G v. 10.10.2013 (BGBl. I S. 3786).

[2)] Nr. **50/10**.

§ 6 Zustellung an gesetzliche Vertreter. (1) [1]Bei Geschäftsunfähigen oder beschränkt Geschäftsfähigen ist an ihre gesetzlichen Vertreter zuzustellen. [2]Gleiches gilt bei Personen, für die ein Betreuer bestellt ist, soweit der Aufgabenkreis des Betreuers reicht.

(2) [1]Bei Behörden wird an den Behördenleiter, bei juristischen Personen, nicht rechtsfähigen Personenvereinigungen und Zweckvermögen an ihre gesetzlichen Vertreter zugestellt. [2]§ 34 Abs. 2 der Abgabenordnung[1)] bleibt unberührt.

(3) Bei mehreren gesetzlichen Vertretern oder Behördenleitern genügt die Zustellung an einen von ihnen.

(4) Der zustellende Bedienstete braucht nicht zu prüfen, ob die Anschrift den Vorschriften der Absätze 1 bis 3 entspricht.

§ 7 Zustellung an Bevollmächtigte. (1) [1]Zustellungen können an den allgemeinen oder für bestimmte Angelegenheiten bestellten Bevollmächtigten gerichtet werden. [2]Sie sind an ihn zu richten, wenn er schriftliche Vollmacht vorgelegt hat. [3]Ist ein Bevollmächtigter für mehrere Beteiligte bestellt, so genügt die Zustellung eines Dokuments an ihn für alle Beteiligten.

(2) Einem Zustellungsbevollmächtigten mehrerer Beteiligter sind so viele Ausfertigungen oder Abschriften zuzustellen, als Beteiligte vorhanden sind.

(3) Auf § 180 Abs. 2 der Abgabenordnung[1)] beruhende Regelungen und § 183 der Abgabenordnung bleiben unberührt.

§ 8 Heilung von Zustellungsmängeln. Lässt sich die formgerechte Zustellung eines Dokuments nicht nachweisen oder ist es unter Verletzung zwingender Zustellungsvorschriften zugegangen, gilt es als in dem Zeitpunkt zugestellt, in dem es dem Empfangsberechtigten tatsächlich zugegangen ist, im Fall des § 5 Abs. 5 in dem Zeitpunkt, in dem der Empfänger das Empfangsbekenntnis zurückgesendet hat.

(Fortsetzung nächstes Blatt)

[1)] **Steuergesetze Nr. 800.**

55/10. Gesetz über die Vergütung der Rechtsanwältinnen und Rechtsanwälte (Rechtsanwaltsvergütungsgesetz – RVG)

In der Fassung der Bekanntmachung vom 15. März 2022[1)]
(BGBl. I S. 610)

FNA 368-3

geänd. durch Art. 15 Abs. 16 G zur Reform des Vormundschafts- und Betreuungsrechts v. 4.5.2021 (BGBl. I S. 882), Art. 22 G zur Neuregelung des Berufsrechts der anwaltlichen und steuerberatenden Berufsausübungsgesellschaften sowie zur Änd. weiterer Vorschriften im Bereich der rechtsberatenden Berufe v. 7.7.2021 (BGBl. I S. 2363) und Art. 7 G zur Durchführung der VO (EU) 2019/1111 sowie zur Änd. sonstiger Vorschriften v. 10.8.2021 (BGBl. I S. 3424)

Inhaltsübersicht[2)]

Abschnitt 1. Allgemeine Vorschriften

Abschnitt 2. Gebührenvorschriften

Abschnitt 3. Angelegenheit

Abschnitt 4. Gegenstandswert

[1)] Neubekanntmachung des RVG v. 5.5.2004 (BGBl. I S. 718, 788) in der ab 1.12.2021 geltenden Fassung.

[2)] Inhaltsübersicht geänd. mWv 1.8.2022 durch G v. 7.7.2021 (BGBl. I S. 2363).

Abschnitt 1. Allgemeine Vorschriften

§ 1[1] Geltungsbereich. (1) [1]Die Vergütung (Gebühren und Auslagen) für anwaltliche Tätigkeiten der Rechtsanwältinnen und Rechtsanwälte bemisst sich nach diesem Gesetz. [2]Dies gilt auch für eine Tätigkeit als besonderer Vertreter nach den §§ 57 und 58 der Zivilprozessordnung[2], nach § 118e der Bundesrechtsanwaltsordnung[3], nach § 103b der Patentanwaltsordnung oder nach § 111c des Steuerberatungsgesetzes[4]. [3]Andere Mitglieder einer Rechtsanwaltskammer, Partnerschaftsgesellschaften und sonstige Gesellschaften stehen einem Rechtsanwalt im Sinne dieses Gesetzes gleich.

(2) [1]Dieses Gesetz gilt nicht für eine Tätigkeit als Syndikusrechtsanwalt (§ 46 Absatz 2 der Bundesrechtsanwaltsordnung). [2]Es gilt ferner nicht für eine Tätigkeit als Vormund, Betreuer, Pfleger, Verfahrenspfleger, Verfahrensbeistand, Testamentsvollstrecker, Insolvenzverwalter, Sachwalter, Mitglied des Gläubigerausschusses, Restrukturierungsbeauftragter, Sanierungsmoderator, Mitglied des Gläubigerbeirats, Nachlassverwalter, Zwangsverwalter, Treuhänder oder Schiedsrichter oder für eine ähnliche Tätigkeit. [3]§ 1835 Abs. 3 des Bürgerlichen Gesetzbuchs[5] bleibt[6] unberührt.

(3) Die Vorschriften dieses Gesetzes über die Erinnerung und die Beschwerde gehen den Regelungen der für das zugrunde liegende Verfahren geltenden Verfahrensvorschriften vor.

§ 2 Höhe der Vergütung. (1) Die Gebühren werden, soweit dieses Gesetz nichts anderes bestimmt, nach dem Wert berechnet, den der Gegenstand der anwaltlichen Tätigkeit hat (Gegenstandswert).

(2) [1]Die Höhe der Vergütung bestimmt sich nach dem Vergütungsverzeichnis der Anlage 1 zu diesem Gesetz. [2]Gebühren werden auf den nächstliegenden Cent auf- oder abgerundet; 0,5 Cent werden aufgerundet.

§ 3 Gebühren in sozialrechtlichen Angelegenheiten. (1) [1]In Verfahren vor den Gerichten der Sozialgerichtsbarkeit, in denen das Gerichtskostengesetz[7] nicht anzuwenden ist, entstehen Betragsrahmengebühren. [2]In sonstigen Verfahren werden die Gebühren nach dem Gegenstandswert berechnet, wenn der Auftraggeber nicht zu den in § 183 des Sozialgerichtsgesetzes[8] genannten Personen gehört; im Verfahren nach § 201 Absatz 1 des Sozialgerichtsgesetzes werden die Gebühren immer nach dem Gegenstandswert berechnet. [3]In Verfahren wegen überlanger Gerichtsverfahren (§ 202 Satz 2 des Sozialgerichtsgesetzes) werden die Gebühren nach dem Gegenstandswert berechnet.

---

[1] § 1 Abs. 1 Satz 2 geänd. mWv 1.8.2022 durch G v. 7.7.2021 (BGBl. I S. 2363).
[2] Nr. **50/10.**
[3] **Habersack, Deutsche Gesetze ErgBd. Nr. 98.**
[4] **Steuergesetze Nr. 840.**
[5] **Habersack, Deutsche Gesetze Nr. 20.**
[6] **Amtl. Anm.:** Gemäß Artikel 15 Absatz 16 in Verbindung mit Artikel 16 Absatz 1 des Gesetzes vom 4. Mai 2021 (BGBl. I S. 882) werden am 1. Januar 2023 in § 1 Absatz 2 Satz 3 die Wörter „§ 1835 Abs. 3 des Bürgerlichen Gesetzbuchs bleibt" durch die Wörter „§ 1877 Absatz 3 des Bürgerlichen Gesetzbuchs und § 4 Absatz 2 des Vormünder- und Betreuervergütungsgesetzes bleiben" ersetzt.
[7] Auszugsweise abgedruckt unter Nr. **50/30**.
[8] Nr. **50**.

(2) Absatz 1 gilt entsprechend für eine Tätigkeit außerhalb eines gerichtlichen Verfahrens.

§ 3a Vergütungsvereinbarung. (1) [1] Eine Vereinbarung über die Vergütung bedarf der Textform. [2] Sie muss als Vergütungsvereinbarung oder in vergleichbarer Weise bezeichnet werden, von anderen Vereinbarungen mit Ausnahme der Auftragserteilung deutlich abgesetzt sein und darf nicht in der Vollmacht enthalten sein. [3] Sie hat einen Hinweis darauf zu enthalten, dass die gegnerische Partei, ein Verfahrensbeteiligter oder die Staatskasse im Falle der Kostenerstattung regelmäßig nicht mehr als die gesetzliche Vergütung erstatten muss. [4] Die Sätze 1 und 2 gelten nicht für eine Gebührenvereinbarung nach § 34.

(2) [1] In der Vereinbarung kann es dem Vorstand der Rechtsanwaltskammer überlassen werden, die Vergütung nach billigem Ermessen festzusetzen. [2] Ist die Festsetzung der Vergütung dem Ermessen eines Vertragsteils überlassen, so gilt die gesetzliche Vergütung als vereinbart.

(3) [1] Ist eine vereinbarte, eine nach Absatz 2 Satz 1 von dem Vorstand der Rechtsanwaltskammer festgesetzte oder eine nach § 4a für den Erfolgsfall vereinbarte Vergütung unter Berücksichtigung aller Umstände unangemessen hoch, kann sie im Rechtsstreit auf den angemessenen Betrag bis zur Höhe der gesetzlichen Vergütung herabgesetzt werden. [2] Vor der Herabsetzung hat das Gericht ein Gutachten des Vorstands der Rechtsanwaltskammer einzuholen; dies gilt nicht, wenn der Vorstand der Rechtsanwaltskammer die Vergütung nach Absatz 2 Satz 1 festgesetzt hat. [3] Das Gutachten ist kostenlos zu erstatten.

(4) [1] Eine Vereinbarung, nach der ein im Wege der Prozesskostenhilfe beigeordneter Rechtsanwalt für die von der Beiordnung erfasste Tätigkeit eine höhere als die gesetzliche Vergütung erhalten soll, ist nichtig. [2] Die Vorschriften des bürgerlichen Rechts über die ungerechtfertigte Bereicherung bleiben unberührt.

§ 4 Unterschreitung der gesetzlichen Vergütung. (1) [1] In außergerichtlichen Angelegenheiten kann eine niedrigere als die gesetzliche Vergütung vereinbart werden. [2] Sie muss in einem angemessenen Verhältnis zu Leistung, Verantwortung und Haftungsrisiko des Rechtsanwalts stehen. [3] Ist Gegenstand der außergerichtlichen Angelegenheit eine Inkassodienstleistung (§ 2 Absatz 2 Satz 1 des Rechtsdienstleistungsgesetzes[1)]) oder liegen die Voraussetzungen für die Bewilligung von Beratungshilfe vor, gilt Satz 2 nicht und kann der Rechtsanwalt ganz auf eine Vergütung verzichten. [4] § 9 des Beratungshilfegesetzes[2)] bleibt unberührt.

(2) Ist Gegenstand der Angelegenheit eine Inkassodienstleistung in einem der in § 79 Absatz 2 Satz 2 Nummer 4 der Zivilprozessordnung[3)] genannten Verfahren, kann eine niedrigere als die gesetzliche Vergütung vereinbart werden oder kann der Rechtsanwalt ganz auf eine Vergütung verzichten.

§ 4a Erfolgshonorar. (1) [1] Ein Erfolgshonorar (§ 49b Absatz 2 Satz 1 der Bundesrechtsanwaltsordnung[4)]) darf nur vereinbart werden, wenn

1. sich der Auftrag auf eine Geldforderung von höchstens 2 000 Euro bezieht,

---

[1)] **Habersack, Deutsche Gesetze ErgBd. Nr. 99.**
[2)] **Habersack, Deutsche Gesetze ErgBd. Nr. 98b.**
[3)] **Habersack, Deutsche Gesetze Nr. 100.**
[4)] **Habersack, Deutsche Gesetze ErgBd. Nr. 98.**

2. eine Inkassodienstleistung außergerichtlich oder in einem der in § 79 Absatz 2 Satz 2 Nummer 4 der Zivilprozessordnung[1)] genannten Verfahren erbracht wird oder
3. der Auftraggeber im Einzelfall bei verständiger Betrachtung ohne die Vereinbarung eines Erfolgshonorars von der Rechtsverfolgung abgehalten würde.

[2] Eine Vereinbarung nach Satz 1 Nummer 1 oder 2 ist unzulässig, soweit sich der Auftrag auf eine Forderung bezieht, die der Pfändung nicht unterworfen ist. [3] Für die Beurteilung nach Satz 1 Nummer 3 bleibt die Möglichkeit, Beratungs- oder Prozesskostenhilfe in Anspruch zu nehmen, außer Betracht.

(2) In anderen als den in Absatz 1 Satz 1 Nummer 2 genannten Angelegenheiten darf nur dann vereinbart werden, dass für den Fall des Misserfolgs keine oder eine geringere als die gesetzliche Vergütung zu zahlen ist, wenn für den Erfolgsfall ein angemessener Zuschlag auf die gesetzliche Vergütung vereinbart wird.

(3) In eine Vereinbarung über ein Erfolgshonorar sind aufzunehmen:

1. die Angabe, welche Vergütung bei Eintritt welcher Bedingungen verdient sein soll,
2. die Angabe, ob und gegebenenfalls welchen Einfluss die Vereinbarung auf die gegebenenfalls vom Auftraggeber zu zahlenden Gerichtskosten, Verwaltungskosten und die von diesem zu erstattenden Kosten anderer Beteiligter haben soll,
3. die wesentlichen Gründe, die für die Bemessung des Erfolgshonorars bestimmend sind, und
4. im Fall des Absatzes 1 Satz 1 Nummer 3 die voraussichtliche gesetzliche Vergütung und gegebenenfalls die erfolgsunabhängige vertragliche Vergütung, zu der der Rechtsanwalt bereit wäre, den Auftrag zu übernehmen.

§ 4b Fehlerhafte Vergütungsvereinbarung. [1] Aus einer Vergütungsvereinbarung, die nicht den Anforderungen des § 3a Absatz 1 Satz 1 und 2 oder des § 4a Absatz 1 und 3 Nummer 1 und 4 entspricht, kann der Rechtsanwalt keine höhere als die gesetzliche Vergütung fordern. [2] Die Vorschriften des bürgerlichen Rechts über die ungerechtfertigte Bereicherung bleiben unberührt.

§ 5 Vergütung für Tätigkeiten von Vertretern des Rechtsanwalts. Die Vergütung für eine Tätigkeit, die der Rechtsanwalt nicht persönlich vornimmt, wird nach diesem Gesetz bemessen, wenn der Rechtsanwalt durch einen Rechtsanwalt, den allgemeinen Vertreter, einen Assessor bei einem Rechtsanwalt oder einen zur Ausbildung zugewiesenen Referendar vertreten wird.

§ 6 Mehrere Rechtsanwälte. Ist der Auftrag mehreren Rechtsanwälten zur gemeinschaftlichen Erledigung übertragen, erhält jeder Rechtsanwalt für seine Tätigkeit die volle Vergütung.

§ 7 Mehrere Auftraggeber. (1) Wird der Rechtsanwalt in derselben Angelegenheit für mehrere Auftraggeber tätig, erhält er die Gebühren nur einmal.

[1)] **Habersack, Deutsche Gesetze Nr. 100.**

(2) [1]Jeder der Auftraggeber schuldet die Gebühren und Auslagen, die er schulden würde, wenn der Rechtsanwalt nur in seinem Auftrag tätig geworden wäre; die Dokumentenpauschale nach Nummer 7000 des Vergütungsverzeichnisses schuldet er auch insoweit, wie diese nur durch die Unterrichtung mehrerer Auftraggeber entstanden ist. [2]Der Rechtsanwalt kann aber insgesamt nicht mehr als die nach Absatz 1 berechneten Gebühren und die insgesamt entstandenen Auslagen fordern.

§ 8 Fälligkeit, Hemmung der Verjährung. (1) [1]Die Vergütung wird fällig, wenn der Auftrag erledigt oder die Angelegenheit beendet ist. [2]Ist der Rechtsanwalt in einem gerichtlichen Verfahren tätig, wird die Vergütung auch fällig, wenn eine Kostenentscheidung ergangen oder der Rechtszug beendet ist oder wenn das Verfahren länger als drei Monate ruht.

(2) [1]Die Verjährung der Vergütung für eine Tätigkeit in einem gerichtlichen Verfahren wird gehemmt, solange das Verfahren anhängig ist. [2]Die Hemmung endet mit der rechtskräftigen Entscheidung oder anderweitigen Beendigung des Verfahrens. [3]Ruht das Verfahren, endet die Hemmung drei Monate nach Eintritt der Fälligkeit. [4]Die Hemmung beginnt erneut, wenn das Verfahren weiter betrieben wird.

§ 9 Vorschuss. Der Rechtsanwalt kann von seinem Auftraggeber für die entstandenen und die voraussichtlich entstehenden Gebühren und Auslagen einen angemessenen Vorschuss fordern.

§ 10 Berechnung. (1) [1]Der Rechtsanwalt kann die Vergütung nur aufgrund einer von ihm unterzeichneten und dem Auftraggeber mitgeteilten Berechnung einfordern. [2]Der Lauf der Verjährungsfrist ist von der Mitteilung der Berechnung nicht abhängig.

(2) [1]In der Berechnung sind die Beträge der einzelnen Gebühren und Auslagen, Vorschüsse, eine kurze Bezeichnung des jeweiligen Gebührentatbestands, die Bezeichnung der Auslagen sowie die angewandten Nummern des Vergütungsverzeichnisses und bei Gebühren, die nach dem Gegenstandswert berechnet sind, auch dieser anzugeben. [2]Bei Entgelten für Post- und Telekommunikationsdienstleistungen genügt die Angabe des Gesamtbetrags.

(3) Hat der Auftraggeber die Vergütung gezahlt, ohne die Berechnung erhalten zu haben, kann er die Mitteilung der Berechnung noch fordern, solange der Rechtsanwalt zur Aufbewahrung der Handakten verpflichtet ist.

§ 11 Festsetzung der Vergütung. (1) [1]Soweit die gesetzliche Vergütung, eine nach § 42 festgestellte Pauschgebühr und die zu ersetzenden Aufwendungen (§ 670 des Bürgerlichen Gesetzbuchs[1)]) zu den Kosten des gerichtlichen Verfahrens gehören, werden sie auf Antrag des Rechtsanwalts oder des Auftraggebers durch das Gericht des ersten Rechtszugs festgesetzt. [2]Getilgte Beträge sind abzusetzen.

(2) [1]Der Antrag ist erst zulässig, wenn die Vergütung fällig ist. [2]Vor der Festsetzung sind die Beteiligten zu hören. [3]Die Vorschriften der jeweiligen Verfahrensordnung über das Kostenfestsetzungsverfahren mit Ausnahme des § 104 Absatz 2 Satz 3 der Zivilprozessordnung[2)] und die Vorschriften der

---

1) **Habersack, Deutsche Gesetze Nr. 20.**
2) Nr. **50/10**.

Zivilprozessordnung über die Zwangsvollstreckung aus Kostenfestsetzungsbeschlüssen gelten entsprechend. [4]Das Verfahren vor dem Gericht des ersten Rechtszugs ist gebührenfrei. [5]In den Vergütungsfestsetzungsbeschluss sind die von dem Rechtsanwalt gezahlten Auslagen für die Zustellung des Beschlusses aufzunehmen. [6]Im Übrigen findet eine Kostenerstattung nicht statt; dies gilt auch im Verfahren über Beschwerden.

(3) [1]Im Verfahren vor den Gerichten der Verwaltungsgerichtsbarkeit, der Finanzgerichtsbarkeit und der Sozialgerichtsbarkeit wird die Vergütung vom Urkundsbeamten der Geschäftsstelle festgesetzt. [2]Die für die jeweilige Gerichtsbarkeit geltenden Vorschriften über die Erinnerung im Kostenfestsetzungsverfahren gelten entsprechend.

(4) Wird der vom Rechtsanwalt angegebene Gegenstandswert von einem Beteiligten bestritten, ist das Verfahren auszusetzen, bis das Gericht hierüber entschieden hat (§§ 32, 33 und 38 Absatz 1).

(5) [1]Die Festsetzung ist abzulehnen, soweit der Antragsgegner Einwendungen oder Einreden erhebt, die nicht im Gebührenrecht ihren Grund haben. [2]Hat der Auftraggeber bereits dem Rechtsanwalt gegenüber derartige Einwendungen oder Einreden erhoben, ist die Erhebung der Klage nicht von der vorherigen Einleitung des Festsetzungsverfahrens abhängig.

(6) [1]Anträge und Erklärungen können ohne Mitwirkung eines Bevollmächtigten schriftlich eingereicht oder zu Protokoll der Geschäftsstelle abgegeben werden. [2]§ 129a der Zivilprozessordnung gilt entsprechend. [3]Für die Bevollmächtigung gelten die Regelungen der für das zugrunde liegende Verfahren geltenden Verfahrensordnung entsprechend.

(7) Durch den Antrag auf Festsetzung der Vergütung wird die Verjährung wie durch Klageerhebung gehemmt.

(8) [1]Die Absätze 1 bis 7 gelten bei Rahmengebühren nur, wenn die Mindestgebühren geltend gemacht werden oder der Auftraggeber der Höhe der Gebühren ausdrücklich zugestimmt hat. [2]Die Festsetzung auf Antrag des Rechtsanwalts ist abzulehnen, wenn er die Zustimmungserklärung des Auftraggebers nicht mit dem Antrag vorlegt.

§ 12 Anwendung von Vorschriften über die Prozesskostenhilfe. [1]Die Vorschriften dieses Gesetzes für im Wege der Prozesskostenhilfe beigeordnete Rechtsanwälte und für Verfahren über die Prozesskostenhilfe sind bei Verfahrenskostenhilfe und im Fall des § 4a der Insolvenzordnung[1)] entsprechend anzuwenden. [2]Der Bewilligung von Prozesskostenhilfe steht die Stundung nach § 4a der Insolvenzordnung gleich.

§ 12a Abhilfe bei Verletzung des Anspruchs auf rechtliches Gehör.

(1) Auf die Rüge eines durch die Entscheidung nach diesem Gesetz beschwerten Beteiligten ist das Verfahren fortzuführen, wenn

1. ein Rechtsmittel oder ein anderer Rechtsbehelf gegen die Entscheidung nicht gegeben ist und
2. das Gericht den Anspruch dieses Beteiligten auf rechtliches Gehör in entscheidungserheblicher Weise verletzt hat.

[1)] **Habersack, Deutsche Gesetze Nr. 110.**

(2) [1]Die Rüge ist innerhalb von zwei Wochen nach Kenntnis von der Verletzung des rechtlichen Gehörs zu erheben; der Zeitpunkt der Kenntniserlangung ist glaubhaft zu machen. [2]Nach Ablauf eines Jahres seit Bekanntmachung der angegriffenen Entscheidung kann die Rüge nicht mehr erhoben werden. [3]Formlos mitgeteilte Entscheidungen gelten mit dem dritten Tage nach Aufgabe zur Post als bekannt gemacht. [4]Die Rüge ist bei dem Gericht zu erheben, dessen Entscheidung angegriffen wird; § 33 Absatz 7 Satz 1 und 2 gilt entsprechend. [5]Die Rüge muss die angegriffene Entscheidung bezeichnen und das Vorliegen der in Absatz 1 Nummer 2 genannten Voraussetzungen darlegen.

(3) Den übrigen Beteiligten ist, soweit erforderlich, Gelegenheit zur Stellungnahme zu geben.

(4) [1]Das Gericht hat von Amts wegen zu prüfen, ob die Rüge an sich statthaft und ob sie in der gesetzlichen Form und Frist erhoben ist. [2]Mangelt es an einem dieser Erfordernisse, so ist die Rüge als unzulässig zu verwerfen. [3]Ist die Rüge unbegründet, weist das Gericht sie zurück. [4]Die Entscheidung ergeht durch unanfechtbaren Beschluss. [5]Der Beschluss soll kurz begründet werden.

(5) Ist die Rüge begründet, so hilft ihr das Gericht ab, indem es das Verfahren fortführt, soweit dies aufgrund der Rüge geboten ist.

(6) Kosten werden nicht erstattet.

§ 12b Elektronische Akte, elektronisches Dokument. [1]In Verfahren nach diesem Gesetz sind die verfahrensrechtlichen Vorschriften über die elektronische Akte und über das elektronische Dokument für das Verfahren anzuwenden, in dem der Rechtsanwalt die Vergütung erhält. [2]Im Fall der Beratungshilfe sind die entsprechenden Vorschriften des Gesetzes über das Verfahren in Familiensachen und in den Angelegenheiten der freiwilligen Gerichtsbarkeit[1)] anzuwenden.

§ 12c Rechtsbehelfsbelehrung. Jede anfechtbare Entscheidung hat eine Belehrung über den statthaften Rechtsbehelf sowie über das Gericht, bei dem dieser Rechtsbehelf einzulegen ist, über dessen Sitz und über die einzuhaltende Form und Frist zu enthalten.

Abschnitt 2. Gebührenvorschriften

§ 13 Wertgebühren. (1) [1]Wenn sich die Gebühren nach dem Gegenstandswert richten, beträgt bei einem Gegenstandswert bis 500 Euro die Gebühr 49 Euro. [2]Die Gebühr erhöht sich bei einem

Gegenstandswert bis … Euro	für jeden angefangenen Betrag von weiteren … Euro	um … Euro
2 000	500	39
10 000	1 000	56
25 000	3 000	52
50 000	5 000	81
200 000	15 000	94
500 000	30 000	132

1) **Habersack, Deutsche Gesetze Nr. 112.**

Gegenstandswert bis … Euro	für jeden angefangenen Betrag von weiteren … Euro	um … Euro
über 500 000	50 000	165

[3] Eine Gebührentabelle für Gegenstandswerte bis 500 000 Euro ist diesem Gesetz als Anlage 2 beigefügt.

(2) Bei der Geschäftsgebühr für eine außergerichtliche Inkassodienstleistung, die eine unbestrittene Forderung betrifft (Absatz 2 der Anmerkung zu Nummer 2300 des Vergütungsverzeichnisses), beträgt bei einem Gegenstandswert bis 50 Euro die Gebühr abweichend von Absatz 1 Satz 1 30 Euro.

(3) Der Mindestbetrag einer Gebühr ist 15 Euro.

§ 14 Rahmengebühren. (1) [1] Bei Rahmengebühren bestimmt der Rechtsanwalt die Gebühr im Einzelfall unter Berücksichtigung aller Umstände, vor allem des Umfangs und der Schwierigkeit der anwaltlichen Tätigkeit, der Bedeutung der Angelegenheit sowie der Einkommens- und Vermögensverhältnisse des Auftraggebers, nach billigem Ermessen. [2] Ein besonderes Haftungsrisiko des Rechtsanwalts kann bei der Bemessung herangezogen werden. [3] Bei Rahmengebühren, die sich nicht nach dem Gegenstandswert richten, ist das Haftungsrisiko zu berücksichtigen. [4] Ist die Gebühr von einem Dritten zu ersetzen, ist die von dem Rechtsanwalt getroffene Bestimmung nicht verbindlich, wenn sie unbillig ist.

(2) Ist eine Rahmengebühr auf eine andere Rahmengebühr anzurechnen, ist die Gebühr, auf die angerechnet wird, so zu bestimmen, als sei der Rechtsanwalt zuvor nicht tätig gewesen.

(3) [1] Im Rechtsstreit hat das Gericht ein Gutachten des Vorstands der Rechtsanwaltskammer einzuholen, soweit die Höhe der Gebühr streitig ist; dies gilt auch im Verfahren nach § 495a der Zivilprozessordnung[1)]. [2] Das Gutachten ist kostenlos zu erstatten.

§ 15 Abgeltungsbereich der Gebühren. (1) Die Gebühren entgelten, soweit dieses Gesetz nichts anderes bestimmt, die gesamte Tätigkeit des Rechtsanwalts vom Auftrag bis zur Erledigung der Angelegenheit.

(2) Der Rechtsanwalt kann die Gebühren in derselben Angelegenheit nur einmal fordern.

(3) Sind für Teile des Gegenstands verschiedene Gebührensätze anzuwenden, entstehen für die Teile gesondert berechnete Gebühren, jedoch nicht mehr als die aus dem Gesamtbetrag der Wertteile nach dem höchsten Gebührensatz berechnete Gebühr.

(4) Auf bereits entstandene Gebühren ist es, soweit dieses Gesetz nichts anderes bestimmt, ohne Einfluss, wenn sich die Angelegenheit vorzeitig erledigt oder der Auftrag endigt, bevor die Angelegenheit erledigt ist.

(5) [1] Wird der Rechtsanwalt, nachdem er in einer Angelegenheit tätig geworden ist, beauftragt, in derselben Angelegenheit weiter tätig zu werden, erhält er nicht mehr an Gebühren, als er erhalten würde, wenn er von vornherein hiermit beauftragt worden wäre. [2] Ist der frühere Auftrag seit mehr als

---

1) Nr. **50/10**.

zwei Kalenderjahren erledigt, gilt die weitere Tätigkeit als neue Angelegenheit und in diesem Gesetz bestimmte Anrechnungen von Gebühren entfallen. [3] Satz 2 gilt entsprechend, wenn ein Vergleich mehr als zwei Kalenderjahre nach seinem Abschluss angefochten wird oder wenn mehr als zwei Kalenderjahre nach Zustellung eines Beschlusses nach § 23 Absatz 3 Satz 1 des Kapitalanleger-Musterverfahrensgesetzes[1)] der Kläger einen Antrag nach § 23 Absatz 4 des Kapitalanleger-Musterverfahrensgesetzes auf Wiedereröffnung des Verfahrens stellt.

(6) Ist der Rechtsanwalt nur mit einzelnen Handlungen oder mit Tätigkeiten, die nach § 19 zum Rechtszug oder zum Verfahren gehören, beauftragt, erhält er nicht mehr an Gebühren als der mit der gesamten Angelegenheit beauftragte Rechtsanwalt für die gleiche Tätigkeit erhalten würde.

§ 15a Anrechnung einer Gebühr. (1) Sieht dieses Gesetz die Anrechnung einer Gebühr auf eine andere Gebühr vor, kann der Rechtsanwalt beide Gebühren fordern, jedoch nicht mehr als den um den Anrechnungsbetrag verminderten Gesamtbetrag der beiden Gebühren.

(2) [1] Sind mehrere Gebühren teilweise auf dieselbe Gebühr anzurechnen, so ist der anzurechnende Betrag für jede anzurechnende Gebühr gesondert zu ermitteln. [2] Bei Wertgebühren darf der Gesamtbetrag der Anrechnung jedoch denjenigen Anrechnungsbetrag nicht übersteigen, der sich ergeben würde, wenn eine Gebühr anzurechnen wäre, die sich aus dem Gesamtbetrag der betroffenen Wertteile nach dem höchsten für die Anrechnungen einschlägigen Gebührensatz berechnet. [3] Bei Betragsrahmengebühren darf der Gesamtbetrag der Anrechnung den für die Anrechnung bestimmten Höchstbetrag nicht übersteigen.

(3) Ein Dritter kann sich auf die Anrechnung nur berufen, soweit er den Anspruch auf eine der beiden Gebühren erfüllt hat, wegen eines dieser Ansprüche gegen ihn ein Vollstreckungstitel besteht oder beide Gebühren in demselben Verfahren gegen ihn geltend gemacht werden.

Abschnitt 3. Angelegenheit

§ 16 Dieselbe Angelegenheit. Dieselbe Angelegenheit sind

1. das Verwaltungsverfahren auf Aussetzung oder Anordnung der sofortigen Vollziehung sowie über einstweilige Maßnahmen zur Sicherung der Rechte Dritter und jedes Verwaltungsverfahren auf Abänderung oder Aufhebung in den genannten Fällen;
2. das Verfahren über die Prozesskostenhilfe und das Verfahren, für das die Prozesskostenhilfe beantragt worden ist;
3. mehrere Verfahren über die Prozesskostenhilfe in demselben Rechtszug;

3a. das Verfahren zur Bestimmung des zuständigen Gerichts und das Verfahren, für das der Gerichtsstand bestimmt werden soll; dies gilt auch dann, wenn das Verfahren zur Bestimmung des zuständigen Gerichts vor Klageerhebung oder Antragstellung endet, ohne dass das zuständige Gericht bestimmt worden ist;

[1)] **Habersack, Deutsche Gesetze ErgBd. Nr. 105d.**

4. eine Scheidungssache oder ein Verfahren über die Aufhebung einer Lebenspartnerschaft und die Folgesachen;
5. das Verfahren über die Anordnung eines Arrests, zur Erwirkung eines Europäischen Beschlusses zur vorläufigen Kontenpfändung, über den Erlass einer einstweiligen Verfügung oder einstweiligen Anordnung, über die Anordnung oder Wiederherstellung der aufschiebenden Wirkung, über die Aufhebung der Vollziehung oder die Anordnung der sofortigen Vollziehung eines Verwaltungsakts und jedes Verfahren über deren Abänderung, Aufhebung oder Widerruf;
6. das Verfahren nach § 3 Absatz 1 des Gesetzes zur Ausführung des Vertrages zwischen der Bundesrepublik Deutschland und der Republik Österreich vom 6. Juni 1959 über die gegenseitige Anerkennung und Vollstreckung von gerichtlichen Entscheidungen, Vergleichen und öffentlichen Urkunden in Zivil- und Handelssachen in der im Bundesgesetzblatt Teil III, Gliederungsnummer 319-12, veröffentlichten bereinigten Fassung, das zuletzt durch Artikel 23 des Gesetzes vom 27. Juli 2001 (BGBl. I S. 1887) geändert worden ist, und das Verfahren nach § 3 Absatz 2 des genannten Gesetzes;
7. das Verfahren über die Zulassung der Vollziehung einer vorläufigen oder sichernden Maßnahme und das Verfahren über einen Antrag auf Aufhebung oder Änderung einer Entscheidung über die Zulassung der Vollziehung (§ 1041 der Zivilprozessordnung);
8. das schiedsrichterliche Verfahren und das gerichtliche Verfahren bei der Bestellung eines Schiedsrichters oder Ersatzschiedsrichters, über die Ablehnung eines Schiedsrichters oder über die Beendigung des Schiedsrichteramts, zur Unterstützung bei der Beweisaufnahme oder bei der Vornahme sonstiger richterlicher Handlungen;
9. das Verfahren vor dem Schiedsgericht und die gerichtlichen Verfahren über die Bestimmung einer Frist (§ 102 Absatz 3 des Arbeitsgerichtsgesetzes[1)]), die Ablehnung eines Schiedsrichters (§ 103 Absatz 3 des Arbeitsgerichtsgesetzes) oder die Vornahme einer Beweisaufnahme oder einer Vereidigung (§ 106 Absatz 2 des Arbeitsgerichtsgesetzes);
10. im Kostenfestsetzungsverfahren und im Verfahren über den Antrag auf gerichtliche Entscheidung gegen einen Kostenfestsetzungsbescheid (§ 108 des Gesetzes über Ordnungswidrigkeiten[2)]) einerseits und im Kostenansatzverfahren sowie im Verfahren über den Antrag auf gerichtliche Entscheidung gegen den Ansatz der Gebühren und Auslagen (§ 108 des Gesetzes über Ordnungswidrigkeiten) andererseits jeweils mehrere Verfahren über
    a) die Erinnerung,
    b) den Antrag auf gerichtliche Entscheidung,
    c) die Beschwerde in demselben Beschwerderechtszug;
11. das Rechtsmittelverfahren und das Verfahren über die Zulassung des Rechtsmittels; dies gilt nicht für das Verfahren über die Beschwerde gegen die Nichtzulassung eines Rechtsmittels;
12. das Verfahren über die Privatklage und die Widerklage und zwar auch im Fall des § 388 Absatz 2 der Strafprozessordnung[3)] und

---

[1)] **Loseblatt-Textsammlung Arbeitsrecht Nr. 660.**
[2)] **Habersack, Deutsche Gesetze Nr. 94.**
[3)] **Habersack, Deutsche Gesetze Nr. 90.**

13. das erstinstanzliche Prozessverfahren und der erste Rechtszug des Musterverfahrens nach dem Kapitalanleger-Musterverfahrensgesetz[1)].

§ 17 Verschiedene Angelegenheiten. Verschiedene Angelegenheiten sind

1. das Verfahren über ein Rechtsmittel und der vorausgegangene Rechtszug, soweit sich aus § 19 Absatz 1 Satz 2 Nummer 10a nichts anderes ergibt,

1a. jeweils das Verwaltungsverfahren, das einem gerichtlichen Verfahren vorausgehende und der Nachprüfung des Verwaltungsakts dienende weitere Verwaltungsverfahren (Vorverfahren, Einspruchsverfahren, Beschwerdeverfahren, Abhilfeverfahren), das Verfahren über die Beschwerde und die weitere Beschwerde nach der Wehrbeschwerdeordnung, das Verwaltungsverfahren auf Aussetzung oder Anordnung der sofortigen Vollziehung sowie über einstweilige Maßnahmen zur Sicherung der Rechte Dritter und ein gerichtliches Verfahren,

2. das Mahnverfahren und das streitige Verfahren,
3. das vereinfachte Verfahren über den Unterhalt Minderjähriger und das streitige Verfahren,
4. das Verfahren in der Hauptsache und ein Verfahren
   a) auf Anordnung eines Arrests oder zur Erwirkung eines Europäischen Beschlusses zur vorläufigen Kontenpfändung,
   b) auf Erlass einer einstweiligen Verfügung oder einer einstweiligen Anordnung,
   c) über die Anordnung oder Wiederherstellung der aufschiebenden Wirkung, über die Aufhebung der Vollziehung oder über die Anordnung der sofortigen Vollziehung eines Verwaltungsakts sowie
   d) über die Abänderung, die Aufhebung oder den Widerruf einer in einem Verfahren nach den Buchstaben a bis c ergangenen Entscheidung,
5. der Urkunden- oder Wechselprozess und das ordentliche Verfahren, das nach Abstandnahme vom Urkunden- oder Wechselprozess oder nach einem Vorbehaltsurteil anhängig bleibt (§§ 596, 600 der Zivilprozessordnung[2)]),
6. das Schiedsverfahren und das Verfahren über die Zulassung der Vollziehung einer vorläufigen oder sichernden Maßnahme sowie das Verfahren über einen Antrag auf Aufhebung oder Änderung einer Entscheidung über die Zulassung der Vollziehung (§ 1041 der Zivilprozessordnung),
7. das gerichtliche Verfahren und ein vorausgegangenes
   a) Güteverfahren vor einer durch die Landesjustizverwaltung eingerichteten oder anerkannten Gütestelle (§ 794 Absatz 1 Nummer 1 der Zivilprozessordnung) oder, wenn die Parteien den Einigungsversuch einvernehmlich unternehmen, vor einer Gütestelle, die Streitbeilegung betreibt (§ 15a Absatz 3 des Einführungsgesetzes zur Zivilprozessordnung[3)]),
   b) Verfahren vor einem Ausschuss der in § 111 Absatz 2 des Arbeitsgerichtsgesetzes[4)] bezeichneten Art,

---

1) Habersack, Deutsche Gesetze ErgBd. Nr. 105d.
2) Habersack, Deutsche Gesetze Nr. 100.
3) Habersack, Deutsche Gesetze Nr. 101.
4) Loseblatt-Textsammlung Arbeitsrecht Nr. 660.

c) Verfahren vor dem Seemannsamt zur vorläufigen Entscheidung von Arbeitssachen und
d) Verfahren vor sonstigen gesetzlich eingerichteten Einigungsstellen, Gütestellen oder Schiedsstellen,

8. das Vermittlungsverfahren nach § 165 des Gesetzes über das Verfahren in Familiensachen und in den Angelegenheiten der freiwilligen Gerichtsbarkeit[1)] und ein sich anschließendes gerichtliches Verfahren,
9. das Verfahren über ein Rechtsmittel und das Verfahren über die Beschwerde gegen die Nichtzulassung des Rechtsmittels,
10. das strafrechtliche Ermittlungsverfahren und
    a) ein nachfolgendes gerichtliches Verfahren und
    b) ein sich nach Einstellung des Ermittlungsverfahrens anschließendes Bußgeldverfahren,
11. das Bußgeldverfahren vor der Verwaltungsbehörde und das nachfolgende gerichtliche Verfahren,
12. das Strafverfahren und das Verfahren über die im Urteil vorbehaltene Sicherungsverwahrung und
13. das Wiederaufnahmeverfahren und das wiederaufgenommene Verfahren, wenn sich die Gebühren nach Teil 4 oder 5 des Vergütungsverzeichnisses richten.

§ 18[2)] Besondere Angelegenheiten. (1) Besondere Angelegenheiten sind

1. jede Vollstreckungsmaßnahme zusammen mit den durch diese vorbereiteten weiteren Vollstreckungshandlungen bis zur Befriedigung des Gläubigers; dies gilt entsprechend im Verwaltungszwangsverfahren (Verwaltungsvollstreckungsverfahren);
2. jede Vollziehungsmaßnahme bei der Vollziehung eines Arrests oder einer einstweiligen Verfügung (§§ 928 bis 934 und 936 der Zivilprozessordnung[3)]), die sich nicht auf die Zustellung beschränkt;
3. solche Angelegenheiten, in denen sich die Gebühren nach Teil 3 des Vergütungsverzeichnisses richten, jedes Beschwerdeverfahren, jedes Verfahren über eine Erinnerung gegen einen Kostenfestsetzungsbeschluss und jedes sonstige Verfahren über eine Erinnerung gegen eine Entscheidung des Rechtspflegers, soweit sich aus § 16 Nummer 10 nichts anderes ergibt;
4. das Verfahren über Einwendungen gegen die Erteilung der Vollstreckungsklausel, auf das § 732 der Zivilprozessordnung anzuwenden ist;
5. das Verfahren auf Erteilung einer weiteren vollstreckbaren Ausfertigung;
6. jedes Verfahren über Anträge nach den §§ 765a, 851a oder 851b der Zivilprozessordnung und jedes Verfahren über Anträge auf Änderung oder Aufhebung der getroffenen Anordnungen, jedes Verfahren über Anträge nach § 1084 Absatz 1, § 1096 oder § 1109 der Zivilprozessordnung, jedes Verfahren über Anträge auf Aussetzung der Vollstreckung nach § 44f des

---

[1)] **Habersack, Deutsche Gesetze Nr. 112.**
[2)] § 18 Abs. 1 Nr. 6 geänd. mWv 1.8.2022 durch G v. 10.8.2021 (BGBl. I S. 3424).
[3)] Nr. **50/10**.

Internationalen Familienrechtsverfahrensgesetzes[1] und über Anträge nach § 31 des Auslandsunterhaltsgesetzes[2];

7. das Verfahren auf Zulassung der Austauschpfändung (§ 811a der Zivilprozessordnung);
8. das Verfahren über einen Antrag nach § 825 der Zivilprozessordnung;
9. die Ausführung der Zwangsvollstreckung in ein gepfändetes Vermögensrecht durch Verwaltung (§ 857 Absatz 4 der Zivilprozessordnung);
10. das Verteilungsverfahren (§ 858 Absatz 5, §§ 872 bis 877, 882 der Zivilprozessordnung);
11. das Verfahren auf Eintragung einer Zwangshypothek (§§ 867, 870a der Zivilprozessordnung);
12. die Vollstreckung der Entscheidung, durch die der Schuldner zur Vorauszahlung der Kosten, die durch die Vornahme einer Handlung entstehen, verurteilt wird (§ 887 Absatz 2 der Zivilprozessordnung);
13. das Verfahren zur Ausführung der Zwangsvollstreckung auf Vornahme einer Handlung durch Zwangsmittel (§ 888 der Zivilprozessordnung);
14. jede Verurteilung zu einem Ordnungsgeld gemäß § 890 Absatz 1 der Zivilprozessordnung;
15. die Verurteilung zur Bestellung einer Sicherheit im Fall des § 890 Absatz 3 der Zivilprozessordnung;
16. das Verfahren zur Abnahme der Vermögensauskunft (§§ 802f und 802g der Zivilprozessordnung);
17. das Verfahren auf Löschung der Eintragung im Schuldnerverzeichnis (§ 882e der Zivilprozessordnung);
18. das Ausüben der Veröffentlichungsbefugnis;
19. das Verfahren über Anträge auf Zulassung der Zwangsvollstreckung nach § 17 Absatz 4 der Schifffahrtsrechtlichen Verteilungsordnung;
20. das Verfahren über Anträge auf Aufhebung von Vollstreckungsmaßregeln (§ 8 Absatz 5 und § 41 der Schifffahrtsrechtlichen Verteilungsordnung) und
21. das Verfahren zur Anordnung von Zwangsmaßnahmen durch Beschluss nach § 35 des Gesetzes über das Verfahren in Familiensachen und in den Angelegenheiten der freiwilligen Gerichtsbarkeit[3].

(2) Absatz 1 gilt entsprechend für

1. die Vollziehung eines Arrestes und
2. die Vollstreckung

nach den Vorschriften des Gesetzes über das Verfahren in Familiensachen und in den Angelegenheiten der freiwilligen Gerichtsbarkeit.

§ 19[4] Rechtszug; Tätigkeiten, die mit dem Verfahren zusammenhängen. (1) [1] Zu dem Rechtszug oder dem Verfahren gehören auch alle Vorbereitungs-, Neben- und Abwicklungstätigkeiten und solche Verfahren, die mit dem

---

[1] **Habersack, *Deutsche Gesetze* ErgBd. Nr. 103n.**
[2] **Habersack, Deutsche Gesetze ErgBd. Nr. 103o.**
[3] **Habersack, Deutsche Gesetze Nr. 112.**
[4] § 19 Abs. 1 Satz 2 Nr. 9a Buchst. b geänd. mWv 1.8.2022 durch G v. 10.8.2021 (BGBl. I S. 3424).

Rechtszug oder Verfahren zusammenhängen, wenn die Tätigkeit nicht nach § 18 eine besondere Angelegenheit ist. [2] Hierzu gehören insbesondere

1. die Vorbereitung der Klage, des Antrags oder der Rechtsverteidigung, soweit kein besonderes gerichtliches oder behördliches Verfahren stattfindet;

1a. die Einreichung von Schutzschriften und die Anmeldung von Ansprüchen oder Rechtsverhältnissen zum Klageregister für Musterfeststellungsklagen sowie die Rücknahme der Anmeldung;

1b. die Verkündung des Streits (§ 72 der Zivilprozessordnung[1]);

2. außergerichtliche Verhandlungen;

3. Zwischenstreite, die Bestellung von Vertretern durch das in der Hauptsache zuständige Gericht, die Ablehnung von Richtern, Rechtspflegern, Urkundsbeamten der Geschäftsstelle oder Sachverständigen, die Entscheidung über einen Antrag betreffend eine Sicherungsanordnung, die Wertfestsetzung, die Beschleunigungsrüge nach § 155b des Gesetzes über das Verfahren in Familiensachen und in den Angelegenheiten der freiwilligen Gerichtsbarkeit[2];

4. das Verfahren vor dem beauftragten oder ersuchten Richter;

5. das Verfahren
   a) über die Erinnerung (§ 573 der Zivilprozessordnung[3]),
   b) über die Rüge wegen Verletzung des Anspruchs auf rechtliches Gehör,
   c) nach Artikel 18 der Verordnung (EG) Nr. 861/2007[4] des Europäischen Parlaments und des Rates vom 13. Juni 2007 zur Einführung eines europäischen Verfahrens für geringfügige Forderungen,
   d) nach Artikel 20 der Verordnung (EG) Nr. 1896/2006[5] des Europäischen Parlaments und des Rates vom 12. Dezember 2006 zur Einführung eines Europäischen Mahnverfahrens und
   e) nach Artikel 19 der Verordnung (EG) Nr. 4/2009[6] über die Zuständigkeit, das anwendbare Recht, die Anerkennung und Vollstreckung von Entscheidungen und die Zusammenarbeit in Unterhaltssachen;

6. die Berichtigung und Ergänzung der Entscheidung oder ihres Tatbestands;

7. die Mitwirkung bei der Erbringung der Sicherheitsleistung und das Verfahren wegen deren Rückgabe;

8. die für die Geltendmachung im Ausland vorgesehene Vervollständigung der Entscheidung und die Bezifferung eines dynamisierten Unterhaltstitels;

9. die Zustellung oder Empfangnahme von Entscheidungen oder Rechtsmittelschriften und ihre Mitteilung an den Auftraggeber, die Einwilligung zur Einlegung der Sprungrevision oder Sprungrechtsbeschwerde, der Antrag auf Entscheidung über die Verpflichtung, die Kosten zu tragen, die nachträgliche Vollstreckbarerklärung eines Urteils auf besonderen Antrag, die Erteilung des Notfrist- und des Rechtskraftzeugnisses;

---

[1] **Habersack, Deutsche Gesetze Nr. 100.**
[2] **Habersack, Deutsche Gesetze Nr. 112.**
[3] Nr. **50/10**.
[4] **Habersack, Deutsche Gesetze ErgBd. Nr. 103e.**
[5] **Habersack, Deutsche Gesetze ErgBd. Nr. 103g.**
[6] **Habersack, Deutsche Gesetze ErgBd. Nr. 21d.**

9a. die Ausstellung von Bescheinigungen, Bestätigungen oder Formblättern einschließlich deren Berichtigung, Aufhebung oder Widerruf nach
   a) § 1079 oder § 1110 der Zivilprozessordnung[1)],
   b) § 39 Absatz 1 und § 48 des Internationalen Familienrechtsverfahrensgesetzes[2)],
   c) § 57 oder § 58 des Anerkennungs- und Vollstreckungsausführungsgesetzes[3)],
   d) § 14 des EU-Gewaltschutzverfahrensgesetzes,
   e) § 71 Absatz 1 des Auslandsunterhaltsgesetzes[4)],
   f) § 27 des Internationalen Erbrechtsverfahrensgesetzes[5)] und
   g) § 27 des Internationalen Güterrechtsverfahrensgesetzes[6)];

10. die Einlegung von Rechtsmitteln bei dem Gericht desselben Rechtszugs in Verfahren, in denen sich die Gebühren nach Teil 4, 5 oder 6 des Vergütungsverzeichnisses richten; die Einlegung des Rechtsmittels durch einen neuen Verteidiger gehört zum Rechtszug des Rechtsmittels;

10a. Beschwerdeverfahren, wenn sich die Gebühren nach Teil 4, 5 oder 6 des Vergütungsverzeichnisses richten und dort nichts anderes bestimmt ist oder keine besonderen Gebührentatbestände vorgesehen sind;

11. die vorläufige Einstellung, Beschränkung oder Aufhebung der Zwangsvollstreckung, wenn nicht eine abgesonderte mündliche Verhandlung hierüber stattfindet;

12. die einstweilige Einstellung oder Beschränkung der Vollstreckung und die Anordnung, dass Vollstreckungsmaßnahmen aufzuheben sind (§ 93 Absatz 1 des Gesetzes über das Verfahren in Familiensachen und in den Angelegenheiten der freiwilligen Gerichtsbarkeit), wenn nicht ein besonderer gerichtlicher Termin hierüber stattfindet;

13. die erstmalige Erteilung der Vollstreckungsklausel, wenn deswegen keine Klage erhoben wird;

14. die Kostenfestsetzung und die Einforderung der Vergütung;

15. (weggefallen)

16. die Zustellung eines Vollstreckungstitels, der Vollstreckungsklausel und der sonstigen in § 750 der Zivilprozessordnung genannten Urkunden und

17. die Herausgabe der Handakten oder ihre Übersendung an einen anderen Rechtsanwalt.

(2) Zu den in § 18 Absatz 1 Nummer 1 und 2 genannten Verfahren gehören ferner insbesondere

1. gerichtliche Anordnungen nach § 758a der Zivilprozessordnung sowie Beschlüsse nach §§ 90 und 91 Absatz 1 des Gesetzes über das Verfahren in Familiensachen und in den Angelegenheiten der freiwilligen Gerichtsbarkeit,
2. die Erinnerung nach § 766 der Zivilprozessordnung,

[1)] **Habersack, Deutsche Gesetze Nr. 100.**
[2)] **Habersack, Deutsche Gesetze ErgBd. Nr. 103n.**
[3)] **Habersack, Deutsche Gesetze ErgBd. Nr. 103a.**
[4)] **Habersack, Deutsche Gesetze ErgBd. Nr. 103o.**
[5)] **Habersack, Deutsche Gesetze ErgBd. Nr. 103p.**
[6)] **Habersack, Deutsche Gesetze ErgBd. Nr. 103q.**

3. die Bestimmung eines Gerichtsvollziehers (§ 827 Absatz 1 und § 854 Absatz 1 der Zivilprozessordnung) oder eines Sequesters (§§ 848 und 855 der Zivilprozessordnung),
4. die Anzeige der Absicht, die Zwangsvollstreckung gegen eine juristische Person des öffentlichen Rechts zu betreiben,
5. die einer Verurteilung vorausgehende Androhung von Ordnungsgeld und
6. die Aufhebung einer Vollstreckungsmaßnahme.

§ 20 Verweisung, Abgabe. [1] Soweit eine Sache an ein anderes Gericht verwiesen oder abgegeben wird, sind die Verfahren vor dem verweisenden oder abgebenden und vor dem übernehmenden Gericht ein Rechtszug. [2] Wird eine Sache an ein Gericht eines niedrigeren Rechtszugs verwiesen oder abgegeben, ist das weitere Verfahren vor diesem Gericht ein neuer Rechtszug.

§ 21 Zurückverweisung, Fortführung einer Folgesache als selbständige Familiensache. (1) Soweit eine Sache an ein untergeordnetes Gericht zurückverwiesen wird, ist das weitere Verfahren vor diesem Gericht ein neuer Rechtszug.

(2) In den Fällen des § 146 des Gesetzes über das Verfahren in Familiensachen und in den Angelegenheiten der freiwilligen Gerichtsbarkeit[1)], auch in Verbindung mit § 270 des Gesetzes über das Verfahren in Familiensachen und in den Angelegenheiten der freiwilligen Gerichtsbarkeit, bildet das weitere Verfahren vor dem Familiengericht mit dem früheren einen Rechtszug.

(3) Wird eine Folgesache als selbständige Familiensache fortgeführt, sind das fortgeführte Verfahren und das frühere Verfahren dieselbe Angelegenheit.

Abschnitt 4. Gegenstandswert

§ 22 Grundsatz. (1) In derselben Angelegenheit werden die Werte mehrerer Gegenstände zusammengerechnet.

(2) [1] Der Wert beträgt in derselben Angelegenheit höchstens 30 Millionen Euro, soweit durch Gesetz kein niedrigerer Höchstwert bestimmt ist. [2] Sind in derselben Angelegenheit mehrere Personen wegen verschiedener Gegenstände Auftraggeber, beträgt der Wert für jede Person höchstens 30 Millionen Euro, insgesamt jedoch nicht mehr als 100 Millionen Euro.

§ 23 Allgemeine Wertvorschrift. (1) [1] Soweit sich die Gerichtsgebühren nach dem Wert richten, bestimmt sich der Gegenstandswert im gerichtlichen Verfahren nach den für die Gerichtsgebühren geltenden Wertvorschriften. [2] In Verfahren, in denen Kosten nach dem Gerichtskostengesetz[2)] oder dem Gesetz über Gerichtskosten in Familiensachen[3)] erhoben werden, sind die Wertvorschriften des jeweiligen Kostengesetzes entsprechend anzuwenden, wenn für das Verfahren keine Gerichtsgebühr oder eine Festgebühr bestimmt ist. [3] Diese Wertvorschriften gelten auch entsprechend für die Tätigkeit außerhalb eines gerichtlichen Verfahrens, wenn der Gegenstand der Tätigkeit auch Gegenstand

[1)] **Habersack, Deutsche Gesetze Nr. 112.**
[2)] Auszugsweise abgedruckt unter Nr. **50/30.**
[3)] **Habersack, Deutsche Gesetze Nr. 118.**

eines gerichtlichen Verfahrens sein könnte. [4] § 22 Absatz 2 Satz 2 bleibt unberührt.

(2) [1] In Beschwerdeverfahren, in denen Gerichtsgebühren unabhängig vom Ausgang des Verfahrens nicht erhoben werden oder sich nicht nach dem Wert richten, ist der Wert unter Berücksichtigung des Interesses des Beschwerdeführers nach Absatz 3 Satz 2 zu bestimmen, soweit sich aus diesem Gesetz nichts anderes ergibt. [2] Der Gegenstandswert ist durch den Wert des zugrunde liegenden Verfahrens begrenzt. [3] In Verfahren über eine Erinnerung oder eine Rüge wegen Verletzung des rechtlichen Gehörs richtet sich der Wert nach den für Beschwerdeverfahren geltenden Vorschriften.

(3) [1] Soweit sich aus diesem Gesetz nichts anderes ergibt, gelten in anderen Angelegenheiten für den Gegenstandswert die Bewertungsvorschriften des Gerichts- und Notarkostengesetzes[1)] und die §§ 37, 38, 42 bis 45 sowie 99 bis 102 des Gerichts- und Notarkostengesetzes entsprechend. [2] Soweit sich der Gegenstandswert aus diesen Vorschriften nicht ergibt und auch sonst nicht feststeht, ist er nach billigem Ermessen zu bestimmen; in Ermangelung genügender tatsächlicher Anhaltspunkte für eine Schätzung und bei nichtvermögensrechtlichen Gegenständen ist der Gegenstandswert mit 5000 Euro, nach Lage des Falles niedriger oder höher, jedoch nicht über 500 000 Euro anzunehmen.

§ 23a Gegenstandswert im Verfahren über die Prozesskostenhilfe.

(1) Im Verfahren über die Bewilligung der Prozesskostenhilfe oder die Aufhebung der Bewilligung nach § 124 Absatz 1 Nummer 1 der Zivilprozessordnung[2)] bestimmt sich der Gegenstandswert nach dem für die Hauptsache maßgebenden Wert; im Übrigen ist er nach dem Kosteninteresse nach billigem Ermessen zu bestimmen.

(2) Der Wert nach Absatz 1 und der Wert für das Verfahren, für das die Prozesskostenhilfe beantragt worden ist, werden nicht zusammengerechnet.

§ 23b Gegenstandswert im Musterverfahren nach dem Kapitalanleger-Musterverfahrensgesetz. Im Musterverfahren nach dem Kapitalanleger-Musterverfahrensgesetz[3)] bestimmt sich der Gegenstandswert nach der Höhe des von dem Auftraggeber oder gegen diesen im Ausgangsverfahren geltend gemachten Anspruchs, soweit dieser Gegenstand des Musterverfahrens ist.

§ 24 Gegenstandswert im Sanierungs- und Reorganisationsverfahren nach dem Kreditinstitute-Reorganisationsgesetz. Ist der Auftrag im Sanierungs- und Reorganisationsverfahren von einem Gläubiger erteilt, bestimmt sich der Wert nach dem Nennwert der Forderung.

§ 25 Gegenstandswert in der Vollstreckung und bei der Vollziehung.

(1) In der Zwangsvollstreckung, in der Vollstreckung, in Verfahren des Verwaltungszwangs und bei der Vollziehung eines Arrests oder einer einstweiligen Verfügung bestimmt sich der Gegenstandswert

1. nach dem Betrag der zu vollstreckenden Geldforderung einschließlich der Nebenforderungen; soll ein bestimmter Gegenstand gepfändet werden und

---

[1)] **Habersack, Deutsche Gesetze Nr. 119.**
[2)] Nr. **50/10.**
[3)] **Habersack, Deutsche Gesetze ErgBd. Nr. 105d.**

hat dieser einen geringeren Wert, ist der geringere Wert maßgebend; wird künftig fällig werdendes Arbeitseinkommen nach § 850d Absatz 3 der Zivilprozessordnung[1] gepfändet, sind die noch nicht fälligen Ansprüche nach § 51 Absatz 1 Satz 1 des Gesetzes über Gerichtskosten in Familiensachen[2] und § 9 der Zivilprozessordnung[3] zu bewerten; im Verteilungsverfahren (§ 858 Absatz 5, §§ 872 bis 877 und 882 der Zivilprozessordnung) ist höchstens der zu verteilende Geldbetrag maßgebend;

2. nach dem Wert der herauszugebenden oder zu leistenden Sachen; der Gegenstandswert darf jedoch den Wert nicht übersteigen, mit dem der Herausgabe- oder Räumungsanspruch nach den für die Berechnung von Gerichtskosten maßgeblichen Vorschriften zu bewerten ist;
3. nach dem Wert, den die zu erwirkende Handlung, Duldung oder Unterlassung für den Gläubiger hat, und
4. in Verfahren über die Erteilung der Vermögensauskunft (§ 802c der Zivilprozessordnung) sowie in Verfahren über die Einholung von Auskünften Dritter über das Vermögen des Schuldners (§ 802l der Zivilprozessordnung) nach dem Betrag, der einschließlich der Nebenforderungen aus dem Vollstreckungstitel noch geschuldet wird; der Wert beträgt jedoch höchstens 2000 Euro.

(2) In Verfahren über Anträge des Schuldners ist der Wert nach dem Interesse des Antragstellers nach billigem Ermessen zu bestimmen.

§ 26 Gegenstandswert in der Zwangsversteigerung. In der Zwangsversteigerung bestimmt sich der Gegenstandswert

1. bei der Vertretung des Gläubigers oder eines anderen nach § 9 Nummer 1 und 2 des Gesetzes über die Zwangsversteigerung und die Zwangsverwaltung[4] Beteiligten nach dem Wert des dem Gläubiger oder dem Beteiligten zustehenden Rechts; wird das Verfahren wegen einer Teilforderung betrieben, ist der Teilbetrag nur maßgebend, wenn es sich um einen nach § 10 Absatz 1 Nummer 5 des Gesetzes über die Zwangsversteigerung und die Zwangsverwaltung zu befriedigenden Anspruch handelt; Nebenforderungen sind mitzurechnen; der Wert des Gegenstands der Zwangsversteigerung (§ 66 Absatz 1, § 74a Absatz 5 des Gesetzes über die Zwangsversteigerung und die Zwangsverwaltung), im Verteilungsverfahren der zur Verteilung kommende Erlös, sind maßgebend, wenn sie geringer sind;
2. bei der Vertretung eines anderen Beteiligten, insbesondere des Schuldners, nach dem Wert des Gegenstands der Zwangsversteigerung, im Verteilungsverfahren nach dem zur Verteilung kommenden Erlös; bei Miteigentümern oder sonstigen Mitberechtigten ist der Anteil maßgebend;
3. bei der Vertretung eines Bieters, der nicht Beteiligter ist, nach dem Betrag des höchsten für den Auftraggeber abgegebenen Gebots, wenn ein solches Gebot nicht abgegeben ist, nach dem Wert des Gegenstands der Zwangsversteigerung.

---

[1] Nr. **50/10.**
[2] **Habersack, Deutsche Gesetze Nr. 118.**
[3] **Habersack, Deutsche Gesetze Nr. 100.**
[4] **Habersack, Deutsche Gesetze Nr. 108.**

§ 27 Gegenstandswert in der Zwangsverwaltung. [1] In der Zwangsverwaltung bestimmt sich der Gegenstandswert bei der Vertretung des Antragstellers nach dem Anspruch, wegen dessen das Verfahren beantragt ist; Nebenforderungen sind mitzurechnen; bei Ansprüchen auf wiederkehrende Leistungen ist der Wert der Leistungen eines Jahres maßgebend. [2] Bei der Vertretung des Schuldners bestimmt sich der Gegenstandswert nach dem zusammengerechneten Wert aller Ansprüche, wegen derer das Verfahren beantragt ist, bei der Vertretung eines sonstigen Beteiligten nach § 23 Absatz 3 Satz 2.

§ 28 Gegenstandswert im Insolvenzverfahren. (1) [1] Die Gebühren der Nummern 3313, 3317 sowie im Fall der Beschwerde gegen den Beschluss über die Eröffnung des Insolvenzverfahrens der Nummern 3500 und 3513 des Vergütungsverzeichnisses werden, wenn der Auftrag vom Schuldner erteilt ist, nach dem Wert der Insolvenzmasse (§ 58 des Gerichtskostengesetzes[1)]) berechnet. [2] Im Fall der Nummer 3313 des Vergütungsverzeichnisses beträgt der Gegenstandswert jedoch mindestens 4000 Euro.

(2) [1] Ist der Auftrag von einem Insolvenzgläubiger erteilt, werden die in Absatz 1 genannten Gebühren und die Gebühr nach Nummer 3314 nach dem Nennwert der Forderung berechnet. [2] Nebenforderungen sind mitzurechnen.

(3) Im Übrigen ist der Gegenstandswert im Insolvenzverfahren unter Berücksichtigung des wirtschaftlichen Interesses, das der Auftraggeber im Verfahren verfolgt, nach § 23 Absatz 3 Satz 2 zu bestimmen.

§ 29 Gegenstandswert im Verteilungsverfahren nach der Schifffahrtsrechtlichen Verteilungsordnung. Im Verfahren nach der Schifffahrtsrechtlichen Verteilungsordnung gilt § 28 entsprechend mit der Maßgabe, dass an die Stelle des Werts der Insolvenzmasse die festgesetzte Haftungssumme tritt.

§ 29a Gegenstandswert in Verfahren nach dem Unternehmensstabilisierungs- und -restrukturierungsgesetz. Der Gegenstandswert in Verfahren nach dem Unternehmensstabilisierungs- und -restrukturierungsgesetz[2)] ist unter Berücksichtigung des wirtschaftlichen Interesses, das der Auftraggeber im Verfahren verfolgt, nach § 23 Absatz 3 Satz 2 zu bestimmen.

§ 30 Gegenstandswert in gerichtlichen Verfahren nach dem Asylgesetz. (1) [1] In Klageverfahren nach dem Asylgesetz[3)] beträgt der Gegenstandswert 5000 Euro, in Verfahren des vorläufigen Rechtsschutzes 2500 Euro. [2] Sind mehrere natürliche Personen an demselben Verfahren beteiligt, erhöht sich der Wert für jede weitere Person in Klageverfahren um 1000 Euro und in Verfahren des vorläufigen Rechtsschutzes um 500 Euro.

(2) Ist der nach Absatz 1 bestimmte Wert nach den besonderen Umständen des Einzelfalls unbillig, kann das Gericht einen höheren oder einen niedrigeren Wert festsetzen.

§ 31 Gegenstandswert in gerichtlichen Verfahren nach dem Spruchverfahrensgesetz. (1) [1] Vertritt der Rechtsanwalt im Verfahren nach dem Spruchverfahrensgesetz[4)] einen von mehreren Antragstellern, bestimmt sich der

---

1) **Habersack, Deutsche Gesetze Nr. 115.**
2) **Habersack, Deutsche Gesetze ErgBd. Nr. 110e.**
3) **Sartorius Nr. 567.**
4) **Habersack, Deutsche Gesetze ErgBd. Nr. 51b.**

Gegenstandswert nach dem Bruchteil des für die Gerichtsgebühren geltenden Geschäftswerts, der sich aus dem Verhältnis der Anzahl der Anteile des Auftraggebers zu der Gesamtzahl der Anteile aller Antragsteller ergibt. [2] Maßgeblicher Zeitpunkt für die Bestimmung der auf die einzelnen Antragsteller entfallenden Anzahl der Anteile ist der jeweilige Zeitpunkt der Antragstellung. [3] Ist die Anzahl der auf einen Antragsteller entfallenden Anteile nicht gerichtsbekannt, wird vermutet, dass er lediglich einen Anteil hält. [4] Der Wert beträgt mindestens 5000 Euro.

(2) Wird der Rechtsanwalt von mehreren Antragstellern beauftragt, sind die auf die einzelnen Antragsteller entfallenden Werte zusammenzurechnen; Nummer 1008 des Vergütungsverzeichnisses ist insoweit nicht anzuwenden.

§ 31a Ausschlussverfahren nach dem Wertpapiererwerbs- und Übernahmegesetz. [1] Vertritt der Rechtsanwalt im Ausschlussverfahren nach § 39b des Wertpapiererwerbs- und Übernahmegesetzes einen Antragsgegner, bestimmt sich der Gegenstandswert nach dem Wert der Aktien, die dem Auftraggeber im Zeitpunkt der Antragstellung gehören. [2] § 31 Absatz 1 Satz 2 bis 4 und Absatz 2 gilt entsprechend.

§ 31b Gegenstandswert bei Zahlungsvereinbarungen. Ist Gegenstand der Einigung eine Zahlungsvereinbarung (Gebühr 1000 Nummer 2 des Vergütungsverzeichnisses), beträgt der Gegenstandswert 50 Prozent des Anspruchs.

§ 32 Wertfestsetzung für die Gerichtsgebühren. (1) Wird der für die Gerichtsgebühren maßgebende Wert gerichtlich festgesetzt, ist die Festsetzung auch für die Gebühren des Rechtsanwalts maßgebend.

(2) [1] Der Rechtsanwalt kann aus eigenem Recht die Festsetzung des Werts beantragen und Rechtsmittel gegen die Festsetzung einlegen. [2] Rechtsbehelfe, die gegeben sind, wenn die Wertfestsetzung unterblieben ist, kann er aus eigenem Recht einlegen.

§ 33 Wertfestsetzung für die Rechtsanwaltsgebühren. (1) Berechnen sich die Gebühren in einem gerichtlichen Verfahren nicht nach dem für die Gerichtsgebühren maßgebenden Wert oder fehlt es an einem solchen Wert, setzt das Gericht des Rechtszugs den Wert des Gegenstands der anwaltlichen Tätigkeit auf Antrag durch Beschluss selbstständig fest.

(2) [1] Der Antrag ist erst zulässig, wenn die Vergütung fällig ist. [2] Antragsberechtigt sind der Rechtsanwalt, der Auftraggeber, ein erstattungspflichtiger Gegner und in den Fällen des § 45 die Staatskasse.

(3) [1] Gegen den Beschluss nach Absatz 1 können die Antragsberechtigten Beschwerde einlegen, wenn der Wert des Beschwerdegegenstands 200 Euro übersteigt. [2] Die Beschwerde ist auch zulässig, wenn sie das Gericht, das die angefochtene Entscheidung erlassen hat, wegen der grundsätzlichen Bedeutung der zur Entscheidung stehenden Frage in dem Beschluss zulässt. [3] Die Beschwerde ist nur zulässig, wenn sie innerhalb von zwei Wochen nach Zustellung der Entscheidung eingelegt wird.

(4) [1] Soweit das Gericht die Beschwerde für zulässig und begründet hält, hat es ihr abzuhelfen; im Übrigen ist die Beschwerde unverzüglich dem Beschwerdegericht vorzulegen. [2] Beschwerdegericht ist das nächsthöhere Gericht, in

Zivilsachen der in § 119 Absatz 1 Nummer 1 des Gerichtsverfassungsgesetzes[1)] bezeichneten Art jedoch das Oberlandesgericht. [3] Eine Beschwerde an einen obersten Gerichtshof des Bundes findet nicht statt. [4] Das Beschwerdegericht ist an die Zulassung der Beschwerde gebunden; die Nichtzulassung ist unanfechtbar.

(5) [1] War der Beschwerdeführer ohne sein Verschulden verhindert, die Frist einzuhalten, ist ihm auf Antrag von dem Gericht, das über die Beschwerde zu entscheiden hat, Wiedereinsetzung in den vorigen Stand zu gewähren, wenn er die Beschwerde binnen zwei Wochen nach der Beseitigung des Hindernisses einlegt und die Tatsachen, welche die Wiedereinsetzung begründen, glaubhaft macht. [2] Ein Fehlen des Verschuldens wird vermutet, wenn eine Rechtsbehelfsbelehrung unterblieben oder fehlerhaft ist. [3] Nach Ablauf eines Jahres, von dem Ende der versäumten Frist an gerechnet, kann die Wiedereinsetzung nicht mehr beantragt werden. [4] Gegen die Ablehnung der Wiedereinsetzung findet die Beschwerde statt. [5] Sie ist nur zulässig, wenn sie innerhalb von zwei Wochen eingelegt wird. [6] Die Frist beginnt mit der Zustellung der Entscheidung. [7] Absatz 4 Satz 1 bis 3 gilt entsprechend.

(6) [1] Die weitere Beschwerde ist nur zulässig, wenn das Landgericht als Beschwerdegericht entschieden und sie wegen der grundsätzlichen Bedeutung der zur Entscheidung stehenden Frage in dem Beschluss zugelassen hat. [2] Sie kann nur darauf gestützt werden, dass die Entscheidung auf einer Verletzung des Rechts beruht; die §§ 546 und 547 der Zivilprozessordnung[2)] gelten entsprechend. [3] Über die weitere Beschwerde entscheidet das Oberlandesgericht. [4] Absatz 3 Satz 3, Absatz 4 Satz 1 und 4 und Absatz 5 gelten entsprechend.

(7) [1] Anträge und Erklärungen können ohne Mitwirkung eines Bevollmächtigten schriftlich eingereicht oder zu Protokoll der Geschäftsstelle abgegeben werden; § 129a der Zivilprozessordnung gilt entsprechend. [2] Für die Bevollmächtigung gelten die Regelungen der für das zugrunde liegende Verfahren geltenden Verfahrensordnung entsprechend. [3] Die Beschwerde ist bei dem Gericht einzulegen, dessen Entscheidung angefochten wird.

(8) [1] Das Gericht entscheidet über den Antrag durch eines seiner Mitglieder als Einzelrichter; dies gilt auch für die Beschwerde, wenn die angefochtene Entscheidung von einem Einzelrichter oder einem Rechtspfleger erlassen wurde. [2] Der Einzelrichter überträgt das Verfahren der Kammer oder dem Senat, wenn die Sache besondere Schwierigkeiten tatsächlicher oder rechtlicher Art aufweist oder die Rechtssache grundsätzliche Bedeutung hat. [3] Das Gericht entscheidet jedoch immer ohne Mitwirkung ehrenamtlicher Richter. [4] Auf eine erfolgte oder unterlassene Übertragung kann ein Rechtsmittel nicht gestützt werden.

(9) [1] Das Verfahren über den Antrag ist gebührenfrei. [2] Kosten werden nicht erstattet; dies gilt auch im Verfahren über die Beschwerde.

Abschnitt 5. Außergerichtliche Beratung und Vertretung

§ 34 Beratung, Gutachten und Mediation. (1) [1] Für einen mündlichen oder schriftlichen Rat oder eine Auskunft (Beratung), die nicht mit einer anderen gebührenpflichtigen Tätigkeit zusammenhängen, für die Ausarbeitung

---

1) **Habersack, Deutsche Gesetze Nr. 95.**
2) Nr. **50/10**.

eines schriftlichen Gutachtens und für die Tätigkeit als Mediator soll der Rechtsanwalt auf eine Gebührenvereinbarung hinwirken, soweit in Teil 2 Abschnitt 1 des Vergütungsverzeichnisses keine Gebühren bestimmt sind. [2] Wenn keine Vereinbarung getroffen worden ist, erhält der Rechtsanwalt Gebühren nach den Vorschriften des bürgerlichen Rechts. [3] Ist im Fall des Satzes 2 der Auftraggeber Verbraucher, beträgt die Gebühr für die Beratung oder für die Ausarbeitung eines schriftlichen Gutachtens jeweils höchstens 250 Euro; § 14 Absatz 1 gilt entsprechend; für ein erstes Beratungsgespräch beträgt die Gebühr jedoch höchstens 190 Euro.

(2) Wenn nichts anderes vereinbart ist, ist die Gebühr für die Beratung auf eine Gebühr für eine sonstige Tätigkeit, die mit der Beratung zusammenhängt, anzurechnen.

§ 35 Hilfeleistung in Steuersachen. (1) Für die Hilfeleistung bei der Erfüllung allgemeiner Steuerpflichten und bei der Erfüllung steuerlicher Buchführungs- und Aufzeichnungspflichten gelten die §§ 23 bis 39 der Steuerberatervergütungsverordnung[1)] in Verbindung mit den §§ 10 und 13 der Steuerberatervergütungsverordnung entsprechend.

(2) [1] Sieht dieses Gesetz die Anrechnung einer Geschäftsgebühr auf eine andere Gebühr vor, stehen die Gebühren nach den §§ 23, 24 und 31 der Steuerberatervergütungsverordnung, bei mehreren Gebühren deren Summe, einer Geschäftsgebühr nach Teil 2 des Vergütungsverzeichnisses gleich. [2] Bei der Ermittlung des Höchstbetrags des anzurechnenden Teils der Geschäftsgebühr ist der Gegenstandswert derjenigen Gebühr zugrunde zu legen, auf die angerechnet wird.

§ 36 Schiedsrichterliche Verfahren und Verfahren vor dem Schiedsgericht. (1) Teil 3 Abschnitt 1, 2 und 4 des Vergütungsverzeichnisses ist auf die folgenden außergerichtlichen Verfahren entsprechend anzuwenden:

1. schiedsrichterliche Verfahren nach Buch 10 der Zivilprozessordnung[2)] und
2. Verfahren vor dem Schiedsgericht (§ 104 des Arbeitsgerichtsgesetzes[3)]).

(2) Im Verfahren nach Absatz 1 Nummer 1 erhält der Rechtsanwalt die Terminsgebühr auch, wenn der Schiedsspruch ohne mündliche Verhandlung erlassen wird.

Abschnitt 6. Gerichtliche Verfahren

§ 37 Verfahren vor den Verfassungsgerichten. (1) Die Vorschriften für die Revision in Teil 4 Abschnitt 1 Unterabschnitt 3 des Vergütungsverzeichnisses gelten entsprechend in folgenden Verfahren vor dem Bundesverfassungsgericht oder dem Verfassungsgericht (Verfassungsgerichtshof, Staatsgerichtshof) eines Landes:

1. Verfahren über die Verwirkung von Grundrechten, den Verlust des Stimmrechts, den Ausschluss von Wahlen und Abstimmungen,
2. Verfahren über die Verfassungswidrigkeit von Parteien,

---

1) **Steuergesetze Nr. 840a.**
2) Auszugsweise abgedruckt unter Nr. **50/10.**
3) **Loseblatt-Textsammlung Arbeitsrecht Nr. 660.**

3. Verfahren über Anklagen gegen den Bundespräsidenten, gegen ein Regierungsmitglied eines Landes oder gegen einen Abgeordneten oder Richter und
4. Verfahren über sonstige Gegenstände, die in einem dem Strafprozess ähnlichen Verfahren behandelt werden.

(2) [1] In sonstigen Verfahren vor dem Bundesverfassungsgericht oder dem Verfassungsgericht eines Landes gelten die Vorschriften in Teil 3 Abschnitt 2 Unterabschnitt 2 des Vergütungsverzeichnisses entsprechend. [2] Der Gegenstandswert ist unter Berücksichtigung der in § 14 Absatz 1 genannten Umstände nach billigem Ermessen zu bestimmen; er beträgt mindestens 5000 Euro.

§ 38 Verfahren vor dem Gerichtshof der Europäischen Gemeinschaften. (1) [1] In Vorabentscheidungsverfahren vor dem Gerichtshof der Europäischen Gemeinschaften gelten die Vorschriften in Teil 3 Abschnitt 2 Unterabschnitt 2 des Vergütungsverzeichnisses entsprechend. [2] Der Gegenstandswert bestimmt sich nach den Wertvorschriften, die für die Gerichtsgebühren des Verfahrens gelten, in dem vorgelegt wird. [3] Das vorlegende Gericht setzt den Gegenstandswert auf Antrag durch Beschluss fest. [4] § 33 Absatz 2 bis 9 gilt entsprechend.

(2) Ist in einem Verfahren, in dem sich die Gebühren nach Teil 4, 5 oder 6 des Vergütungsverzeichnisses richten, vorgelegt worden, sind in dem Vorabentscheidungsverfahren die Nummern 4130 und 4132 des Vergütungsverzeichnisses entsprechend anzuwenden.

(3) Die Verfahrensgebühr des Verfahrens, in dem vorgelegt worden ist, wird auf die Verfahrensgebühr des Verfahrens vor dem Gerichtshof der Europäischen Gemeinschaften angerechnet, wenn nicht eine im Verfahrensrecht vorgesehene schriftliche Stellungnahme gegenüber dem Gerichtshof der Europäischen Gemeinschaften abgegeben wird.

§ 38a Verfahren vor dem Europäischen Gerichtshof für Menschenrechte. [1] In Verfahren vor dem Europäischen Gerichtshof für Menschenrechte gelten die Vorschriften in Teil 3 Abschnitt 2 Unterabschnitt 2 des Vergütungsverzeichnisses entsprechend. [2] Der Gegenstandswert ist unter Berücksichtigung der in § 14 Absatz 1 genannten Umstände nach billigem Ermessen zu bestimmen; er beträgt mindestens 5000 Euro.

§ 39 Von Amts wegen beigeordneter Rechtsanwalt. (1) Der Rechtsanwalt, der nach § 138 des Gesetzes über das Verfahren in Familiensachen und in den Angelegenheiten der freiwilligen Gerichtsbarkeit[1)], auch in Verbindung mit § 270 des Gesetzes über das Verfahren in Familiensachen und in den Angelegenheiten der freiwilligen Gerichtsbarkeit, dem Antragsgegner beigeordnet ist, kann von diesem die Vergütung eines zum Prozessbevollmächtigten bestellten Rechtsanwalts und einen Vorschuss verlangen.

(2) Der Rechtsanwalt, der nach § 109 Absatz 3 oder § 119a Absatz 6 des Strafvollzugsgesetzes[2)] einer Person beigeordnet ist, kann von dieser die Vergütung eines zum Verfahrensbevollmächtigten bestellten Rechtsanwalts und einen Vorschuss verlangen.

[1)] **Habersack, Deutsche Gesetze Nr. 112.**
[2)] **Habersack, Deutsche Gesetze ErgBd. Nr. 91.**

§ 40 Als gemeinsamer Vertreter bestellter Rechtsanwalt. Der Rechtsanwalt kann von den Personen, für die er nach § 67a Absatz 1 Satz 2 der Verwaltungsgerichtsordnung[1] bestellt ist, die Vergütung eines von mehreren Auftraggebern zum Prozessbevollmächtigten bestellten Rechtsanwalts und einen Vorschuss verlangen.

§ 41[2] Besonderer Vertreter. [1] Der Rechtsanwalt, der nach § 57 oder § 58 der Zivilprozessordnung[3], § 118e der Bundesrechtsanwaltsordnung[4], § 103b der Patentanwaltsordnung oder § 111c des Steuerberatungsgesetzes[5] als besonderer Vertreter bestellt ist, kann von dem Vertretenen die Vergütung eines zum Prozessbevollmächtigten oder zum Verteidiger gewählten Rechtsanwalts verlangen. [2] Er kann von diesem keinen Vorschuss fordern. [3] § 126 der Zivilprozessordnung ist entsprechend anzuwenden.

§ 41a Vertreter des Musterklägers. (1) [1] Für das erstinstanzliche Musterverfahren nach dem Kapitalanleger-Musterverfahrensgesetz[6] kann das Oberlandesgericht dem Rechtsanwalt, der den Musterkläger vertritt, auf Antrag eine besondere Gebühr bewilligen, wenn sein Aufwand im Vergleich zu dem Aufwand der Vertreter der beigeladenen Kläger höher ist. [2] Bei der Bemessung der Gebühr sind der Mehraufwand sowie der Vorteil und die Bedeutung für die beigeladenen Kläger zu berücksichtigen. [3] Die Gebühr darf eine Gebühr mit einem Gebührensatz von 0,3 nach § 13 Absatz 1 nicht überschreiten. [4] Hierbei ist als Wert die Summe der in sämtlichen nach § 8 des Kapitalanleger-Musterverfahrensgesetzes ausgesetzten Verfahren geltend gemachten Ansprüche zugrunde zu legen, soweit diese Ansprüche von den Feststellungszielen des Musterverfahrens betroffen sind, höchstens jedoch 30 Millionen Euro. [5] Der Vergütungsanspruch gegen den Auftraggeber bleibt unberührt.

(2) [1] Der Antrag ist spätestens vor dem Schluss der mündlichen Verhandlung zu stellen. [2] Der Antrag und ergänzende Schriftsätze werden entsprechend § 12 Absatz 2 des Kapitalanleger-Musterverfahrensgesetzes bekannt gegeben. [3] Mit der Bekanntmachung ist eine Frist zur Erklärung zu setzen. [4] Die Landeskasse ist nicht zu hören.

(3) [1] Die Entscheidung kann mit dem Musterentscheid getroffen werden. [2] Die Entscheidung ist dem Musterkläger, den Musterbeklagten, den Beigeladenen sowie dem Rechtsanwalt mitzuteilen. [3] § 16 Absatz 1 Satz 2 des Kapitalanleger-Musterverfahrensgesetzes ist entsprechend anzuwenden. [4] Die Mitteilung kann durch öffentliche Bekanntmachung ersetzt werden, § 11 Absatz 2 Satz 2 des Kapitalanleger-Musterverfahrensgesetzes ist entsprechend anzuwenden. [5] Die Entscheidung ist unanfechtbar.

(4) [1] Die Gebühr ist einschließlich der anfallenden Umsatzsteuer aus der Landeskasse zu zahlen. [2] Ein Vorschuss kann nicht gefordert werden.

---

[1] **Sartorius Nr. 600.**
[2] § 41 Überschrift und Satz 1 neu gef. mWv 1.8.2022 durch G v. 7.7.2021 (BGBl. I S. 2363).
[3] Nr. **50/10.**
[4] **Habersack, Deutsche Gesetze ErgBd. Nr. 98.**
[5] **Steuergesetze Nr. 840.**
[6] **Habersack, Deutsche Gesetze ErgBd. Nr. 105d.**

Abschnitt 7. Straf- und Bußgeldsachen sowie bestimmte sonstige Verfahren

§ 42 Feststellung einer Pauschgebühr. (1) [1]In Strafsachen, gerichtlichen Bußgeldsachen, Verfahren nach dem Gesetz über die internationale Rechtshilfe in Strafsachen[1)], in Verfahren nach dem IStGH-Gesetz, in Freiheitsentziehungs- und Unterbringungssachen sowie in Verfahren nach § 151 Nummer 6 und 7 des Gesetzes über das Verfahren in Familiensachen und in den Angelegenheiten der freiwilligen Gerichtsbarkeit[2)] stellt das Oberlandesgericht, zu dessen Bezirk das Gericht des ersten Rechtszugs gehört, auf Antrag des Rechtsanwalts eine Pauschgebühr für das ganze Verfahren oder für einzelne Verfahrensabschnitte durch unanfechtbaren Beschluss fest, wenn die in den Teilen 4 bis 6 des Vergütungsverzeichnisses bestimmten Gebühren eines Wahlanwalts wegen des besonderen Umfangs oder der besonderen Schwierigkeit nicht zumutbar sind. [2]Dies gilt nicht, soweit Wertgebühren entstehen. [3]Beschränkt sich die Feststellung auf einzelne Verfahrensabschnitte, sind die Gebühren nach dem Vergütungsverzeichnis, an deren Stelle die Pauschgebühr treten soll, zu bezeichnen. [4]Die Pauschgebühr darf das Doppelte der für die Gebühren eines Wahlanwalts geltenden Höchstbeträge nach den Teilen 4 bis 6 des Vergütungsverzeichnisses nicht übersteigen. [5]Für den Rechtszug, in dem der Bundesgerichtshof für das Verfahren zuständig ist, ist er auch für die Entscheidung über den Antrag zuständig.

(2) [1]Der Antrag ist zulässig, wenn die Entscheidung über die Kosten des Verfahrens rechtskräftig ist. [2]Der gerichtlich bestellte oder beigeordnete Rechtsanwalt kann den Antrag nur unter den Voraussetzungen des § 52 Absatz 1 Satz 1, Absatz 2, auch in Verbindung mit § 53 Absatz 1, stellen. [3]Der Auftraggeber, in den Fällen des § 52 Absatz 1 Satz 1 der Beschuldigte, ferner die Staatskasse und andere Beteiligte, wenn ihnen die Kosten des Verfahrens ganz oder zum Teil auferlegt worden sind, sind zu hören.

(3) [1]Der Senat des Oberlandesgerichts ist mit einem Richter besetzt. [2]Der Richter überträgt die Sache dem Senat in der Besetzung mit drei Richtern, wenn es zur Sicherung einer einheitlichen Rechtsprechung geboten ist.

(4) Die Feststellung ist für das Kostenfestsetzungsverfahren, das Vergütungsfestsetzungsverfahren (§ 11) und für einen Rechtsstreit des Rechtsanwalts auf Zahlung der Vergütung bindend.

(5) [1]Die Absätze 1 bis 4 gelten im Bußgeldverfahren vor der Verwaltungsbehörde entsprechend. [2]Über den Antrag entscheidet die Verwaltungsbehörde. [3]Gegen die Entscheidung kann gerichtliche Entscheidung beantragt werden. [4]Für das Verfahren gilt § 62 des Gesetzes über Ordnungswidrigkeiten[3)].

§ 43 Abtretung des Kostenerstattungsanspruchs. [1]Tritt der Beschuldigte oder der Betroffene den Anspruch gegen die Staatskasse auf Erstattung von Anwaltskosten als notwendige Auslagen an den Rechtsanwalt ab, ist eine von der Staatskasse gegenüber dem Beschuldigten oder dem Betroffenen erklärte Aufrechnung insoweit unwirksam, als sie den Anspruch des Rechtsanwalts *vereiteln oder* beeinträchtigen würde. [2]Dies gilt jedoch nur, wenn zum Zeit-

---

[1)] **Habersack, Deutsche Gesetze ErgBd. Nr. 90h.**
[2)] **Habersack, Deutsche Gesetze Nr. 112.**
[3)] **Habersack, Deutsche Gesetze Nr. 94.**

punkt der Aufrechnung eine Urkunde über die Abtretung oder eine Anzeige des Beschuldigten oder des Betroffenen über die Abtretung in den Akten vorliegt.

Abschnitt 8. Beigeordneter oder bestellter Rechtsanwalt, Beratungshilfe

§ 44 Vergütungsanspruch bei Beratungshilfe. [1] Für die Tätigkeit im Rahmen der Beratungshilfe erhält der Rechtsanwalt eine Vergütung nach diesem Gesetz aus der Landeskasse, soweit nicht für die Tätigkeit in Beratungsstellen nach § 3 Absatz 1 des Beratungshilfegesetzes[1)] besondere Vereinbarungen getroffen sind. [2] Die Beratungshilfegebühr (Nummer 2500 des Vergütungsverzeichnisses) schuldet nur der Rechtsuchende.

§ 45[2)] Vergütungsanspruch des beigeordneten oder bestellten Rechtsanwalts. (1) Der im Wege der Prozesskostenhilfe beigeordnete oder zum besonderen Vertreter im Sinne des § 41 bestellte Rechtsanwalt erhält, soweit in diesem Abschnitt nichts anderes bestimmt ist, die gesetzliche Vergütung in Verfahren vor Gerichten des Bundes aus der Bundeskasse, in Verfahren vor Gerichten eines Landes aus der Landeskasse.

(2) Der Rechtsanwalt, der nach § 138 des Gesetzes über das Verfahren in Familiensachen und in den Angelegenheiten der freiwilligen Gerichtsbarkeit[3)], auch in Verbindung mit § 270 des Gesetzes über das Verfahren in Familiensachen und in den Angelegenheiten der freiwilligen Gerichtsbarkeit, nach § 109 Absatz 3 oder § 119a Absatz 6 des Strafvollzugsgesetzes[4)] beigeordnet oder nach § 67a Absatz 1 Satz 2 der Verwaltungsgerichtsordnung[5)] bestellt ist, kann eine Vergütung aus der Landeskasse verlangen, wenn der zur Zahlung Verpflichtete (§ 39 oder § 40) mit der Zahlung der Vergütung im Verzug ist.

(3) [1] Ist der Rechtsanwalt sonst gerichtlich bestellt oder beigeordnet worden, erhält er die Vergütung aus der Landeskasse, wenn ein Gericht des Landes den Rechtsanwalt bestellt oder beigeordnet hat, im Übrigen aus der Bundeskasse. [2] Hat zuerst ein Gericht des Bundes und sodann ein Gericht des Landes den Rechtsanwalt bestellt oder beigeordnet, zahlt die Bundeskasse die Vergütung, die der Rechtsanwalt während der Dauer der Bestellung oder Beiordnung durch das Gericht des Bundes verdient hat, die Landeskasse die dem Rechtsanwalt darüber hinaus zustehende Vergütung. [3] Dies gilt entsprechend, wenn zuerst ein Gericht des Landes und sodann ein Gericht des Bundes den Rechtsanwalt bestellt oder beigeordnet hat.

(4) [1] Wenn der Verteidiger von der Stellung eines Wiederaufnahmeantrags abrät, hat er einen Anspruch gegen die Staatskasse nur dann, wenn er nach § 364b Absatz 1 Satz 1 der Strafprozessordnung[6)] bestellt worden ist oder das Gericht die Feststellung nach § 364b Absatz 1 Satz 2 der Strafprozessordnung

---

1) Habersack, Deutsche Gesetze ErgBd. Nr. 98b.
2) § 45 Abs. 1 geänd. mWv 1.8.2022 durch G v. 7.7.2021 (BGBl. I S. 2363).
3) Habersack, Deutsche Gesetze Nr. 112.
4) Habersack, Deutsche Gesetze ErgBd. Nr. 91.
5) Sartorius Nr. 600.
6) Habersack, Deutsche Gesetze Nr. 90.

getroffen hat. [2]Dies gilt auch im gerichtlichen Bußgeldverfahren (§ 85 Absatz 1 des Gesetzes über Ordnungswidrigkeiten[1)]).

(5) [1]Absatz 3 ist im Bußgeldverfahren vor der Verwaltungsbehörde entsprechend anzuwenden. [2]An die Stelle des Gerichts tritt die Verwaltungsbehörde.

§ 46 Auslagen und Aufwendungen. (1) Auslagen, insbesondere Reisekosten, werden nicht vergütet, wenn sie zur sachgemäßen Durchführung der Angelegenheit nicht erforderlich waren.

(2) [1]Wenn das Gericht des Rechtszugs auf Antrag des Rechtsanwalts vor Antritt der Reise feststellt, dass eine Reise erforderlich ist, ist diese Feststellung für das Festsetzungsverfahren (§ 55) bindend. [2]Im Bußgeldverfahren vor der Verwaltungsbehörde tritt an die Stelle des Gerichts die Verwaltungsbehörde. [3]Für Aufwendungen (§ 670 des Bürgerlichen Gesetzbuchs[2)]) gelten Absatz 1 und die Sätze 1 und 2 entsprechend; die Höhe zu ersetzender Kosten für die Zuziehung eines Dolmetschers oder Übersetzers ist auf die nach dem Justizvergütungs- und -entschädigungsgesetz[3)] zu zahlenden Beträge beschränkt.

(3) [1]Auslagen, die durch Nachforschungen zur Vorbereitung eines Wiederaufnahmeverfahrens entstehen, für das die Vorschriften der Strafprozessordnung[4)] gelten, werden nur vergütet, wenn der Rechtsanwalt nach § 364b Absatz 1 Satz 1 der Strafprozessordnung bestellt worden ist oder wenn das Gericht die Feststellung nach § 364b Absatz 1 Satz 2 der Strafprozessordnung getroffen hat. [2]Dies gilt auch im gerichtlichen Bußgeldverfahren (§ 85 Absatz 1 des Gesetzes über Ordnungswidrigkeiten[1)]).

§ 47 Vorschuss. (1) [1]Wenn dem Rechtsanwalt wegen seiner Vergütung ein Anspruch gegen die Staatskasse zusteht, kann er für die entstandenen Gebühren und die entstandenen und voraussichtlich entstehenden Auslagen aus der Staatskasse einen angemessenen Vorschuss fordern. [2]Der Rechtsanwalt, der nach § 138 des Gesetzes über das Verfahren in Familiensachen und in den Angelegenheiten der freiwilligen Gerichtsbarkeit[5)], auch in Verbindung mit § 270 des Gesetzes über das Verfahren in Familiensachen und in den Angelegenheiten der freiwilligen Gerichtsbarkeit, nach § 109 Absatz 3 oder § 119a Absatz 6 des Strafvollzugsgesetzes[6)] beigeordnet oder nach § 67a Absatz 1 Satz 2 der Verwaltungsgerichtsordnung[7)] bestellt ist, kann einen Vorschuss nur verlangen, wenn der zur Zahlung Verpflichtete (§ 39 oder § 40) mit der Zahlung des Vorschusses im Verzug ist.

(2) Bei Beratungshilfe kann der Rechtsanwalt aus der Staatskasse keinen Vorschuss fordern.

§ 48 Umfang des Anspruchs und der Beiordnung. (1) [1]Der Vergütungsanspruch gegen die Staatskasse ist auf die gesetzliche Vergütung gerichtet und bestimmt sich nach den Beschlüssen, durch die die Prozesskostenhilfe bewilligt und der Rechtsanwalt beigeordnet oder bestellt worden ist, soweit nichts anderes bestimmt ist. [2]Erstreckt sich die Beiordnung auf den Abschluss eines

---

1) **Habersack, Deutsche Gesetze Nr. 94.**
2) **Habersack, Deutsche Gesetze Nr. 20.**
3) Nr. **50/40.**
4) **Habersack, Deutsche Gesetze Nr. 90.**
5) **Habersack, Deutsche Gesetze Nr. 112.**
6) **Habersack, Deutsche Gesetze ErgBd. Nr. 91.**
7) **Sartorius Nr. 600.**

Vertrags im Sinne der Nummer 1000 des Vergütungsverzeichnisses oder ist die Beiordnung oder die Bewilligung der Prozesskostenhilfe hierauf beschränkt, so umfasst der Anspruch alle gesetzlichen Gebühren und Auslagen, die durch die Tätigkeiten entstehen, die zur Herbeiführung der Einigung erforderlich sind.

(2) [1]In Angelegenheiten, in denen sich die Gebühren nach Teil 3 des Vergütungsverzeichnisses bestimmen und die Beiordnung eine Berufung, eine Beschwerde wegen des Hauptgegenstands, eine Revision oder eine Rechtsbeschwerde wegen des Hauptgegenstands betrifft, wird eine Vergütung aus der Staatskasse auch für die Rechtsverteidigung gegen ein Anschlussrechtsmittel und, wenn der Rechtsanwalt für die Erwirkung eines Arrests, einer einstweiligen Verfügung oder einer einstweiligen Anordnung beigeordnet ist, auch für deren Vollziehung oder Vollstreckung gewährt. [2]Dies gilt nicht, wenn der Beiordnungsbeschluss ausdrücklich etwas anderes bestimmt.

(3) [1]Die Beiordnung in einer Ehesache erstreckt sich im Fall des Abschlusses eines Vertrags im Sinne der Nummer 1000 des Vergütungsverzeichnisses auf alle mit der Herbeiführung der Einigung erforderlichen Tätigkeiten, soweit der Vertrag

1. den gegenseitigen Unterhalt der Ehegatten,
2. den Unterhalt gegenüber den Kindern im Verhältnis der Ehegatten zueinander,
3. die Sorge für die Person der gemeinschaftlichen minderjährigen Kinder,
4. die Regelung des Umgangs mit einem Kind,
5. die Rechtsverhältnisse an der Ehewohnung und den Haushaltsgegenständen,
6. die Ansprüche aus dem ehelichen Güterrecht oder
7. den Versorgungsausgleich

betrifft. [2]Satz 1 gilt im Fall der Beiordnung in Lebenspartnerschaftssachen nach § 269 Absatz 1 Nummer 1 und 2 des Gesetzes über das Verfahren in Familiensachen und in den Angelegenheiten der freiwilligen Gerichtsbarkeit[1)] entsprechend.

(4) [1]Die Beiordnung in Angelegenheiten, in denen nach § 3 Absatz 1 Betragsrahmengebühren entstehen, erstreckt sich auf Tätigkeiten ab dem Zeitpunkt der Beantragung der Prozesskostenhilfe, wenn vom Gericht nichts anderes bestimmt ist. [2]Die Beiordnung erstreckt sich ferner auf die gesamte Tätigkeit im Verfahren über die Prozesskostenhilfe einschließlich der vorbereitenden Tätigkeit.

(5) [1]In anderen Angelegenheiten, die mit dem Hauptverfahren nur zusammenhängen, erhält der für das Hauptverfahren beigeordnete Rechtsanwalt eine Vergütung aus der Staatskasse nur dann, wenn er ausdrücklich auch hierfür beigeordnet ist. [2]Dies gilt insbesondere für

1. die Zwangsvollstreckung, die Vollstreckung und den Verwaltungszwang;
2. das Verfahren über den Arrest, den Europäischen Beschluss zur vorläufigen Kontenpfändung, die einstweilige Verfügung und die einstweilige Anordnung;
3. das selbstständige Beweisverfahren;
4. das Verfahren über die Widerklage oder den Widerantrag, ausgenommen die Rechtsverteidigung gegen den Widerantrag in Ehesachen und in Lebens-

---

1) Habersack, Deutsche Gesetze Nr. 112.

partnerschaftssachen nach § 269 Absatz 1 Nummer 1 und 2 des Gesetzes über das Verfahren in Familiensachen und in den Angelegenheiten der freiwilligen Gerichtsbarkeit.

(6) [1] Wird der Rechtsanwalt in Angelegenheiten nach den Teilen 4 bis 6 des Vergütungsverzeichnisses im ersten Rechtszug bestellt oder beigeordnet, erhält er die Vergütung auch für seine Tätigkeit vor dem Zeitpunkt seiner Bestellung, in Strafsachen einschließlich seiner Tätigkeit vor Erhebung der öffentlichen Klage und in Bußgeldsachen einschließlich der Tätigkeit vor der Verwaltungsbehörde. [2] Wird der Rechtsanwalt in einem späteren Rechtszug beigeordnet, erhält er seine Vergütung in diesem Rechtszug auch für seine Tätigkeit vor dem Zeitpunkt seiner Bestellung. [3] Werden Verfahren verbunden und ist der Rechtsanwalt nicht in allen Verfahren bestellt oder beigeordnet, kann das Gericht die Wirkungen des Satzes 1 auch auf diejenigen Verfahren erstrecken, in denen vor der Verbindung keine Beiordnung oder Bestellung erfolgt war.

§ 49 Wertgebühren aus der Staatskasse. Bestimmen sich die Gebühren nach dem Gegenstandswert, werden bei einem Gegenstandswert von mehr als 4000 Euro anstelle der Gebühr nach § 13 Absatz 1 folgende Gebühren vergütet:

Gegenstandswert bis … Euro	Gebühr … Euro	Gegenstandswert bis … Euro	Gebühr … Euro
5 000	284	22 000	399
6 000	295	25 000	414
7 000	306	30 000	453
8 000	317	35 000	492
9 000	328	40 000	531
10 000	339	45 000	570
13 000	354	50 000	609
16 000	369	über	
19 000	384	50 000	659

§ 50 Weitere Vergütung bei Prozesskostenhilfe. (1) [1] Nach Deckung der in § 122 Absatz 1 Nummer 1 der Zivilprozessordnung[1)] bezeichneten Kosten und Ansprüche hat die Staatskasse über die auf sie übergegangenen Ansprüche des Rechtsanwalts hinaus weitere Beträge bis zur Höhe der Regelvergütung einzuziehen, wenn dies nach den Vorschriften der Zivilprozessordnung[2)] und nach den Bestimmungen, die das Gericht getroffen hat, zulässig ist. [2] Die weitere Vergütung ist festzusetzen, wenn das Verfahren durch rechtskräftige Entscheidung oder in sonstiger Weise beendet ist und die von der Partei zu zahlenden Beträge beglichen sind oder wegen dieser Beträge eine Zwangsvollstreckung in das bewegliche Vermögen der Partei erfolglos geblieben ist oder aussichtslos erscheint.

(2) Der beigeordnete Rechtsanwalt soll eine Berechnung seiner Regelvergütung unverzüglich zu den Prozessakten mitteilen.

---

1) Nr. **50/10**.
2) Auszugsweise abgedruckt unter Nr. **50/10**.

(3) Waren mehrere Rechtsanwälte beigeordnet, bemessen sich die auf die einzelnen Rechtsanwälte entfallenden Beträge nach dem Verhältnis der jeweiligen Unterschiedsbeträge zwischen den Gebühren nach § 49 und den Regelgebühren; dabei sind Zahlungen, die nach § 58 auf den Unterschiedsbetrag anzurechnen sind, von diesem abzuziehen.

§ 51 Festsetzung einer Pauschgebühr. (1) [1]In Strafsachen, gerichtlichen Bußgeldsachen, Verfahren nach dem Gesetz über die internationale Rechtshilfe in Strafsachen[1)], in Verfahren nach dem IStGH-Gesetz, in Freiheitsentziehungs- und Unterbringungssachen sowie in Verfahren nach § 151 Nummer 6 und 7 des Gesetzes über das Verfahren in Familiensachen und in den Angelegenheiten der freiwilligen Gerichtsbarkeit[2)] ist dem gerichtlich bestellten oder beigeordneten Rechtsanwalt für das ganze Verfahren oder für einzelne Verfahrensabschnitte auf Antrag eine Pauschgebühr zu bewilligen, die über die Gebühren nach dem Vergütungsverzeichnis hinausgeht, wenn die in den Teilen 4 bis 6 des Vergütungsverzeichnisses bestimmten Gebühren wegen des besonderen Umfangs oder der besonderen Schwierigkeit nicht zumutbar sind. [2]Dies gilt nicht, soweit Wertgebühren entstehen. [3]Beschränkt sich die Bewilligung auf einzelne Verfahrensabschnitte, sind die Gebühren nach dem Vergütungsverzeichnis, an deren Stelle die Pauschgebühr treten soll, zu bezeichnen. [4]Eine Pauschgebühr kann auch für solche Tätigkeiten gewährt werden, für die ein Anspruch nach § 48 Absatz 6 besteht. [5]Auf Antrag ist dem Rechtsanwalt ein angemessener Vorschuss zu bewilligen, wenn ihm insbesondere wegen der langen Dauer des Verfahrens und der Höhe der zu erwartenden Pauschgebühr nicht zugemutet werden kann, die Festsetzung der Pauschgebühr abzuwarten.

(2) [1]Über die Anträge entscheidet das Oberlandesgericht, zu dessen Bezirk das Gericht des ersten Rechtszugs gehört, und im Fall der Beiordnung einer Kontaktperson (§ 34a des Einführungsgesetzes zum Gerichtsverfassungsgesetz[3)]) das Oberlandesgericht, in dessen Bezirk die Justizvollzugsanstalt liegt, durch unanfechtbaren Beschluss. [2]Der Bundesgerichtshof ist für die Entscheidung zuständig, soweit er den Rechtsanwalt bestellt hat. [3]In dem Verfahren ist die Staatskasse zu hören. [4]§ 42 Absatz 3 ist entsprechend anzuwenden.

(3) [1]Absatz 1 gilt im Bußgeldverfahren vor der Verwaltungsbehörde entsprechend. [2]Über den Antrag nach Absatz 1 Satz 1 bis 3 entscheidet die Verwaltungsbehörde gleichzeitig mit der Festsetzung der Vergütung.

§ 52 Anspruch gegen den Beschuldigten oder den Betroffenen.

(1) [1]Der gerichtlich bestellte Rechtsanwalt kann von dem Beschuldigten die Zahlung der Gebühren eines gewählten Verteidigers verlangen; er kann jedoch keinen Vorschuss fordern. [2]Der Anspruch gegen den Beschuldigten entfällt insoweit, als die Staatskasse Gebühren gezahlt hat.

(2) [1]Der Anspruch kann nur insoweit geltend gemacht werden, als dem Beschuldigten ein Erstattungsanspruch gegen die Staatskasse zusteht oder das Gericht des ersten Rechtszugs auf Antrag des Verteidigers feststellt, dass der Beschuldigte ohne Beeinträchtigung des für ihn und seine Familie notwendigen Unterhalts zur Zahlung oder zur Leistung von Raten in der Lage ist. [2]Ist

1) Habersack, Deutsche Gesetze ErgBd. Nr. 90h.
2) Habersack, Deutsche Gesetze Nr. 112.
3) Habersack, Deutsche Gesetze Nr. 95a.

das Verfahren nicht gerichtlich anhängig geworden, entscheidet das Gericht, das den Verteidiger bestellt hat.

(3) [1] Wird ein Antrag nach Absatz 2 Satz 1 gestellt, setzt das Gericht dem Beschuldigten eine Frist zur Darlegung seiner persönlichen und wirtschaftlichen Verhältnisse; § 117 Absatz 2 bis 4 der Zivilprozessordnung[1)] gilt entsprechend. [2] Gibt der Beschuldigte innerhalb der Frist keine Erklärung ab, wird vermutet, dass er leistungsfähig im Sinne des Absatzes 2 Satz 1 ist.

(4) [1] Gegen den Beschluss nach Absatz 2 ist die sofortige Beschwerde nach den Vorschriften der §§ 304 bis 311a der Strafprozessordnung[2)] zulässig. [2] Dabei steht im Rahmen des § 44 Satz 2 der Strafprozessordnung die Rechtsbehelfsbelehrung des § 12c der Belehrung nach § 35a Satz 1 der Strafprozessordnung gleich.

(5) [1] Der für den Beginn der Verjährung maßgebende Zeitpunkt tritt mit der Rechtskraft der das Verfahren abschließenden gerichtlichen Entscheidung, in Ermangelung einer solchen mit der Beendigung des Verfahrens ein. [2] Ein Antrag des Verteidigers hemmt den Lauf der Verjährungsfrist. [3] Die Hemmung endet sechs Monate nach der Rechtskraft der Entscheidung des Gerichts über den Antrag.

(6) [1] Die Absätze 1 bis 3 und 5 gelten im Bußgeldverfahren entsprechend. [2] Im Bußgeldverfahren vor der Verwaltungsbehörde tritt an die Stelle des Gerichts die Verwaltungsbehörde.

§ 53 Anspruch gegen den Auftraggeber, Anspruch des zum Beistand bestellten Rechtsanwalts gegen den Verurteilten. (1) Für den Anspruch des dem Privatkläger, dem Nebenkläger, dem Antragsteller im Klageerzwingungsverfahren oder des sonst in Angelegenheiten, in denen sich die Gebühren nach Teil 4, 5 oder 6 des Vergütungsverzeichnisses bestimmen, beigeordneten Rechtsanwalts gegen seinen Auftraggeber gilt § 52 entsprechend.

(2) [1] Der dem Nebenkläger, dem nebenklageberechtigten Verletzten oder dem Zeugen als Beistand bestellte Rechtsanwalt kann die Gebühren eines gewählten Beistands aufgrund seiner Bestellung nur von dem Verurteilten verlangen. [2] Der Anspruch entfällt insoweit, als die Staatskasse die Gebühren bezahlt hat.

(3) [1] Der in Absatz 2 Satz 1 genannte Rechtsanwalt kann einen Anspruch aus einer Vergütungsvereinbarung nur geltend machen, wenn das Gericht des ersten Rechtszugs auf seinen Antrag feststellt, dass der Nebenkläger, der nebenklageberechtigte Verletzte oder der Zeuge zum Zeitpunkt des Abschlusses der Vereinbarung allein auf Grund seiner persönlichen und wirtschaftlichen Verhältnisse die Voraussetzungen für die Bewilligung von Prozesskostenhilfe in bürgerlichen Rechtsstreitigkeiten nicht erfüllt hätte. [2] Ist das Verfahren nicht gerichtlich anhängig geworden, entscheidet das Gericht, das den Rechtsanwalt als Beistand bestellt hat. [3] § 52 Absatz 3 bis 5 gilt entsprechend.

§ 53a Vergütungsanspruch bei gemeinschaftlicher Nebenklagevertretung. [1] Stellt ein Gericht gemäß § 397b Absatz 3 der Strafprozessordnung[2)] fest, dass für einen nicht als Beistand bestellten oder beigeordneten Rechtsanwalt die Voraussetzungen einer Bestellung oder Beiordnung vorgelegen haben, so steht

---

[1)] Nr. **50/10**.

[2)] **Habersack, Deutsche Gesetze Nr. 90.**

der Rechtsanwalt hinsichtlich der von ihm bis zu dem Zeitpunkt der Bestellung oder Beiordnung eines anderen Rechtsanwalts erbrachten Tätigkeiten einem bestellten oder beigeordneten Rechtsanwalt gleich. [2]Der Rechtsanwalt erhält die Vergütung aus der Landeskasse, wenn die Feststellung von einem Gericht des Landes getroffen wird, im Übrigen aus der Bundeskasse.

§ 54 Verschulden eines beigeordneten oder bestellten Rechtsanwalts.

Hat der beigeordnete oder bestellte Rechtsanwalt durch schuldhaftes Verhalten die Beiordnung oder Bestellung eines anderen Rechtsanwalts veranlasst, kann er Gebühren, die auch für den anderen Rechtsanwalt entstehen, nicht fordern.

§ 55 Festsetzung der aus der Staatskasse zu zahlenden Vergütungen und Vorschüsse. (1) [1]Die aus der Staatskasse zu gewährende Vergütung und der Vorschuss hierauf werden auf Antrag des Rechtsanwalts von dem Urkundsbeamten der Geschäftsstelle des Gerichts des ersten Rechtszugs festgesetzt. [2]Ist das Verfahren nicht gerichtlich anhängig geworden, erfolgt die Festsetzung durch den Urkundsbeamten der Geschäftsstelle des Gerichts, das den Verteidiger bestellt hat.

(2) In Angelegenheiten, in denen sich die Gebühren nach Teil 3 des Vergütungsverzeichnisses bestimmen, erfolgt die Festsetzung durch den Urkundsbeamten des Gerichts des Rechtszugs, solange das Verfahren nicht durch rechtskräftige Entscheidung oder in sonstiger Weise beendet ist.

(3) Im Fall der Beiordnung einer Kontaktperson (§ 34a des Einführungsgesetzes zum Gerichtsverfassungsgesetz[1)]) erfolgt die Festsetzung durch den Urkundsbeamten der Geschäftsstelle des Landgerichts, in dessen Bezirk die Justizvollzugsanstalt liegt.

(4) Im Fall der Beratungshilfe wird die Vergütung von dem Urkundsbeamten der Geschäftsstelle des in § 4 Absatz 1 des Beratungshilfegesetzes[2)] bestimmten Gerichts festgesetzt.

(5) [1]§ 104 Absatz 2 Satz 1 und 2 der Zivilprozessordnung[3)] gilt entsprechend. [2]Der Antrag hat die Erklärung zu enthalten, ob und welche Zahlungen der Rechtsanwalt bis zum Tag der Antragstellung erhalten hat. [3]Bei Zahlungen auf eine anzurechnende Gebühr sind diese Zahlungen, der Satz oder der Betrag der Gebühr und bei Wertgebühren auch der zugrunde gelegte Wert anzugeben. [4]Zahlungen, die der Rechtsanwalt nach der Antragstellung erhalten hat, hat er unverzüglich anzuzeigen.

(6) [1]Der Urkundsbeamte kann vor einer Festsetzung der weiteren Vergütung (§ 50) den Rechtsanwalt auffordern, innerhalb einer Frist von einem Monat bei der Geschäftsstelle des Gerichts, dem der Urkundsbeamte angehört, Anträge auf Festsetzung der Vergütungen, für die ihm noch Ansprüche gegen die Staatskasse zustehen, einzureichen oder sich zu den empfangenen Zahlungen (Absatz 5 Satz 2) zu erklären. [2]Kommt der Rechtsanwalt der Aufforderung nicht nach, erlöschen seine Ansprüche gegen die Staatskasse.

[1)] **Habersack, Deutsche Gesetze Nr. 95a.**
[2)] **Habersack, Deutsche Gesetze ErgBd. Nr. 98b.**
[3)] Nr. **50/10.**

(7) [1] Die Absätze 1 und 5 gelten im Bußgeldverfahren vor der Verwaltungsbehörde entsprechend. [2] An die Stelle des Urkundsbeamten der Geschäftsstelle tritt die Verwaltungsbehörde.

§ 56 Erinnerung und Beschwerde. (1) [1] Über Erinnerungen des Rechtsanwalts und der Staatskasse gegen die Festsetzung nach § 55 entscheidet das Gericht des Rechtszugs, bei dem die Festsetzung erfolgt ist, durch Beschluss. [2] Im Fall des § 55 Absatz 3 entscheidet die Strafkammer des Landgerichts. [3] Im Fall der Beratungshilfe entscheidet das nach § 4 Absatz 1 des Beratungshilfegesetzes[1)] zuständige Gericht.

(2) [1] Im Verfahren über die Erinnerung gilt § 33 Absatz 4 Satz 1, Absatz 7 und 8 und im Verfahren über die Beschwerde gegen die Entscheidung über die Erinnerung § 33 Absatz 3 bis 8 entsprechend. [2] Das Verfahren über die Erinnerung und über die Beschwerde ist gebührenfrei. [3] Kosten werden nicht erstattet.

§ 57 Rechtsbehelf in Bußgeldsachen vor der Verwaltungsbehörde. [1] Gegen Entscheidungen der Verwaltungsbehörde im Bußgeldverfahren nach den Vorschriften dieses Abschnitts kann gerichtliche Entscheidung beantragt werden. [2] Für das Verfahren gilt § 62 des Gesetzes über Ordnungswidrigkeiten[2)].

§ 58 Anrechnung von Vorschüssen und Zahlungen. (1) Zahlungen, die der Rechtsanwalt nach § 9 des Beratungshilfegesetzes[1)] erhalten hat, werden auf die aus der Landeskasse zu zahlende Vergütung angerechnet.

(2) [1] In Angelegenheiten, in denen sich die Gebühren nach Teil 3 des Vergütungsverzeichnisses bestimmen, sind Vorschüsse und Zahlungen, die der Rechtsanwalt vor oder nach der Beiordnung erhalten hat, zunächst auf die Vergütungen anzurechnen, für die ein Anspruch gegen die Staatskasse nicht oder nur unter den Voraussetzungen des § 50 besteht. [2] Ist eine Gebühr, für die kein Anspruch gegen die Staatskasse besteht, auf eine Gebühr anzurechnen, für die ein Anspruch gegen die Staatskasse besteht, so vermindert sich der Anspruch gegen die Staatskasse nur insoweit, als der Rechtsanwalt durch eine Zahlung auf die anzurechnende Gebühr und den Anspruch auf die ohne Anrechnung ermittelte andere Gebühr insgesamt mehr als den sich aus § 15a Absatz 1 ergebenden Gesamtbetrag erhalten würde.

(3) [1] In Angelegenheiten, in denen sich die Gebühren nach den Teilen 4 bis 6 des Vergütungsverzeichnisses bestimmen, sind Vorschüsse und Zahlungen, die der Rechtsanwalt vor oder nach der gerichtlichen Bestellung oder Beiordnung für seine Tätigkeit in einer gebührenrechtlichen Angelegenheit erhalten hat, auf die von der Staatskasse für diese Angelegenheit zu zahlenden Gebühren anzurechnen. [2] Hat der Rechtsanwalt Zahlungen empfangen, nachdem er Gebühren aus der Staatskasse erhalten hat, ist er zur Rückzahlung an die Staatskasse verpflichtet. [3] Die Anrechnung oder Rückzahlung erfolgt nur, soweit der Rechtsanwalt durch die Zahlungen insgesamt mehr als den doppelten Betrag der ihm ohne Berücksichtigung des § 51 aus der Staatskasse zustehenden Gebühren erhalten würde. [4] Sind die dem Rechtsanwalt nach Satz 3 verbleibenden Gebühren höher als die im Vergütungsverzeichnis vorgesehenen

---

[1)] **Habersack, Deutsche Gesetze ErgBd. Nr. 98b.**
[2)] **Habersack, Deutsche Gesetze Nr. 94.**

Höchstgebühren eines Wahlanwalts, ist auch der die Höchstgebühren übersteigende Betrag anzurechnen oder zurückzuzahlen.

§ 59 Übergang von Ansprüchen auf die Staatskasse. (1) Soweit dem im Wege der Prozesskostenhilfe oder nach § 138 des Gesetzes über das Verfahren in Familiensachen und in den Angelegenheiten der freiwilligen Gerichtsbarkeit[1)], auch in Verbindung mit § 270 des Gesetzes über das Verfahren in Familiensachen und in den Angelegenheiten der freiwilligen Gerichtsbarkeit, beigeordneten oder nach § 67a Absatz 1 Satz 2 der Verwaltungsgerichtsordnung[2)] bestellten Rechtsanwalt wegen seiner Vergütung ein Anspruch gegen die Partei oder einen ersatzpflichtigen Gegner zusteht, geht der Anspruch mit der Befriedigung des Rechtsanwalts durch die Staatskasse auf diese über. [2] Der Übergang kann nicht zum Nachteil des Rechtsanwalts geltend gemacht werden.

(2) [1] Für die Geltendmachung des Anspruchs sowie für die Erinnerung und die Beschwerde gelten die Vorschriften über die Kosten des gerichtlichen Verfahrens entsprechend. [2] Ansprüche der Staatskasse werden bei dem Gericht des ersten Rechtszugs angesetzt. [3] Ist das Gericht des ersten Rechtszugs ein Gericht des Landes und ist der Anspruch auf die Bundeskasse übergegangen, wird er insoweit bei dem jeweiligen obersten Gerichtshof des Bundes angesetzt.

(3) Absatz 1 gilt entsprechend bei Beratungshilfe.

§ 59a Beiordnung und Bestellung durch Justizbehörden. (1) [1] Für den durch die Staatsanwaltschaft bestellten Rechtsanwalt gelten die Vorschriften über den gerichtlich bestellten Rechtsanwalt entsprechend. [2] Ist das Verfahren nicht gerichtlich anhängig geworden, tritt an die Stelle des Gerichts des ersten Rechtszugs das Gericht, das für die gerichtliche Bestätigung der Bestellung zuständig ist.

(2) [1] Für den durch die Staatsanwaltschaft beigeordneten Zeugenbeistand gelten die Vorschriften über den gerichtlich beigeordneten Zeugenbeistand entsprechend. [2] Über Anträge nach § 51 Absatz 1 entscheidet das Oberlandesgericht, in dessen Bezirk die Staatsanwaltschaft ihren Sitz hat. [3] Hat der Generalbundesanwalt einen Zeugenbeistand beigeordnet, entscheidet der Bundesgerichtshof.

(3) [1] Für den nach § 87e des Gesetzes über die internationale Rechtshilfe in Strafsachen[3)] in Verbindung mit § 53 des Gesetzes über die internationale Rechtshilfe in Strafsachen durch das Bundesamt für Justiz bestellten Beistand gelten die Vorschriften über den gerichtlich bestellten Rechtsanwalt entsprechend. [2] An die Stelle des Urkundsbeamten der Geschäftsstelle tritt das Bundesamt. [3] Über Anträge nach § 51 Absatz 1 entscheidet das Bundesamt gleichzeitig mit der Festsetzung der Vergütung.

(4) [1] Gegen Entscheidungen der Staatsanwaltschaft und des Bundesamts für Justiz nach den Vorschriften dieses Abschnitts kann gerichtliche Entscheidung beantragt werden. [2] Zuständig ist das Landgericht, in dessen Bezirk die Justizbehörde ihren Sitz hat. [3] Bei Entscheidungen des Generalbundesanwalts entscheidet der Bundesgerichtshof.

[1)] Habersack, Deutsche Gesetze Nr. 112.
[2)] Sartorius Nr. 600.
[3)] Habersack, Deutsche Gesetze ErgBd. Nr. 90h.

Abschnitt 9. Übergangs- und Schlussvorschriften

§ 59b Bekanntmachung von Neufassungen. [1]Das Bundesministerium der Justiz kann nach Änderungen den Wortlaut des Gesetzes feststellen und als Neufassung im Bundesgesetzblatt bekannt machen. [2]Die Bekanntmachung muss auf diese Vorschrift Bezug nehmen und angeben

1. den Stichtag, zu dem der Wortlaut festgestellt wird,
2. die Änderungen seit der letzten Veröffentlichung des vollständigen Wortlauts im Bundesgesetzblatt sowie
3. das Inkrafttreten der Änderungen.

§ 60 Übergangsvorschrift. (1) [1]Für die Vergütung ist das bisherige Recht anzuwenden, wenn der unbedingte Auftrag zur Erledigung derselben Angelegenheit vor dem Inkrafttreten einer Gesetzesänderung erteilt worden ist. [2]Dies gilt auch für einen Vergütungsanspruch gegen die Staatskasse (§ 45, auch in Verbindung mit § 59a). [3]Steht dem Rechtsanwalt ein Vergütungsanspruch zu, ohne dass ihm zum Zeitpunkt der Beiordnung oder Bestellung ein unbedingter Auftrag desjenigen erteilt worden ist, dem er beigeordnet oder für den er bestellt wurde, so ist für diese Vergütung in derselben Angelegenheit bisheriges Recht anzuwenden, wenn die Beiordnung oder Bestellung des Rechtsanwalts vor dem Inkrafttreten einer Gesetzesänderung wirksam geworden ist. [4]Erfasst die Beiordnung oder Bestellung auch eine Angelegenheit, in der der Rechtsanwalt erst nach dem Inkrafttreten einer Gesetzesänderung erstmalig beauftragt oder tätig wird, so ist insoweit für die Vergütung neues Recht anzuwenden. [5]Das nach den Sätzen 2 bis 4 anzuwendende Recht findet auch auf Ansprüche des beigeordneten oder bestellten Rechtsanwalts Anwendung, die sich nicht gegen die Staatskasse richten. [6]Die Sätze 1 bis 5 gelten auch, wenn Vorschriften geändert werden, auf die dieses Gesetz verweist.

(2) Sind Gebühren nach dem zusammengerechneten Wert mehrerer Gegenstände zu bemessen, gilt für die gesamte Vergütung das bisherige Recht auch dann, wenn dies nach Absatz 1 nur für einen der Gegenstände gelten würde.

(3) In Angelegenheiten nach dem Pflegeberufegesetz[1)] ist bei der Bestimmung des Gegenstandswerts § 52 Absatz 4 Nummer 4 des Gerichtskostengesetzes[2)] nicht anzuwenden, wenn der unbedingte Auftrag zur Erledigung derselben Angelegenheit vor dem 15. August 2019 erteilt worden ist.

§ 61 Übergangsvorschrift aus Anlass des Inkrafttretens dieses Gesetzes. (1) [1]Die Bundesgebührenordnung für Rechtsanwälte in der im Bundesgesetzblatt Teil III, Gliederungsnummer 368-1, veröffentlichten bereinigten Fassung, zuletzt geändert durch Artikel 2 Absatz 6 des Gesetzes vom 12. März 2004 (BGBl. I S. 390), und Verweisungen hierauf sind weiter anzuwenden, wenn der unbedingte Auftrag zur Erledigung derselben Angelegenheit im Sinne des § 15 vor dem 1. Juli 2004 erteilt oder der Rechtsanwalt vor diesem Zeitpunkt gerichtlich bestellt oder beigeordnet worden ist. [2]Ist der Rechtsanwalt am 1. Juli 2004 in derselben Angelegenheit und, wenn ein gerichtliches Verfahren anhängig ist, *in demselben* Rechtszug bereits tätig, gilt für das Ver-

---

[1)] **Loseblatt-Textsammlung Arbeitsrecht Nr. 416.**
[2)] Nr. **50/30.**

fahren über ein Rechtsmittel, das nach diesem Zeitpunkt eingelegt worden ist, dieses Gesetz. [3] § 60 Absatz 2 ist entsprechend anzuwenden.

(2) Auf die Vereinbarung der Vergütung sind die Vorschriften dieses Gesetzes auch dann anzuwenden, wenn nach Absatz 1 die Vorschriften der Bundesgebührenordnung für Rechtsanwälte weiterhin anzuwenden und die Willenserklärungen beider Parteien nach dem 1. Juli 2004 abgegeben worden sind.

§ 62 Verfahren nach dem Therapieunterbringungsgesetz. Die Regelungen des Therapieunterbringungsgesetzes zur Rechtsanwaltsvergütung bleiben unberührt.

Anlage 1[1)]
(zu § 2 Absatz 2)

Vergütungsverzeichnis

Gliederung

[1)] Anl. 1 geänd. mWv 1.8.2022 durch G v. 10.8.2021 (BGBl. I S. 3424).

Teil 1. Allgemeine Gebühren

Nr.	Gebührentatbestand	Gebühr oder Satz der Gebühr nach § 13 RVG
	Vorbemerkung 1: Die Gebühren dieses Teils entstehen neben den in anderen Teilen bestimmten Gebühren oder einer Gebühr für die Beratung nach § 34 RVG.	
1000	Einigungsgebühr für die Mitwirkung beim Abschluss eines Vertrags	
	1. durch den der Streit oder die Ungewissheit über ein Rechtsverhältnis beseitigt wird	1,5
	2. durch den die Erfüllung des Anspruchs geregelt wird bei gleichzeitigem vorläufigem Verzicht auf seine gerichtliche Geltendmachung oder, wenn bereits ein zur Zwangsvollstreckung geeigneter Titel vorliegt, bei gleichzeitigem vorläufigem Verzicht auf Vollstreckungsmaßnahmen (Zahlungsvereinbarung)	0,7
	(1) Die Gebühr nach Nummer 1 entsteht nicht, wenn der Hauptanspruch anerkannt oder wenn auf ihn verzichtet wird. Im Privatklageverfahren ist Nummer 4147 anzuwenden. (2) Die Gebühr entsteht auch für die Mitwirkung bei Vertragsverhandlungen, es sei denn, dass diese für den Abschluss des Vertrags im Sinne dieser Vorschrift nicht ursächlich war. (3) Für die Mitwirkung bei einem unter einer aufschiebenden Bedingung oder unter dem Vorbehalt des Widerrufs geschlossenen	

Nr.	Gebührentatbestand	Gebühr oder Satz der Gebühr nach § 13 RVG
	Vertrag entsteht die Gebühr, wenn die Bedingung eingetreten ist oder der Vertrag nicht mehr widerrufen werden kann. (4) Bei Rechtsverhältnissen des öffentlichen Rechts entsteht die Gebühr, soweit über die Ansprüche vertraglich verfügt werden kann. Absatz 1 Satz 1 und Absatz 2 sind anzuwenden. (5) Die Gebühr entsteht nicht in Ehesachen und in Lebenspartnerschaftssachen (§ 269 Abs. 1 Nr. 1 und 2 FamFG). Wird ein Vertrag, insbesondere über den Unterhalt, im Hinblick auf die in Satz 1 genannten Verfahren geschlossen, bleibt der Wert dieser Verfahren bei der Berechnung der Gebühr außer Betracht. In Kindschaftssachen entsteht die Gebühr auch für die Mitwirkung an einer Vereinbarung, über deren Gegenstand nicht vertraglich verfügt werden kann. Absatz 1 Satz 1 ist entsprechend anzuwenden.	
1001	Aussöhnungsgebühr .... Die Gebühr entsteht für die Mitwirkung bei der Aussöhnung, wenn der ernstliche Wille eines Ehegatten, eine Scheidungssache oder ein Verfahren auf Aufhebung der Ehe anhängig zu machen, hervorgetreten ist und die Ehegatten die eheliche Lebensgemeinschaft fortsetzen oder die eheliche Lebensgemeinschaft wieder aufnehmen. Dies gilt entsprechend bei Lebenspartnerschaften.	1,5
1002	Erledigungsgebühr, soweit nicht Nummer 1005 gilt Die Gebühr entsteht, wenn sich eine Rechtssache ganz oder teilweise nach Aufhebung oder Änderung des mit einem Rechtsbehelf angefochtenen Verwaltungsakts durch die anwaltliche Mitwirkung erledigt. Das Gleiche gilt, wenn sich eine Rechtssache ganz oder teilweise durch Erlass eines bisher abgelehnten Verwaltungsakts erledigt.	1,5
1003	Über den Gegenstand ist ein anderes gerichtliches Verfahren als ein selbstständiges Beweisverfahren anhängig: Die Gebühr 1000 Nr. 1 sowie die Gebühren 1001 und 1002 betragen .... (1) Dies gilt auch, wenn ein Verfahren über die Prozesskostenhilfe anhängig ist, soweit nicht lediglich Prozesskostenhilfe für ein selbständiges Beweisverfahren oder die gerichtliche Protokollierung des Vergleichs beantragt wird oder sich die Beiordnung auf den Abschluss eines Vertrags im Sinne der Nummer 1000 erstreckt (§ 48 Abs. 1 und 3 RVG). Die Anmeldung eines Anspruchs zum Musterverfahren nach dem KapMuG steht einem anhängigen gerichtlichen Verfahren gleich. Das Verfahren vor dem Gerichtsvollzieher steht einem gerichtlichen Verfahren gleich. (2) In Kindschaftssachen entsteht die Gebühr auch für die Mitwirkung am Abschluss eines gerichtlich gebilligten Vergleichs (§ 156 Abs. 2 FamFG) und an einer Vereinbarung, über deren Gegenstand nicht vertraglich verfügt werden kann, wenn hierdurch eine gerichtliche Entscheidung entbehrlich wird oder wenn die Entscheidung der getroffenen Vereinbarung folgt.	1,0
1004	Über den Gegenstand ist ein Berufungs- oder Revisionsverfahren, ein Verfahren über die Beschwerde gegen die Nichtzulassung eines dieser Rechtsmittel oder ein Verfahren vor dem Rechtsmittelgericht über die Zulassung des Rechtsmittels anhängig:	

Nr.	Gebührentatbestand	Gebühr oder Satz der Gebühr nach § 13 RVG
	Die Gebühr 1000 Nr. 1 sowie die Gebühren 1001 und 1002 betragen .... (1) Dies gilt auch in den in den Vorbemerkungen 3.2.1 und 3.2.2 genannten Beschwerde- und Rechtsbeschwerdeverfahren. (2) Absatz 2 der Anmerkung zu Nummer 1003 ist anzuwenden.	1,3
1005	Einigung oder Erledigung in einem Verwaltungsverfahren in sozialrechtlichen Angelegenheiten, in denen im gerichtlichen Verfahren Betragsrahmengebühren entstehen (§ 3 RVG): Die Gebühren 1000 und 1002 entstehen .... (1) Die Gebühr bestimmt sich einheitlich nach dieser Vorschrift, wenn in die Einigung Ansprüche aus anderen Verwaltungsverfahren einbezogen werden. Ist über einen Gegenstand ein gerichtliches Verfahren anhängig, bestimmt sich die Gebühr nach Nummer 1006. Maßgebend für die Höhe der Gebühr ist die höchste entstandene Geschäftsgebühr ohne Berücksichtigung einer Erhöhung nach Nummer 1008. Steht dem Rechtsanwalt ausschließlich eine Gebühr nach § 34 RVG zu, beträgt die Gebühr die Hälfte des in der Anmerkung zu Nummer 2302 genannten Betrags. (2) Betrifft die Einigung oder Erledigung nur einen Teil der Angelegenheit, ist der auf diesen Teil der Angelegenheit entfallende Anteil an der Geschäftsgebühr unter Berücksichtigung der in § 14 Abs. 1 RVG genannten Umstände zu schätzen.	in Höhe der Geschäftsgebühr
1006	Über den Gegenstand ist ein gerichtliches Verfahren anhängig: Die Gebühr 1005 entsteht .... (1) Die Gebühr bestimmt sich auch dann einheitlich nach dieser Vorschrift, wenn in die Einigung Ansprüche einbezogen werden, die nicht in diesem Verfahren rechtshängig sind. Maßgebend für die Höhe der Gebühr ist die im Einzelfall bestimmte Verfahrensgebühr in der Angelegenheit, in der die Einigung erfolgt. Eine Erhöhung nach Nummer 1008 ist nicht zu berücksichtigen. (2) Betrifft die Einigung oder Erledigung nur einen Teil der Angelegenheit, ist der auf diesen Teil der Angelegenheit entfallende Anteil an der Verfahrensgebühr unter Berücksichtigung der in § 14 Abs. 1 RVG genannten Umstände zu schätzen.	in Höhe der Verfahrensgebühr
1007	(weggefallen)	
1008	Auftraggeber sind in derselben Angelegenheit mehrere Personen: Die Verfahrens- oder Geschäftsgebühr erhöht sich für jede weitere Person um .... (1) Dies gilt bei Wertgebühren nur, soweit der Gegenstand der anwaltlichen Tätigkeit derselbe ist. (2) Die Erhöhung wird nach dem Betrag berechnet, an dem die Personen gemeinschaftlich beteiligt sind. (3) Mehrere Erhöhungen dürfen einen Gebührensatz von 2,0 nicht übersteigen; bei Festgebühren dürfen die Erhöhungen das Doppelte der Festgebühr und bei Betragsrahmengebühren das Doppelte des Mindest- und Höchstbetrags nicht übersteigen.	0,3 oder 30 % bei Festgebühren, bei Betragsrahmengebühren erhöhen sich der Mindest- und Höchstbetrag um 30 %

Nr.	Gebührentatbestand	Gebühr oder Satz der Gebühr nach § 13 RVG
	(4) Im Fall der Anmerkung zu den Gebühren 2300 und 2302 erhöht sich der Gebührensatz oder Betrag dieser Gebühren entsprechend.	
1009	Hebegebühr	
	1. bis einschließlich 2 500,00 €	1,0 %
	2. von dem Mehrbetrag bis einschließlich 10 000,00 €	0,5 %
	3. von dem Mehrbetrag über 10 000,00 €	0,25 %
	(1) Die Gebühr wird für die Auszahlung oder Rückzahlung von entgegengenommenen Geldbeträgen erhoben. (2) Unbare Zahlungen stehen baren Zahlungen gleich. Die Gebühr kann bei der Ablieferung an den Auftraggeber entnommen werden. (3) Ist das Geld in mehreren Beträgen gesondert ausgezahlt oder zurückgezahlt, wird die Gebühr von jedem Betrag besonders erhoben. (4) Für die Ablieferung oder Rücklieferung von Wertpapieren und Kostbarkeiten entsteht die in den Absätzen 1 bis 3 bestimmte Gebühr nach dem Wert. (5) Die Hebegebühr entsteht nicht, soweit Kosten an ein Gericht oder eine Behörde weitergeleitet oder eingezogene Kosten an den Auftraggeber abgeführt oder eingezogene Beträge auf die Vergütung verrechnet werden.	des aus- oder zurückgezahlten Betrags – mindestens 1,00 €
1010	Zusatzgebühr für besonders umfangreiche Beweisaufnahmen in Angelegenheiten, in denen sich die Gebühren nach Teil 3 richten und mindestens drei gerichtliche Termine stattfinden, in denen Sachverständige oder Zeugen vernommen werden	0,3
	Die Gebühr entsteht für den durch besonders umfangreiche Beweisaufnahmen anfallenden Mehraufwand.	oder bei Betragsrahmengebühren erhöhen sich der Mindest- und Höchstbetrag der Terminsgebühr um 30 %

Teil 2. Außergerichtliche Tätigkeiten einschließlich der Vertretung im Verwaltungsverfahren

Nr.	Gebührentatbestand	Gebühr oder Satz der Gebühr nach § 13 RVG
Vorbemerkung 2: (1) Die Vorschriften dieses Teils sind nur anzuwenden, soweit nicht die §§ 34 bis 36 RVG etwas anderes bestimmen. (2) Für die Tätigkeit als Beistand für einen Zeugen oder Sachverständigen in einem Verwaltungsverfahren, für das sich die Gebühren nach diesem Teil bestimmen, entstehen die gleichen Gebühren wie für einen Bevollmächtigten in diesem Verfahren. Für die Tätigkeit als Beistand eines Zeugen oder Sachverständigen vor einem parlamentarischen Untersuchungsausschuss entstehen die gleichen Gebühren wie für die entsprechende Beistandsleistung in einem Strafverfahren des ersten Rechtszugs vor dem Oberlandesgericht.		

Nr.	Gebührentatbestand	Gebühr oder Satz der Gebühr nach § 13 RVG
	Abschnitt 1. Prüfung der Erfolgsaussicht eines Rechtsmittels	
2100	Gebühr für die Prüfung der Erfolgsaussicht eines Rechtsmittels, soweit in Nummer 2102 nichts anderes bestimmt ist .... Die Gebühr ist auf eine Gebühr für das Rechtsmittelverfahren anzurechnen.	0,5 bis 1,0
2101	Die Prüfung der Erfolgsaussicht eines Rechtsmittels ist mit der Ausarbeitung eines schriftlichen Gutachtens verbunden: Die Gebühr 2100 beträgt	1,3
2102	Gebühr für die Prüfung der Erfolgsaussicht eines Rechtsmittels in sozialrechtlichen Angelegenheiten, in denen im gerichtlichen Verfahren Betragsrahmengebühren entstehen (§ 3 RVG), und in den Angelegenheiten, für die nach den Teilen 4 bis 6 Betragsrahmengebühren entstehen .... Die Gebühr ist auf eine Gebühr für das Rechtsmittelverfahren anzurechnen.	36,00 bis 384,00 €
2103	Die Prüfung der Erfolgsaussicht eines Rechtsmittels ist mit der Ausarbeitung eines schriftlichen Gutachtens verbunden: Die Gebühr 2102 beträgt	60,00 bis 660,00 €
	Abschnitt 2. Herstellung des Einvernehmens	
2200	Geschäftsgebühr für die Herstellung des Einvernehmens nach § 28 EuRAG	in Höhe der einem Bevollmächtigten oder Verteidiger zustehenden Verfahrensgebühr
2201	Das Einvernehmen wird nicht hergestellt: Die Gebühr 2200 beträgt	0,1 bis 0,5 oder Mindestbetrag der einem Bevollmächtigten oder Verteidiger zustehenden Verfahrensgebühr
	Abschnitt 3. Vertretung	

Vorbemerkung 2.3:

(1) Im Verwaltungszwangsverfahren ist Teil 3 Abschnitt 3 Unterabschnitt 3 entsprechend anzuwenden.

(2) Dieser Abschnitt gilt nicht für die in den Teilen 4 bis 6 geregelten Angelegenheiten.

(3) Die Geschäftsgebühr entsteht für das Betreiben des Geschäfts einschließlich der Information und für die Mitwirkung bei der Gestaltung eines Vertrags.

Nr.	Gebührentatbestand	Gebühr oder Satz der Gebühr nach § 13 RVG
	(4) Soweit wegen desselben Gegenstands eine Geschäftsgebühr für eine Tätigkeit im Verwaltungsverfahren entstanden ist, wird diese Gebühr zur Hälfte, bei Wertgebühren jedoch höchstens mit einem Gebührensatz von 0,75, auf eine Geschäftsgebühr für eine Tätigkeit im weiteren Verwaltungsverfahren, das der Nachprüfung des Verwaltungsakts dient, angerechnet. Bei einer Betragsrahmengebühr beträgt der Anrechnungsbetrag höchstens 207,00 €. Bei einer Wertgebühr erfolgt die Anrechnung nach dem Wert des Gegenstands, der auch Gegenstand des weiteren Verfahrens ist. (5) Absatz 4 gilt entsprechend bei einer Tätigkeit im Verfahren nach der Wehrbeschwerdeordnung, wenn darauf eine Tätigkeit im Beschwerdeverfahren oder wenn der Tätigkeit im Beschwerdeverfahren eine Tätigkeit im Verfahren der weiteren Beschwerde vor den Disziplinarvorgesetzten folgt. (6) Soweit wegen desselben Gegenstands eine Geschäftsgebühr nach Nummer 2300 entstanden ist, wird diese Gebühr zur Hälfte, jedoch höchstens mit einem Gebührensatz von 0,75, auf eine Geschäftsgebühr nach Nummer 2303 angerechnet. Absatz 4 Satz 3 gilt entsprechend.	
2300	Geschäftsgebühr, soweit in den Nummern 2302 und 2303 nichts anderes bestimmt ist .... (1) Eine Gebühr von mehr als 1,3 kann nur gefordert werden, wenn die Tätigkeit umfangreich oder schwierig war. (2) Ist Gegenstand der Tätigkeit eine Inkassodienstleistung, die eine unbestrittene Forderung betrifft, kann eine Gebühr von mehr als 0,9 nur gefordert werden, wenn die Inkassodienstleistung besonders umfangreich oder besonders schwierig war. In einfachen Fällen kann nur eine Gebühr von 0,5 gefordert werden; ein einfacher Fall liegt in der Regel vor, wenn die Forderung auf die erste Zahlungsaufforderung hin beglichen wird. Der Gebührensatz beträgt höchstens 1,3.	0,5 bis 2,5
2301	Der Auftrag beschränkt sich auf ein Schreiben einfacher Art: Die Gebühr 2300 beträgt .... Es handelt sich um ein Schreiben einfacher Art, wenn dieses weder schwierige rechtliche Ausführungen noch größere sachliche Auseinandersetzungen enthält.	0,3
2302	Geschäftsgebühr in 1. sozialrechtlichen Angelegenheiten, in denen im gerichtlichen Verfahren Betragsrahmengebühren entstehen (§ 3 RVG), und 2. Verfahren nach der Wehrbeschwerdeordnung, wenn im gerichtlichen Verfahren das Verfahren vor dem Truppendienstgericht oder vor dem Bundesverwaltungsgericht an die Stelle des Verwaltungsrechtswegs gemäß § 82 SG tritt .... Eine Gebühr von mehr als 359,00 € kann nur gefordert werden, wenn die Tätigkeit umfangreich oder schwierig war.	60,00 bis 768,00 €
2303	Geschäftsgebühr für 1. Güteverfahren vor einer durch die Landesjustizverwaltung eingerichteten oder anerkannten Gütestelle (§ 794 Abs. 1 Nr. 1 ZPO) oder, wenn die Parteien den Einigungsversuch einvernehmlich unternehmen, vor einer Gütestelle, die Streitbeilegung betreibt (§ 15a Abs. 3 EGZPO), 2. Verfahren vor einem Ausschuss der in § 111 Abs. 2 des Arbeitsgerichtsgesetzes bezeichneten Art,	

Nr.	Gebührentatbestand	Gebühr oder Satz der Gebühr nach § 13 RVG
	3. Verfahren vor dem Seemannsamt zur vorläufigen Entscheidung von Arbeitssachen und 4. Verfahren vor sonstigen gesetzlich eingerichteten Einigungsstellen, Gütestellen oder Schiedsstellen	1,5

Abschnitt 4. (weggefallen)

Abschnitt 5. Beratungshilfe

Vorbemerkung 2.5:

Im Rahmen der Beratungshilfe entstehen Gebühren ausschließlich nach diesem Abschnitt.

Nr.	Gebührentatbestand	Gebühr oder Satz der Gebühr nach § 13 RVG
2500	Beratungshilfegebühr .... Neben der Gebühr werden keine Auslagen erhoben. Die Gebühr kann erlassen werden.	15,00 €
2501	Beratungsgebühr .... (1) Die Gebühr entsteht für eine Beratung, wenn die Beratung nicht mit einer anderen gebührenpflichtigen Tätigkeit zusammenhängt. (2) Die Gebühr ist auf eine Gebühr für eine sonstige Tätigkeit anzurechnen, die mit der Beratung zusammenhängt.	38,50 €
2502	Beratungstätigkeit mit dem Ziel einer außergerichtlichen Einigung mit den Gläubigern über die Schuldenbereinigung auf der Grundlage eines Plans (§ 305 Abs. 1 Nr. 1 InsO): Die Gebühr 2501 beträgt	77,00 €
2503	Geschäftsgebühr .... (1) Die Gebühr entsteht für das Betreiben des Geschäfts einschließlich der Information oder die Mitwirkung bei der Gestaltung eines Vertrags. (2) Auf die Gebühren für ein anschließendes gerichtliches oder behördliches Verfahren ist diese Gebühr zur Hälfte anzurechnen. Auf die Gebühren für ein Verfahren auf Vollstreckbarerklärung eines Vergleichs nach den §§ 796a, 796b und 796c Abs. 2 Satz 2 ZPO ist die Gebühr zu einem Viertel anzurechnen.	93,50 €
2504	Tätigkeit mit dem Ziel einer außergerichtlichen Einigung mit den Gläubigern über die Schuldenbereinigung auf der Grundlage eines Plans (§ 305 Abs. 1 Nr. 1 InsO): Die Gebühr 2503 beträgt bei bis zu 5 Gläubigern	297,00 €
2505	Es sind 6 bis 10 Gläubiger vorhanden: Die Gebühr 2503 beträgt..	446,00 €
2506	Es sind 11 bis 15 Gläubiger vorhanden: Die Gebühr 2503 beträgt	594,00 €
2507	Es sind mehr als 15 Gläubiger vorhanden: Die Gebühr 2503 beträgt	743,00 €
2508	Einigungs- und Erledigungsgebühr .... (1) Die Anmerkungen zu Nummern 1000 und 1002 sind anzuwenden.	165,00 €

Nr.	Gebührentatbestand	Gebühr oder Satz der Gebühr nach § 13 RVG
	(2) Die Gebühr entsteht auch für die Mitwirkung bei einer außergerichtlichen Einigung mit den Gläubigern über die Schuldenbereinigung auf der Grundlage eines Plans (§ 305 Abs. 1 Nr. 1 InsO).	

Teil 3. Zivilsachen, Verfahren der öffentlich-rechtlichen Gerichtsbarkeiten, Verfahren nach dem Strafvollzugsgesetz, auch in Verbindung mit § 92 des Jugendgerichtsgesetzes, und ähnliche Verfahren

Nr.	Gebührentatbestand	Gebühr oder Satz der Gebühr nach § 13 RVG

Vorbemerkung 3:

(1) Gebühren nach diesem Teil erhält der Rechtsanwalt, dem ein unbedingter Auftrag als Prozess- oder Verfahrensbevollmächtigter, als Beistand für einen Zeugen oder Sachverständigen oder für eine sonstige Tätigkeit in einem gerichtlichen Verfahren erteilt worden ist. Der Beistand für einen Zeugen oder Sachverständigen erhält die gleichen Gebühren wie ein Verfahrensbevollmächtigter.

(2) Die Verfahrensgebühr entsteht für das Betreiben des Geschäfts einschließlich der Information.

(3) Die Terminsgebühr entsteht sowohl für die Wahrnehmung von gerichtlichen Terminen als auch für die Wahrnehmung von außergerichtlichen Terminen und Besprechungen, wenn nichts anderes bestimmt ist. Sie entsteht jedoch nicht für die Wahrnehmung eines gerichtlichen Termins nur zur Verkündung einer Entscheidung. Die Gebühr für außergerichtliche Termine und Besprechungen entsteht für

1. die Wahrnehmung eines von einem gerichtlich bestellten Sachverständigen anberaumten Termins und
2. die Mitwirkung an Besprechungen, die auf die Vermeidung oder Erledigung des Verfahrens gerichtet sind; dies gilt nicht für Besprechungen mit dem Auftraggeber.

(4) Soweit wegen desselben Gegenstands eine Geschäftsgebühr nach Teil 2 entsteht, wird diese Gebühr zur Hälfte, bei Wertgebühren jedoch höchstens mit einem Gebührensatz von 0,75, auf die Verfahrensgebühr des gerichtlichen Verfahrens angerechnet. Bei Betragsrahmengebühren beträgt der Anrechnungsbetrag höchstens 207,00 €. Sind mehrere Gebühren entstanden, ist für die Anrechnung die zuletzt entstandene Gebühr maßgebend. Bei einer wertabhängigen Gebühr erfolgt die Anrechnung nach dem Wert des Gegenstands, der auch Gegenstand des gerichtlichen Verfahrens ist.

(5) Soweit der Gegenstand eines selbstständigen Beweisverfahrens auch Gegenstand eines Rechtsstreits ist oder wird, wird die Verfahrensgebühr des selbstständigen Beweisverfahrens auf die Verfahrensgebühr des Rechtszugs angerechnet.

(6) Soweit eine Sache an ein untergeordnetes Gericht zurückverwiesen wird, das mit der Sache bereits befasst war, ist die vor diesem Gericht bereits entstandene Verfahrensgebühr auf die Verfahrensgebühr für das erneute Verfahren anzurechnen.

(7) Die Verfahrensgebühr für einen Urkunden- oder Wechselprozess wird auf die Verfahrensgebühr für das ordentliche Verfahren angerechnet, wenn dieses nach Abstandnahme vom Urkunden- oder Wechselprozess oder nach einem Vorbehaltsurteil anhängig bleibt (§§ 596 und 600 ZPO).

(8) Die Vorschriften dieses Teils sind nicht anzuwenden, soweit Teil 6 besondere Vorschriften enthält.

Abschnitt 1. Erster Rechtszug

Vorbemerkung 3.1:

Die Gebühren dieses Abschnitts entstehen in allen Verfahren, für die in den folgenden Abschnitten dieses Teils keine Gebühren bestimmt sind.

3100	Verfahrensgebühr, soweit in Nummer 3102 nichts anderes bestimmt ist .... (1) Die Verfahrensgebühr für ein vereinfachtes Verfahren über den Unterhalt Minderjähriger wird auf die Verfahrensgebühr angerechnet, die in dem nachfolgenden Rechtsstreit entsteht (§ 255 FamFG).	1,3

Nr.	Gebührentatbestand	Gebühr oder Satz der Gebühr nach § 13 RVG
	(2) Die Verfahrensgebühr für ein Vermittlungsverfahren nach § 165 FamFG wird auf die Verfahrensgebühr für ein sich anschließendes Verfahren angerechnet.	
3101	1. Endigt der Auftrag, bevor der Rechtsanwalt die Klage, den ein Verfahren einleitenden Antrag oder einen Schriftsatz, der Sachanträge, Sachvortrag, die Zurücknahme der Klage oder die Zurücknahme des Antrags enthält, eingereicht oder bevor er einen gerichtlichen Termin wahrgenommen hat; 2. soweit Verhandlungen vor Gericht zur Einigung der Parteien oder der Beteiligten oder mit Dritten über in diesem Verfahren nicht rechtshängige Ansprüche geführt werden; der Verhandlung über solche Ansprüche steht es gleich, wenn beantragt ist, eine Einigung zu Protokoll zu nehmen oder das Zustandekommen einer Einigung festzustellen (§ 278 Abs. 6 ZPO), oder wenn eine Einigung dadurch erfolgt, dass die Beteiligten einen in der Form eines Beschlusses ergangenen Vorschlag schriftlich oder durch Erklärung zu Protokoll in der mündlichen Verhandlung gegenüber dem Gericht annehmen (§ 101 Abs. 1 Satz 2 SGG, § 106 Satz 2 VwGO); oder 3. soweit in einer Familiensache, die nur die Erteilung einer Genehmigung oder die Zustimmung des Familiengerichts zum Gegenstand hat, oder in einem Verfahren der freiwilligen Gerichtsbarkeit lediglich ein Antrag gestellt und eine Entscheidung entgegengenommen wird, beträgt die Gebühr 3100	0,8
	(1) Soweit in den Fällen der Nummer 2 der sich nach RVG ergebende Gesamtbetrag der Verfahrensgebühren die Gebühr 3100 übersteigt, wird der übersteigende Betrag auf eine Verfahrensgebühr angerechnet, die wegen desselben Gegenstands in einer anderen Angelegenheit entsteht. (2) Nummer 3 ist in streitigen Verfahren der freiwilligen Gerichtsbarkeit, insbesondere in Verfahren nach dem Gesetz über das gerichtliche Verfahren in Landwirtschaftssachen, nicht anzuwend§ 15 Abs. 3en.	
3102	Verfahrensgebühr für Verfahren vor den Sozialgerichten, in denen Betragsrahmengebühren entstehen (§ 3 RVG)	60,00 bis 660,00 €
3103	(weggefallen)	
3104	Terminsgebühr, soweit in Nummer 3106 nichts anderes bestimmt ist	1,2
	(1) Die Gebühr entsteht auch, wenn 1. in einem Verfahren, für das mündliche Verhandlung vorgeschrieben ist, im Einverständnis mit den Parteien oder Beteiligten oder gemäß § 307 oder § 495a ZPO ohne mündliche Verhandlung	

Nr.	Gebührentatbestand	Gebühr oder Satz der Gebühr nach § 13 RVG
	entschieden oder in einem solchen Verfahren mit oder ohne Mitwirkung des Gerichts ein Vertrag im Sinne der Nummer 1000 geschlossen wird oder eine Erledigung der Rechtssache im Sinne der Nummer 1002 eingetreten ist, 2. nach § 84 Abs. 1 Satz 1 VwGO oder § 105 Abs. 1 Satz 1 SGG durch Gerichtsbescheid entschieden wird und eine mündliche Verhandlung beantragt werden kann oder 3. das Verfahren vor dem Sozialgericht, für das mündliche Verhandlung vorgeschrieben ist, nach angenommenem Anerkenntnis ohne mündliche Verhandlung endet. (2) Sind in dem Termin auch Verhandlungen zur Einigung über in diesem Verfahren nicht rechtshängige Ansprüche geführt worden, wird die Terminsgebühr, soweit sie den sich ohne Berücksichtigung der nicht rechtshängigen Ansprüche ergebenden Gebührenbetrag übersteigt, auf eine Terminsgebühr angerechnet, die wegen desselben Gegenstands in einer anderen Angelegenheit entsteht. (3) Die Gebühr entsteht nicht, soweit lediglich beantragt ist, eine Einigung der Parteien oder der Beteiligten oder mit Dritten über nicht rechtshängige Ansprüche zu Protokoll zu nehmen. (4) Eine in einem vorausgegangenen Mahnverfahren oder vereinfachten Verfahren über den Unterhalt Minderjähriger entstandene Terminsgebühr wird auf die Terminsgebühr des nachfolgenden Rechtsstreits angerechnet.	
3105	Wahrnehmung nur eines Termins, in dem eine Partei oder ein Beteiligter nicht erschienen oder nicht ordnungsgemäß vertreten ist und lediglich ein Antrag auf Versäumnisurteil, Versäumnisentscheidung oder zur Prozess-, Verfahrens- oder Sachleitung gestellt wird: Die Gebühr 3104 beträgt .... (1) Die Gebühr entsteht auch, wenn 1. das Gericht bei Säumnis lediglich Entscheidungen zur Prozess-, Verfahrens- oder Sachleitung von Amts wegen trifft oder 2. eine Entscheidung gemäß § 331 Abs. 3 ZPO ergeht. (2) § 333 ZPO ist nicht entsprechend anzuwenden.	0,5
3106	Terminsgebühr in Verfahren vor den Sozialgerichten, in denen Betragsrahmengebühren entstehen (§ 3 RVG) .... Die Gebühr entsteht auch, wenn 1. in einem Verfahren, für das mündliche Verhandlung vorgeschrieben ist, im Einverständnis mit den Parteien ohne mündliche Verhandlung entschieden oder in einem solchen Verfahren mit oder ohne Mitwirkung des Gerichts ein Vertrag im Sinne der Nummer 1000 geschlossen wird oder eine Erledigung der Rechtssache im Sinne der Nummer 1002 eingetreten ist, 2. nach § 105 Abs. 1 Satz 1 SGG durch Gerichtsbescheid entschieden wird und eine mündliche Verhandlung beantragt werden kann oder 3. das Verfahren, für das mündliche Verhandlung vorgeschrieben ist, nach angenommenem Anerkenntnis ohne mündliche Verhandlung endet.	6[redacted],00 bis 610,00 €

Nr.	Gebührentatbestand	Gebühr oder Satz der Gebühr nach § 13 RVG
	In den Fällen des Satzes 1 beträgt die Gebühr 90 % der in derselben Angelegenheit dem Rechtsanwalt zustehenden Verfahrensgebühr ohne Berücksichtigung einer Erhöhung nach Nummer 1008.	

Abschnitt 2. Berufung, Revision, bestimmte Beschwerden und Verfahren vor dem Finanzgericht

Vorbemerkung 3.2:

(1) Dieser Abschnitt ist auch in Verfahren vor dem Rechtsmittelgericht über die Zulassung des Rechtsmittels anzuwenden.

(2) Wenn im Verfahren auf Anordnung eines Arrests, zur Erwirkung eines Europäischen Beschlusses zur vorläufigen Kontenpfändung oder auf Erlass einer einstweiligen Verfügung sowie im Verfahren über die Aufhebung, den Widerruf oder die Abänderung der genannten Entscheidungen das Rechtsmittelgericht als Gericht der Hauptsache anzusehen ist (§ 943, auch i.V.m. § 946 Abs. 1 Satz 2 ZPO), bestimmen sich die Gebühren nach den für die erste Instanz geltenden Vorschriften. Dies gilt entsprechend im Verfahren der einstweiligen Anordnung und im Verfahren auf Anordnung oder Wiederherstellung der aufschiebenden Wirkung, auf Aussetzung oder Aufhebung der Vollziehung oder Anordnung der sofortigen Vollziehung eines Verwaltungsakts. Satz 1 gilt ferner entsprechend in Verfahren über einen Antrag nach § 169 Abs. 2 Satz 5 und 6, § 173 Abs. 1 Satz 3 oder nach § 176 GWB.

Unterabschnitt 1. Berufung, bestimmte Beschwerden und Verfahren vor dem Finanzgericht

Vorbemerkung 3.2.1:

Dieser Unterabschnitt ist auch anzuwenden in Verfahren
1. vor dem Finanzgericht,
2. über Beschwerden
   a) gegen die den Rechtszug beendenden Entscheidungen in Verfahren über Anträge auf Vollstreckbarerklärung ausländischer Titel oder auf Erteilung der Vollstreckungsklausel zu ausländischen Titeln sowie über Anträge auf Aufhebung oder Abänderung der Vollstreckbarerklärung oder der Vollstreckungsklausel,
   b) gegen die Endentscheidung wegen des Hauptgegenstands in Familiensachen und in den Angelegenheiten der freiwilligen Gerichtsbarkeit,
   c) gegen die den Rechtszug beendenden Entscheidungen im Beschlussverfahren vor den Gerichten für Arbeitssachen,
   d) gegen die den Rechtszug beendenden Entscheidungen im personalvertretungsrechtlichen Beschlussverfahren vor den Gerichten der Verwaltungsgerichtsbarkeit,
   e) nach dem GWB,
   f) nach dem EnWG,
   g) nach dem KSpG,
   h) nach dem EU-VSchDG,
   i) nach dem SpruchG,
   j) nach dem WpÜG,
   k) nach dem WRegG,
3. über Beschwerden
   a) gegen die Entscheidung des Verwaltungs- oder Sozialgerichts wegen des Hauptgegenstands in Verfahren des vorläufigen oder einstweiligen Rechtsschutzes,
   b) nach dem WpHG,
   c) gegen die Entscheidung über den Widerspruch des Schuldners (§ 954 Abs. 1 Satz 1 ZPO) im Fall des Artikels 5 Buchstabe a der Verordnung (EU) Nr. 655/2014,
4. über Rechtsbeschwerden nach dem StVollzG, auch i.V.m. § 92 JGG.

3200	Verfahrensgebühr, soweit in Nummer 3204 nichts anderes bestimmt ist	1,6
3201	Vorzeitige Beendigung des Auftrags oder eingeschränkte Tätigkeit des Anwalts: Die Gebühr 3200 beträgt	1,1

Nr.	Gebührentatbestand	Gebühr oder Satz der Gebühr nach § 13 RVG
	(1) Eine vorzeitige Beendigung liegt vor, 1. wenn der Auftrag endigt, bevor der Rechtsanwalt das Rechtsmittel eingelegt oder einen Schriftsatz, der Sachanträge, Sachvortrag, die Zurücknahme der Klage oder die Zurücknahme des Rechtsmittels enthält, eingereicht oder bevor er einen gerichtlichen Termin wahrgenommen hat, oder 2. soweit Verhandlungen vor Gericht zur Einigung der Parteien oder der Beteiligten oder mit Dritten über in diesem Verfahren nicht rechtshängige Ansprüche geführt werden; der Verhandlung über solche Ansprüche steht es gleich, wenn beantragt ist, eine Einigung zu Protokoll zu nehmen oder das Zustandekommen einer Einigung festzustellen (§ 278 Abs. 6 ZPO). Soweit in den Fällen der Nummer 2 der sich nach § 15 Abs. 3 RVG ergebende Gesamtbetrag der Verfahrensgebühren die Gebühr 3200 übersteigt, wird der übersteigende Betrag auf eine Verfahrensgebühr angerechnet, die wegen desselben Gegenstands in einer anderen Angelegenheit entsteht. (2) Eine eingeschränkte Tätigkeit des Anwalts liegt vor, wenn sich seine Tätigkeit 1. in einer Familiensache, die nur die Erteilung einer Genehmigung oder die Zustimmung des Familiengerichts zum Gegenstand hat, oder 2. in einer Angelegenheit der freiwilligen Gerichtsbarkeit auf die Einlegung und Begründung des Rechtsmittels und die Entgegennahme der Rechtsmittelentscheidung beschränkt.	
3202	Terminsgebühr, soweit in Nummer 3205 nichts anderes bestimmt ist ... (1) Absatz 1 Nr. 1 und 3 sowie die Absätze 2 und 3 der Anmerkung zu Nummer 3104 gelten entsprechend. (2) Die Gebühr entsteht auch, wenn nach § 79a Abs. 2, § 90a oder § 94a FGO ohne mündliche Verhandlung durch Gerichtsbescheid entschieden wird.	1,2
3203	Wahrnehmung nur eines Termins, in dem eine Partei oder ein Beteiligter, im Berufungsverfahren der Berufungskläger, im Beschwerdeverfahren der Beschwerdeführer, nicht erschienen oder nicht ordnungsgemäß vertreten ist und lediglich ein Antrag auf Versäumnisurteil, Versäumnisentscheidung oder zur Prozess-, Verfahrens- oder Sachleitung gestellt wird: Die Gebühr 3202 beträgt ... Die Anmerkung zu Nummer 3105 und Absatz 2 der Anmerkung zu Nummer 3202 gelten entsprechend.	0,5
3204	Verfahrensgebühr für Verfahren vor den Landessozialgerichten, in denen Betragsrahmengebühren entstehen (§ 3 RVG) ...	72,00 bis 816,00 €
3205	Terminsgebühr in Verfahren vor den Landessozialgerichten, in denen Betragsrahmengebühren entstehen (§ 3 RVG) ... Satz 1 Nr. 1 und 3 der Anmerkung zu Nummer 3106 gilt entsprechend. In den Fällen des Satzes 1 beträgt die Gebühr 75 % der	60,00 bis 610,00 €

Nr.	Gebührentatbestand	Gebühr oder Satz der Gebühr nach § 13 RVG
	in derselben Angelegenheit dem Rechtsanwalt zustehenden Verfahrensgebühr ohne Berücksichtigung einer Erhöhung nach Nummer 1008.	

Unterabschnitt 2. Revision, bestimmte Beschwerden und Rechtsbeschwerden

Vorbemerkung 3.2.2:

Dieser Unterabschnitt ist auch anzuwenden in Verfahren
1. über Rechtsbeschwerden
   a) in den in der Vorbemerkung 3.2.1 Nr. 2 genannten Fällen,
   b) nach § 20 KapMuG und
   c) nach § 1065 ZPO,
2. vor dem Bundesgerichtshof über Berufungen, Beschwerden oder Rechtsbeschwerden gegen Entscheidungen des Bundespatentgerichts und
3. vor dem Bundesfinanzhof über Beschwerden nach § 128 Abs. 3 FGO.

Nr.	Gebührentatbestand	Gebühr oder Satz der Gebühr nach § 13 RVG
3206	Verfahrensgebühr, soweit in Nummer 3212 nichts anderes bestimmt ist	1,6
3207	Vorzeitige Beendigung des Auftrags oder eingeschränkte Tätigkeit des Anwalts: Die Gebühr 3206 beträgt .... Die Anmerkung zu Nummer 3201 gilt entsprechend.	1,1
3208	Im Verfahren können sich die Parteien oder die Beteiligten nur durch einen beim Bundesgerichtshof zugelassenen Rechtsanwalt vertreten lassen: Die Gebühr 3206 beträgt	2,3
3209	Vorzeitige Beendigung des Auftrags, wenn sich die Parteien oder die Beteiligten nur durch einen beim Bundesgerichtshof zugelassenen Rechtsanwalt vertreten lassen können: Die Gebühr 3206 beträgt .... Die Anmerkung zu Nummer 3201 gilt entsprechend.	1,8
3210	Terminsgebühr, soweit in Nummer 3213 nichts anderes bestimmt ist .... Absatz 1 Nr. 1 und 3 sowie die Absätze 2 und 3 der Anmerkung zu Nummer 3104 und Absatz 2 der Anmerkung zu Nummer 3202 gelten entsprechend.	1,5
3211	Wahrnehmung nur eines Termins, in dem der Revisionskläger oder Beschwerdeführer nicht ordnungsgemäß vertreten ist und lediglich ein Antrag auf Versäumnisurteil, Versäumnisentscheidung oder zur Prozess-, Verfahrens- oder Sachleitung gestellt wird: Die Gebühr 3210 beträgt............ Die Anmerkung zu Nummer 3105 und Absatz 2 der Anmerkung zu Nummer 3202 gelten entsprechend.	0,8
3212	Verfahrensgebühr für Verfahren vor dem Bundessozialgericht, in denen Betragsrahmengebühren entstehen (§ 3 RVG)	96,00 bis 1 056,00 €

Nr.	Gebührentatbestand	Gebühr oder Satz der Gebühr nach § 13 RVG
3213	Terminsgebühr in Verfahren vor dem Bundessozialgericht, in denen Betragsrahmengebühren entstehen (§ 3 RVG) .... Satz 1 Nr. 1 und 3 sowie Satz 2 der Anmerkung zu Nummer 3106 gelten entsprechend.	96,00 bis 990,00 €

Abschnitt 3. Gebühren für besondere Verfahren

Unterabschnitt 1. Besondere erstinstanzliche Verfahren

Vorbemerkung 3.3.1:

Die Terminsgebühr bestimmt sich nach Abschnitt 1.

Nr.	Gebührentatbestand	Gebühr oder Satz der Gebühr nach § 13 RVG
3300	Verfahrensgebühr 1. für das Verfahren vor dem Oberlandesgericht nach § 129 VGG oder § 32 AgrarOLkG, 2. für das erstinstanzliche Verfahren vor dem Bundesverwaltungsgericht, dem Bundessozialgericht, dem Oberverwaltungsgericht (Verwaltungsgerichtshof) und dem Landessozialgericht sowie 3. für das Verfahren bei überlangen Gerichtsverfahren und strafrechtlichen Ermittlungsverfahren vor den Oberlandesgerichten, den Landessozialgerichten, den Oberverwaltungsgerichten, den Landesarbeitsgerichten oder einem obersten Gerichtshof des Bundes	1,6
3301	Vorzeitige Beendigung des Auftrags: Die Gebühr 3300 beträgt .... Die Anmerkung zu Nummer 3201 gilt entsprechend.	1,0

Unterabschnitt 2. Mahnverfahren

Vorbemerkung 3.3.2:

Die Terminsgebühr bestimmt sich nach Abschnitt 1.

Nr.	Gebührentatbestand	Gebühr oder Satz der Gebühr nach § 13 RVG
3305	Verfahrensgebühr für die Vertretung des Antragstellers .... Die Gebühr wird auf die Verfahrensgebühr für einen nachfolgenden Rechtsstreit angerechnet.	1,0
3306	Beendigung des Auftrags, bevor der Rechtsanwalt den verfahrenseinleitenden Antrag oder einen Schriftsatz, der Sachanträge, Sachvortrag oder die Zurücknahme des Antrags enthält, eingereicht hat: Die Gebühr 3305 beträgt	0,5
3307	Verfahrensgebühr für die Vertretung des Antragsgegners .... Die Gebühr wird auf die Verfahrensgebühr für einen nachfolgenden Rechtsstreit angerechnet.	0,5
3308	Verfahrensgebühr für die Vertretung des Antragstellers im Verfahren über den Antrag auf Erlass eines Vollstreckungsbescheids	0,5

Nr.	Gebührentatbestand	Gebühr oder Satz der Gebühr nach § 13 RVG
	Die Gebühr entsteht neben der Gebühr 3305 nur, wenn innerhalb der Widerspruchsfrist kein Widerspruch erhoben oder der Widerspruch gemäß § 703a Abs. 2 Nr. 4 ZPO beschränkt worden ist. Nummer 1008 ist nicht anzuwenden, wenn sich bereits die Gebühr 3305 erhöht.	

Unterabschnitt 3. Vollstreckung und Vollziehung

Vorbemerkung 3.3.3:

(1) Dieser Unterabschnitt gilt für
1. die Zwangsvollstreckung,
2. die Vollstreckung,
3. Verfahren des Verwaltungszwangs und
4. die Vollziehung eines Arrestes oder einstweiligen Verfügung,

soweit nachfolgend keine besonderen Gebühren bestimmt sind. Er gilt auch für Verfahren auf Eintragung einer Zwangshypothek (§§ 867 und 870a ZPO).

(2) Im Verfahren nach der Verordnung (EU) Nr. 655/2014 werden Gebühren nach diesem Unterabschnitt nur im Fall des Artikels 5 Buchstabe b der Verordnung (EU) Nr. 655/2014 erhoben. In den Fällen des Artikels 5 Buchstabe a der Verordnung (EU) Nr. 655/2014 bestimmen sich die Gebühren nach den für Arrestverfahren geltenden Vorschriften.

Nr.	Gebührentatbestand	Gebühr oder Satz der Gebühr nach § 13 RVG
3309	Verfahrensgebühr	0,3
3310	Terminsgebühr Die Gebühr entsteht für die Teilnahme an einem gerichtlichen Termin, einem Termin zur Abgabe der Vermögensauskunft oder zur Abnahme der eidesstattlichen Versicherung.	0,3

Unterabschnitt 4. Zwangsversteigerung und Zwangsverwaltung

Nr.	Gebührentatbestand	Gebühr oder Satz der Gebühr nach § 13 RVG
3311	Verfahrensgebühr Die Gebühr entsteht jeweils gesondert 1. für die Tätigkeit im Zwangsversteigerungsverfahren bis zur Einleitung des Verteilungsverfahrens; 2. im Zwangsversteigerungsverfahren für die Tätigkeit im Verteilungsverfahren, und zwar auch für eine Mitwirkung an einer außergerichtlichen Verteilung; 3. im Verfahren der Zwangsverwaltung für die Vertretung des Antragstellers im Verfahren über den Antrag auf Anordnung der Zwangsverwaltung oder auf Zulassung des Beitritts; 4. im Verfahren der Zwangsverwaltung für die Vertretung des Antragstellers im weiteren Verfahren einschließlich des Verteilungsverfahrens; 5. im Verfahren der Zwangsverwaltung für die Vertretung eines sonstigen Beteiligten im ganzen Verfahren einschließlich des Verteilungsverfahrens und 6. für die Tätigkeit im Verfahren über Anträge auf einstweilige Einstellung oder Beschränkung der Zwangsvollstreckung und einstweilige Einstellung des Verfahrens sowie für Verhandlungen zwischen Gläubiger und Schuldner mit dem Ziel der Aufhebung des Verfahrens.	0,4
3312	Terminsgebühr Die Gebühr entsteht nur für die Wahrnehmung eines Versteigerungstermins für einen Beteiligten. Im Übrigen entsteht im Verfahren der Zwangsversteigerung und der Zwangsverwaltung keine Terminsgebühr.	0,4

Nr.	Gebührentatbestand	Gebühr oder Satz der Gebühr nach § 13 RVG
	Unterabschnitt 5. Insolvenzverfahren, Verteilungsverfahren nach der Schifffahrtsrechtlichen Verteilungsordnung, Verfahren nach dem Unternehmensstabilisierungs- und -restrukturierungsgesetz	
	Vorbemerkung 3.3.5: (1) Die Gebührenvorschriften gelten für die Verteilungsverfahren nach der SVertO und Verfahren nach dem StaRUG, soweit dies ausdrücklich angeordnet ist. (2) Bei der Vertretung mehrerer Gläubiger, die verschiedene Forderungen geltend machen, entstehen die Gebühren jeweils besonders. Das Gleiche gilt in Verfahren nach dem StaRUG, wenn mehrere Gläubiger verschiedene Rechte oder wenn mehrere am Schuldner beteiligte Personen Ansprüche aus ihren jeweiligen Beteiligungen geltend machen, (3) Für die Vertretung des ausländischen Insolvenzverwalters entstehen die gleichen Gebühren wie für die Vertretung des Schuldners.	
3313	Verfahrensgebühr für die Vertretung des Schuldners im Eröffnungsverfahren Die Gebühr entsteht auch im Verteilungsverfahren nach der SVertO.	1,0
3314	Verfahrensgebühr für die Vertretung des Gläubigers im Eröffnungsverfahren Die Gebühr entsteht auch im Verteilungsverfahren nach der SVertO.	0,5
3315	Tätigkeit auch im Verfahren über den Schuldenbereinigungsplan: Die Verfahrensgebühr 3313 beträgt	1,5
3316	Tätigkeit auch im Verfahren über den Schuldenbereinigungsplan: Die Verfahrensgebühr 3314 beträgt	1,0
3317	Verfahrensgebühr für das Insolvenzverfahren Die Gebühr entsteht auch im Verteilungsverfahren nach der SVertO, in einem Verfahren nach dem StaRUG und im Verfahren über Anträge nach Artikel 36 Abs. 9 der Verordnung (EU) 2015/848.	1,0
3318	Verfahrensgebühr für das Verfahren über einen Insolvenzplan	1,0
3319	Vertretung des Schuldners, der den Plan vorgelegt hat: Die Verfahrensgebühr 3318 beträgt	3,0
3320	Die Tätigkeit beschränkt sich auf die Anmeldung einer Insolvenzforderung: Die Verfahrensgebühr 3317 beträgt Die Gebühr entsteht auch im Verteilungsverfahren nach der SVertO.	0,5
3321	Verfahrensgebühr für das Verfahren über einen Antrag auf Versagung oder Widerruf der Restschuldbefreiung (1) Das Verfahren über mehrere gleichzeitig anhängige Anträge ist eine Angelegenheit. (2) Die Gebühr entsteht auch gesondert, wenn der Antrag bereits vor Aufhebung des Insolvenzverfahrens gestellt wird.	0,5

Nr.	Gebührentatbestand	Gebühr oder Satz der Gebühr nach § 13 RVG
3322	Verfahrensgebühr für das Verfahren über Anträge auf Zulassung der Zwangsvollstreckung nach § 17 Abs. 4 SVertO	0,5
3323	Verfahrensgebühr für das Verfahren über Anträge auf Aufhebung von Vollstreckungsmaßregeln (§ 8 Abs. 5 und § 41 SVertO)	0,5
	Unterabschnitt 6. Sonstige besondere Verfahren	
	Vorbemerkung 3.3.6: Die Terminsgebühr bestimmt sich nach Abschnitt 1, soweit in diesem Unterabschnitt nichts anderes bestimmt ist. Im Verfahren über die Prozesskostenhilfe bestimmt sich die Terminsgebühr nach den für dasjenige Verfahren geltenden Vorschriften, für das die Prozesskostenhilfe beantragt wird.	
3324	Verfahrensgebühr für das Aufgebotsverfahren	1,0
3325	Verfahrensgebühr für Verfahren nach § 148 Abs. 1 und 2, nach § 246a des Aktiengesetzes (auch i.V.m. § 20 Abs. 3 Satz 4 SchVG), nach § 319 Abs. 6 des Aktiengesetzes (auch i.V.m. § 327e Abs. 2 des Aktiengesetzes) oder nach § 16 Abs. 3 UmwG	0,75
3326	Verfahrensgebühr für Verfahren vor den Gerichten für Arbeitssachen, wenn sich die Tätigkeit auf eine gerichtliche Entscheidung über die Bestimmung einer Frist (§ 102 Abs. 3 des Arbeitsgerichtsgesetzes), die Ablehnung eines Schiedsrichters (§ 103 Abs. 3 des Arbeitsgerichtsgesetzes) oder die Vornahme einer Beweisaufnahme oder einer Vereidigung (§ 106 Abs. 2 des Arbeitsgerichtsgesetzes) beschränkt	0,75
3327	Verfahrensgebühr für gerichtliche Verfahren über die Bestellung eines Schiedsrichters oder Ersatzschiedsrichters, über die Ablehnung eines Schiedsrichters oder über die Beendigung des Schiedsrichteramts, zur Unterstützung bei der Beweisaufnahme oder bei der Vornahme sonstiger richterlicher Handlungen anlässlich eines schiedsrichterlichen Verfahrens	0,75
3328	Verfahrensgebühr für Verfahren über die vorläufige Einstellung, Beschränkung, Aussetzung oder Aufhebung der Zwangsvollstreckung oder die einstweilige Einstellung oder Beschränkung der Vollstreckung und die Anordnung, dass Vollstreckungsmaßnahmen aufzuheben sind .... Die Gebühr entsteht nicht, wenn die Tätigkeit zum Rechtszug gehört (§ 19 Abs. 1 Satz 2 Nr. 12 RVG). Wird der Antrag beim Vollstreckungsgericht und beim Prozessgericht gestellt, entsteht die Gebühr nur einmal.	0,5
3329	Verfahrensgebühr für Verfahren auf Vollstreckbarerklärung der durch Rechtsmittelanträge nicht angefochtenen Teile eines Urteils (§§ 537, 558 ZPO)	0,5

Nr.	Gebührentatbestand	Gebühr oder Satz der Gebühr nach § 13 RVG
3330	Verfahrensgebühr für Verfahren über eine Rüge wegen Verletzung des Anspruchs auf rechtliches Gehör	in Höhe der Verfahrensgebühr für das Verfahren, in dem die Rüge erhoben wird, höchstens 0,5, bei Betragsrahmengebühren höchstens 260,00 €
3331	Terminsgebühr in Verfahren über eine Rüge wegen Verletzung des Anspruchs auf rechtliches Gehör	in Höhe der Terminsgebühr für das Verfahren, in dem die Rüge erhoben wird, höchstens 0,5, bei Betragsrahmengebühren höchstens 260,00 €
3332	Terminsgebühr in den in Nummern 3324 bis 3329 genannten Verfahren	0,5
3333	Verfahrensgebühr für ein Verteilungsverfahren außerhalb der Zwangsversteigerung und der Zwangsverwaltung .... Der Wert bestimmt sich nach § 26 Nr. 1 und 2 RVG. Eine Terminsgebühr entsteht nicht.	0,4
3334	Verfahrensgebühr für Verfahren vor dem Prozessgericht oder dem Amtsgericht auf Bewilligung, Verlängerung oder Verkürzung einer Räumungsfrist (§§ 721, 794a ZPO), wenn das Verfahren mit dem Verfahren über die Hauptsache nicht verbunden ist	1,0
3335	Verfahrensgebühr für das Verfahren über die Prozesskostenhilfe	in Höhe der Verfahrensgebühr für das Verfahren, für das die Prozesskostenhilfe beantragt wird, höchstens 1,0, bei Betragsrahmengebühren höchstens 500,00 €
3336	(weggefallen)	
3337	Vorzeitige Beendigung des Auftrags im Fall der Nummern 3324 bis 3327, 3334 und 3335: Die Gebühren 3324 bis 3327, 3334 und 3335 betragen höchstens .... Eine vorzeitige Beendigung liegt vor, 1. wenn der Auftrag endigt, bevor der Rechtsanwalt den das Verfahren einleitenden Antrag oder einen Schriftsatz, der Sachanträge, Sachvortrag oder die Zurücknahme des Antrags enthält, eingereicht oder bevor er einen gerichtlichen Termin wahrgenommen hat, oder 2. soweit lediglich beantragt ist, eine Einigung der Parteien oder der Beteiligten zu Protokoll zu nehmen oder soweit lediglich Verhandlungen vor Gericht zur Einigung geführt werden.	0,5

Nr.	Gebührentatbestand	Gebühr oder Satz der Gebühr nach § 13 RVG
3338	Verfahrensgebühr für die Tätigkeit als Vertreter des Anmelders eines Anspruchs zum Musterverfahren (§ 10 Abs. 2 KapMuG)	0,8

Abschnitt 4. Einzeltätigkeiten

Vorbemerkung 3.4:

Für in diesem Abschnitt genannte Tätigkeiten entsteht eine Terminsgebühr nur, wenn dies ausdrücklich bestimmt ist.

Nr.	Gebührentatbestand	Gebühr oder Satz der Gebühr nach § 13 RVG
3400	Der Auftrag beschränkt sich auf die Führung des Verkehrs der Partei oder des Beteiligten mit dem Verfahrensbevollmächtigten: Verfahrensgebühr .... Die gleiche Gebühr entsteht auch, wenn im Einverständnis mit dem Auftraggeber mit der Übersendung der Akten an den Rechtsanwalt des höheren Rechtszugs gutachterliche Äußerungen verbunden sind.	in Höhe der dem Verfahrensbevollmächtigten zustehenden Verfahrensgebühr, höchstens 1,0, bei Betragsrahmengebühren höchstens 500,00 €
3401	Der Auftrag beschränkt sich auf die Vertretung in einem Termin im Sinne der Vorbemerkung 3 Abs. 3: Verfahrensgebühr	in Höhe der Hälfte der dem Verfahrensbevollmächtigten zustehenden Verfahrensgebühr
3402	Terminsgebühr in dem in Nummer 3401 genannten Fall	in Höhe der einem Verfahrensbevollmächtigten zustehenden Terminsgebühr
3403	Verfahrensgebühr für sonstige Einzeltätigkeiten, soweit in Nummer 3406 nichts anderes bestimmt ist ... Die Gebühr entsteht für sonstige Tätigkeiten in einem gerichtlichen Verfahren, wenn der Rechtsanwalt nicht zum Prozess- oder Verfahrensbevollmächtigten bestellt ist, soweit in diesem Abschnitt nichts anderes bestimmt ist.	0,8
3404	Der Auftrag beschränkt sich auf ein Schreiben einfacher Art: Die Gebühr 3403 beträgt .... *Die Gebühr entsteht insbesondere*, wenn das Schreiben weder schwierige rechtliche Ausführungen noch größere sachliche Auseinandersetzungen enthält.	0,3
3405	Endet der Auftrag	

Nr.	Gebührentatbestand	Gebühr oder Satz der Gebühr nach § 13 RVG
	1. im Fall der Nummer 3400, bevor der Verfahrensbevollmächtigte beauftragt oder der Rechtsanwalt gegenüber dem Verfahrensbevollmächtigten tätig geworden ist, 2. im Fall der Nummer 3401, bevor der Termin begonnen hat: Die Gebühren 3400 und 3401 betragen .... Im Fall der Nummer 3403 gilt die Vorschrift entsprechend.	höchstens 0,5, bei Betragsrahmengebühren höchstens 250,00 €
3406	Verfahrensgebühr für sonstige Einzeltätigkeiten in Verfahren vor Gerichten der Sozialgerichtsbarkeit, wenn Betragsrahmengebühren entstehen (§ 3 RVG) Die Anmerkung zu Nummer 3403 gilt entsprechend.	36,00 bis 408,00 €

Abschnitt 5. Beschwerde, Nichtzulassungsbeschwerde und Erinnerung

Vorbemerkung 3.5:

Die Gebühren nach diesem Abschnitt entstehen nicht in den in den Vorbemerkungen 3.2.1 und 3.2.2 genannten Beschwerdeverfahren.

Nr.	Gebührentatbestand	Gebühr oder Satz der Gebühr nach § 13 RVG
3500	Verfahrensgebühr für Verfahren über die Beschwerde und die Erinnerung, soweit in diesem Abschnitt keine besonderen Gebühren bestimmt sind	0,5
3501	Verfahrensgebühr für Verfahren vor den Gerichten der Sozialgerichtsbarkeit über die Beschwerde und die Erinnerung, wenn in den Verfahren Betragsrahmengebühren entstehen (§ 3 RVG), soweit in diesem Abschnitt keine besonderen Gebühren bestimmt sind	24,00 bis 250,00 €
3502	Verfahrensgebühr für das Verfahren über die Rechtsbeschwerde	1,0
3503	Vorzeitige Beendigung des Auftrags: Die Gebühr 3502 beträgt .... Die Anmerkung zu Nummer 3201 ist entsprechend anzuwenden.	0,5
3504	Verfahrensgebühr für das Verfahren über die Beschwerde gegen die Nichtzulassung der Berufung, soweit in Nummer 3511 nichts anderes bestimmt ist Die Gebühr wird auf die Verfahrensgebühr für ein nachfolgendes Berufungsverfahren angerechnet.	1,6
3505	Vorzeitige Beendigung des Auftrags: Die Gebühr 3504 beträgt .... Die Anmerkung zu Nummer 3201 ist entsprechend anzuwenden.	1,0
3506	Verfahrensgebühr für das Verfahren über die Beschwerde gegen die Nichtzulassung der Revision oder über die Beschwerde gegen die Nichtzulassung	1,6

Nr.	Gebührentatbestand	Gebühr oder Satz der Gebühr nach § 13 RVG
	einer der in der Vorbemerkung 3.2.2 genannten Rechtsbeschwerden, soweit in Nummer 3512 nichts anderes bestimmt ist .... Die Gebühr wird auf die Verfahrensgebühr für ein nachfolgendes Revisions- oder Rechtsbeschwerdeverfahren angerechnet.	
3507	Vorzeitige Beendigung des Auftrags: Die Gebühr 3506 beträgt .... Die Anmerkung zu Nummer 3201 ist entsprechend anzuwenden.	1,1
3508	In dem Verfahren über die Beschwerde gegen die Nichtzulassung der Revision können sich die Parteien nur durch einen beim Bundesgerichtshof zugelassenen Rechtsanwalt vertreten lassen: Die Gebühr 3506 beträgt	2,3
3509	Vorzeitige Beendigung des Auftrags, wenn sich die Parteien nur durch einen beim Bundesgerichtshof zugelassenen Rechtsanwalt vertreten lassen können: Die Gebühr 3506 beträgt .... Die Anmerkung zu Nummer 3201 ist entsprechend anzuwenden.	1,8
3510	Verfahrensgebühr für Beschwerdeverfahren vor dem Bundespatentgericht 1. nach dem Patentgesetz, wenn sich die Beschwerde gegen einen Beschluss richtet, a) durch den die Vergütung bei Lizenzbereitschaftserklärung festgesetzt wird oder Zahlung der Vergütung an das Deutsche Patent- und Markenamt angeordnet wird, b) durch den eine Anordnung nach § 50 Abs. 1 PatG oder die Aufhebung dieser Anordnung erlassen wird, c) durch den die Anmeldung zurückgewiesen oder über die Aufrechterhaltung, den Widerruf oder die Beschränkung des Patents entschieden wird, 2. nach dem Gebrauchsmustergesetz, wenn sich die Beschwerde gegen einen Beschluss richtet, a) durch den die Anmeldung zurückgewiesen wird, b) durch den über den Löschungsantrag entschieden wird, 3. nach dem Markengesetz, wenn sich die Beschwerde gegen einen Beschluss richtet, a) durch den über die Anmeldung einer Marke, einen Widerspruch oder einen Antrag auf Löschung oder über die Erinnerung gegen einen solchen Beschluss entschieden worden ist oder	

Nr.	Gebührentatbestand	Gebühr oder Satz der Gebühr nach § 13 RVG
	b) durch den ein Antrag auf Eintragung einer geographischen Angabe oder einer Ursprungsbezeichnung zurückgewiesen worden ist, 4. nach dem Halbleiterschutzgesetz, wenn sich die Beschwerde gegen einen Beschluss richtet, a) durch den die Anmeldung zurückgewiesen wird, b) durch den über den Löschungsantrag entschieden wird, 5. nach dem Designgesetz, wenn sich die Beschwerde gegen einen Beschluss richtet, a) durch den die Anmeldung eines Designs zurückgewiesen worden ist, b) durch den über den Löschungsantrag gemäß § 36 DesignG entschieden worden ist, c) durch den über den Antrag auf Feststellung oder Erklärung der Nichtigkeit gemäß § 34a DesignG entschieden worden ist, 6. nach dem Sortenschutzgesetz, wenn sich die Beschwerde gegen einen Beschluss des Widerspruchsausschusses richtet	1,3
3511	Verfahrensgebühr für das Verfahren über die Beschwerde gegen die Nichtzulassung der Berufung vor dem Landessozialgericht, wenn Betragsrahmengebühren entstehen (§ 3 RVG) .... Die Gebühr wird auf die Verfahrensgebühr für ein nachfolgendes Berufungsverfahren angerechnet.	72,00 bis 816,00 €
3512	Verfahrensgebühr für das Verfahren über die Beschwerde gegen die Nichtzulassung der Revision vor dem Bundessozialgericht, wenn Betragsrahmengebühren entstehen (§ 3 RVG) .... Die Gebühr wird auf die Verfahrensgebühr für ein nachfolgendes Revisionsverfahren angerechnet.	96,00 bis 1 056,00 €
3513	Terminsgebühr in den in Nummer 3500 genannten Verfahren	0,5
3514	In dem Verfahren über die Beschwerde gegen die Zurückweisung des Antrags auf Anordnung eines Arrests, des Antrags auf Erlass eines Europäischen Beschlusses zur vorläufigen Kontenpfändung oder des Antrags auf Erlass einer einstweiligen Verfügung bestimmt das Beschwerdegericht Termin zur mündlichen Verhandlung: Die Gebühr 3513 beträgt	1,2
3515	Terminsgebühr in den in Nummer 3501 genannten Verfahren	24,00 bis 250,00 €
3516	Terminsgebühr in den in Nummern 3502, 3504, 3506 und 3510 genannten Verfahren	1,2

Nr.	Gebührentatbestand	Gebühr oder Satz der Gebühr nach § 13 RVG
3517	Terminsgebühr in den in Nummer 3511 genannten Verfahren	60,00 bis 610,00 €
3518	Terminsgebühr in den in Nummer 3512 genannten Verfahren	72,00 bis 792,00 €

Teil 4. Strafsachen

Nr.	Gebührentatbestand	Gebühr oder Satz der Gebühr nach § 13 oder § 49 RVG	
		Wahlanwalt	gerichtlich bestellter oder beigeordneter Rechtsanwalt

Vorbemerkung 4:

(1) Für die Tätigkeit als Beistand oder Vertreter eines Privatklägers, eines Nebenklägers, eines Einziehungs- oder Nebenbeteiligten, eines Verletzten, eines Zeugen oder Sachverständigen und im Verfahren nach dem Strafrechtlichen Rehabilitierungsgesetz sind die Vorschriften dieses Teils entsprechend anzuwenden.

(2) Die Verfahrensgebühr entsteht für das Betreiben des Geschäfts einschließlich der Information.

(3) Die Terminsgebühr entsteht für die Teilnahme an gerichtlichen Terminen, soweit nichts anderes bestimmt ist. Der Rechtsanwalt erhält die Terminsgebühr auch, wenn er zu einem anberaumten Termin erscheint, dieser aber aus Gründen, die er nicht zu vertreten hat, nicht stattfindet. Dies gilt nicht, wenn er rechtzeitig von der Aufhebung oder Verlegung des Termins in Kenntnis gesetzt worden ist.

(4) Befindet sich der Beschuldigte nicht auf freiem Fuß, entsteht die Gebühr mit Zuschlag.

(5) Für folgende Tätigkeiten entstehen Gebühren nach den Vorschriften des Teils 3:

1. im Verfahren über die Erinnerung oder die Beschwerde gegen einen Kostenfestsetzungsbeschluss (§ 464b StPO) und im Verfahren über die Erinnerung gegen den Kostenansatz und im Verfahren über die Beschwerde gegen die Entscheidung über diese Erinnerung,
2. in der Zwangsvollstreckung aus Entscheidungen, die über einen aus der Straftat erwachsenen vermögensrechtlichen Anspruch oder die Erstattung von Kosten ergangen sind (§§ 406b, 464b StPO), für die Mitwirkung bei der Ausübung der Veröffentlichungsbefugnis und im Beschwerdeverfahren gegen eine dieser Entscheidungen.

Abschnitt 1. Gebühren des Verteidigers

Vorbemerkung 4.1:

(1) Dieser Abschnitt ist auch anzuwenden auf die Tätigkeit im Verfahren über die im Urteil vorbehaltene Sicherungsverwahrung und im Verfahren über die nachträgliche Anordnung der Sicherungsverwahrung.

(2) Durch die Gebühren wird die gesamte Tätigkeit als Verteidiger entgolten. Hierzu gehören auch Tätigkeiten im Rahmen des Täter-Opfer-Ausgleichs, soweit der Gegenstand nicht vermögensrechtlich ist.

(3) Kommt es für eine Gebühr auf die Dauer der Teilnahme an der Hauptverhandlung an, so sind auch Wartezeiten und Unterbrechungen an einem Hauptverhandlungstag als Teilnahme zu berücksichtigen. Dies gilt nicht für Wartezeiten und Unterbrechungen, die der Rechtsanwalt zu vertreten hat, sowie für Unterbrechungen von jeweils mindestens einer Stunde, soweit diese unter Angabe einer konkreten Dauer der Unterbrechung oder eines Zeitpunkts der Fortsetzung der Hauptverhandlung angeordnet wurden.

Unterabschnitt 1. Allgemeine Gebühren

Nr.	Gebührentatbestand	Wahlanwalt	gerichtlich bestellter oder beigeordneter Rechtsanwalt
4100	Grundgebühr .... (1) Die Gebühr entsteht neben der Verfahrensgebühr für die erstmalige Einarbeitung in den Rechtsfall nur einmal, unabhängig davon, in welchem Verfahrensabschnitt sie erfolgt.	44,00 bis 396,00 €	176,00 €

Nr.	Gebührentatbestand	Gebühr oder Satz der Gebühr nach § 13 oder § 49 RVG	
		Wahlanwalt	gerichtlich bestellter oder beigeordneter Rechtsanwalt
	(2) Eine wegen derselben Tat oder Handlung bereits entstandene Gebühr 5100 ist anzurechnen.		
4101	Gebühr 4100 mit Zuschlag	44,00 bis 495,00 €	216,00 €
4102	Terminsgebühr für die Teilnahme an 1. richterlichen Vernehmungen und Augenscheinseinnahmen, 2. Vernehmungen durch die Staatsanwaltschaft oder eine andere Strafverfolgungsbehörde, 3. Terminen außerhalb der Hauptverhandlung, in denen über die Anordnung oder Fortdauer der Untersuchungshaft oder der einstweiligen Unterbringung verhandelt wird, 4. Verhandlungen im Rahmen des Täter-Opfer-Ausgleichs sowie 5. Sühneterminen nach § 380 StPO ... Mehrere Termine an einem Tag gelten als ein Termin. Die Gebühr entsteht im vorbereitenden Verfahren und in jedem Rechtszug für die Teilnahme an jeweils bis zu drei Terminen einmal.	44,00 bis 330,00 €	150,00 €
4103	Gebühr 4102 mit Zuschlag	44,00 bis 413,00 €	183,00 €

Unterabschnitt 2. Vorbereitendes Verfahren

Vorbemerkung 4.1.2:

Die Vorbereitung der Privatklage steht der Tätigkeit im vorbereitenden Verfahren gleich.

Nr.	Gebührentatbestand	Wahlanwalt	gerichtlich bestellter oder beigeordneter Rechtsanwalt
4104	Verfahrensgebühr .... Die Gebühr entsteht für eine Tätigkeit in dem Verfahren bis zum Eingang der Anklageschrift, des Antrags auf Erlass eines Strafbefehls bei Gericht oder im beschleunigten Verfahren bis zum Vortrag der Anklage, wenn diese nur mündlich erhoben wird.	44,00 bis 319,00 €	145,00 €
4105	Gebühr 4104 mit Zuschlag	44,00 bis 399,00 €	177,00 €

Unterabschnitt 3. Gerichtliches Verfahren

Erster Rechtszug

Nr.	Gebührentatbestand	Wahlanwalt	gerichtlich bestellter oder beigeordneter Rechtsanwalt
4106	Verfahrensgebühr für den ersten Rechtszug vor dem Amtsgericht	44,00 bis 319,00 €	145,00 €
4107	Gebühr 4106 mit Zuschlag	44,00 bis 399,00 €	177,00 €

Nr.	Gebührentatbestand	Gebühr oder Satz der Gebühr nach § 13 oder § 49 RVG	
		Wahlanwalt	gerichtlich bestellter oder beigeordneter Rechtsanwalt
4108	Terminsgebühr je Hauptverhandlungstag in den in Nummer 4106 genannten Verfahren	77,00 bis 528,00 €	242,00 €
4109	Gebühr 4108 mit Zuschlag	77,00 bis 660,00 €	295,00 €
4110	Der gerichtlich bestellte oder beigeordnete Rechtsanwalt nimmt mehr als 5 und bis 8 Stunden an der Hauptverhandlung teil: Zusätzliche Gebühr neben der Gebühr 4108 oder 4109		121,00 €
4111	Der gerichtlich bestellte oder beigeordnete Rechtsanwalt nimmt mehr als 8 Stunden an der Hauptverhandlung teil: Zusätzliche Gebühr neben der Gebühr 4108 oder 4109		242,00 €
4112	Verfahrensgebühr für den ersten Rechtszug vor der Strafkammer Die Gebühr entsteht auch für Verfahren 1. vor der Jugendkammer, soweit sich die Gebühr nicht nach Nummer 4118 bestimmt, 2. im Rehabilitierungsverfahren nach Abschnitt 2 StrRehaG.	55,00 bis 352,00 €	163,00 €
4113	Gebühr 4112 mit Zuschlag	55,00 bis 440,00 €	198,00 €
4114	Terminsgebühr je Hauptverhandlungstag in den in Nummer 4112 genannten Verfahren	88,00 bis 616,00 €	282,00 €
4115	Gebühr 4114 mit Zuschlag	88,00 bis 770,00 €	343,00 €
4116	Der gerichtlich bestellte oder beigeordnete Rechtsanwalt nimmt mehr als 5 und bis 8 Stunden an der Hauptverhandlung teil: Zusätzliche Gebühr neben der Gebühr 4114 oder 4115		141,00 €
4117	Der gerichtlich bestellte oder beigeordnete Rechtsanwalt nimmt mehr als 8 Stunden an der Hauptverhandlung teil: Zusätzliche Gebühr neben der Gebühr 4114 oder 4115		282,00 €

Nr.	Gebührentatbestand	Gebühr oder Satz der Gebühr nach § 13 oder § 49 RVG – Wahlanwalt	Gebühr oder Satz der Gebühr nach § 13 oder § 49 RVG – gerichtlich bestellter oder beigeordneter Rechtsanwalt
4118	Verfahrensgebühr für den ersten Rechtszug vor dem Oberlandesgericht, dem Schwurgericht oder der Strafkammer nach den §§ 74a und 74c GVG .... Die Gebühr entsteht auch für Verfahren vor der Jugendkammer, soweit diese in Sachen entscheidet, die nach den allgemeinen Vorschriften zur Zuständigkeit des Schwurgerichts gehören.	110,00 bis 759,00 €	348,00 €
4119	Gebühr 4118 mit Zuschlag	110,00 bis 949,00 €	424,00 €
4120	Terminsgebühr je Hauptverhandlungstag in den in Nummer 4118 genannten Verfahren	143,00 bis 1 023,00 €	466,00 €
4121	Gebühr 4120 mit Zuschlag	143,00 bis 1 279,00 €	569,00 €
4122	Der gerichtlich bestellte oder beigeordnete Rechtsanwalt nimmt mehr als 5 und bis 8 Stunden an der Hauptverhandlung teil: Zusätzliche Gebühr neben der Gebühr 4120 oder 4121		233,00 €
4123	Der gerichtlich bestellte oder beigeordnete Rechtsanwalt nimmt mehr als 8 Stunden an der Hauptverhandlung teil: Zusätzliche Gebühr neben der Gebühr 4120 oder 4121		466,00 €
	Berufung		
4124	Verfahrensgebühr für das Berufungsverfahren .... Die Gebühr entsteht auch für Beschwerdeverfahren nach § 13 StrRehaG.	88,00 bis 616,00 €	282,00 €
4125	Gebühr 4124 mit Zuschlag	88,00 bis 770,00 €	343,00 €
4126	Terminsgebühr je Hauptverhandlungstag im Berufungsverfahren......... Die Gebühr entsteht auch für Beschwerdeverfahren nach § 13 StrRehaG.	88,00 bis 616,00 €	282,00 €
4127	Gebühr 4126 mit Zuschlag	88,00 bis 770,00 €	343,00 €

Nr.	Gebührentatbestand	Gebühr oder Satz der Gebühr nach § 13 oder § 49 RVG	
		Wahlanwalt	gerichtlich bestellter oder beigeordneter Rechtsanwalt
4128	Der gerichtlich bestellte oder beigeordnete Rechtsanwalt nimmt mehr als 5 und bis 8 Stunden an der Hauptverhandlung teil: Zusätzliche Gebühr neben der Gebühr 4126 oder 4127		141,00 €
4129	Der gerichtlich bestellte oder beigeordnete Rechtsanwalt nimmt mehr als 8 Stunden an der Hauptverhandlung teil: Zusätzliche Gebühr neben der Gebühr 4126 oder 4127		282,00 €
	Revision		
4130	Verfahrensgebühr für das Revisionsverfahren	132,00 bis 1 221,00 €	541,00 €
4131	Gebühr 4130 mit Zuschlag	132,00 bis 1 526,00 €	663,00 €
4132	Terminsgebühr je Hauptverhandlungstag im Revisionsverfahren	132,00 bis 616,00 €	300,00 €
4133	Gebühr 4132 mit Zuschlag	132,00 bis 770,00 €	361,00 €
4134	Der gerichtlich bestellte oder beigeordnete Rechtsanwalt nimmt mehr als 5 und bis 8 Stunden an der Hauptverhandlung teil: Zusätzliche Gebühr neben der Gebühr 4132 oder 4133		150,00 €
4135	Der gerichtlich bestellte oder beigeordnete Rechtsanwalt nimmt mehr als 8 Stunden an der Hauptverhandlung teil: Zusätzliche Gebühr neben der Gebühr 4132 oder 4133		300,00 €
	Unterabschnitt 4. Wiederaufnahmeverfahren		
	Vorbemerkung 4.1.4: Eine Grundgebühr entsteht nicht.		
4136	Geschäftsgebühr für die Vorbereitung eines Antrags .... Die Gebühr entsteht auch, wenn von der Stellung eines Antrags abgeraten wird.	in Höhe der Verfahrensgebühr für den ersten Rechtszug	

Nr.	Gebührentatbestand	Gebühr oder Satz der Gebühr nach § 13 oder § 49 RVG	
		Wahlanwalt	gerichtlich bestellter oder beigeordneter Rechtsanwalt
4137	Verfahrensgebühr für das Verfahren über die Zulässigkeit des Antrags	in Höhe der Verfahrensgebühr für den ersten Rechtszug	
4138	Verfahrensgebühr für das weitere Verfahren	in Höhe der Verfahrensgebühr für den ersten Rechtszug	
4139	Verfahrensgebühr für das Beschwerdeverfahren (§ 372 StPO)	in Höhe der Verfahrensgebühr für den ersten Rechtszug	
4140	Terminsgebühr für jeden Verhandlungstag	in Höhe der Terminsgebühr für den ersten Rechtszug	
	Unterabschnitt 5. Zusätzliche Gebühren		
4141	Durch die anwaltliche Mitwirkung wird die Hauptverhandlung entbehrlich: Zusätzliche Gebühr .... (1) Die Gebühr entsteht, wenn 1. das Strafverfahren nicht nur vorläufig eingestellt wird oder 2. das Gericht beschließt, das Hauptverfahren nicht zu eröffnen oder 3. sich das gerichtliche Verfahren durch Rücknahme des Einspruchs gegen den Strafbefehl, der Berufung oder der Revision des Angeklagten oder eines anderen Verfahrensbeteiligten erledigt; ist bereits ein Termin zur Hauptverhandlung bestimmt, entsteht die Gebühr nur, wenn der Einspruch, die Berufung oder die Revision früher als zwei Wochen vor Beginn des Tages, der für die Hauptverhandlung vorgesehen war, zurückgenommen wird; oder 4. das Verfahren durch Beschluss nach § 411 Abs. 1 Satz 3 StPO endet. Nummer 3 ist auf den Beistand oder Vertreter eines Privatklägers entsprechend anzuwenden, wenn die Privatklage zurückgenommen wird. (2) Die Gebühr entsteht nicht, wenn eine auf die Förderung des Verfahrens gerichtete Tätigkeit nicht ersichtlich ist. Sie entsteht nicht neben der Gebühr 4147. (3) Die Höhe der Gebühr richtet sich nach dem Rechtszug, in dem die Hauptverhandlung vermieden wurde. Für den Wahlanwalt bemisst sich die Gebühr nach der Rahmenmitte. Eine Erhöhung nach Nummer 1008 und der Zuschlag (Vorbemerkung 4 Abs. 4) sind nicht zu berücksichtigen.	in Höhe der Verfahrensgebühr	

Nr.	Gebührentatbestand	Gebühr oder Satz der Gebühr nach § 13 oder § 49 RVG	
		Wahlanwalt	gerichtlich bestellter oder beigeordneter Rechtsanwalt
4142	Verfahrensgebühr bei Einziehung und verwandten Maßnahmen	1,0	1,0
	(1) Die Gebühr entsteht für eine Tätigkeit für den Beschuldigten, die sich auf die Einziehung, dieser gleichstehende Rechtsfolgen (§ 439 StPO), die Abführung des Mehrerlöses oder auf eine diesen Zwecken dienende Beschlagnahme bezieht. (2) Die Gebühr entsteht nicht, wenn der Gegenstandswert niedriger als 30,00 € ist. (3) Die Gebühr entsteht für das Verfahren des ersten Rechtszugs einschließlich des vorbereitenden Verfahrens und für jeden weiteren Rechtszug.		
4143	Verfahrensgebühr für das erstinstanzliche Verfahren über vermögensrechtliche Ansprüche (§ 403 StPO)	2,0	2,0
	(1) Die Gebühr entsteht auch, wenn der Anspruch erstmalig im Berufungsverfahren geltend gemacht wird. (2) Die Gebühr wird zu einem Drittel auf die Verfahrensgebühr, die für einen bürgerlichen Rechtsstreit wegen desselben Anspruchs entsteht, angerechnet.		
4144	Verfahrensgebühr im Berufungs- und Revisionsverfahren über vermögensrechtliche Ansprüche (§ 403 StPO)	2,5	2,5
4145	Verfahrensgebühr für das Verfahren über die Beschwerde gegen den Beschluss, mit dem nach § 406 Abs. 5 Satz 2 StPO von einer Entscheidung abgesehen wird..................................	0,5	0,5
4146	Verfahrensgebühr für das Verfahren über einen Antrag auf gerichtliche Entscheidung oder über die Beschwerde gegen eine den Rechtszug beendende Entscheidung nach § 25 Abs. 1 Satz 3 bis 5, § 13 StrRehaG	1,5	1,5
4147	Einigungsgebühr im Privatklageverfahren bezüglich des Strafanspruchs und des Kostenerstattungsanspruchs:		
	Die Gebühr 1000 entsteht	in Höhe der Verfahrensgebühr	
	Für einen Vertrag über sonstige Ansprüche entsteht eine weitere Einigungsgebühr nach Teil 1. Maßgebend für die Höhe der Gebühr ist die im Einzelfall bestimmte Verfahrensgebühr in der Angelegenheit, in der die Einigung erfolgt. Eine Erhöhung nach Nummer 1008 und der Zuschlag		

Nr.	Gebührentatbestand	Gebühr oder Satz der Gebühr nach § 13 oder § 49 RVG – Wahlanwalt	Gebühr oder Satz der Gebühr nach § 13 oder § 49 RVG – gerichtlich bestellter oder beigeordneter Rechtsanwalt
	(Vorbemerkung 4 Abs. 4) sind nicht zu berücksichtigen.		

Abschnitt 2. Gebühren in der Strafvollstreckung

Vorbemerkung 4.2:

Im Verfahren über die Beschwerde gegen die Entscheidung in der Hauptsache entstehen die Gebühren besonders.

Nr.	Gebührentatbestand	Wahlanwalt	gerichtlich bestellter oder beigeordneter Rechtsanwalt
4200	Verfahrensgebühr als Verteidiger für ein Verfahren über 1. die Erledigung oder Aussetzung der Maßregel der Unterbringung a) in der Sicherungsverwahrung, b) in einem psychiatrischen Krankenhaus oder c) in einer Entziehungsanstalt, 2. die Aussetzung des Restes einer zeitigen Freiheitsstrafe oder einer lebenslangen Freiheitsstrafe oder 3. den Widerruf einer Strafaussetzung zur Bewährung oder den Widerruf der Aussetzung einer Maßregel der Besserung und Sicherung zur Bewährung	66,00 bis 737,00 €	321,00 €
4201	Gebühr 4200 mit Zuschlag	66,00 bis 921,00 €	395,00 €
4202	Terminsgebühr in den in Nummer 4200 genannten Verfahren	66,00 bis 330,00 €	158,00 €
4203	Gebühr 4202 mit Zuschlag	66,00 bis 413,00 €	192,00 €
4204	Verfahrensgebühr für sonstige Verfahren in der Strafvollstreckung	33,00 bis 330,00 €	145,00 €
4205	Gebühr 4204 mit Zuschlag	33,00 bis 413,00 €	178,00 €
4206	Terminsgebühr für sonstige Verfahren	33,00 bis 330,00 €	145,00 €
4207	Gebühr 4206 mit Zuschlag	33,00 bis 413,00 €	178,00 €

Abschnitt 3. Einzeltätigkeiten

Vorbemerkung 4.3:

(1) Die Gebühren entstehen für einzelne Tätigkeiten, ohne dass dem Rechtsanwalt sonst die Verteidigung oder Vertretung übertragen ist.

(2) Beschränkt sich die Tätigkeit des Rechtsanwalts auf die Geltendmachung oder Abwehr eines aus der Straftat erwachsenen vermögensrechtlichen Anspruchs im Strafverfahren, so erhält er die Gebühren nach den Nummern 4143 bis 4145.

Nr.	Gebührentatbestand	Gebühr oder Satz der Gebühr nach § 13 oder § 49 RVG	
		Wahlanwalt	gerichtlich bestellter oder beigeordneter Rechtsanwalt
	(3) Die Gebühr entsteht für jede der genannten Tätigkeiten gesondert, soweit nichts anderes bestimmt ist. § 15 RVG bleibt unberührt. Das Beschwerdeverfahren gilt als besondere Angelegenheit. (4) Wird dem Rechtsanwalt die Verteidigung oder die Vertretung für das Verfahren übertragen, werden die nach diesem Abschnitt entstandenen Gebühren auf die für die Verteidigung oder Vertretung entstehenden Gebühren angerechnet.		
4300	Verfahrensgebühr für die Anfertigung oder Unterzeichnung einer Schrift 1. zur Begründung der Revision, 2. zur Erklärung auf die von dem Staatsanwalt, Privatkläger oder Nebenkläger eingelegte Revision oder 3. in Verfahren nach den §§ 57a und 67e StGB .... Neben der Gebühr für die Begründung der Revision entsteht für die Einlegung der Revision keine besondere Gebühr.	66,00 bis 737,00 €	321,00 €
4301	Verfahrensgebühr für 1. die Anfertigung oder Unterzeichnung einer Privatklage, 2. die Anfertigung oder Unterzeichnung einer Schrift zur Rechtfertigung der Berufung oder zur Beantwortung der von dem Staatsanwalt, Privatkläger oder Nebenkläger eingelegten Berufung, 3. die Führung des Verkehrs mit dem Verteidiger, 4. die Beistandsleistung für den Beschuldigten bei einer richterlichen Vernehmung, einer Vernehmung durch die Staatsanwaltschaft oder eine andere Strafverfolgungsbehörde oder in einer Hauptverhandlung, einer mündlichen Anhörung oder bei einer Augenscheinseinnahme, 5. die Beistandsleistung im Verfahren zur gerichtlichen Erzwingung der Anklage (§ 172 Abs. 2 bis 4, § 173 StPO) oder 6. sonstige Tätigkeiten in der Strafvollstreckung .... Neben der Gebühr für die Rechtfertigung der *Berufung entsteht für die Einlegung* der Berufung keine besondere Gebühr.	44,00 bis 506,00 €	220,00 €
4302	Verfahrensgebühr für 1. die Einlegung eines Rechtsmittels,		

Nr.	Gebührentatbestand	Gebühr oder Satz der Gebühr nach § 13 oder § 49 RVG	
		Wahlanwalt	gerichtlich bestellter oder beigeordneter Rechtsanwalt
	2. die Anfertigung oder Unterzeichnung anderer Anträge, Gesuche oder Erklärungen oder 3. eine andere nicht in Nummer 4300 oder 4301 erwähnte Beistandsleistung	33,00 bis 319,00 €	141,00 €
4303	Verfahrensgebühr für die Vertretung in einer Gnadensache .... Der Rechtsanwalt erhält die Gebühr auch, wenn ihm die Verteidigung übertragen war.	33,00 bis 330,00 €	
4304	Gebühr für den als Kontaktperson beigeordneten Rechtsanwalt (§ 34a EGGVG)		3 850,00 €

Teil 5. Bußgeldsachen

Nr.	Gebührentatbestand	Gebühr oder Satz der Gebühr nach § 13 oder § 49 RVG	
		Wahlanwalt	gerichtlich bestellter oder beigeordneter Rechtsanwalt

Vorbemerkung 5:

(1) Für die Tätigkeit als Beistand oder Vertreter eines Einziehungs- oder Nebenbeteiligten, eines Zeugen oder eines Sachverständigen sind die Vorschriften dieses Teils entsprechend anzuwenden.

(2) Die Verfahrensgebühr entsteht für das Betreiben des Geschäfts einschließlich der Information.

(3) Die Terminsgebühr entsteht für die Teilnahme an gerichtlichen Terminen, soweit nichts anderes bestimmt ist. Der Rechtsanwalt erhält die Terminsgebühr auch, wenn er zu einem anberaumten Termin erscheint, dieser aber aus Gründen, die er nicht zu vertreten hat, nicht stattfindet. Dies gilt nicht, wenn er rechtzeitig von der Aufhebung oder Verlegung des Termins in Kenntnis gesetzt worden ist.

(4) Für folgende Tätigkeiten entstehen Gebühren nach den Vorschriften des Teils 3:
1. für das Verfahren über die Erinnerung oder die Beschwerde gegen einen Kostenfestsetzungsbeschluss, für das Verfahren über die Erinnerung gegen den Kostenansatz, für das Verfahren über die Beschwerde gegen die Entscheidung über diese Erinnerung und für Verfahren über den Antrag auf gerichtliche Entscheidung gegen einen Kostenfestsetzungsbescheid und den Ansatz der Gebühren und Auslagen (§ 108 OWiG), dabei steht das Verfahren über den Antrag auf gerichtliche Entscheidung dem Verfahren über die Erinnerung oder die Beschwerde gegen einen Kostenfestsetzungsbeschluss gleich,
2. in der Zwangsvollstreckung aus Entscheidungen, die über die Erstattung von Kosten ergangen sind, und für das Beschwerdeverfahren gegen die gerichtliche Entscheidung nach Nummer 1.

Abschnitt 1. Gebühren des Verteidigers

Vorbemerkung 5.1:

(1) Durch die Gebühren wird die gesamte Tätigkeit als Verteidiger entgolten.

(2) Hängt die Höhe der Gebühren von der Höhe der Geldbuße ab, ist die zum Zeitpunkt des Entstehens der Gebühr zuletzt festgesetzte Geldbuße maßgebend. Ist eine Geldbuße nicht festgesetzt, richtet sich die Höhe der Gebühren im Verfahren vor der Verwaltungsbehörde nach dem mittleren Betrag der in der Bußgeldvorschrift angedrohten Geldbuße. Sind in einer Rechtsvorschrift Regelsätze bestimmt, sind diese maßgebend. Mehrere Geldbußen sind zusammenzurechnen.

Nr.	Gebührentatbestand	Gebühr oder Satz der Gebühr nach § 13 oder § 49 RVG – Wahlanwalt	Gebühr oder Satz der Gebühr nach § 13 oder § 49 RVG – gerichtlich bestellter oder beigeordneter Rechtsanwalt
	Unterabschnitt 1. Allgemeine Gebühr		
5100	Grundgebühr .... (1) Die Gebühr entsteht neben der Verfahrensgebühr für die erstmalige Einarbeitung in den Rechtsfall nur einmal, unabhängig davon, in welchem Verfahrensabschnitt sie erfolgt. (2) Die Gebühr entsteht nicht, wenn in einem vorangegangenen Strafverfahren für dieselbe Handlung oder Tat die Gebühr 4100 entstanden ist.	33,00 bis 187,00 €	88,00 €
	Unterabschnitt 2. Verfahren vor der Verwaltungsbehörde		
	Vorbemerkung 5.1.2: (1) Zu dem Verfahren vor der Verwaltungsbehörde gehört auch das Verwarnungsverfahren und das Zwischenverfahren (§ 69 OWiG) bis zum Eingang der Akten bei Gericht. (2) Die Terminsgebühr entsteht auch für die Teilnahme an Vernehmungen vor der Polizei oder der Verwaltungsbehörde.		
5101	Verfahrensgebühr bei einer Geldbuße von weniger als 60,00 €	22,00 bis 121,00 €	57,00 €
5102	Terminsgebühr für jeden Tag, an dem ein Termin in den in Nummer 5101 genannten Verfahren stattfindet	22,00 bis 121,00 €	57,00 €
5103	Verfahrensgebühr bei einer Geldbuße von 60,00 bis 5 000,00 €	33,00 bis 319,00 €	141,00 €
5104	Terminsgebühr für jeden Tag, an dem ein Termin in den in Nummer 5103 genannten Verfahren stattfindet	33,00 bis 319,00 €	141,00 €
5105	Verfahrensgebühr bei einer Geldbuße von mehr als 5 000,00 €	44,00 bis 330,00 €	150,00 €
5106	Terminsgebühr für jeden Tag, an dem ein Termin in den in Nummer 5105 genannten Verfahren stattfindet	44,00 bis 330,00 €	150,00 €
	Unterabschnitt 3. Gerichtliches Verfahren im ersten Rechtszug		
	Vorbemerkung 5.1.3: (1) Die Terminsgebühr entsteht auch für die Teilnahme an gerichtlichen Terminen außerhalb der Hauptverhandlung. (2) Die Gebühren dieses Unterabschnitts entstehen für das Wiederaufnahmeverfahren einschließlich seiner Vorbereitung gesondert; die Verfahrensgebühr entsteht auch, wenn von der Stellung eines Wiederaufnahmeantrags abgeraten wird.		
5107	Verfahrensgebühr bei einer Geldbuße von weniger als 60,00 €	22,00 bis 121,00 €	57,00 €
5108	Terminsgebühr je Hauptverhandlungstag in den in Nummer 5107 genannten Verfahren	22,00 bis 264,00 €	114,00 €

Nr.	Gebührentatbestand	Gebühr oder Satz der Gebühr nach § 13 oder § 49 RVG – Wahlanwalt	Gebühr oder Satz der Gebühr nach § 13 oder § 49 RVG – gerichtlich bestellter oder beigeordneter Rechtsanwalt
5109	Verfahrensgebühr bei einer Geldbuße von 60,00 bis 5 000,00 €	33,00 bis 319,00 €	141,00 €
5110	Terminsgebühr je Hauptverhandlungstag in den in Nummer 5109 genannten Verfahren	44,00 bis 517,00 €	224,00 €
5111	Verfahrensgebühr bei einer Geldbuße von mehr als 5 000,00 €	55,00 bis 385,00 €	176,00 €
5112	Terminsgebühr je Hauptverhandlungstag in den in Nummer 5111 genannten Verfahren	88,00 bis 616,00 €	282,00 €
	Unterabschnitt 4. Verfahren über die Rechtsbeschwerde		
5113	Verfahrensgebühr	88,00 bis 616,00 €	282,00 €
5114	Terminsgebühr je Hauptverhandlungstag	88,00 bis 616,00 €	282,00 €
	Unterabschnitt 5. Zusätzliche Gebühren		
5115	Durch die anwaltliche Mitwirkung wird das Verfahren vor der Verwaltungsbehörde erledigt oder die Hauptverhandlung entbehrlich: Zusätzliche Gebühr (1) Die Gebühr entsteht, wenn 1. das Verfahren nicht nur vorläufig eingestellt wird oder 2. der Einspruch gegen den Bußgeldbescheid zurückgenommen wird oder 3. der Bußgeldbescheid nach Einspruch von der Verwaltungsbehörde zurückgenommen und gegen einen neuen Bußgeldbescheid kein Einspruch eingelegt wird oder 4. sich das gerichtliche Verfahren durch Rücknahme des Einspruchs gegen den Bußgeldbescheid oder der Rechtsbeschwerde des Betroffenen oder eines anderen Verfahrensbeteiligten erledigt; ist bereits ein Termin zur Hauptverhandlung bestimmt, entsteht die Gebühr nur, wenn der Einspruch oder die Rechtsbeschwerde früher als zwei Wochen vor Beginn des Tages, der für die Hauptverhandlung vorgesehen war, zurückgenommen wird, oder 5. das Gericht nach § 72 Abs. 1 Satz 1 OWiG durch Beschluss entscheidet. (2) Die Gebühr entsteht nicht, wenn eine auf die Förderung des Verfahrens gerichtete Tätigkeit nicht ersichtlich ist.	in Höhe der jeweiligen Verfahrensgebühr	

Nr.	Gebührentatbestand	Gebühr oder Satz der Gebühr nach § 13 oder § 49 RVG	
		Wahlanwalt	gerichtlich bestellter oder beigeordneter Rechtsanwalt
	(3) Die Höhe der Gebühr richtet sich nach dem Rechtszug, in dem die Hauptverhandlung vermieden wurde. Für den Wahlanwalt bemisst sich die Gebühr nach der Rahmenmitte.		
5116	Verfahrensgebühr bei Einziehung und verwandten Maßnahmen .... (1) Die Gebühr entsteht für eine Tätigkeit für den Betroffenen, die sich auf die Einziehung oder dieser gleichstehende Rechtsfolgen (§ 46 Abs. 1 OWiG, § 439 StPO) oder auf eine diesen Zwecken dienende Beschlagnahme bezieht. (2) Die Gebühr entsteht nicht, wenn der Gegenstandswert niedriger als 30,00 € ist. (3) Die Gebühr entsteht nur einmal für das Verfahren vor der Verwaltungsbehörde und für das gerichtliche Verfahren im ersten Rechtszug. Im Rechtsbeschwerdeverfahren entsteht die Gebühr besonders.	1,0	1,0
	Abschnitt 2. Einzeltätigkeiten		
5200	Verfahrensgebühr .... (1) Die Gebühr entsteht für einzelne Tätigkeiten, ohne dass dem Rechtsanwalt sonst die Verteidigung übertragen ist. (2) Die Gebühr entsteht für jede Tätigkeit gesondert, soweit nichts anderes bestimmt ist. § 15 RVG bleibt unberührt. (3) Wird dem Rechtsanwalt die Verteidigung für das Verfahren übertragen, werden die nach dieser Nummer entstandenen Gebühren auf die für die Verteidigung entstehenden Gebühren angerechnet. (4) Der Rechtsanwalt erhält die Gebühr für die Vertretung in der Vollstreckung und in einer Gnadensache auch, wenn ihm die Verteidigung übertragen war.	22,00 bis 121,00 €	57,00 €

Teil 6. Sonstige Verfahren

Nr.	Gebührentatbestand	Gebühr	
		Wahlverteidiger oder Verfahrensbevollmächtigter	gerichtlich bestellter oder beigeordneter Rechtsanwalt
	Vorbemerkung 6: (1) Für die Tätigkeit als Beistand für einen Zeugen oder Sachverständigen in einem Verfahren, für das sich die Gebühren nach diesem Teil bestimmen, entstehen die gleichen Gebühren wie für einen Verfahrensbevollmächtigten in diesem Verfahren. (2) Die Verfahrensgebühr entsteht für das Betreiben des Geschäfts einschließlich der Information. (3) Die Terminsgebühr entsteht für die Teilnahme an gerichtlichen Terminen, soweit nichts anderes bestimmt ist. Der Rechtsanwalt erhält die Terminsgebühr auch, wenn er zu einem anberaumten Termin erscheint, dieser aber aus Gründen, die er nicht zu vertreten hat, nicht stattfindet. Dies gilt		

Nr.	Gebührentatbestand	Gebühr Wahlverteidiger oder Verfahrensbevollmächtigter	Gebühr gerichtlich bestellter oder beigeordneter Rechtsanwalt
	nicht, wenn er rechtzeitig von der Aufhebung oder Verlegung des Termins in Kenntnis gesetzt worden ist.		
	Abschnitt 1. Verfahren nach dem Gesetz über die internationale Rechtshilfe in Strafsachen und Verfahren nach dem Gesetz über die Zusammenarbeit mit dem Internationalen Strafgerichtshof		
	Unterabschnitt 1. Verfahren vor der Verwaltungsbehörde		
	Vorbemerkung 6.1.1: Die Gebühr nach diesem Unterabschnitt entsteht für die Tätigkeit gegenüber der Bewilligungsbehörde in Verfahren nach Abschnitt 2 Unterabschnitt 2 des Neunten Teils des Gesetzes über die internationale Rechtshilfe in Strafsachen.		
6100	Verfahrensgebühr	55,00 bis 374,00 €	172,00 €
	Unterabschnitt 2. Gerichtliches Verfahren		
6101	Verfahrensgebühr	110,00 bis 759,00 €	348,00 €
6102	Terminsgebühr je Verhandlungstag	143,00 bis 1 023,00 €	466,00 €
	Abschnitt 2. Disziplinarverfahren, berufsgerichtliche Verfahren wegen der Verletzung einer Berufspflicht		
	Vorbemerkung 6.2: (1) Durch die Gebühren wird die gesamte Tätigkeit im Verfahren abgegolten. (2) Für die Vertretung gegenüber der Aufsichtsbehörde außerhalb eines Disziplinarverfahrens entstehen Gebühren nach Teil 2. (3) Für folgende Tätigkeiten entstehen Gebühren nach Teil 3: 1. für das Verfahren über die Erinnerung oder die Beschwerde gegen einen Kostenfestsetzungsbeschluss, für das Verfahren über die Erinnerung gegen den Kostenansatz und für das Verfahren über die Beschwerde gegen die Entscheidung über diese Erinnerung, 2. in der Zwangsvollstreckung aus einer Entscheidung, die über die Erstattung von Kosten ergangen ist, und für das Beschwerdeverfahren gegen diese Entscheidung.		
	Unterabschnitt 1. Allgemeine Gebühren		
6200	Grundgebühr Die Gebühr entsteht neben der Verfahrensgebühr für die erstmalige Einarbeitung in den Rechtsfall nur einmal, unabhängig davon, in welchem Verfahrensabschnitt sie erfolgt.	44,00 bis 385,00 €	172,00 €
6201	Terminsgebühr für jeden Tag, an dem ein Termin stattfindet Die Gebühr entsteht für die Teilnahme an außergerichtlichen Anhörungsterminen und außergerichtlichen Terminen zur Beweiserhebung.	44,00 bis 407,00 €	180,00 €
	Unterabschnitt 2. Außergerichtliches Verfahren		
6202	Verfahrensgebühr (1) Die Gebühr entsteht gesondert für eine Tätigkeit in einem dem gerichtlichen Verfahren vorausgehenden und der Überprüfung der Verwal-	44,00 bis 319,00 €	145,00 €

Nr.	Gebührentatbestand	Gebühr: Wahlverteidiger oder Verfahrensbevollmächtigter	Gebühr: gerichtlich bestellter oder beigeordneter Rechtsanwalt
	tungsentscheidung dienenden weiteren außergerichtlichen Verfahren. (2) Die Gebühr entsteht für eine Tätigkeit in dem Verfahren bis zum Eingang des Antrags oder der Anschuldigungsschrift bei Gericht.		

Unterabschnitt 3. Gerichtliches Verfahren

Erster Rechtszug

Vorbemerkung 6.2.3:

(1) Die nachfolgenden Gebühren entstehen für das Wiederaufnahmeverfahren einschließlich seiner Vorbereitung gesondert.

(2) Kommt es für eine Gebühr auf die Dauer der Teilnahme an der Hauptverhandlung an, sind auch Wartezeiten und Unterbrechungen an einem Hauptverhandlungstag als Teilnahme zu berücksichtigen. Dies gilt nicht für Wartezeiten und Unterbrechungen, die der Rechtsanwalt zu vertreten hat, sowie für Unterbrechungen von jeweils mindestens einer Stunde, soweit diese unter Angabe einer konkreten Dauer der Unterbrechung oder eines Zeitpunkts der Fortsetzung der Hauptverhandlung angeordnet wurden.

6203	Verfahrensgebühr	55,00 bis 352,00 €	163,00 €
6204	Terminsgebühr je Verhandlungstag	88,00 bis 616,00 €	282,00 €
6205	Der gerichtlich bestellte Rechtsanwalt nimmt mehr als 5 und bis 8 Stunden an der Hauptverhandlung teil: Zusätzliche Gebühr neben der Gebühr 6204		141,00 €
6206	Der gerichtlich bestellte Rechtsanwalt nimmt mehr als 8 Stunden an der Hauptverhandlung teil: Zusätzliche Gebühr neben der Gebühr 6204		282,00 €

Zweiter Rechtszug

6207	Verfahrensgebühr	88,00 bis 616,00 €	282,00 €
6208	Terminsgebühr je Verhandlungstag	88,00 bis 616,00 €	282,00 €
6209	Der gerichtlich bestellte Rechtsanwalt nimmt mehr als 5 und bis 8 Stunden an der Hauptverhandlung teil: Zusätzliche Gebühr neben der Gebühr 6208		141,00 €
6210	Der gerichtlich bestellte Rechtsanwalt nimmt mehr als 8 Stunden an der Hauptverhandlung teil:		

Nr.	Gebührentatbestand	Gebühr: Wahlverteidiger oder Verfahrensbevollmächtigter	Gebühr: gerichtlich bestellter oder beigeordneter Rechtsanwalt
	Zusätzliche Gebühr neben der Gebühr 6208		282,00 €
	Dritter Rechtszug		
6211	Verfahrensgebühr	132,00 bis 1 221,00 €	541,00 €
6212	Terminsgebühr je Verhandlungstag	132,00 bis 605,00 €	294,00 €
6213	Der gerichtlich bestellte Rechtsanwalt nimmt mehr als 5 und bis 8 Stunden an der Hauptverhandlung teil: Zusätzliche Gebühr neben der Gebühr 6212		147,00 €
6214	Der gerichtlich bestellte Rechtsanwalt nimmt mehr als 8 Stunden an der Hauptverhandlung teil: Zusätzliche Gebühr neben der Gebühr 6212		294,00 €
6215	Verfahrensgebühr für das Verfahren über die Beschwerde gegen die Nichtzulassung der Revision .... Die Gebühr wird auf die Verfahrensgebühr für ein nachfolgendes Revisionsverfahren angerechnet.	77,00 bis 1 221,00 €	519,00 €
	Unterabschnitt 4. Zusatzgebühr		
6216	Durch die anwaltliche Mitwirkung wird die mündliche Verhandlung entbehrlich: Zusätzliche Gebühr .... (1) Die Gebühr entsteht, wenn eine gerichtliche Entscheidung mit Zustimmung der Beteiligten ohne mündliche Verhandlung ergeht oder einer beabsichtigten Entscheidung ohne Hauptverhandlungstermin nicht widersprochen wird. (2) Die Gebühr entsteht nicht, wenn eine auf die Förderung des Verfahrens gerichtete Tätigkeit nicht ersichtlich ist. (3) Die Höhe der Gebühr richtet sich nach dem Rechtszug, in dem die Hauptverhandlung vermieden wurde. Für den Wahlanwalt bemisst sich die Gebühr nach der Rahmenmitte.	in Höhe der jeweiligen Verfahrensgebühr	
	Abschnitt 3. Gerichtliche Verfahren bei Freiheitsentziehung, bei Unterbringung und bei sonstigen Zwangsmaßnahmen		
6300	Verfahrensgebühr in Freiheitsentziehungssachen nach § 415 FamFG, in Unterbringungssachen nach § 312		

Nr.	Gebührentatbestand	Gebühr Wahlverteidiger oder Verfahrensbevollmächtigter	Gebühr gerichtlich bestellter oder beigeordneter Rechtsanwalt
	FamFG und in Verfahren nach § 151 Nr. 6 und 7 FamFG .... Die Gebühr entsteht für jeden Rechtszug.	44,00 bis 517,00 €	224,00 €
6301	Terminsgebühr in den Fällen der Nummer 6300 .... Die Gebühr entsteht für die Teilnahme an gerichtlichen Terminen.	44,00 bis 517,00 €	224,00 €
6302	Verfahrensgebühr in sonstigen Fällen Die Gebühr entsteht für jeden Rechtszug des Verfahrens über die Verlängerung oder Aufhebung einer Freiheitsentziehung nach den §§ 425 und 426 FamFG oder einer Unterbringungsmaßnahme nach den §§ 329 und 330 FamFG.	22,00 bis 330,00 €	141,00 €
6303	Terminsgebühr in den Fällen der Nummer 6302 .... Die Gebühr entsteht für die Teilnahme an gerichtlichen Terminen.	22,00 bis 330,00 €	141,00 €

Abschnitt 4. Gerichtliche Verfahren nach der Wehrbeschwerdeordnung

Vorbemerkung 6.4:

(1) Die Gebühren nach diesem Abschnitt entstehen in Verfahren auf gerichtliche Entscheidung nach der WBO, auch i.V.m. § 42 WDO, wenn das Verfahren vor dem Truppendienstgericht oder vor dem Bundesverwaltungsgericht an die Stelle des Verwaltungsrechtswegs gemäß § 82 SG tritt.

(2) Soweit wegen desselben Gegenstands eine Geschäftsgebühr nach Nummer 2302 für eine Tätigkeit im Verfahren über die Beschwerde oder über die weitere Beschwerde vor einem Disziplinarvorgesetzten entstanden ist, wird diese Gebühr zur Hälfte, höchstens jedoch mit einem Betrag von 207,00 €, auf die Verfahrensgebühr des gerichtlichen Verfahrens vor dem Truppendienstgericht oder dem Bundesverwaltungsgericht angerechnet. Sind mehrere Gebühren entstanden, ist für die Anrechnung die zuletzt entstandene Gebühr maßgebend.

Nr.	Gebührentatbestand	Gebühr Wahlverteidiger oder Verfahrensbevollmächtigter	Gebühr gerichtlich bestellter oder beigeordneter Rechtsanwalt
6400	Verfahrensgebühr für das Verfahren auf gerichtliche Entscheidung vor dem Truppendienstgericht	88,00 bis 748,00 €	
6401	Terminsgebühr je Verhandlungstag in den in Nummer 6400 genannten Verfahren	88,00 bis 748,00 €	
6402	Verfahrensgebühr für das Verfahren auf gerichtliche Entscheidung vor dem Bundesverwaltungsgericht, im Verfahren über die Rechtsbeschwerde oder im Verfahren über die Beschwerde gegen die Nichtzulassung der Rechtsbeschwerde .... Die Gebühr für ein Verfahren über die Beschwerde gegen die Nichtzulassung der Rechtsbeschwerde wird auf die Gebühr für ein nachfolgendes Verfahren über die Rechtsbeschwerde angerechnet.	110,00 bis 869,00 €	

Nr.	Gebührentatbestand	Gebühr	
		Wahlverteidiger oder Verfahrensbevollmächtigter	gerichtlich bestellter oder beigeordneter Rechtsanwalt
6403	Terminsgebühr je Verhandlungstag in den in Nummer 6402 genannten Verfahren	110,00 bis 869,00 €	
	Abschnitt 5. Einzeltätigkeiten und Verfahren auf Aufhebung oder Änderung einer Disziplinarmaßnahme		
6500	Verfahrensgebühr .... (1) Für eine Einzeltätigkeit entsteht die Gebühr, wenn dem Rechtsanwalt nicht die Verteidigung oder Vertretung übertragen ist. (2) Die Gebühr entsteht für jede einzelne Tätigkeit gesondert, soweit nichts anderes bestimmt ist. § 15 RVG bleibt unberührt. (3) Wird dem Rechtsanwalt die Verteidigung oder Vertretung für das Verfahren übertragen, werden die nach dieser Nummer entstandenen Gebühren auf die für die Verteidigung oder Vertretung entstehenden Gebühren angerechnet. (4) Eine Gebühr nach dieser Vorschrift entsteht jeweils auch für das Verfahren nach der WDO vor einem Disziplinarvorgesetzten auf Aufhebung oder Änderung einer Disziplinarmaßnahme und im gerichtlichen Verfahren vor dem Wehrdienstgericht.	22,00 bis 330,00 €	141,00 €

Teil 7. Auslagen

Nr.	Auslagentatbestand	Höhe
	Vorbemerkung 7: (1) Mit den Gebühren werden auch die allgemeinen Geschäftskosten entgolten. Soweit nachfolgend nichts anderes bestimmt ist, kann der Rechtsanwalt Ersatz der entstandenen Aufwendungen (§ 675 i.V.m. § 670 BGB) verlangen. (2) Eine Geschäftsreise liegt vor, wenn das Reiseziel außerhalb der Gemeinde liegt, in der sich die Kanzlei oder die Wohnung des Rechtsanwalts befindet. (3) Dient eine Reise mehreren Geschäften, sind die entstandenen Auslagen nach den Nummern 7003 bis 7006 nach dem Verhältnis der Kosten zu verteilen, die bei gesonderter Ausführung der einzelnen Geschäfte entstanden wären. Ein Rechtsanwalt, der seine Kanzlei an einen anderen Ort verlegt, kann bei Fortführung eines ihm vorher erteilten Auftrags Auslagen nach den Nummern 7003 bis 7006 nur insoweit verlangen, als sie auch von seiner bisherigen Kanzlei aus entstanden wären.	
7000	Pauschale für die Herstellung und Überlassung von Dokumenten: 1. für Kopien und Ausdrucke a) aus Behörden- und Gerichtsakten, soweit deren Herstellung zur sachgemäßen Bearbeitung der Rechtssache geboten war, b) zur Zustellung oder Mitteilung an Gegner oder Beteiligte und Verfahrensbevollmächtigte aufgrund einer Rechtsvorschrift oder nach Aufforderung durch das Gericht, die Behörde oder die	

Nr.	Auslagentatbestand	Höhe
	sonst das Verfahren führende Stelle, soweit hierfür mehr als 100 Seiten zu fertigen waren, c) zur notwendigen Unterrichtung des Auftraggebers, soweit hierfür mehr als 100 Seiten zu fertigen waren, d) in sonstigen Fällen nur, wenn sie im Einverständnis mit dem Auftraggeber zusätzlich, auch zur Unterrichtung Dritter, angefertigt worden sind:	
	für die ersten 50 abzurechnenden Seiten je Seite	0,50 €
	für jede weitere Seite	0,15 €
	für die ersten 50 abzurechnenden Seiten in Farbe je Seite	1,00 €
	für jede weitere Seite in Farbe	0,30 €
	2. Überlassung von elektronisch gespeicherten Dateien oder deren Bereitstellung zum Abruf anstelle der in Nummer 1 Buchstabe d genannten Kopien und Ausdrucke:	
	je Datei	1,50 €
	für die in einem Arbeitsgang überlassenen, bereitgestellten oder in einem Arbeitsgang auf denselben Datenträger übertragenen Dokumente insgesamt höchstens	5,00 €
	(1) Die Höhe der Dokumentenpauschale nach Nummer 1 ist in derselben Angelegenheit und in gerichtlichen Verfahren in demselben Rechtszug einheitlich zu berechnen. Eine Übermittlung durch den Rechtsanwalt per Telefax steht der Herstellung einer Kopie gleich. (2) Werden zum Zweck der Überlassung von elektronisch gespeicherten Dateien Dokumente im Einverständnis mit dem Auftraggeber zuvor von der Papierform in die elektronische Form übertragen, beträgt die Dokumentenpauschale nach Nummer 2 nicht weniger, als die Dokumentenpauschale im Fall der Nummer 1 betragen würde.	
7001	Entgelte für Post- und Telekommunikationsdienstleistungen	in voller Höhe
	Für die durch die Geltendmachung der Vergütung entstehenden Entgelte kann kein Ersatz verlangt werden.	
7002	Pauschale für Entgelte für Post- und Telekommunikationsdienstleistungen	20 % der Gebühren – höchstens 20,00 €
	(1) Die Pauschale kann in jeder Angelegenheit anstelle der tatsächlichen Auslagen nach 7001 gefordert werden. (2) Werden Gebühren aus der Staatskasse gezahlt, sind diese maßgebend.	
7003	Fahrtkosten für eine Geschäftsreise bei Benutzung eines eigenen Kraftfahrzeugs für jeden gefahrenen Kilometer	0,42 €
	Mit den Fahrtkosten sind die Anschaffungs-, Unterhaltungs- und Betriebskosten sowie die Abnutzung des Kraftfahrzeugs abgegolten.	
7004	Fahrtkosten für eine Geschäftsreise bei Benutzung eines anderen Verkehrsmittels, soweit sie angemessen sind	in voller Höhe
7005	Tage- und Abwesenheitsgeld bei einer Geschäftsreise	

Nr.	Auslagentatbestand	Höhe
	1. von nicht mehr als 4 Stunden	30,00 €
	2. von mehr als 4 bis 8 Stunden	50,00 €
	3. von mehr als 8 Stunden	80,00 €
	Bei Auslandsreisen kann zu diesen Beträgen ein Zuschlag von 50 % berechnet werden.	
7006	Sonstige Auslagen anlässlich einer Geschäftsreise, soweit sie angemessen sind	in voller Höhe
7007	Im Einzelfall gezahlte Prämie für eine Haftpflichtversicherung für Vermögensschäden, soweit die Prämie auf Haftungsbeträge von mehr als 30 Mio. € entfällt	in voller Höhe
	Soweit sich aus der Rechnung des Versicherers nichts anderes ergibt, ist von der Gesamtprämie der Betrag zu erstatten, der sich aus dem Verhältnis der 30 Mio. € übersteigenden Versicherungssumme zu der Gesamtversicherungssumme ergibt.	
7008	Umsatzsteuer auf die Vergütung	in voller Höhe
	Dies gilt nicht, wenn die Umsatzsteuer nach § 19 Abs. 1 UStG unerhoben bleibt.	

Anlage 2
(zu § 13 Absatz 1 Satz 3)

[Gebührentabelle für Gegenstandswerte bis 500 000 Euro]

Gegenstandswert bis … €	Gebühr … €	Gegenstandswert bis … €	Gebühr … €
500	49,00	**50 000**	1 279,00
1 000	88,00	**65 000**	1 373,00
1 500	127,00	**80 000**	1 467,00
2 000	166,00	**95 000**	1 561,00
3 000	222,00	**110 000**	1 655,00
4 000	278,00	**125 000**	1 749,00
5 000	334,00	**140 000**	1 843,00
6 000	390,00	**155 000**	1 937,00
7 000	446,00	**170 000**	2 031,00
8 000	502,00	**185 000**	2 125,00
9 000	558,00	**200 000**	2 219,00
10 000	614,00	**230 000**	2 351,00
13 000	666,00	**260 000**	2 483,00
16 000	718,00	**290 000**	2 615,00
19 000	770,00	**320 000**	2 747,00
22 000	822,00	**350 000**	2 879,00
25 000	874,00	**380 000**	3 011,00
30 000	955,00	**410 000**	3 143,00
35 000	1 036,00	**440 000**	3 275,00
40 000	1 117,00	**470 000**	3 407,00

Gegenstandswert bis … €	Gebühr … €	Gegenstandswert bis … €	Gebühr … €
45 000	1 198,00	**500 000**	3 539,00

Für handschriftliche Notizen

Für handschriftliche Notizen

Für handschriftliche Notizen

Für handschriftliche Notizen